우리는 왜 싸우는가

WHY WE FIGHT: The roots of war and the paths to peace
by Christopher Blattman

Copyright © 2022 by Christopher Blattman.
Korean translation copyright © 2025 by Gimm-Young Publishers, Inc.
All rights reserved.
This Korean edition was published by arrangement with Christopher Blattman, c/o Brockman.Inc.

이 책의 한국어판 저작권은 저작권자와 독점계약한 김영사에 있습니다.
저작권법에 의해 한국 내에서 보호를 받는 저작물이므로 무단전재와 무단복제를 금합니다.

우리는 왜 싸우는가

1판 1쇄 인쇄 2025. 7. 30.
1판 1쇄 발행 2025. 8. 14.

지은이 크리스토퍼 블랫먼
옮긴이 강주헌

발행인 박강휘
편집 이혜민 | 디자인 이경희 | 마케팅 이유리 | 홍보 이한솔, 이아연
발행처 김영사
등록 1979년 5월 17일(제406-2003-036호)
주소 경기도 파주시 문발로 197(문발동) 우편번호 10881
전화 마케팅부 031)955-3100, 편집부 031)955-3200 | 팩스 031)955-3111

값은 뒤표지에 있습니다.
ISBN 979-11-7332-298-3 03300

홈페이지 www.gimmyoung.com   블로그 blog.naver.com/gybook
인스타그램 instagram.com/gimmyoung   이메일 bestbook@gimmyoung.com

좋은 독자가 좋은 책을 만듭니다.
김영사는 독자 여러분의 의견에 항상 귀 기울이고 있습니다.

우리는 왜 싸우는가

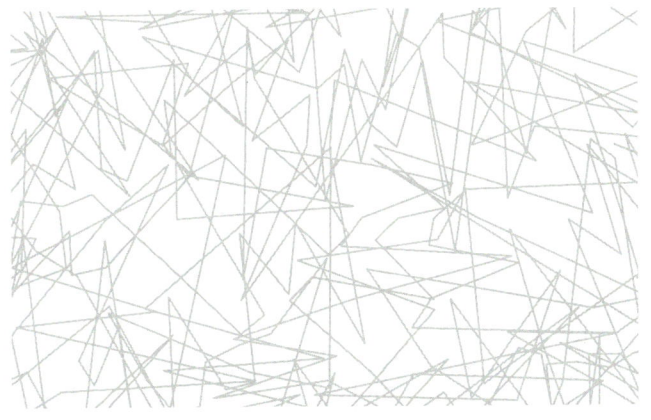

싸울 수밖에 없다는 착각 그리고 해법

크리스토퍼 블랫먼 | 강주헌 옮김

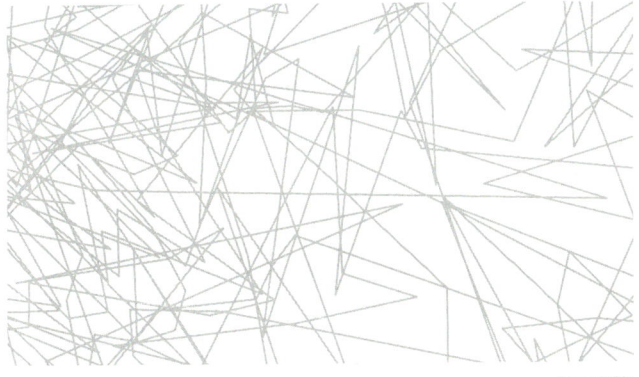

김영사

나이로비 5번 응공 애비뉴와
비숍 로드가 만나는 모퉁이에 있었지만
지금은 존재하지 않는 인터넷 카페에게

차례

서문 — 11
왜 폭력이 문제인가?
전쟁은 예외지 규칙이 아니다
가장 적대적인 경쟁 관계 집단도 왜 평화를 선호하는가?
전쟁으로 치닫는 다섯 가지 이유

1부 전쟁의 근원들

1장 우리는 왜 싸우지 않는가 — 39
평화는 전략적이다

2장 견제되지 않은 이익 — 54
독재자 및 과두제의 문제
미국의 비열한 혁명
견제되지 않은 사적 이익의 작동 원리
견제와 균형

3장 무형의 동기 — 80
정의로운 분노
무형의 동기가 어떻게 전쟁 위험을 증가시킬까?
영광과 지위
타협에 대한 혐오와 이데올로기
인간은 폭력 자체를 즐기는 걸까?
위험한 지형

4장 불확실성 ──────── 127
상대적인 힘에 대한 불확실성
불확실성과 허세
경쟁자가 많은 세계에서의 평판
미국과 사담 후세인

5장 이행 문제 ──────── 166
대전쟁
아테네 대 스파르타
이행 문제의 논리
대량학살과 집단학살
내전
다시 이라크로
현실은 그렇게 단순하지 않다

6장 잘못된 인식 ──────── 201
빠른 사고를 이루는 요소들
자신에 대한 잘못된 인식: 과신
타인에 대한 잘못된 인식: 추정과 판단의 실패
집단은 어떻게 우리의 편향에 영향을 미치는가?
자동적인 편향에 대한 반감
다섯 가지 논리를 결합하면?

2부 평화로 가는 길

7장 상호의존 ——————————————— 257
　얽히고설킨 이해관계
　경제적 상호의존
　사회적 연결
　도덕적이고 문화적인 관련성

8장 견제와 균형 ——————————————— 283
　안정된 사회에는 중심이 많은 이유
　다중심적 평화
　더 견제받는 사회를 향하여

9장 규칙과 집행 ——————————————— 302
　평화의 중재자, 국가
　무질서와 자체적으로 강제력을 지닌 제도적 기관
　국제 영역에서의 무질서와 제도적 기관

10장 개입 ——————————————————— 325
　전쟁은 풀기 어려운 성가신 문제
　처벌
　집행
　촉진
　사회화
　인센티브

11장 전쟁과 평화를 향한 험난한 길 ─── 378
여성을 책임자의 위치에?
갈등을 피하기 위해 빈곤을 퇴치해야 한다?
전쟁의 또 다른 원인?
싸우도록 내버려두자?

결론 | 평화를 조금씩 만들어가는 엔지니어 ─── 403
평화를 조금씩 만들어가기 위한 십계명

감사의 글 ─────────────── 442
주 ──────────────────── 449
참고문헌 ─────────────── 506
옮긴이의 말 | 전쟁에서 평화로 ─── 556
찾아보기 ─────────────── 559

서문

나폴리언이 또다시 초인종을 눌렀다. 그는 우리를 돌아보며 말했다. "내가 알기론 이 집입니다." 나는 인도에 올라와 그의 단짝 찰스와 내 동료 메건 옆에 섰다. 메건과 나는 그 지역을 전혀 몰라 그날 하루 종일 두 사람을 졸졸 따라다닐 뿐이었다.

우리와 달리 나폴리언과 찰스는 시카고의 웨스트사이드에서 자랐다. 그들은 젊은 시절에 무시무시한 지역 폭력단을 운영한 적도 있었다. 하지만 요즘 노스론데일 주민들 중에는 마약이 거래되는 구석진 곳과 현관 계단을 끈질기게 들쑤시고 다니는, 머리가 희끗한 두 노인을 모르는 사람이 거의 없었다. 두 사람은 젊은 청년들을 마약 판매와 폭력으로 얼룩진 삶에서 떼어놓기 위해 안간힘을 쓰고 있었다. 그러나 조니처럼 초인종 소리에 응답조차 하지 않는 청년이 많았다.

조니는 그 지역의 한 구역을 지배하는 일당의 두목이었다. 일당crew, 패거리mob, 파벌clique…. 나폴리언 같은 고참들은 론데일 길거리에서 마약과 총알을 거래하는 젊은이들을 주로 이런 용어로 불렀다. 그는 결코 '갱단'이란 단어를 사용하지 않았다. 나폴리언이 고개를 저으며 말했다. "그 아이들은 갱단이 아닙니다. 우리에겐 조직이 있었고, 규율이 있었습니다. 규칙도 있었죠. 하지만 이 아이들에게는… 아무것도 없습니다." 요즘의 일당은 과거에 론데일 같은 흑인 동네를 지배하던 대규모 통일 범죄조직이 파편화되어 제어하기 힘든 형태였다. 사실 나폴리언은 옛 갱단 두목의 눈에 비친 '요즘 아이들'의 모습을 우리에게 말해주고 있었지만, 진실이 담긴 푸념이었다.

따뜻한 가을날이었다. 가로수가 늘어선 조용한 길을 따라 나뭇잎들이 변색되기 시작했지만 아직 떨어지지는 않았다. 따라서 3층 가정집의 현관 입구 계단에는 여전히 그림자가 짙게 드리워 있었다. 몇몇 젊은이가 계단에 앉아 친구들과 이야기를 나누면서도 우리에게서 눈길을 떼지 않았다. 나는 시카고 방문이 처음이었다. 녹음이 우거진 조용한 거리는 내가 텔레비전을 보며 머릿속에 떠올렸던 범죄 근거지의 풍경이 아니었다. 그러나 나폴리언이 우리에게 말했듯이, 그곳은 성지聖地였다. 그곳을 중심으로 몇 블록이 미국 역사에서 가장 규모가 크고 영향력도 막강했던 범죄조직 바이스로즈Vice Lords의 탄생지였다.

그 젊은이들 중 몇몇이 현관에 앉은 채 거리의 우리 일행을 뚫어지게 쳐다보았다. 당시 우리는 외출복에 유난히 밝은색 조끼를 입고 있었다. 이방인들이 성지에 나타난 것은 예삿일이 아니었다. 그리고 우리는 그들 두목의 현관문을 두드리고 있었다.

그때 웬만한 사람이었다면 조니를 포기했을 것이다. 그러나 내가 나폴리언과 찰스에게 끈질기게 동행을 부탁한 데는 이유가 있었다. 찰스가 크게 소리쳤다. "얘들아, 너희 중에 조니가 어디 있는지 아는 사람이 있을까?" 그러고는 그 젊은이들을 향해 곧장 성큼성큼 걸어갔다.

당시 시카고 전역에서 나폴리언과 찰스 같은 봉사활동가들이 거의 1,000명에 달하는 조니 같은 청년들을 추적하고 있었다. 우리가 추정한 그 1,000명이 서너 달 뒤에 방아쇠를 당길 가능성이 무척 높았다. 전해, 즉 2016년 시카고에서 살인 사건이 무려 58퍼센트나 급증했다. 나폴리언과 찰스는 그 수치를 낮추기 위해 새롭게 고안된 대응 전략을 상징하는 인물이었다.

나폴리언과 찰스가 다루는 상품에 대한 소문이 곳곳으로 퍼져나갔다. "그 프로그램에서 나온 거예요?" 한 젊은이가 물었다. 그러고는 곧바로 긴장을 풀고 싱긋 웃었다. 그 프로그램은 새로운 삶을 시작할 기회를 제공했다. 18개월 동안 합법적인 일자리와 급여를 보장하는 프로그램이었지만 매주 10시간의 행동치료를 받아야 했다. 그 젊은이는 일자리에 가장 큰 관심을 보였다. 다른 젊은이가 물었다. "거기에 들어가려면 어떻게 해야 합니까?"

나폴리언이 입심 좋게 떠벌리기 시작하자 조니의 현관문이 활짝 열렸다. 땅딸막한 체구에 자신감 넘쳐 보이는 청년이 눈을 반짝이며 모습을 드러냈다. 조니는 슈퍼맨 티셔츠에 검은색 운동복 바지를 입고 있었다. 한때 육상 선수였던 사람답게 군살 없는 탄탄한 체구였다. 두 살 정도 돼 보이는 계집아이가 뒤따라 나왔다. "미안합니다. 자고 있었습니다."

조니의 형이 얼마 전까지 그 블록의 패거리를 지휘했지만 경쟁 관계였던 크루에게 한 달 전 총격을 받아 사망했다. 그래서 조니가 '꼬마대장Lil' Chief'이 되었다. 그는 우리를 아래위로 훑어보며 물었다. "용건이 뭡니까?" 조니의 딸은 세발자전거를 타고 인도를 오르내렸고, 나폴리언과 찰스는 그에게 새로운 삶을 시작할 기회를 제안했다. 조니가 그 제안을 받아들이면, 그가 길거리 아이들에게 지닌 영향력과 카리스마를 고려할 때 다른 청년들도 뒤따를 가능성이 컸다. 나폴리언과 찰스는 그 프로그램을 통해 조니의 일당이 경쟁 일당에게 보복하는 위험을 낮추고 싶어 했다. 나중에 나폴리언은 "그 젊은이들이 조니를 중심으로 어떻게 모이는지 보셨습니까?"라고 물었다. 메건과 내가 고개를 끄덕이자 나폴리언이 덧붙였다. "그게 바로 대장의 모습입니다."

3주 후, 조니가 새로운 일자리에서 힘든 육체노동을 마치고 집으로 걸어가고 있을 때, 차 한 대가 멈췄다. 꼬마대장은 오른팔과 가슴, 두 다리에 16발의 총알을 맞았다. 다행히 그는 과거에 육상 선수로 훈련받은 효과를 보았다. 조니는 전력을 다해 뛰어 길모퉁이 상점으로 피신했다. 16곳에서 흘러나온 피가 상점의 타일 바닥을 적셨다. 그는 기적적으로 목숨을 건졌지만, 전쟁을 피할 수 없었다.

왜? 왜 조니 같은 젊은이들이 총격이 난무하는 다툼에 휘말려들어 서로 죽이고 또 죽이는 걸까? 나 같은 외부인은 차치하고, 나폴리언과 찰스 같은 노인들이 그런 다툼을 해결하기 위해 무엇을 할 수 있을까?

이건 내가 묻거나 답할 거라고는 전혀 예상하지 못했던 질문들이었다. 그러나 폭력의 잔혹함을 직접 목격하면 그 순간부터 다른 것에 관심을 두기가 무척 어렵다. 거리distance라는 특권을 누리며 안전지대에서 폭력을 관찰하는 경우에도 마찬가지다. 다른 모든 것의 중요성은 희미해진다. 거의 20년 동안 내가 직접 경험한 사실이다.

왜 폭력이 문제인가?

　전쟁이 시작되기 전, 우간다 북부 지역을 자동차로 횡단하려면 사람 키보다 높이 자라 흔들거리는 풀숲이 수킬로미터씩 이어지는, 건조하고 먼지 가득한 흙길을 달려야 했다. 비가 내리면 녹색, 그렇지 않으면 갈색의 높다란 풀줄기가 평평하고 척박한 평원 위에서 끝없이 흐느적거렸다. 간혹 교역소와 목초지가 중간중간 있을 뿐이었다.

　대부분의 아촐리족은 농업과 목축에 종사하며 무리 지어 살았다. 옥수수밭과 목초지 한가운데에 그들의 원형 오두막이 모여 있었는데, 벽에는 진흙을 매끄럽게 발랐고 초가지붕은 원뿔형이었다. 아촐리족의 땅, 즉 아촐리랜드에는 한때 사람보다 젖소가 많았다. 분명히 아름다운 땅이었을 것이다.

　내가 우간다 북부에 첫발을 내디뎠을 때 키 큰 풀은 여전히 그곳에 있었다. 그러나 젖소와 옥수수, 그림 같은 오두막은 오래전에 사라지고 없었다. 내전이 거의 20년 동안 계속된 때문이었다. 반군과 우간다 정부군에 대한 두려움으로 거의 200만 명의 아촐리족이 고향을 떠나 비좁은 수용소로 향했다. 그 수용소에서 불과 수킬로미터 떨어진 그들의 텅 빈 고향 땅에는 풀만 무성하게 자라고 있었다.

　수용소는 똑같이 둥그런 형태에 똑같은 모양의 초가지붕이 씌워진 오두막들로 채워졌다. 그러나 이제는 푸른 초원과 가축들 사이에 목가적으로 자리 잡은 오두막이 아니라, 햇빛에 그을린 갈색 맨땅 위에 수천 채의 오두막이 늘어서 있었다. 너무 빼곡하게 지어져서 처마 사이를 지나가려면 몸을 웅크려야 했다. 수용소는 절망의 공간이었다.

　우간다 정부는 아촐리족을 목가적인 고향 땅에서 쫓아내 그 지저분한 정착촌에 밀어넣었다. 그리하여 정부군이 반군을 사냥하기는 더 쉬워졌지만, 반군이 식량과 보급품을 훔치기는 더 어려워졌다. 반란을 진압하기 위한 고전적인 전술이 이곳에도 적용된 것이었지만, 수백만 명의 생계와 자유를 박탈했다는 점에서 그것은 전쟁 범죄이기도 했다.

근처의 땅을 경작하는 것도 금지된 탓에 아촐리족은 유엔이 매주 트럭으로 운반해오는 콩과 밀가루로 연명해야 했다. 반짝이는 통조림통을 두드려서 납작하게 만든 오두막들의 출입문에는 '정제된 식물성 기름. 판매 또는 교환 불가. 미국 국민이 여러분에게 보내는 것'이라는 똑같은 문구가 쓰여 있었다.

그곳은 원래 내가 있을 곳이 아니었다. 당시 나는 서른 살로 버클리대학교 경제학과 박사 과정 학생이었다. 경제학자들은 전쟁 지역과 난민촌에서 많은 시간을 보내지 않았다. 내 학위 논문의 심사위원단은 한목소리로 "가지 말게!"라고 말렸다. 하지만 나는 그곳에 있었고, '내가 대체 무얼 하고 있는 거지?'라는 의문이 밀려왔다.

그때 나는 소득 및 소득의 증가를 무엇보다 중요시하는 학파에 속해 연구하고 있었다. 따라서 나이로비의 산업과 경제 성장을 연구할 목적에서 동아프리카로 향했다. 나이로비는 우간다 북부에서 수백 킬로미터 떨어진 평화로운 도시였다. 먼 지역에서 소규모로 벌어지는 제한적인 전쟁은 나이로비에서 별다른 관심사가 아니었다. 달리 말하면, 그 부산한 도시에 거주하던 수백만 명이 그랬듯이 나도 비교적 가까운 곳에서 자행되는 비극을 거의 의식하지 않은 채 내 일에 열중했다. 그러던 어느 날, 한 사기꾼이 점심시간에 나에게 불쑥 말을 걸었다. 그가 내 정신을 빼놓는 동안, 그의 동업자가 내 배낭과 노트북 등을 몽땅 갖고 달아났다. 그래서 그날 이후로 나는 케냐의 인터넷 카페에서 시간을 보내며 빙하시대로 되돌아가 모뎀에 접속해서 일해야 했다. 그러나 그 사기꾼을 다시 만날 기회가 있다면, 나는 그를 따뜻하게 안아주며 감사의 뜻을 전하고 싶다.

전화선과 모뎀으로 인터넷에 접속했다는 것은, 이메일을 보낼 때마다 짜증스러운 10분을 보내야 했다는 뜻이다. 그 긴 시간 동안 할 일은 많지 않았다. 따라서 컴퓨터 앞에서 빈둥대는 사람들과 자연스레 이야기를 나눌 수밖에 없었다. 어느 날 나는 내 옆의 한 여인에게 눈길을 주었고, 우리는 두서없이 이야기를 나누기 시작했다.

지니 애넌Jeannie Annan은 우간다 북부를 휩쓸고 있었지만 도외시되던 전쟁터에서 봉사하다가 얼마 전에 돌아온 인도주의 활동가로, 심리학 박사 과정 학생이었다. 그녀는 나를 의심스러운 눈빛으로 쳐다보았다. 당시 내가 깔끔한 정장을 입고 있었기 때문인데, 아프리카에서 서구식 정장을 입은 사람이 정직한 경우는 거의 없었다. 그러나 내가 그 전쟁에 관심을 보이자, 그녀는 그곳에서 벌어지는 참상에 대해 그때까지 만난 사람들에게 말해주었던 것보다 더 많은 것을 나에게 알려주었다. 그렇게 그녀는 나에게 기회의 문을 열어주었다.

그로부터 몇 달 후, 나는 그녀와 함께 우간다 북부의 먼지 풀풀 날리는 흙길을 여행하고 있었다. 끝없이 펼쳐진 풀숲에 경탄하며 나는 반군이 불쑥 튀어나오지 않기를 바랐다. 이제야 인정하지만, 내가 그곳을 찾은 큰 이유는 지니를 향한 개인적인 관심이었다. 그러나 우리에게는 하나의 계획이 있었다. 갈등이 수십 년 동안 계속된 까닭에 많은 젊은 남녀가 고향에서 쫓겨나고 총상을 입고 징집되는 피해를 입었지만, 그 폭력이 그들에게 어느 정도의 피해를 주었는지는 누구도 몰랐다. 지니는 전쟁의 참상과 폭력의 심리적 피해를 이해했고, 나는 경제학과 조사방법론과 통계를 잘 알았다. 그래서 우리는 힘을 합쳤다. 지역민들로 조사팀을 꾸려 그 전쟁의 영향을 받은 사람들을 조사하면서 2년여를 보냈다. 우리는 그 연구를 통해 구체적인 숫자로 야만적 피해의 규모를 밝히고, 그들에게 도움을 줄 수 있는 프로그램을 개발해 실질적으로 효과가 있는지 시험해보려 했다. 갈등의 야만적 비용이 어디서나 눈에 띄어, 우리는 실의에 빠진 회계사가 되었다.

그때까지 나는 그녀와 사랑에 푹 빠지지는 않았지만, 우간다 북부에서 한 달쯤 지냈을 때 모든 것이 순조롭게 진행되었다. 우리는 프로젝트를 함께 시작했고, 박사 논문을 함께 썼으며, 똑같이 졸업해 예일대학교에서 첫 강의를 함께 얻기도 했다. 이제 우리는 결혼한 지 15년이 지났고, 긴 연구 논문 목록도 갖게 되었다. 하지만 우리가 함께 협력해 내놓은 최고의 결과물은 지금 열한 살인 딸과 아홉 살 아들이다.

모뎀 접속 덕분에 이루어진 그 우연한 만남은 내 학문의 길에도 영향을 주었다. 나는 우간다 북부에서 조사를 진행하는 동안, 폭력이 내가 상상하던 것보다 훨씬 더 야만적이고 처참하다는 걸 알게 되었다. 남녀를 불문하고, 내가 만난 젊은이들이 전해준 이야기는 너무도 섬뜩해서 다시 입에 담고 싶지 않을 정도였다. 지금 와서 내가 그들의 이야기를 정확히 대변할 수는 없다. 그러나 그때가 내 삶에서 정서적으로 가장 고통스러운 시기였던 것은 분명하다. 결국 그들의 증언에 나는 모든 것을 다시 생각하게 되었다.

그곳에서, 그 후로 수년 동안, 나는 한 사회의 성공이 부의 확대에만 있는 게 아니라는 걸 깨달았다. 반군이 열한 살짜리 딸을 강제로 빼앗아 아내로 삼지 않고, 지나가는 자동차가 마구잡이로 총을 쏘아댈지도 모른다는 걱정 없이 집 앞에 앉아 쉴 수 있으며, 경찰서와 법원과 시청을 찾아가 정의의 심판 비슷한 것을 요구하고, 정부가 우리를 강제로 고향 땅에서 쫓아내 수용소에 몰아넣지 않은 것도 사회의 성공이라 할 수 있다. 경제학자 아마르티아 센Amartya Sen은 이런 성공을 '자유로서의 발전development as freedom'이라고 칭했다. 폭력으로부터 자유로워지는 것보다 더 중요한 것을 상상하기는 힘들다.

공교롭게도 싸움은 우리를 가난하게도 만든다. 물리적 충돌만큼 진보를 방해하는 것도 없다. 경제가 무너지고 기반 시설이 파괴된다. 죽음과 불구로 한 세대 전체가 피해를 입는다.[1] 전쟁은 간접적으로도 경제 성장을 저해한다. 대부분의 사람과 기업이 폭격과 인종청소 및 자의적인 정의를 염려하며 발전으로 이어질 기본적인 투자를 하지 않을 것이다. 전문 분야에 대한 역량을 쌓지도 않고, 자산을 투자하지도 않으며, 새로운 기술과 아이디어를 개발하지도 않을 것이다.

매년 수백 건의 총격 사건이 벌어져 수억 달러의 비용을 주민에게 부가하는 시카고의 경우도 마찬가지다. 경제학자이자 도덕철학자였던 애덤 스미스Adam Smith(1723~1790)는 이미 250년 전, 즉 1755년에 이런 상황을 예측하며 "한 국가가 가장 낮은 수준의 야만성에서 가장 높은 수준의 풍요를 누리려면 평화로운 분위기, 납득할 수 있는 세금, 용납할 수 있는 정의의 집행 외에 다른 것은 거의 필요 없다"라고 말했다.[2] 따라서 번영, 평등한 권리, 정의를 연구하던 내가 전쟁에도 관심을 두어야 하는 것은 당연했다.

하지만 내가 여기에서 사용하는 용어의 뜻을 명확히 해두고 싶다. 내가 '전쟁war'이라고 말할 때는 국가들이 서로 끝장날 때까지 치고받고 싸우는 분쟁만을 의미하는 게 아니다. 어떤 형태로든 집단 간에 오래 지속되는 폭력적인 분쟁을 뜻하고, 집단에는 마을과 씨족, 민족, 조직폭력단과 종교적 분파, 정당과 국가가 속한다. 이 집단들이 겉보기에는 무척 다를 수 있지만, 그 기원에는 많은 공통점이 있다. 북아일랜드의 광신도들, 콜롬비아의 마약 카르텔, 유럽의 폭군들, 라이베리아 반군, 그리스의 과두 집단, 시카고의 갱단, 인도의 폭도, 르완다의 집단 학살자들, 잉글랜드의 축구 훌리건, 아메리카 침략자들에게서 공통점을 찾아보려 한다.

적잖은 사람이 노스론데일이나 우간다 북부에서 벌어지는 싸움을 보고 '아, 이번에는 여기에서 전쟁이 벌어지고 있군', '우리 사회는 오래전에 겪은 진통이야' 혹은 '우리는 달라'라고 생각한다. 하지만 그런 생각은 잘못되었다. 폭력의 수준이 다를 뿐만 아니라 사회도 제각각이다. 당신이 풍요롭고 평화로운 곳에서 이 책을 읽고 있더라도, 멀리 떨어진 곳에서 벌어지는 분쟁을 설명하는 논리로 당신 조국이 과거에 겪은 소요, 당신과 그다지 다르지 않은 사람들 사이의 분쟁, 당신의 조국(혹은 동맹)이 다른 나라를 공격하는 이유가 설명된다는 걸 확인할 수 있다. 내 목표는 이런 비정상적인 재앙을 야기하는 공통된 힘을 이해하는 데 필요한 기본 틀을 제공하는 것이다.[3]

내 목표가 무척 광범위하게 들리겠지만, 그렇다고 내가 모든 종류의 다툼을 설명하려는 것은 아니다. 앞에서 나는 전쟁이 집단 간에 오래 지속되는 폭력적인 분쟁이라고 정의하면서 무척 신중하게 단어를 선택해 사용했다. 그렇게 신중하게 선택한 단어 중 하나가 '오래 지속되는prolong'이다. 오랜 분쟁은 잠시 동안의 소규모 충돌과는 다르다. 짧은 순간에 많은 인명을 앗아가는 다툼도 중요하지만, 그런 경우는 특이한 현상이나 순간적인 오판으로 쉽게 설명된다. 정말 궁금한 것은 왜 양측이 서로에게 피해를 주고 욕망의 대상이 되어 수년, 심지어 수십 년을 보내느냐는 것이다.

또 하나의 핵심 단어는 '집단group'이다. 개인도 항상 싸우지만 개인 간의 다툼은 대체로 반작용이고 단기적으로 끝난다. 게다가 개인 간의 다툼을 다루는 책들은 우리가 영장류 조상으로부터 물려받은 특성들, 우리에게 내재한 투쟁-도피 본능, 인간이 내집단in-group(조직 또는 사회 내부의 배타적인 소규모 집단―옮긴이)의 구성원들과 자신을 동일시하는 편의성에 초점을 맞춘다. 하지만 전쟁은 그런 반작용이 크게 중요하게 여겨지지 않는 장기간의 다툼이다. 뒤에서 보겠지만, 우리의 반사적 반응은 전쟁에서도 여전히 유효하다. 그러나 대규모 집단은 신중하고 전략적이다. 다시 말하면, 개인이 범하는 차별과 다툼, 폭력과 살인이 집단행동에 대해 무언가를 설명해주는 경우에나 개인이 그렇게 행동하는 이유에 대해 언급하려고 한다.[4]

마지막으로 언급할 중요한 단어는 '폭력적인violent'이다. 집단들이 치열하게 경쟁하는 것은 당연하다. 그러나 우리가 가장 흔히 범하는 오류 중 하나는, 다툼이 격렬하고 적대적인 이유와 경쟁 관계가 폭력적으로 변하는 이유를 혼동하는 것이다. 폭언이 오가는 경쟁은 정상적인 현상이지만, 집단 간에 오래 지속되는 폭력은 그렇지 않다. 전쟁은 일어나지 않아야 하고, 대부분의 경우 일어나지 않는다.

전쟁은 예외지 규칙이 아니다

사실 가장 적대적인 적도 평화적으로 서로 증오하는 쪽을 선호한다. 이런 적대 관계는 쉽게 망각된다. 우간다 북부와 노스론데일에서 벌어지는 전쟁처럼, 전쟁은 실제로 벌어져야 우리의 관심을 사로잡는다. 뉴스 보도와 역사책도 다를 바 없어, 실제로 벌어진 소수의 폭력적 다툼에 초점을 맞춘다. 어떻게든 피한 수많은 갈등에 대해 책을 쓰는 전문가는 극소수에 불과하다. 그러나 의대생이 치명적인 질병만을 공부하며 대부분이 건강하게 살아가는 걸 망각하지 않듯이, 우리도 전쟁으로 치달은 적대 관계에만 주목해서는 안 된다.

이 책은 이처럼 대표성도 없는 데다 진실도 아닌 관점으로부터 우리를 벗어나게 하는 데 목적이 있다. 민족적이고 종교적인 폭력을 예로 들어보자. 정치학자들은 폭동과 숙청이 고질화된 것으로 추정되는 아프리카, 중앙아시아, 남아시아, 동유럽 같은 곳에 존재하는 모든 민족 집단과 종파 집단을 꾸준히 집계했다. 그들은 서로 경쟁할 수밖에 없을 정도로 공간적으로 인접한 집단의 수를 알아내고, 그 집단들이 실제로 싸운 횟수를 조사했다. 그들의 계산에 따르면, 아프리카에서 민족 간의 폭력으로 발전할 가능성을 띤 경우는 매년 2,000건에 달하지만 주목할 만한 경우는 약 한 건밖에 없었다. 인도에서는 연간 1,000만 명당 한 건 미만의 폭동이 있었고, 사망률은 1,000만 명당 기껏해야 16명이었다. (비교해서 말하면, 미국 대도시에서 자행되는 보통 수준의 살인율이 10만 명당 16명으로, 인도에서 종파적 폭동에 의한 사망률보다 100배나 높다.) 엄청나게 큰 수가 나열되어 이런 비교가 실감나지 않을 수 있지만, 분명한 것은 대부분의 집단, 심지어 적대적인 집단도 싸우지 않고 함께 나란히 살아간다는 사실이다. 요컨대 적들도 평화롭게 살아가며 서로 증오하는 쪽을 선호한다.[5]

이런 현상은 국제적인 차원에서도 확인된다. 미국과 소련은 오랫동안 대치하며 유럽(실제로는 세계)을 양분했지만 핵무기로 서로를 공격하지는 않았다. 파키스탄과 인도 사이에는 교착 상태가 계속되고 있다. 남한과 북한 사이의 암울한 교착 상태도 마찬가지다. 남중국해를 둘러싼 상황도 변화가 없다. 프랑스와 영국은 아프리카 식민지들에서 독립 투쟁 조짐이 보이자 성급했지만 평화적으로 철수했고, 소련도 동유럽에서 비폭력적으로 물러났다. 그 후 그곳에서 계급과 이념에 따라 양극화되고 분노한 정당들로 사회가 찢어졌지만, 정당들은 전쟁터보다 의회에서 경쟁을 벌였다. 그러나 어떤 이유로든 우리는 이런 사건들을 망각하는 경향이 있다. 대규모 전쟁에 대해서 몇 권에 달하는 글을 쓰면서도 조용한 평화는 못 본 체한다. 유혈과 폭력이 난무한 사건들, 가장 두드러진 사건들에는 관심을 기울이지만 조용히 끝난 타협의 순간들은 기억으로부터 멀어진다.[6]

이처럼 타협의 실패에 초점을 맞추는 현상은 일종의 선택 편향으로, 우리 모두 쉽게 범하는 논리 오류다. 이런 실수는 두 가지 중대한 결과를 낳는다. 하나는 우리가 지나치게 많이 싸운다고 과장하는 것이다. "세계는 분쟁으로 가득하다", "인류의 자연 상태가 전쟁이다", "강대국들 간의 무장 대치는 불가피하다" 같은 말을 귀가 따갑게 듣지만 그 어떤 주장도 사실이 아니다.

어떻게든 피한 분쟁을 간과하면 전쟁의 근원과 평화로 가는 길을 완전히 잘못 이해하게 되어, 다시 분쟁이 벌어질 경우 더 큰 피해를 낳을 수 있다. 우리가 평화가 실패한 때에만 관심을 보이면서 그 이유를 찾기 위해 그 상황과 사건을 되돌려보면, 귀에 딱지가 앉도록 들어온 원인들을 발견하게 된다. 결함이 많은 지도자, 역사적 불의, 심각한 가난, 분노한 청년들, 값싼 무기, 대격변…. 그러면 전쟁은 불가피했던 결과로 보일 수 있다. 그러나 피한 분쟁은 이런 분석에 고려되지 않는다. 경쟁 집단들이 싸우지 않은 경우도 면밀히 분석해보면, 앞에서 언급한 조건들이 상당히 확인된다. 전쟁의 원인이라 일컬어지는 그 모든 조건은 아주 흔하지만, 오래 지속되는 폭력은 그렇지 않다. 실패와 성공 모두에 존재하는 조건들은 전쟁의 근원이 아닐 가능성이 높다.

그 이유의 이해를 돕기 위해, 제2차 세계대전 때 있었던 또 하나의 유명한 선택 편향을 예로 들어 설명해보자. 독일 진지를 폭격하는 임무를 마치고 귀환한 미국 공군 폭격기들의 기체와 날개는 온통 총알 자국이었다. 그래서 미국 군부는 엔지니어들에게 폭격기의 기체와 날개에 철갑판을 덧대라고 지시했다. 그러나 통계학자 아브라함 왈드Abraham Wald(1902~1950)는 그 지시에 반론을 제기하며 엔지니어들이 정반대의 조치를 취해야 한다고 주장했다. 귀환한 폭격기에서 전혀 손상되지 않은 엔진과 조종실을 더 강화해야 한다는 것이었다. 그는 사라진 탄흔은 추락한 폭격기에 있을 것이라고 추론했다. 총알이 조종실과 엔진을 관통해 폭격기가 추락했고, 그래서 해당 부분에 총알 자국이 있는 폭격기가 보이지 않았다는 설명이었다. 군부는 선택된 표본에 잘못 집중했고, 그 결과 실패의 원인을 잘못 파악했던 것이다. 돌이켜보면 명백한 실수지만, 지금도 우리는 모두 이런 실수를 되풀이하고 있다.

미국 군부는 성공에 초점을 맞췄고, 이것은 '생존자 편향survivor bias'이라 알려진 일종의 선택 문제였다. 전쟁에 관련해서 우리는 정반대의 선택, 즉 평화가 실패한 때에 지나치게 관심을 기울인다. 미국 엔지니어들이 추락한 폭격기만을 분석하는 것과 같다. 그 폭격기들은 온통 탄흔으로 뒤덮여 있었다. 생존한 폭격기와 비교하지 않고 추락한 폭격기만을 분석하면, 어떤 탄흔이 치명적이었는지 알아내기 어렵다. 전쟁의 경우도 이른바 근원까지 추적해 올라가면 똑같은 문제에 부딪힌다. 모든 경쟁 관계의 역사는 빈곤과 불만과 총기류 등의 탄흔으로 가득하다. 그러나 분개한 사람들이 반란을 일으키는 경우는 거의 없다. 대부분의 가난한 젊은 대중선동가도 모반을 일으키지는 않는다. 중무장한 집단도 열전熱戰보다 냉전을 더 선호한다.

싸움의 진정한 근원을 찾아내려면 평화로운 시기의 투쟁에 관심을 기울일 필요가 있다. 내가 말하는 '평화로운 시기'가 행복하고 조화로운 때를 뜻하지는 않는다. 평화로운 시기에도 경쟁 관계는 적대적이고 논쟁적일 수 있다. 여러 집단이 양극화될 수 있고 실제로 중무장하기도 한다. 서로 비방하고 위협하며 각자의 무기를 여봐란듯이 과시하기도 한다. 이 모든 게 정상적인 현상이다. 그러나 유혈과 파괴는 그렇지 않다.

당신이 이제부터라도 이런 현상을 어디에서나 확인할 수 있기를 바랄 뿐이다. 다음에 신문이나 역사책을 펴면, 호전적인 구호와 주장이 난무하는 와중에도 화해와 타협을 요구하는 정치인들의 연설에 주목하기를 바란다. 경쟁국들이 한두 주 동안 서로 상대를 향해 로켓포를 쏘다가 어느 순간 교전을 중단하는 걸 보라. 보좌관들이 군주의 귀에 대고 "평화, 폐하!"라고 속삭이는 목소리에 귀를 기울여보라. 노련한 장군들이 열정적이지만 경험이 부족한 장교에게 전쟁에는 고통만 있을 뿐이라는 사실을 떠올려주는 모습도 주목할 만하다. 물론 전쟁을 감당하기 힘들다고 냉정하게 지적하는 금고지기들과 재무관들의 하소연도 빼놓을 수 없다. 이 모든 고통과 비용이 경쟁 집단을 타협으로 끌고 가는 주된 요인이다.

가장 적대적인 경쟁 관계 집단도
왜 평화를 선호하는가?

평화를 권하는 목소리가 승리하는 이유는 무척 간단하다. 전쟁은 파멸적이기 때문이다. 군인들이 무수히 죽고, 민간인들은 피폐한 삶을 감수해야 하며, 도시는 굶주리고, 상점은 약탈당한다. 무역이 중단되고, 산업이 파괴되며, 정부는 파산한다. 약 2,500년 전 중국의 군사 전략가 손자孫子는 《손자병법》에서 "오래 지속된 전쟁에서 이익을 거둔 국가는 역사적으로 없다"라고 정확히 지적했다. 가장 적대적인 적도 분쟁의 결과를 모르지 않는다. 전쟁 비용은 끔찍하다. 이런 이유에서 상대도 위험과 파괴를 피하는 합의를 모색하려고 노력한다. 일회성 살해와 작은 충돌은 발끈한 가슴에서 일어난다. 그 시기가 지나면, 한층 냉정해진 머리가 승리를 거둔다.

냉정한 머리는 타협할 방법을 모색한다. 윈스턴 처칠Winston Churchill(1874~1965)이 언젠가 말했듯이 "턱과 턱이 만나는 게 전쟁보다 낫다". 역사적으로 보면, 한 번의 전쟁이 있을 때마다 타협과 양보를 통해 1,000번의 잠재적 전쟁을 피했다. 협상과 다툼은 대안적 관계에 있지만, 우리가 원하는 것을 얻는 두 가지 방법이다. 중국 공산당 지도자 마오쩌둥毛澤東(1893~1976)이 1938년에 "정치가 유혈극이 없는 전쟁이라면, 전쟁은 유혈극이 동반된 정치"라고 말한 것도 이런 의도였다. 마오도 프로이센의 장군 카를 폰 클라우제비츠Carl von Clausewitz(1780~1831)가 한 세기 전에 한 "전쟁은 다른 수단을 통한 정치의 연속이다"라는 말을 다른 식으로 풀이한 것에 불과하다.

하지만 우리가 절대 잊지 말아야 할 것은, 협상과 다툼이라는 두

가지 전략 중 하나는 파멸적이고 다른 하나는 그렇지 않다는 것이다. '타협이냐 전쟁이냐'는 두 경쟁자에게 냉혹한 선택을 요구한다. 손상되지 않은 전리품을 평화롭게 나눌 것인가, 아니면 쪼그라들고 산산이 부서진 잔해를 차지하는 도박에 양쪽 모두 엄청난 비용을 지불할 것인가 선택해야 한다. 전쟁의 파괴성에서, 양쪽 모두 전쟁으로 치닫는 것보다 평화적인 분열을 모색하는 게 거의 언제나 더 낫다는 게 입증된다.

이런 이유에서 역사적으로 대부분의 적들은 평화적인 길을 선택했다. 예컨대 7,000년 전에 시작된 문명국들은 야만인들(싸움에 능숙한 기마 유목민들)을 주기적으로 매수해서 자신들의 도시가 약탈되는 걸 미연에 방지했다. 역사에 기록된 제국들도 상대적으로 약한 국가들에게 침략하지 않는 대신 복종과 조공을 바치는 안을 제시했다. 한편, 작은 도시와 마을에서 살인자의 씨족은 피해자의 가족에게 핏값을 지불함으로써 응징과 불화의 악순환을 피했다. 옛 조상들도 싸우는 것보다 보상하는 게 낫다는 걸 알았던 셈이다.

이번에는 유럽 평민들과 귀족들 사이에 수세기 동안 계속된 싸움을 생각해보자. 무력, 농경, 인구 통계 등이 농민에게 유리했고, 평민들이 점점 부유해지면서 더 많은 권리를 요구하자, 귀족들은 싸우느냐 양보하느냐 하는 선택에 직면했다. 역사가들은 대규모 농민 반란에 더 큰 관심을 기울인다. 간혹 귀족들이 시류에 따르는 걸 마뜩잖게 생각했을 때 농민들의 반란이 있었다. 하지만 귀족 계급은 특권의 일부를 포기하면서 상인들에게 더 많은 권한을 양도했고, 시끄럽게 떠드는 소작인들에게 지대地代를 깎아주었으며, 난폭한 도시 폭도들에게 빵을 나눠주었다. 유럽의 느릿한 민주화도 반란을 피하면서 오랫동안 진행된 일련의 혁명이었다.

국가는 폭력적 다툼보다 달래는 쪽을 선호한다. 많은 국경이 거의 한 세기 반 전에 지금의 상태로 굳어졌다. 그때까지 새롭게 부상하는 국가들은 영토를 구입하거나 총격전 없이 점령했고, 상대적으로 약한 국가들은 그런 점령을 별다른 저항 없이 묵인했다. 유럽 강대국들도 식민지를 두고 서로 싸우는 걸 피했다. 따라서 극소수의 군주가 머리를 맞대고 앉아 동유럽과 아프리카 등을 차분히 분할해 가졌다. 한편, 새로이 부상하던 미국은 러시아로부터 알래스카를 구입했고 중서부의 널찍한 지역을 프랑스로부터 사들였다. 게다가 침략의 대안으로 쿠바를 스페인으로부터 구입하려고 시도하기도 했다.

지하에 매장된 석유에 대한 권리, 나일강에 수력발전소를 건설할 권리, (지금도 여전히 협상 중이지만) 남중국해를 관할할 권리 등을 들여다보면 오늘날의 영토 양도는 대체로 더 미묘하게 이루어진다. 하지만 요즘의 협상에서 가장 중요한 요소는 땅이 아니다. 미국부터 러시아와 중국까지, 패권 국가들이 약한 국가의 팔을 비틀어 무기 개발 프로그램을 축소시키고, 특정한 정책을 지원하도록 유도하며, 심지어 법까지 개정하도록 강요한다. 국제 체제가 불공정하더라도 약소국 정부가 선택할 수 있는 최선의 대응이 무력 저항인 경우는 거의 없다. 한편, 국내적으로는 권력이 이동할 때 정파들이 정치적 영향력을 재분배하는 기발한 방법을 찾아낸다. 강력한 소수 정파가 의회에서 파격적인 의석이나 거부권을 보장받기도 한다. 이 모든 것이 처음부터 끝까지 평화적으로 거래된다.

안타깝게도 평화가 반드시 평등이나 정의를 뜻하지는 않는다. 관련된 많은 예가 보여주듯이, 한쪽이 압도적인 협상력을 갖는다면 자신들에게 유리한 조건을 강요할 게 뻔하다. 약한 쪽은 영향력과 전리품을 거의 얻지 못해 분개하겠지만 묵묵히 따르는 수밖에 없다. 세계는 섬뜩하지만 평화로운 불평등으로 가득하다. 소수민족이 군부와 정부를 장악해 다수를 지배하고, 소수의 귀족이 모든 토지와 공장을 보유해 농민에게는 아무것도 남기지 않는다. 국제적으로는 군사적 초강대국들이 세계를 호령하며 다른 국가들에 명령을 내린다. 하지만 대부분의 약자에게 혁명의 비용과 위험은 감당하기 힘들 정도로 크다. 따라서 불공정하더라도 반란은 합리적인 선택이 아니다.

타협이 원칙이라고 말하는 이유는, 대부분의 경우에 집단은 전략적으로 행동하기 때문이다. 다시 말하면, 집단은 포커나 체스를 하는 플레이어처럼 앞서 생각해보고, 상대의 힘과 계획을 알아보려 애쓰며, 상대가 어떻게 행동할 것이라는 예측에 근거해 자신들의 행동 방향을 선택한다는 뜻이다. 집단이라고 완벽하지는 않아서 실수를 저지르고, 정보도 부족하다. 그러나 집단에게는 최선을 다해야 하는 커다란 동기가 있다.

전략학은 게임 이론으로 불린다. 게임 이론은 상대가 어떻게 행동할 것이라는 예측에 근거해 우리가 어떻게 행동해야 하는지를 연구하는 학문이다. 따라서 첫 장부터 우리는 타협과 싸움을 두고 전략적 선택을 해내는 과정에 대해 살펴볼 것이다. 그렇다고 게임 이론을 무분별하게 사용하지는 않는다. 지나칠 정도로 합리적인 종족, 즉 호모 에코노미쿠스Homo economicus를 설명하면서 게임 이론을 거론하는 학자가 적지 않다. 우리가 이 종족에 관심을 두는 이유는, 그들이 여전히 섬뜩한 폭력을 휘두르기 때문이다. (뒤에서 보겠지만, 특수한 상황에서는 싸움이 최선의 전략일 수 있다.) 그러나 집단과 그들의 지도자가 항상 논리적이고 모든 것을 꿰뚫어보는 것은 아니다. 더구나 인간 무리는 정치적 통일체body politic(조직된 정치 집단으로 여겨지는 한 국가의 전 국민—옮긴이)가 충실히 대변하는 믿음을 일관되게 유지하지 못한다. 따라서 이 책은 호모 언리저너블루스Homo unreasonablus(불합리한 인간)와 호모 라이처수스Homo righteousus(올바른 인간)만이 아니라 역사학자와 심리학자, 생물학자와 사회학자가 찾아낸 다른 유형의 인간들에 대한 책이다. 각 장에서 우리는 다른 유형의 인간을 만나게 될 것이다. 그러나 대부분의 인간 집단은 어떤 유형의 인간종을 대표하든 자신의 이익을 추구한다는 사실은 신뢰할 만하기 때문에, 우리의 간단한 전략 게임은 어느 경우에나 기준틀이 될 것이다.

전쟁으로 치닫는 다섯 가지 이유

그렇다면 우리는 왜 싸우는 걸까? 이제 우리는 전략적인 측면에서 생각하고, 선택 편향이라는 잘못을 범하지 않을 것이기 때문에, 이 질문에 대해 새로운 방향에서 대답하게 된다. 요컨대 무언가가 타협을 선택하려는 정상적인 동기를 방해하며, 반대자들로 하여금 평소의 양극화되고 논쟁적인 정치를 버리고 유혈극을 통해 해결하는 쪽을 선택하도록 밀어붙였던 게 분명하다. 다행히 그렇게 정치 공작을 무너뜨릴 수 있는 논리적인 방법은 많지만 한정적이다. 그중 다섯 가지를 1부의 각 장에서 하나씩 살펴보려 한다. 그 다섯 가지 논리는 각각 다른 방식으로 타협의 동기를 제거한다.

첫째, '견제되지 않은 이익unchecked interests'이다. 전쟁 비용은 평화를 선택하는 주된 동기다. 그러나 전쟁을 선택하기로 결정한 사람들이 같은 집단의 다른 사람들에게 책임을 지지 않을 때 전쟁 비용과 분쟁의 고통은 무시될 수 있다. 이런 지도자들은 자신의 집단을 걸핏하면 전쟁으로 몰아간다. 간혹 그들은 분쟁으로부터 개인적인 이득을 기대하고 그 때문에 전쟁을 시작해도 괜찮겠다는 유혹을 받는다. 이처럼 견제받지 않는 지배자들이 역사적으로 물리적인 갈등을 일으킨 가장 큰 요인 중 하나다.

둘째, '무형의 동기intangible incentives'다. 폭력을 행사함으로써 복수를 하고 지위나 지배력을 얻는 경우, 다시 말하면 가치 있는 것을 획득하는 경우가 있다. 또 폭력이 신의 영광을 이루어내거나 자유를 쟁취하고 불의를 척결하는 정의로운 결말로 향하는 유일한 길인 경우도 있다. 어떤 집단에게는 이런 천상의 보상이 분쟁으로 인한 고통과 손해를 상쇄할 수 있다. 그들이 선호하는 보상이 전쟁 비용을 도외시하고 집단을 타협으로부터 멀어지게 한다.

협상을 외면하게 하는 세 번째 논리는 '불확실성uncertainty'에 있다. 포커판에서 허세를 부려본 적이 있는가? 그렇다면 당신은 이 논리를 이미 깨우친 셈이다. 당신은 상대들이 어떤 카드를 갖고 있는지 모르지만, 그들에게 당신을 속이려는 동기가 있다는 정도는 알고 있다. 따라서 당신이 보여줄 수 있는 최선의 대응책은 매번 패배를 인정하며 카드를 내려놓는 게 아니다. 전쟁도 다를 바 없다. 당신은 적의 힘과 결의를 정확히 모른다. 적이 허세를 부리는 것일 수도 있다. 따라서 때로는 당신도 적의 공세를 받아들인다. 당신이 경쟁 상대와 똑같은 정보를 갖고 있지 않다는 사실은, 분쟁이 불리하더라도 때로는 공격이 최선의 전략이 될 수 있다는 걸 뜻한다.

    네 번째는 '이행 문제commitment problem'라 불리는 것이다. 경쟁 상대가 강해질 때 당신이 선택할 수 있는 최선의 방책은 일반적으로 무언가를 양보하는 것이다. 그러나 적국이 군비를 증강하고 있다는 걸 사전에 알게 되면 어떻게 하겠는가? 당신이 여전히 강하다면 선제적으로 공격해 쇠락을 거부할 수 있다. 힘이 이동할 조짐이 상당히 뚜렷해지면, 당신이 적국을 먼저 공격하고자 하는 욕구를 억누르기 힘들 수 있다. 적국이 당신을 공격하지는 않을 거라고 약속할 수 있을까? 더 강해지더라도 새롭게 획득한 영향력을 행사하지 않을 거라고 약속할 수 있을까? 그렇게 약속하더라도 그것을 이행하기는 어렵다. 당신이나 적국이나 약속의 이행이 불가능하다는 걸 알고 있다. 양국 모두 전쟁의 파멸을 피하기 위해 정치적 협상을 선호하지만, 그 어떤 약속도 신뢰할 수 없다는 점에서 '이행 문제'가 야기된다.

    다섯 번째이자 마지막으로 우리의 '잘못된 인식misperception'이 타협을 방해한다. 우리는 지나치게 자신만만한 피조물이다. 다른 사람들도 우리처럼 생각하고, 우리와 똑같은 것을 소중히 여기며, 세상을 바라보는 시각 또한 우리와 같을 거라고 추정한다. 우리는 적들을 악마화하며 그들에게 극악한 악의가 있다고 생각한다. 게다가 우리는 잘못된 믿음을 고수한다. 대규모 집단인 경우도 다를 바가 없다. 이 때문에 우리와 적들이 다 같이 동의할 수 있는 접점을 찾아낼 수 있는 능력을 제대로 발휘하지 못한다. 경쟁과 갈등으로 이런 잘못된 판단이 더욱더 악화된다.

    다섯 가지 논리가 당신에게 합당하게 들리더라도, 이 다섯 가지 이유로 모든 전쟁이 설명된다는 데는 여전히 회의적일 수 있다. 게다가 모든 전쟁에는 이유가 있고, 이런저런 다양한 이유로 전쟁이 일어나는 것처럼 여겨질 수 있다. 그러나 대부분의 경우 우리가 특정한 전쟁에 부여하는 논거는 이 다섯 가지가 변형된 것일 뿐이다. 따라서 다섯 가지 논리를 그 자체로 인식하는 방법을 소개해보려 한다.

이런 이유에서, 다섯 가지 논리를 새로운 전쟁 이론, 즉 과거의 이론을 대신해 제기된 이론으로 생각하지 않기를 바란다. 물론 내가 "다른 책은 모두 틀렸으므로 이 다섯 가지 원인을 믿어라!"라고 말하는 것도 아니다. 대신, 이 다섯 가지 종류의 실패를 새로운 분류 체계, 즉 이미 존재하는 무수한 이론과 학파를 재조직하는 방법의 하나로 생각하면 그것으로 충분하다.

또한 우리가 특정한 학문이나 전쟁 이론을 들먹이며 지적인 면을 드러낼 필요가 없다는 점도 보여줄 것이다. 다섯 가지 논리는 수많은 경제학자와 정치학자, 사회학자와 심리학자, 정책 입안자가 지금까지 배운 교훈들을 하나의 기준틀로 녹여낸 것이다.[7]

마지막으로, 다섯 가지 논리가 대체재가 아니라 보완재인 이유가 설명된다. 그러나 이 논리들이 누적되면 평화가 더욱 취약해지기 때문에 비극적인 보완재다. 그 이유는, 극히 드물게 예외도 있지만, 전쟁이 하나의 이유로만 일어나지는 않기 때문이다. 다양한 이유가 축적되고 상승작용을 일으킨다. 무책임한 지도자들, 무형의 동기, 불확실성, 이행 문제, 잘못된 인식이 복합되면서 평화를 조금씩 좀먹는 독극물이 된다. 이런 이유에서 갈등의 원인을 하나만 콕 짚어내는 건 거의 불가능하다.

취약한 공동체나 도시 혹은 국가에 산다는 게 무슨 뜻일까? 다섯 가지 힘이 적대적 관계에 있는 두 국가가 타협책을 찾아낼 여지를 거의 없애버린다. 한동안 평화가 유지되지만 극도로 허약하다. 전쟁이 결코 멀리 있지 않은 듯하다. 이런 불안정한 상황에서는 한 번의 오해, 한 번의 파국적인 사건이 평화적으로 공존해야 할 이유를 깨끗이 지워버릴 수 있다. 암살, 주식시장의 붕괴, 섬뜩한 소문, 석유 발견, 정도를 벗어나거나 의지가 박약한 지도자의 근시안적인 행동 등 수많은 작은 힘이 두 적국을 무력 분쟁으로 조금씩 기울게 만들 수도 있다.

따라서 전쟁의 이유를 찾아내는 건 무척 쉽다. 전쟁과 관련된 사건들을 찾아 거꾸로 올라가면 무수히 많은 요인을 발견할 수 있다. 그러나 전쟁을 그런 비정상적인 외력의 탓으로만 돌려야 할까? 결코 그렇지 않다. 전쟁으로 치닫지 않은 적대국들 사이에서도 똑같은 뜻밖의 충격과 실수를 찾아낼 수 있기 때문이다. 그들이 폭력을 분출하지 않은 이유는, 다섯 가지 힘이 정치와 타협의 여지를 깎아내지 않았기 때문이다. 이런 경우를 분석함으로써 우리는 완전히 파국으로 치닫지 않는 방법을 배워야 할 것이다.

또한 잘못된 원인 분석을 인식하는 방법도 학습하게 될 것이다. 빈곤과 기근, 자연자원, 기후변화, 민족의 해체, 양극화와 불평등, 무기가 평화를 선택하는 동기를 반드시 깨뜨리는 것은 아니다. 적어도 그 자체만으로는 평화를 깨뜨리지 않는다. 물론 이 요인들은 다른 이유로도 끔찍하다. 그렇잖아도 뜨겁게 타오르는 불길에 기름을 붓는 역할을 하기도 한다. 그러나 이 요인들이 먼저 싸움의 불씨를 댕기지는 않는다. 성공과 실패 모두를 면밀히 관찰하고, 여기에 약간의 전략적 생각을 보태면, 살아남아 귀환한 폭격기에는 어떤 탄흔이 있고, 추락해 사라진 폭격기에는 어떤 탄흔이 있는지 파악하는 데 도움이 될 것이다. 여기에서 얻는 교훈은 명확하다. 다섯 가지 기본 논리에 집중하라는 것이다.

마지막으로, 이 기준틀과 다섯 가지 논리를 통해 들여다보는 가장 큰 이유는, 어떻게 해서 어떤 사회는 안정과 평화를 유지하는 데 성공할 수 있었는지를 이해하고, 어떻게 해야 지극히 취약하고 폭력적인 사회도 그런 사회와 비슷해질 수 있는지를 알아내기 위해서다. 이 문제는 2부에서 본격적으로 다룰 것이다. 2부에 담긴 메시지는 간단하다. 안정된 사회는 싸우지 않고도 치열하게 경쟁하는 집단으로 가득하다는 것이다. 마을과 갱단, 민족 집단, 도시와 국가, 더 나아가 세계는 다툼이 전쟁으로 발전하지 않도록 예방하고 무력 분쟁의 동기를 억제하는 많은 방법을 찾아냈다. 이 집단들은 다섯 가지 종류의 실패로부터 크게 영향받지 않을 보호 장치를 구축했다. 비유해서 말하면, 폭격기의 적절한 부분에 보호 장치를 덧댄 것과 같다. 내가 '기본적인 보호 장치'라고 부르는 것으로는 상호의존, 견제와 균형, 규칙과 집행, 개입이 있다. 이 보호 장치들에는 하나의 공통된 비밀이 있다. 다섯 가지 종류의 실패 중 적어도 하나를 해결하는 경우에만 제대로 작동한다는 것이다.

그 다섯 가지 논리를 본격적으로 다루기 전에, 평화의 중력에 대해 먼저 살펴보자.

전쟁의 근원들
1

1

우리는 왜 싸우지 않는가

나는 콜롬비아 벨라비스타 교도소에 수감된 한 재소자에게 당구 전쟁Billiards War에 대해 처음 들었다. 편의상 그의 이름을 '카를로스'라고 하자. 호리호리하지만 근육질의 20대 후반 청년 카를로스는 구금되기 전까지 후미진 구석에서 마약을 소매로 팔았다. 그는 14세 때부터 지역 갱단을 위해 일하면서 마리화나를 팔았다. 그러나 그는 숫자에 밝았고 '삥땅'을 치지 않아, 갱단 두목 '코오르디나도르coordinador'가 그를 유급 단원으로 받아들였다. 시간이 지나면서 카를로스는 갱단에서 차츰 승진했다. 처음에는 무장 강도로 시작했지만 나중에는 마약을 팔았고, 결국 자체 판매 구역을 운영하는 중간관리자까지 올라갔다. 안타깝게도 그 과정에서 카를로스는 마약 중독자가 되고 말왔다. 우리가 처음 만났을 때 그는 머리를 빡빡 깎은 채 갈색 환자복을 입고 벨라비스타의 마약 재활 병동에서 지내고 있었다.

벨라비스타는 녹음이 우거진 산봉우리로 둘러싸인 골짜기 기슭에 있다. 교도소의 양편으로 가파른 산비탈을 올라가면 메데인이라는 도시가 나온다. 메데인은 콜롬비아에서 상업의 중심지다. 경사지 아래쪽으로 골짜기를 따라 하얀 치장 벽토에 황토색 타일 지붕이 덮인 중산층 주택들이 늘어선 조용한 구역이 있다. 이곳의 제조업체들이 콜롬비아에서 소비되는 가구와 식품을 대량으로 생산한다. 하지만 조금 위쪽으로 올라가면, 인간의 거주지로는 너무 가팔라 보이는 경사면에 빈민가가 자리 잡고 있다. 빼곡히 들어선 2~3층 높이의 건물들은 거친 흙벽돌로 지어졌고 지붕에는 주름진 강판이 씌워졌다. 비좁은 골목길에 서서 두 팔을 뻗으면 낙서로 가득한 양쪽 벽이 손끝에 닿는다.

각 공동체에는 '콤보combo'도 있다. 모든 길거리 갱단과 마찬가지로 콤보가 지역 마약 판매 구역을 관리한다. 그러나 메데인에서 콤보는 훨씬 많은 역할을 해낸다. 라시에라 같은 구역의 주요 번화가에 가면, 제과점과 작은 잡화점들이 사탕과 청량음료와 맥주로 잔뜩 채워져 있다. 길모퉁이에서는 경비 역할을 하는 10대 콤보 단원이 눈에 띈다. 이런 따분한 일을 해내는 콤보 단원들은 상당한 대가를 받고 보호 장치를 판매하는 일종의 비밀 단체다. 그들은 일주일에 한 번씩 제과점과 잡화점에 들러, '백신'을 뜻하는 3달러의 '바쿠나vacuna'를 수금한다.

하지만 메데인의 콤보들은 마약을 소매로 판매하고 보호를 명목으로 돈을 뜯어가는 행위에 그치지 않는다. 라시에라에서는 갱단의 허가를 받지 않고는 누구도 달걀과 우유, 가정용 액화가스, 콜롬비아식 토르티야 '아레파arepa' 등 주요 식품을 팔지 못한다. 콤보는 그 지역의

콜롬비아와 메데인

사채 이자율을 결정하고, 돈거래가 있을 때마다 약간의 수수료를 뜯어낸다. 게다가 갚지 못한 빚을 기꺼이 매입해서 추징하는 역할도 마다하지 않는다.[1]

이런 막대한 수입이 보장되기 때문에 메데인의 각 지역은 반드시 지켜야 할 소중한 전리품이다. 그 결과로 메데인의 거의 모든 중저소득 지역은 수백 명에 달하는 무장 갱단이 점령하고 있다. 메데인은 여러 폭력 집단이 관할 구역을 나눈 조각보에 비유되며, 각 집단은 30세가량의 폭력배에 의해 관리된다. 언제 폭력 사태가 벌어지더라도 이상할 게 없는 상황이다.

벨라비스타 같은 교도소는 도시 전역에서 벌어지는 경쟁의 중심지라 할 수 있다. 대다수의 코오르디나도르가 수감되어 있기 때문이다. 도시 당국이 한동안 최선을 다해 최대한 많은 콤보 단원을 체포한 덕분이었다. 하얀 페인트가 칠해진 나지막한 콘크리트 건물에는 적정 수용 인원보다 네 배 많은 재소자가 득실거린다. 그러나 갱단 두목들은 휴대폰과 메신저를 이용해 교도소 안에서도 여전히 그들의 작은 왕국을 운영한다.

그 교도소를 처음 방문할 때 나는 엄격한 규율과 음침한 분위기를 예상했다. 그러나 현실은 예상외로 자유분방했다. 재소자들은 밖에서 입던 티셔츠에 트레이닝 바지나 반바지를 편하게 입는다. 간수들과의 관계도 딱딱하지 않다. 심지어 서로 농담을 나누기도 한다. 엄밀히 말하면 재소자들은 '파티오patio'라고 불리는 건물에 수감되지만, '수감'이라는 표현은 맞지 않는 듯하다. 누구도 감방 안에 머물지 않고, 미로처럼 복잡하게 얽히고 개똥지빠귀의 알처럼 푸른색 페인트로 칠해진 복도를 다소 자유롭게 돌아다닌다.

카를로스의 파티오에서는 파첼리라는 강력한 범죄 집단이 마약과 휴대폰을 불법으로 거래했고, 심지어 감방과 침대 사용료를 징수하기도 했다. 이런 사업들로 말미암아, 파첼리가 교도소 밖에서 지배하던 구역처럼 파티오가 수익을 내는 전략적인 영토가 되었다. 메데인의 각 지역을 지배하는 그 갱단들이 교도소 복도까지 분할해 사이좋게 관할한다.

카를로스가 나에게 알려준 정보에 따르면, 엘메사라는 라이벌 갱단이 파첼리와 같은 파티오에 수감되었는데 그들의 세력이 점점 커져 갔다. 벨라비스타 밖에서도 엘메사의 영토와 조직원 및 수익이 점차 확대되고 있어, 수감된 엘메사 단원들이 파첼리의 파티오 규율에 따라야 하는 걸 짜증내기 시작했다.

2012년 어느 날 오후, 두 집단의 단원들이 파티오의 게임방에서 당구를 치고 있었다. 카를로스는 당구를 치던 단원들이 말싸움으로 시작해서 치고받으며 싸운 이유, 급기야 동료들이 몰려들어 싸움판이 커진 이유를 기억하지 못했다. 십중팔구 사소한 욕설이나 부정행위가 발단이었겠지만, 카를로스의 기억에 따르면 싸움판이 걷잡을 수 없이 커졌다. 엘메사 단원들이 총을 빼들고 파첼리 단원들에게 쏘아댔다. 그들이 감옥에서 총을 어떻게 감췄는지는 완전히 다른 이야기다. 결말은, 23명의 재소자와 간수가 부상을 입고서야 총격이 멈췄다. 놀랍게도 사망자는 한 명도 없었다.

분노와 맞대응이 교도소 밖으로 퍼져나갔다. 파첼리와 엘메사는 동맹들을 모아들이기 시작했다. 수백 명의 폭력단이 양편에 늘어서서 힘을 과시할 태세였다. 엘메사가 동맹으로 선택한 로스차타스의 두목은 메데인에서 가장 강력한 핵심 인물 중 하나로, 톰이라는 가명으로 알려진 인물이었다. 메데인은 전쟁을 향해 째깍째깍 다가갔다.

이 책이 전쟁을 다룬 일반적인 책이라면, 그 후로 몇 주 동안 메데인이 어떻게 유혈극에 빠져들었는지를 이쯤에서 설명하기 시작해야 할 것이다. 예컨대 별개의 앙갚음으로 시작된 것이 피의 복수라는 회오리바람으로 확대되었고, 혼란을 틈타 콤보들이 이웃한 영토를 점령해 해묵은 원한을 갚았으며, 메데인 전역에서 수백 명의 콤보 사이에 힘겹게 유지되던 평화가 무너졌다고 설명해야 할 것이다. 게다가 메데인을 휩쓴 유혈 다툼을 추적해 올라가면 다수의 이른바 '원인'들(부당한 대우에 신음하는 젊은이들, 총기류가 넘쳐나는 도시 환경, 부패한 정치인들, 허약한 사회 질서…)을 어렵지 않게 찾아낼 수 있다고도 덧붙여야 할 것이다.

그러나 '당구 전쟁'은 결코 일어나지 않았다. 엘메사의 힘이 커지면서 파첼리의 간섭을 받는 걸 못마땅해했다. 엘메사는 당구 게임을 하던 중에 발포했다. 게다가 톰의 로스차타스와 동맹을 맺었다. 따라서 메데인 전체가 전쟁을 준비하는 듯했다. 그럼에도 불구하고 폭력 사태는 벨라비스타에서 일어난 한 번의 총격전으로 끝났다. 도시 전역에서 오래 지속되는 갈등으로 발전하기 전에, 파첼리와 엘메사는 타협하기로 결정했다. 긴박한 협상이 있었고, 결국 파첼리가 영토의 일부를 양도했다. 이곳에서는 교도소 복도의 통제권을, 저곳에서는 밀수품 거래권을 넘겼다. 떠오르는 적과 싸울 때 감당해야 할 비용을 고려하면, 그 정도의 양보는 아무것도 아니었다.

이런 암묵적인 거래는 수십 년 전부터 계속돼왔다. 역사적으로 메데인에서 갱단이 실제로 전쟁을 벌인 경우보다 협상과 거래를 통해 전쟁을 피한 경우가 1,000배는 많았다. 골짜기가 푸르른 산봉우리까지 성마른 무장 갱단으로 가득 차 있지만, 메데인의 콤보들은 전쟁을 일으키지 않는다. 그들은 서로 경멸하고, 마약 판매 구역과 교도소 복도를 차지하려고 책략을 쓰면서 간혹 작은 충돌을 벌인다. 그러나 그 지역의 살인율은 아메리카 대륙의 다른 대도시와 비교해 더 낮다.

대부분의 적대 관계가 이런 식으로 흘러간다는 걸 많은 사람이 쉽게 잊고 지낸다. 그러나 적대적인 콤보들이 지배하는 메데인이라는 체스판은 우리 세계가 그대로 투영된 축소판에 불과하다. 세계는 경쟁 관계에 있는 영토 조각들로 짜깁기된 조각보에 비유된다. 영토를 차지하면 부와 권력과 지위가 뒤따른다. 경쟁자들은 이웃의 영토와 자원을 탐내며 약한 쪽을 먹잇감으로 삼고, 강한 쪽으로부터는 자신을 지키려고 애쓴다. 대부분의 인간 집단은 다른 모습을 띤 콤보에 불과하다. 콤보처럼 그들도 싸우지 않으려고 애쓴다.

평화는 전략적이다

다시 메데인의 갱단을 예로 들어 타협의 계산법을 설명해보자. 여기에서 나는 대부분의 경쟁자가 전쟁을 피하는 이유를 설명하는 데 도움이 되는 도구, 즉 간단한 전략 논리 하나를 소개해보려 한다. 게임 이론은 이 책에서 계속 사용되는 데다 평화가 어떻게 깨지고 어떻게 다시 복원되는지를 이해하기 위해서도 약간이나마 배워둘 필요가 있다.

우리가 벨라비스타에서 만난 두 강력한 파벌은 모두 메데인 북쪽 끝에 위치한 베요 지역이 그 뿌리였다. 콤보에게 베요는 기회의 땅이다. 갈취, 마약 판매, 돈세탁, 도피처, 권위 등 거의 모든 것이 가능하다. 베요가 경쟁자들이 나눠 가져야 하는 파이라고 가정해보자. 편의상 그 파이에 100달러의 가치가 있다고 하자.

무력으로 말하면 파첼리와 엘메사가 호각지세라고 가정하자. 요컨

대 한쪽이 공격하기로 결정하면 양쪽 갱단이 승리할 확률이 동전 던지기처럼 똑같이 50퍼센트라는 뜻이다. 이번에는 전쟁 자체를 단순화해서 '모 아니면 도all-or-nothing'라고 해보자. 다시 말하면, 승자가 베요를 영구히 차지하고 패자는 아무것도 얻지 못한다.

누구나 알고 있듯이, 두 갱단은 전쟁에서 누가 승리하더라도 참혹한 결과를 각오해야 한다는 걸 안다. 갱들이 전쟁을 벌이면 경찰은 당연히 두목들에게 주목하기 때문에 체포될 위험이 있다. 게다가 집단 내의 어린 동생들과 친구들이 목숨을 잃고, 총격전 와중에는 누구도 바쿠나를 지급하거나 마약을 구매하지 않을 것이기 때문에 그들의 불법적인 거래선이 약화될 가능성도 있다. 물론 콤보 두목들이라면 민간인의 피해는 아랑곳하지 않겠지만, 전쟁으로 인해 자신들의 리더십과 수익이 손상되기 마련이다. 이런 손실이 협상을 부추기는 강력한 동기다. 설명의 편의를 위해 다시 이 손실에 구체적인 숫자를 부여해보자. 어떤 수치라도 상관없겠지만, 양쪽 갱단이 전쟁으로 인해 전체적으로 파이의 5분의 1, 즉 20달러를 잃게 될 거라고 똑같이 예측한다고 가정하자.

이런 예측의 기반이 되는 핵심적인 전략적 통찰은 간단하다. 전쟁의 참상에 대한 과거의 경험에서 확인되듯이, 양쪽이 전쟁보다 평화적 분할을 선택하는 편이 거의 언제나 더 낫다는 것이다. 20달러는 양쪽이 평화를 선택함으로써 나눠 갖는 보너스 같은 것이다. 전쟁을 선택할 경우에는 양쪽 모두 20달러보다 더 큰 손해를 볼 거라는 게 거의 확실하기 때문에, 이 20달러가 양쪽에게 전쟁보다 영토 분할을 선호하도록 만드는 기준이다. 따라서 이 20달러를 '협상 범위bargaining rage'라고 칭하자.

엘메사의 코오르디나도르는 어떤 선택을 할까? 그는 엘메사가 승

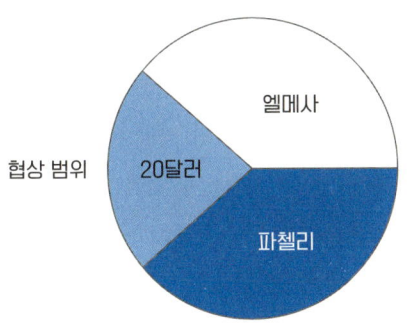

리할 확률도 똑같다는 것을 알고 있다. '베요에서 확보된 수익의 5분의 1을 무시하고, 그 쪼그라든 몫을 차지하기 위해 모 아니면 도의 도박을 해야 하는가, 아니면 영토를 현재 상태로 쪼갤 방법을 모색하는 게 옳을까?'라고 생각할 게 분명하다. 이 경우에는 타협이 더 낫고, 그 계산은 간단한 산수로도 해결된다. 전쟁은 손상을 각오해야 할 80달러에 똑같은 정도로 가해지는 총성이기 때문에 싸움의 기댓값은 40달러다.[2] 달리 말하면, 엘메사의 코오르디나도르는 평화를 선택하는 거래로 엘메사가 베요의 40퍼센트 이상을 지배할 수 있다면 기꺼이 평화를 선택할 것이라는 뜻이다.

파첼리도 똑같은 유혹을 받는다. 게다가 엘메사와 코오르디나도르는 파첼리에게도 똑같은 가능성이 있다는 걸 알고 있다. 양쪽 모두 상대방이 직면한 선택 가능성을 알고 있기 때문에 어느 쪽도 공격을 두려워하지 않는다. 평화를 선택하면 어느 쪽이든 40~60달러의 전리품을 얻을 수 있다. 전리품을 어떻게 나누느냐는 게임이 전개되는 상황에 따라 달라지지만, 전리품을 나눠야 하는 건 분명하다.

여기에서 우리는 중요한 사실을 확인하게 된다. 평화는 형제애와 협력에서 생겨나는 게 아니라 폭력이라는 상존하는 위협에서 생겨난다는 것이다. 한편, 어느 쪽이든 협상력은 상대에게 피해를 주겠다고 위협하는 역량에서 생겨난다. 총기류와 방어 무기, 용병을 고용할 수 있는 자금, 새로운 테러 전술, 수백만 명을 거리로 동원할 수 있는 능력, 군수 공장, 보병 등 경쟁 집단을 압도하는 데 도움이 되는 것이면 무엇이든 협상력을 키울 수 있다. 그러나 상대에게 집을 깡그리 태워버리겠다고 확실히 위협할 수 있을 때에야 비로소 양보를 얻어낼 수 있다. 이마누엘 칸트Immanuel Kant(1724~1804)는 《영구 평화론》에서, 전쟁이 아니라 이런 긴박하지만 비폭력적인 대치를 인간의 자연 상태라고 칭했다.

이 모형과 그에 따른 추정들은 무척 단순하지만, 경쟁에 대한 몇몇 전략적 통찰을 우리에게 전해준다. 그중 하나가, 전쟁 비용이 작든 크든 간에 평화를 기대해야 한다는 것이다. 전쟁으로 인한 손실이 절반에 불과하다면, 예컨대 사망자가 그다지 많지 않고 마약 거래가 크게 중단되지 않으며 체포될 위험도 적다면, 협상 범위 또한 절반으로 줄어들 것이다. 하지만 그렇게 줄어든 범위 내에서도 분할이 전쟁보다 양쪽 모두에게 더 나을 것이다. 전쟁이 많은 비용을 요구하는 한 양측이 만족할 만한 정치적 거래는 언제나 존재한다.

이는 무기가 파괴적일수록 평화를 선택하기가 더 쉬워진다는 뜻이다. 이 명제는 우리의 직관에 어긋나는 듯하다. 막대한 군사비와 신무기 발명이 그 자체로 반드시 갈등의 원인이 되지는 않는다. 주로 힘의 균형이 무너지면서, 그로 인해 파이의 분할이 달라진다. 하지만 그 때문에 전쟁이 더욱 파멸적으로 치닫는다면 협상 범위는 더 넓어질 것이다. 평화로 얻는 배당금도 더 커진다. 여기에서 무기가 강력해짐에 따라 전쟁 빈도가 줄어들었다는 역사의 흐름이 이해된다. 하지만 강력한 무기로 중무장한 적이 싸우려 든다면, 그 전쟁은 아주 특별한 것이 된다. 따라서 시간이 지날수록 전쟁의 수효는 줄어들지만, 일단 전쟁이 터지면 그 결과는 재앙에 가까울 것이라는 예측이 가능하다.[3]

또 하나의 통찰은, 파이의 크기는 물론이고 파이가 줄어드느냐 커지느냐도 중요하지 않다는 것이다. 파이의 크기가 어떻든 간에 전쟁 비용이 크면 협상의 여지가 있기 마련이다. 달리 말하면, 유난히 가난한 지역이 생래적으로 갈등 성향이 크다고 섣불리 단정해서는 안 된다는 뜻이다. 또한 자원의 새로운 발견, 물 공급 축소, 물가 급락, 가뭄이 전쟁으로 이어질 거라고 성급히 예측해서도 안 된다. 협상에서 다른 실패 요인, 즉 협상 동기를 바꾸고 협상의 여지를 없애는 요인이 더해지는 경우라야 전쟁으로 발전한다.

파첼리와 엘메사의 경우, 우리는 양쪽을 호각지세로 보았고, 따라서 거의 똑같은 몫을 차지했다고 상상했다. 그러나 대재앙이 파첼리에게 닥치면 어떻게 될까? 예컨대 연방 기동부대가 기습해서 중간간부들을 체포하고, 은행 계좌를 동결하고 무기와 현금까지 압류하면 어떻게 될까? 이럴 경우, 파첼리가 엘메사와 전쟁해서 승리할 확률이 20퍼센트로 떨어진다고 해보자. 그사이에 엘메사는 마약 거래로 큰 수익을 거둬 무력을 키우고 동맹을 확대한다면, 협상 범위는 파첼리에게 베요의 40~60달러를 인정하던 선에서 16~36달러만을 인정하는 선으로 변하게 된다.[4] 파첼리의 관점에서 보면, 베요라는 파이는 다음 페이지와 같이 그려진다.

중요한 것은 이 새로운 범위에 과거의 분할 몫은 포함되지 않는다는 점이다. 따라서 엘메사는 마뜩잖을 게 분명하다. 그렇다고 엘메사가 베요에서 파첼리가 차지한 영역을 침범해, 확대된 세력만큼의 전

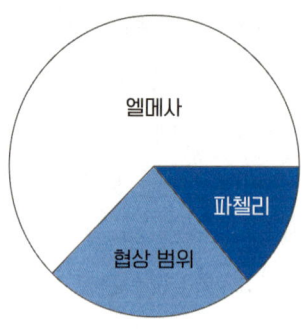

리품을 챙길 거라는 뜻은 아니다. 엘메사는 굳이 전쟁을 시작할 필요가 없다. 파첼리에게는 엘메사가 공격하지 않도록 예방하는 게 최고의 이익이기 때문이다. 파첼리로서는 싸우지 않고 협상하는 게 더 낫다. 그들은 적에게 큼직한 쇼핑센터를 양도하거나, 마약 판매 거점을 지키는 대신 적에게 매년 공물을 바칠 것이다.

여기서 중요한 사실 하나가 확인된다. 힘의 균형이 무너지더라도 평화 유지를 기대할 수 있다는 것이다. 경쟁자들이 서로 혐오하고 큰 충격을 받거나 힘의 이동으로 흔들리는 경우에도 마찬가지다. 일반적으로 동원력과 군사력 및 물질적인 풍요가 부족한 쪽이 파이를 덜 가질 수밖에 없고, 그런 운명을 감수하며 살아야 한다.

끝으로 기억해야 할 것은, 전리품과 세력 간에 불일치가 있더라도 양측이 전쟁보다 협상을 선택하는 게 더 낫다는 사실이다. 다시 베요의 경우로 돌아가보자. 양쪽의 두목이 주판이나 엑셀 스프레드시트를 옆에 두고 앉아 손익분기점을 따져야 한다는 뜻이 아니다. 그러나 양쪽의 대리인들은 때때로 만난다. 그들은 고객의 이익을 대변해야 한다는 가치관으로 철저히 무장된 간교한 협상가들이다. 그리고 어떤 경우에는 세력이 더 강한 갱단이 경쟁 갱단의 영토에 그냥 밀고들어가 마약 판매 거점이나 사업체를 접수하면서, 약한 상대가 싸우지 않고 양보하기를 기대할 수 있다. 이런 비공식적인 협상과 일방적인 강압은 국가와 마을 차원에서도 확인된다. 경쟁자들은 얻는 것과 잃는 것을 개략적으로만 계산해도 많은 것을 파악할 수 있다. 예컨대 경쟁자들이 각자의 힘이 어느 정도인지 확신할 수 없을 때에도 몇 번의 작은 충돌로 그 문제가 깔끔하게 해결된다. 오래 지속되는 분쟁이 필요하지 않다.

물론 지금까지의 설명은 현실을 지나치게 단순화한 것이다. 내가 제시한 예에서 경쟁자는 둘에 불과하며, 각 집단은 일사분란하게 행동하고 상대를 훤히 꿰뚫어보며, 전쟁은 일회성이고 '모 아니면 도'인 문제다. 게임은 더 복잡할 수 있고, 그에 따른 결과도 상당히 다양하게 나타날 수 있다. 하지만 전리품과 세력 간에 불일치가 있더라도 양측 모두에게 싸우는 것보다 협상하는 게 더 낫다는 원칙은 변하지 않는다.

이 원칙은 경쟁자들이 낭비적인 결과를 피하기 위해 협상하고 자원을 교환한다는 더 보편적인 원칙의 한 예다. 이 원칙이 먼저 적용된 분야는 군사적 갈등이 아니라 상업이었다. 기업과 노동조합 간의 협상을 예로 들어보자. '전쟁'을 '파업'으로 교체하면, 통찰은 똑같다. 두 집단은 각자가 대신하는 집단(주주와 노동자)에게 더 유리한 거래를 원한다. 파업과 조업 중단은 양측 모두에게 손해다. 따라서 대부분의 기업과 노동조합은 파업이나 조업 중단을 피하려고 애쓴다. 파업의 위협이 확실하면 고용주는 노동자들에게 양보하는 쪽을 선택한다. 노동경제학자들의 주장에 따르면, 장기적인 파업이 드물 수밖에 없는 이유는 양쪽 모두에게 부담스럽고 비효율적이기 때문이다. 대부분의 경우 그 주장이 맞다. 게다가 파업이 실제로 시작되면, 양쪽 모두 후회하는 경우가 적지 않다.

 법정 분쟁에서도 비슷한 현상이 확인된다. 전쟁이 그렇듯이, 소송에는 많은 돈이 드는 데다 효율적이지도 않다. 합의하는 편이 낫고, 대부분의 소송 당사자가 합의로 끝내려 한다. 합의하려는 정상적인 열망을 무언가가 방해하는 경우에만 지루하고 지저분한 법정 분쟁이 계속된다.[5]

 이런 원칙이 법과 노동에 적용되던 즈음에, 하버드 경제학자 토머스 셸링Thomas Schelling(1921~2016)이 이 전략적 통찰을 전쟁에 적용하기 시작했다. 그 후로 수십 년 동안 많은 학자가 이 논리를 세련되게 다듬었다. 내가 예로 제시한 파이 분할은 스탠퍼드대학의 정치학자 제임스 피어런James Fearon을 인용한 것이다. 피어런은 평화를 원하는 우리의 동기가 어떻게 깨지는가를 체계적으로 연구한 초기 학자 중 한 명이다.[6]

 이런 계산법은 국제관계 이론에도 내포되어 있다. 내가 제시한 접근법은 현실주의적realist 관점에서 갈등에 접근하는 방식(니콜로 마키아벨리부터 헨리 키신저까지 역사적으로 영향력이 매우 큰 사상가들과 정치인들 중 일부가 제시하는 이론)과 유사하다. 그들의 기준에 따르면, 경쟁국들이 서로 공격하는 걸 억제하는 지배적인 권위체가 없는 무질서한 세계에서 국가는 자국의 이익을 위해 분투하는 이기적 집단이다. 평화적인 거래는 양쪽이 싸우지 않는 게 모두에게 이익이라는 걸 깨닫느냐에 달려 있다. 우리가 예시한 파이 분할 연습을 비롯해 비협력적 게임 이론noncooperative game theory은 바로 이런 상황을 설명하기 위해 고안된 것이다.[7]

이리하여 처음에 제기된 질문 '우리는 왜 싸우는가?'로 돌아왔다. 앞에서 말했듯이, 전쟁을 선택하는 데는 크게 다섯 가지 이유가 있다. 그 이유 하나하나가 어떻게든 평화적으로 파이를 분할하려는 노력을 방해한다. 다섯 가지 이유는 단순화된 추정들과 현실주의적 원칙들을 풀어헤치며, 어느 것이 평화에 가장 중요한지를 알려준다. 예컨대 '견제되지 않은 이익'은 집단의 내부 정치가 중요하다는 걸 깨우쳐준다. 특히 지배자들이 견제를 받지 않으면, 사회의 이익보다 개인적인 축재와 영광을 추구하는 경우가 많다는 점에서 내부 정치의 중요성이 부각된다. '무형의 동기'는 사회가 물질적인 파이 외에 추구하는 가치관과 이상일 수 있다. 이상을 추구한다는 열망이 전쟁 비용의 부담을 상쇄할 수 있다. '불확실성'에서, 양측이 동일한 정보를 확보하고 상대의 협상력을 파악하고 있을 거라는 가정이 무너진다. '이행 문제'로 말미암아 시간이 지남에 따라 힘의 크기에 변화가 생기고, 평화를 유지하기 위해서 한쪽이 상대에게 확실히 넘겨줄 수 있는 것의 크기도 달라진다. 끝으로 우리의 '잘못된 인식' 때문에 컴퓨터처럼 항상 냉철하게 파이를 분할하는 것은 아니라는 걸 깨닫게 된다. 우리 자신과 적을 잘못 판단할 때 그 결과로 우리는 예측 가능한 실수를 범하게 된다.

다음 다섯 장에서는 다섯 가지 논리를 하나씩 자세히 살펴볼 것이다. 그러나 조심해야 한다. 실패가 반복되면, 지금까지 핵심 명제로 삼았던 '전쟁은 예외지 규칙이 아니다'가 쉽게 잊힐 수 있다. 하지만 그런 불행이 닥치더라도 세계를 떠받치는 견고한 구조, 우리에게 주어진 도구, 평화의 견인력을 망각하지 않도록 노력해야 한다.

2

견제되지 않은 이익

반군 사령관은 낙담한 표정으로 맥주잔을 멍하니 바라보았다. 작은 키에 호리호리한 체구였고, 더러워진 흰색 민소매 셔츠에 청바지를 입은 모습이었다. 화이트 플라워White Flower로 알려진 그 남자는 내 맞은편의 플라스틱 간이 의자에 구부정하니 앉아 있었다. 몇 달 전만 해도, 서른 남짓한 그가 반군 사령관으로서 1,000명의 용병을 지휘했다. 그들은 서아프리카 정글에 조성된 고무농장을 지배했다. 그곳에서 일하는 노동자만도 1만 명에 가까웠다. 그 많은 노동자가 매일 수백만 그루의 고무나무에서 우윳빛 수액을 채취했다. 화이트 플라워와 그의 지휘관들은 한 그루 한 그루에 세금을 부과해서 매달 4만 달러까지 거둬들였다. 하지만 그날 밤, 그는 맥주를 살 여유조차 없었다.

그날 밤은 후텁지근한 데다 칠흑같이 어두웠다. 라이베리아에서 대부분의 중간 규모 도시가 그랬듯이, 그린빌에도 10년 이상 전기가 공급되지 않았다. 조리용 화덕에서 깜빡이는 불빛만이 깨진 포장도로를 따라 드문드문 보였다. 노점상들은 임시변통으로 만든 석쇠 앞에 쪼그리고 앉아 행인들에게 기름진 생선을 팔았다.

종말 이후의 모습을 보는 듯한 느낌이 물씬 풍겼다. 당시는 2009년, 라이베리아 내전이 끝나고 6년이 지난 때였다. 휴전이 체결되기까지 14년 동안, 서아프리카의 그 작은 나라에는 안정된 순간이 잠시도 없었다. 국토 전체가 전쟁터였고, 국민 열 명 중 거의 한 명이 죽었다. 절반은 고향에서 쫓겨났다. 약탈과 전투로 그린빌 같은 마을들은 황폐화되었고 인구가 크게 줄었다.

화이트 플라워의 진짜 이름은 레온^{Leon}이었다. 그러나 그는 가명을 더 좋아했다. 어둠이 내린 뒤에 그 깡마른 전前 사령관은 두 거구의 심복을 양쪽에 거느리고 나타나서 나를 구석진 곳으로 데려갔다. 그러고는 내가 머무는 호텔에서 가까운 노점상 앞에 앉았고, 덕분에 내 손가락은 물고기 기름으로 번질거렸다.

몇 달 전, 화이트 플라워와 그의 무리는 라이베리아 경찰과 유엔 평화유지군, 그리고 '세금'을 내고도 아무런 보상을 받지 못하는 데 지치고 분개한 수액 채취꾼들로 구성된 혼성군의 공격을 받아 고무농장에서 쫓겨났다. 엎친 데 덮친 격으로, 나 같은 외국인들이 일자리와 교육을 약속하며 정글까지 들어와서는 화이트 플라워의 하급 전투병들에게 무기를 내려놓으라고 꼬드겼다. 당시 나는 동원 해제 프로그램을 연구하고 있었을 뿐 운영까지 하지는 않았다. 그러나 화이트 플라워는 그런 구분에 관심이 없었다.

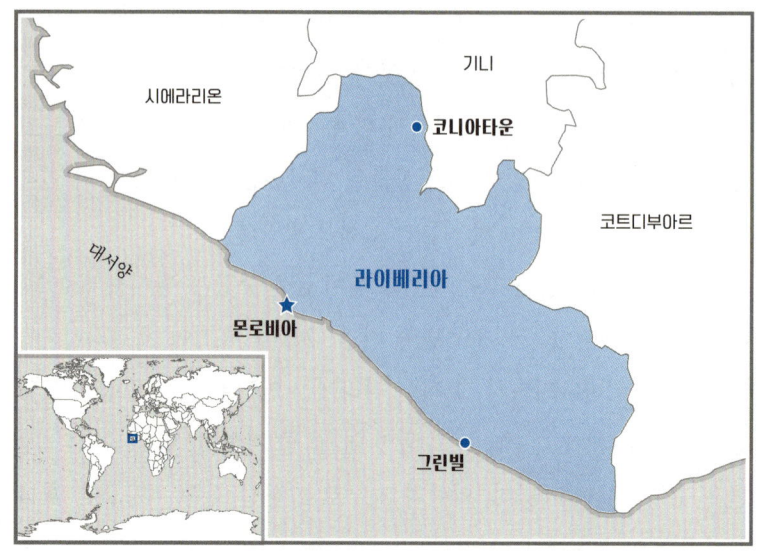

라이베리아

　어둠 속에서 가끔 맥주를 홀짝이며, 화이트 플라워는 자신에 대한 이야기를 나에게 털어놓았다. 라이베리아는 그 땅의 자원을 적극적으로 활용할 의지와 능력을 지닌 사람들에게 풍요롭기 그지없는 땅이었다는, 동화 같은 이야기가 시작되었다. 울창한 열대우림으로 뒤덮인 라이베리아는 그 땅에서 생산되는 상품들을 서구 세계에 팔았다. 목재는 프랑스에, 고무는 일본과 미국에 팔았고, 정글 깊은 곳을 흐르는 개울을 준설해서 채굴한 금과 다이아몬드는 벨기에의 돈벌이가 되는 시장에 넘겼다. 그런 자원들을 바탕으로 라이베리아는 발전의 기틀을 다지고 소외된 국민에게 건강과 교육을 제공할 수 있었다. 비전을 지닌 사람들은 공동체의 이익을 위해, 필요하면 폭력을 써서라도 그 자원들을 장악해야 했다.

이런 멋진 대의와 총기류를 무기로, 젊은 화이트 플라워는 시노에 고무농장Sinoe Rubber Plantation을 손에 넣을 수 있었다. 물론 가장 큰 역할을 한 것은 총기류였다. 화이트 플라워도 나만큼이나 잘 알고 있겠지만, 그가 약속했던 병원이나 학교는 단 한 곳도 세워지지 않았다.[1] 게다가 전쟁이 그에게 이익이 된다면 그는 주저 없이 전쟁을 다시 시작할 인물이었다.

라이베리아에서 대부분의 군벌軍閥이 그랬듯이, 화이트 플라워도 전쟁을 통해 부자가 되었다. 국가는 고통에 신음했지만, 분쟁은 그에게 땅과 돈과 권력을 안겨주었다. 더 넓은 영토를 점령할 기회가 생기면 화이트 플라워는 결코 놓치지 않았다. 그에 따르는 위험과 부담은 대체로 그가 고용한 용병들과 애꿎은 평민들이 짊어졌을 테니 그가 걱정할 게 무엇이었겠는가?

다행히 라이베리아 정부와 유엔 평화유지군은 화이트 플라워의 수법을 꿰뚫어보고 있었다. 정부 측은 철저하게 준비했다. 정부군이 압도적인 병력을 이끌고 시노에 고무농장에 들이닥쳤을 뿐만 아니라, 화이트 플라워의 병사들에게 총을 내려놓는 대가로 (내가 언급한 프로그램을 비롯해) 다양한 유인책을 제시했으며, 화이트 플라워와 그의 심복들에게도 상당한 액수의 '퇴직금'을 지급했다.

그러나 안타깝게도 화이트 플라워는 돈 관리에 재주가 없었다. 몇 달 지나지 않아 그가 받은 퇴직금은 바닥을 드러냈다. 그날 밤이 깊어감에 따라 그가 나에게 관심을 보인 이유가 분명해졌다. 그는 내 프로젝트팀에서 일하고 싶다면서 "나라면 이곳 사람들이 당신에게 협력하도록 만들 수 있을 겁니다"라는 설명까지 보탰다. 그 말에는 의심의 여지가 없었다. 그러나 그즈음 화이트 플라워가 더는 공포의 대상이 아니라는 건 분명했다. 그는 애처로운 패자였다. 나는 그의 제안을 정중히 거절하고 길을 건너 호텔로 돌아갔다. 잠자리에 들 시간이었다.

독재자 및 과두제의 문제

많은 점에서 화이트 플라워의 우화는 라이베리아의 역사와 닮았다. 라이베리아는 1821년 미국의 식민지로 건국된 이후 세계에서 몇 안 되는 독립 흑인 공화국 시기를 거쳐, 1989년에 시작되어 지루하게 계속된 끔찍한 내전을 겪었다.

라이베리아의 이야기도 풍부한 자연자원으로 시작했지만, 화이트 플라워가 그랬듯이 기업인과 지주로 이루어진 소수의 지배 계급이 그 자원들을 장악해 개인적인 축재에 사용했다. 미국에서 자유인으로 태어난 흑인들이 19세기에 서아프리카로 돌아와 그 작은 해안 지역을 정복했다. 깡마른 젊은 군벌이 용병을 활용해 고무나무 농장을 지배했듯이, 미국계 라이베리아 엘리트들은 군사적 통제력을 이용해서 대부분의 광산과 농장, 총기와 사업권, 서구의 원조를 장악했다.

총기와 경제력이 이렇게 집중됨으로써 소수의 정치 계급이 대중에게 거의 아무런 책임도 지지 않게 되었다. 라이베리아는 점차 지상에서 가장 전제적인 국가 중 하나가 되었다. 화이트 플라워가 자신의 농장에서 그랬듯이, 라이베리아의 대통령에게 견제와 균형이라는 문제는 거의 제기되지 않았다. 결국 지도자들과 그들의 한정된 도당에게 라이베리아는 오랫동안 개인적인 봉토였다.[2]

강력한 대통령이라는 지위는 군벌, 군 장성, 야당 정치인 등 모두가 손에 넣고 싶어 하는 매력적인 전리품이 되었다. 신속한 무혈 쿠데타로 대통령직을 차지할 수 있다면 그보다 좋을 것은 없었다. 그러나 지배력을 얻기 위해 반란이 필요하다면, 그에 따른 희생의 대부분은 다른 사람들의 몫이었다. 이 장에서 말하고자 하는 핵심이 바로 이것, 즉 지배 계급의 비용-편익 계산법이 왜곡되었다는 것이다. 나는 이런 왜곡 현상을 리더십의 '전쟁 편향war bias'이라고 칭할 것이다.

분쟁을 일으키느냐 마느냐를 결정하는 사람들이 추정하는 일련의 위험과 보상이, 그들이 대변한다는 사회의 그것과 다른 경우에 전쟁 편향이 발생한다. 달리 말하면, 리더들의 사적인 동기가 공익과 다를 때 전쟁 편향이 드러난다.

어디에서나 그런 것은 아니다. 예컨대 부와 총기, 생산수단이 소수에게 집중되지 않고 광범위하게 분포된 사회가 적잖이 존재한다. 또 지배층을 견제하는 정치 규칙과 사회 규범이 확립되어 지배층이 피지배층의 동의를 구할 수밖에 없는 국가도 적지 않다. 이런 제도와 권력 분배가 있을 때 지배자는 자신의 이익을 공공의 이익에 맞추고, 궁극적으로는 견제와 균형에 이르게 된다. 결국 핵심은 '지배 계급을 견제하는 요소들이 갖춰진 사회가 평화를 추구하는 경향을 띠는 이유는 지도자들이 어느 정도까지는 전쟁 비용을 고려하지 않을 수 없기 때문'이라는 것이다. 그런 제약이 없을 때 지배자들이 물리적 싸움을 시작할 가능성이 더 높아진다.

논란의 여지가 있지만, 라이베리아를 포함해 사하라사막 남쪽에 위치한 국가들이 20세기 후반 세계에서 가장 폭력이 만연한 지역이 된 이유도 여기에 있다. 아프리카 대륙에는 성급한 탈식민지화로 지상에서 가장 무책임한 정권이 군림하는 국가가 적지 않았다. 권리와 책임이 정부의 각 부서에 적절하게 분배되지 않았다. 많은 대통령이 군 통수권자인 동시에 국고 관리자였고, 모든 직책의 임명자였고, 심지어 대학 총장이기도 했다. 권한이 수도에 집중되었고, 지방정부는 독자적으로 세금을 징수하거나 지출할 수 없었다. 권력도 개인화되는 경우가 많았다. 지배 계급은 안정된 법과 제도를 통하지 않고 개인적인 변덕과 친구, 지갑으로 통치했다.[3]

이처럼 승자가 모든 권력을 독식하는 정치 체제에는 위험이 뒤따랐다. 중간 계급 장교들은 쿠데타로 대통령직을 찬탈하겠다는 의욕에 불탔고, 야심찬 군벌들은 반란을 시도해 권력을 잡아야 한다는 유혹을 받았다. 반면 완고한 대통령에게는 필요하면 무력을 사용해서라도 쿠데타와 반란을 진압하겠다는 동기부여가 있었다. 이런 싸움의 비용은 권리라고는 없는 민중이 부담해야 했지만, 승리의 혜택은 전적으로 지배자의 몫이었다.

하지만 전쟁 편향을 사하라사막 남쪽 지역에 국한된 문제라고 생각해서는 안 된다. 인류 역사에서 대부분의 정부는 권력을 중앙에 집중시켰고 개인화되었으며 불공평했다. 따라서 몹시 전쟁 편향적이었다. 한편, 지배자의 유형(신격화된 군주, 황제, 여왕, 술탄, 대통령, 쇼군, 군사독재자)은 지역마다 달랐다. 그러나 정권을 뒷받침하는 주축 집단은 장군, 고위 관리, 장관, 대제사장, 정당의 실권자, 이맘, 관료, 귀족, 지주 등으로 비슷했다. 이런 과두제는 지역에 따라 포괄적인 정도가 달랐지만, 어느 쪽이든 모든 지배 계급은 '의사결정에서 대중을 배제한다'는 하나의 원칙에 동의했다. 중요한 선택은 전적으로 엘리트, 즉 지배 계급의 전유물이었다. 그들이 사회에서 누가 어떤 역할을 맡을지 결정했다. 세금과 지대는 모두 그들의 주머니에 들어갔다. 그들은 회유와 억압으로 통치하면서 도전하는 세력을 자신들의 일부로 흡수했다.

군벌들이 라이베리아를 휩쓸며 초토화하기 몇 세기 전, 북쪽에서 또 한 명의 폭군이 등장했다. 태양왕, 프랑스의 루이 14세는 "짐이 곧 국가다L'État, c'est moi"라고 선언했다. 선거를 통해 민중에게 적법성을 인정받아야 한다는 제약이 없었던 루이 14세 같은 통치자들은 목표 성취를 위해 폭력을 사용하는 데 거리낌이 없었다.

중세 유럽과 근대 초기 유럽에서 전쟁은 '왕들의 오락sport of kings'이라 불렸다. 수세기 동안 유럽의 군주국과 공국 및 공화국은 주기적으로 전쟁을 벌였다. 역사학자들은 이 견제받지 않은 엘리트들의 탐욕과 사익 추구가 끝없는 전쟁의 원인이라고 보았다.[4] 이 냉혹하고 이기적인 계산법에 대한 초기 설명은 니콜로 마키아벨리Niccolò Machiavelli(1469~1527)가 원조라 할 수 있다. 외교관이었던 마키아벨리는 1400년대 후반 피렌체에서 성장했는데, 당시 피렌체는 강력한 금융 가문에서 통치자로 변신한 메디치 가문의 지배를 받았다. 메디치 체제는 비록 짧은 기간이나마 공화국 체제에 권력을 넘겼는데, 공교롭게도 마키아벨리가 공무원으로 일한 시기가 이 공화정 시대와 일치한다. 하지만 1512년 메디치 가문이 권력을 되찾자, 크게 실망한 마키아벨리는 공직을 박차고 나왔다. 그는 글을 쓰며 여생을 보냈는데, 독재 정부를 위한 유명한 안내서 《군주론》도 그때 쓴 것이다.

마키아벨리는 격동의 시대에 살았다. 당시는 유럽에 존재하던 수백 개의 작은 정치조직체가 수세기 전부터 치열하게 분쟁하던 때였다. 라이베리아 군벌들에게는 마키아벨리의 세계가 친숙하게 여겨졌을 것이고 그의 조언도 설득력 있게 받아들여졌을 것이다. 날씬한 체구에 엄격한 외교관이었던 마키아벨리는 권력과 지배적 우위를 탐하는 통치자의 욕망을 당연한 것으로 보았다. 그의 설명에 따르면, 군주는 그 목적을 달성하기 위해 "전쟁 외에 다른 목표나 수단을 생각하지 말고, 다른 것을 연구 대상으로 삼아서도 안 된다". 오늘날에는 마키아벨리가 《군주론》을 쓴 의도에 대해서도 의견이 분분하다. 그가 피렌체를 지배하던 가문의 환심을 사기 위해 썼다고 평가하는 학자들이 있는 반면, 메디치 가문의 통치 방식을 경멸한 그가 그 논리와 잔혹성을 기록하기 위해 썼다고 주장하는 학자들도 있다.[5] 현상을 극복하기 위한 처방이었든 현상에 대한 객관적 서술이었든, 마키아벨리의 책은 지배자들이 분쟁 비용을 어떻게 무시할 수 있는지를 설명했다. 마키아벨리의 설명이 맞다면, 군주에게 중요한 것은 개인적인 권력 강화였다. 이 논리에 따르면, 전쟁은 피할 수 없는 것이 된다. 전쟁은 지배자의 개인적인 이득을 위해 행해져야 한다. 달리 말하면, 분쟁으로 인해 발생하는 이익은 사유화하고, 그 비용은 사회화한다는 뜻이다.

이렇게 견제되지 않은 사적 이익은 크게 과장된 형태로 나타날 때 상대적으로 쉽게 발견된다. 그런 이유로 내가 20세기 말의 아프리카와 근대 초기의 유럽을 사례로 선택한 것이다. 개방적이고 민주화된 사회에서 전쟁 편향을 찾아내기는 무척 어렵다. 그렇긴 해도, 견제되지 않은 사적 이익의 영향은 확연히 눈에 띄지는 않지만, 개방적인 사회에도 분명히 존재한다. 따라서 그 영향을 찾아내는 법을 배울 필요가 있다. 이를 위해서는 극단적인 사례에서 벗어나, 라이베리아에 식민지를 세우고 지배한 국가, 즉 최초의 근대 민주주의 국가 미국으로 눈을 돌려보자. 건국을 위한 혁명과 관련해서 미국인들은 자유주의적 이상에 기반한 역사 이야기를 배운다. 하지만 일부 학자는 그 이야기에서 마키아벨리적 색깔을 찾아낸다.

미국의 비열한 혁명

1732년 특별할 게 없는 담배농장주의 둘째 아이로 태어난 조지 워싱턴George Washington(1732~1799)은 버지니아주의 엘리트 농장주 사회에서 변방을 맴돌 뿐이었다. 운 좋게도 그의 형이 식민지에서 가장 강력한 가문과 결혼한 덕분에, 큰 키를 감당하지 못해 흐느적거리며 걷는 것처럼 보이던 조지는 강력한 후원자들을 얻게 되었다. 그 후원자들이 막후에서 힘을 써준 덕분에 그는 누구나 탐내던 공직, 카운티 측량사가 되었다.

당시 버지니아주는 상당히 안정적인 지역이어서 토지 경계 측량이 큰 돈벌이가 되지는 않았다. 하지만 서쪽으로 앨러게니산맥 너머에는 프랑스인은 말할 것도 없고 원주민을 무시할 경우 수백만 에이커의 주인 없는 땅이 있었다. 측량사로 임명되고 며칠 지나지 않아 조지 워싱턴은 변경으로 향했고, 그의 후원자들이 가장 좋은 땅의 소유권을 주장할 수 있도록 도움을 주었을 뿐만 아니라, 자기 자신을 위해서도 최상급은 아니지만 썩 괜찮은 땅을 찾아 돌아다녔다. 당시 그의 나이는 겨우 17세였다.

젊은 조지와 그의 후원자들은 소유욕에 사로잡혀 있었다. 값싼 땅의 소유권을 주장하고 그런 땅을 매입한 뒤에 재빨리 전매하는 행위가 13개 식민지 전역에서 횡행했다. 식민지에서 대부분의 큰 재산은 땅 투기로부터 얻은 것이었다. 하지만 워싱턴과 그의 후원자들에게는 유감스럽게도 프랑스 또한 영토에 대해 끝없이 욕심을 부렸다. 프랑스군이 비옥한 오하이오강 골짜기 아래, 지금의 피츠버그 근처에 줄지어 요새를 건설하기 시작했다. 워싱턴이 일찍이 말뚝을 박아 소유권을 확보해둔 지역까지 프랑스군은 거침없이 침범해 들어왔다.

워싱턴의 강력한 후원자들은 다시 그를 앞세워 대응에 나섰다. 이번에는 군대의 지휘관이 되었다. 훤칠한 키에 어깨도 넓어 군 지휘관처럼 보이기는 했다. 게다가 워싱턴은 지휘관으로서 타고난 재능을 마음껏 보여주었다. 부유한 후원자들은 그를 미국인과 이로쿼이족으로 구성된 민병대의 대장으로 임명해 서쪽 변경지대로 파견했다. 그의 나이 22세였다.

프랑스 식민군은 수적으로 워싱턴의 민병대를 압도했다. 1754년 당시 영국과 프랑스는 평화롭게 지내고 있어, 프랑스는 총을 쏘지 않고 오하이오강 골짜기를 점령할 수 있기를 원했다. 오합지졸에 가깝던 버지니아 민병대가 북쪽으로 프랑스의 듀케인 요새를 향해 진격하자, 요새 사령관은 워싱턴의 진격을 차단하고 교섭할 목적으로 협상단을 파견했다. 프랑스는 싸우지 않고 협상하기를 바랐다.

프랑스 협상단이 접근해오고 있다는 걸 알았지만 그들의 의도를 알 수 없었던 워싱턴은 숙명적인 결정을 내렸다. 매복해 있다가 그들을 제압하기로 결정한 것이다. 달빛도 없이 비가 추적추적 내리는 밤, 그는 민병대를 이끌고 밤새 전진한 끝에 기습 공격을 감행했다.

다음에 어떤 일이 벌어졌는지는 불분명하고 논란이 많다. 여하튼 프랑스 협상단이 기습 공격을 받아 총 한 발도 쏘지 못한 채 항복했다는 게 대다수의 생각이다. 어쩌면 전쟁 경험이 없던 젊은 워싱턴이 민병대를 제대로 통제하지 못했을 수도 있다. 현재 우리가 알고 있는 바에 따르면, 민병대와 이로쿼이족 안내인들이 프랑스 협상단 대다수를 살해하고 머리 가죽을 벗겼다. 협상단장도 그 비극을 피하지 못했다. 공격이 끝난 뒤 워싱턴이 자리에 앉아 총독에게 그 승전을 알리기 위

식민지 시대의 미국, 1700년대 중반

해 편지를 쓰기 시작했을 때도 그 정치적 재앙은 그의 머릿속에서 그다지 중요하지 않았다. 워싱턴이 처음 여덟 구절을 할애해 자신의 낮은 보수에 대한 불만을 늘어놓은 뒤에야 그날 밤의 끔찍한 사건을 언급하기 시작했다는 게 그 증거다.

한 영국 정치인은 그 결과를 이렇게 압축해 표현했다. "아메리카의 산간벽지에서 버지니아주 출신 한 청년이 명령한 일제 사격이 온 세계를 불바다로 만들었다." 워싱턴의 매복과 기습 공격은 일단 지역 갈등에 불을 지폈지만, 2년 뒤에는 유럽인들의 7년전쟁 Seven Years' War으로 발전했다. 유럽의 모든 강대국이 끼어든 이 전쟁은 1763년까지 지속되었다. 워싱턴의 부정직하고 어설픈 토지 소유권 주장이 지루하고 치명적인 세계적 갈등을 촉발하는 데 일조한 셈이다.[6]

미국인들이 오래전부터 배운 미국의 기원 이야기와는 사뭇 다르다. 미국인들에게 익숙한 이야기에서 워싱턴은 절제되고 금욕적이며 명예를 중요하게 생각하는 리더로 그려진다. 또 자유를 사랑해서 독립을 위해 자신의 목숨과 운명을 내건 사람으로도 묘사된다. 따라서 미국 독립을 위한 혁명은 이기적인 욕심이 아니라 이데올로기에서 비롯되었다고 설명한다.

더 고결한 이 설명도 틀린 것은 아니다. 그러나 땅과 개인적인 축재 또한 초대 대통령의 마음에서 큰 부분을 차지한 것이 사실이다. 실제로 많은 전기작가가 그렇게 썼지만 교과서에서 묵살한 경우가 적지 않다. 한 전기작가는 "워싱턴의 글에서 땅, 더 정확히는 자기 소유의 땅을 향한 사랑만큼 자주 언급된 주제가 없다"라고 지적할 정도다.[7] 또 하나의 주제는 퇴폐decadence다. 조지 워싱턴은 낭비벽이 심했다. 그는 최고급 마차, 최고급 의상, 최고급 가구를 원했다. 땅부자였지만 현찰은 많지 않았던 까닭에 그는 영국 상인들에게 빌린 돈으로 호화로운 삶을 꾸려갔다.

혁명 전에 워싱턴은 이처럼 끝없이 부를 추구했다. 7년전쟁이 끝났을 즈음, 그는 서부에서 엄청난 지역에 대한 권리를 축적했고, 합법적으로 매입한 땅도 조금 있었다. 어떤 경우에는 법망을 피해서 가명이나 친척의 이름으로 은밀하게 매입하기도 했다. 게다가 민병대원들을 희생시킨 대가로 획득한 땅도 있었다(일부였지만 분노한 참전용사들이 그렇게 주장했다). 이런 책략의 결과로, 워싱턴은 역사상 가장 부유한 대통령으로 세상을 떠났다. 한 순위표에 따르면, 워싱턴은 미국 역사에서 59번째 부자다.

이런 사적인 이익 추구가 20년 뒤 영국으로부터 독립해야겠다는 워싱턴의 결정에 어떤 영향을 미쳤을까? 뒤에서 보겠지만, 미국 독립혁명American Revolution에는 당시 새롭게 깨우친 자결권이라는 고결한 이데올로기를 비롯해 많은 원인이 있었다. 자결권을 빼놓고는 혁명을 이해하기 어렵겠지만, 워싱턴 같은 건국의 아버지들이 추구한 경제적 사욕과 그에 따른 전쟁 편향을 무시한다면 어리석은 접근법이 아닐 수 없다.

조지 워싱턴의 재산에 가장 큰 위협은 영국과의 지속적인 연합이었다. 1770년대에 영국 정부는 워싱턴의 재산 가운데 소유 관계가 미심쩍은 토지의 일부를 무효화했다. 심지어 오하이오강 골짜기의 대부분을 캐나다에 넘기겠다고 약속했는데, 그중에 워싱턴이 가장 소중하게 생각하는 땅이 적잖이 포함돼 있었다. 영국 정부가 캐나다에 그 약속을 지킨다면, 워싱턴은 힘들게 축적한 모든 것을 포기해야만 하는 처지였다.

미국 〈독립선언Declaration of Independence〉에 서명한 많은 사람이 마찬가지였다. 영국의 식민 정책이 예정대로 진행되면, 워싱턴처럼 그 엘리트들도 잃을 게 어마어마하게 많았다. 당시 대부분의 미국인은 혁명전쟁, 즉 독립전쟁을 반대했지만, 그 시기에 대부분의 미국인에게는 투표권이라는 것이 없었다. 건국의 아버지들에게 닥친 위험과 수익은 대다수 미국인들과는 무관했다. 건국의 아버지들이 향유하던 특권들(무역에 따른 수익, 서부 지역의 광활한 토지 소유, 노예 소유권, 그들의 통제하에 있던 지역 입법부)이 영국의 식민 정책으로 약화될 수밖에 없었던 것은 우연의 일치가 아니었다. 식민지에서 정치계와 경제계를 장악한 계급이 영국 정부에 압력을 넣어 무역과 상거래 관련 정책들을 변경할 수 없다면, 독립만이 그들의 특권을 유지할 수 있는 유일한 방법이었다.

따라서 미국 독립혁명이 일어난 이유를 제대로 분석하려면 이 엘리트 계급의 동기를 고려할 필요가 있다. 많은 사람이 미국 독립혁명을 불가피했던 것으로 생각한다. 그러나 캐나다와 오스트레일리아는 영국으로부터 평화적으로 독립하는 길을 찾아냈다. 이 책에서 주장하는 이론이 맞다면, 13개 식민지와 영국도 싸우지 않고 협상하는 방법을 찾아냈어야 하지 않을까? 미국 독립혁명의 구호는 "대표 없이는 과세도 없다No taxation without representation"였다. 왜 협상하지 않았을까? 이 의문에 대한 여러 답이 이 책에서 주어질 것이다. 그중 하나가 '견제되지 않은 사적 이익'이다. 물론 이것만으로는 미국 독립혁명을 설명하지 못하지만, 평화적인 협상을 더욱 취약하게 만든 것은 분명하다. 다시 파이를 이용해서, 견제되지 않은 사적 이익이 어떻게 작동하는지 자세히 설명해보자.[8]

견제되지 않은 사적 이익의 작동 원리

13개 식민지의 토지와 세금, 그 밖의 전리품이 영국 정부와 미국 식민지 개척자들이 나눠 가질 파이라고 가정해보자. 독립혁명 전에 영국 정부는 오늘날 대다수의 미국인이 아는 것보다 더 작은 몫을 차지했다. 영국이 공산품을 비롯해 여러 가지 상품을 식민지에 판매하는 등 다양한 경로로 수익을 챙긴 것은 사실이다. 하지만 영국 정부는 측은할 정도로 식민지에 세금을 거의 부과하지 않았다. 영국인이 영국 정부에 납부한 세금은 1인당 평균 26실링이었지만, 뉴잉글랜드, 즉 식민지 주민들은 고작 1실링을 납부했을 뿐이다.

영국은 지칠 대로 지친 상태였다. 오래전부터 제국을 유지하느라 많은 돈을 쏟아부었기 때문이었다. 게다가 조지 워싱턴이 불을 지핀 전쟁에서 프랑스로부터 13개 식민지를 방어하느라 부담한 빚도 상당했다. 더는 특전을 베풀 수 없었다. 아메리카 대륙을 방어하고 관리하는 데 필요한 비용을 식민지 주민들에게 요구할 때가 되었다. 그래서 영국 정부는 그들에게 세금을 부과하기 시작했다.

식민지 주민들은 당연히 격분했다. 그들은 왜 세금을 납부해야 하느냐고 물었다. 특히 "의회에 우리를 대변하는 대표가 없는데 세금을 납부해야 할 이유가 무엇인가?"라며 이의를 제기했다. 미국인들은 이 기적이고 반쯤은 상상해낸 고대의 헌법 원칙, 즉 그들을 대표하는 입법부만이 과세할 수 있다는 원칙을 들먹였다.

양측은 각자의 논리를 전개하며 입씨름을 벌였다. 결국 치열한 물리적 충돌이 지루할 정도로 오랫동안 계속되어 많은 비용을 치러야 했다. 그렇다면 왜 그들은 중간지대를 찾아내지 못했을까? 미국은 영토를 방어하고 기반 시설을 마련하는 데 필요한 세금을 납부하고, 영국은 식민지에 더 많은 대표를 인정하는 타협안을 마련하지 못한 이유가 대체 무엇이었을까? 다시 파이로 돌아가자. 양측이 승리할 확률이 똑같고, 리더들이 20달러의 비용을 모두 부담해야 한다고 가정하면, 협상 범위에 있는 20달러를 평화롭게 분할할 때 양측이 얻는 이익이 더 크다.

그런데 이런 가정과 결론이 성립하려면, 각 집단이 통일된 전체이고, 지배자들이 자신의 이익보다 집단 전체의 이익을 극대화하기 위해 진실로 노력한다는 전제가 필요하다. 다시 말하면, 조지 워싱턴이

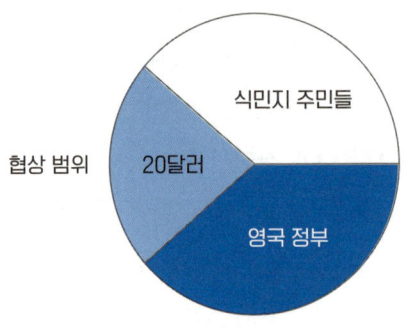

식민지 주민들에게 돌아갈 비용과 편익을 자신의 고통과 즐거움인 양 면밀히 따져보고, 땅에 대한 자신의 끝없는 욕심을 억제하고, 더 큰 대의를 위해 서부의 귀중한 영토를 캐나다에 양보할 수 있어야 한다는 뜻이다. 물론 영국 정부 쪽에서는 조지 왕과 의회를 운영하는 귀족들이 자신의 이익에 연연하지 않고, 하급 병사들의 안전만이 아니라 영국 상인들에게 미칠 부정적인 영향을 고려해야 한다는 뜻이다(두 계급 다 투표권이 없었다). 양측의 지배 계급이 그렇게 처신한다면, 전쟁은 위험하고 많은 비용을 요구하는 도박이 된다. 요컨대 승리하면 모든 것을 얻지만 패하면 모든 것을 잃게 되는 치명적인 동전 던지기가 되는 것이다. 기억하겠지만, 이런 폭력적인 도박도 기댓값이 40달러를 넘지 않는다. 따라서 파이의 40퍼센트 이상을 제공하는 평화적인 분할이 전쟁보다 더 나은 거래가 된다.

　자애로운 전제군주, 즉 집단의 이익을 우선적으로 선택하는 지배자라는 가정이 성립하지 않으면 어떻게 될까? 그 답을 구하기 위해 이번에도 상황을 최대한 단순화해보자. 워싱턴을 이기적인 땅 투기꾼이자, 건국의 아버지들이라는 협소한 지배 계급의 리더라고 가정하는 것이다. 조지 왕와 영국 귀족들도 똑같이 견제받지 않으며 이기적이라고 가정한다.

이렇게 극단적으로 단순화한 경우, 이기적이고 무엇에도 책임을 지지 않는 도당은 전쟁 비용을 무조건 무시할 게 분명하다. 지도자들은 자신들에게 할당된 상대적으로 작은 파이에만 관심이 있을 뿐, 다른 모든 것을 무시한다. 때문에 협상 범위가 좁아진다. 그림으로 표현하면 아래와 같다.

하지만 아직은 무장 혁명이 여전히 고려되지 않는다는 점에 주목할 필요가 있다. 전쟁은 어떤 경우에도 지도자들에게 상당한 비용을 요구한다. 게다가 적어도 이 예에서는 협상 범위가 아직 남아 있다. 실제로 대부분의 경우 협상의 여지는 있기 마련이다. 지도자들이 견제받지 않더라도 전쟁이 시작되면 많은 것을 잃을 각오를 해야 한다. 전쟁을 벌이려면 무엇보다 많은 돈이 든다. 정권과 목숨을 잃을 수 있고 역사적인 위상마저 사라질 수 있다. 따라서 협상으로 얻는 파이가 그들이 원하는 것보다 작더라도 그들에게는 평화적으로 타협안을 찾아낼 이유가 여전히 존재한다.

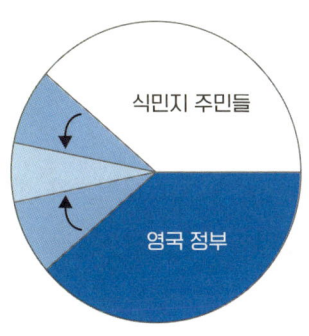

여기서 간과해서는 안 되는 중요한 사실이 있다. 전쟁 편향이 역사에 만연해 있다는 것이다. 전쟁 편향이 아니면, 근대 초기의 유럽이나 20세기 말 아프리카에서 전쟁이 끊이지 않은 이유가 이해되지 않는다. 그러나 전쟁 편향만으로 전쟁이 일어나는 경우는 극히 드물다. 더 정확히 말하면, 전쟁 편향은 평화를 선택할 가능성을 좁히고, 우리가 싸우는 다른 네 가지 이유 중 하나에 경쟁 당사자들을 더욱 취약하게 만든다. 이 문제에 대해서는 뒤에서 차근차근 살펴보겠다.

그런데 전쟁 편향이 크면 혼자서도 싸움을 촉발할 수 있을까? 충분히 가능하다. 통치자들에게 전쟁이 간혹 이득이 되기 때문이다. 그들에게 전쟁은 영토를 넓히고 약탈할 기회가 되며, 권력을 유지하는 데도 더 유리하다. 분쟁은 통치자에게 국고를 열어주고, 행정부에 권한을 부여하며, 더 큰 권력을 장악할 기회까지 제공할 수 있다.[9]

다시 미국 독립혁명으로 돌아가, 조지 워싱턴을 비롯한 건국의 아버지들이 영국 정부와 타협하면 파이의 아주 작은 양밖에 기대할 수 없지만, 전쟁을 벌이면 훨씬 큰 몫을 움켜쥘 수 있다고 가정해보자. 그럴 경우에는 협상 범위가 제로로 줄어들 뿐만 아니라 그 이하로도 떨어져, 지배 계급에게 전쟁을 선택할 명확한 동기를 부여할 수 있다.[10]

그런 명확한 동기가 미국 독립혁명을 유발한 원인은 아니었다. 그러나 역사와 요즘 세계를 샅샅이 뒤지면 사적인 동기가 전쟁으로 이어진 사례를 얼마든지 찾아낼 수 있다. 군 장성을 지낸 드와이트 아이젠하워 대통령의 고별 연설을 예로 들어보자. 아이젠하워는 퇴임하면서 기업계와 군부의 엘리트들이 협상 범위를 좁히고 있는 걸 걱정했다. 퇴임 연설에서 군산복합체를 특별히 언급하며 미국인들에게 경계심을 늦추지 말라고 촉구했다.[11]

그 사례는 셰익스피어에서도 발견된다. 《헨리 4세》에서 국왕은 아들에게 "외적과 전쟁함으로써 경박한 마음을 묶어두라"라고 조언한다. 결과를 누구도 장담할 수 없는 백중세의 선거가 끝나기 전에 집권당이 적국을 폭격함으로써 민중의 지지를 받으려고 하는 전략을 얼마든지 상상할 수 있다. 정치학자들은 이런 현상을 '깃발 결집 효과rally-around-the-flag effect'라고 부른다.[12]

비극적이지만 흔한 또 다른 사례는 대리전proxy war이다. 냉전 기간 소련과 미국은 서로 반대쪽의 의존국client state에서 일어난 반란을 지원했고, 동맹국에서 일어난 반란을 진압하는 데 힘을 보탰다. 소련과 미국은 그렇게 대리국을 통해 싸웠다. 그 결과로 초래된 분쟁이 20세기 내전의 대다수다. 초강대국들은 범세계라는 파이를 나눌 때 얻은 게 많았다. 그러나 분쟁으로 악영향을 받은 나라의 국민들은 미국과 소련에 책임을 물을 방법이 없었다.[13]

마지막으로, 블러드 다이아몬드blood diamond(분쟁 지역에서 생산돼 전쟁 비용을 충당하기 위해 불법적으로 거래되는 다이아몬드—옮긴이)를 비롯해 약탈되는 천연자연에 대해 생각해보자. 정치적 격변은 군벌들과 부패한 장관들에게 귀중한 자원을 암시장에 판매할 기회를 제공한다. 마찬가지로 마약 카르텔과 가까운 지도자들은 전쟁과 사회적 불안정, 비밀 무장단체의 존재가 마약 거래에 유리하다고 생각할 수 있다. 이 모든 것이 견제받지 않는 지배자들에게 분쟁을 선택할 사적인 동기가 된다.[14]

이미 짐작했겠지만 대통령, 여왕, 황제 등 최고권력자만이 걱정거리는 아니다. 지배 계급 전체를 걱정해야 한다. 전쟁에 이해관계가 얽혀 변절한 장군, 암시장에서 큰돈을 벌어들이는 당파의 우두머리가 있을 수 있다. 그들이 최고 지도자가 평화적인 해결책을 추진하는 걸 본다면, 그들에게는 사적인 이익이 평화적인 해결책을 방해하는 동기가 될 것이다. 이런 사람들을 '분파splinter group', '과격파extremist faction', '훼방꾼spoiler'이라 부른다. 최고 지도자가 허약하거나 연대가 취약할 때 혹은 불운이 닥칠 때 그들이 준동한다.[15]

전쟁 편향은 한층 일반적인 현상, 즉 '대리인 문제agency problem'의 구체적인 예에 불과하다. 대리인 문제는 주인principal이라 불리는 한 당사자가 자신을 대신해 행동할 다른 당사자(대리인)를 구하려고 할 때마다 발생한다. 주인은 대리인이 그 자신의 의제를 추구할까 걱정한다. 가령 당신이 변호사나 재정고문 혹은 부동산업자를 고용할 때 그가 당신을 위한 최선의 거래를 모색하지 않고 수수료를 극대화하는 쪽으로 일을 추진하지 않을까 걱정하고 의심할 수 있다. 또 기업체를 운영하며 신규 직원을 채용할 때 그들이 태만해지거나 부정을 저지르지 않을까 걱정할 수도 있다. 이런 현상이 모두 대리인 문제에 속한다.

정치도 대리인 문제로 가득하다. 예컨대 한 국가에서 시민이 주인이고 정치 지도자들은 대리인이다. 지도자들은 시민의 이익을 대변해야 마땅하다. 물론 아무런 제약을 받지 않는다면 그들은 그렇게 행동하지 않는 경우가 많다. 시민에게는 그들을 저지할 돈도, 군사력을 동원할 능력도, 제도적 규범과 규칙도 없다. 결국 시민에게 지배자를 견제하고 징계할 정도의 힘이 없기 때문에 대리인 문제가 야기된다. 신격화된 군주, 황후, 독재자의 경우 견제가 없다는 건 쉽게 확인된다. (게다가 그들은 자신들이 국민의 대리인이라는 사실조차 인정하지 않을 것이다.) 그러나 대의민주주의에서도 대리인 문제는 뜨거운 쟁점이다. 선출된 공직자는 꽤 긴 임기가 보장되기 때문에 재선에 유리하도록 시스템을 조작하고, 재력을 이용해 지지자들을 동원하며, 막후에서 거래를 할 수 있다. 그러나 시민들은 정치인들을 면밀히 감시하며 평가하기가 쉽지 않고, 떠들썩한 사건에 한눈팔지 않기가 어렵다. 이 모든 것이 유권자의 눈을 가리며 정치인의 행동을 보호한다.

정치의 대리인 문제와 전쟁 편향은 낮은 수위로 제기된다. 도시 폭동urban riot, 즉 인종이나 종교 간의 충돌을 예로 들어보자. 이런 폭동은 대중의 분노와 울분이 느닷없이 폭발한 것이라는 해석은 그럴듯하게 들린다. 실제로 미국 대통령 리처드 닉슨Richard Nixon(1913~1994)은 언젠가 "폭동은 즉흥적인 반면, 전쟁에는 사전 계획이 필요하다"라고 말했다. 하지만 닉슨은 틀렸다. 분노와 불만에서 비롯된 폭동도 있고, 아무런 계획 없이 갑자기 폭동으로 폭발한 경우도 분명히 존재한다. 그러나 이런 판단은 엘리트 계급의 숨겨진 손이 그런 폭동에 개입했다는 걸 간과한 것이다.

세계 전역에서 일어난 폭동을 연구하는 학자들이 거듭해서 강조하는 것이 있다. 정치 지도자들이 더 큰 정치적 목적을 위해, 자신의 재력과 정치조직 및 언론에 대한 영향력을 이용해 길거리의 무질서를 조장하고 전략적으로 활용할 때 거의 언제나 폭력 사태가 발생한다는 것이다. 가장 확실한 증거는 인도에서, 특히 힌두교인과 무슬림이 수십 년 전부터 전통인 양 충돌하는 여러 도시에서 발견된다. 하지만 그 충돌은 자발적이고 즉흥적인 폭발이 아니다. 일부 학자의 표현을 빌리면, 선거에 승리하고 여론을 형성하기 위해 의도적으로 기획되고 획책된 '제도화된 폭동institutionalized riot machine'이다. 엘리트 계급은 비용에는 개의치 않고 편익만 누리기 때문에 그런 파괴적인 장치를 개

발하고 이용한다.[16]

마지막으로 인용할 만한 예는 법정 분쟁에서 찾을 수 있다. 법정 분쟁은 국가나 종교 집단 간의 분쟁과 동떨어진 것처럼 보이지만, 기본적인 이론은 비슷하고 범위에만 차이가 있을 뿐이다. 전쟁과 마찬가지로 법정 분쟁에서도 양쪽 모두 많은 비용과 위험을 각오해야 한다. 수임료와 오랜 지연이라는 비용에서 협상 범위가 커진다. 따라서 민사 소송에서 대부분의 당사자는 타협점을 찾거나 합의를 본다. 물론 사건을 법정까지 끌고 가서 지루한 재판을 받는 사람도 있기는 하다. 그들이 그렇게 선택한 이유를 추적하면, 협상이 실패하는 다섯 가지 이유 중 하나가 발견되는데, 싸움에서 이익을 얻으려는 대리인 문제도 빼놓을 수 없다.

직원들이 임금 체불을 이유로 고용주에게 소송을 제기할 수 있는 멕시코 노동법원을 연구한 논문이 있다. 일반인이 관련 법을 읽으면 노동자에게 유리하게 제정된 법처럼 읽힌다. 하지만 현실에서는 힘없는 노동자가 소송에서 승리한 경우가 거의 없다. 기업이 임금을 지불하지 않아도 괜찮은 온갖 종류의 구체적인 이유를 찾아내기 때문이다. 따라서 당신이 소송 사건으로 큰 수임료를 받지 못하는 정부 변호사government lawyer를 찾아 자문을 구하면, 그는 당신 사건을 현실적으로 평가하며 법정 밖에서 합의를 보는 데 도움을 줄 것이다. 그러나 개인적으로 수임료를 청구하는 변호사를 찾아가면 완전히 다른 조언을 받게 될 것이다. 사설 변호사는 크게 승리할 가능성을 강조하고 엄청난 규모의 소송을 제기해 높은 수임료를 청구한다. 그렇다고 더 나은 결과를 보장하는 것은 아니다. 수임료를 많이 챙기려는 욕심에 전쟁 편향을 띠면서, 법의 예측할 수 없는 변덕을 모르는 노동자들을 속이는 것이다. 이런 현상이 바로 대리인 문제다.

법정 분쟁에 대리인 문제가 있다고 단정하는 것은, 노동자들에게 소송에서 승리할 가능성에 대해 정확한 정보를 제공한 간단한 실험의 결과 때문이다. 연구자들이 사설 변호사에게 정보를 제공했을 때는 아무것도 변하지 않았다. 변호사는 그 정보를 고객에게 전달하지 않은 채 무의미한 소송을 제기했다. 그러나 연구자들이 노동자에게 정보를 제공하자, 법정까지 가지 않고 합의로 끝내는 경우가 훨씬 많았다. 그 결과 노동자는 더 행복하고 부유해졌다.[17]

안타깝게도 전쟁의 경우 대리인 문제를 쉽게 바로잡을 방법이 없다. 국민에게 정보를 직접적으로 제공하기가 쉽지 않기 때문이다. 대신 각계각층의 사회가 지도자에게 책임을 지도록 만드는 방법, 다시 말해 사리사욕을 포기하게 만드는 방법을 찾아내야 한다. 결국 집단을 구분 짓는 것은 그 집단의 지도자들이 이기적이냐(보편적 현상) 아니냐가 아니라 견제를 받느냐 안 받느냐에 달려 있다.

견제와 균형

정치인은 이익을 따라 움직인다. 간단한 예로 징병을 생각해보자. 20세기에 발발한 대부분의 전쟁에서 미국은 국민투표를 거쳐 청년들을 징집했다. 그러나 모두가 징집을 찬성하는 쪽에 투표하지는 않았다. 20세기 동안, 징집 연령의 아들이 있는 입법자들이 징집 연령이더라도 소집될 염려가 없는 딸이 있는 입법자보다 전쟁과 징집을 찬성한 경우가 6분의 1 정도 낮았다. 그러나 아들이 징집 연령을 지나면 전쟁을 지지하는 쪽으로 돌변했다. 이런 현상도 대리인 문제와 사리사욕이 전쟁에도 적용된다는 걸 보여주는 단순하지만 강력한 증거다. 비용과 위험이 불가피하게 자기 문제가 되는 순간, 정치인의 계산법이 달라지는 것이다.[18]

정치인이 모든 청년을 자기 아들처럼 대하는 상상 속 국가에서만 대리인 문제가 사라질 것이다. 지도자들에게 갈등 비용을 합리적으로 따져보라고 요구하는 사회·정치적인 시스템이 있기는 하다. 다시 조지 워싱턴을 예로 들어보자. 워싱턴은 화이트 플라워가 아니었고 무소불위한 폭군도 아니었다. 서부의 땅을 미친 듯이 탐내고, 유럽의 최신 유행을 무척 따르고 싶어 했을지 모르지만, 독단적인 결정으로 미국을 전쟁으로 끌고 들어갈 수 있을 만큼 견제받지 않는 지도자는 결코 아니었다. 워싱턴 장군은 여러 면에서 제약을 받았다. 무엇보다 자금을 할당받으려면 대륙회의Continental Congress의 결정이 있어야 했다. 또 그에게 군대를 파견할 13개 주에는 각각 요란하고 시끌벅적한 주의회가 있었다. 게다가 신문과 팸플릿 집필자들의 면밀한 감시, 비난과 도발을 견뎌내야 했다. 그가 끌어가는 국가를 구성하고 있는 농부와 장인, 상점주와 변호사들은 어떻게든 자신의 재산을 지키려 했고, 모두가 평등하다는 확고한 신념을 지니고 있었다. 식민지 미국에서 권력의 원천, 즉 토지와 돈, 총기와 의사결정권은 폭넓게 분배된 상황이었다. 18세기 말의 조지 워싱턴은 그때까지 역사상 가장 제약을 받는 지도자 중 한 명이었다. 그렇다고 완전히 제약을 받지는 않았다. 공화국 초기에는 유럽계 남자들 중에서도 일부만이 투표권을 행사할 수 있었기 때문이다. 하지만 행동하기 위해서 워싱턴은 농장주, 상인, 민병대 등과 폭넓게 정치적 연대를 구축해야 했다.

많은 강력한 행위자의 지지가 필요한 경우, 지도자는 대체로 통합을 추구하는 행위자처럼 행동한다. 따라서 연대한 집단들이 감당해야 할 분쟁 비용을 내재화할 수밖에 없다. 이렇게 다수가 모인 도당은 한 명의 독재자보다 잠재적 전쟁 편향이 낮고, 그 결과 전쟁을 벌일 가능성도 낮다.[19]

내 생각에는 고결하게 행동하는 좋은 지도자도, 사리사욕만 챙기는 나쁜 지도자도 없다. 제약을 받는 지도자와 어떤 제약도 받지 않는 지도자가 있을 뿐이다. 물론 조지 워싱턴처럼 땅과 좋은 옷에 대한 탐욕에도 불구하고 신과 국가를 개인적인 이익보다 앞에 두고, 자신에게 제공된 권력마저 거부하는 지도자가 있을 수 있다. 그러나 안정되고 성공한 사회라면 인간, 특히 지도자를 부정적으로 생각하며, 최악의 지도자에 대비한 시스템을 구축해두어야 한다.

3

무형의 동기

 지금까지는 지배자들이 추구하는 물질적인 목표(영토와 전리품, 정부와 제도에 대한 통제권)만 다뤘다. 그러나 인간이 소중하게 생각하며 추구하는 것 중에는 무형의 것이 많다. 예컨대 부정한 특수층이나 식민지 지배자에게 책임을 추궁하고 싶은 열망, 평등과 정의와 자유 같은 원칙의 의로운 추구 등 무형의 목표도 고결할 수 있다. 이런 경우 분쟁으로 파괴되더라도 더 높은 이상을 추구하려는 목표 자체가 그런 결과를 상쇄하기도 한다. 대의를 위한 폭력은 도덕적으로 느껴지고 만족감을 줄 수 있다. 반대로 어떤 타협은 혐오감을 자아낸다. 그런 타협을 피하는 게 어떤 대가를 치르더라도 가치 있게 여겨지기도 한다.
 비물질적인 동기가 조악하고 천박할 수도 있다. 정복을 통해 역사에 족적을 남기고 영광을 누리려는 지배자, 이단적인 사상을 근절하는 데서 즐거움을 얻으려는 민중, 최고의 것을 지배해야만 행복해하는 사회가 추구하는 동기가 여기에 속한다.

이런 동기는 서로 유사한 점이 전혀 없지만 동일한 논리를 공유한다는 점에서, 즉 동일한 방식으로 타협을 거부한다는 점에서 한 덩어리로 취급된다. 과거에 전쟁에는 무조건 많은 비용이 들었고, 분쟁으로는 파이가 줄어들었다. 그러나 폭력이 그 자체로 존중되고, 분쟁이 가져다줄 수 있는 보상으로 평가되는 순간부터 파이를 분할하는 계산법이 달라진다. 그런 무형의 동기가 전쟁에 따른 물질적 비용을 상쇄함으로써 평화적으로 해결하기가 더 어려워진다. 실제로 당사자들이 이런 비물질적인 동기를 선호하면 협상 범위가 줄어든다. 극단적인 경우에는 협상 범위를 완전히 지워버릴 수도 있다.

이 장에서는 네 가지 예가 제시된다. 그중 세 가지(정의로운 분노, 영광과 지위를 향한 욕망, 이데올로기)는 인류의 역사에서 줄곧 타협의 여지를 약화시켰다. 마지막 네 번째(인간에게 내재한 공격성)는 오히려 그렇지 않았다. 그러나 많은 사람이 인간에게 그런 공격성이 내재한다는 걸 인정하며 많은 전쟁의 원인이 된다고 생각한다. 따라서 나는 이에 대해서도 말하고 싶다.

정의로운 분노

"나는 캄페시노^{campesino}입니다." 그 남자는 자신을 그렇게 미숙련 농장 노동자라고 소개했다. 그의 부모가 그랬듯이, 그도 엘살바도르의 드넓은 커피농장 중 한 곳에서 힘들게 일했다. "나는 부자들을 위해 일했고, 무척 힘든 일이었습니다. 분노를 느꼈고, 앙심을 품기도 했습니다." 엘살바도르의 엘리트 계급은 수세대 전부터 국토의 대부분을 '아시엔다hacienda'라고 불리는 사유지로 지배했다. 나머지는 지주에 얽매인 존재, 농노처럼 살았다. 그는 이렇게 마무리지었다. "내가 어떻게 민중운동의 투사가 되었냐고요? 민중운동 자체가 사회에 대한 원한으로 시작된 겁니다. 그러니 내가 투사가 된 이유를 이해하시겠지요?"[1]

엘리자베스 우드Elisabeth Wood가 나눴다는 이상한 대화의 일부를 인용한 것이다. 그 대화가 있기 몇 년 전까지도 그녀는 버클리에서 물리학을 전공하던 대학원생이었다. 하지만 핵입자를 연구하는 중에도 그녀는 시사 문제에 대한 관심을 거두지 않았다. 1980년대 초, 당시 엘살바도르에서는 대농장을 소유한 엘리트 계급과 분노한 캄페시노(농민)들의 게릴라 조직이 치열한 전쟁을 벌이고 있었다. 쟁점은 '누가 이 나라의 땅을 지배해야 하느냐?'였다. 군부는 엘리트 계급을 선택했고, 게릴라와 그들에게 동조한 사람들을 학살했다. 동조자와 농노를 구분하기는 쉽지 않았다. 그래서 군인들은 그들 모두를 무자비하게 죽여버렸다. 그로 인해 엘살바도르 난민들이 미국으로 물밀듯이 몰려 들어갔다.

우드는 틈틈이 짬을 내 번역가이자 준법률가로서 절망에 빠진 난민 가족들이 정치적 망명 신청하는 걸 도왔다. 그들이 어떻게 억압을 받았고 어떻게 저항했는지 하소연을 경청하는 과정에서, 우드는 자신이 원자력보다 사회력에 더 흥미를 느낀다는 사실을 깨달았다. 그녀는 엘살바도르에서 일하며 전국을 여행하기 시작했고, 몇 년 지나지 않아 전공을 물리학에서 정치학으로 바꿨다. 그리고 작은 픽업트럭에 자그마한 몸을 싣고, 그 전쟁에 대한 이야기를 들으려고 외떨어진 곳에서 살아가는 소작농들을 찾아 말라붙은 강바닥을 거슬러 올라갔다.

우드는 어떤 사람이 왜 게릴라 조직에 가입했는지 알고 싶었다. 그 전쟁은 대농장을 소유한 소수 계급에 저항한 농민 반란이었다. 그녀는 소작농들이 땅을 소유하게 될 거라는 기대감에 게릴라 조직에 가담했을 거라고 예상했다. 그러나 그녀가 궁극적으로 도달한 결론은 전혀 그렇지 않았다. 엘살바도르의 좌익 반군은 후원자들에게 배타적인 보상을 거의 약속하지 않았고, 새로운 특권 지배층이 형성되는 걸 극히 꺼렸다. 따라서 분쟁 지역에 거주하는 캄페시노는 게릴라 조직에 도움을 주었는지 여부와 상관없이 누구나 땅을 구해 경작할 수 있었다. 그렇다고 그들이 정부군에 밀고할 수도 없었다. 다시 말하면, 대부분의 농민이 무임승차자가 되어 무장 반란의 결실을 누릴 수 있었지만, 비용은 거의 치르지 않았다는 뜻이다.

이런 해석이 맞다면, 누가 정부군에 맞서 싸웠을까? 누가 위험을 떠안고 희생을 감수했을까? 수백 건의 인터뷰에서 우드는 동일한 패턴을 반복적으로 확인했다. 중요한 것은 '불의'였다. 게릴라에 힘을 실어준 사람들은 과거에 끔찍한 폭력을 이미 경험한 캄페시노들이었고, 자신들이 변한 원인으로 친구와 가족에게 가해진 정부의 억압을 주로 언급했다.[2]

반군에 가입한 캄페시노들은 저항이라는 행위 자체를 즐겼다. 자신들의 저항이 아무런 결실을 거두지 못하더라도 불의에 맞서 저항했다는 사실 자체가 그들에게 만족감과 자부심을 주었다. 끊임없는 굴욕과 비하, 독단적인 권위가 너무 컸던 것이다. 한 게릴라는 우드에게 "전쟁 전에 부자들은 우리를 경멸했습니다. 우리는 하루종일 일해도

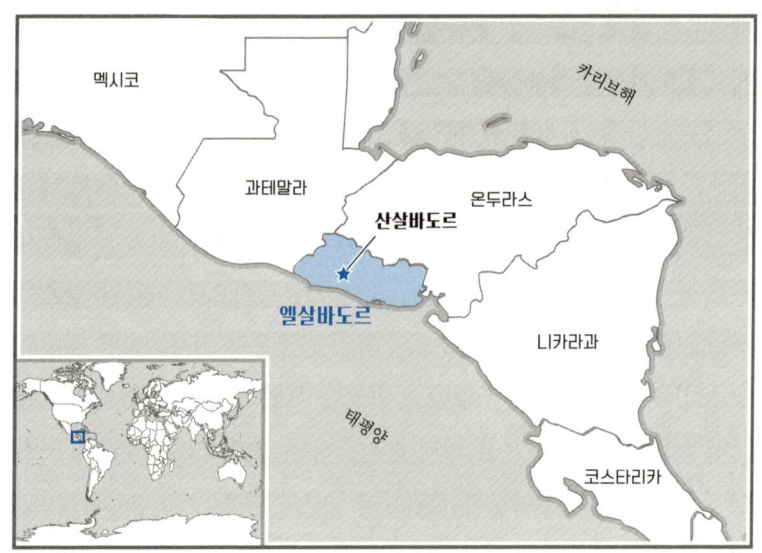

엘살바도르

아이들을 학교에 보낼 만큼도 벌지 못하는 동물과 다를 바가 없었습니다"라고 설명했다.

    다른 게릴라들도 범법자들을 응징하고 실질적인 권리와 존중을 얻기 위해 싸우는 행위를 즐겼다. 한 사람의 행동이 전쟁 결과에 어떤 영향을 미쳤겠는가? 그러나 분노한 사람들에게는 무언가를 하는 행위 자체가 만족감과 자존감을 높여주었다. 우드가 한 게릴라에게 전쟁 전에는 어떤 삶을 살았느냐고 물었을 때, 그는 두 손을 모으고 머리와 눈을 겸손히 숙인 채 빅 보스가 눈앞에 있는 것처럼 크게 절했다. 하지만 이제 삶이 어떻게 달라졌느냐고 묻자, 그의 무언극이 완전히 달라졌다. 이번에는 고개를 꼿꼿이 세우고 어깨가 뒤로 넘어갈 정도로 펴고는 하늘을 향해 주먹을 쭉 뻗었다.[3]

이런 현상은 모든 사회에서 확인된다. 이번에는 1970년대 이후 한 가문이 지배해온 시리아를 살펴보자. 처음에는 아버지가 쿠데타로 정권을 잡았고, 그 후에는 원래 안과 의사였던 아들이 현재까지 시리아를 통치하고 있다. 그러나 2011년 그 정권은 무척 취약해 보였다. 그해 튀니지에서 가장 먼저 민중혁명이 일어났고, 그 나라를 지배하던 독재자가 실각했다. 그리고 몇 주 뒤, 이집트에서 1월혁명이 일어나 역시 그곳의 독재자를 평화적으로 축출했다. 2월에는 아랍의 봄이 만개했다. 중동 전역의 독재자들이 그랬듯이, 시리아의 안과 의사도 자신의 통치를 걱정하기 시작했다.

얼마 지나지 않아, 시리아의 남서쪽 끝에 위치한 조용한 국경 도시 다라에서 한 무리의 남학생이 학교 벽에 래커를 분사했다. 학생들은

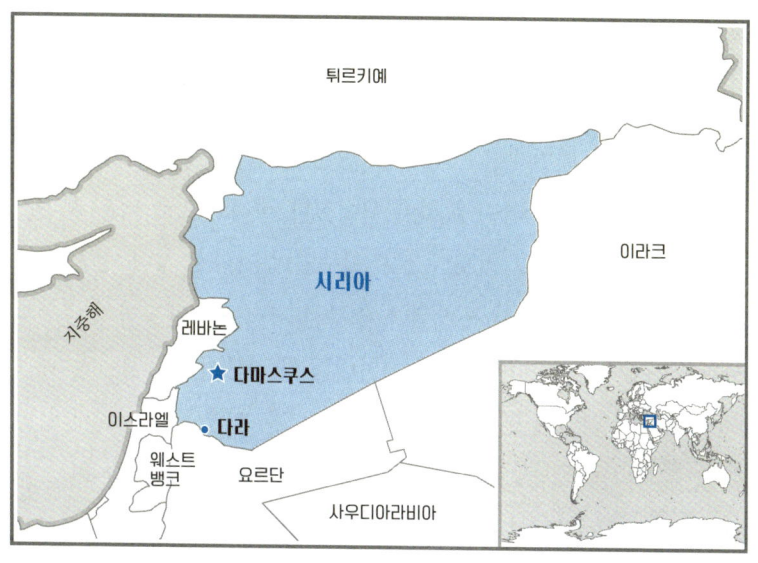

시리아

시리아 대통령을 직접 겨냥한 메시지를 낙서로 남겼다. "당신 차례입니다, 박사님." 이튿날 지역 보안경찰이 신속하게 15명의 학생을 잡아들였다. 열 살 남짓한 어린아이들이었다. 보안경찰은 그 아이들을 감옥에 가뒀고, 무지막지하게 때리며 고문했다. 다른 잠재적 시위자들에게 보내는 경고로 여겨졌다. 아이들의 친척들은 당국에 "제발 우리 아이들을 풀어주십시오"라고 간청했다. 그러나 보안경찰청장은 그들의 간청을 묵살하며 입에 담기 민망할 정도로 모욕했다. "너희 새끼들을 잊어라. 자식을 원하면 더 많은 자식을 만들어라. 그 방법을 모르겠으면 너희 마누라를 우리에게 데려와라. 우리가 너희를 대신해서 만들어줄 테니까."

다음 날, 시민운동가들이 시위 행진을 조직해 놀라고 분노한 부모들을 앞에 세웠다. 다른 사람들도 거리로 쏟아져나와, 시위대는 엄청난 규모로 커졌다. 공안부대는 최루가스와 화력으로 대응했고, 그 때문에 비무장 시위대 두 명이 사망했다. 그들의 장례식에 많은 시민이 참여했고, 분노한 시위대의 규모와 저항은 더욱 커졌다. 그에 따라 경찰의 폭력도 더 빈번해졌고, 그에 대한 반발로 장례 행렬의 규모와 분노가 더 커지는 악순환이 끝없이 이어졌다. 휴대폰으로 찍은 혼란스러운 영상이 전국으로 퍼져나갔다. 일주일이 지나지 않아 정권에 저항하는 시위가 전국에서 폭발했다. 정부는 저격수와 탱크까지 동원해 시위를 진압하려 했지만 오히려 시위대를 더 격분시켰을 뿐이었다.[4]

정치학자 웬디 펄먼Wendy Pearlman은 그 후 수년 동안 시위자와 반란자, 붕괴되는 국가로부터 피신한 난민들을 인터뷰했다. 한 젊은 여성은 초기에 있었던 시위 행진 중 하나를 이렇게 회상했다.

나는 시위에 참가했다. 많은 사람이 소리를 지르고 있었고, 나도 그들과 함께했다. 처음에 나는 작게 읊조렸다. "자유!" 그러나 곧이어 나도 모르게 "자유! 자유! 자유!"라고 연이어 소리치기 시작했다. 나는 크게 외쳤다. "자유!" 내 목소리가 다른 사람들의 목소리에 뒤섞였다. 내 목소리가 내 귀에 들렸다. 온몸이 떨렸고 눈물이 쏟아지기 시작했다. 하늘을 나는 듯한 기분이 느껴졌다. 이런 생각이 머리를 스치고 지나갔다. '내 목소리를 들은 게 처음이야. 나한테도 영혼이 있고, 죽음이나 체포되는 것이 두렵지 않다고 느낀 게 처음이야.' 나는 그런 자유를 영원히 누리고 싶었다. 다시는 내 목소리를 누구도 빼앗아가지 못하도록 할 거라고 다짐했다. 그날 이후로 나는 모든 시위에 빠지지 않고 참가했다.

복합적인 감정이 뒤얽혀서, 하나의 이름으로 요약하기 쉽지 않은 진술이다. 생각을 자유롭게 표현하고 행동을 스스로 결정하고 싶은 욕망이, 권리를 인정받지 못하고 존엄성을 무시당한 데서 오는 도덕적 분노와 뒤얽힌 듯하다. 이처럼 부당한 억압에서 촉발된 정의로운 분노는, 저항의 성공 여부와 상관없이, 목소리를 높일 때 예견되는 위험과 두려움을 충분히 극복할 수 있을 정도로 강력한 감정이다.

웬디 펄먼이 보기에, 튀니지의 노점상 무함마드 부아지지는 상징적인 예였다. 경찰에게 모욕을 당하고 압류된 물건도 돌려받지 못한 부아지지는 2010년 12월 17일 광장에서 분신해 복수했다. 경찰은 철야 농성과 시위를 폭력적으로 진압했다. 하지만 분노는 들불처럼 번져, 시위가 전국으로 확산되었다. 아랍의 봄은 그렇게 시작되었다.[5]

아랍의 봄에 대한 보도를 처음 들었을 때 나는 맷 라빈Matt Rabin 교수가 떠올랐다. 내가 대학원에서 처음 만난 이후 줄곧 좋아해온 그는 게임 이론 전문가다. 라빈은 세 가지로 유명했다. 첫째는 홀치기 염색한 셔츠로 꽉 채워진 옷장, 둘째는 영화배우 조니 뎁을 향한 깊은 사랑, 셋째는 경제학에서 인간 심리의 특이한 면들을 모형화하는 데 기여한 몫. 그 공로로 그는 맥아더 '천재상'을 받았다.

어느 날, 라빈은 강의를 시작하며 우리에게 최근 본 할리우드 블록버스터 영화들을 돌이켜 생각해보라고 했다. 어떤 영화의 시작 부분에서 악당이 우리 주인공에게 중대한 피해를 입힌다. 우리 주인공은 분노해서 목숨과 신체에 닥칠 위험에도 아랑곳없이, 악당에게 천벌이 내리는 걸 보려고 죽음을 불사하는, 우스꽝스럽기 짝이 없는 짓을 하며 75분을 보낸다. 라빈은 "물론 그런 내용은 할리우드의 대본에 불과하다"라고 인정했지만, 그가 지적했듯이 사람들은 그런 영화를 보기 위해 진짜 돈을 지불한다. 그 이유가 무엇일까? 라빈의 답은 "정의가 실현되는 걸 보려고!"였다.

다행스럽게도 이 질문에 대한 과학적 대답은 흥행 수익만을 근거로 하지 않았다. 라빈은 역사상 어떤 실험보다 더 많은 장소에서 더 많은 사람을 대상으로 시행된 실험에 대해 생각하고 있었다. '최후통첩 게임ultimatum game'이라 불리는 실험이다. 기본적인 조건에서는 생면부지인 두 학생이 대학 컴퓨터실에서 다른 많은 학생과 섞여 앉는다. 두 학생을 각각 마리아와 대니얼이라고 해보자. 실험이 시작되면, 마리아의 모니터가 그녀에게 10달러가 든 항아리가 주어졌으며 컴퓨터실의 누군가와 파트너 관계라는 걸 알려주면서, 한 가지 결정을 내려야 한다고 말한다. 그 익명의 파트너와 그 돈을 어떻게 나누겠는가?

한 푼도 주지 않겠는가, 아니면 전액 다 주겠는가? 물론 그 사이의 적당한 액수를 줄 수도 있다. 끝으로, 마리아의 모니터는 중요한 사실을 하나 더 알려준다. 파트너는 그녀의 제안에 '예'나 '아니요'라고만 대답해야 한다는 것이다. 그가 제안을 받아들이면 마리아가 얼마를 주더라도 받아야 하고, 마리아는 차액을 갖는다. 하지만 그가 '아니요'를 선택하면, 둘 다 한 푼도 갖지 못한다.

감정이 메마른 로봇 같은 세계에서 살고 있다면 마리아는 1센트를 제안할 것이다. 앞에서 말했듯이, 익명의 파트너는 대니얼이다. 그도 로봇같이 냉철해서 1센트가 무일푼보다는 낫다는 판단에 따라 마리아의 제안을 받아들일 것이다. 그런 결과를 기대하면서 마리아는 절대적인 최소액을 제안한다.

하지만 실제 인간이 살아가는 세계는 그렇지 않다. 수백 명의 학자가 세계 전역에서 수만 명의 대학생에게 이 게임을 실험했다. 일부 학자는 외떨어진 지역까지 찾아가 완전히 다른 사회에 속한 사람들을 대상으로 실험했다. 예컨대 몽골에서는 바람이 휘몰아치는 고원 지역에서 연구하는 인류학자들과 손잡고 반半사막 지역을 떠돌아다니는 토르구트족을 상대로 최후통첩 게임을 진행했다. 현재 약 6,000명밖에 남지 않은 에콰도르의 토착민 아추아르족에게도 실험을 했다. 그 이상한 학자 그룹은 가죽으로 장정한 작은 공책을 들고, 케냐의 건조한 초원지대에서 목축으로 살아가는 오르마족, 인도네시아령 작은 섬에 거주하는 라말레라족 등 여러 외딴 종족을 찾아갔다. 그때마다 이 기묘한 그룹은 그럴듯한 직함에 상당수의 연구 조교를 거느리고 지역민들에게 그 희한한 게임을 해보라고 요청했다.

그 결과는 사회마다 약간 다르겠지만, 대체로 2~3달러 이하를 제안하면 세상의 대니얼들이 마리아들에게 "엿 먹어라!"라고 말할 것이다. 마리아들도 그걸 안다. 그래서 정글에서나 사막에서, 칙칙한 컴퓨터실에서도 대부분의 마리아는 대니얼들에게 4~5달러를 제시한다.

여기에 어떤 원리가 작용하고 있는 것일까? 대니얼들이 전체의 20~30퍼센트 이하에 해당하는 선물에는 '아니요'라고 말하는 이유가 무엇일까? 그것도 공돈인데! 어쩌면 그 거절은 대니얼들이 관대하지 못한 마리아들에게 벌을 주는 것일 수 있다. 실제로 불공정을 처벌하는 것은 올바른 행동으로 여겨지는 듯하다. 게다가 그런 거절은 대니얼들에게 은근한 즐거움까지 선사했다. 일부 학자들은 정글과 사막으로 뛰어들 때 간혹 신경과학자들의 도움을 받았다. 그들은 게임에 참가한 주민들에게 다양한 판독 장치를 장착하고, 최후통첩 게임을 하는 동안 그들의 뇌가 어떻게 반응하는지 지켜보았다. 한 대니얼이 불공정한 제안을 응징할 때 그의 뇌에서 감정적 보상과 관련된 부분이 반짝거렸다.[6]

엘리자베스 우드도 엘살바도르에서 비슷한 이야기를 들었다. 한 캄페시노가 우드에게 "사방에서 싸우는 소리가 끊임없이 들릴 때 내가 죽지 않으려면 무기를 들어야 합니다. 그래서 전쟁 규모가 커진 겁니다. 형제의 죽음을 복수해야 하니까요"라면서 내전이 지루하게 길어진 이유를 설명했다. 그들의 동기를 도덕적 분노, 세상을 조금이나마 더 정의롭게 만들려는 욕망이라고 규정하는 학자들도 있었다. 어느 쪽이든 불의에 맞서 싸우는 행위는 만족감을 주었고, 그렇게 저항하는 게 옳은 길이었다.

어떤 인간 사회에서나 공정함을 추구하려는 욕망과 불의를 단죄하려는 의지는 하나의 단순한 이유에서 찾을 수 있다. 공정할 때 우리가 큰 집단 내에서 서로 협력하는 데 도움이 되기 때문이다. 그렇다는 걸 증명하기 위해서, 모두가 서로 알고 빈번하게 교류하는 작은 집단으로 시작해보자. 이번에도 마리아와 대니얼이 작은 마을에서 함께 살거나, 작은 시장에서 함께 장사한다고 가정하자. 마리아가 대니얼을 속이더라도 대니얼이 마리아를 굳이 단죄함으로써 만족감을 얻고자 하지는 않을 것이다. 하지만 대니얼은 어떤 형태로든 마리아에게 잘못을 물을 것이다. 마리아가 속임수를 썼다는 이유로 단죄하거나 다시는 마리아와 거래하지 않는 것은 전략적으로도 타당하다. 그러지 않으면 마리아가 그를 또 속이려 들 것이기 때문이다. 마리아가 대니얼이 무엇을 중요시하는지 알고, 앞으로도 대니얼과 계속 거래를 해야 한다는 걸 알면, 욕심을 부리지 않기 위해 거듭 생각할 것이다. 이렇게 반복되는 상호작용은 협력 관계를 유지하는 데 도움이 된다.

하지만 대규모 집단에서는 이런 전략적 논리가 퇴색된다. 우리가 속한 집단의 규모가 커지거나 인근 집단들이 확대되면 낯선 사람들과 일회성으로 교류하거나 거래할 가능성도 덩달아 높아진다. 거래할 때마다 속임수에 넘어갈 수도 있다. 익명의 최후통첩 게임이 연속되는 셈이다. 마리아는 대니얼을 다시 만날 거라고 기대하지 않는데 굳이 관대하게 행동할 필요가 있을까? 대니얼은 그런 마리아를 단죄할 수 있지만 그렇게 해서 얻는 실익이 무엇인가? 마리아에게 망신을 주고 제재를 가하려면 대니얼도 상당한 대가를 치러야 하고, 미래의 거래에서도 이익을 기대할 수 없을 것이다. 결국 누구도 정의를 실현하겠다는 개인적인 열망을 갖지 않기 때문에, 낯선 사람과의 협력을 유지하기가 더 어려워진다. 이런 현상이 집단행동의 전형적인 문제다.

불의를 단죄할 때 얻는 뿌리 깊은 감정적 보상이 유익한 이유가 여기에 있다. 그 감정적 보상은 대니얼에게 불의한 마리아를 단죄하도록 유도함으로써 집단행동의 문제를 해결하는 데도 도움을 준다. 정의로운 행동에서 얻는 즐거움이 있다. 세상의 마리아들이 우리 사회에 이런 기본적인 성향이 있다는 걸 알게 되면, 다른 사람을 기만하거나 사취할 가능성이 줄어들 것이다. 라빈을 비롯한 여러 학자가 이끌어낸 결론에서도 이런 추론은 실험 데이터와 맞아떨어졌다.

이런 이유에서 많은 학자가, 정의로운 복수가 인간 사회에서 문화적으로, 어쩌면 심지어 생물학적으로도 진화했다고 주장한다. 적어도 정의로운 복수는 지금도 강력한 사회 규범이며, 거의 모든 인간 사회에서 유용하다고 생각하는 규범이기도 하다. 원숭이도 본능적으로 공정함을 추구한다. 한 연구팀은 25마리의 암컷 흰목꼬리감기 원숭이에게 각각 한 개의 플라스틱 토큰을 주었다. 원숭이가 토큰을 돌려주면 연구팀은 오이 한 조각이나 포도 한 알을 주었다. 흰목꼬리감기 원숭이는 포도를 더 좋아한다. 어떤 원숭이가 오이 조각을 받는 걸 보면, 오이 조각을 받고도 좋아했다. 그러나 다른 원숭이는 포도를 받았는데 자기에게는 오이 조각을 주면… 터무니없는 일이 벌어졌다. 교환을 거부할 뿐만 아니라, 미친 듯이 펄쩍펄쩍 뛰며 구겨진 하얀 실험 가운을 입은 과학자에게 꽥꽥 소리를 질러댔다.[7]

불의한 공격에 대한 분노와 단죄하려는 욕구는 집단이 다른 종류의 집단행동 문제, 즉 자기 보호와 생존이라는 문제를 해결하는 데도 도움을 준다. 싸움은 위험하다. 따라서 각 구성원은 다른 구성원이 집단의 방어를 위해 싸우도록 해 무임승차하고 싶어 한다. 그러나 충분한 구성원이 위법한 행위를 단죄하고자 하면 그 집단행동 문제는 해결된다. 단죄에 자발적으로 참여하는 지원자들이 있을 것이기 때문이다.

그 증거는 엘살바도르나 시리아에서만 볼 수 있는 게 아니다. 반군, 혁명대, 종파의 민병대, 테러단체 등 어떤 집단을 연구하든 학자들은 폭력적 저항에 참여하는 사람들에게서 동일한 동기(불의와 불공정에 대한 분노, 억압적인 정권이나 공격적인 외집단에 저항해 행동하는 데서 오는 즐거움)를 찾아냈다. 학자들은 근대 초기의 유럽에서 일어난 농민 봉기, 미국의 침략에 맞선 베트남과 이라크의 저항, 이스라엘과 팔레스타인 양쪽에서 끝없이 주고받는 공격과 보복에서 그 공통분모를 찾아냈다. 이제는 더 낮은 차원에서, 즉 갱단과 부족 간의 불화와 반목으로 지루하게 되풀이되는 공격과 보복에서도 동일한 이유가 발견된다.[8]

무형의 동기가 어떻게 전쟁 위험을 증가시킬까?

농민, 종파주의자, 시위자, 노점상이 불공정한 현상을 적극적으로 단죄하려 한다면 평화를 선택하려는 열망은 어떻게 될까? 다시 파이로 돌아가보자. 이번에는 파이가 엘살바도르의 광활한 커피농장에 대한 지배권을 나타낸다. 여기에서 양측은 농민층과 엘리트 계급이다. 땅을 소유하지 못한 캄페시노들이 처음으로 조직화되어 협상력이 높아졌다. 농민들이 과거에는 허약했지만 이제는 과두정치 체제를 위협하는 수준을 넘어 승리할 확률까지 반반이다. 어떤 일이 벌어질까?

엘리트 계급은 선택을 해야 한다. 첫째는 새롭게 부상한 농민층에게 무언가를 양보하는 것이다. 대농장의 일부를 쪼개 협동조합에 양

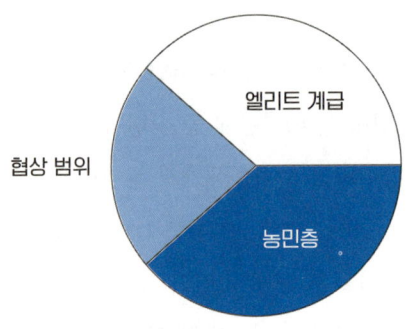

도하더라도 여전히 널찍한 토지를 보유할 수 있다. 둘째로는 현재 토지를 그대로 지키기 위해 싸우는 쪽을 선택할 수도 있다. 승리하면 대농장과 억압 시스템이 강화되겠지만 전쟁 비용을 감당해야 한다. 언제나 그렇듯이, 이번에도 전쟁 비용이 협상 범위를 결정한다.

토지 개혁으로 캄페시노들이 반란을 선택하지 않도록 예방하고, 올바른 대의권으로 엘리트 계급에게 책임감을 갖도록 하기에 충분한 가능성을 협상 범위에서 찾아야 한다.

이번에는 새로운 의식, 즉 모든 인간은 동등하게 존중받을 권리가 있다는 사상을 더해보자. 과거에 농노라는 신분은 천부적인 것, 적어도 피할 수 없는 것으로 여겨졌다. 그러나 이제는 그렇지 않다. 그 새로운 사상은 텔레비전과 라디오를 통해서, 또 다른 국가와 국민을 통해 전해진다. 해방신학을 가르치는 사제들의 설교를 통해 알려지기도 한다. 혹은 노동조합과 대학생들이 건네준 불온서적이나, 식민지 정착자들과 그들의 후손 및 외국인 소유 농장이 범한 범죄를 기록하고 정리한 토착민 지도자들을 통해 전해졌을 수도 있다. 소수의 국민이 그렇게 많은 토지와 부를 소유하게 된 이유는 무엇일까? 그리하여 기준이 달라졌다.

이런 사상이 유입되면 결국 일련의 충돌이 일어난다. 민중 속에 숨어든 게릴라들에게 쓴맛을 본 군 지휘관은 지나친 열정으로 인근 마을의 젊은이들을 체포해 투옥한다. 다음 날에는 여섯 명의 청년이 사망하고, 그들의 시신이 무지막지하게 맞은 뒤 버려진 것으로 확인된다. 한 사제가 몇몇 어머니를 데리고 감옥을 찾아가 다른 청년들이라도 풀어달라고 요구한다. 겁에 질린 병사는 무덤덤하게 그 성직자를 총으로 쏴 죽인다.

상상의 시나리오지만, 안타깝게도 이렇게 상상하는 것이 그다지 어렵지 않다. 분노가 전국에서 농민들을 휩쓰는 모습을 어렵지 않게 머릿속에 그릴 수 있다. 하지만 사람들은 여러 방식으로 반응한다. 달아나는 사람, 자포자기하는 사람, 공포에 떨며 조용히 살아가는 사람, 평화적으로 설교하며 동원하는 사람 등. 그러나 행동으로 분노를 표출하려는 사람도 있다. 저항에서 얻는 즐거움이 전쟁 비용을 상쇄한다. 이때 협상 범위는 크게 줄어들어 대략 아래와 같은 모습을 띤다.

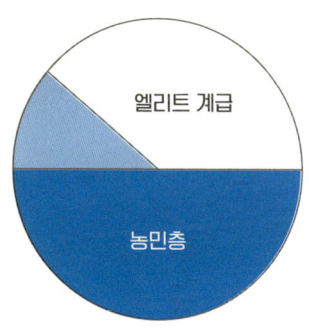

이런 분노와 도덕적으로 행동하고 싶은 욕망은 2장에서 본 전쟁 이익과 무척 유사하게 작용한다. 즉, 분노와 욕망이 한쪽에 싸움을 선택할 동기를 부여하며, 그 동기가 전쟁 비용에 비교된다. 그러나 둘 사이에는 중대한 차이가 있다. 이 경우에 문제는 더 이상 전쟁 편향적인 지배자가 아니다. 더 구체적으로 말해서, 집단이 이런 도덕적 분노를 공유하면 지도자는 집단의 충실한 대리인으로 역할을 할 뿐이다.

하지만 또 하나의 중요한 점은, 이 예에서 협상 범위가 절반쯤 사라진 상태에서도 여전히 평화를 기대할 수 있다는 것이다. 군부의 어설픈 잔혹 행위는 엘리트 계급에 유리한 선택권을 약화시킬 뿐이다. 견제받지 않는 지배자의 전쟁 편향에서 끌어낸 결론과 다를 바 없다. 대부분의 경우 전쟁 편향이나 무형의 동기는 협상 범위를 완전히 지워버릴 만큼 강력하지 않다. 오랫동안 지속되는 내전의 비용과 부담을 상쇄할 만큼 상당한 정의감이 필요하다. 역사에 그런 사례가 없는 것은 아니지만, 무척 드물다.[9]

물론 지금도 이스라엘과 팔레스타인, 북아일랜드의 가톨릭교도와 개신교도, 인도 몇몇 도시의 힌두교인과 무슬림 간에 복수가 꼬리를 물고 지루하게 계속되고 있다. 게다가 아라비아사막, 발칸반도, 동남아시아, 아프리카 사헬지역 등 어디서나 마을 간의 보복극, 종족 집단 간의 복수전이 얼마든지 확대될 수 있다. 뒤에서 보겠지만, 전쟁을 선택하는 나머지 네 이유 중 하나가 애초의 부당한 공격을 야기할 정도로 충분히 강력할 때 정의로운 복수가 시작되면 폭력적인 분쟁이 계속된다.

영광과 지위

그 젊은 전투기 조종사는 하늘의 일인자라는 기준에서 봐도 자만심과 자기도취에 빠진 군인이었다. 말끔한 올리브색 제복을 입고 철십자 훈장을 목에 단 아돌프 갈란트Adolf Galland(1912~1996)는 검은 머리칼을 매끈하게 뒤로 벗어넘기고 콧수염도 세심하게 다듬은 모습이었다. 주변 사람들에게 그는 자신감 넘치고 말솜씨 좋은 비행편대장으로 알려져 있었다. 또한 시가를 입에 물고 항상 미소 띤 얼굴로, 화가 치밀어도 목소리를 높이는 법이 없었다. 여하튼 규칙을 충실히 따르는 부류는 아니었다. 만약 그런 사람이었다면 갈란트는 나치 독일의 막강한 공군 루프트바페Luftwaffe의 편대장은커녕 비행조차 하지 않았을 것이다.[10]

1935년, 영광과 표창을 추구하던 갈란트는 복엽기를 훈련 비행하다가 거의 죽을 뻔했다. 그는 당시를 회고하면서 "나는 복엽기를 정상적인 한계 너머까지 개조했다"라고 말했다. 이런 개조가 역효과를 낳았고, 복엽기는 제어력을 잃은 채 지상에 추락하고 말았다. 갈란트는 사흘 동안 혼수상태에 빠져 있다가 겨우 깨어났다. 두개골에 금이 가고 코뼈가 부러진 상태였다. 앞 유리가 깨지며 날아든 파편에 시력마저 부분적으로 상실했다. 수십 년이 지난 뒤에도 그는 "지금도 내 눈에 약간의 유리 조각이 남아 있다"라고 말했다. 조종사로서 다시는 이륙하지 못하게 될 만한 사고였지만, 갈란트는 야심적이었고 꺾이지 않았다. 신체검사를 받기 전에 그는 모든 시력검사표에 쓰인 모든 숫자와 문자를 순서까지 빼놓지 않고 완벽하게 암기했다. 그리하여 그는 다시 비행하게 되었다.

그즈음 독일은 제2차 세계대전을 시작했다. 베테랑 전투기 조종사 헤르만 괴링 Hermann Göring(1893~1946)이 루프트바페 총사령관이었다. 괴링은 나치당의 초기 당원으로 모르핀 중독자였고 독일에서 히틀러 다음으로 막강한 권력을 지닌 제2인자였다. 괴링에게는 새로운 공군 사령관이 필요했다. 제1차 세계대전에서 그와 함께 비행한 장교들은 이제 나이가 들어 최신 항공의 요구에 적합하지 않았다. 따라서 괴링은 두 명의 뛰어난 조종사, 아돌프 갈란트와 베르너 묄더스 Werner Mölders(1913~1941)에게 루프트바페를 맡겼다.

군살 없는 체구에 잘생긴 묄더스는 거의 모든 면에서 갈란트와 정반대였다. 갈란트의 표현을 빌리면 "그를 처음 만났을 때 큰 인상을 받지는 못했다. 전투기 조종사들은 대체로 무척 쾌활하고 앞일을 걱정하지 않는 편이었지만, 그는 그런 전형적인 전투기 조종사와 달랐다". 묄더스는 가톨릭 신자였고 술과 담배를 입에 대지 않았다. 남들과 어울리는 걸 좋아하는 갈란트와 달리, 묄더스는 과묵하고 진지하며 분석적이었다. 그럼에도 두 사람에게는 적잖은 공통점이 있었다. 조국을 향한 애국심, 괴링을 향한 혐오(그들은 괴링을 '뚱보'라고 불렀다), 탁월한 비행 능력, 무엇보다 영광의 자리를 차지하고 싶은 갈망, 즉 최고로 인정받고 싶은 욕망이 있었다.

1940년의 '영국 항공전 Battle of Britain'보다 더 큰 시험장은 없었다. 그때 나치 독일은 런던을 비롯해 여러 도시를 폭격해서 항복을 받아내려 했다. 괴링은 수개월 동안 계속된 대대적인 공격에 영국이 굴복해 어쩔 수 없이 평화조약을 체결하며 유럽의 대부분을 넘기기를 바랐다. 영국 본토를 공격한 그 항공전은 전적으로 공군을 동원해 치른 최초의 주요 군사작전이었고, 갈란트에게는 간절히 바라던 전공을 쌓을 절호의 기회였다.

전투기 조종사의 성공 여부를 판단하는 데는 무척 간단한 기준이 있었다. 적기를 격추하는 현장을 다른 조종사가 확인해주는 것이었다. 적기 격추는 훈장을 쟁취하는 지름길이었고, 대중의 찬사와 동료들의 부러움은 덤이었다. 갈란트는 그 모든 것을 원했다. 그는 "묄더스는 나보다 사흘 전에 40번째 적기를 격추해 철십자 훈장을 받았다"라고 투덜거렸다. 갈란트의 자존심에는 큰 상처였지만, 묄더스가 지휘하는 비행단이 영국 해협을 계속 건넜다. 영국 항공전에서 묄더스가 계속 전공을 쌓을 거라는 의미였다.

마침내 갈란트도 능력을 발휘할 기회를 얻었다. 괴링이 묄더스를 사냥 친구로 동프로이센에 있는 그의 사냥 오두막으로 부른 덕분이었다. 사흘 동안 묄더스는 속수무책으로 수사슴을 사냥해야 했고, 그 기간에 갈란트는 신나게 영국 전투기를 격추하며 전공을 쌓았다.

하지만 며칠 지나지 않아 갈란트도 괴링의 부름을 받았다. 갈란트는 사냥 오두막에 들어서는 순간 비행단으로 복귀하는 묄더스와 마주쳤다. 묄더스는 갈란트에게 깜짝 선물을 준비해두었다. "뚱보가 자네도 나만큼이나 오랫동안 붙잡아두기로 약속했네. 아 참, 내가 놓친 수사슴을 꼭 잡기 바라네."

제2차 세계대전에서 가장 중요한 전투가 한창일 때, 독일의 최고 위급 군사령관은 유능한 두 지휘관을 사슴 사냥에 불러들여 지휘 경쟁을 희화화하고 있었던 셈이다. 실제로 괴링은 "내가 묄더스에게 자네를 적어도 사흘 동안 붙잡아두겠다고 약속했네"라고 말했다. 하지만 그 선택의 결과는 참혹했다. 런던을 공습하는 동안 독일군은 막대한 손실을 입었다. 그 끔찍한 소식이 사냥 오두막까지 전해졌고, 갈란트는 비행단에 복귀하게 해달라고 괴링에게 간청했다. 그때서야 자신의 잘못을 깨달은 괴링은 갈란트의 요청을 받아들였다.

군인이 인정을 받기 위해 노력하는 것은 조금도 놀랍지 않다. 하지만 두 조종사가 덧없는 영광을 추구한 기간에 대해서는 누구라도 놀라지 않을 수 없다. 네 명의 경제학자가 독일군 조종사들이 출격한 수치를 분석해서 그들이 어떤 위험을 무릅썼는지 알아냈다.[11]

그들이 도출한 결론을 간단히 말하면, 갈란트와 묄더스 같은 조종사들은 일찍 죽기 위해 경쟁을 벌인 것이나 다를 바가 없었다. 전쟁 기간 놀랍게도 독일군 전투기 조종사 4분의 3이 전사하거나 실종되거나 부상을 입었다. 조종사들은 출격하는 횟수가 잦을수록 전사할 확률도 높아진다. 상대 전투기와 공중전을 벌일 때 조종사는 죽음과 직결된 선택을 해야 한다. 적기를 향해 계속 공격할 것인가, 아니면 중단할 것인가? 교전을 계속하면 적기로부터 반격을 받을 위험이 커지고, 통제력을 상실해 지상으로 추락할 염려도 있었다. 갈란트는 이렇게 증언했다. "당시 영국 상공에서는 말할 것도 없고, 영국해협에서의 공중전도 무척 위험했다. 우리가 영국 해안 지역에 도착하면 비행 가능 시간이 30분 정도밖에 남지 않았고, 런던 부근까지 비행하면 20분 미만이었다. 이때 더 많은 연료를 사용할 수밖에 없는 공중전까지 치르면, 그 시간이 급격히 줄어들었다."

나치가 전쟁에서 승리하려면, 그 뛰어난 전투기 조종사들에게 계속 동기를 부여할 수 있어야 했다. 최고의 조종사들이 연합군 항공기 대다수를 격추했다. 그들에게 대의를 위해 죽음을 무릅쓰라고 독려하려면 어떻게 해야 할까? 조종사에게 총을 들이대고 협박해서 조종석에 앉히기는 쉽다. 그러나 지도자가 원하는 것은 그들이 진심으로 열심히 노력하며, 목숨이 위태롭더라도 적군과 싸우는 것이다. 우리 인간은 무엇을 자신의 목숨보다 더 소중하게 생각할까? 괴링이 찾아낸 답은 '지위status'였다. 괴링은 조종사들에게 공적을 인정하는 훈장과 지위를 부여하는 정교한 시스템을 구축함으로써 조종사들이 죽음을 무릅쓰고 계속 출격해 적기를 격추하도록 유도했다.

그 시스템은 효과가 있었다. 네 경제학자가 국민으로부터 인정받는 영광, 즉 독일군의 현황을 알리는 일간 뉴스에 언급되는 영광의 효과를 계산해낸 덕분에 그 시스템의 효과가 밝혀졌다. 공군 조종사들은 대중으로부터 인정받는 명예와 명성을 갈망했다. 그런 인정은 불규칙적이고 예측하기 힘든 간격으로, 거의 무작위적으로 주어졌다. 그래서 경제학자들은 '조종사들은 인정받은 동료를 능가하기 위해 어느 정도까지 시도했을까?'라는 질문의 답을 구하기 위해 자연 실험natural experiment(관찰 연구의 한 방법으로, 독립변수를 조작하지 않고 자연적으로 발생하는 사건이나 개입의 효과를 관찰하는 연구 방법론—옮긴이)까지 진행했다.

영광을 얻기 위해 조종사들은 죽음까지 불사한다는 사실이 밝혀졌다. 갈란트 같은 조종사가 언급되면 그로부터 며칠 동안 그의 비행단에 소속된 조종사들은 경쟁하듯이 더 많은 적기를 격추했다. 일간 뉴스에 언급된 기사가 조종사들에게 더 열심히 노력하고 더 많은 적기를 격추하도록 자극했지만, 더 빨리 죽음의 사신을 만나는 대가를 치러야 했다. 평상시에 조종사는 매달 약 2.7퍼센트의 비율로 전사했지만, 동료의 공적이 언급된 뒤 며칠 동안 전사율이 3분의 2 급증했다. 당시의 비행단에만 적용되는 수치가 아니었다. 과거의 경우에도 마찬가지였다. 루프트바페 조종사들은 동료가 군사 신문에 언급되는 명예를 누리는 걸 보았을 때 어떻게 했을까? 자진해서 출격해 더 큰 위험을 무릅썼다. 그 결과로 전사율이 평소의 150퍼센트까지 증가했다.

전쟁을 통해 성취할 수 있는 욕망이 있었다. 영광, 존경과 동경, 불멸의 명성. 대부분의 군사령관이 그랬듯이, 괴링은 그 논리를 꿰뚫고 있었다. 사람들이 무엇을 열망하는지 정확히 파악했고, 훈장과 표창을 적절히 부여하는 정교한 시스템을 고안해냈다. 인간이 상대적인 지위를 쟁취하기 위해 자신의 목숨을 위태롭게 하면서라도 어디까지 갈 수 있는지를 보여준 시스템이기도 했다.

이 이야기에서 몇 가지 교훈을 끌어낼 수 있다. 그중 하나는, 노련한 지도자는 사람들이 사악하기 그지없는 대의를 위해서도 목숨을 내놓도록 무자비하게 조종할 수 있다는 것이다. 군 장성들과 선동가들은 복수심, 영광, 상대적 지위 같은 욕망을 이용해서 군인과 민중을 싸우도록 유도한다. 하지만 지금부터 내가 하려는 이야기는 신병 모집과 관련된 것이다. 다시 말하면, 전쟁에서 승리할 수 있는 한쪽의 능력, 즉 협상력에 관한 것이지, 전쟁이 시작되는 이유와는 별다른 관계가 없다.

집단이 다 같이 위신과 지위를 염려한다면, 그래서 집단이 목숨을 잃더라도 위대한 존재로 존중받는 자존심을 지키기 위해 막대한 분쟁 비용을 기꺼이 감당한다면, 영광은 전쟁을 선택하는 이유를 설명하는 요인이 될 수 있다. 이런 선택은 지금도 얼마든지 가능하다. 과거에 전쟁에 대해 언급한 저명한 철학자들과 역사가들, 예컨대 고대 그리스의 투키디데스, 르네상스 시대 이탈리아의 마키아벨리, 근대 초기 잉글랜드의 토머스 홉스, 계몽주의 시대의 장 자크 루소 등은 한결같은 목소리로, 지위와 위신과 명예가 우리로 하여금 싸움을 선택하게 만든다고 주장했다. 역사학자 마거릿 맥밀런Margaret MacMillan에 따르면, 군사화된 사회와 군국주의 문화는 오늘날에도 여전히 존재한다. 한편, 집단의 명예가 동등한 계층의 경쟁자에게 모욕을 당하거나, 낮은 지위에 있던 집단이 더 높은 위치로 올라갈 때 그 사회는 분노하며 기꺼이 전쟁을 선택한다고 주장하는 학자들도 있다. 루프트바페 조종사가 동료들이 인정받은 경우 반응하던 모습과 크게 다르지 않다.[12]

이런 현상을 파이 분할에 대입해서 설명하기 위해, 추축국과 연합국의 모든 시민이 자신의 '상대적' 위치를 중시했다고 가정해보자. 그들은 쉽게 차지할 수 있는 파이의 크기를 극대화하는 데 그치지 않고, 경쟁국보다 더 많이 차지하는 데서 즐거움을 얻는다. 상대적 지위에 부여되는 가치는 어떻게 계산되더라도 전쟁 비용에 비교되기 마련이다. 따라서 협상 범위는 아래와 같이 줄어든다.

물론 이 경우에도 타협 가능성은 여전히 존재한다. 그러나 평화를 선택할 가능성은 예전보다 더 취약하다.

하지만 나는 민중보다 견제받지 않는 지배자가 영광과 지위를 탐하는 경우가 더 흔하고 더 위험하다고 생각한다. 이런 경우가 전쟁의 원인들이 어떻게 축적되고 뒤얽히는지를 보여주는 가장 흔한 예인 듯

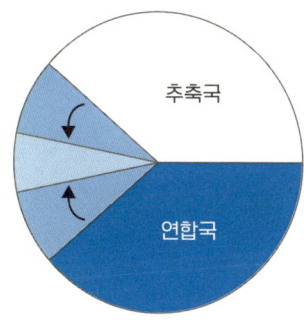

3장 무형의 동기　　　　　　　　　　　　　　　　　　　103

하다. 전쟁 편향과 무형의 동기가 결합되면 그 결과는 끔찍할 수 있다. 뒤에서 보겠지만 나치가 좋은 예다. 그러나 역사학자 필립 호프먼Philip Hoffman에 따르면, 더 좋은 예를 역시 유럽에서 찾을 수 있다. 수세기를 거슬러 올라가야 하지만, 1400~1800년 유럽 대륙은 거의 끝없는 전쟁에 시달렸다. 호프먼의 주장이 맞다면, 당시 군주들이 전쟁을 선택한 주된 이유는 영예를 지키고 명성을 드높이기 위함이었다.[13]

1500년대 초에 활동한 네덜란드의 인문학자 데시데리위스 에라스뮈스Desiderius Erasmus(1466~1536)는 유럽 대륙을 둘러본 후, 시민들은 도시를 건설하는 반면 군주들의 광기는 도시를 파괴한다고 결론지었다. 그러고는 "인민들은 평화를 사랑"하지만 "그들의 지배자들이 전쟁을 일으키는 게" 문제라고 덧붙였다.[14]

케임브리지대학교의 학자였던 에라스뮈스가 보기에, 당시 잉글랜드의 젊은 왕 헨리 8세보다 나은 예는 없었다. 훤칠한 키에 널찍한 어깨, 붉은빛을 띠는 황금색 수염을 기르고 긴 머리칼을 치렁거리던 헨리 8세는 당시 유럽 전역에서 가장 잘생긴 군주로 불렸다. 18세 생일을 맞기 직전, 1509년에 즉위한 젊은 왕은 전쟁을 갈망했다. 그는 마상 창 시합과 사냥을 즐겼다. 그러나 그가 진정으로 바란 것은 프랑스의 많은 지역을 지배하던 잉글랜드의 옛 권리를 되찾는 것이었다.

헨리 8세를 보좌하던 주교들과 조언자들은 전쟁이 경제와 국고에 미칠 악영향을 알았기 때문에 평화를 권고했다. 농민들도 침략 전쟁을 반대했다. 전쟁이 시작되면 육류와 곡류 및 음료의 가격이 앙등하고, 대륙의 질병까지 섬나라에 전해질 게 뻔했기 때문이다. 영향력이 막강하던 양모상들도 전쟁이 사업에 좋을 게 없다고 생각했다. 그러나 헨리 8세와 그를 둘러싼 어리숙한 젊은 영주들에게 프랑스는 반드시 쟁취해야 할 영광스러운 목표물이었다. 게다가 아서 왕의 전설에 사로잡힌 헨리 8세는 과거의 용맹무쌍한 기사들을 닮고 싶어 했다. 외교 정책을 결정할 때 개인적인 위엄 외에 다른 것은 거의 고려하지 않았다.

헨리 8세는 즉위하고 3년 만에 전쟁을 선포했다. 그러나 첫 전쟁 선포는 무참하게 끝났다. 동맹을 약속한 스페인이 그를 속이고 배신한 까닭에 잉글랜드 병사들만 전쟁터에 덩그러니 남겨졌다. 하지만 헨리 8세는 단념하지 않았다. 이듬해 직접 원정대를 이끌고 프랑스로 향했다. 전략적으로 중요하지 않은 적잖은 도시를 정복했지만, 아버지가 남겨준 국고의 대부분을 탕진하고 말았다. 빈털터리가 된 군주는 승리를 선포하고는 의기양양하게 귀국했다.

이 이야기에서 헨리 8세가 견제받지 않은 군주였다고 말하는 것만으로는 충분하지 않다. 영광은 이 전쟁에서 빼놓을 수 없는 요인이었다. 전쟁은 헨리 8세에게 감당하기 힘든 비용을 요구했지만, 그는 그것을 전혀 고려하지 않았다. 대규모 원정이 길어질 경우 전쟁 자금을 조달하기가 어렵기 때문에, 역사적으로 헨리 8세와 유사한 정권들은 분쟁으로 인해 붕괴되었다. (예컨대, 거의 같은 시기에 헨리 8세의 적이었던 프랑스 왕 루이 12세는 군사령관에게 전쟁에서 승리하는 데 반드시 필요한 요소에 대해 물었다. 군사령관은 세 가지가 필요하다고 대답했다. "돈, 더 많은 돈, 더욱 더 많은 돈!"[15]) 막대한 전쟁 비용과 올바른 분별력을 상쇄하기 위해 헨리 8세에게 필요한 것은 정권과 평판을 떠받쳐줄 다른 명분이었다. 그 명분은 군주의 개인적인 비용과 위험을 극복하기에 충분한 무형의 동기, 즉 영광이었다.

잉글랜드와 프랑스, 1500년경

30년이 지난 뒤에도 그 동기는 유지되었다. 어느덧 중년에 접어든 헨리 8세는 창백한 얼굴에 비만이었고, 다리에 생긴 궤양들이 터져 진물이 흘렀다. 그때까지 헨리 8세는 여섯 명의 여인과 결혼했지만 그중 둘을 처형했고, 한 여인과 이혼하려고 잉글랜드국교회Church of England를 창설하기도 했다. 그런 와중에도 헨리 8세는 영광과 프랑스에 대한 집착을 포기하지 않았다. 1544년 거의 5만 명의 잉글랜드 병사가 영국해협을 건넜다. 헨리 8세는 전쟁 비용을 감당하기 위해 화폐 가치를 떨어뜨리는 정책까지 실시했다. 10년간의 정상적인 국가 지출을 비용으로 치렀지만 프랑스의 작은 도시 하나를 점령하는 데 그쳤다. 그럼에도 헨리 8세는 희희낙락했다. 그의 대신 중 한 명이 남긴 기록에 따르면, 그의 눈빛은 어느 때보다 건강해 보였다. 권력이 불공평하게 집중되고 무엇에도 책임을 지지 않을 때, 그 사회는 지배자의 변덕과 사적인 이익에 취약해진다.

타협에 대한 혐오와 이데올로기

세 번째로 언급할 만한 무형의 동기는 내가 이데올로기ideology라고 칭하는 것들의 집합체다. 영광이나 지위와 마찬가지로, 종교적 원리와 정치적 이상도 그 자체로 보상이다. 많은 사회가 자신들의 신념과 생활방식을 널리 퍼뜨리고 이단적인 사상을 절멸하려는 목적에서 전쟁을 벌여왔다. 그 원칙에서 양보하며 타협하는 건 혐오스러운 짓으로 여겨진다. 그렇다면 그런 이데올로기의 비효율은 전쟁 비용에 계산되지 않는다.

극단적인 사례가 독일의 아돌프 히틀러다. 그가 내세운 광적인 이데올로기가 너무 많아 그중 하나만 고르는 게 힘들 지경이다. 하지만 제2차 세계대전을 제대로 이해하려면, 히틀러가 주창한 게르만족 찬양에서부터 시작해야 한다. 히틀러는 게르만족이 영원히 지속되고 번창하기를 바랐다. 그러나 독일 영토는 작았고, 사방에 적이 많았다. 히틀러는 독일이 영토를 넓히지 못하면, 자신이 혐오하는 종족들에 의해 독일이 결국 오염되고 동화되어 지배당하게 될 거라고 굳게 믿었다. 게다가 타협은 게르만족에게 불행한 결말을 안길 거라고 확신했다. 따라서 게르만족은 어떤 대가를 치르더라도 '레벤스라움Lebensraum (생활권)'을 확보해야만 했고, 그 목적을 위해서는 독일의 동쪽 지역을 정복해 식민지화하는 동시에 그곳 사람들을 제거해야 했다.[16]

공평성을 위해, 이번에는 정복당해 식민지화된 나라의 국민 관점에서 보자. 불공정하게도 외국의 군주들이 압도적으로 유리한 상황이다. 파이 분할이라는 간단한 계산법에서 보면, 반란은 타당하지 않다. 그러나 억압당하는 사람들 중에서도 일부는 타협을 혐오한다. 예속된 상태에서는 존엄성을 인정받지 못한다. 협상 범위가 존재하지만, 한쪽에서 나누는 걸 거부한다.

앞 장에서 본 식민지 시대의 미국으로 돌아가 생각해보자. 두 세기 반 전에 영국은 진퇴양난에 빠졌다. 식민지를 대신해 7년전쟁을 치른 뒤라 영국 정부는 막대한 부채를 지고 있었다. 그런데도 미국인들이 납부하는 세금으로는 자체적인 방어는 고사하고 행정조차 제대로 운영할 수 없는 실정이었다. 영국은 미국인들이 정당한 몫을 지불해주기를 바랐다. 그리하여 1765년 인지세법Stamp Act of 1765이 제정되어, 신문 및 법적 서류와 상거래 서류 등에 세금이 부과되었다.

그러나 식민지 주민들이 세금 납부를 거부하자, 영국 정부는 곤경에 빠졌다. 처음에는 소수의 급진주의자만 반대하고 나섰다. 영국인들이 듣기에 "우리가 직접 선출한 입법부만이 우리에게 세금을 부과할 수 있다"라는 그들의 주장은 전례가 없고 비합리적이었다. 그러나 몇 년 지나지 않아 점점 더 많은 식민지 주민이 "대표 없이는 과세도 없다"라는 구호를 외치기 시작했다.

당시에 그런 주장은 어떤 근거도 없었다. 과거에 투표권과 대의권은 같은 것으로 여겨지지 않았다. 대중이 투표를 하든 않든 모든 행정 구역과 식민지의 이해관계는 의회에 의해 여전히 '대표되었다'(여하튼 의원들은 그렇게 주장했다). 게다가 당시에는 런던의 상인부터 맨체스터 시민까지, 대부분의 영국인에게도 투표권이 없었다. 그럼에도 영국인들은 당연한 듯이 세금을 납부했다.

영국 상황은 중요하지 않았다. 인지세법에 저항하는 식민지 주민들이 점점 늘어났다. 그들은 원칙을 부정했고, 타협을 거부했으며, 인지세법이 폐지될 때까지 영국 상품을 불매하겠다고 협박했다. 결국 의회는 인지세법을 폐지하고 다른 방식으로 세금을 징수하려고 애썼다. 그 과정에서도 영국 정부와 식민지 대표들은 일정한 몫의 비용을 미국이 떠맡는 타협점을 꾸준히 모색했다.[17] 하지만 의원들이 양측 모두 받아들일 만한 세금을 찾아낼 때마다, 어떤 제안도 만족시킬 수 없는 미국 쪽 고집쟁이들의 반대에 부딪혔다. 시간이 지남에 따라 그들을 응원하는 주민이 증가했고, 마침내 그 급진주의자들이 더는 소수가 아니게 되었다. 게다가 그들의 이념이 점점 더 확산되었다. 내가 앞에서는 조지 워싱턴을 슬쩍 비판했지만, 미국 독립혁명이 지도자들의 이기심에서 비롯되었다고 비판하는 역사학자는 거의 없다. 오히려 쟁점에 대한 타협을 완강히 거부하고 저항한 이데올로기적 집착에서 원인을 찾는 역사학자가 많다. 미국 식민지 주민들에게는 자유와 지방 의회를 요구할 만큼 강력한 힘이 없었지만, 그럼에도 '살기 아니면 죽기'라는 각오로 그것을 요구했다.

한 역사학자가 인용한 바에 따르면, 건국의 아버지이자 제2대 대통령을 지낸 존 애덤스 John Adams(1735~1826)가 1815년 토머스 제퍼슨 Thomas Jefferson(1743~1826)에게 보낸 편지에서 "우리에게 혁명은 무엇을 의미하는가?"라고 자문했다. 애덤스는 전쟁은 아니었다고 스스로 대답하면서, 전쟁은 혁명의 일부가 아니었기 때문이라고 설명했다. 애덤스의 주장에 따르면, 진정한 혁명은 "국민의 마음속에 있었다". 그런 변화는 미국인들의 "원칙, 의견, 정서, 애착에서 일어난 급격한 변화"를 통해 이루어졌다. 미국인들이 옳고 그름에 대해 판단하는 새로운 도덕적 규칙을 학습하고, 정치적 권리라는 개념을 새롭게 획득한 덕분에 가능했다는 것이다.[18]

역사학자 버나드 베일린Bernard Bailyn(1922~2020)도 애덤스와 비슷한 논조를 띤다. 《미국 혁명의 이데올로기적 기원》에서 자유라는 이상, 더 고결한 운명과 목적을 부여받았을 거라는 믿음, 그런 권리와 섭리를 방해하는 사람들을 끊임없이 경계해야 한다는 의식이 미국인들의 머릿속에서 어떻게 발전했는가를 설명한다. 왜 그런 경계심을 품었을까? 또 다른 역사학자 폴린 마이어Pauline Maier(1938~2013)는 영국 의회와 정부가 미국인들의 위험한 사상을 근절하고 식민지 자체를 예속 상태로 되돌리려 한다고 급진주의자들이 믿게 된 과정을 설명해주었다. 그들이 그렇게 믿은 데는 아무런 근거가 없지는 않았다. 보스턴 차茶 사건 이후 매사추세츠 식민지를 징벌할 목적으로 제정된 '참을 수 없는 법Intolerable Acts'은 그런 의심을 확정해주는 듯했다. 역시 건국의 아버지인 존 디킨슨John Dickinson(1732~1808)은 "실수나 열정"으로는 영국의 행동이 설명되지 않는다면서, 영국 왕과 의회가 "피지배자들의 자유를 완전히 박탈하기로 결정한 게 분명하다"라고 덧붙였다. 그런 사람들과 타협한다는 생각 자체가 혐오스러워졌다. 협상 범위가 있었지만, 식민지 주민들이 받아들이기에는 껄끄러운 것이었다.[19]

전쟁 비용이 타협의 동기가 되지만, 어느 한쪽에게는 그 상황에서 어떤 양보도 생각할 수 없다면 어떻게 될까? 이 세상에서 정말 쪼갤 수 없는 것은 극소수에 불과하다. 파이를 나누는 게 불가능하기 때문이 아니라, 어떤 원칙이나 선호 혹은 집착 때문에 분할이 혐오스러운 것이 되면 어떻게 될까?[20]

다시 13개의 식민지를 예로 들어보자. 그 식민지들은 인구가 많고 부유한 데다 나날이 성장하고 있어 영국에게 부담스러운 요구를 할 여력이 있었던 게 분명하다. 그러나 완전한 권리와 대의권은? 논란의 여지가 있겠지만 당시 미국의 군사적 역량을 고려할 때 합리적으로 요구할 수 있는 협상 범위를 벗어난 터무니없는 요구였다. 하지만 미국의 급진주의자들은 그 이하로는 만족하지 않았고, 어떤 대안도 제시하지 않았다.[21]

일부 정치학자는 이런 불가분성indivisibility을 거론하면서, 이데올로기와 민족과 종교의 차이에 따른 끝없는 분쟁을 설명한다. 여기에는 논란이 있을 수 있다. 예컨대 이스라엘과 팔레스타인이 평화적 해결책을 모색하기 어려운 이유를 설명하는 데도 불가분성을 언급하는 학자가 적지 않다. 양측에는 여러 파벌이 존재해서 경계, 고향에 돌아갈 권리, 예루살렘의 지배권, 특정한 성지의 사용권 등 무엇이든 어떤 양보를 받아들일 수 없다고 고집하는 파벌이 있을 수 있다. 이런 고집에는 명확히 반박할 수 있다. 앞에서 언급한 것들은 분할이 물리적으로 전혀 불가능하지 않다는 것이다! 게다가 역사적으로도 수없이 분할되었다. 그들이 주장하는 불가분성은 대체 무엇을 뜻하는 것일까?[22] 내 생각에 그 답은 명약관화하다. 불가분성은 이데올로기에 불과하다. 이데올로기에 푹 빠진 사람들은 종교적 성지, 동등한 권리, 정치적 거래에 대한 타협으로 치러야 할 대가가 지나치게 크다고 생각한다. 결국 기술적으로는 분할이 가능하지만, 현재의 정치력으로 가능한 분할을 어느 한쪽이 달갑게 생각하지 않아 받아들이기를 꺼리는 것이다.

권리의 경우도 다를 바가 없다. 물론 개인적으로는 인권에 대한 강박적 애착은 당연한 것이고, 우리 인간종이 이뤄낸 위대한 이데올로기적 혁명 중 하나라고 생각한다. 모두가 똑같은 정도로 보호받아야 한다고 믿고 그 원칙을 지지한다면, 전쟁이 상대에게 가하는 고통을 자신의 것처럼 느낄 테니 평화를 선택하기가 한층 더 쉬워질 것이다. (2부에서 보겠지만, 지난 두 세기 동안은 어느 정도 이런 분위기가 분명히 존재했다.) 그러나 한쪽이라도 자신의 어떤 권리를 양도할 수 없는 것이라고 믿는 순간, 평화에 문제가 야기된다. 어떤 땅, 대의권, 심지어 우월성이 내가 속한 집단의 내재적 권리라고 믿는다면, 그와 관련된 타협을 달갑게 여기지 않을 가능성이 크다. 그 권리를 유지하기 위해서는 어떤 값비싼 대가도 치를 각오일 수 있다. 따라서 협상을 방해하는 것은 이데올로기의 불가분성이다.

자결권self-determination을 원하는 이유도 이런 관점에서 이해되어야 한다. 미국 식민지 주민들은 예속을 거부했다. 알제리 국민, 북아일랜드 가톨릭교도, 체첸 사람들을 비롯해 인류의 역사를 수놓은 많은 반反식민주의자와 분리주의자도 마찬가지였다. 제국주의에 양보하며 지배를 약간이라도 인정하는 것은 역겹기 그지없는 짓이었고 민족의 존엄성에 큰 상처를 주는 행위였다. 정신과 의사이자 철학자 프란츠 파농Frantz Fanon(1925~1961)은 식민지 사람들을 대변하면서 "총살 집행대 앞에서 죽은 사람들은 자신들의 희생으로 과거가 재현되기를 바라는 게 아니다. 그들은 현재와 미래를 위해 기꺼이 죽은 것이다"라고 말했다. 독립을 향한 의지, 대리권에 대한 요구, 권리에 대한 생각은 그들의 실질적인 협상력으로 획득할 수 있는 수준을 넘어선다. 그러나 평화롭지만 불평등한 타협안은 도저히 받아들일 수 없다. 파농은 이렇게 말했다. "우리가 저항하는 이유는 간단하다. 많은 이유에서 우리가 더는 숨을 쉴 수 없기 때문이다."[23]

인간은 폭력 자체를 즐기는 걸까?

웨일스의 한 쌀쌀한 승강장에서 빌 뷰퍼드Bill Buford는 차를 홀짝이며 런던행 기차를 기다리고 있었다. 그때 겨울 저녁의 적막을 깨며 확성기 소리가 들렸다. 예정에 없던 기차가 곧 도착할 예정이므로, 모두 승강장으로부터 열 걸음쯤 물러서라는 요구였다. 뷰퍼드는 주변 사람들과 어리둥절한 표정을 주고받았고, 곧이어 기차역에 경찰들이 모여들기 시작했다.

잠시 후, 문제의 기차가 승강장에 들어섰다. 뷰퍼드는 "한 차량에 그렇게 많은 사람이 탄 걸 본 적이 없었다"라고 당시를 회상했다. 그가 보기에 차량 안은 파티와 폭동이 뒤섞인 것 같았다. 술에 취해 제멋대로인 사람들이 한목소리로 구호를 외치고 노래를 불렀다. 한 승객이 탁자에서 뜯어낸 다리로 유리창을 깨부수려 했다. 뷰퍼드가 '축구팬을 위한 특별 열차football special'를 본 것은 그때가 처음이었다.

뷰퍼드는 잉글랜드에서 대학을 다녔고 졸업 후에도 그곳에 체류하며 언론인으로 일했다. 고향 캘리포니아에서 '축구'라는 스포츠는 '사커soccer'라고 불렸고, 주로 어린아이들의 놀이로 여겨졌다. 잉글랜드에서 축구의 위상은 완전히 달랐다. 그 후로 몇 시간 동안 뷰퍼드는 축구팬들이 점령한 기차를 타고 집에 돌아오느라 진땀을 흘려야 했다. 훌리건들은 차량 곳곳을 헤집고 돌아다니며 좌석을 뜯어냈고, 눈에 보이는 모든 것을 깨부쉈다.

뷰퍼드의 친구들은 훌리건들의 난동과 폭력 행위에 거의 동요하지 않았다. 오히려 뷰퍼드가 축구 경기를 현장에서 관람한 적이 없다는 사실을 더 놀라워했다. 그때부터 뷰퍼드는 호기심에 축구 경기장을 찾기 시작했다. 당시 30대 중반으로 건장한 몸집에 검은 곱슬머리, 턱수염을 기른 학구적인 미국인 뷰퍼드는 축구 관중으로는 어울리지 않는 존재였다. 그래도 그에게는 나름의 계획이 있었다. 한두 명의 난동꾼과 친구가 되어, 그들이 어떤 사람들이고 왜 소동을 벌이는지에 대한 자신의 생각을 확인한 다음, 생생한 글로 정리해 잡지에 기고하는 것이었다. 오랜 시간 수백 페이지를 기록하고 많은 유혈 사태를 경험한 뒤에 뷰퍼드는 그 답을 찾아냈다.[24]

언론인으로서 뷰퍼드는 훌리건들이 현대적인 얼굴을 한 것이 다를 뿐, 불의와 지위 추구와 계급에 저항하는 몸부림일 거라고 추정했다. 따라서 폭도들이 대체로 가난하고 소외된 젊은이거나 실업자고, 삶의 상황에 좌절해 지배 계급을 맹렬히 비난하는 것이라는 증거가 발견될 거라고 기대했다. 물론 그런 부류에 속한 사람이 소수 있기는 했다. 그가 처음 접촉한 축구팬 믹은 맨체스터 유나이티드(맨유)를 상징하는 문신으로 온몸을 뒤덮고, 엄청난 양의 라거 맥주를 마셔대는 육중한 바다코끼리 같은 굼벵이로 보였지만, 성공한 중년의 전기기사로 자녀까지 있었고, 당시 주머니에는 20파운드짜리 두툼한 지폐 뭉치가 들어 있었다. 또 다른 훌리건 마크는 브리티시 텔레콤의 엔지니어였고, 연금과 아내만이 아니라 미래의 가족을 위한 계획까지 있었다. 누구도 뷰퍼드가 상상한 틀에 맞아떨어지지 않았다.

자신이 유순한 훌리건들만 만난 것인지도 모른다는 우려는 토리노로 가는 길에 깨끗이 해소되었다. 맨유는 이탈리아 토리노를 연고지로 하는 유벤투스와 경기를 할 예정이었다. 영국 축구팀들은 유럽 대항전을 자국 팬들이 관람하는 걸 금지하려 애썼지만, 믹과 마크 및 그들의 '펌firm'은 단념하지 않았다. 그들은 뷰퍼드를 데리고 토리노로 날아갔다.

풋볼 펌football firm(혹은 훌리건 펌)은 30~40명으로 구성되었고, 바나나 밥Banana Bob이나 스니크 시프Sneak Thief 등의 별명으로 불리는 사람들이 주도했다. 풋볼 펌은 비공식적인 응원단으로, 대규모 공식 응원단에게는 경멸의 대상이었다. 믹이 뷰퍼드에게 증언했듯이, 풋볼 펌은 소규모인 만큼 그 리더들은 "서로 치열하게 경쟁"하게 된다. 믹이 속한 펌의 리더 새미에게는 상대적으로 충성스러운 추종자들이 있었고, 10대로 구성된 행동 조직도 있었다. 그러나 새미는 그들을 어디로 끌고 갔을까? 그들은 무엇을 위해 경쟁한 것일까?

토리노에서 경기가 끝나자, 방패와 경찰봉으로 무장한 폭동 진압 경찰대가 길게 줄을 서서 맨유 응원단을 버스까지 유도했다. 그 잉글랜드인들은 이른 아침 비행기를 타고 올 때부터 엄청난 양의 술을 마신 데다 면세점에서 구입한 독주까지 마시기 시작했다. 토리노의 주요 광장에서는 작열하는 햇빛을 고스란히 받으며 엄청난 양의 맥주까지 마신 터였다. 그들이 걸을 수 있다는 게 불가사의할 정도였다. 하지만 그 만취한 사람들이 버스 문 앞에 도착한 순간, 선두에 있던 남자가 경찰 사이의 틈새를 보고 그쪽으로 방향을 틀었다. 순식간에 200명의 응원단이 뒤따랐고, 그중에 뷰퍼드도 있었다. 그때서야 뷰퍼드는 그 모든 게 계획에 따른 것이었음을 깨달았다.

갑자기 새미가 그의 눈에 들어왔다. 새미는 응원단의 흐름과는 반대 방향으로 움직였다. 뷰퍼드는 당시를 회상하며 "새미는 응원단의 규모를 측정하고 파악하는 듯했다"라고 말했다. 새미는 흥분한 기색이 역력했다. 그는 두 손을 내밀고 손가락을 활짝 편 채 여전히 반대편으로 달리며 응원단에게 소리쳤다. "에너지를 느껴보세요!" 그들의 목표는 이탈리아 당국의 견제에서 벗어나는 것이었다. "폭발"시킬 시간이었다. 그들이 이곳까지 온 목적이 거기에 있었다. 새미는 그들에게 축구 경기를 관람할 기회가 아니라 광란의 시간을 보낼 기회를 주겠다며 그날 하루의 여행권을 판 것이다.

뷰퍼드는 "한번은 경찰들이 무리 지어 우리를 향해 달려왔다. 새미가 그걸 보고는 우리에게 새로운 지시, 즉 흩어지라는 신호를 보냈다"라고 회상하기도 했다. 응원단에게 그 메시지가 전달되었고, 실행에 옮겨졌다. 그때서야 뷰퍼드는 그들이 무지성한 폭도가 아니라는 걸 깨달았다. "응원단들이 갈라졌다. 한 무리는 길을 건넜고, 한 무리는 중앙선을 따라 행진했다. 뒤처지는 무리도 있었다. 그렇게 그들은 모두 경찰을 지나쳤다. 그러자 새미가 뒤돌아서서 다시 뒤로 달리며 모두 재집결하라는 지시를 내렸다. 몇몇이 훈련된 개처럼 곳곳을 돌아다니며 응원단을 다시 모았다."

마침내 경찰의 눈길에서 벗어난 맨유 응원단은 한 무리의 유벤투스 팬들과 마주쳤다. 훌리건들이 유벤투스 팬들을 공격하기 시작했다. 뷰퍼드는 그 현장을 지켜보며 경악하지 않을 수 없었다. 그 잉글랜드인들은 한 소년의 가슴을 발로 찼고, 주차된 자동차만이 아니라 운행 중인 자동차에도 묵직한 물체를 무지막지하게 던졌다.

잉글랜드 응원단은 무척 즐거워하는 것처럼 보였다. 뷰퍼드의 회상은 계속된다. "내 옆에 있던 사람이 정말 행복하다고 말했다. 그는 정말 너무너무너무 행복하다고, 이처럼 행복한 때가 과거에 있었는지 기억조차 할 수 없다고 말했다. 나는 그를 물끄러미 바라보았다. 나중에라도 그를 찾아내서 무엇이 그렇게 행복감을 주었고, 그 행복감이 어떤 것인지 물어보려고 그의 얼굴을 기억에 담아놓고 싶었다." 그러나 그는 곧 응원단 속으로 사라졌다. 그래서 뷰퍼드는 브리티시 텔레콤의 엔지니어 마크를 따라다녔다.

마크가 뷰퍼드에게 말했다. "때로는 극적인 일, 그러니까 나중에 전혀 다르게 느껴지는 일이 나에게도 있어야 하지 않겠습니까? 유벤투스전이 그랬습니다. 평생에 한 번뿐인 경험이었죠. 우리가 운동장에 들어섰을 때 기억나십니까? 우리는 고작 200명이었습니다. 우리는 그들을 상대해야 했고, 앞으로 어떤 일이 일어날지 전혀 몰랐죠. 수많은 감정이 가슴을 짓눌렀습니다. 두려움, 분노, 흥분감. 그런 기분을 전에는 느껴본 적이 없었어요. 우리 모두 그렇게 느꼈고, 우리가 무언가 중요한 일, 보람찬 일을 하고 있다는 걸 알았습니다."

훌리건들과 함께한 수년 동안, 뷰퍼드는 비슷한 말을 듣고 또 들었다. 그때를 잊고 싶지 않고 영원히 기억하고 싶다는 말, 그때를 이야기할 때마다 온몸이 짜릿해지고 즐겁다는 말을 귀에 딱지가 앉도록 들었다. 결국 뷰퍼드는 "폭력은 삶의 과정에서 가장 강렬한 경험 중 하나고, 폭력적 성향을 띤 사람에게는 가장 커다란 즐거움 중 하나다"라는 결론을 내렸다.

뷰퍼드의 결론이 설득력 있게 받아들여지고 섬뜩할 정도로 신빙성 있게 들리는 이유는, 그가 폭력에 깊이 빠져들어 직접 경험했기 때문이다. 뷰퍼드는 토리노에서 겪은 그날 밤에 대해 "폭력에는 강렬한 에너지가 있었다. 짜릿한 전율감을 느끼지 않을 수 없었다"라고 썼다.

몇 달 뒤 어느 날 뷰퍼드는 풀럼에서 풋볼 펌과 다시 함께했다. 그는 당시의 한순간, 조직화된 폭도들이 유리를 깨고 부드러운 살덩이를 마구 짓밟는 걸 보며 외부인이자 개인으로서 의식이 멈췄던 때를 이렇게 묘사했다.

풀럼의 길거리에서 응원단은 은유적 절벽을 넘었고, 그때 나는 문자 그대로 무중력 상태에 들어선 기분이었다. 나는 중력을 버렸고, 중력을 초월하는 존재가 되었다. 내 몸이 붕 떠올라 주변을 맴돌며, 모든 것을 슬로 모션으로 인식하고 세밀하게 뜯어볼 수 있는 것 같았다. 나중에야 깨달았지만, 나는 아드레날린 분비로 인해 행복감에 취한 상태, 다시 말하면 마약에 깊이 취한 듯한 상태였다. 그때서야 처음으로 그들이 훌리거니즘hooliganism을 설명할 때 사용하는 단어들의 쓰임새를 이해할 수 있었다. 군중 폭력crowd violence은 그들에게 마약이었다.

뷰퍼드의 이야기는 폭도, 군인, 갱단에게 직접 들은 수많은 이야기 중 하나에 불과하다. 집단 폭력의 사회성과 유대감에서 즐거움을 얻는 사람도 있지만, 집단 폭력에서 의미를 구하는 사람도 있다. 그들의 증언에 따르면, 전쟁에는 중독성이 있고 폭력은 희열과 목적의식과 정체성을 가져다준다. 오랫동안 종군기자로 활동한 크리스 헤지스Chris Hedges는 "전쟁에는 파괴와 학살이 뒤따르지만, 전쟁은 우리가 평생 갈망하는 것을 가져다줄 수 있다"라면서 "전쟁은 우리에게 삶의 목적과 의미와 이유를 알려줄 수 있다. 우리가 분쟁의 한복판에 있을 때에야 우리 삶의 대부분이 천박하고 공허하다는 게 드러난다"라고 덧붙였다.[25]

무시하고 넘기기에는 이런 증언이 너무 많다. 그러나 이런 증언이 뜻하는 것은 무엇일까? 인간은 선천적으로 폭력적일까? 집단은 분쟁과 갈등을 즐기기 때문에 싸우는 걸까? 그렇다면 집단의 구성원들은 적을 공격해 상처를 줄 때 희열을 얻을 것이기 때문에 우리에게 선천적으로 내재한 파괴적 성향, 즉 지크문트 프로이트 Sigmund Freud(1856~1939)가 '죽음의 본능 death instinct'이라고 칭했던 것이 협상 범위를 축소시키게 된다.

전쟁은 예부터 존재했고 자연스러운 것이라는 이런 견해에는 오랜 역사가 있다. 이것이 맞다면, 우리는 최악의 충동을 억제하는 방향으로 사회를 만들어가기 위해 노력해야만 할 것이다. 일부 학자가 주장하듯이, 어쩌면 우리는 이런 본능을 덜 폭력적인 스포츠, 섬뜩한 공연, 희생양 등을 통해 해소하는 듯하다. 저명한 역사학자이자 문학평론가, 철학자였던 르네 지라르 René Girard(1923~2015)가 이런 주장을 한 대표적인 학자다. 지라르는 인간에게는 경쟁과 질투와 다툼에 기울어지는 선천적인 성향이 있고, 그런 성향이 우리를 전쟁과 불화 등 유혈 사태로 몰아간다고 믿었다. 다행히 우리에게는 그런 성향을 배출하는 배설구가 있다고 주장했는데, 지라르는 수세기의 역사와 문학을 분석한 끝에 희생양과 희생이라는 동일한 주제가 반복된다는 걸 알아냈다. 왜 많은 사회가 무고한 사람을 찾아내 죄를 뒤집어씌우고 죽음으로 몰아갔을까? 이렇게 물은 뒤, 결백한 사람에게 가해지는 폭력에는 어떤 목적(최악의 본능을 덜 해로운 행동으로 쏟아냄으로써 공동체의 화합을 되찾는 것)이 있다는 대답을 찾아냈다. 인간에게 이런 배설구가 없다면, 우리는 파괴적인 본능을 항상 전쟁으로 풀어낼 것이라는 게 지라르의 주장이었다.[26]

내 생각이지만, 우리 인간에게는 다행스럽게도 이런 견해는 대체로 틀렸다. 공격 본능을 다스릴 수 없다는 증거가 전혀 없다. 물론 남녀를 불문하고 피에 굶주려 살상에서 즐거움을 얻는 때가 있기는 하다. 하지만 전반적으로 우리는 협력하는 생물종이다. 인간의 본성에서 놀라운 점이 있다면, 공감하고 대규모로 함께 일하며 협상하고, 평화를 유지하기 위해 거래하는 능력이 우리에게 있다는 것이다. 우리는 결코 무모한 전쟁 기계가 아니다.

그렇다고 인간이 선천적으로 평화주의자라는 뜻은 아니다. 우리는 그런 전제가 사실이 아니라는 걸 알고 있다. 대부분이 경쟁을 즐기고 승리를 갈구한다. 심지어 어떤 환경에서는 잔혹 행위와 지배에서 희열을 얻는 사람도 적지 않다. 때때로 소규모 집단으로 뭉친 사람들이 집단적인 공격을 즐긴다. 특히 남자들에게서 확인되는 현상이다. 뷰퍼드가 관찰한 훌리건이나 젊은이들의 패싸움이 대표적인 예다.

인류학자들은 부족들 간의 전쟁에서도 비슷한 점을 찾아냈다. 몇몇 인류학자가 지상에 마지막으로 남은 수렵채집인들을 연구했는데, 고대의 많은 전쟁이 은밀하게 기습적으로 이루어졌을 거라고 추정했다. 기습은 주로 밤에 행해졌다. 소규모 무리들이 대립할 때, 압도적인 힘을 가진 무리의 남자들이 어둠을 틈타 이웃 부족을 침략해서 잠든 적들을 살해하거나 납치해 달아났다. 이런 습격이 영토나 물적 자원의 확보라는 구체적인 목표를 띤 경우도 적지 않았지만, 대부분의 경우 복수와 명예, 집단의 유대감 형성, 살인의 황홀감 등 미묘한 보상을

기대한 습격이었다. 따라서 적절한 상황이 갖춰지면 우리는 살인이나 폭력의 충동에 사로잡히는 듯하다.[27]

하지만 이런 습격이 현대전에도 그대로 적용될지는 의문이다. 원시적 형태의 습격은, 긴밀하게 맺어진 소규모 집단이 기습적으로 공격하는 형태로 이루어진 데다 압도적인 힘을 과시해서 개인의 위험이 거의 없었다. 대규모 집단 간에 오래 지속되는 복잡한 전투와는 큰 차이가 있다. 기습 공격, 훌리건의 난동, 떠들썩한 싸움과 비교할 때 전쟁은 지루하게 계속되며 지치게 만드는 데다 비용과 위험도 엄청나게 크다. 게다가 전쟁을 치르려면 여러 집단이 끊임없이 연합하고 무장하며, 숙고하고 계획을 세워야 한다. 위험도 낮은 개인 간의 소규모 폭력을 확대한다고 더 큰 집단 간의 경쟁이 되는 게 아니다.

그렇다고 인간의 충동을 무시할 수 있다는 뜻은 아니다. 하지만 우리가 주목해야 할 어떤 태생적 성향이 있다면, 인간은 '자기 집단 중심적parochial'이라는 것이다. 인간은 자신에게 정체성을 주는 집단, 즉 부족의 일원이 되고 싶어 하며, 외집단보다 자신이 속한 집단의 구성원을 더 선호한다. 사회심리학자는 이런 현상을 '자기 집단 중심적 이타성parochial altruism'이라고 칭한다. 이 현상은 사회심리학에서 빼놓을 수 없는 부분이다. 다시 말하면, 우리는 자신이 속한 파당의 구성원을 우선적으로 배려한다는 뜻이다.[28]

자기 집단 중심적 이타성은 이 책의 근간을 이루는 모형에도 적용된다. 파이를 분할할 때 전쟁이 자신의 집단에 미치는 편익과 비용을 염려할 뿐, 상대편에게 안기는 비용을 무시하는 이유도 자기 집단 중심적 이타성으로 설명된다. 어떤 면에서는 동료 구성원에 대한 이런 사랑이 평화를 가져다주는 것일 수도 있다. 다시 말하면, 자기 집단 중심 주의parochialism 때문에 전쟁이 우리 쪽에 속한 사람들에게 안길 폐해를 우리가 염려하게 된다는 것이다. 지도자가 내집단의 구성원에게 닥칠 위험과 피해를 어느 정도까지 내면화하느냐에 따라 지도자의 전쟁 편향성이 줄어든다.

하지만 자기 집단 중심 주의가 한층 극단화되면, 자기 집단을 돕는데 그치지 않고 다른 집단의 고통과 불행에서 즐거움을 찾는다. 독일어에서는 이런 현상을 '샤덴프로이데Schadenfreude(남의 불행을 기뻐하는 마음)'라는 한 단어로 표현한다. 적의 고통에서 즐거움을 찾으려는 경향이 확산되면, 그런 분위기가 평화를 구축하는 데 유리할 까닭이 없다. 오히려 전쟁을 부추기는 무형의 동기가 되어 분쟁 비용의 일부를 상쇄하며 협상하려는 의욕을 약화시킬 것이다.

외집단에게 반감을 갖는다는 주장의 증거는 엇갈린다. 실험실에서는 사람들이 외집단을 약간 시기하지만, 그런 감정이 현실 세계의 경쟁에도 반영되는지는 확실하지 않다. 그러나 집단 균열group cleavage이 거슬리고 적대적이라는 건 분명한 사실이다. 외집단 구성원은 악마화된다. 이렇게 더 가혹한 상황에서 샤덴프로이데가 나타날 수 있다.[29]

이쯤 되면 사회가 반감을 자연스레 키워가는 것처럼 들린다. 그러나 그런 경우는 거의 없다. 오히려 자기 집단 중심적 이타성, 반감, 공격성을 정치 조작의 도구라고 생각해보자. 그렇다면 그런 성향들은 조장된 것이다. 지배자가 물질적이든 이데올로기적이든 다른 이유로 전쟁을 원하면, 프로파간다propaganda(일정한 의도를 갖고 어떤 이념이나 사고방식을 널리 알리며 사람들의 판단이나 행동을 특정 방향으로 이끌어가는 선전 행위—옮긴이)와 잘못된 정보를 이용해서 적을 악마화하고 비인간화한다(괴링 같은 지배자는 이 방법을 사용해 지위라는 열망을 조작했다). 이런 상황에서 견제받지 않는 지배자와 자기 집단 중심적 성향이 뒤섞이면 독약이 된다.

뷰퍼드가 토리노와 풀럼에서 직접 목격하고 묘사한 훌리건의 난동에 대해 다시 생각해보자. 많은 폭동이 그렇듯이, 훌리건들의 폭력도 즉흥적이거나 즉각적이지 않았다. 국제 경기 후의 광란에 참가하는 표를 판 새미 같은 지도자들이 정교하게 조율한 폭동이었다. 풋볼 펌들이 구성원들에게 황홀경을 경험할 수 있는 기회를 경쟁적으로 제공했다. 예컨대 가학적 중산층 잉글랜드인들에게 폭력을 직접 휘두를 수 있는 섬뜩한 크루즈 여행 상품을 기획한 것이다. 그런 기회를 적절히 제공하는 지도자는 부자가 되고 명성까지 얻었다. 다시 말하면, 혼란을 조장함으로써 물질적 이득과 지위를 얻은 것이다. 새미가 사적인 동기로 폭력을 조장하는 카리스마 있는 독재자라고 상상해보자. 그런 경우에도 새미는 성공적으로 혼란을 야기할 수 있을까?

제2차 세계대전과 홀로코스트는 독재자의 전쟁 편향과 무형의 동기가 뒤섞인 고전적인 사례다. 독재자 아돌프 히틀러는 영토 확장을 통한 유럽의 독일화와 아리안화를 추구했다. 처음에 히틀러는 필요한 만큼의 지지를 얻지 못했다. 직전에 치러진 선거에서 독일인의 3분의 1만이 나치당을 지지했다. 그런데 어떻게 전 국민이 그의 혐오스러운 자기 집단 중심적 견해에 동조하게 되었을까? '불순한' 집단들을 말살할 때 어떻게 했기에 국민들로부터 지지를 얻었고, 적어도 국민들이 앉아서 구경만 하게 만들었을까? 한 단어로 답하자면 '프로파간다'다.

1933년 이전 바이마르공화국 정부는 나치당에게 라디오 방송을 허용하지 않았다. 정부는 친親바이마르 뉴스와 프로파간다를 방송했다. 그 결과로 라디오 청취 가능 지역의 도시들은 그 외곽에 위치한 도시보다 바이마르 정부를 더 많이 지지하는 경향을 띠었다. 히틀러는 정권을 잡는 즉시 방송 채널들을 장악하고 나치 이념을 주입하기 시작했다. 히틀러의 선전부 장관 요제프 괴벨스 Joseph Goebbels(1897~1945)는 그달의 일기에서 "라디오와 신문이 이제 우리 손에 들어왔다. 프로파간다의 걸작을 연출해 보일 것이다"라고 썼다. 그로부터 5주 뒤에 총선거가 있었고, 히틀러의 선전은 확실한 효과를 보았다. 라디오 방송이 수신되는 지역에서 나치당 지지율이 외곽 지역보다 몇 퍼센트포인트나 높게 나타났다. 그 후로 수년 동안, 나치의 라디오 선전에 더 많이 노출된 지역들이 더 많은 유대인을 강제수용소로 보낸 것은 당연했지만, 그 차이가 눈에 띄게 크지는 않았다. 히틀러는 자신의 광적인 견해를 받아들이도록 모두를 설득하려 애쓰지는 않았다. 라디오는 프로파간다의 한 경로(무수히 많은 작은 노력과 그에 따른 작은 효과로 이루어진 소우주)에 불과했다. 그렇지만 나치당은 충분한 설득 효과를 거뒀다.[30]

이런 비극적인 이야기가 1994년 르완다에서도 똑같이 전개되었다. 후투족 극단주의자들이 소수 종족인 투치족의 70퍼센트를 학살했다. 역사상 최악의 종족 학살 중 하나였다. 한 라디오 방송국은 증오를 조장하는 방송을 서슴지 않으며 후투족에게 대학살에 가담하라고 독려했다. 라디오 전파가 수신되는 마을들에서 더 많은 투치족이 학살되었다.[31] 괴벨스가 라디오를 "어디에나 존재하며 대중에게 영향력을 행사할 수 있는 가장 중요한 도구"라고 칭한 것은 조금도 놀랍지 않다.[32]

전쟁 편향적인 지배자들이 통제할 때 우리의 두려움과 분노는 그들의 목적에 맞춰져 뒤틀릴 수 있다. 자기 집단 중심 주의를 불쏘시개로, 견제받지 않는 지배자를 성냥으로 가정해보자. 별개로 존재하면 괜찮지만, 둘이 합쳐지면 불길을 피운다. 주목해야 할 것은, 그 불쏘시개가 아무렇게나 놓여 있는 것은 아니라는 사실이다. 공격적인 욕구가 모든 사회에서 불씨를 기다리며 끓고 있는 것은 아니다. 크게 타오르려, 그런 욕구들이 모여 목적의식과 더해져야 한다. 싸움이 시작되면 복수와 지위를 탐하는 성향, 공격성과 반감을 이용해 사람들을 동원함으로써 더 오랫동안 지속되며 더 많은 피를 흘려야 하는 더 큰 전쟁으로 이어진다.

위험한 지형

이 모든 것이 결국 무엇을 의미할까? 무형의 동기를 이해하려면 어떻게 생각해야 할까? 갈란트 같은 전투기 조종사가 적의 포격을 피하는 모습을 상상해보자. 확 트인 하늘에서 그는 마음대로 급강하하거나 방향을 바꾸면서 적의 포격을 피한다. 날개와 동체에 총알을 맞으면 피해가 있겠지만 치명적이지는 않을 수 있다. 번개를 동반한 폭풍, 갑작스러운 돌풍 같은 우연한 사건도 골칫거리지만, 전투기에 문제가 없다면 그런 난관은 어떻게든 헤쳐나갈 수 있을 것이다.

이번에는 전투기 조종사가 위험한 지형을 비행한다고 가정하자. 예컨대 좁은 협곡을 비행하고 있다. 이런 상황에서는 적의 공격을 피하기가 더 어렵다. 확 트인 하늘에서는 큰 걱정거리가 아닌 기체의 손상도 이런 상황에서는 조종사를 위험에 빠뜨린다. 갑작스러운 돌풍에 전투기가 깎아지른 듯한 절벽에 부딪힐 수도 있다. 그야말로 위험천

만한 상황이다.

    달리 말하면, 협상 범위가 좁아진다는 뜻이다. 사회가 맞닥뜨릴 풍경이 달라진다는 이야기다. 영광을 갈구하는 욕망, 적에 대한 반감, 이데올로기적 충동에 조종사는 위험한 지형, 좁은 협곡으로 급강하한다. 조종사가 아무런 견제를 받지 않고 전투의 위험을 무시할 수 있다면 더 깊이 비행해 들어간다. 이리저리 움직일 공간은 제한적이지만, 뚫고 비행할 틈새는 있다. 정상적인 상황이라면 그 자체로는 추락의 원인이 되기에 턱없이 부족한 요인이 그 상황에서는 치명적인 위험이 될 수 있다.

    이런 이유에서 나는 영광이나 자기 집단 중심 주의가 전쟁을 통해 사적인 이익을 얻으려는 엘리트 계급과 결합되던 시대에 특별히 주목했다. 두 요인이 합쳐지면, 하나의 요인이 작용할 때보다 더 위험하다. 전쟁 원인들이 누적되면 상호작용하기 마련이다. 다음 장에서 다룰 '불확실성'을 포함해 전쟁 원인을 살펴볼 때마다 반복해서 보게 되는 현상이다.

4

불확실성

시카고 웨스트사이드에서 나는 나폴리언 잉글리시의 일상을 뒤따르고 있었다. 나보다 젊은 봉사활동가들 중에는 소셜미디어를 이용해 순찰하는 사람도 적지 않았다. 요즘에는 폭력이 대체로 인터넷에서 입에 담기 민망한 욕설과 엄포로 시작되고, 간혹 실제 총격으로 끝난다.[1] 하지만 나폴리언은 옛날 방식을 고수하며 론데일 구역을 걸어다니거나, 길모퉁이 또는 현관 앞 계단 아래 자동차를 세워두고는 매일 그곳에 앉아 시간을 죽이는 젊은이들과 이런저런 이야기 나누는 걸 좋아했다.

구석진 곳에 마약을 판매하던 현관 계단 붙박이들은, 희끗한 수염에 타키야taqiyah(무슬림 남자가 쓰는 둥근 스컬캡)를 쓴 다부진 몸집의

50세 남자가 친한 척하며 다가오는 걸 처음에는 의심했다. 하지만 끈질기게 접근한 끝에, 매력적인 나폴리언은 시간이 지나면서 상당한 정도의 신뢰를 얻게 되었다. 그는 누구든 이 늙다리가 어떤 사람인지 궁금하면 아버지나 삼촌에게 냅 독Nap Dog에 대해 물어보라고 말했다.

이제 냅은 자신의 젊은 시절에 대해 숨김없이 편하게 털어놓는다. 그런 고백도 봉사활동의 일부다. 그가 자원해서 맡은 활동은, 위험하기 짝이 없는 현관문을 두드리고 격렬한 분쟁에 뛰어들어 양쪽을 진정시켜서 총격전의 악순환을 멈추도록 설득하는 것이다. 그의 '배경'이 평화적인 타협을 유도하는 위험천만한 활동에서 냅의 신뢰성을 높여준다.

냅은 헨리 호너 홈스Henry Horner Homes에서 자랐다. 론데일에서 멀지 않은 곳으로, 공공주택 프로젝트로 조성된 주택 단지였다. 시카고 시 당국은 1950년대에 미국 남부로부터 유입되는 가난한 흑인 가족들을 수용할 목적으로 15층짜리 붉은 벽돌 아파트 단지를 조성했다. 불필요한 장식은 거의 없었다. 작고 단순했으며, 잿빛 콘크리트 블록 벽이 맨살처럼 드러나 있었다. 그렇지만 상황이 나빠지기 전에는 많은 가족이 그 주택 단지가 빈민가를 탈출하는 도약이라고 생각했다.

젊은 시절의 냅은 타고난 기업가였다. 열한 살에 그는 근처 식료품점 앞에서 구걸하며 돈을 벌었다. 또 길 건너편 노부부의 집까지 짐을 옮겨다주고 용돈을 받았다. 곧이어 노부부의 집을 청소하고, 그들을 식료품점까지 안전하게 데려다주었으며, 커튼까지 갈았다. 냅은 자부심 가득한 목소리로 "나는 어렸을 때부터 우리 가족의 생계를 책임졌다"라고 말했다.

하지만 그때는 1970년대 말이었고, 호너 홈스는 이미 쇠락의 길로 들어선 뒤였다. 고장난 엘리베이터는 수리되지 않았고, 끊어진 조명 기구는 교체되지 않았다. 검게 변한 콘크리트 블록 벽은 점차 낙서로 뒤덮였다. 1970년대 중반에는 시카고의 다른 지역에서 넘어온 갱단들, 예컨대 바이스로즈Vice Lords, 블랙 P. 스톤스Black P. Stones, 갱스터 디사이플스Gangster Disciples가 주택 단지를 근거지로 점령하기 시작했다. 다시 말하면, 냅처럼 야심찬 10대 소년에게 호너 홈스가 더 많은 돈을 벌 수 있는 기회의 땅이 되었다는 뜻이다. 냅과 친구들은 마리화나 30그램을 구입해 수백 개비의 담배로 말아 팔면 훨씬 많은 돈을 벌 수 있었다. 바이스로즈 일당이 냅이 살던 건물동을 지배하며, 그 '진취적인' 소년들을 독려했다.

부모는 냅과 형제자매를 갱단으로부터 떼어놓으려고 애썼지만, 냅은 주변의 갱들에게 매료되었다. 바이스로즈는 냅의 아파트 건물 앞에 퍼질러앉아 주사위 놀이를 하곤 했다. 그들은 총을 갖고 있었다. 냅은 그들이 주사위 놀이를 하는 동안 총을 대신 갖고 있겠다고 제안했다. 경찰들이 시시때때로 그들을 몸수색했기 때문이었다. 그러나 어떤 경찰도 귀엽게 생긴 꼬마가 모든 총을 갖고 있을 거라고는 의심조차 하지 않았다. 냅은 그때마다 은근한 힘과 책임감을 만끽했다. 냅은 어떤 변화가 있기를 바랐다면서, 나에게 "그들이 총을 되찾아가기 전에 나는 그들에게 총을 쏘고 싶었습니다. 내 공동체를 지키고 싶었으니까요"라고 말했다.

냅의 어머니는 자식들을 주택 단지에서 떼어놓으려는 시도의 하나로, 호너 홈스로부터 몇 블록 떨어진 저층 아파트로 이사했다. 그러나 냅은 어느새 15세였다. 너무 늦은 조치였던 셈이다. 그는 이미 생활 전선에 뛰어들었고, 더구나 언젠가 지역 갱단의 두목이 되겠다는 꿈

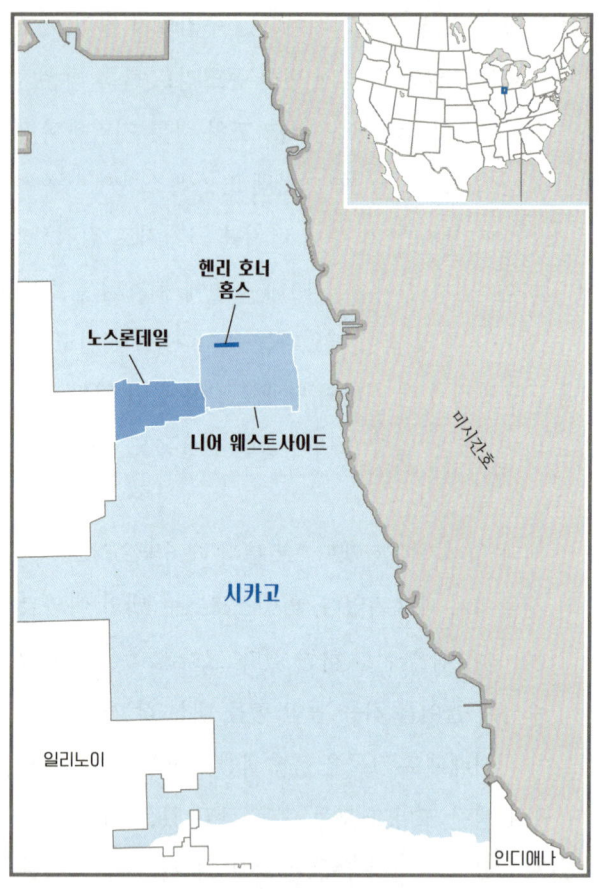

시카고의 웨스트사이드

을 키우고 있었다. 하지만 문제는 그가 갱처럼 보이지 않는다는 것이었다. 냅 자신의 표현을 빌리면, 그는 "아주 작은 꼬마"였다. 어린 데다 작은 키에 통통한 몸집이었다. 흉포하고 잔인하다는 걸 증명해 보여야 했다. 그래서 냅은 한 손에만 검은 가죽장갑을 끼고, 검은색 긴 트렌치코트를 입고 다니기 시작하면서, 자기도 권총을 차고 다닐 자격이 있다는 인상을 주려고 애썼다. 흉내만 낸 게 아니었다. 저녁이면 적대적인 갱단을 습격하는 데도 참가했다. 나는 습격이란 게 정확히 어떻게 행해졌느냐고 물었다. 그는 "누군가 눈에 띄면, 그냥 총을 갈겨댔다"라고 설명했다.

시간이 지남에 따라 그런 평판이 보상을 시작했다. 호너 홈스의 바이스로즈를 관리하던 '영감'이 그를 눈여겨보았다. 그는 자신만만하고 진취적인 데다 젊은 냅을 마음에 들어 하며, 훗날 호너 홈스의 바이스로즈를 관리할 후계자로 다듬어갔다.

하지만 명성이 높아감에 따라 냅은 경계심도 늦추지 말아야 했다. 어느 날 밤, 냅은 한 친구('모리스'라고 하자)와 함께 디사이플스(바이스로즈의 오랜 숙적)를 습격하기 위해 나섰다. 두 청년에게는 평소와 다르지 않은 야간 외출이었다. 그들은 적진에 몰래 들어가 건물들에 총을 쏘아댔다. 순전히 "상대에게 공포심을 심어주는 것"이 목적이었다. 그러고는 호너 홈스에 있던 모리스의 거처로 돌아와 1리터짜리 맥주병을 따고 취하도록 마셨다.

하지만 "어느 날 밤, 우리는 다투게 되었다". 술에 취한 데다 적진을 공격한 뒤의 흥분감에 휩싸여 냅과 모리스는 여느 10대 소년들처럼 빈둥거리며 장난을 쳤다. 그러나 그들에게는 총이 있었다. 모리스는 권총에서 총알을 모두 빼놓았다고 생각했던지, 재미 삼아 권총으로 냅의 머리를 겨눴다. 그러나 냅은 위험을 감수하지 않았다. 모리스가 방아쇠를 당기는 순간 냅은 총구를 내리쳤다. 탄환이 냅의 양쪽 허벅다리를 관통하며 찢어버렸다.

사방에 피가 튀겼고, 모리스는 겁에 질려 우왕좌왕했다. 하지만 냅은 평정심을 잃지 않았다. 훗날 그를 유능한 두목(다시 수십 년 뒤에는 두려움을 모르는 봉사활동가)로 키워준 자질이기도 했다. 냅은 모리스에게 "총을 내 누이의 집에 가져다 숨겨둬"라고 말했다. 그러고는 구급차를 부르고 경찰에 전화를 걸었다. 그때를 회상하며 냅이 나에게 말했다. "그럴듯한 얘기를 꾸몄죠. 우리가 아파트 건물 앞에 앉아 있었는데 디사이플스가 지나가면서 우리에게 느닷없이 총을 쏘기 시작했다고."

형사들이 냅의 진술을 듣고 있을 때 구급대원이 들것을 가지고 도착했다. 그는 피를 흘렸고 한쪽 허벅다리에는 여전히 총알이 박혀 있었지만 걷겠다고 고집을 부렸다. 냅은 약하게 보이지 않으려고, 외부인에게 자신이 누운 채 실려가는 모습을 보여주고 싶지 않았던 것이다. 그래서 꾸역꾸역 구급차까지 걸어갔고, 그제야 들것에 누운 그의 다리에 버클이 채워졌다.

하지만 한 형사는 냅의 진술이 석연치 않다는 걸 직감적으로 알아채고, 아파트 건물 주변을 둘러보았다. 얼마 후, 경찰들이 병원에 들이닥쳐 냅을 체포했다. 그 형사는 냅에게 "재밌게도 쓰레기 소각로 앞에서 이 총을 발견했네. 마르지도 않은 피로 범벅이더군. 이 피가 혹시 자네 것이 아닐까?" 냅은 속으로 모리스의 멍청한 짓을 원망했지만, 재빨리 머리를 굴려 생각해낸 터무니없는 변명을 늘어놓았다. 깜빡 잊고 말하지 않았지만 디사이플스가 건물 안에 들어와 자신을 쏘았다고 진술을 바꾼 것이다. 냅은 나에게 "그들은 그 거짓말을 그대로 적더군요"라고 말하면서 고개를 절레절레 저었다.

그러나 부상에서 회복한다는 명목으로 병원에 누워 시간을 죽이는 게 10대의 냅에게는 영 달갑지 않았다. 그는 바이스로즈의 떠오르는 차세대 리더였다. '영감'은 "네가 이 주택 단지 전체를 관리하게 될 거다"라고 그에게 약속하지 않았던가. 달리 말하면, 총에 맞은 건 우연한 사고였지만 문젯거리가 되었다는 뜻이었다. 그의 또래들과 조직에서 그보다 서열이 높은 사람들만 지켜보고 있는 게 아니었다. 규모가 훨씬 크고 잔혹한 집단도 그에게서 눈을 떼지 않았다.

바이스로즈가 호너 홈스에서 수적으로 열세라는 건 오래전부터 알려진 사실이었다. 갱스터 디사이플스와 블랙 P. 스톤스가 주택 단지와 주변 구역의 대부분을 장악했다. 바이스로즈는 상대적으로 작은 갱단이었다. 하지만 다른 갱단들이 그 영역을 침범하는 것은 합리적이지 않았다. 턱없이 높은 전쟁 비용을 치러야 하기 때문이었다. 여하튼 바이스로즈가 호너 홈스에서 차지한 몫은 그 잠재력에 걸맞았다. 문제는 스톤스와 디사이플스가 로즈의 무력이 정확히 어느 정도인지를 모른다는 것이었다. 갱단은 원래 은밀한 집단이다. 자신의 영역을 벗어나지 않고, 다른 갱단과 제한적으로만 교류한다. 모든 것이 지극히 불확실하다. 그러나 항상 주변을 둘러보며 단서를 찾고, 소문과 소식에 치열하게 주의를 기울이며, 적의 세력과 잔혹성이 커졌다거나 줄어들었다는 징후를 찾아 경계심을 늦추지 않는다.

미국 마약 시장이 호황을 맞이하자, 갱단의 세력이 커졌고 갱단끼리 충돌할 위험도 증가했다. 1980년대에 들어 코카인 시장이 급속히 성장하기 시작했다. 호너 홈스 같은 주된 영역의 가치는 예전보다 더 높아졌다. 파이가 점점 커지자, 다른 갱단의 조각이 당연히 예전보다 더 매력적으로 보였다. 바이스로즈가 점점 약해지면 기존의 분할이 더는 유지되지 못할 게 뻔했다. 스톤스와 디사이플스가 호너에서 더 많은 몫을 기대할 것이기 때문이다. 하지만 이런 분할과 재분할이 평화적으로 이루어지려면 양쪽 모두 상대의 힘을 알아야 했다. 요컨대 전쟁을 선택할 경우 승리할 가능성 및 그에 따른 비용의 크기를 짐작할 수 있어야 했다.

이처럼 안개로 가득한 모호한 상황에서 냅 독이 친구의 총에 맞은 것이다. 정말 우연한 사고였을까? 내부의 반발은 아니었을까? 온갖 소문이 난무했다. 스톤스와 디사이플스도 귀를 쫑긋 세우고 상황을 엿봤다. 냅 독은 떠오르는 젊은 스타였고, 대담하고 자신감 넘치는 젊은 로즈 중 한 명이었다. 새로운 세대의 리더들은 무엇을 갖춰야 할까? 모든 갱단이 답을 알고 싶어 하던 궁금증이었다.

그 답을 알고 있던 한 원로가 병원으로 냅을 찾아왔다. 그는 자신들의 계획대로 냅이 호너를 장악하려면 냅이라는 이름에 어떤 의미가 담겨야 한다고 설명했다. 냅은 자신이 강인하다는 걸 스스로 확신하더라도 다른 사람들은 그렇지 않을 수 있다는 뜻이었다. 냅은 그 문제를 상대방의 관점에서 전략적으로 충분히 생각해야 했다. 다시 말하면, 원로는 냅에게 위험하지만 현실적인 세계를 예로 들어 게임 이론을 가르치고 있었던 것이다. 그는 냅에게 "잘 들어, 이번에는 네가 그놈에게 총알 맛을 보여줘야 할 거야. 그렇게 하지 않으면 누구나 너를 얕잡아볼 거다. 모두가 너를 어떻게든 담그려고 할 거야"라고 말했다. 냅은 "우리 귀에 대고 계속 움직이라고 속삭이는 사람이 항상 있습니다"라고, 쓰라린 교훈을 되뇌며 한숨을 내쉬었다.

병원에 보름 동안 입원한 뒤 집에 돌아오던 길에 냅은 모리스가 아파트 건물 앞에 앉아 있는 걸 보았다. 모리스는 마치 대장처럼 냅의 10대 부하들에게 둘러싸여 있었고, 그들 주변에는 40개 정도의 맥주병이 널브러져 있었다. "그걸 보고, 혼잣말로 다짐했습니다. 오늘 끝내야겠군." 냅은 자기 아파트에 올라가 38구경 리볼버를 움켜쥐고("그놈이 나를 이걸로 쐈으니까"), 중공탄中空彈, hollow-point bullet으로 탄창을 채운 뒤("그놈도 이 탄환으로 나를 쐈잖아"), 곧장 아래로 내려갔다. 그는 나를 겨냥해 총을 쏘는 흉내를 내며 말했다. "피웅, 피웅!" 냅은 절친한 친구의 양쪽 허벅다리를 차례로 쏘았다. 그 자신이 맞았던 바로 그 위치에. 이야기를 끝낸 뒤 냅은 뒤로 기대앉으며 덧붙였다. "그렇게라도 내 평판을 지켜야 했습니다." 그의 표정은 어둡고 서글퍼 보였다.

상대적인 힘에 대한 불확실성

모두의 힘과 결단력이 공개적으로 알려져 있었다면, 냅이 자신의 이름을 굳이 신화로 만들어갈 필요는 없었을 것이다. 갱들은 서로 상대의 무기 및 조직원과 리더를 끊임없이 관찰하며, 만약 싸움이 벌어지면 어느 쪽이 승리할지 분석한다. 하지만 누구도 승자를 확실히 단정하지 못한다. 분쟁의 결과는 이처럼 예측 불가능하다. 그러나 두 경쟁자가 똑같은 정보를 갖고 있다면, 승자를 예측하는 확률도 양쪽이 똑같을 것이다. 예컨대 양측 모두의 계산에서 바이스로즈가 승리할 확률이 4분의 3일 수 있다. 그러나 반대로 보면, 스톤스도 4분의 1 정도로 승리할 수 있다는 뜻이다. 우리가 만나 확인한 바에 따르면, 파이를 처음 나눈 갱단들은 이런 식의 확률과 계산을 무척 편하게 받아들였다. 그들은 전쟁과 평화로 얻을 수 있을 것이라고 예측되는 두 가치를 비교했고, 그 결과를 근거로 평화적인 거래를 선택했다. 이런 종류의 불확실성이 있을 때, 즉 승리 여부를 확률에 기댈 수밖에 없다는 깨달음이 있을 때 평화를 선택하게 된다.

하지만 두 집단이 똑같은 정보를 갖고 확률에도 동의한다는 생각은 '막연한' 가정에 불과하다. 세상은 결코 안정적이지 않고 투명하지도 않아, 평가하기가 쉽지 않다. 대부분의 갱단이 상대방이 어떤 무기를 가졌는지 모른다. 상대 조직원들의 충성심, 리더들의 패기, 손에 쥔 자금에 대해서도 확실히 모른다. (어쩌면 자기 조직에 대해서도 정확히 모를 수 있다.) 달리 말하면, 정보가 충분하지 않다. 설령 양쪽이 상대에 대한 모든 정보를 확보하더라도, 동일한 결론에 이르고 승리 확률을 똑같게 계산할 거라고 어떻게 장담할 수 있나? 일반적으로 나타나는 심리적 편견과 오류를 깡그리 무시하더라도, 세상 자체가 복잡하고 변덕스럽다. 경쟁 관계가 지속되는 오랜 기간 누적된 미지의 것을 정확히 파악하기란 불가능하다. 전쟁에서 우리 편이 승리할 확률만큼이나 '간단한' 것을 판단하기도 믿기지 않을 정도로 어렵다.[2]

노벨상을 수상한 심리학자 대니얼 카너먼 Daniel Kahneman은 이 문제를 '소음 noise'이라고 칭한다. 따져봐야 할 세세한 것이 많고 상황도 무척 신속하게 변하기 때문에, 확률을 올바로 파악해야 하는 동기가 큰 똑똑한 사람들도 잘못 파악하는 경우가 비일비재하다. 그들에게 학습하고 조절할 기회가 주어지는 경우에도 마찬가지다. 예컨대 위험을 평가하는 전문가에 대해 카너먼은 이렇게 말한다.

나는 보험회사에서 연구팀과 함께 일한 적이 있다. 그때 우리는 무척 표준적인 실험을 실시했다. 그들은 표준이 되는 매우 일반적인 사례들을 실험 대상으로 삼았다. 고가의 사례는 사기 위험을 경계해야 하는 (…) 금융회사를 담보하는 경우였다. 따라서 그 분야를 담당하는 전문가가 있다. 보험회사 연구팀이 실험 대상으로 삼은 사례들은 철저히 현실적으로 꾸며졌다. 다시 말하면, 우리가 일상의 삶에서 맞닥뜨리는 상황과 다르지 않았다. 50명이 어떤 사례를 읽고, 그 사례에 1달러의 가치를 매긴다. (…)

무작위로 두 사람, 즉 두 명의 손해사정사를 선택해서 보험료를 책정하라고 해보자. 그들이 제시한 보험료의 평균값을 구하고, 두 보험료의 차액을 평균값으로 나눈다. 몇 퍼센트나 차이가 날까? 이른바 전문가들이 계산해낸 보험료가 다를 수 있을까? 내가 사람들에게 물어서 얻은 공통된 대답이 있다. 경영자들도 거의 똑같이 대답했다. 차이가 난다면 10퍼센트 언저리일 거라고. 잘 운영되는 기업은 그 정도일 거라고 대부분 예측했다.

그러나 우리가 찾아낸 답은 50퍼센트였다. 무려 50퍼센트! 달리 말하면, 그 손해사정사들이 위험 평가에서 시간을 헛되이 낭비했다는 뜻이다.[3]

손해사정사는 재능을 검증받은 전문가다. 게다가 유사한 사례들에 대해 위험을 반복해 평가하고, 자신의 평가에 대한 피드백을 규칙적으로 받는다. 위험 평가를 잘못하면 큰 손해를 볼 수 있다. 그렇지만 앞으로 어떤 일이 일어날 개연성에 대해 전문가들의 의견은 일치하지 않는다. 여러 증거에서 확인되듯이 주식중개인, 재무감사관, 기상통보관, 심지어 형사재판관의 경우도 다를 바가 없다. 이른바 전문가들도 이럴진대 갱단 두목, 군 장성, 총리는 더 나을 거라고 어떻게 기대할 수 있겠는가?[4]

소음은 불확실성이 경쟁자들을 전쟁으로 치닫게 할 수 있는 첫 요인이다. 엄청난 양의 정보, 알려지지 않은 것들의 범위, 그 모든 것을 정리해야 하는 복잡성 등을 고려할 때 전쟁에서 승리할 가능성에 대한 양측의 계산은 다를 수밖에 없다. 따라서 그들이 얻는 확률값도 다르기 마련이다. 역사학자 제프리 블레이니Geoffrey Blainey는 학계에 큰 영향을 남긴 저서에서, 1700년 이후 세계 전역에서 벌어진 전쟁들을 살펴본 끝에 정확히 똑같은 현상을 확인하고 결론을 내렸다. "전쟁 당사국들이 상대적인 군사력에 대한 평가가 서로 일치하지 않을 때 대체로 전쟁이 시작된다."[5]

소음과 그로 인한 의견 차이는 합리적인 협상가들에게도 문제를 야기한다. 이번에도 파이 분할로 그 이유를 설명해보자. 두 갱단이 있고, 전쟁이 벌어질 경우 누가 승리할지에 대한 확신이 다르다고 해보자. 예컨대 냅과 바이스로즈는 처음에 스톤스에 충분히 맞서 싸울 수 있다고 믿었다. 로즈의 이런 믿음을 파이로 그려보면 아래 왼쪽과 같을 것이다.

하지만 소음으로 가득한 세상이다. 스톤스는 검증되지 않은 17세의 작은 꼬마 냅 독이 행동대장인 것을 보고, 상황이 달라졌다고 생각했을 수 있다. 가령 스톤스가 전쟁이 벌어지면 자신들이 승리할 확률

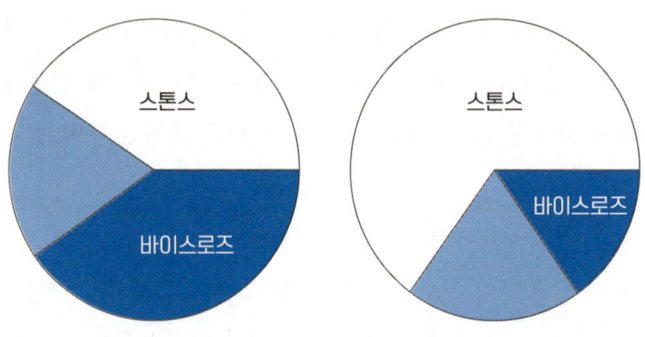

이 4분의 3에 이른다고 생각했다고 가정하자. 스톤스의 이런 판단을 파이로 표시하면 오른쪽과 같다.

무엇보다 주목해야 할 것은, 그 차이가 경쟁 관계에 있는 두 집단이 생각하는 협상 범위의 차이를 뜻한다는 것이다. 두 집단이 동일한 정보와 믿음을 공유하는 경우보다 중첩되는 부분이 줄어든다. 따라서 양측이 협상을 원하더라도 상대적인 힘에 대한 의견 불일치와 소음으로 인해 평화를 유지하기 힘들어진다.

두 번째로 주목해야 할 것은, 내가 제시한 예에서 보듯이 협상 범위에서 중첩되는 부분이 전혀 없을 정도로 양쪽의 계산이 다르다는 것이다. 다시 말하면, 평화를 선택해야 할 동기가 사라져버렸다. 극단적이지만, 블레이니 같은 역사학자들이 인류 역사에서 어렵지 않게 찾아낼 수 있을 정도로 현실적이다.

협상 범위가 없다면, 적들은 싸움을 시작한 뒤에야 깨닫는다. 예컨대 스톤스는 전쟁을 일으키고 나서야 바이스로즈가 비등한 힘을 지녔다는 걸 알게 된다. 그때 양측의 계산이 수렴되며 협상의 여지가 다시 나타나고, 협상을 모색하게 된다.

중요한 것은, 진정한 상대적인 힘이 밝혀질 때까지 이 전쟁이 지속된다는 것이다. 원칙적으로는 충돌이 시작된 첫날에도 그 힘이 밝혀질 수 있다. 그러나 소음으로 가득하고 변덕스러운 세상이 문제다. 예컨대 스톤스가 첫 전투에서 패했다고 가정해보자. 패인이 냅 독과 바이스로즈를 얕잡아본 결과이니 승리할 확률을 하향 조정해야 할까? 아니면 그들이 예측한 확률은 정확했는데, 바이스로즈가 그저 운이 좋았던 것일까? 여하튼 75퍼센트라는 확률은 네 번 중 한 번은 패한다는 뜻이 아닌가! 잘못된 평가와 나쁜 운의 차이를 구분하는 방법을 배우는 데는 몇 주, 몇 달, 심지어 몇 년이 걸릴 수도 있다.[6] 그 둘을 구분하기란 결코 쉽지 않다. 언젠가 프로이센의 장군 카를 폰 클라우제비츠가 전쟁에서는 불확실성이 많다는 뜻으로 현실은 "안개로 감싸여 있다"라고 말하며, '전장의 안개Nebel des Krieges'라는 유명한 표현을 남겼다.

이런 안개를 해결하는 방법 중 하나가 어둠을 꿰뚫는 빛이라고 생각할 수 있다. 어느 정도 맞는 말이다. 전쟁은 양측 모두에게 엄청난 충격을 주는 조치이기 때문에 자신들의 평가가 최대한 정확하기를 바라기 마련이다. 따라서 정보를 수집하고 소통하는 과정을 개선하려고 노력한다. 지배자들이 외교망을 구축하고 정보기관을 설립하는 주된 이유는 올바른 평가를 위해서다. 이런 조직들은 어둑한 안개를 꿰뚫어보고 정보를 처리하며 전쟁으로 치달을 위험을 낮춘다.[7]

경쟁자도 안개 속에 있기는 마찬가지다. 적에게 얕보여 침략을 당하고 싶은 사람은 어디에도 없을 것이다. 또 싸움을 통해 무언가를 배우려면 큰 희생을 감수해야 한다. 상대를 정확히 모르는 대가를 누가 치르고 싶겠는가? 따라서 경쟁자는 자신의 잔혹함을 알리고 적절한 평판을 구축하기 위해 엄청난 시간을 투자한다. 냅을 예로 들면, 긴 트렌치코트를 입었고 습격을 서슴지 않았으며 가장 친한 친구에게 무자비한 충격을 가했다. 그렇게 행동함으로써 자신이 거칠고 올라갈 자격을 갖췄으므로 함부로 넘보지 말라는 경고를 바이스로즈의 다른 단원들에게 보낸 것이다. 동시에 바이스로즈를 우습게 보지 말라는 강력한 메시지를 경쟁 갱단들에게 보낸 것이기도 했다.

대부분의 생물종은 무작정 싸우기보다 먼저 신호를 보낸다. 동물들은 불필요한 갈등을 일으키지 않고, 힘을 과시하고 전달하는 다양한 방법을 진화시켜왔다. 그래서 으르렁거리고, 쉭쉭거리며, 무섭게 보이는 뿔이나 이빨을 드러낸다. 생물학자들은 이런 행위를 '세력 투쟁 행위agonistic behavior'라고 부른다. 우리 인간도 몸짓 언어, 옷을 입는 방식, 언어를 사용한 위협, 근육 과시, 춤부터 운동까지 잠재력을 드러내는 의식 등을 통해 힘을 과시한다.[8]

그렇다고 모든 신호가 똑같은 가중치를 갖는 것은 아니다. 긴 트렌치코트를 입고, 최신형 권총으로 무장한 사진을 페이스북에 올리고, 트위터에서 욕설을 주고받는 것도 분명히 세력 투쟁 행위에 속하지만, 그런 신호는 별다른 위협이 되지 않는다. 그저 허장성세에 불과하다. 인터넷에서 용기를 뽐내기는 쉽다는 걸 모르는 사람은 없다. 정말 사람들이 당신을 두려워하고 당신에게 집분거리지 않기를 바란다면 더 강력한 신호, 즉 많은 비용이 들지만 상대가 믿을 수밖에 없는 신호가 필요하다.

최고의 신호는 가짜로 꾸미기 힘든 신호다. 어쩌면 이런 이유에서, 바이스로즈의 원로가 디사이플스를 습격한 냅의 용기와, 모리스에게 복수한 냉정함을 높이 평가한 것이다. 냅의 심성이 여렸다면 결코 그런 위험을 감수하지 않았을 것이다. 여러 갱단의 두목에게 확인한 바에 따르면, 대부분의 아이가 그와 같은 역할을 해내지 못한다. 강력한 조직이 되려면 그런 패기를 지닌 아이를 찾아내 길러야 한다.

이렇게 폭력이 더해진 사건을 '접전skirmish'이라고 해보자. 접전은 전쟁이 아니다. 소규모고 금세 끝난다. 접전은 전쟁을 피하기 위한 수단으로 종종 활용되기도 한다. 물론 젊은이들의 허세와 미성숙에서 충돌이 발생하는 경우도 있다. 그러나 변덕스럽고 불확실한 세계에서 작은 기습 공격과 일회성 전투는 진정한 힘과 결의를 보여주는 신호가 된다. 이런 작은 충돌이 잦아지면 불확실성이 줄어들고 안정된 협상점을 찾아내기가 더 쉬워진다.

숲과 평원과 사막에서 경쟁 관계에 있는 씨족과 부족과 마을도 갱단들처럼 서로 습격하고 충돌한다. 모든 사회에서 과거, 즉 국가가 세워지기 전 무질서한 시대를 돌이켜보면 동일한 현상이 확인된다. 옛 조상들이 작은 충돌이나 값비싼 신호를 통해 자칫하면 오랫동안 지속될 전쟁을 피했고, 통제할 수 없는 악순환에 빠지지 않고 평판을 유지하기 위해 노심초사했다. 그들은 섣불리 전쟁을 벌이지 않았다. 신중하게 처신했다. 전면적인 갈등을 피하기 위해 그들이 지닌 힘과 패기를 명확히 알리는 신호를 보내려고 애썼다.

국가의 경우에도 다를 바가 없다. 그들은 비폭력적으로 메시지를 전달하는 쪽을 먼저 선택한다. 그래서 신무기를 시험하고, 위협조로 경고 사격을 하며, 은행 계좌를 동결하고, 열병식을 거행한다. 이런 비폭력적 메시지가 효과를 거두지 못하면, 국가는 접전을 모색하면서 단기간의 소규모 충돌로 경고를 보낸다. 제한적으로 국경을 넘어 침범하고, 고립된 선박을 나포하며, 전략적으로 폭격하고, 특정 목표에 사이버 공격을 감행한다. 소규모 접전을 통해 학습하는 게 바람직하지는 않지만, 전쟁으로 학습 효과를 얻는 것보다는 낫다.[9]

하지만 접전과 그 밖의 신호로 거대한 불확실성을 해소하기는 턱없이 부족한 경우가 적지 않다. 예컨대 디사이플스와 스톤스가, 냅이 모리스를 공격했다고 해서 무엇이 증명된 것인지 의아해한다고 해보자. 거친 남자라는 이미지는 그저 연기에 불과할 수 있다. 그 떠오르는 행동대장이 진짜로 검증된 적은 없었다. 따라서 이런저런 주장이 여러 이유에서 새롭게 생겨나고 서서히 수렴될 수 있다. 주장은 애초에 먼 곳에서부터 시작되고, 새로운 정보가 점진적으로 유입되기 때문이다. 게다가 신호 자체가 소음이어서 신뢰하기 힘들 수 있다. 이런 경우에는 전투가 진실을 밝히고 다수가 동의하는 믿음에 도달하는 유일한 방법일 수 있다. 이때의 전투는 일련의 소규모 접전보다, 흔히 '전쟁'이라 일컬어지는 오랫동안 지속되는 싸움에 가깝게 보일 수 있다. 정리하면, 상대적인 힘에 대한 불확실성과 그로 인한 판단의 불일치에서 많은 분쟁, 특히 단기간 분쟁(종족 간의 충돌, 무장 대치, 짧은 전쟁)이 설명된다. 소음으로 가득한 세계에서 우리는 이런 분쟁이 오랫동안 지속되는 싸움보다 훨씬 더 흔할 것이라 예측할 수 있고, 실제로도 그렇다.

불확실성과 허세

상대적인 힘에 대한 판단의 불일치, 불확실성이 싸움에 영향을 미치는 유일한 요인은 아니다. 게임 이론가들이 이차적으로 지적하듯이, 정보 부족이 평화를 방해하고 허세를 부리는 기회가 된다. 약한 쪽은 협상에서 조금이라도 더 유리하기 위해 거짓 신호를 보내며 강한 척한다. 이런 현상은 이 책에서 다루는 게임 이론에서도 약간 까다로운 부분이므로, 냅의 다른 일화를 예로 들어 그 논리를 자세히 설명해 보겠다.

냅이 모리스에게 총을 쏴 패기를 증명해 보인 직후, 바이스로즈는 호너 홈스 전체의 운영을 냅에게 맡겼다. 그 나이에 냅이 어떤 모습이었을지 나로서는 상상하기 힘들다. 지금의 자상한 얼굴과 벗겨진 정수리, 까칠한 잿빛 수염, 스웨터와 스컬캡 대신 검은 곱슬머리를 길게 기르고 목에 두른 금목걸이를 철렁거리며 으스대면서 걷는 17세의 꼬마가 아니었을까 싶다. 하지만 그가 기르던 핏불에게 자신의 이름을 붙여줄 정도로 자존심은 대단했을 것이다. 발 길이는 원래 270밀리미터 정도였지만, 왼쪽 발에는 총알을 감추기에 충분한 공간을 두고, 오른쪽 발 아래에 작은 25구경 권총을 감춰두려고 290밀리미터 스니커즈를 사 신었다면서 "경찰이 신발까지 수색하지는 않았거든요!"라고 나에게 알려주었다.

냅의 이런 노력 덕분이었던지 스톤스는 그 땅딸막한 10대 소년을 어떻게 처리해야 할지 확신하지 못했다. 그들은 오래전부터 냅의 갱단과 평화로운 관계를 유지해온 터였다. 그러나 마약 사업이 호황을 맞이하자, 바이스로즈가 능력 이상의 영역을 지배하는 게 아닐까 고심했다. 냅은 위상이나 경력을 뛰어넘는 결단력과 지능을 겸비했지만, 그런 자질이 객관적으로 증명되는 것은 아니었다. 냅에게는 사적 정보private information라는 것, 즉 싸워보지 않고는 상대가 쉽게 확인할 수 없는 점들이 있었다.

그렇다고 굳이 전쟁을 벌일 필요는 없었다. 싸우는 것보다 신호를 보내고 평화적으로 영토를 거래하는 편이 나았다. 스톤스는 냅 독에게 겁을 주고 그가 어떻게 대응하는지 지켜보기로 결정했다. 그들은 최후의 통첩을 날렸다. 그해 여름이 끝나기 전에 바이스로즈를 블랙 P. 스톤스에 넘기라는 것이었다. 진지한 통첩인 걸 보여주는 동시에 냅 독의 패기를 시험할 목적으로, 스톤스는 냅의 마약 판매책을 협박해 갈취하기 시작했다. 냅의 힘과 결의를 측정해보려고 작은 접전을 시도한 것이다. 그러나 냅은 완강히 맞섰다. 바이스로즈의 능력과 힘을 스톤스보다 더 많이 아는 사람은 그 자신이었다. 안타깝게도 스톤스는 냅의 저항에 조금도 물러서지 않았다. 오히려 그들은 검증되지 않은 청년이 자신의 역량을 벗어난 너무도 큰 조직을 운영하는 것이라고 생각했다. 따라서 작은 꼬마 냅 독이 허세를 부리고 있다고 판단했다.

상대가 교묘하게 허세를 부리면 전략적 계산법이 복잡해진다. 소음으로 가득한 세계에서도 경쟁자가 얕잡아보고 침략하기를 원하는 조직은 어디에도 없다. 따라서 자신의 힘을 어떻게든 전달하려는 동기를 갖게 된다. 우리가 진실을 말하더라도 경쟁자가 그렇게 믿을까? 누구나 과소평가되기를 원하지 않고, 과대평가되는 걸 좋아한다. 달리 말하면, 자격보다 큰 몫을 얻고 싶어 한다는 뜻이다. 포커와 약간 비슷하다. 상대가 대응하지 않을 거라는 데 판돈을 걸면서 상대를 속이고 싶어 하는 것이다.

약한 쪽이 속이고 싶어 한다는 것은 누구나 알고 있다. 그 때문에 양쪽 모두의 신호에 대한 신뢰성이 약화된다. 접전은 진정한 역량과 결의가 드러나는 순간일까, 아니면 정교하게 꾸며진 책략일까? 누구도 속아서 파이의 많은 부분을 나누고 싶어 하지 않는다. 따라서 양측은 복잡하더라도 위험에 따른 수익을 계산하게 된다. 약한 쪽은 허세가 성공한 경우에 기대되는 보상과, 허세로 인한 위험을 비교한다. 강한 쪽은 지나치게 많이 양보할 위험과, 공격한 뒤에 상대가 막강하다는 걸 깨닫는 위험을 비교한다. 최적의 전략은 '항상 양보'하는 것은 아니기 때문에, 어느 쪽에서나 어려운 결정이다. 전략적 추론을 통해 얻은 중요한 통찰에서 확인되듯이, 사적 정보가 끼어들면 합리적인 계산이 때로는 허세에 굴복하지 않고 도전을 선택하기 때문에 전쟁이 시작된다.

어느 날 오후, 냅의 조직원 중 하나가 9층까지 숨을 헐떡이며 올라와 냅의 아파트 문을 두들기며 소리쳤다. "스톤스 놈들이 쳐들어왔어!" 냅은 재빨리 셔츠를 입고 권총을 집어든 뒤 침입자들에게 맞서려고 계단을 뛰쳐내려갔다. 냅은 한두 발 총을 쏘았고, 곧이어 스톤스도 발포했다. 냅이 손과 팔에 총상을 입었다. 수적으로 열세인 데다 무기도 부족했고 부상까지 입은 냅은 위층으로 전력을 다해 피신했다.

현실에서 10대 갱의 전투는 할리우드 영화의 총격전보다는 치명적인 실수가 연발되는 엉망진창 고등학교 연극에 더 가깝다. 천식이 있는 데다 건강마저 좋지 않았던 냅 독은 계단을 힘겹게 올라갔다. 초조하기도 했지만 피를 많이 흘린 때문인지 냅은 9층을 지나치고 말았다. 그래서 두 층을 거슬러 내려와야 했다. 그때서야 냅은 아파트 열쇠를 갖고 나오지 않은 걸 깨달았다.

냅에게는 천만다행으로, 스톤스가 지나치게 경계하고 또 조직적이지도 않아서 냅을 바싹 추격하지 않았다. 그래서 냅은 절룩거리면서도 걸음을 서둘러 누이의 아파트를 찾아갔다. 그는 문을 두드리며 소리쳤다. "도와줘요!" 매형이 냅을 부축해 아파트 안으로 데려갔다. 냅은 피를 많이 흘려 정신이 혼미해지는 듯한 기분이었다. 그래도 "영감한테 전화해야 해요!"라며 전화기를 부탁했다. 냅은 영감에게 말했다. "머리에 총을 맞았습니다. 놈들이 나를 죽였습니다." 영감이 대답했다. "빌어먹을 놈, 진짜로 죽었으면 네가 나한테 어떻게 말하겠니? 전화기를 옆 사람에게 넘겨라."

이번에 냅은 제 발로 걸어 구급차에 타지 못했다. 과다출혈로 의식을 잃었기 때문이다. 구급대원들이 의식을 잃은 냅을, 침입자들이 보는 앞에서 신고 나갔다. 스톤스는 마침내 냅 독을 죽였다고 확신하고는 아파트 건물을 나가며 흐뭇한 미소를 지었다. 그들은 냅의 허세에 속지 않고 도박을 벌인 끝에 승리한 거라고 생각했다.

하지만 그것은 스톤스의 착각이었다. 냅과 바이스로즈는 속임수를 쓴 적이 없었다. 그들의 결의가 단호했던 것이다. 냅은 당시를 회상하며 나에게 말했다. "나는 다시 병원에 입원했고, 원로들이 나에게 전화를 걸어 격려했습니다." 냅은 또 한 번 결연한 의지를 증명해 보여야 했다. "반격을 해야 했습니다." 선배들도 전화를 걸어 적극적으로 지원하겠다고 약속했다. "그들은 이미 무기를 구입해두었습니다." 우지^{Uzi} 기관총을 비롯해 여러 중화기를 준비한 것이다. "그들은 나에게 전화해서는 공이치기 당기는 소리까지 들려주었죠. 짤각, 짤각."

냅의 호너 홈스만 위험한 게 아니었다. 바이스로즈, 스톤스, 디사이플스는 시카고 전역에 분포된 갱단이었다. 그들은 언제든 영역 다툼이 벌어질 수 있는 수십 곳의 최전선에서 맞대고 있었다. 바이스로즈가 약하게 보이면, 모든 곳이 위태로워질 수 있었다. 바이스로즈는 도시 전역에서 평판을 유지해야 했다. 평판을 상실하면 모든 곳이 허물어질 게 뻔했다. 따라서 냅은 반격에 나섰다.

그리하여 호너 홈스를 사수하기 위한 몇 달간의 전투가 시작되었다. 냅과 바이스로즈가 진정한 잠재력을 증명하는 데는 시간이 좀 걸렸다. 사적 정보가 항상 쉽게 드러나는 것은 아니기 때문이다. 이 경우에도 진정한 능력이 발휘된 것인지, 행운의 발로였는지 구분하기는 어려웠다. 이듬해 내내 바이스로즈는 자신들의 힘을 입증해 보였고, 호너 홈스 전체가 그들 쪽으로 넘어왔다. 파이 전체를 차지한 셈이었다. 그러나 그 승리는 냅이 아니라 냅 동생의 지휘하에 쟁취되었다.

전쟁 초기에 냅의 몸이 묶였기 때문이었다. 초기의 보복 공격에서 냅은 스톤스의 갱 한 명을 살해했고, 그 때문에 경찰에 체포되어 감금되었다. 냅의 결의와 희생이 바이스로즈가 호너 전체를 장악하는 데 필요했던 명성을 되찾는 데 도움이 된 것은 사실이지만, 냅은 그 결과를 누리지 못했다. 42세에야 감옥에서 석방되었기 때문이다.

앞에서 본 두 개의 파이를 이용해, 사적 정보와 허세가 평화를 어떻게 방해하는지 설명해보자. 소음이 단순하던 초기에 문제는 무척 복잡한 세계, 그리고 극단적으로 다른 정보 출처였다. 스톤스는 세상을 아래의 왼쪽으로 보았고, 바이스로즈는 오른쪽처럼 보았다. 그들이 진실을 알아내려면 싸우는 수밖에 없었다.

하지만 이번에는 불확실성이 다른 형태를 띤다고 해보자. 일단 소음을 무시하고, 분석을 단순화하기 위해 냅과 바이스로즈에게는 사적 정보가 있지만, 스톤스에게는 없다고 가정하자. 그렇다면 바이스로즈는 양쪽 모두의 진정한 힘을 알고 있고, 자신들이 스톤스와 비등하게

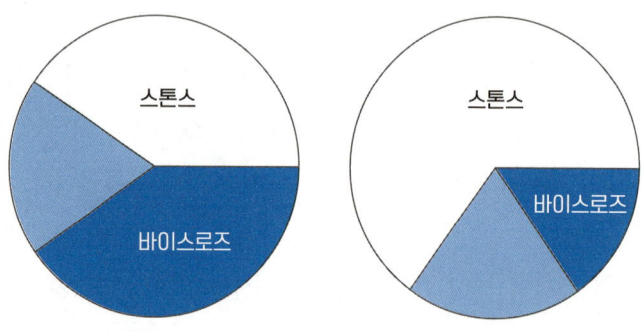

겨눌 수 있다고 확신한다(왼쪽 세계). 그러나 스톤스는 그렇게 확신하지 못한다. 그들은 바이스로즈가 동등한 힘을 지닌 경우와 약한데도 허세를 부리는 경우(오른쪽 세계)에 거의 똑같은 가능성을 부여한다. 스톤스는 정보가 부족하기 때문에 이렇게 복잡한 계산을 해야 한다.

바이스로즈가 약해서 파이의 4분의 1만 소유해야 마땅하다는 걸 스톤스가 안다면, 기습적으로 공격해 호너 홈스에서 상대적으로 좋은 건물들을 장악하려 할 수 있다. 이때 바이스로즈가 정말 약하다면 저항하지 않고 물러설 것이다. 물론 바이스로즈가 강해서 반격할 가능성이 있다는 게 문제다. 따라서 호너 홈스를 장악하려는 공격은 위험한 시도가 된다.

물론 바이스로즈는 강력하더라도 스톤스가 이런 선택안을 고려하고 있다는 걸 알게 되면, 스톤스가 그쪽을 선택하지 않기를 바랄 것이다. 그래서 바이스로즈가 정말로 강력하다면, 믿을 만한 신호를 분명하게 스톤스에 보낸다. "우리가 얼마나 강력한지 잘 둘러보기 바란다. 섣불리 행동하지 말고 자중하라!" 누구도 과소평가되는 걸 원하지 않는다. 하지만 문제는 바이스로즈가 약한 경우 강한 척하고 싶어 한다는 것이다. 따라서 허세를 부리게 된다. 그런 허세가 성공하면 스톤스는 호너 홈스의 절반을 바이스로즈에게 떼어주게 된다.

스톤스도 이런 역학관계를 알고 있다. 그러나 정보가 부족하기 때문에 나쁜 선택을 하게 된다. 즉, 불필요하게 큰 몫을 상대에게 양보하거나 비용을 감수하고 싸움을 시작한다.

스톤스에게 최선의 방책은 무엇일까? 게임 이론이 이쯤에서 복잡해지지만, 중요한 것은 상대가 사적 정보를 가질 때마다 우리가 선택할 수 있는 최선의 전략은 전쟁 위험이 전혀 없는 전략일 수는 없다는 것이다. 포커에서 상대가 허세를 부릴 때마다 굴복한다면, 그런 굴복이 반복되면서 항상 양보한다는 평판을 얻게 된다면, 그야말로 최악의 전략이 된다. 따라서 포커에서 그렇듯이, 상대가 예측할 수 없도록 때로는 끝까지 베팅하고 때로는 굴복하는 식으로 행동하는 것이다. 이른바 '혼합 전략mixed strategy'이라고 부른다. 달리 말하면, 불확실성에 대한 최선의 대응은 때때로 공격일 수 있다는 뜻이다.[10]

게다가 다른 차원의 불확실성이 더해지면 전쟁 가능성은 높아진다. 지금까지 제시한 상황은 상대적으로 단순한 편에 속한다. 상대적인 힘에 대한 소음이나 판단의 불일치가 없어 안정된 상황이었고, 상대적인 힘도 한 번밖에 바뀌지 않았다. 또 한쪽만 사적 정보를 가졌다. 불확실성이 점점 복잡해지면 협상이 결렬되는 방식도 크게 증가한다. 예컨대 양쪽 모두가 사적 정보를 갖게 되면 분쟁 위험이 대체로 증가한다.[11]

경쟁자가 많은 세계에서의 평판

이번에는 다른 적들을 추가해보자. 앞에서 제시한 단순한 게임에는 한 번 상호작용하는 두 집단이 등장했다. 바이스로즈는 향후에 허세를 부려 성공하더라도 얻는 게 없고, 실패하더라도 잃는 게 없을 것이다. 그러나 포커꾼이면 누구나 말하듯이, 우리가 계속 허세를 부리면 상대도 그 가능성을 염두에 두게 된다.

이쯤에서 냅 독과 그에게 필요한 강인하다는 평판으로 돌아가보자. 냅과 바이스로즈의 원로들은 스톤스만을 생각하지 않았다. 그들은 훨씬 큰 목표를 두고 멀리까지 내다보았다. 바이스로즈는 시카고 곳곳에 마약 판매 구역을 가지고 있었다. 디사이플스, 라틴킹스 등 대여섯 개의 다른 갱단이 바이스로즈와 스톤스 사이에 무르익는 전쟁 분위기를 흥미롭게 지켜보았다. 로즈가 약하다는 게 드러나면 이 적들은 로즈의 판매 구역을 비집고 들어올 게 분명했다. 그렇게 되면, 10여 곳의 전선에서 모든 갱단이 한꺼번에 맞붙을 가능성이 컸다.

달리 말하면, 스톤스 같은 조기 도전자가 로즈에게 본보기를 보일 기회, 즉 도시 전체에 적절한 평판을 만들어갈 기회를 주었다는 뜻이다. 모든 것이 불확실한 가운데, 미래의 가능성과 경쟁자들의 존재가 싸워보자는 강력한 의욕을 북돋운다. 평판은 불확실하기 때문에 존재할 뿐이다. 소음과 사적 정보가 없다면, 유명해져서 얻는 평판은 아무런 의미가 없다.

불확실성과 평판은 정치 분쟁과 관련된 행동, 특히 엄청난 비용과 위험을 수반하는 행동을 설명하는 데 도움을 준다. 오랫동안 지속되는 노동쟁의가 대표적인 예다. 노동쟁의는 사적 정보로 가득하다. 예컨대 노동자들이 임금을 받지 않고 언제까지 파업을 계속할 수 있을까? 기업은 언제까지 생산을 포기할 수 있을까? 노동쟁의가 일회성 상호작용이라면 어느 쪽도 파업이 오랫동안 계속되기를 바라지 않는다. 그러나 노동조합이 다른 고용주들에게, 혹은 고용주가 다른 노동조합들에게 신호를 보내려 한다면, 양쪽 모두 신뢰할 만한 평판을 확보하고 싶어 할 것이다. 예컨대 노동조합은 피켓 라인을 더 길게 배치하거나 겉보기에 합리적인 제안을 거부하면서, 당장에 파괴의 대가를 치르더라도 녹록지 않다는 평판을 쌓아갈 것이다.

국가의 억압도 평판과 관계가 있다. 평판을 쌓아갈 필요성은 정부의 폭력을 설명하는 데도 도움이 된다. 대기업이 노조 결성을 차단할 수 있기를 바라듯이, 권위주의 체제도 시위를 초기에 엄중히 단속해 표본으로 삼고 싶어 한다. 국가가 분리주의 운동에 어떻게 대응하는지를 예로 들어보자. 영국, 러시아, 중국, 이란, 스페인, 인도네시아, 프랑스, 미얀마 등의 정부는 영토 내 소수민족들을 억압하며, 그들의 자결을 막고 예속된 상태에 두기 위해 유혈 분쟁을 마다하지 않았다. 한 국가 내에서 독립을 원하는 소수민족의 수가 많고 그로 말미암아 영토의 상당 부분을 잃을 가능성이 크면, 정부는 분리주의자들을 초기부터 싸우고 억압할 대상으로 설정하기 쉽다.

끝으로, 사회학자들은 사적 정보와 평판을 이용해서 '피의 복수blood feud(씨족, 부족, 마을 간의 저준위 전쟁)'를 설명한다. 시카고 갱단부터 중동 사막에서 유목 생활을 하는 부족들, 코르시카의 마을들, 남수단의 씨족들에 이르기까지, 약간의 모욕에도 폭력적으로 대응하는 이유는 미래의 공격을 차단하기 위해서다. 예컨대 코르시카에서는 구성원이 작은 모욕을 받아도 공동체 전체가 합심해서 보복한다. 그렇게 연대가 강하다는 신호를 보내면서, 미래의 적수에게 물러서서 충돌과 보복의 악순환을 끊자고 설득하려는 것이다. 한 인류학자는 이런 현상을 '반목 속의 평화peace in the feud'라고 칭했다. 오늘의 전쟁으로 내일의 안전을 산다는 뜻이다.[12]

미래의 경쟁자에 대한 두려움도 전쟁과 파업, 억압과 반목이 오랫동안 지속되는 이유를 설명하는 데 도움이 된다. 어쨌든 사적 정보와 소음은 신속히 해결된다고 생각할지도 모르겠다. 완전히 틀린 생각은 아니다. 예컨대 스톤스가 냅을 공격하면 양쪽 모두의 진정한 능력이 명확해지지 않겠느냐는 것이다. 바이스로즈가 약했다면 허세가 도전을 받았을 때 저자세를 유지했을 것이다. 반대로 냅과 바이스로즈가 반격을 가했다면 스톤스는 "어, 생각보다 강하다는 신호인데!"라며 휴전을 제안했을 것이다. 그러나 양쪽을 지켜보는 다른 갱단들이 있고, 양쪽 모두 그런 사실을 알고 있다면, 바이스로즈는 약하더라도 계속 싸우는 쪽이나, 속임수가 먹히기를 바라며 계속 허세를 부리고 싶어 할 수 있다. 소음과 사적 정보가 양쪽 모두에게 계속 축적되고, 힘의 균형추가 끊임없이 이동하면, 진실을 파악하기가 어렵고 느려질 수밖에 없다.[13]

불확실성과 평판에 대한 이야기는 갱단과 기업과 노동조합만이 아니라 국제 분쟁에도 적용될 수 있다. 예컨대 2003년 미국이 사담 후세인Saddam Hussein(1937~2006)의 이라크를 제재하고 포격하는 데 그치지 않고 침략까지 한 이유를 당신은 훤히 안다고 생각할지도 모르겠다. 순진하고 자신감이 넘친 미국이 피와 석유를 교환한 것이라고 비난하는 사람이 대다수지만, 한층 전략적이고 합리적인 이유를 지적하는 학자도 적지 않다. 곰곰이 생각해보면, 냅과 사담의 상황이 크게 다르지 않다. 냅은 교도소 텔레비전에서 사담을 보았다며 염색한 검은 머리칼과 콧수염, 잘 재단돼 흠잡을 데 없는 양복이나 카키색 군복을 입고 베레모를 쓴 모습이 기억난다고 나에게 말했다. "나도 그렇고 다른 죄수들도 사담에 대해 자주 얘기를 나눴습니다. 이라크 같은 곳을 휘어잡고 끌어가려면 사담 같은 지도자가 필요합니다." 그들은 '폭력적'이라는 평판의 가치를 인정하는 사람들이었다. 공교롭게도 이라크의 지도자와 갱단 두목들 사이에는 냅이 아는 수준보다 더 많은 공통점이 있었다.

미국과 사담 후세인

사담은 이라크 불모지의 한 마을에서 태어났다. 그곳의 풍경은 옛 서부영화에 등장하던 마을만큼이나 황량했다. 그의 어머니는 가난했고, 아버지는 행방이 묘연했다. 생사조차 알 수 없었다. 사담은 학교에 가지 못한 채 동네 골목을 어슬렁거리며 시간을 보냈다. 게다가 아직 어렸지만 농장과 목장에서 일하거나 좀도둑질로 푼돈을 벌어야 했다.

하지만 사담이 어렸을 때부터 드러내 보인 야망과 결단력은 성장의 밑거름이 되었다. 그는 고향 마을을 떠나 도청 소재지에 살던 삼촌을 찾아가서 학교에 입학했다. 삼촌은 열렬한 아랍 민족주의자였고, 나치에 심정적으로 동조한 정치운동가답게 이라크 바트당의 초기 당원이기도 했다. 삼촌의 영향을 받아, 사담은 영국의 지원을 받는 이라크 정부를 혐오했고, 그 정권에 저항하는 학생 시위에 가담하기 시작했다. 하지만 평화적인 시위는 사담의 성향에 맞지 않았다. 그래서 골목길 아이들, 길거리의 불량배, 잡범들을 모집했고 그들을 앞세워 상점 주인들에게 휴업과 파업에 동참하라고 겁을 주었다. 게다가 바트당에 반대하는 사람들을 찾아다니며 물리적 폭력을 가했다.

훤칠한 키에 근육질 체구의 사담은 오래지 않아 바트당의 선동가가 되었고, 때로는 암살자 역할까지 해냈다. 한 동료 당원은 "사담은 지저분한 일을 맡기려고 영입한 거친 사내였다"라고 회상했다. 도시 출신의 바트당원들은 시골 사투리를 쓰는 사담을 일관되게 깔봤다. 사담이 당의 궂은일을 처리하는 흉포한 암살자 이상으로 성장할 거라고는 전혀 생각하지 않았다. 하지만 폭력 행위는 사담을 권좌로 인도하는 길이었다. 그는 폭력배, 정보 제공자, 고문자, 경찰과 군인, 스파이 등으로 구성된 보안기관을 서서히 더 크게 구축해나갔고, 교육을 많이 받았지만 무자비하지 못한 정적들을 차근차근 제거했다.

사담은 페르시아만 전역을 장악하는 데 똑같은 접근법을 사용했다. 가치가 큰 지역을 병합하려는 목적으로 1980년 이란을 침략했고, 그로 말미암아 8년간의 전쟁이 시작되었다. 그리고 1990년에는 산유국 쿠웨이트를 침공했다. 두 분쟁은 이라크에게 재앙이나 다를 바 없었다. 하지만 독재자 사담 후세인은 국내의 정적들을 억압하는 데 크게 성공했다. 예컨대 이란과의 전쟁이 끝난 뒤에는 항상 시끌벅적하던 북부의 크루드족에게 눈길을 돌렸다. 사담은 공군을 동원해 처음에는 일반적인 폭탄으로 폭격해 쿠르드 마을의 모든 창문을 깨부쉈다. 그러고는 독가스 통을 공중에서 떨어뜨렸다. 피로 얼룩진 몇 달 동안, 사담의 병사들은 수만 명을 학살했다. 그리고 다시 몇 년 뒤, 쿠웨이트에서 굴욕적인 패배를 당한 직후에는 이라크 남부에서 일어난 폭동을 무자비하게 진압했다. 대부분의 이라크인은 시아파 무슬림인 반면, 사담은 수니파였다. 사담의 군대가 혼란에 휩싸인 기회를 틈타, 남부의 시아파 무슬림이 폭동을 일으켰다. 독재자 사담은 군대를 동원해, 시위 가담 여부를 따지지 않고 남부의 시아파 무슬림을 무차별적으로 학살했다.

하지만 사담의 가장 큰 걱정거리는 최측근의 반발 가능성이었다. 모든 폭군이 내부의 쿠데타를 두려워한다. 사담은 이런 내부의 적을 견제하기 위해, 사소한 잘못에도 오랜 동료까지 투옥하고 고문했으며 처형했다. 언젠가 한 장관이 사담의 통치 방식을 비판했을 때 이상하게도 사담은 전혀 화를 내지 않았다. 대신 회의를 중단하고, 그 장관에게 옆방으로 자리를 옮겨 그 문제를 둘이서 논의해보자고 요청했다.

잠시 뒤 모든 각료는 한 방의 총성을 들었다. 사담만이 혼자 회의실로 돌아왔고, 아무 일도 없었다는 듯이 회의를 다시 진행했다.

이런 신호로 혁명과 쿠데타가 늦춰졌을지 모르지만, 사담의 더 큰 적들(사우디아라비아, 이스라엘, 특히 미국)은 더욱더 그를 제거하려고 나섰다. 그런데 문제는 누가 이라크를 통치하느냐 하는 것만이 아니었다. 미국과 동맹들은 페르시아만, 크게는 중동 지역에서 누가 정책을 결정하느냐를 두고 사담과 경쟁을 벌이고 있었다. 어떤 의미에서 파이는 미국과 사담이 충돌하는 쟁점들(유가와 생산량, 이스라엘의 지위와 안보, 민주주의와 독재, 시아파와 쿠르드족 등 소수 집단의 안전과 권리 등)이 담긴 바구니와 비슷했다. 사담 후세인의 힘이 커질수록 그가 이런 의제의 방향을 결정할 가능성도 커질 게 분명했다. 사담이 대량살상무기weapons of mass destruction, WMD를 확보하려고 했던 주된 이유도 여기에 있었다. 대량살상무기를 보유하면 중동에서 가장 큰 전략 지형적 변화를 한 세대 만에 도모할 수 있었다. 특히 핵무기를 보유하면 바구니에 담긴 모든 쟁점을 그가 뜻하는 방향으로 끌어갈 수 있고, 이라크가 아랍에서 처음으로 초강대국 반열에 올라설 것 같았다. 핵무기 프로그램이라는 위협만이 미국과의 협상에서 유용한 수단이었다.[14]

물론 미국도 사담의 의도를 알고 있었고, 그래서 사담을 견제하기 시작했다. 1990년대에 유엔은 사담의 여러 무기 개발 프로그램을 중단시킬 목적으로 역사상 가장 가혹하고 광범위한 제재를 이라크에 가했다. 매년 유엔 무기사찰단이 사담의 연구시설, 공장과 비축된 무기를 끊임없이 고발했다. 이에 맞서 사담은 수단과 방법을 가리지 않고 은폐하며 사찰을 방해했다.

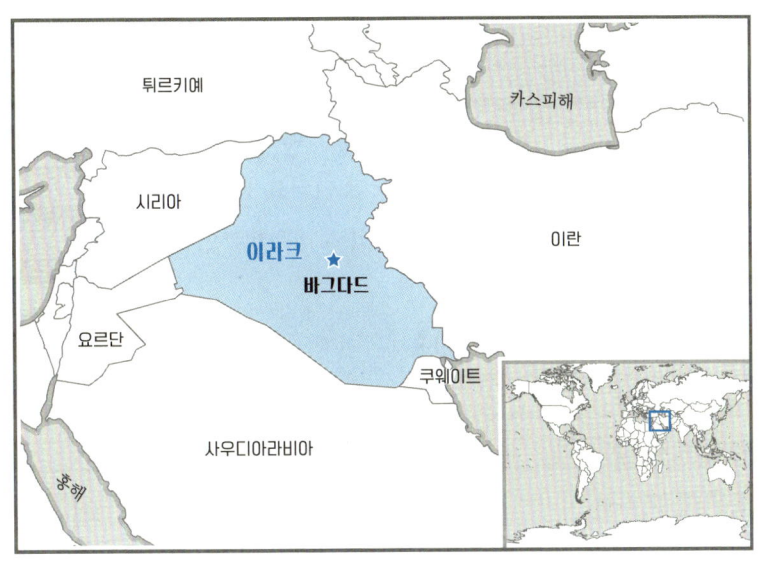

이라크

지금은 모두가 알고 있지만, 미국이 이라크를 침략한 2003년 3월 경 사담의 핵무기와 화학무기 프로그램은 고갈돼 폐기된 상태였다. 10년간의 제재와 공습, 망명과 사찰로 사담 정권은 대량살상무기, 특히 핵무기를 개발할 능력을 이미 1990년대 말쯤 상실했던 듯하다.

그러나 사담은 최후의 순간까지, 즉 2003년 침공을 당하기 몇 주 전까지 이런 약점을 명확히 드러내지 않았다. 오랫동안 그는 얼버무리며 방해했고 거짓말을 했다. 그와 그의 대변인들은 도발적인 발언을 서슴지 않았고, 때로는 모순된 주장을 하면서 미국과 유엔 사찰단을 계속 곤혹스럽게 만들었다. 사담이 모든 걸 실토했을 때도 핵무기 프로그램만 포기한 것처럼 여겨졌다. 대부분의 외교관과 무기사찰관은 사담이 생화학무기를 여전히 보유하고 있을 거라고 추정했다. 전쟁 직전, 바그다드에 파견된 소수의 서구 특사 중 한 명으로 침략을 강력히 반대했던 노르웨이 대표조차 사담이 생화학무기를 어딘가에 감춰둔 게 확실하다고 생각해서, 노르웨이 대사관에 보호 장비를 준비해두었다고 회상했다. 전쟁이 끝난 뒤 인터뷰에 응한 이라크 고위 장성들도 사담 후세인 정권이 어떤 무기를 비축해두었는지 정확히 몰랐다고 인정했다.[15]

왜 더 빨리 실토하지 않았을까? 전쟁 전문가마다 의견이 다르다. 그러나 한 가지 분명한 것은, 사담도 약소국이 정책 의제를 결정할 수 없다는 걸 알았다는 것이다. 협상력은 위해를 가할 수 있는 힘에서 비롯된다. 따라서 이라크는 중동이라는 파이에서 군사력에 상응하는 만큼의 몫을 갖게 된다. 포커 게임에 비유하면, 대량살상무기는 사담에게 따로 떼어둔 에이스, 즉 비장의 무기였다. 그가 보유한 가장 강력하고 무서운 무기에 대한 세계의 의혹을 해소해주는 것은 에이스 카드를 포기하는 것과 같았다. 미국에는 물론이고, 이라크 안팎의 다른 적들에게 공격할 기회를 주는 것이었다. 모호하게 처신하면서 억제력을 유지하는 게 나았다. 사담은 늘 "전쟁에서 많은 부분은 속이는 것이다"라고 말하기도 했다. 대량살상무기에 대해 모호성을 유지한 것은 권력을 유지하고, 중동에서 적들의 의제에 혼란을 줄 목적으로 계산된 전략적 허세였다. 도박이었지만 사담이 자신의 지위를 유지하려면 다른 선택지는 거의 없었다.[16]

언론과 전문가, 그리고 민중 신화는 미국과 이라크에 대해 다른 이야기를 하는 경우가 많다. 그중 하나가 미국 지도자들이 사리사욕 때문에 전쟁을 시작했다는 이야기다. 1998년 빌 클린턴이 '사막의 여우

작전Operation Desert Fox'이라는 이름으로 이라크 공습을 명령했을 때, 많은 전문가가 클린턴이 자신의 섹스 스캔들과 탄핵을 덮기 위해 공습을 명령한 것이라고 우려했다. 그리고 2000년에는 미국에서 석유 대기업들과 관련된 두 사람이 대통령과 부통령으로 당선되었다. 이라크에는 세계 석유 매장량의 거의 10분의 1이 있었다. 시위자들은 피와 석유를 교환했다고 조지 W. 부시 대통령과 딕 체니 부통령을 비난했다. 이와 유사한 이야기, 즉 지배자의 사적 이익이 한 국가를 전쟁으로 몰아간다는 고찰은 앞에서 이미 살펴보았다.

다른 하나는 이데올로기와 관련된 이야기다. 부시 행정부의 몇몇 내부자는 중동에 민주주의를 심는 원대한 비전을 그렸다. 게다가 비열한 독재자와 타협하는 걸 혐오하는 각료들도 있었다. 정치학자와 역사가 중에는 거의 없지만, 외부에는 부시 대통령이 아버지가 시작한 전쟁을 끝내고 싶어 했다거나 사담이 아버지 부시를 암살하려고 시도한 걸 복수한 것이라고 비판하는 전문가도 있었다. 사실이든 아니든, 이런 설명들은 모두 전쟁을 일으키는 무형의 동기와 관련된 이야기다.

주변에서 흔히 들리는 또 하나의 이야기를 마지막으로 덧붙이면, 미국의 자기기만self-delusion이다. 부시 대통령, 도널드 럼즈펠드 국방부 장관, 더글러스 페이스 국방부 차관이 한 나라를 새롭게 건설하는 걸 너무 쉽게 생각했고, 반란의 위험과 점령 비용을 과소평가했다는 건 널리 알려진 이야기다. 다시 말하면, 잘못된 인식과 과신에 대한 이야기로, 이에 대해서는 6장에서 자세히 살펴보겠다. 논란의 여지가 있겠지만, 사담의 실수도 있었다. 미국의 의도와 결의를 제대로 인식하지 못하고, 다른 견해에 귀를 기울이지 않는 잘못을 범한 것이다.[17]

개인적으로 나는 '피와 석유의 교환' 이야기는 설득력이 없고 그에 대한 증거도 피상적이라고 생각한다. 이데올로기에 기반한 설명은 약간이나마 더 믿을 만하고, 과신과 잘못된 인식에서 비롯된 침략이었다는 주장은 더욱더 그럴듯하게 들린다. 하지만 이런 주장들을 사실이라고 인정하더라도, 10년간의 단계적 확전과 작은 충돌은 고사하고 침략을 설명하는 데도 턱없이 부족하다는 게 내 의견이다. 협상 범위를 좁히는 것과 협상 범위를 아예 없애는 것은 전혀 다른 차원이기 때문이다. 또 다른 이유는, 사담이 무기에 대해 세심하게 조작한 모호함을 어떤 주장에서도 다루지 않는다는 것이다. 결국 양쪽 모두에 사적 정보가 있었다는 점에 주목할 때 완전한 설명이 가능하다.

미국은 이라크에서 어떤 일이 벌어지고 있는지 전혀 몰랐다. 아프가니스탄에서와 달리, 이라크에는 미국 측 외교관과 정보 제공자가 거의 없었다. 게다가 사담 정권은 지상에서 가장 비밀스럽고 편집증적인 정권 중 하나여서, 외국 정보기관이 침투하기가 거의 불가능했다. 사담 휘하의 장군들조차 사담의 진정한 의도와 역량을 짐작해야 하는 지경이었다.

국제 사찰단의 노력에도 불구하고, 미국은 이라크 무기 프로그램을 판단하기가 어렵다는 걸 경험적으로 알고 있었다. 1991년의 걸프 전쟁 이후, 정보 전문가들은 1~2년 뒤였다면 이라크의 핵 개발 프로그램이 완성되었을 거라는 사실을 알고는 깜짝 놀랐다. 2000년 공화당이 재집권했을 때 과거 공화당 정부에서 일했던 관리들, 특히 딕 체니와 도널드 럼즈펠드 등이 다시 복귀했다. 그들은 정보에 소음이 많고 사담을 다시 잘못 판단하면 극히 위험할 수 있다는 걸 알았다. 백악관만이 아니라 국방부도 그렇게 믿었다. 외국의 많은 외교관은 물론이고 사담 휘하의 장군들까지 사담이 생화학무기를 비밀리에 비축해 두었다고 믿는 상황이었다.

사담을 비롯해 누구도 미국의 군사적 우위를 의심하지는 않았다. 오히려 정말 모호한 것은, 군사력 사용에 대한 미국의 의지였다. 10년 동안 미국은 세계에 모호한 메시지를 보낼 뿐이었다. 예컨대 1991년 이라크 국민이 사담 정권에 저항하며 봉기했을 때 조지 H. W. 부시 대통령은 이라크 침공을 망설였다. 사담은 이런 우유부단함을 나약함으로 해석했다. 1993년 소말리아에서 18명의 군인이 사망하자 미국은 정권 교체를 포기하고 철수했다. 이로써 사담의 판단이 맞았다는 게 입증되는 듯했다. 이 엉망진창 사건은 훗날 《블랙 호크 다운》이라는 책과 영화로 소개되어 유명해졌다.

이듬해 서구 세계는 르완다 정권이 거의 100만 명의 남녀노소를 조직적으로 학살하는 걸 좌시하며 개입하지 않았다. 사담이 보기에는 미국의 우유부단함을 보여주는 또 다른 증거였다. 물론 1995년 스레브레니차 대학살 당시에는 나토가 보스니아에 군사적으로 개입했다. 그러나 너무 늦게, 마지못해 이루어진 개입이었다. 그마저도 유럽의 심장부에서 일어난 일이었기 때문에 개입할 수밖에 없었다고 말할 수도 있다.

2000년에 들어선 새로운 부시 정부는 달랐을까? 사담은 그렇게 생각하지 않았을 가능성이 크다. 그 전의 두 정부가 연이어 지상군 투입을 망설였다. 게다가 프랑스와 러시아가 사담을 편들었다. 프랑스와 러시아, 두 유엔 안전보장이사회 상임 이사국이 침략에 대한 유엔의 승인을 막아주겠다고 약속했다. 더욱이 프랑스는 이라크가 약하고, 사찰단이 사담의 비밀 핵 개발을 차단할 수 있을 거라고 생각하며, 제재와 봉쇄 조치까지 완화해주려 했다.

전쟁이 끝난 뒤 이루어진 바트당 고위 관리의 인터뷰에 따르면, 그 결과로 2001년쯤 사담은 미국이 바그다드를 폭격하겠지만 지상군까지 투입하지는 않을 거라고 믿었다. 미국이 그를 남부와 북부 양쪽으로부터 고립시키더라도 자신이 권력을 잃지는 않을 거라고 판단했다. 여하튼 자신이 미국의 압력에 굴복해 합의할 경우에 얻는 것보다는 더 나을 것이라고 믿었다. 물론 미군이 바그다드까지 진격할 수도 있었지만, 독재자 사담은 그 가능성을 크게 보지 않았다. 미국은 스스로 지상군을 투입할 배짱이 있다는 걸 알았지만, 그 사실은 미국만이 알고 있는 사적 정보였다.

양측은 끊임없이 서로 탐색하고 자극하며 상대의 힘과 결의를 시험했다. 1998년 사담은 협상을 유리하게 끌어가려고 힘을 과시하며 무기사찰단을 추방했다. 미국은 반발했다. 빌 클린턴 대통령은 사담 정권의 안보기관을 공격하라는 명령을 내렸다. '사막의 여우 작전'이라 불린 그 공습은 미국의 결의를 보여줄 의도로 실행된 것이었다. 냅의 기습이나 스톤스의 습격과 마찬가지로, 미국의 공습은 사담과 다른 적들에게 미국은 현상에서 일탈하려는 시도를 응징하기 위해 목숨과 평판과 비용을 감내할 의지가 있다는 걸 보여준 것이었다.

2001년 이후 부시 정부는 끊임없이 침략 가능성을 암시했지만, 사담은 그 신호를 허세로 받아들이는 잘못을 저질렀다. 사담의 전략은 상황의 내재적 불확실성을 이용해 자신의 군사력과 의도, 특히 대량살상무기에 대한 모호성을 치밀하게 유지하는 것이었다. 또 프랑스와 러시아를 앞세워 미국과 영국을 견제했다. 이렇게 분열된 서구의 상황에서 최선의 협상을 끌어내기 위해 동원할 수 있는 모든 전술과 수단을 사용했을 뿐만 아니라, 자신이 어떤 무기를 보유하고 어떻게 사용할 것인지에 대한 의도를 드러내지 않으려고 애썼다. 앞의 파이 분할 연습에서 보았듯이, 사적 정보가 있을 때마다 양측이 선택할 수 있는 최선의 전략은 전쟁 위험이 전혀 없는 전략일 수는 없다. 미국이 침략을 감행해 자신의 정권을 무너뜨릴지 확신할 수 없었기 때문에 사담은 계산된 허세를 부렸던 것이고, 그것은 그의 삶에서 가장 큰 도박이었다.[18]

그러나 클린턴 정부와 부시 정부만을 상대로 한 허세가 아니었다. 나중에야 밝혀졌지만 이 도박에 관련된 당사자는 미국과 사담만이 아니었다. 침략 이후 미국이 사담 휘하의 장군들을 인터뷰하고, 사담이 회의할 때마다 녹화해둔 무수한 테이프를 확보한 덕분에 미국은 놀라운 사실을 알게 되었다. 미국은 사담 후세인이 크게 두려워한 주된 위협 대상이 아니었다.

사담이 가장 무서워한 것은 내부의 쿠데타나 민중 봉기였다. 이라크의 독재자 사담 후세인에게 큰 깨달음을 준 사건은 1991년 서구 세계에 당한 패전이 아니라, 그 이후 일어난 봉기(및 그의 목숨을 노린 잇단 암살 시도)였다. 전쟁 직전 사담은 미국의 침공을 막는 것보다, 그의 장군들과 병사들이 가할 위협으로부터 자신을 지키는 데 우선순위를 두기로 결정했다. (그런데 갱들도 비슷하다. 냅은 스톤스와 디사이플스를 당연히 걱정했지만, 자신의 자리를 탐내는 바이스로즈 단원들도 경계해야 했다.)

사담의 두 번째 걱정거리는 지역 패권을 두고 경쟁하던 이란과 이스라엘이었다. 그들은 사담이 죽어 사라지기를 바랐다. 그러나 그 오랜 숙적들도 이라크에 대량살상무기가 있다고 믿는 한, 사담은 스스로 그들의 공격을 억제할 수 있다고 믿었다. 이 모든 것을 고려할 때 미국의 바그다드 침공은 사담에게 세 손가락 안에 드는 위협도 아니었다.

두 경쟁자, 즉 이라크와 미국만 있다면, 사적 정보만으로 허세와 적극적 대응을 충분히 설명할 수 있다. 하지만 관련자가 많아지면, 더 철저한 속임수를 써야 한다는 동기가 커진다. 이라크가 무기 사찰에 응하고 실제 상황을 실토하는 걸 꺼렸던 이유가 여기에서 설명된다. 몇 년 전 쿠르드족에게 독가스를 사용해서 '케미컬 알리'라는 별명을 얻은 이라크 고위 사령관의 증언에 따르면, 사담은 정부가 생화학무기에 대한 의혹을 해소해줘야 한다는 요구를 명백히 거부했다. 이라크가 생화학무기 보유 여부를 유엔에 명확히 공개하면 다른 적들의 공격을 부추길 뿐이라고 사담은 그에게 설명했다.[19]

사담이 평판을 염두에 두고 이 게임에 뛰어든 유일한 지배자는 아니었다. 그가 이라크의 지배자로서 미래의 적을 고려했듯이, 부시 정부도 다른 경쟁자들(이란을 비롯해 핵무기를 보유하려는 국가들)에게 보내는 메시지를 저울질하지 않을 수 없었다. 지난 10년간 미국이 우유부단하는 평판이 크게 확산된 터였다. 따라서 이라크 침공은 다른 도전자들에게 명확한 신호를 보내는 것이기도 했다.[20]

달리 말하면, 사담 후세인과 조지 W. 부시는 바이스로즈와 스톤스처럼 거칠고 불확실한 동네에서 살았다. 많은 적이 있어 사담은 평판을 유지해야 했다. 그렇지 않으면 그의 정권이 위협받을 게 뻔했다. 부시에게도 지켜야 할 평판이 있었다. 그 평판을 상실하면 더 많은 국가가 핵무기를 개발하겠다고 나설 게 분명했다. 사적 정보와 허세, 자신을 위해 적절한 평판을 만들어가야 할 필요성을 고려하지 않으면 전쟁을 벌이려는 당사자들의 의지를 이해하기 힘들다.

어쩌면 바이스로즈와 스톤스가 전쟁을 선택하는 데는 불확실성만으로 충분했을 수 있다. 다른 갈등들도 불확실성으로 설명될 수 있다. 그러나 미국의 이라크 침공을 연구하는 정치학자들은 소음과 사적 정보와 허세로는 미국이 전쟁을 선택한 이유가 충분히 설명되지 않는다고 생각한다. 침공 직전에 사담이 핵 프로그램을 더는 진행하지 않겠다고 명확히 밝힌 것도 그렇게 생각하는 이유 중 하나다. 또 거의 최후의 순간에 사담은 무기사찰단의 재입국을 허락했다. 허세가 먹히지 않을 거라고 예상했던지 사담은 평화가 유지되기를 바라면서 나름대로 충분히 양보했다. 물론 약간의 소음과 사적 정보가 남아 있었지만, 많은 학자가 주장하듯이 2003년 3월의 침공을 설명하기에는 충분하지 않았다. 따라서 불확실성은 전쟁 이전의 오랜 준비 과정과 협상 범위의 축소를 설명하는 데는 도움이 될 수 있지만, 최종적으로 전쟁을 선택한 이유를 설명하는 데는 별다른 도움이 되지 않는다. 이렇게 궁지에 몰리면, 대부분의 전문가는 이행 문제(전쟁을 선택하게 되는 네 번째 이유)에 눈을 돌리며 상황을 뒤집으려 한다.

5

이행 문제

    1962년, 거의 이름이 알려지지 않은 언론인이자 역사가였던 바버라 터크먼^{Barbara Tuchman(1912~1989)}이 제1차 세계대전 발발 직전의 몇 주를 추적한 역사서를 발간했다. 그녀는 석사학위도 없고 학자로서의 지위나 강의 경험도 없어, 그때까지 별다른 주목을 받지 못했다. 하지만 《8월의 포성》은 발간되자마자 수십만 부가 팔렸고, 그녀에게 퓰리처상을 안겨주었다. 더 중요한 것은, 1962년의 그 10월에 그 책이 존 F. 케네디의 침대 옆 탁자에도 놓여 있었다는 사실이다. 당시 플로리다 해변에서 150킬로미터밖에 떨어지지 않은 곳에 설치된 핵무기 발사대를 두고 소련과 정면으로 충돌한 미국 대통령에게 그 책은 엄청난 영향을 미쳤다. 이른바 '쿠바 미사일 위기^{Cuban missile crisis}'였다.

터크먼은 제1차 세계대전이 일어난 이유를 '리더십의 결함'으로 간단히 설명했다. 그녀의 주장에 따르면, 외교적 노력이 7월에 실패했기 때문에 8월에 포성이 울리기 시작했다. 현재까지도 가장 많은 인명을 앗아간 갈등 중 하나가 부주의로 인해 우발적으로 시작된 것이다. 따라서 유럽의 여러 장군과 장관은 그 전쟁이 크리스마스 전에는 끝날 것이고 큰 비용이 들지 않을 거라고 예상했다. 그들은 상대를 잘못 판단했을 뿐만 아니라 의사소통 오류, 허영과 과신으로 실수를 거듭했다.

《8월의 포성》에서 케네디 대통령에게 큰 충격을 준 부분은 독일 전 총리와 그의 후임자 사이의 대화였다. "대체 어쩌다 이런 사태가 벌어진 겁니까?"라는 전 총리의 질문에 신임 총리는 "아, 한 명이라도 알았더라면"이라고 대답했다. 존 F. 케네디는 후임 대통령과 그렇게 낙심천만한 대화를 나누고 싶지 않았다. 터크먼의 책을 읽은 후 케네디는 자제하며 소련 지도부와 소통할 방법을 찾았다. 존 F. 케네디는 동생 로버트 케네디에게 말했다. "훗날 누군가 이 사건에 대해 글을 쓰려 한다면, 우리가 평화를 유지하려고 어떤 노력을 했고, 상대에게 움직일 여지를 주기 위해 어떤 노력을 했는지 알게 되겠지."

많은 학자가 쿠바 미사일 위기와 제1차 세계대전을 분석했고, 비슷한 결론(리더의 기질과 역량 및 약간의 행운이 평화를 구하거나 파괴할 수 있다)을 내렸다. 옥스퍼드대학교의 역사학자 마거릿 맥밀런은 제1차 세계대전의 원인을 군국주의와 유럽 지도자들의 실수에서 찾았고, 당시 민중에게 폭넓게 퍼진 사회진화론적 사고방식과 민족주의라는 무형의 동기도 큰 몫을 차지한다고 지적했다. 한편, 스티븐 반 에베라Stephen Van Evera와 잭 스나이더Jack Snyder 같은 정치학자들은 관료 문화에 따른 문제들을 폭넓게 지적하며, 독일 군부 지도자들이 신속한 공격의 이점을 지나치게 과신하고 과장한 것도 그 영향이었다고 주장한다.[1] 2003년 미국이 이라크를 침공한 사건을 다룬 대중서들이 지적하는 전쟁의 원인도 거의 비슷하다. 사적인 욕심과 이데올로기에 편향된 지도자들, 불합리할 정도로 정권 교체를 쉽게 생각한 정부의 실수를 전쟁의 원인으로 꼽았다.

나는 이 모든 설명을 긍정적으로 받아들인다. 언급된 요인들이 각 전쟁에서 어떤 역할을 했다고 생각한다. 개인의 결함과 관료조직의 편향성에 초점을 맞춘 직설적인 설명에는 비난해야 할 악당이 등장하기 때문에 독자를 끌어당기는 매력이 있다. 언론인이나 역사가, 학자라면 누구나 알겠지만, 이야기를 끌어가는 힘을 갖추려면 많은 것을 무시해야 한다. 때로는 이런 글쓰기도 괜찮다. 하지만 여러 전쟁을 그렇게 분석할 때 문제는 똑같은 요인, 특히 미묘하고 복잡한 전략적 논리가 반복해서 생략된다는 것이다. 사적 정보도 흔히 간과되는 요인 중 하나다. 이 장의 주제, 즉 힘의 역학관계 변화 또한 적이 협상에 응하는 걸 어렵게 만든다는 것도 흔히 간과되는 요인이다.

지배자의 실수, 과신, 이데올로기적 열정이 국가를 전쟁터로 몰아갈 수 있고, 실제로 그런 사례가 많기도 하다. 이런 이유에서 단순히 개인의 실수로 국가가 전쟁에 내몰리는 것은 아니다. 그러나 제1차 세계대전처럼 전례가 없던 기나긴 소모전으로 4년을 참호에서 보내고, 수백만 명이 죽었으며, 네 제국이 와해된 경우도 설명할 수 있어야 한다. 이라크의 경우도 마찬가지다. 무엇 때문에 당사국들이 전쟁을 계속했을까? 실수보다 더 큰 무언가가 작용한 것은 아닐까? 1962년의 순간적인 미사일 위기, 1914년 7월의 즉각적인 결정을 설명하는 데는 터크먼의 통찰이 완벽했을 수 있다. 그러나 오래 지속되는 파괴적인 전쟁에는 다른 원인들이 추가적으로 작용한 게 분명하다.

이쯤에서 '이행 문제'를 언급하게 된다. 이 용어에서 데이트 장면을 떠올리는 사람이 있을지도 모르겠다. 오랫동안 관계가 지속되는 걸 두려워하며 상황이 심각해지기 시작하면 바로 헤어지는 사람이 여기에 해당한다. 하지만 정치경제학자가 이행 문제를 언급할 때는 전혀 다른 뜻으로, 한쪽이 향후에 약속을 지킬 것이라는 믿음을 주지 못하기 때문에 협의가 실패하는 경우를 뜻한다. 양쪽이 모두 안정된 관계를 원하는 이유는 헤어지면(전쟁이 발발하면) 너무도 많은 비용을 감당해야 하기 때문이다. 그러나 어느 한쪽이 상대가 약속을 지키기 위해 책임을 다할 거라고 믿지 못하면, 모든 것이 무너진다.

이행 문제의 대표적인 예는 '예방 전쟁preventive war'이다. 지금은 당신이 강하지만 영원히 지속되지는 않는다. 경쟁자가 곧 당신을 지배할 수 있고, 당신과 그 경쟁자 모두 그런 가능성을 알고 있다. 따라서 당신은 지금 공격을 해서 경쟁자의 발흥을 미리 막을 수 있다. 하지만 전쟁은 어떤 경우에든 파괴적이고 당신이 패할 가능성도 무시할 수 없으므로 타협하는 편이 낫다. 경쟁자가 미래에 자신의 우월함을 이용하지 않겠다고 맹세하고, 전리품의 상당한 몫을 영원히 보장하겠다고 당신에게 약속할 수 있다. 그러나 그 합의를 어떻게 강요할 수 있을까? 그런 합의를 믿을 수 없는 이유는, 적이 훗날 이행할 약속을 대가로 당신에게 현재의 영향력을 희생하라고 요구하는 것이기 때문이다.

이런 예방적 논리가 제1차 세계대전, 고대 그리스의 펠로폰네소스 전쟁, 미국의 이라크 침공처럼 각양각색의 갈등 뒤에 숨어 있다. 하지만 이행 문제는 예방적 논리보다 훨씬 변덕스럽다. 내전, 인종청소, 대량학살 등의 중심에도 이행 문제가 깔려 있다. 이행 문제가 어떻게 작용하는지 파악하기 위해 1914년에서 시작해보자.

대전쟁

'대전쟁The Great War'이라고도 불리는 제1차 세계대전 전의 세기는 유럽에서 가장 평화로운 시대였다. 1815년부터 산업혁명이 유럽 대륙 전역으로 뻗어나갔다. 전신과 증기선과 철도의 발명으로 '거리'라는 장벽이 무너졌고, 무역이 전례 없는 수준으로 확대되며 세계화와 경제 발전이 가속화되었다. 정치 질서도 변했다. 사람들이 정치적 권리에 대해 새로이 생각하게 되었고, 경제 발전으로 새로운 계급도 생겨났다. 산업과 경제를 끌어가던 상인과 노동자가 목소리를 낼 수 있기를 바랐고, 그 권리를 얻지 못할 경우 혁명의 조짐이 보였다. 따라서 오래된 다민족 제국들(오스트리아헝가리제국, 오스만제국)은 그런 변화의 물결에 견디지 못했다. 매년 황제의 장악력이 민족 자결을 요구하는 목소리에 약해졌다. 독일과 이탈리아를 비롯한 신흥 국민국가들이 언어와 민족의 동일성을 바탕으로 강력해지고 있었다.[2]

하지만 유럽은 거의 100년 동안 커다란 전쟁을 어떻게든 피했다. 물론 강대국들 간의 싸움이 간혹 있기는 했다. 대표적인 예가 1853년의 크림전쟁, 1866년의 프로이센-오스트리아전쟁, 1870년의 프로이센-프랑스전쟁이다. 그러나 그 전쟁들이 대륙 전체의 갈등으로 확대되지는 않았다.

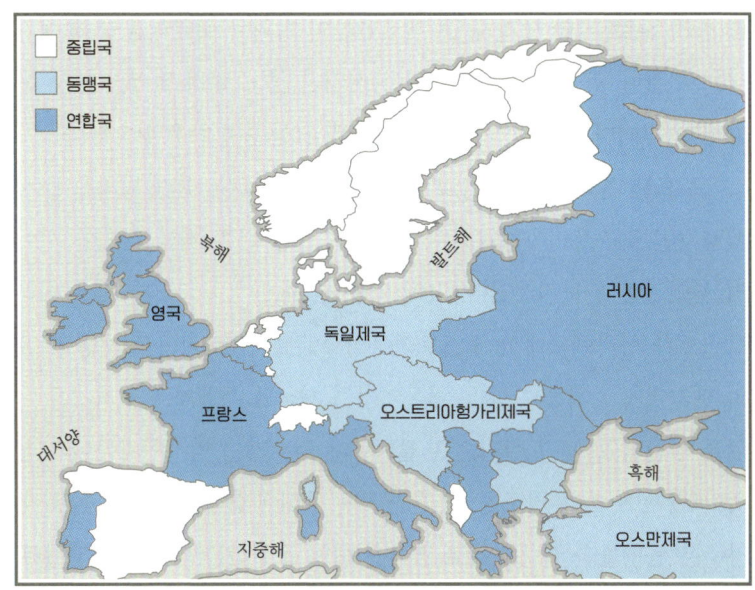

1914년의 유럽

정확히 말하면, 유럽 정치인들은 무자비했지만 거의 언제나 평화롭게 세계 곳곳의 땅덩어리를 자기들끼리 나눠 가졌다. 유럽의 우월한 과학기술은 세계가 그들의 손아귀에 있다는 뜻이었다. 유럽 강대국들은 곧은자를 사용해 사하라사막 남쪽의 아프리카를 분할했고, 지중해를 맞대고 늘어선 북아프리카 국가들의 지배권을 두고 다퉜다. 그사이에 러시아와 오스트리아와 발트해 연안 국가들은 흔들리는 오스만제국으로부터 떨어져나온 파편들을 차지하려고 경쟁을 벌였고, 대영제국과 러시아는 페르시아와 중국과 중앙아시아에서 경쟁적으로 세력을 확대했다.

하지만 이런 복잡한 이해관계에도 불구하고 유럽 강대국들은 대체로 합리적인 협상가처럼 행동했다. 누구도 변방의 영토를 두고 싸우려 하지 않았다. 한 세기 동안, 대표단들이 회의나 위원회를 통해 정기적으로 만나, 유럽인의 목숨을 희생시키지 않고 멀리 떨어진 땅을 분할했다. 그러나 지금 우리가 예측하듯이, 그들은 평화를 혐오했다.

그 오랜 평화는 1914년 발칸 지역에서 끝났다. 발칸 지역은 당시 쇠락하던 오스트리아헝가리제국과 떠오르던 신흥 제국 러시아 사이의 불안정한 완충지대였다. 그해 6월 말, 세르비아 출신의 젊은 테러리스트가 사라예보에서 오스트리아의 프란츠 페르디난트 대공과 그의 부인에게 총격을 가했다. 저물어가는 제국의 후계자에게 저지른 어설픈 암살이었다. 그 살인으로 말미암아 외교가는 역사학자들이 '7월 위기July Crisis'라고 칭하는 한 달간 비상사태에 돌입했다. 몇 주 동안, 양측은 동맹들을 끌어모았고 병력을 대거 동원하는 계획을 추진했다. 여름이 끝날 즈음, 유럽의 모든 강대국이 전쟁에 휘말려들었다. 한쪽에는 오스트리아헝가리와 독일이 있었고, 반대편에는 러시아와 프랑스가 있었지만 곧이어 영국이 합류했다. 그리하여 유럽은 동맹국과 연합국으로 나뉘었다.

하지만 그들이 왜 싸우게 되었는가를 묻기 전에, 이번에도 선택 편향이라는 잘못을 범하지 않도록 주의해야 한다. 실패만을 봐서는 안 된다. 수십 년 동안, 유럽 강대국들은 싸우지 않고도 커다란 위기를 그럭저럭 해결해왔다. 1914년 이전의 15년 동안만 해도 유럽에서는 무수한 대륙 전쟁이 거의 일어날 뻔했지만 결코 일어나지 않은 채 지나갔다. 1898년에는 영국과 프랑스가 수단에 있던 폐허가 된 이집트 전초기지에서 대치했고, 1900년에는 러시아가 극동의 부동항을 확보하려고 중국에서 영국과 일본의 이익에 무력으로 비집고 들어갔으며, 1908년에는 오스트리아가 보스니아를 점령했고, 꼭두각시 국가 모로 코를 누가 통치할 것인가를 두고 1905년과 1911년에 연이은 충돌이 있었으며, 1912년과 1913년에는 오스트리아헝가리제국과 러시아제국 사이의 취약한 완충지역에서 발칸 국가들이 두 차례 전쟁을 치렀다. 세계의 어느 곳에서든 대륙 전체를 혼란으로 몰아넣는 전쟁이 발발할 수 있었지만, 그런 전쟁은 전혀 일어나지 않았다. 평화를 갈구하는 욕망이 강했기 때문이다. 강대국들은 협상이나 양도 가능성을 어떻게든 찾아내며 재앙을 피했다.

그렇다면 1914년에는 무엇이 달랐던 걸까? 그랬다! 유럽의 지도자들은 못난 전쟁광들이었다. 게다가 각국의 국민들이 점점 민족주의적 성향을 띠어갔다. 하지만 똑같은 결함을 지녔고 똑같은 국민을 이끌던 똑같은 정치인들이 과거에는 싸우지 않고 위기를 슬기롭게 관리했었다. 1914년 7월에는 그들의 합리적 판단력이 떨어졌고, 운도 없었던 걸까? 아니면 다른 무엇이 작용한 걸까? 일부 정치학자와 역사학자가 역사에서 당시 상황을 분석했고, 예방 전쟁의 조건을 찾아냈다.[3]

멀리 떨어져 독일 지도자들의 관점에서 독일을 조감하면, 독일은 위협으로 에워싸인 국가였다. 역사적으로 독일은 서쪽, 즉 오랜 숙적인 프랑스에 신경을 썼지만, 당시에는 러시아가 위치한 동쪽이 더 걱정스러웠다. 독일이 보기에, 러시아는 잠재력을 완전히 펼치기 시작했고 괴물과 다를 바 없었다. 더구나 거대한 러시아제국은 서서히 산업화하기 시작해서 방대한 자원을 더 효율적으로 활용할 수 있게 되었다. 일부 독일인의 생각에는 독일의 시간이 끝나가고 있었다.

1914년까지 러시아라는 전쟁 기계는 10년 전 일본에게 당한 처참한 패배에서 완전히 회복되지 못한 상태였다. 그러나 프랑스의 도움을 받아, 서서히 무기를 제조하고 군대와 군비를 신속하게 수송할 목적에서 서쪽 국경지대로 철로를 건설하고 있었다. 따라서 1917년경에는 많은 독일 장성이 독일이 러시아와 전쟁하면 패할 것이라고 분석했다.

이런 분석을 바탕으로 독일은 힘의 역전을 예방하기 위한 기회를 엿봤다. 더구나 독일의 이런 두려움을 해소시켜주기 위해 적국들이 할 수 있는 게 거의 없었다. 독일의 많은 관리가 그렇게 생각했다. 러시아와 프랑스가 독일을 약소국으로 전락시키지 않겠다고, 적어도 독일 영토를 서서히 침범하지 않겠다고 약속하려면 어떻게 해야 했을까? 여기에서 예방 전쟁의 근간이 되는 이행 문제가 야기된다. 군사력에 필연적인 큰 변화가 있을 때, 쇠락하는 국가는 떠오르는 국가가 향후에 지배력 이용을 자제하겠다고 약속할 수 없다고 믿기 때문이다. 따라서 독일군 고위 장성들은 정치 지도자들에게 지금 당장 행동에 돌입하면 러시아의 발흥을 막을 수 있을 거라고 말했다. 뒤로 미루면 그 기회의 문이 닫힐 수 있다고도 경고했다. 적잖은 독일 장성이 20년 전부터 그렇게 줄기차게 주장했다.

모든 군사령관이나 국가수반이 이런 주장에 설득된 것은 아니었다. 예컨대 독일의 빌헬름 황제와 오스트리아의 프란츠 페르디난트 대공은 예방 전쟁에 대해 회의적이었다. 그들은 평화를 유지하려고 애썼다. 하지만 1914년, 독일에 기회의 문이 닫히고 대공이 암살을 당하면서 7월 위기가 닥치자, 전쟁을 주장하던 쪽이 승리를 거뒀다. 당시 독일 최고위 군 지도자 헬무트 폰 몰트케Helmuth von Moltke(1848~1916)는 "프랑스와 러시아의 군사력 확대가 불완전한 지금만큼 공격하기에 적합한 때가 다시 오지는 않을 것"이라고 주장했다. 폰 몰트케는 그때가 독일에 마지막 기회라고 생각했다.

게다가 7월 위기는 독일에 프랑스와 러시아를 공격할 구실을 주었고, 그에 따른 위험도 평소보다 줄어든 듯했다. 독일인들의 마음속에는 영국을 필두로 강대국들이 집단적으로 공격할지 모른다는 두려움이 아련히 꿈틀대고 있었다. 그런데 사라예보에서 일어난 암살 사건이 독일에 기회를 주었다. 오스트리아가 후계자를 살해했다는 이유로 세르비아를 응징하려 한다면, 그에 대응해서 러시아가 세르비아를 돕겠다며 군대를 동원할 가능성이 있었다. 실제로 그런 일이 벌어지면 독일은 외교관들을 앞세워 오랜 동맹인 오스트리아를 도우려는 것일 뿐이라고 주장할 수 있었다. 게다가 영국이 그 갈등을 방관하며 끝나기를 기다릴 가능성(혹은 독일이 프랑스와의 전쟁을 끝내고 러시아에 회복하기 힘든 타격을 줄 때까지 개입하지 않을 가능성)이 있다고도 생각했다. 따라서 7월 위기는 이행 문제를 해결하는 위험하지만 보람 있는 기회를 독일에 열어주었다.

이쯤에서 예방 전쟁을 위한 일반적인 조건을 개략적으로 살펴보자. 첫째, 힘의 균형추에 변화가 있어야 한다. 둘째, 경쟁국들이 힘의 이동을 예측할 수 있어야 한다(힘이 이동하고 나면 약해진 국가가 그 변화에 대해 할 수 있는 게 전혀 없기 때문이다). 두 조건이 결합될 때, 쇠락하는 국가가 떠오르는 국가에 대응하는 '기회의 창'이 열린다. 여기까지는 명확하다. 그러나 이제 까다로워지기 시작한다. 창을 갖는 것만으로는 충분하지 않기 때문이다. 셋째, 힘의 이동 폭이 커야 한다. 넷째, 그런 변화를 막기 어려워야 한다.

협상 가능성을 배제하려면, 마지막 두 조건이 필요하다. 셋째와 넷째 조건이 갖춰진 경우에도 전쟁에는 많은 비용이 들기 때문에 양측은 여전히 평화적인 협상을 선호한다. 따라서 경쟁국들은 싸움보다 협상을 우선적으로 바란다. 예컨대 독일은 러시아가 군사력 증진을 포기하거나, 미래의 이점을 남용하지 않겠다는 약속을 독일에 확실하게 해주는 어떤 방법을 찾아내기를 바랐을 것이다. 셋째와 넷째 조건이 충족되면 이런 양보가 불가능해진다. 군사력의 이동이 크다는 사실은, 떠오르는 국가가 쇠락하는 국가에 영향력의 상실을 어떤 식으로든 보상해주기가 어렵다는 뜻이다. 게다가 힘의 변화를 막기도 어려워야 한다. 그렇지 않으면, 떠오르는 국가가 상승 속도를 늦추고, 쇠락하는 국가에 가치 있는 것을 양보하거나 힘의 원천을 이전하면서 평화 협상을 체결하는 쪽을 선택할 수 있기 때문이다. 요컨대 쇠락하는 국가가 예방 전쟁을 단념하기에 충분할 정도로 무언가를 할 수 있다는 이야기다.[4]

힘의 이동이 급속히 진행되지도 않고 크지도 않아, 그런 변화를 피하기가 어렵지 않은 경우도 적지 않다. 이런 이유에서 군사력의 변화가 있을 때마다 이행 문제가 발생하는 것은 아니다. 예컨대 경제와 과학기술과 정치에서 큰 변화가 있었지만 유럽 열강은 1914년 이전에는 거듭해서 타협점을 찾아냈다. 변화가 급작스럽게 닥쳐도 감당하기 힘들 정도로 크지 않으면, 경쟁국들은 협상을 통해 권력이나 영토를 양도함으로써 평화를 유지했다. 요컨대 유럽 강대국들은 전쟁을 피하기 위해 무진 애썼다. 떠오르는 강국을 견제하고, 주변국을 공격하려는 강국의 욕망을 둔화시키려고 수없이 동맹을 재편했다. 일부 학자는 이런 현상을 '세력 균형 balance of power'이라고 칭한다. 동맹의 변화는 결국 힘을 분할하고 교환함으로써 평화를 유지하는 방책이었던 셈이다. 독일 총리 오토 폰 비스마르크Otto von Bismarck(1815~1898)만큼 이런 거래에 능수능란했던 예는 없을 듯하다. 비스마르크는 1890년 총리직에서 물러날 때까지 거의 20년 동안 유럽 정계를 주물렀다. 그는 적절한 협상안을 찾아내 전쟁을 피하려고 노력했던 것으로 유명하다. 그를 견제하려는 세력들이 연대할 가능성을 낮추기 위한 것이 부분적인 이유였지만, 심지어 독일의 군사적인 승리를 활용하는 것조차 피했다.[5]

그러나 때때로 힘의 이동이 지나치게 커서 피하기 어려우면, 균형을 맞추기 위한 행동과 타협이 불가능하지는 않더라도 무척 어려워진다. 많은 정치학자와 역사학자가 1914년에 이런 현상이 있었다고 지적한다. 일부의 주장에 따르면, 대부분의 장기적인 전쟁은 이와 같은 이행 문제에서 비롯된다. 고대와 현대에서 다른 예를 찾아 그 주장을 뒷받침해보자.[6]

아테네 대 스파르타

2,500년 전에는 '통일국가'라는 의미의 그리스는 존재하지 않았다. 험준한 산들이 그리스 반도를 계곡과 들판으로 나눴고, 대부분의 땅이 척박했다. 그리고 본토를 에워싼 수백 개의 섬이 있었다. 산악으로 감싸인 골짜기와 섬에서 탄생한 마을들이 1,000개가 넘는 도시국가로 발달했고, 각 도시국가에는 여러 마을과 전원지대로 둘러싸인 '폴리스polis'라 불리는 작은 도심이 있었다.

기원전 5세기가 시작될 무렵 지배적인 폴리스는 300년의 역사를 지닌 군사 강국 스파르타였다. 스파르타 시민들은 폭력의 궁극적인 전문가로, 세계 최고의 병사를 양성하는 방향으로 사회를 꾸려갔다. 태어날 때 약한 아기는 죽임을 당했다. 살아남은 아이도 7세가 되면 집을 떠나 병영에서 지내며 13년 동안 군사 훈련을 받았다. 그렇게 20세가 되면, 다음 세대의 아이들을 훈련시키면서 다시 10년을 보내야 했다. 결국 30세가 돼서야 완전히 시민이 되었고, 그때부터 60세에 은퇴하기까지 30년 동안 군인으로 살아가는 특권을 누렸다.

스파르타는 근처 정착지들을 정복해 온갖 일을 떠맡겼기 때문에, 모든 스파르타 남성은 엘리트 군대의 일원이 될 여유가 있었다. 그렇게 노예가 된 사람들은 '헤일로타이Heilotai'라고 불렸고, 그들의 수가 스파르타 시민보다 열 배 많았다. 따라서 스파르타 시민들이 항상 반란을 두려워하며 살았다는 게 조금도 놀랍지 않다. 결국 노예들을 억압하고 반란의 가능성을 끊임없이 감시하기 위해서라도 스파르타는 완전히 군사화된 사회가 될 수밖에 없었다.

스파르타는 소수의 집권층, 즉 과두제로 운영되었으며 그리스 남부의 광활한 지역, 이른바 펠로폰네소스로 알려진 반도를 지배했다. 스파르타는 그곳에서 일부 도시국가와는 동맹을 맺었고, 일부는 정복해서 예속화했다. 동맹 중에는 강력한 과두제 도시국가였던 코린토스도 있었다. 스파르타가 주도한 그 동맹은 오늘날 '펠로폰네소스 동맹Peloponnesian League'이라고 불린다.

스파르타의 주된 경쟁자는 또 하나의 강력한 도시국가 아테네였다. 두 국가의 관계를 영화로 제작한다면, 할리우드라도 스파르타에 아테네보다 더 상징적인 적수를 찾아내기 힘들 것이다. 스파르타는 상거래를 경멸하며 화폐 주조를 금지했고 물질적 재산 축적을 달갑게 생각하지 않은 반면, 아테네는 시장을 권장하며 방대한 무역 체계를 구축했다. 또 스파르타는 지중해 세계에서 당시까지 존재한 적 없는 최대의 지상군을 보유한 반면, 아테네는 바다에 세력의 기반을 두었다. 끝으로, 아테네는 전제정치와 과두정치를 거부하고 민주정치를 서서히 확립해가고 있었다. 물론 여성과 외국인 거주자와 노예를 배제하고 남성 시민에게만 허용된 좁은 범위의 민주정치였다. 하지만 수만 명이 모여 투표할 수 있었기 때문에 전례 없는 수준의 정치 참여가 허용되었다.

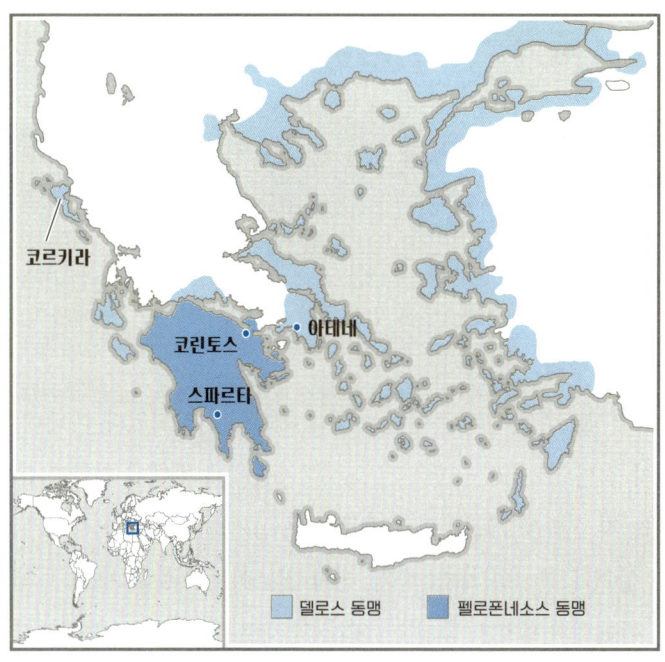

펠로폰네소스전쟁 직전의 아테네와 스파르타, 그들의 동맹

아테네는 펠로폰네소스반도의 동쪽으로, 에게해 주변에 위치한 수백 개의 섬과 해안 정착지를 연결하는 동맹 네트워크의 꼭대기에 있기도 했다. 역사가들에게 '델로스 동맹Delian League'이라 불리는 동맹이다. 처음에는 외부의 적과 해적에 대한 두려움에 각 폴리스가 자진해서 동맹에 가입했다. 하지만 외부의 위협에도 불구하고 섬들이 동맹에 참여하지 않았을 때에도 아테네 해군은 상당히 위력적이었다. 아테네는 자신들의 정치 체제를 주변에 알리는 데도 열심이었다. 따라서 델로스 동맹에 속한 섬들이 원하든 원하지 않든 민주 제도를 채택하기를 바랐다. 에개해를 중심으로 해안 도시들이 점차 아테네에 함대를 양도하고 조공을 바쳤다. 그런 순종의 대가로 아테네는 해군을 활용해 그들에게 안전과 무역을 보장했다.[7]

처음에 아테네와 스파르타는 우호적인 동맹이었다. 기원전 490년부터 기원전 478년까지 12년 동안 그들은 그리스 본토에서 침략해온 페르시아군을 격퇴하기 위해 힘을 합쳤다. 하지만 기원전 478년 이후 스파르타가 물러나면서, 아테네 혼자 여러 섬에서 페르시아 침략군을 밀어내야 했다. 그 과정은 아테네의 주특기였던 해군 훈련과도 같았다. 더구나 스파르타가 너무 오랫동안 자리를 비우면 노예들이 반란을 일으킬 염려가 있었다.

그 결정으로 반세기 동안의 아테네 확장이 시작되었다. 아테네는 페르시아 점령으로부터 해방시킨 도시국가들에게 동맹에 가입해 분담금을 내든지 선박을 제공하라고 요구했다. 상거래와 과학과 문화가 번창했다. 상거래 활성화, 수입 증가, 선박 건조라는 선순환 구조가 작동하면서, 아테네와 델로스 동맹은 그리스의 새로운 패권자로 성장해갔다.

스파르타는 아테네의 성장을 불안한 눈길로 지켜보았다. 아테네는 완전히 다른 식의 삶을 보여주었다. 그런 생활방식은 그리스 세계의 가치관과 리더십에 의문을 제기하는 데 그치지 않았다. 아테네의 반(半)민주적인 제도는 안정성이 취약한 순전한 노예국가에는 무척 위험했다. 아테네의 눈부신 성장은 스파르타의 존재마저 위협했다.

처음에 동맹국들은 힘의 이동을 평화적으로 관리했다. 게다가 힘의 이동이 평화적 공존을 불가능하게 할 정도로 크거나 불가분하거나 멈출 수 없는 정도는 아니었다. 예컨대 스파르타는 탈퇴의 연쇄 반응으로 동맹들을 아테네에게 빼앗길까 두려워하면서 델로스 동맹과 간헐적으로 교전을 벌였다. 하지만 교전의 범위를 벗어나 큰 전쟁을 벌이면 부담스러운 비용을 치러야 했기 때문에 두 동맹은 어떤 식으로든 평화 협정을 체결했다.[8] 기원전 446년, 아테네와 스파르타는 이른바 '30년 평화조약Thirty Years' Peace'이라는 협정을 맺었다. 지속되기를 기대하는 기간을 대담하게 이름으로 채택한 조약이었다. 이 협정에는 두 가지 중요한 조항이 있었다. 하나는 의견 충돌이 발생하면 구속력을 갖는 평화적 중재를 우선적으로 고려한다는 약속이었고, 다른 하나는 상대 동맹에 속한 국가들에 탈퇴를 유도하지 않는다는 서약이었다. 양측은 파괴적 전쟁을 대신할 건설적인 대안을 마련하고 싶었던 것이다.

안타깝게도 '30년 평화조약'은 15년밖에 지속되지 못했다. 부분적으로는 아테네가 계속해서 눈부시게 발전한 게 문제였다. 하지만 진정한 위기가 닥친 것은 스파르타의 동맹 중 하나가 강력했지만 중립을 표방하던 폴리스 코르키라를 압박해, 코르키라가 델로스 동맹의 품에 들어가면서 진정한 이행 문제가 발생한 때였다. 그 결과로, 스파르타가 영원히 종속되고 삶의 방식까지 위협받을 정도로 힘의 균형추가 이동할 수 있었다. 그런 사태를 막고 싶은 욕망이 너무나 강했다.

코르키라는 오늘날 케르키라섬으로 알려진 곳이다. 2,500년 전 코르키라는 지중해에서 두 번째로 강력한 해군을 보유한 폴리스였다. 또한 두 동맹의 압박을 충분히 견뎌낼 수 있을 만큼 강력한 극소수 도시국가 중 하나로, 어느 쪽과도 동맹을 맺지 않았다. 특히 코르키라의 해군력은 매우 막강해서 어느 쪽과 동맹을 맺든 힘의 균형이 뒤집힐 정도였다.

펠로폰네소스 동맹에 속한 도시국가 코린토스가 작은 거주지 하나를 두고 코르키라와 다투기 시작하면서 코르키라도 중립을 포기할 수밖에 없었다. 스파르타는 코린토스에 대한 지원을 중단하면서까지 코린토스의 공격을 억누르려 애썼다. '30년 평화조약'을 깨뜨리는 위험이 너무도 컸기 때문이다. 한편, 아테네도 그 전쟁에 개입하지 않으려고 노력했다. 코르키라가 지원을 요청했을 때 아테네는 피상적으로만 지원하는 데 그쳤다. 하지만 안타깝게도 코린토스의 함대가 아테네의 관측선을 침몰시켰고, 그 사건을 계기로 코르키라와 아테네는 더 밀접하게 협력하는 관계가 되었다. 그 잠재적 동맹 관계가 발전해 굳건해지면 스파르타를 꺾는 것은 시간문제였다.

코르키라가 아테네에 기울어지자, 코린토스는 스파르타에게 그 둘을 공격하라고 요구했다. "이때 도와주지 않는다면 펠로폰네소스 동맹이 존재할 이유가 무엇인가?" 그 요구에 응하지 않으면 코린토스는 아테네에 전향해 더욱더 강력한 델로스 동맹의 일원이 되겠다고 협박하기도 했다. 그렇게 되면 얼마나 많은 도시국가가 더 펠로폰네소스 동맹에서 탈퇴해 델로스 동맹에 가입하겠는가? 따라서 스파르타로서는 아테나와 코르키라의 동맹을 걱정해야 할 뿐만 아니라, 기존 동맹국의 연쇄적 탈퇴로 인해 펠로폰네소스 동맹이 약화되면서 분노한 노예들을 홀로 감당해야 하는 상황을 두려워했다.[9]

기원전 431년, 스파르타는 동맹 탈퇴라는 연쇄 반응을 예방할 목적으로 아테네와 코르키라를 공격했다. 상황이 악화되기 전에 그 분쟁을 빨리 끝내는 게 낫다는 판단이었고, 이른바 예방 전쟁이었다. 안타깝게도 그 후로 갈등은 더 파괴적으로 더 오래 지속되었다. 펠로폰네소스 전쟁은 27년 동안 맹렬히 계속되었으며, 그리스 세계 전체(현재 그리스라 불리는 펠로폰네소스반도와 군도들, 현재 알바니아로 알려진 지역, 남부 이탈리아와 시칠리아, 튀르키예 해변 지역)를 삼켜버렸다.[10]

역사가 투키디데스는 전쟁을 연대순으로 기록하는 데 많은 시간을 들였다. 그는 전쟁의 근본 원인이 피할 수 없는 거대한 힘의 이동에 있다면서 "아테네의 발흥과 그로 인해 스파르타가 두려움을 품게 됨에 따라 전쟁은 피할 수 없는 것이 되었다"라고 말했다. 논란의 여지는 있겠지만, 문서 기록에서 펠로폰네소스 전쟁은 이행 문제로 인해 야기된 최초의 전쟁이다.[11]

그로부터 2,500년이 지난 지금까지도 투키디데스의 주장은 여전히 유효한 듯하다. 20세기 말, 소련의 세력이 확대되자 세계는 다시 두 문명 간의 거대한 충돌을 목격했다. 리처드 닉슨 대통령과 제럴드 포드Gerald Ford(1913~2006) 대통령 시절 국무장관을 지낸 헨리 키신저Henry Kissinger(1923~2023)는 냉전을 아메리칸 아테네와 소련 스파르타 간의 새로운 펠로폰네소스 전쟁이라고 정의했다. 그 정의에 한 기자가 "전쟁을 피할 수 없고, 아테네처럼 결국 미국이 패할 것이라는 뜻인가?"라고 물었다. 오늘날 외교 정책 전문가들은 신흥 강국이 부상하면 세계에 전쟁의 암운이 드리운다는 뜻에서 '투키디데스의 함정Thucydides' Trap'이라고 칭한다. 예컨대 중국 주석 시진핑은 세계적인 지도자들을 상대로 한 2013년의 발언에서 "우리 모두가 투키디데스의 함정, 즉 신흥 강대국과 기존 강대국, 혹은 기존 강대국들 간의 파괴적인 긴장관계를 피하기 위해 함께 노력해야 한다"라고 주장했다.[12]

다행히도 이행 문제는 이보다 훨씬 까다롭다. 앞에서 보았듯이, 이행 문제가 발생하려면 신흥 강국의 발흥이라는 조건만으로는 부족하다. 따라서 아테네의 발흥으로 전쟁 가능성이 높아졌다는 투키디데스의 주장은 부분적으로 옳을 뿐이다. 이행 문제가 실질적으로 야기되려면 (코르키라 문제처럼) 긴박하고 피하기 어려운 힘의 이동이 있어야 한다. 결국 전쟁을 피하기 위해 필요한 것은, 키신저나 시진핑 같은 세계적인 지도자들이 이런 사실을 깨닫는 것이다. 다시 말하면, 전쟁은 힘들고 평화는 생각보다 쉬울 수 있다는 걸 인식해야 한다. 이 논리를 파이 분할로 증명해보자.

이행 문제의 논리

상황을 단순화해서, 고대 그리스 세계에서 100달러를 두고 두 국가가 다툰다고 가정하자.[13] 또 기원전 5세기 초, 즉 페르시아가 그리스 본토에서 쫓겨났을 때 스파르타와 펠로폰네소스 동맹이 아테네와 그 동맹국들을 상대로 전쟁을 벌였다면 4분의 3의 확률로 승리를 거둘 수 있었다는 가정도 해보자. 이 경우에 협상 범위는 다음과 같이 그려진다.

그 후로 아테네가 빠른 속도로 발전하기 시작했다. 아테네는 매장

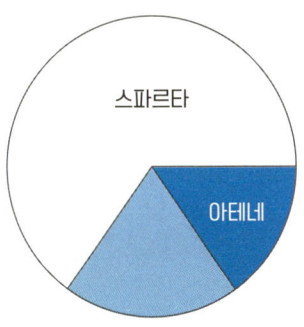

량이 엄청난 은광을 발견했고, 도심에서 항구까지 거의 10킬로미터에 달하는 유명한 장성長城, Μακρὰ Τείχη을 쌓았다. 그로 인해 아테네 폴리스는 육로 침략과 장기간의 포위에도 견뎌낼 수 있는 난공불락의 요새가 되었다. 스파르타가 항의했지만, 아테네는 방어 시설 해체를 거부했다. 오히려 동맹과 해군력을 확대했고, 무역을 통해 폴리스의 금고를 채워갔다.

같은 시기에 스파르타는 오히려 온갖 역류와 맞서 싸워야 했다. 기원전 465년에 닥친 지진으로 도시가 초토화되었고, 노예 반란이 뒤따라 수천 명의 시민이 목숨을 잃었다. 그 후로 스파르타 인구는 과거의 수준으로 돌아가지 못했고, 장기적으로도 인구 감소를 피할 수 없었다.[14] 그 결과로, 기원전 5세기 중반쯤에 스파르타에서는 힘의 균형이 다음 페이지 그림과 같이 다소 평평해지는 시대가 예측되었다고 가정해보자.

그러나 중요한 점은, 군사력이 75 대 25에서 50 대 50으로 점진적인 이동이 그때까지 실현되지 않았다는 것이다. 스파르타가 전쟁을 일으켜 승리를 거두면 그런 재균형화는 피할 수 있었다. 문제는 그런

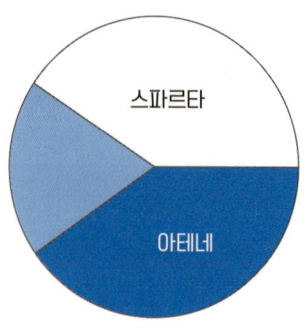

전쟁이 타당하냐는 것이었다.

반드시 전쟁이 필요한 것은 아니다. 이처럼 힘이 크게 이동하는 경우에도 반드시 싸울 필요는 없다. 여전히 협상의 여지가 있다. 이 가능성을 확인하려면 파이 분할 모형에 새로운 변수, 즉 시간을 추가할 필요가 있다. 시간에는 현재와 미래(예컨대 현재로부터 10년 뒤)라는 두 시기가 있다고 가정해보자. 스파르타와 아테네는 현재의 100달러짜리 파이만을 두고 협상하는 게 아니다. 미래의 100달러를 두고도 다투는 것이다. 그럼 200달러짜리 파이가 된다. 전쟁이 벌어지면, 현재의 파이만이 아니라 미래의 파이까지 쪼그라들 게 분명하다. 예컨대 각 시기에 20달러씩 줄어든다면, 총 40달러가 없어지고 만다. 따라서 현재와 미래에 전쟁으로 손상되고 남은 파이의 가치는 합해서 160달러가 된다.

스파르타는 만약 오늘 아테네를 공격하면 두 시기 모두에서 전쟁으로 손상된 파이의 4분의 3을 얻을 가능성이 있다는 걸 알고 있다. 두 시기를 합하면 120달러가 되는 선택지다. 한편, 아테네가 승리할 가능성은 25퍼센트에 불과하므로 전쟁의 기댓값은 40달러가 된다. 따라서 스파르타의 기댓값은 120~160달러의 어디쯤이므로 침략하지 않는 쪽을 선호한다. 양측에게 허용된 협상 범위는 40달러로, 우리가 예측한 대로 두 시기 동안의 총 전쟁 비용과 같다.[15]

아테네가 스파르타에 적어도 120달러를 제공하겠다고 약속할 수 있을까? 이 경우에는 그럴 수 있다. 예컨대 아테네가 지금 80달러를 제공한다면 스파르타는 미래에 적어도 40달러를 더 받게 된다는 걸 알고 있다. 이런 협상이 아테네에게 나쁠 것은 없다. 현재는 작은 파이 조각에 불과하지만 미래에 더 큰 몫이 더해지면, 아테네가 전쟁에서 기대하는 가치가 미래에는 훨씬 커지기 때문이다. 따라서 아테네는 스파르타가 현재의 열매를 대부분 즐기도록 허용했지만, 자신들의 군사력이 강해진 뒤에는 권한을 자신들에게 양도하는 게 스파르타에도 이익이 된다는 걸 알고 있다. 이처럼 상대적인 힘이 크게 변하더라도 여기서는 이행 문제가 야기되지 않는다. 이런 이유에서 아테네는 동맹 모집을 중단하지 않고 장성을 계속 유지할 수 있었다. 아테네가 판단하기에 전쟁은 스파르타에게 이익 될 것이 없었다. 따라서 아테네의 발흥을 방해하지 않도록 스파르타를 달랠 수 있다고 확신했을 것이다.

아테네와 스파르타는 정확히 이런 종류의 타협을 모색했다. 그래서 기원전 5세기 중반경 아테네는, 전면전을 피하기 위해 펠로폰네소스 동맹에서 변절해 델로스 동맹으로 넘어온 도시국가 하나를 스파르타에게 돌려주었다. 또 '30년 평화조약'에 서명하면서 향후에는 변절국을 받아들이지 않겠다고 약속했다. 또 협상을 유리한 방향으로 끌어가려고 아테네 지도자가 스파르타 왕과 협상단에게 비밀리에 상당한 뇌물을 전한 것으로 추정된다. 이와 같은 노력으로 아테네는 한동안 평화를 얻었고, 이런 현상에서 경쟁국이 상대의 상당한 세력 증강까지 수용할 수 있다는 게 입증되었다. 투키디데스가 완전히 옳지는 않았던 게 분명하다. 경쟁자들은 상당한 규모의 힘의 이동도 수용할 수 있다. 전쟁은 결코 불가피한 게 아니다.

그러나 힘의 이동이 더 커지고 급격하게 변하면 어떻게 될까? 앞 이야기에서 나는 아테네에 새로운 동맹국이 더해졌다는 걸 강조했다. 제3의 전략적 행위자가 끼어들면서 파이 분할이 더 복잡해졌다. 이야기 구조를 단순화하기 위해, 코르키라가 미래에 델로스 동맹에 합류함으로써 세계에서 가장 강력한 두 해군이 하나로 합쳐지는 걸 정해진 수순으로 받아들이자. 그럴 경우, 스파르타는 미래가 아래 그림과 같이 될 거라고 생각하기 마련이다.

이런 상황이 실제로 일어나면 아테네와 그 동맹국이 스파르타를 진짜로 압도하게 된다. 스파르타는 현시점에서 훨씬 강하기 때문에(첫 파이) 아테네 등을 침략하지 않으려면 파이에서 적어도 120달러를 차지해야 한다. 그런데 중요한 조건이 변해서, 아테네가 미래에는 스파르타에 40달러를 제공하는 것을 더는 이행할 수 없게 된다. 힘의 균형

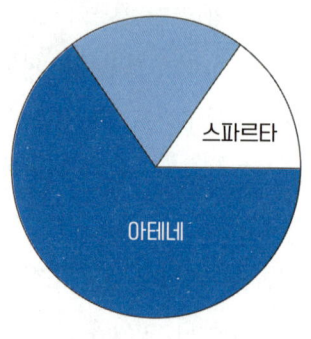

이 이렇게 변하면 스파르타는 15달러(미래의 협상 범위에서 마지노선) 이상을 기대할 수 없게 된다. 스파르타가 전쟁보다 평화를 선택해 더 나은 삶을 살려면, 현재의 균형 상태가 필요하다. 다시 말하면, 105달러 이상은 아니더라도 적어도 105달러가 필요하며, 그 값은 현재의 파이 전체보다 크다.[16]

아테네의 군사력이 강해져서 힘의 균형이 변해도 아직은 적잖은 탈출구가 있다. 그중 하나는, 아테네가 초강대국이나 다국적 은행으로부터 돈을 빌리는 것이다. 하지만 안타깝게도 당시에는 그런 게 없었다. 다른 탈출구는 코르키라에 어떻게든 압력을 넣어 중립을 유지하거나, 해군력을 스파르타와 아테네에 양분하도록 하는 것이다. 이론적으로는 무엇이든 가능하지만, 실질적인 어려움이 있다는 걸 쉽게 알 수 있다. 끝으로는 아테네가 미래의 파이를 더 많이 넘겨준 다음 자신의 이점을 활용하지 않겠다고 구속력 있는 약속을 하는 방법을 찾아내는 탈출구도 있을 수 있다. 이런 예에서 아테네는 스파르타에게 미래의 협상 범위에서 최저 수준보다 최고 수준에 가까운 것을 얻게 될 거라는 확신을 줄 수 있어야 한다. 그런 강제적 확약이 이행 문제를 가장 손쉽게 해결하는 방책일 것이다. 아테네는 협정의 수행 여부를 감시하는 외부자로 공정한 초강대국이나, 협정을 위반한 쪽에 저주를 내릴 신탁神託을 둘 수도 있을 것이다. 그러나 안타깝게도 당시에는 그런 외부자가 존재하지 않았다.

이행 문제를 '무질서의 산물 child of anarchy'로 생각하는 방법도 있다. 협상을 강요하며 구속력 있는 맹세를 요구할 수 있는 더 강력한 국가가 없는 경우, 힘의 대폭적인 변화를 관리하기는 쉽지 않다. 약속은 제대로 실행되기 어렵다. 그 결과로 앞에서 본 두 전쟁(제1차 세계대전과 펠로폰네소스 전쟁) 같은 국제전이 일어날 수 있다. 이런 현상은 어디에서나 흔히 볼 수 있는 큰 문제로, 한 국가 내에서 벌어지는 폭력 사태를 설명하는 데도 도움이 된다.

대량학살과 집단학살

"무덤이 절반밖에 채워지지 않았습니다. 우리는 이 사명을 완수해야 합니다." 르완다 라디오-텔레비전 방송국 '리브레 데 밀 콜린즈Libre des Mille Collines'의 아나운서가 이렇게 소리치며, 조직화된 후투족에게 소수민족인 투치족 학살을 멈추지 말고 계속하라고 독촉했다. "30년 전에 우리는 그들이 망명해 도주하는 걸 방치하는 실수를 저질렀습니다. 이번에는 한 놈도 달아나지 못하게 해야 합니다!" 1994년, 피로 물든 100일 동안, 남녀노소를 막론하고 거의 100만 명의 투치족이 목숨을 잃었다.[17]

본능적으로 우리 대부분은 그런 학살을 증오와 편집증의 산물이라고 생각한다. 그러나 이렇게 심리적인 면을 강조하면, 대량학살과 인종청소 뒤에 감춰진 냉정한 전략적 계산이 과소평가된다.

집단학살genocide은 일시적으로 힘을 갖게 된 집단의 전술이다. 현재의 다수 집단은 소수 집단과 파이 조각 하나를 영원히 공유할 수도 있지만, 지금 비용을 지불함으로써 미래에 협상하고 공유하는 걸 피할 수도 있다는 설명이 이제는 당연하게 여겨질 것이다. 소수 집단이 앞으로도 계속 소수이고 약할 것으로 예상되면 다수 집단이 구태여 그들을 제거하는 부담을 짊어지는 것은 결코 합리적인 선택이 아니다. 그러나 소수 집단이 개체 수와 군사력 혹은 부의 축적 면에서 급속히 성장하면, 하루가 다르게 발전하는 러시아를 상대해야 했던 독일이 그랬듯이, 다수 집단은 악마적인 결정에 맞닥뜨리게 된다.[18]

많은 사회에서 소수 집단이 점점 성장해 기존 질서를 잠식할 거라는 두려움이 널리 퍼져 있다. 다른 언어를 사용하거나 다른 피부색의 이민자들(미국과 스웨덴), 다른 종교를 믿는 소수 집단의 폭발적인 인구 증가(중국, 이스라엘, 북아일랜드)에 대한 불안이 토착민들을 짓누른다.

물론 다수 집단이 곧장 그런 소수 집단의 절멸을 시도하지는 않는다. 다른 은밀한 방법으로 그 위협을 견제하려 한다. 소수 집단을 달래거나 학교에서 재교육하고, 다른 나라로 이주하도록 권장한다. 심지어 일자리를 허용하지 않거나 그들의 지도자들을 감금하고 시위를 억누른다. 일정한 거주지역이나 보호구역을 정해두고 밖에 나오지 못하게 하기도 한다. 또한 다수 집단의 가정에 더 많은 자녀를 낳도록 독려하거나, 공권력을 활용해 다수 집단의 재력과 권력을 키워주기도 한다. 이런 수단들은 '평화적 합의'라고 일컬어지지만 어느 것도 공정하거나 평등하지 않다. 그 수단들에 대해 유일하게 좋게 말할 수 있다면, 그렇게 함으로써 이행 문제를 피하고 대량학살을 방지한다는 것이다. (서문에서 확인한 교훈으로 다시 돌아간다. 힘이 불평등하게 유지되면 평화를 유지하기 위한 파이 분할도 불평등할 수밖에 없다!)

이런 전략들이 실패할 때 다수 집단의 지도자들은 폭력적인 절멸에 나서게 된다. 흔히 다수 집단은 위기가 코앞에 닥쳤다고 여긴다. 내부의 반대만이 아니라 그 끔찍한 범죄를 책임져야 한다는 두려움까지도 이겨내야 할 정도로 대단히 심각한 상황이 임박했다고 생각한다. 전쟁 중에 대부분의 대량살상이 저질러지는 이유가 바로 여기에 있다. 르완다의 경우가 그랬다. 정부 내의 후투족 강경파는 투치족 침략군과의 전쟁에서 패할지도 모른다는 위기감에 내몰렸다. 시민 학살은 후투족 극단주의자들이 승리를 위해 최종적으로 시도했다가 실패한 도박의 일부였다. 안타깝게도 이 극단적인 이행 문제가 결코 예외적인 현상은 아니다. 지난 두 세기 동안, 세계 곳곳에서 전투보다 대학살로 인해 목숨을 잃은 사람이 훨씬 많다.

내전

콜롬비아의 푸른 열대우림 안에 포근히 둥지를 튼 한적한 산악 마을에서 한 지역 관리가 기자에게 사진 한 장을 보여주었다. 그 관리가 젊었을 때 여덟 명의 건장한 남자와 나란히 선 모습이었다. 그들은 모두 FARC라는 정치 집단의 단원이었다. FARC는 콜롬비아 무장혁명군Fuerzas Armadas Revolucionarias de Colombia의 약어로, 1960년대에 생겨난 마르크스주의 게릴라 조직이었다. 20년간 투쟁한 그들은 1980년대에 평화 협상에 나서고 공직에도 출마하기 위해 정당으로 변신했다.

그로부터 12년이 지난 뒤 기자는 그 사진을 처음 보았고, 지역 관리는 그들 중 유일하게 살아남은 생존자였다. "그들 모두가 죽었습니다. 전투 중에 죽은 사람은 없어요. 무지막지한 몰살을 당했죠." 콜롬비아 정부군과 그들에게 협력하는 준準군사조직 및 다른 정치적 동맹들이 FARC의 정치 지도자들을 한 명씩 암살했다. 그리하여 2002년쯤에는 FARC의 많은 지도자가 사라지거나 살해되었으며, 몸을 감추고 은둔한 탓에 선거에 출마할 사람이 한 명도 남지 않았다. 결국 그 정당

은 해체되었다.[19]

불확실성이 해소되고, 모두가 지루한 전투에 지치면, 반군 집단은 어김없이 위험한 선택에 직면하게 된다. 계속 싸울지, 아니면 무기를 내려놓고 정부의 선처를 바랄지 선택해야 한다. 많은 요인이 복합돼 FARC는 정글과 산악에서 계속 싸우는 쪽을 선택했는데, 그 전쟁이 무려 50년 동안 계속되었다. 그들의 정치 지도자들이 조직적으로 몰살당한 것도 전쟁이 지루하게 계속된 이유 중 하나였다. 반군 집단이 2016년 평화 협정에 최종적으로 서명하고 군사조직을 해산하기 시작한 뒤에도 학살이 다시 시작되었다. 그로부터 몇 년 동안, 수십 명의 좌익 정치인과 조직을 해체한 반군 지도자가 전국에서 의문의 죽음을 당했다. 예전과 마찬가지로 군사 요원과 준군사조직 전투원이 음험하게 자행한 암살로 추정될 뿐이다.

정부가 소수지만 강력한 저항 세력과 싸우는 상황은 안타깝지만 흔한 일이다. 이 경우에 정부는 전리품을 넘겨주거나 권력의 일부를 양도하는 식으로 해결책을 찾고 싶어 할 수 있다. 이런 내전을 해결하는 데는 반군에게 힘의 근원, 즉 병력과 무기 및 비밀 정보를 넘기라고 요구하는 게 큰 걸림돌이다. 이 점에서 국가 간의 전쟁과 다르다. 국제전에서는 경쟁하던 국가들이 전투를 중단하더라도 함께 새로운 정부를 구성할 필요가 없다. 군대를 통합하거나 한쪽이 무장을 해제할 이유도 없다. 또 국가 간의 전쟁에서는 평화를 선택하면 약한 쪽이 강한 쪽에 먹힐 거라고 염려하지 않아도 된다.

하지만 내전의 경우는 다르다. 양쪽이 국가를 분할해 통치하지 않는 한, 권력을 공유하고 폭력의 독점을 재정립하라는 압력이 있기 마련이다. 문제는, 무기를 내려놓는 순간부터 더 강한 쪽(혹은 정부)이 합의를 깨거나, 적어도 해묵은 원한을 청산하고 싶은 욕망에 사로잡힌다는 것이다. 저항 세력이 턱없이 약하고, 정권이 전제적이고 견제를 받지 않을 때 위험이 가장 크다. 거듭 말하지만, 이런 경우에는 탈출구가 없다. 더 강력한 제3자가 있어 협상을 강요하지 않는다면 일방적인 협상이 진행될 수밖에 없고, 그런 협상이 제대로 실행되기는 무척 어렵다.

정치학자 바버라 월터Barbara Walter는 이런 이행 문제를 '내전 해결을 방해하는 가장 큰 걸림돌'이라고 칭했다. 여기에서 내전이 지루할 정도로 오랫동안 계속되고, 협상을 통해 해결되는 경우가 무척 드물며, 협상이 체결되더라도 거의 실행되지 못하는 이유, 양쪽 모두 완전한 승리를 천명하며 부질없이 싸우는 이유가 설명된다. 그 결과로 내전은 국가 간의 전쟁보다 훨씬 오랫동안 지속되는 경향이 있다. 평균적으로 10년 남짓이다. FARC가 당했듯이, 적잖은 반군 세력이 무기를 내려놓으면 지도자들이 한 명씩 살해되지 않을까 걱정한다. 이런 걱정도 FARC가 반세기 동안 싸운 이유 중 하나였다. 지금도 국제전보다 내전이 훨씬 많고, 그로 인해 섬뜩할 정도로 많은 전투가 곳곳에서 벌어지고 있다.[20]

다시 이라크로

이제 우리는 이라크로 돌아가, 미국이 사담 후세인을 축출하기로 결정한 이유를 다시 살펴보자. 이라크에는 '예방 전쟁'이라는 개념을 완벽하게 요약해주는 속담이 있다. "적을 점심에 해치우는 편이 낫다.

그래야 적이 당신을 저녁거리로 삼지 못할 테니까." 적잖은 학자가 미국과 사담 후세인의 관계를 설명할 때 이행 문제가 개입되었다고 전제한다. 대량살상무기, 특히 핵무기가 있으면 이라크와 미국 간에 존재하는 힘의 균형추가 영원히 달라질 수 있었다. 그런데 어떻게 사담이 핵무기를 개발하지 않겠다고 약속할 수 있었겠는가? 결국 불확실성이 전쟁의 오랜 준비 과정을 설명하는 데는 도움이 될지 모르지만, 사적 정보나 잘못된 인식만으로 침략 자체를 설명하기는 어렵다.[21]

사담 후세인은 취임한 순간부터 핵폭탄 개발에 나섰다. 핵무기는 그의 억압적이고 전체주의적인 정권을 강화하고, 중동을 비롯해 전 세계 석유시장에서 그의 입지를 공고히 다지는 데도 도움이 될 것이었다. 미국과 이란, 이스라엘과 사우디아라비아를 딛고 우뚝 설 수 있을 것 같기도 했다. 마침내 1980년 프랑스가 두 대의 실험용 원자로를 이라크에 판매하기로 결정하면서, 사담은 커다란 첫 성공을 거뒀다. 프랑스는 신중하게 처신했다. 양다리를 걸칠 수 있기를 바라며 저농축 우라늄을 넘겨주려고 애썼다. 하지만 사담은 단호히 거부했다. 그는 구매자라는 유리한 위치를 내세워 무기급 물질을 요구했다. 이라크는 프랑스에 석유를 두 번째로 많이 공급하는 국가였고, 세 번째 큰 교역국이기도 했다(사담은 프랑스로부터 많은 무기를 구입했다). 따라서 프랑스로서는 사담의 요구를 받아들이지 않을 수 없었다.[22]

독재자 사담의 진정한 의도는 누구에게나 명백하게 읽혔다. 이스라엘은 이미 수십 년 전에, 비슷한 연구용 원자로와 핵물질을 사용해 자체적으로 핵무기를 개발해냈다. 당시 프랑스의 원자로 판매는 이라크를 '이슬람 폭탄'으로 인도할 가능성이 컸다. 따라서 이스라엘은 거세게 항의했지만 아무런 소용이 없었다. 한편, 미국은 전혀 이의를 제기하지 않았다. 로널드 레이건 대통령이 이란을 제재하는 데 집중한 덕분에 더 강한 이라크는 아무런 피해도 입지 않았다. 하기야 그때까지는 사담 후세인의 폭압적인 성격과 권력 행사가 명확히 드러나지는 않았다.

10년이 지나지 않아 사담은 폭압적인 진면모를 여실히 드러냈다. 1980년대와 1990년대 내내 사담은 시아파, 쿠드르족, 이란과 쿠웨이트를 상대로 야만적인 군사작전을 전개했고, 심지어 자신을 위해 일하던 장군과 장관 및 시민에게도 가차없이 폭력을 휘둘렀다. 서구 세계는 핵폭탄이 그의 손에 들어가면 어떤 참극이 일어날지 서서히 깨달았다.

하지만 첫 대응은 전쟁이 아니었다. 다른 경우에도 마찬가지다. 전쟁이라는 선택지는 지나치게 많은 비용이 들고 위험하기도 하다. 따라서 바깥 세계는 처음에 봉쇄를 목표로 삼았다. 그 밖에 언제라도 동원해서 이라크에 압력을 가할 수 있는 다른 수단들도 있었다. 예컨대 이라크는 핵확산방지조약nuclear nonproliferation treaty, NPT에 서명하고, 국제원자력기구의 안전 조치를 받아들인 상태였다. 따라서 이와 관련된 조치들이 외교와 사찰과 처벌을 통해 시행될 수 있었다. 결국 이라크에 가해진 제재는 전체적으로 인류 역사상 가장 광범위한 것이었다. 제재와 외교적 노력이 실패한 뒤에도 미국과 이스라엘에게는 침략까지는 가지 않는 강력한 수단, 예컨대 생산시설 파괴와 전략 폭격 같은 처벌 수단이 있었다. 요컨대 불확실성과 사담의 견제받지 않는 무모한 통치에도 불구하고, 미국이 주도하던 동맹은 사담을 견제하는 방법, 즉 현상을 안정적으로 유지하는 방법을 찾아냈다.

하지만 '새로운 천년' 시대에 접어들면서 적잖은 변화가 있었다.

그중 하나가 봉쇄가 실패하고 있다는 증거였다. 평범한 이라크인들은 야만적인 봉쇄 체제 아래서 몸부림치며 굶주림과 싸워야 했다. 프랑스 같은 국가들이 응징 정책을 끝내자고 이라크를 대신해 로비 활동을 벌였고, 그사이에 사담과 그의 가족은 봉쇄의 허점을 이용해 석유를 팔아서 재산을 축적했다. 사담은 오히려 제재를 적절히 활용해 권력을 더욱 공고히 다졌다. 미국을 악마화했고, 부족한 수입품과 외화에 대한 통제력을 이용해 지지자들에게 두둑이 보상했다. 하지만 그사이에 사담의 군사력은 점점 약해졌다. 따라서 봉쇄가 더 힘들어진 것처럼 보이는 만큼이나 차라리 침략하는 게 더 쉬워 보였다.[23]

부시 행정부에게 주된 걱정거리는, 사담이 2003년에는 핵무기를 보유하지 않았더라도 핵무기 개발을 포기하겠다는 약속을 이행하지 않을 거라는 확신이었다. 미국 고위 정보 관리의 증언에 따르면, "토론할 때마다 노골적으로 거론되지는 않았지만, 우리 마음 한구석에는 '우리가 지금 무언가를 하지 않으면 사담이 결국에는 유엔을 속여 제재를 풀도록 할 것이다. 그렇게 제재 수단이 사라지면 사담은 자금과 새로운 권력을 등에 업고 공장 문을 열어 다시 돈을 끌어모으기 시작할 것'이라는 염려가 있었다."[24]

이행 문제가 야기되는 확률이 반드시 클 필요는 없다. 미국 부통령 딕 체니는 '1퍼센트 독트린 One Percent Doctrine'이라는 것을 주장했다. 사담 후세인 같은 정권이 핵무기를 개발할 가능성, 혹은 알카에다가 핵무기를 보유하도록 지원할 가능성이 1퍼센트만 있더라도 미국 정부는 100퍼센트 확실한 것으로 간주하며 진지하게 행동해야 한다는 정책이었다. 과장된 주장으로 들리지만, 예루살렘이나 뉴욕시가 사라지고 한 세기 동안 황무지로 변한 모습을 상상하면 과장된 주장이라고 일축하기도 어려웠다.

그 위험이 실제로 얼마나 되었을까? 단정적으로 말하기는 힘들다. 사담은 숨기는 게 많아, 내부자들도 그의 목적이 무엇인지 정확히 모르는 경우가 많았다. 특히 대량살상무기에 대해서는 더더욱 숨기는 게 많았다. 2003년 1월 27일에도 이라크 담당 유엔 수석 사찰관 한스 블릭스Hans Blix는 안전보장이사회에서 "이라크는 세계의 신뢰를 얻고 평화롭게 살아가기 위해 수행하도록 요구된 군축을 오늘날까지도 진지하게 받아들이지 않는 듯하다"라고 보고했다. 하지만 침공이 있은 뒤 한 위원회는 전 이라크 관리들을 인터뷰한 내용을 근거로, 증거가 단편적이고 정황적이지만 제재가 해제된 이후 핵 개발을 다시 시작하려던 사담의 계획과 일치한다는 결론을 내렸다. 핵분열성 물질을 확보하고 연구 프로그램을 고수하려던 사담의 의욕이 무척 컸고 쉽게 비밀로 감춰졌기 때문에, 부시 행정부는 사담이 결국에는 핵 개발을 시도할 거라고 확신했던 것이다.[25]

4장에서 살펴본 전쟁의 이유, 즉 불확실성이 중요해지는 이유가 여기에 있다. 앞에서 언급했듯이, 사담에게는 속이고 모호성을 유지하려는 동기가 있었다. 따라서 사찰을 통해 모든 의혹을 해소하기가 쉽지 않았기 때문에 소음의 가능성과 허세에 대한 우려도 존재했다. 국제원자력기구에서 파견한 관리들로 이라크 전역을 뒤덮는 게 전혀 불가능하지는 않았다. 비용 면에서 전쟁보다는 이익이었다. 그러나 그 방법이 선택되지 못한 데는 이유가 있었다. 그것은 사담이 과거 10년 동안 중대한 전환점마다 사찰을 엄격히 제한하고 방해했던 이유와 같았다. 사담은 미국이 온갖 정보를 활용해서 반란을 조장하거나 쿠데타를 지원하고, 더 효과적이고 효율적인 침략을 계획할 거라고 확신했다. 어떻게 해야 미국이 그렇게 하지 못하도록 할 수 있을까? 이것이 사담의 숙제였고, 답은 불확실성과 이행 문제를 뒤섞는 것이었다.

부시 행정부의 관점에서는 지극히 작은 위험도 감당하기 힘들 정도로 커 보였다. 부시 대통령은 2003년 CNN과의 인터뷰에서 "사담 후세인은 평화를 위해 스스로 무기를 내려놓지 않으면 우리가 동맹들의 도움을 받아 그를 강제로 무장해제시킬 것임을 알아야 할 것이다"라고 말했다.[26]

현실은 그렇게 단순하지 않다

나는 앞에서 단순화된 이야기의 위험성을 경고했다. 이라크 사례가 이 경고에 딱 맞아떨어진다. 전쟁의 원인을 부시나 사담 같은 악당들이나 그들의 탐욕 또는 과신이라는 실수 탓으로 돌리면 편하다. 그러나 지나치게 전략적인 관점, 즉 전쟁이 비극적이더라도 합리적인 전략이라고 말하는 관점에도 저항해야 한다.

이라크는 하나의 예에 불과하다. 이행 문제에는 여러 요건이 복합되었지만, 결정적인 조각(사담이 핵무기 개발을 추진했고, 사찰도 그를 멈출 수 없을 거라는 믿음)은 과장된 게 분명했다. 정보에 결함이 있었고, 왜곡된 정보도 있었다(불확실성). 미국 최고위급 관리들에게는 전쟁을 선택할 만한 다른 동기와 편향성도 있었다(무형의 동기). 게다가 부시 행정부가 정권 교체라는 난제를 지나치게 낙관한 것도 문제였다(잘못된 인식). 따라서 이행 문제가 전쟁의 모든 원인이었다고 말하기는 힘들다. 그 밖에도 몇몇 원인으로 협상 범위가 줄어들었고, 결국 사라졌다.[27]

제1차 세계대전도 다르지 않았다. 제1차 세계대전이 예방 논리를 따랐다는 주장이 제기될 때마다 역사가는 당시 상황을 해결할 더 나은 방법이 있었다고 지적한다. 예컨대 누군가 러시아의 거침없는 발전이 극도로 과장되어 독일 장성들의 마음을 짓눌렀던 거라고 주장하면, 그래도 협상의 여지가 있었고 비스마르크였다면 7월 위기를 타개할 방법을 찾아냈을 거라고 반론을 제기하는 학자가 있기 마련이다. 이쯤에서 바버라 터크먼과 마거릿 맥밀런의 주장을 보자. 유능한 외교관은 평화를 찾아내지만 모자란 외교관은 그러지 못한다. 어느 쪽이 옳을까?[28]

둘 모두 옳다. 전투기 조종사가 전투기를 조종하는 상황을 생각해 보자. 터크먼 같은 역사가들은 조종사의 능력에 초점을 맞춘다. 역사가들은 1914년 유럽 정치인들이 유능하지 못했다는 걸 우리에게 입증해 보였다. 유럽 정치인들은 전투기를 비좁은 골짜기로 몰고 들어갔다. 그러나 '애초에 그렇게 비좁은 협곡으로 비행해 들어간 이유가 무엇일까?'라는 의문을 품어야 마땅하다. 그 지도자들이 드넓은 하늘에서 비행했더라면 멋지게 순항했을 것이다. 실수로 평화가 구축될 수도 있고 평화가 깨질 수도 있다는 건 사실이지만, 앞에서 언급한 다섯 가지를 이유로 협상 범위가 위험할 정도로 좁아진 경우에만 해당되는 사실이다. 이행 문제를 비롯해 다른 네 가지가 전투기를 드넓은 하늘에서 위험천만한 협곡으로 몰아넣었다. 유능한 데다 운까지 좋은 조종사만이 그럭저럭 항해할 수 있는 협곡이다. 결국 전쟁이 한 가지 이유로 발발하는 경우는 거의 없다.

6

잘못된 인식

평생 평화주의자였던 알베르트 아인슈타인Albert Einstein(1879~1955)은 갈등을 지독히 혐오한 까닭에 체스마저 기피했다. 제2차 세계 대전이 발발했을 때 아인슈타인은 독일 사회에서 모든 조직에 군국주의적 열정이 거세게 확산되는 걸 공포에 질려 지켜보았다. 그가 속한 학계도 예외가 아니었다. 그를 베를린으로 초빙한 과학자들도 군사적 직책과 연구 프로젝트를 떠맡았을 뿐만 아니라, 국가주의적이고 전쟁을 미화하는 선언문을 발표했다. 아인슈타인의 절친한 친구였던 화학부 책임자는 참호 위로 퍼져 적군의 폐를 태워버릴 독가스를 개발하기 시작했다.

산발 머리에 장난기 많은 과학자 아인슈타인은 처음에는 전쟁에 대한 반대 의견을 속으로만 품고 있었다. 하지만 사망자가 점점 늘어나자, 아인슈타인은 더 이상 침묵할 수 없었다. 반전 집회에 참석하고 폭력을 규탄하는 글을 발표하기 시작했다. 그는 전쟁 시기와 그 후의 수십 년을 새로운 유형의 문제에 전념하며 보냈다. 공간과 시간, 우주의 본질, 원자와 빛에 대한 우리 생각을 완전히 바꿔놓은 천재가 가장 까다로운 문제 중 하나(폭력을 이해하고 멈추게 하는 방법)로 눈을 돌린 것이다.

아인슈타인이 생각하기에는 무책임한 지도자들이 전쟁을 시작하는 게 분명했다. 그는 어떤 국가에서나 권력을 향한 갈망이 지배 계급의 특징이라고 생각했다. 그런데 왜 사회가 열정적으로 그들을 추종하는 것일까? 아인슈타인은 "소수 패거리가 다수의 뜻을 어떻게 좌지우지할 수 있고, 다수가 지배 계급의 뜻에 따라 전쟁의 고통을 견디는 이유가 무엇일까?" 하는 의문을 품었다. 그 답을 얻기 위해 당시 세계 최고의 정신과학자에게 물어보기로 마음먹고, 1932년 어느 여름날 베를린에서 책상에 앉아 이렇게 써내려갔다. "프로이트 씨, 궁금한 게 있습니다. 인류를 전쟁의 위협으로부터 구해낼 방법이 있을까요?"

1932년경, 그 노령의 심리학자는 그보다는 젊은 물리학자 아인슈타인만큼이나 유명하고 상징적인 인물이었다. 그러나 외모에 별로 신경을 쓰지 않는 친절한 아인슈타인과 달리, 지크문트 프로이트는 음울하고 엄격한 편이었다. 검은색 양복을 깔끔하게 차려입은 호리호리한 프로이트는 사진을 찍을 때마다 얼굴을 찌푸렸고, 검은 테의 둥근 안경 너머로는 무엇이든 꿰뚫을 듯한 눈빛이 반짝거렸다. 짧게 다듬은 흰 수염과 벗겨진 이마를 살짝 덮은 몇 가닥의 머리카락도 그의 특징이었다.[1]

전쟁은 아인슈타인만이 아니라 프로이트에게도 큰 충격을 주었다. 제1차 세계대전이 발발했을 때 프로이트는 58세였다. 직접 참전하기에는 나이가 너무 많았다. 그러나 아들들은 입대했고, 병원에서 함께 일하던 젊은 동료 의사들과 환자들도 전선에 파견되었다. 프로이트만이 홀로 남겨졌고, 그 흔치 않은 시간을 이용해 인간의 야만성을 깊이 사색할 수 있었다.

프로이트의 정신분석은 인간의 행동에 중대한 영향을 미치는 무의식적인 생각과 감정과 충동에 초점이 맞춰졌다. 전쟁 전에는 성적인erotic 면을 집중적으로 파고들었다. 그러나 오이디푸스 콤플렉스와 '영아기의 성infant sexuality' 같은 개념으로는 정치인과 장교와 귀족을 전쟁으로 몰아가는 힘이나, 농민과 교사와 가정주부가 그들을 지지하는 열정을 설명할 수 없었다. 프로이트는 다른 내적인 욕구가 작동하는 게 분명하다고 판단했다.

아인슈타인이 프로이트에게 편지를 보낸 1932년에 프로이트는 '성적 충동erotic impulse'과 한 쌍을 이루는 '공격과 파괴의 본능'이라는 개념을 정립하기 시작했다. 그는 아인슈타인에게 보낸 답장에서, 이런 충동의 결과로 "전쟁은 생물학적으로 건강한 것이고, 현실적으로 피할 수 없는 자연스러운 현상인 듯하다"라고 말했다. 아인슈타인 역시 다시 보낸 답장에서, "인간의 내면에는 증오와 파괴를 향한 욕망이 있는 게 분명한 듯합니다"라고 썼다.

두 사상가가 심리학에서 답을 찾은 것은 올바른 방향이었지만, 당시 심리학은 갓 태동한 과학이었다. 성적 충동과 파괴 본능에 대해 프로이트가 제시한 의견 중 극소수만이 지금까지 인정될 뿐, 대부분은 면밀한 검토를 견뎌내지 못하고 잊혔다. 물론 잉글랜드 훌리건, 인도의 종교적 폭도, 르완다의 집단학살자 등 민중은 때때로 주변의 부추김에 따라 증오에 휩싸이거나 격동적인 광란에 빠져들 수 있다. 3장에서 우리는 능수능란한 선동가들이 방송과 정보를 통제하는 경우 적에 대한 반감을 어떻게 자극하는지 보았다. 그럼에도 불구하고, 내 생각에 인간이 태생적으로 폭력성을 띠는 것 같지는 않다. 오히려 집단은 관계가 양극화된 경우 (경쟁자 전부가 아닌) 특정한 경쟁자에게 특정한 상황에서 격렬한 증오심을 드러낸다. 그 배경에 이미 오랜 갈등의 역사가 있는 경우가 많다. 뒤에서 보겠지만, 잘못된 인식으로 인해 이런 적대감이 폭력의 악순환으로 발전되기도 한다.

하지만 우리가 잘못된 인식을 하게 되는 이유를 이해하려면, 인간이 의사결정에서 보여주는 보편적인 특징, 즉 자동적이고 신속하게 이루어지는 생각이 열정과 양극화라는 주된 요인이 없는 경우에도 전략적 결정을 어떻게 왜곡하는지를 먼저 알아야 한다. 프로이트가 세세한 부분에서는 틀렸지만, 우리 인간에게는 생각과 감정과 충동으로 이루어진 깊은 내적 세계가 있고, 그 세계에 대해서는 어렴풋이 알려졌다는 프로이트의 통찰은 여전히 옳다. 이런 반半의식적인 반응의 영향을 받아, 때때로 우리는 성급하게 판단하거나 실수를 범한다.

오늘날 이런 현상은 '빠른 사고 fast thinking'라고 불리며, 심리학자 대니얼 카너먼과 관련된 개념으로 유명하다. 카너먼을 비롯해 많은 심리학자가 입증해주었듯이, 인간의 뇌는 신속하고 효율적으로 결정을 내리도록, 즉 어떤 선택에 편향성을 갖는 방식으로 설계되었다. 그렇지만 모든 사고 과정이 빠르게 이루어지는 것은 아니다. 많은 경우 신중하게 계산하며 천천히 결정을 내린다. 예컨대 전쟁처럼 무척 부담스럽고 위험한 결정을 내릴 때는 더더욱 그렇다. 그러나 우리가 기계적으로 빠르게 생각하는 성향을 띤다는 것은, 그런 중대한 선택도 신속하고 쉽게 머릿속에 떠오르는 것의 영향을 받는다는 뜻이다. 우리 뇌가 어떤 문제를 합리적으로 느릿하게 추론하고 있다고 생각하는 경우에도 우리 마음은 지름길을 택하고 감정의 영향을 받는다. 대부분의 경우 이런 빠른 생각은 우리가 복잡한 세상을 살아가며 수많은 작은 결정을 내리는 데 도움을 준다는 점에서 요긴하다. 하지만 위기에 봉착하거나 경쟁이 치열한 상황에서 자동적이고 빠른 생각이 앞서면, 집단이 상황을 위험할 정도로 잘못 해석하는 방향으로 끌고 갈 수 있다.[2]

'빠른 사고'에 따른 잘못된 인식은 3장에서 다룬 갈등의 심리적 근원과는 다른 것이다. 복수와 지위와 자기 집단 중심 주의 등에서 얻는 무형의 감정적 보상에는 반드시 빠르게 진행되거나 좋아하는 편향성에 대해 잘못 해석될 게 전혀 없었다. 우리는 우리가 좋아하는 걸 좋아한다. 사람들이 의사결정을 늦춘다고, 관련된 것의 가치를 그만큼 낮게 평가한다거나 생각을 바꾸는 것이라고 단정지을 수 없다. '후회regret'는 3장에서 살펴본 논리와 지금 여기서 다루는 논리를 구분하는 한 방법이다. 무형의 동기는 안정적이고 일관된 감정적 보상이며, 일반적으로 사람들은 자신의 결정을 뒤늦게 비판하지 않는다. 반면 잘못된 인식은 성급한 행동으로 이어지고 회한의 원인이 되는 경우가 비일비재하다.[3] 협상에 유해한 실수들을 구체적으로 분석하기 전에 몇몇 기본적인 편향성에 대해 먼저 살펴보자.

빠른 사고를 이루는 요소들

빠른 사고의 가장 기본적인 성향들로 시작해보자.[4] 첫째는 우리가 자기중심적egocentric이라는 것이다. 우리는 자신과 자신이 속한 집단에 집착한다. 앞에서 우리는 자기중심주의와 집단주의가 어떻게 우리 안에 깊이 뿌리 내린 성향이 되었고, 그 결과로 우리의 지극히 이성적인 결정에도 어떻게 영향을 미치는지에 대해 살펴보았다. 그게 전부라면 잘못된 인식은 없을 것이다. 그러나 심리학자들이 입증해 보였듯이, 자기 집착self-obsession도 우리를 실수하게 만든다. 예컨대 우리는 세상을 자신의 관점에서 보며, 다른 사람들은 세상을 똑같은 방식으로 보지 않는다는 걸 망각하는 경향이 있다. 논란의 여지가 있지만, 이런 경향은 '가용성 편향availability bias'이라 불리는 현상의 한 사례일 뿐이다. 우리는 기억에 생생하게 잘 떠오르는 가용성을 기준으로 확률과 원인을 평가한다. 그런데 '나'보다 각자의 마음속에 더 생생한 게 있겠는가?

우리 인간은 이미 존재하고 확립된 믿음을 확인하는 경향이 있다. 이런 현상은 '확증 편향confirmation bias'으로 알려졌다. 예컨대 우리는 처음에 제시된 가정을 진실로 받아들이는 경향이 있다. 일련의 믿음이 생기면 우리는 그 믿음들을 확증하는 증거를 찾아가며 평가하곤 한다. 그렇게 출발점을 결정한 뒤에는 선택적으로 정보를 검색하고, 믿음에 부합되지 않는 증거는 간과하거나 거들떠보지 않는다.

우리는 동기부여가 필요한 동물이기도 하다. 우리 인간은 잠재의식적으로 좋은 느낌을 구하고 불쾌한 기분을 피한다. 그 결과로 우리는 우리를 기분 좋게 해주고 현재의 견해에 일치하는 증거를 믿고 기억하는 경향이 있다. 이렇게 '동기화된 추론motivated reasoning'에 확증편향과 자기중심주의가 결합될 때 우리는 자신에게 유리한 결론을 선호하게 된다. 한편, 우리가 혐오하는 집단에 대해 갖는 고정관념이나 잘못된 인식은 느리게 변하는 경향이 있다.

우리가 좋은 느낌을 구하고 나쁜 느낌을 피하려고 하는 동기만이 아니라 우리의 전반적인 감정 상태, 즉 정서affect도 우리 결정에 영향을 미친다. 심리학에서 정서는 '급격히 일어나는 감정보다 더 오래가는 것'을 뜻한다. 따라서 '기분mood'에 더 가까운 것이다. 정서는 우리가 상황을 평가하는 방법에 복잡하게 영향을 미친다. 결국 우리가 알아야 할 것은, 순전히 이성적으로 추론된 결정은 없다는 점이다. 우리가 가장 냉정하게 계산해서 내린 결정, 즉 우리가 합리적으로만 판단해서 내렸다고 생각하는 결정에도 감정이 끼어든다.

대략적으로 말하면 자기중심주의, 가용성과 확증, 동기부여와 정서가 빠른 사고와 관련된 시스템을 구성하는 기본적인 특징이라고 생각할 수 있다. 이 기본적인 요소들이 결합되어 복잡하고 유해한 복합체가 되고, 그 하나하나가 전략적 상황을 잘못 인식하고 해석하도록 만들 수 있다. 여기서는 집단 간의 갈등을 이해하는 데 가장 관련이 있다고 여겨지는 세 가지 잘못된 인식을 집중적으로 다룬다. 첫째는 집단이 성공 가능성을 지나치게 과신할 수 있다는 것이고, 둘째는 집단이 자신의 믿음과 정보를 경쟁자에게 투영하는 실수를 범할 수 있다는 것이며, 마지막으로는 집단이 동기를 잘못 인식해서 최악의 의도를 경쟁자의 탓으로 돌릴 수 있다는 것이다.[5]

세 가지 잘못된 인식에는 공통점이 있다. 집단과 그 지도자들이 전략적으로 행동하는 방향에 나쁜 영향을 주어, 다른 경우였다면 평화를 선택하도록 경쟁 집단들을 유도하는 파이 분할을 방해한다는 것이다. 전략적 상호작용이 가능하려면, 관련 집단들이 각자 기본적인 신념 체계를 형성함으로써 자신의 상대적 성공 가능성을 판단하고, 경쟁 집단이 어떻게 반응할 것인지 예측하며, 적의 동기와 전략적 계산법을 파악할 수 있어야 한다. 집단과 그 지도자들이 이에 대해 잘못 인식하고 해석하면 적절한 협상안을 찾아내기가 더 힘들어진다.

하지만 이런 잘못된 인식들을 해결하려면 이 책에서 입이 닳도록 반복하는 '만트라'를 잊지 말아야 한다. 대부분의 경우 전쟁은 일어나지 않고, 그런 실수가 모든 경우에 대단히 크거나 구석구석까지 영향을 미치지는 않는다는 것이다. 군사 전략가는 전쟁 계획을 숙고할 때 온갖 시나리오와 움직임을 머릿속에 그린다. 정보 책임자는 성공 확률을 높이려고 정찰병과 첩보원을 파견한다. 의회와 관료는 여러 의견을 두고 논쟁을 벌이고, 자금을 어디에서 어떻게 조달할지에 대해서도 논의한다. 갱단도 전쟁 같은 중대한 결정을 내릴 때는 천천히 심사숙고한다. 다시 말하면, 값비싼 대가를 요구하는 실수를 범하지 않으려고 노력한다. 따라서 우리도 조직과 '느린 사고 slow thinking'가 자동적인 자아에 의해 장악되지 않도록 경계해야 할 것이다.

자신에 대한 잘못된 인식: 과신

인간은 자신의 능력을 과대평가하는 데 그치지 않고, 주변에서 일어나는 사건에 대한 불확실성을 과소평가하는 경향이 있다. 요컨대 우리가 필요 이상으로 정확성을 추구할 만큼 꼼꼼하다고 생각한다.

과대평가와 과소평가는 둘 다 과신overconfidence의 결과물이다. 우리가 이런 경향을 띠는 부분적인 이유는 우리가 자기중심적이고, 자신과 자신의 판단이 좋은 평가를 받을 때 동기를 얻기 때문이다. 또 확증 편향에 쉽게 빠지는 대신 낙관적인 추측을 재평가하는 데는 인색하기 때문이기도 하다. 하지만 한 심리학 교과서에서 말하듯이, 과신에 따른 판단의 문제만큼 광범위하게 만연되고 잠재적 파괴력을 지닌 것은 없다. 갈등과 관련해서, 대니얼 카너먼은 과신보다 더 중대한 편향은 없는 듯하다고 말했다.[6]

이를 증명하는 사소한 사례에 대한 연구는 많다. 예컨대 대부분이 자신을 평균보다 나은 운전자로, 대다수보다 더 재밌는 사람이라고 생각한다. 마라토너는 실제보다 더 빨리 경주를 끝낼 거라고 일관되게 예측한다. 경영대학원 학생과 기업가, 심지어 노련한 경영자도 성공 가능성을 항상 더 높게 예측한다. 100만 명의 고등학생을 대상으로 한 조사에서도 거의 모든 학생이 평균적인 수준보다 다른 학생들과 더 잘 어울린다고 생각하는 것으로 나타났다. 놀랍게도 4분의 1 정도는 자신이 상위 1퍼센트에 속할 거라고 대답했다.

하지만 우리가 알고 싶은 것은, 위험도가 높을 때에도 그렇게 자신만만할 수 있느냐는 것이다. 또 우리가 상호작용을 되풀이하며 무언가를 배울 기회가 있을 때, 혹은 우리가 판단을 내리는 개인이나 집단이 가깝고 친밀한 관계에 있을 때에도 넘치는 자신감을 보여줄 수 있느냐는 것이다. 그 답을 찾아내기 위해 뜻밖의 것, 즉 상품이 걸린 게임 프로그램에서 시작해보자.

〈신혼부부 게임Newlywed Game〉은 미국에서 거의 50년간 간헐적으로 방영된 텔레비전 게임 프로그램이다. 신혼부부들이 출연해서 가전

제품과 가구를 두고 경쟁을 벌인다. 부인들이 무대를 떠나면서 게임이 시작된다. 잘생기고 검게 그을린 사회자가 남편들을 바라보면서, 세 가지 질문에 아내가 어떻게 대답할 거라고 생각하는지 묻는다. 그러고는 부인들이 다시 무대에 돌아와 카메라 앞에서 똑같은 질문에 답했고, 남편들이 조금 전에 한 기발한 대답과 예측에 환호하거나 실망하는 반응을 보였다. 다음에는 역할이 바뀌어 남편들이 환호하거나 실망했다.

몇 년 전, 닉 에플리Nick Epley는 그 프로그램을 다시 재현해보기로 했다. 이번에는 텔레비전 스튜디오가 아니라 실험실이 무대였다. 곱슬머리에 훤칠한 키, 사람들과 어울리기를 좋아하는 성격의 에플리는 인간의 판단을 심층적으로 연구하는 심리학자다. 당연히 그가 실험에서도 프로그램 진행자 역할을 맡았지만, 행동과학자로서는 훨씬 더 훌륭한 인물이다.

몇몇 동료와 함께 에플리는 수십 쌍의 부부를 실험 대상자로 모집했다. 일부만 신혼이었고, 대부분은 평균 10년을 함께 생활한 부부였다. 게임에서 동반자는 "나는 런던이나 파리에서 1년을 살고 싶다", "나는 파티에 참석하는 것보다 집에서 조용히 저녁시간을 보내는 걸 더 좋아한다" 등의 진술에 배우자가 어떻게 반응했는지를 추측해야 했다. 연구자들은 여기에 흥미로운 반전까지 추가했다. 동반자가 예측할 때마다 그것을 어느 정도나 확신하는지 점수를 매기게 한 것이다.

에플리와 동료들은 세 가지 서글픈 사실을 알아냈다. 첫째, 동반자의 예측이 25퍼센트밖에 일치하지 않았다. 둘째, 동반자는 자신의 예측이 55퍼센트가량 맞을 거라고 '생각'했다. 현실에 대한 자신감의 비율이 2를 넘은 셈이었다. 셋째이자 어쩌면 가장 서글픈 사실은, 오랫

동안 함께한 부부일수록 그 과신의 비율이 더 컸다는 것이다.[7]

부부관계는 우리가 타인과 가질 수 있는 가장 친밀한 관계고, 대체로 오랫동안 지속된다. 따라서 상대가 좋아하는 것과 싫어하는 것을 서로 정확히 알고 있을 가능성이 컸다. 게다가 금전적인 동기까지 더해졌다. 그렇지만 부부는 상대를 정확히 몰랐을 뿐만 아니라, 함께 오래한 부부일수록 결과는 더 나빴다!

이런 현상은 기업계와 금융계에서도 확인된다. 위험도가 높을 때, 구성원들이 전문가일 때, 구성원들이 성과가 좋은 조직에서 함께 일할 때 과신이 반드시 사라지는 것은 아니다. 월스트리트를 예로 들어보자. 카너먼은 베스트셀러 작가가 되기 오래전에, 대단한 주식투자자가 그에게 자신의 회사를 방문해달라고 부탁했던 때를 회상했다. 1984년의 일이었다. 카너먼은 이렇게 말했다. "당시 나는 금융에 대해 아는 것이 거의 없어 그에게 무엇을 물었는지도 잘 모르겠다. 하지만 지금도 뚜렷이 기억하는 게 있다."

내가 물었다. "당신이 주식을 매도하면 누가 매수합니까?" 그는 애매하게 창문 쪽으로 손을 흔들며, 매수자도 그와 무척 유사한 사람일 거라고 대답했다. 이상했다. 대체로 매수자와 매도자가 서로 똑같은 정보를 알고 있을 텐데 무엇을 근거로 누구는 주식을 매수하고 누구는 매도하는 걸까? 매수자는 주가가 낮아 상승할 가능성이 있다고 생각하는 반면, 매도자는 주가가 높아 떨어질 가능성이 크다고 생각하는 것이다. 정말 궁금한 것은, 매수자와 매도자가 현재의 주가에 문제가 있다고 생각하는 이유가 무엇이냐는 것이다.

경제학자에게는 이상하게 들릴 수 있겠지만, 사람들은 지나치게 자주 거래한다. 뉴욕 증권거래소에 상장된 주식의 대부분이 해마다 주인이 바뀌고, 외환 투기가 매일 전 세계에서 거래되는 총액의 4분의 1에 달한다. 더욱더 놀라운 사실은, 이런 거래의 대부분이 손실을 본다는 것이다. 대다수 투자자가 매년 주식시장에서 실적을 내지 못하고 있다.[8]

이런 거래의 일부가 상당한 규모의 노이즈 트레이더noise trader(정확한 정보에 근거한 합리적인 분석과 판단이 아니라 근거 없는 소문과 주관적인 판단에 휩쓸려 주식을 거래하는 투자자—옮긴이), 특히 젊은이들에 의해 이루어진다. 그들은 지나치게 자신만만하게 주가를 반복해 예측해서 투자하고, 그 결과 절반 이상 손실을 보는 경우가 비일비재하다. 그러나 수십 년의 연구조사에서 확인되었듯이, 고액 연봉을 받는 최고의 뮤추얼펀드 매니저도 시장보다 나은 실적을 거두는 경우가 거의 없다. 이런 사실이 널리 알려지면서, 관리되지 않아 수수료가 낮은 인덱스펀드가 폭발적으로 인기를 끌었다. 실제로도 성공 실적이 더 낫다. 하지만 자신감 넘치는 유명한 펀드 매니저들과 그들의 회사가 막대한 액수의 현금을 투자하면서, 여전히 시장에서 큰 부분을 차지하고 있다.

월스트리트의 거물들이 그렇게 값비싼 실수를 반복적으로 범하는 이유는 무엇일까? 카너먼은 고위 투자관리자에게 회사의 데이터를 보여달라고 요구했다. 카너먼은 숫자들을 치밀하게 살펴본 끝에, 투자관리자들의 실적이 우연보다 나을 게 없다는 사실을 알아냈다. 그날 저녁, 그는 그 나쁜 소식을 조심스레 공개했다. "투자관리자들은 그 소식을 충격적으로 받아들여야 했지만 그러지 않았다." 그렇다고 그들이 카너먼을 불신하는 것 같지도 않았다. 그들은 그 불편한 진실을 그냥 무시해버렸다. 카너먼은 당시를 회상하면서 "우리는 모두 조용히 저녁식사를 계속했다. 우리가 찾아낸 사실과 거기에 담긴 의미는 회피되었고 신속하게 묻혔다"라고 말했다. 그들은 자신들의 믿음을 확증해 주는 정보를 더 선호했고, 각자의 동기에 따라 어떤 자료는 받아들이고 어떤 자료는 묵살했다. 그들의 과신은 좀처럼 사그라들지 않았다.

대기업 최고경영자들에게서도 똑같은 현상이 발견된다. 캘리포니아대학교 버클리에서 가르치는 독일 경제학자 울리케 말멘디어Ulrike Malmendier는 수년 전 기업 금융에서 풀리지 않는 의문, 즉 '왜 많은 기업이 다른 기업을 매수해 합병하는 걸까?'라는 의문에 대해 연구했다. 대다수는 그렇게 합병하면 기업이 더 효율적이고 더 강력하게 변할 거라고 생각하겠지만, 대부분의 인수합병은 전체 기업의 가치가 하락하는 쪽으로 끝난다. 그럼에도 불구하고 최고경영자들은 끊임없이 인수합병을 시도한다. 말멘디어는 지나친 과신을 원인으로 지목했다.

그녀는 이런 실수를 범하는 기업계 리더들의 유형을 알아낼 방법을 연구했다. 자신의 회사에 과도하게 투자한다는 것이 하나의 공통된 지표였다. 다른 연구자들은 설문조사와 언어 분석을 이용해 공통점을 찾아내려 했고, 그렇게 찾아낸 공통점 중 하나가 언제나 예외 없는 과도한 실적 발표였다. 말멘디어는 자신감 넘치는 최고경영자들이 합병을 시도할 가능성이 높고, (주주들을 설득하는 수고를 덜어주는) 차입을 통해 위험한 벤처사업에 투자할 가능성이 높다는 것도 알아냈다. 마찬가지로, 축구 클럽의 경영진은 자신의 선수 선발 능력을 과대평가하고, 체스 고수들은 자신의 기억을 과신하며, 기업 경영자들은 자신의 예측이 정확하다고 확신하고, 의사들은 첫 진단에 지나치게 집착하는 경향이 있다는 걸 보여주는 자료들도 넘쳐난다.[9]

기업계와 스포츠계는 그렇다고 치고, 정치 지도자가 전쟁이냐 평화냐를 결정해야 할 때는 어떨까? 다시 파이 분할로 돌아가자. 예컨대 미국이 해외에서 반군 집단을 상대한다고 가정해보자. 미국 정부가 승리할 가능성을 과대평가한다면, 반군에게 정부에서 어떤 요직도 얻을 수 없을 것이고 반군의 법체계가 더는 용납되지 않을 거라며 불합리한 요구를 할 것이다. 반대로 반군도 자신들의 힘을 지나치게 과신한다면, 미군의 완전한 철수 또는 민주주의 거부 등 과도한 요구를 할 것이다. 반군은 파이 분할을 아래 그림의 왼쪽, 미국은 오른쪽처럼 보는 것과 같다.

이때 '과신'이라는 양측 모두의 실수가 두 집단을 반드시 파국적인 전쟁으로 내모는 것은 아니다. 여하튼 양측은 현실이 불확실하다는 걸 인정해야 한다. 상대의 요구가 예상 범위를 크게 벗어나면, 이론적으로는 자신의 믿음을 재고하고 더 많은 정보를 구하기 위해 노력해야 한다. 달리 말하면, 단순히 "과신이 전쟁으로 이어진다"라고 주장할 것은 아니라는 이야기다. 하지만 '과신은 터무니없이 까다로운 제안을 낳고, 그로 인해 거부와 분쟁을 초래할 위험이 있다'라는 기본적인 통

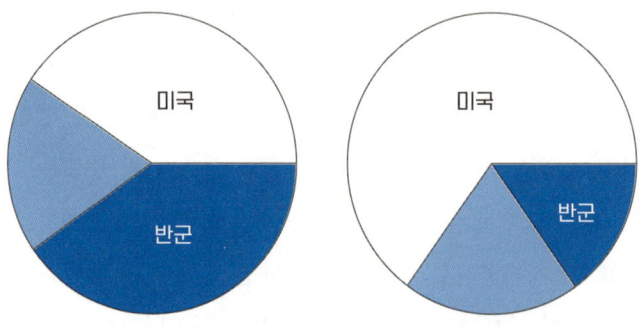

찰은 변하지 않는다.¹⁰

과신은 분쟁이 지루할 정도로 오랫동안 지속되는 이유를 설명하는 데도 도움이 될 수 있다. 예컨대 우리는 첫 전투가 있은 뒤에야 진짜 실력이 분명히 드러날 거라고 생각할 것이다. 그러나 우리는 소음으로 가득한 세계에서 살고 있다. 반란을 진압하기 위한 군사작전이 제대로 진행되지 않으면, 그 이유가 미국이 성공 가능성을 과대평가했기 때문일까, 아니면 패배는 어떤 경우에든 존재하는 가능성이기 때문일까? 여하튼 승리 가능성은 가능성에 불과하다. 우리 인간은 동기로 살아가는 피조물이라, 우리에게 우호적인 정보를 받아들여 처리한다. 우리는 기존의 믿음을 확증해주는 증거를 찾아다니는 편향성이 있다. 다시 말하면, 우리는 싸움을 끝낸 뒤에도 기존의 믿음을 고집하며 선뜻 수정하기를 한동안 망설일 수 있다는 뜻이다. 이런 현상은 오스트레일리아의 역사학자 제프리 블레이니의 유명한 명언, "전쟁 당사국들이 상대적인 힘에 대한 평가가 서로 일치하지 않을 때 대체로 전쟁이 시작된다"에 새로운 의미를 부여한다.

이 말에 담긴 전략적 통찰은 우리에게 깨달음을 주는 동시에 두려움을 안긴다. 반군 집단이 협상력을 높이고 싶어 한다고 해보자. 그런 경우에는 자신감 넘치는 리더를 의도적으로 선택할 수 있다. 그렇다고 총사령관이 지나치게 낙관적이기를 원하지는 않는다. 자칫하면 협상 범위가 완전히 사라질 수 있기 때문이다. 그들은 협상 범위에서 불리한 부분을 덜어내고, 상대에게 공격적인 제안을 받아들이도록 압박해 최소한의 몫만 넘겨주기를 원할 뿐이다. 미국 같은 민주국가에서는 유권자들이 똑같이 전략적인 계산을 할 수 있다. 이른바 '매파' 정치인, 즉 군사적 해결책을 적극적으로 지지하는 정치인이 이런 식으로 정의될 수 있다. 똑같은 논리가 합리적인 사람들이 전쟁과 이해관계가 있고 전쟁 편향적인 리더를 선출하는 이유, 심지어 약간 정상이 아닌 지도자를 선택하는 이유를 설명하는 데도 사용된다. 하지만 자신감 넘치는 지도자가 선출되면 협상 범위가 줄어들고 평화를 유지하기가 더 힘들어진다는 게 문제다.[11]

실제 세계 지도자들의 과신 여부를 검증하기는 쉽지 않다. 다만 기업계에서 좋은 증거를 많이 찾을 수 있다. 실제 기업도 많고, 성공 여부를 평가할 수 있는 잣대(이익)도 분명하며, 공개된 자료가 충분하기 때문이다. 반면 정치계는 그 정도까지는 아니다(안타깝게도 세계 지도자들을 설득해 〈신혼부부 게임〉 같은 것을 해보려고 시도한 학자가 아직은 없다). 하지만 과신이 전쟁과 평화의 선택에 영향을 미친다는 몇몇 징후가 있기는 하다.

정치 전문가들에게서도 약간의 증거가 발견된다. 그 결과에 누구도 놀라지 않겠지만, 몇몇 연구에서 드러났듯이 권위자들은 사건에 대한 자신의 예측을 지나치게 확신하는 경향이 있다. 그러나 과신을 염려하는 많은 자료가 평범한 사람들에게서, 특히 그들의 정치적 견해와 선택에서도 드러난다. 예컨대 신뢰도 조사에서 높은 점수를 받은 미국인들이 정치적 견해에서 상대적으로 극단적이고, 지지하는 정당과 자신을 동일시하며 그 정당에 무작정 투표할 가능성이 더 높다. 다시 말하면, 적잖은 사람이 자신의 정치적 신념을 굳게 믿으며 불확실성을 인정하지 않고 다양한 의견을 경청하지 않을 가능성이 높다는 이야기다. 한편, 어떤 연구팀은 갈등이라는 주제에 직접적으로 접근해, 대학생과 교직원을 실험 대상자로 모집해 모의전쟁을 실행하게 했다. 이 실험에서, 다수의 참가자가 자신의 성공 가능성을 지나치게

믿고, 그런 사람이 공격을 먼저 시도하는 경우가 많았다.[12]

다른 연구에서도 많은 사람이 자신을 편향적이지 않다고, 즉 자신의 판단에 과신이 끼어들 여지가 없다고 생각한다는 사실이 밝혀졌다. 하지만 피실험자들은 '다른' 사람들이 자신의 능력을 과대평가한다는 걸 알고 있지만, 자기들도 그런 실수를 범한다고는 생각하지 않는다. 또 다른 사람들의 의견에는 각자의 정치적 이데올로기나 정체성이 덧칠되어 있지만, 자기들은 세상을 더 객관적으로 관찰한다고 생각한다. 심지어 그들의 편향성을 증명하는 자료를 맞닥뜨렸을 때에도 자기들은 어떤 것에도 영향을 받지 않았다고 생각하는 경향이 있다. (따라서 자신의 객관성을 확신하는 정도가 강할수록 더 큰 편향성을 띤다는 걸 보여주는 연구 결과가 적지 않다는 게 조금도 놀랍지 않다.) 심리학자들은 이런 현상을 '소박한 현실주의naive realism'라고 부른다. 하지만 우리는 편향되지 않았다는 걸 과신하는 정도에 그치는 게 아니라, 우리 견해가 옳을 뿐만 아니라 도덕적으로도 청렴하다고 확신한다. 코미디언 조지 칼린George Carlin(1937~2008)이 고속도로 운전에 관해 이렇게 농담했다. "여러분보다 느리게 운전하는 사람은 모두 멍청이고, 여러분보다 빠르게 운전하는 사람은 모두 미치광이가 되죠." 정치도 다르지 않아서, 나는 항상 옳고 나와 다르게 생각하는 사람은 편향되거나 틀린 게 된다.[13]

실제 정치 지도자의 행태를 분석하려면, 과신에 대한 증거를 주로 역사적 사례에서 찾아야 한다. 학자들이 지금까지 찾아낸, 고위 외교관과 정보 전문가가 위험을 제대로 평가하지 못한 사례는 상당히 많다. 유명한 예로 '피그스만 침공Bay of Pigs Invasion'으로 알려진 실패작이 있다. 1961년 미국 대통령 존 F. 케네디는 쿠바 침공을 명령했지만 실패로 끝났다. 당시 적잖은 보좌관이 성공을 확신했다. 특히 CIA 국장 앨런 덜레스Allen Dulles(1893~1969)는 피그스만 상륙 작전에 성공할 전망이 그 지역에서 과거에 성공한 어떤 작전보다 높다며, 대통령을 설득하는 데 앞장섰다. 미국이 이라크 침공을 준비하는 과정에서 미국 분석가들과 정치인들이 불확실성 속에서 대량살상무기 관련 출처를 터무니없이 과대평가하고, 전쟁에서 승리한 뒤 이라크를 지배하는 데 별문제가 없을 거라고 지나치게 낙관하며 호언장담했던 것도 다를 바가 없었다. 물론 사담 후세인도 미국이 결코 바그다드에는 발을 들여놓지 않을 거라고 확신했고, 장성들에게도 그렇게 장담했다.[14]

그러나 국제 문제에서도 과신이 정말 만연해 있을까? 실패한 사례에 초점을 맞추면, 물론 피그스만과 이라크 침공 같은 사례가 발견될 것이다. 하지만 어쩌면 국제관계에서 과신은 드문 현상일 수 있다. 기업의 최고경영자와 월스트리트 및 축구 코치의 사례가 상당한 도움이 될 것이다. 이와 관련된 연구들은 온갖 사례를 분석한 뒤에 선택 편향을 제거했지만, 여전히 과신이 흔한 현상인 걸 확인할 수 있다. 그러나 일부 기업과 리더에 국한된 현상이라는 사실도 확인되었다. 따라서 우리가 제기해야 할 의문은 '정치 지도자가 정말 지나치게 자신감이 넘치는가?'가 아니라, '그 자신감이 어떤 종류의 것이고 언제 자신감을 내비치는가?'다.

확실한 답 하나는 소음이 많고 불확실하며 변덕스러운 환경이다. 잦은 충격과 힘의 이동이 있고 전선이 많은 데다 새로운 테크놀로지와 새로운 적이 등장하지만 의사소통은 부족할 때, 지도자들이 상황을 정확히 평가하고 자신의 믿음을 갱신하기가 더 힘들다. 이런 불확실성이 존재할 때 잘못된 인식은 거의 필연적이다.

몇몇 개인적인 특징도 중요해 보인다. 그중 하나가 경험이다. 게임을 하는 대학생들을 대상으로 한 모의전쟁 실험에서 확인되었듯이, 반복된 상호작용과 연습이 중요하다. 경험이 많을수록 더 정확한 판단을 내렸다. (이런 결과는 지난 두 세기 동안 전쟁을 치른 국가의 지도자들, 즉 군사훈련은 받았지만 전장에서 실제로 시간을 보낸 적은 없는 지도자들에게서도 확인된다.)[15]

주식 거래에 대한 연구도 실질적인 도움이 될 수 있다. 젊은 남성이 주식 거래에서 근거 없는 소문에 흔들리고 손실을 보는 경우가 많은 듯하다. 따라서 젊은 남성처럼 행동하지 않도록 조심해야 한다. 실험실에서 발견한 증거에서도 확인되듯이, 남성이 여성보다 더 자신만만하게 평가하는 경향이 있다. 적어도 심리학 실험실의 연구에 참가한 서구 학생들은 그랬다. 또 앞에서 언급한 모의전쟁 실험에서도 남성이 공격을 시도하는 경우가 더 많았다. 하지만 문제는 젊고 경험이 부족한 사람만이 지나치게 자신만만하게 행동하는 것은 아니라는 것이다. 오랜 경력이 있고 같은 업무를 반복해 노련하고 머리가 희끗한 경영자와 주식중개인도 언제나 자신감이 넘친다. 따라서 다른 요인들이 작용하는 게 분명하다.

다른 하나는 책임지지 않는 권력이다. 최고경영자와 주식중개인에게는 많은 독립성이 허용된다. 정치 지도자의 경우도 마찬가지다. 상대적으로 자신감이 충만해서 그와 관련된 실수를 범하기 쉬운 사람과 성격이 있을 수 있다. 그런 사람이 견제받지 않을 때 집단이 그의 잘못에서 비롯되는 결과를 고스란히 떠안아야 한다. 내 생각에는 중앙집권적인 체제에서 이런 위험이 두드러진다.

사실 견제가 부족하거나 없다는 것은 집단이 제대로 기능하지 못한다는 뜻이다. 그러나 집단이 제대로 기능하지 못하면 다른 문제들도 발생한다. 독재정권에서도 결코 한 사람이 결정을 내리지는 않는다. 기업도 계급 구조를 띠며 이사진과 관리자들이 있듯이, 독재체제에서도 국가 안보에 대한 결정은 위원회와 군부 등 집단 차원에서 이루어진다. 따라서 이런 결정이 소규모 집단과 큰 관료조직에서 숙고될 때 어떤 일이 벌어지는지 생각해볼 필요가 있다. 또 개인의 특성보다 조직의 역학관계에 초점을 맞출 필요도 있다. 이렇게 접근하기 전에, 다른 두 가지 잘못된 인식에 대해 먼저 살펴보자.[16]

타인에 대한 잘못된 인식: 추정과 판단의 실패

2018년 10월, 햇살은 좋지만 싸늘하던 어느 날, 나는 웨스트 벨파스트를 정처없이 걸었다. 북아일랜드에서 전쟁이 이미 20년 전, 1998년에 끝난 까닭에 나는 다른 역사적 도시를 걸을 때와 크게 다르지 않을 거라고 생각했다. 예컨대 잿빛의 시내 거리들, 잊힌 항쟁터를 따라 활기차게 걷는 주민들, 나 같은 몇몇 관광객을 제외하고는 모두 눈길조차 주지 않는 기념물들을 예상하며 산책에 나섰다. 그러나 내 예상은 완전히 빗나갔다. 그곳보다 과거가 더 생생하게 존재하는 도시는 어디에도 없을 듯했다.

프로테스탄트 구역과 가톨릭 구역 사이에 '평화벽peace wall'이 세워졌고, 그 벽이 밝은색 그림과 추도 글로 뒤덮여 있다는 말을 일찍이 들은 적이 있다. 그러나 그 벽이 아찔할 정도로 높이, 여전히 서 있을 거라고는 예상하지 못했다. 돌멩이와 수제 폭탄이 넘나들지 못하도록 세워진 2층 높이의 장벽 위로 다시 2층 높이의 철망이 씌워진 곳도 간혹 눈에 띄었다. 오랫동안 공격은 없었지만, '성금요일 협정Good Friday Agreement(혹은 벨파스트 협정)'이 체결되고 20년이 지난 뒤에도 모두가 그런 장벽이 있는 걸 더 안전하게 느꼈다.

이스라엘 국기와 팔레스타인 국기가 나부끼는 곳도 있었다. 프로테스탄트 노동자들이 주로 거주하는 샨킬 구역의 곳곳에는 옅은 푸른색 '다윗의 별'이 펄럭였다. 그곳에서 평화벽을 따라 조금 걸어가면, 여전히 해가 떨어지고 밤이 되면 어김없이 닫히는 문을 지나 벨파스트 가톨릭교도의 중심지 폴스 로드에 다다르고, 그곳에 늘어선 주택과 상점 밖에는 팔레스타인 국기가 펄럭였다. 그곳 사람들이 서로를 음울한 숙적으로 여기고 노려보며 "그래, 그들과 비슷한 운명인 걸 축하하자!"라고 생각한다면 정말 끔찍할 것 같다고 생각했던 기억이 지금도 떠오른다.

제2차 세계대전 이후 서유럽에서 일어난 가장 치열했던 분쟁 중 하나인 '더 트러블스The Troubles(아일랜드어로는 Na Trioblóidí, 북아일랜드 분쟁)'가 정확히 언제 시작되었는지 말하기는 힘들다. 거의 1,000년 전에 잉글랜드가 아일랜드를 정복해 식민지화하면서 시작되었다는 주장도 있고, 제1차 세계대전 전후에 가톨릭계 아일랜드인들이 주로 프로테스탄트인 영국의 지배로부터 독립을 요구하며 시작되었다는 주장도 있다. 1916년 영국은 이런 '공화주의적' 움직임에 단호한 조치를 취했고, 그로 인해 아일랜드 거의 전역에서 일어난 봉기가 오랫동안 지속된 끝에, 1922년 아일랜드섬의 대부분을 차지하는 독립국가 아일랜드공화국이 수립되면서 끝났다. 프로테스탄트가 다수를 차지하는 약간의 카운티만이 영국과 연방 관계를 유지했다. 그 지역들이 하나

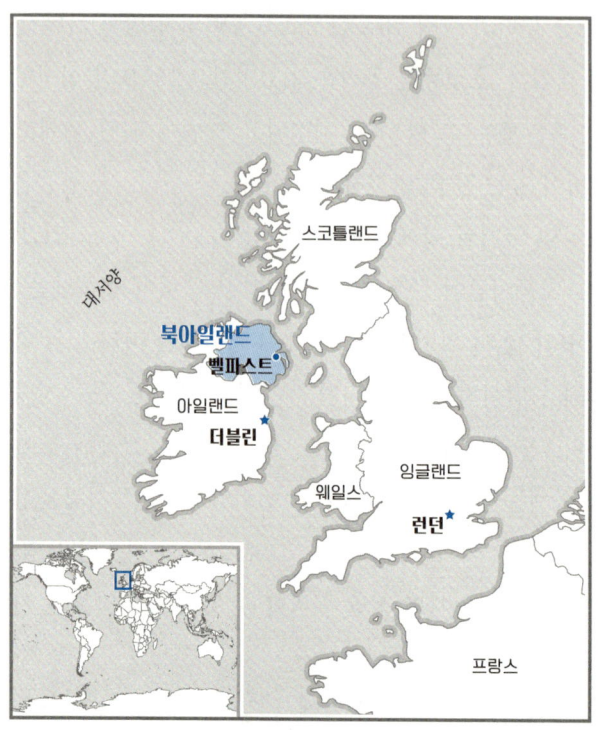

북아일랜드

로 뭉쳐 북아일랜드Nothern Ireland가 되었고, 수도는 벨파스트다.

하지만 북아일랜드 분쟁 관련 이야기를 1969년, 벨파스트의 가톨릭계 구역인 폴스에서 시작해보려 한다. 정확히 말하면 8월의 어느 날 오후, 평소에는 조용하던 봄베이 스트리트에서 시작한다. 작은 적벽돌을 쌓아 지은 연립주택들의 담을 따라, 분노한 프로테스탄트 군중이 행진하면서 가톨릭 노동자들의 집에 화염병을 던졌다.

브렌던 휴스Brendan Hughes는 지붕 위에 서서, 프로테스탄트 '왕당파'들이 광란하듯 행진하며 곳곳에 불을 지르는 걸 지켜보았다. 거무

튀튀한 피부색에 굵고 검은 머리칼, 콧수염을 기른 젊은이로 영국 상선 선원(폴스 지역의 가난한 가톨릭계 청년들이 흔히 택하던 직업)이었던 휴스는 잠시 휴가를 나온 참이었다. 지붕 위에는 그의 친구도 있었다. 그도 휴스와 같은 조직, 즉 제1차 세계대전까지 거슬러 올라가는 가톨릭 준군사조직이자 정치조직인 '아일랜드 공화국군Irish Republican Army, IRA'에 소속된 청년이었다.

IRA는 한동안 평화로운 공존을 모색하던 터라 1969년 8월경에는 무기고가 거의 빈 상태였다. 낡은 라이플총 두 정, 권총 두 정, 소형 경기관총 한 정이 전부였다. 1920년대의 은행 강도가 사용하고 남긴 유물처럼 보였다. 휴스는 훗날 IRA의 고위 지도자 중 하나가 되었지만, 그날 오후 봄베이 스트리트를 내려다볼 때의 그는 정식 IRA 단원이 아니었기 때문에 친구에게만 자동화기가 주어졌다. 훗날 휴스는 "나는 ○○에게 군중을 향해 총을 쏘라고 윽박질렀다"라고 회고했지만, 그 동료의 이름은 밝히지 않았다. 그러나 그날 IRA 병사들에게는 절대로 살상하지 말라는 엄격한 명령이 내려진 터였다. 휴스는 "그래서 그는 탄창이 빌 때까지 군중을 향해 총을 쏘았다. 군중들이 흩어지며 샨킬 구역으로 후퇴했다. 우리도 지붕에서 내려왔다"라고 설명했다. 그날 저녁, 100여 명의 남자가 격분해서 보복하겠다며 샨킬 구역으로 행진해갔고, 휴스도 그들 틈에 끼어 있었다. IRA가 그들을 멈춰세우고, 싸움은 큰 대가를 요구한다며 진정하라고 다독였다.[17]

휴스는 폴스 지역에서 자랐다. 프로테스탄트가 대다수를 차지하는 구역이었다. 따라서 왕당파의 원한에 찬 독설을 귀에 딱지가 앉도록 들었다. "매키식이라고 90대 노부인이 있었다. 내가 그 부인의 집 앞을 지나갈 때마다 나에게 침을 뱉었다. 일요일이면 '오늘 아침에도 교황의 오줌으로 축복을 받았냐, 이놈아?'라고 소리쳤다." 다른 이웃들도 그 구역에서 유일한 가톨릭교도였던 휴스의 집 앞에 흉측한 장식물을 놓아두며 그들만의 주일을 축하했다. 경찰에게도 끝없이 괴롭힘을 당했다. "그 구역에서 유일한 가톨릭 집안이었던 까닭에 우리는 끊임없이 특별한 주목을 받았다. 나는 수도 없이 체포되었다. 자전거에 조명이나 브레이크가 없다고, 길에서 카드놀이를 했다고, 거리에서 축구를 했다고… 여하튼 말도 안 되는 이유로 체포돼서 법정에 끌려가 5실링이나 10실링의 벌금형을 받았다."

그렇지만 봄베이 스트리트에서의 야만적인 총격 같은 폭력 행사는 거의 없었다. 그런데 1969년 내내 왕당파 군중과 준군사조직들은 가톨릭교도들을 향한 공격의 수위를 점점 높여갔다. 한 왕당파 지도자는 수십 년이 지난 뒤 당시를 회고하며 "최고의 방어 수단은 공격"이라고 생각했기 때문이라고, 그 이유를 밝혔다.[18]

오래전부터 북아일랜드에서는 프로테스탄트가 다수였다. 그러나 가톨릭교도가 자녀를 더 많이 낳으면서 수적으로 증가하고 있었다. 게다가 왕당파의 관점에서 보면, 가톨릭교도가 점점 도도해지며 동등한 대우를 요구했고, 심지어 보편적인 투표권까지 요구했다. 북아일랜드에서 오래전부터 전해지던 "프로테스탄트 국민을 위한 프로테스탄트 국가"라는 격언을 믿는 사람에게 그런 요구는 마뜩잖은 것이었다.[19] 적잖은 왕당파가 간혹 폭력적 형태를 띤 시민권운동이 전국을 휩쓰는 걸 보고, IRA의 은밀한 진짜 목적(영국으로부터 분리돼 가톨릭 아일랜드공화국과 하나가 되려는 음모)을 은폐하는 수단으로 해석했다. 따라서 많은 프로테스탄트가 가톨릭교도의 저항을 존재론적 위협으로 보았다.[20]

많은 지배 계급이 그렇듯이, 프로테스탄트들도 경쟁자의 관점에서 상황, 특히 불평등한 상황을 보지 못했다. 더구나 모든 가톨릭교도가 IRA를 지지하거나 아일랜드와의 통합을 원한 것도 아니었다. 하지만 왕당파는 차별을 고집했고, 도발적인 행진과 우월적인 구호를 그치지 않았으며, 간헐적으로 폭력적인 공격까지 감행했다. 따라서 애초에 공화주의자나 반항적이지 않았던 가톨릭교도들도 점차 변화를 요구하는 움직임에 동조하게 되었다. 사실 많은 제국과 식민주의자 및 다수 민족이 이런 덫에 빠진다.

1969년 들어 시위가 더욱 폭력적으로 변하자, 영국은 평화를 유지하기 위해 군대를 파견했다. 처음에 군인들은 가톨릭 시위자들과 프로테스탄트 시위자들을 따로 떼어놓는 데 주력했다. 하지만 오래지 않아 가톨릭교도들은 통행금지, 검문, 가택 수색, 대량 체포, 억류 등이 주로 자신들에게 가해진다는 걸 알게 되었다. 게다가 '아일랜드공화국군 임시파Provisional IRA, Provos'라는 더 급진적인 새로운 조직이 갈라져 나왔다. 이들은 IRA의 공식적인 평화적 접근 방식을 거부하면서 경찰과 군대를 공격하기 시작했다.

정부는 무력으로 신생 반란 세력을 잠재우려 했다. 하지만 무력 대응이 역효과를 낳았다. 한 임시파 단원이 빈정거렸듯이, 경찰과 군대는 임시파를 위한 최고의 신병 모집인이었다. "때때로 IRA는 실수를 깨닫고 바로잡기 위한 조치를 취했지만, 그때마다 영국군이 나서서 더 고약한 실수를 저질러 IRA의 노력이 수포로 돌아가게 만들었다. 우리는 영국이 당신 편이 아니라는 소문을 퍼뜨렸다. (…) 고비마다 영국군은 때로는 우리가 말한 대로 행동하고, 때로는 그 이상으로 무력을 행사해 우리 프로파간다에 힘을 실어주었다."[21]

협박과 억압은 어느 국가에서나 사용하는 기본 도구이며, 때로는 효과가 있다. 예컨대 제2차 세계대전 기간과 그 직후에는 통행금지, 체포와 억류가 공화주의자들의 폭력 행사를 효과적으로 진압했다. 그러나 억압을 연구하는 학자들이 발견한 한 가지는, 그런 전술이 성공만큼이나 실패할 가능성도 크다는 것이다.[22] 억압으로 국민이 양순해질지는 예측하기 어렵지만 종종 실패하는 것은 분명하다. 북아일랜드와 영국 정부가 역사를 약간만 뒤로, 예컨대 제1차 세계대전 근방으로 되돌려보았다면, 당시의 강력한 탄압으로 원조 IRA가 탄생했고 아일랜드 전역이 내란에 빠져들었다는 사실을 기억해냈을 것이다. 하지만 그로부터 50년이 지난 뒤에도 정부는 당시와 똑같은 억압 전술을 다시 시도했다. IRA 임시파의 초대 참모장은 자신의 회고록에서 "대부분의 혁명은 혁명가가 먼저 시작하는 게 아니라, 정부의 어리석고 야만적인 행동에서 시작된다는 말이 있다. 북아일랜드에서도 그랬다"라고 말했다.[23]

관련된 모두가 어리석고 야만적이었다. '더 트러블스'를 연구한 역사가 리처드 잉글리시Richard English에 따르면, 1969년 벽두에 비극의 순환이 시작되었다. 북아일랜드 분쟁은 조언을 잘못 받은 왕당파가 가톨릭계 거리를 행진하며 시작되었을 수 있다. 이때 왕당파 행진자들은 호의적인 프로테스탄트 경찰의 보호를 받았다. 그 뒤로는 분노한 공화주의자들이 시위를 규탄하며 경찰들에게 돌과 벽돌을 던졌다. 이에 대응해 군대는 통행금지령을 내렸고, 가톨릭교도들의 집을 수색했으며, 한 동네 술집에서 술을 압수했고, 무고한 사람들을 때리거나 체포했다. 그날 저녁, 10대의 어린 가톨릭교도들이 돌 대신 화염병을 던지기 시작했고, 군대가 총격으로 대응해 한 소년이 사망했다. 이튿날 임시파는 보복하겠다면서, 경찰서 출입구를 향해 몇 번이고 폭탄을 던졌다. 경찰은 폴스를 비롯해 몇몇 지역을 급습해 수십 명을 체포했고, 그중 일부가 실제 임시파로 밝혀졌지만, 감옥에서 설득되어 임시파에 가입한 재소자도 적지 않았다.

이런 악순환이 반복되면서, 브렌던 휴스 같은 젊은이들이 극단적인 잔혹 행위까지 저지르게 되었다. 1972년 7월 21일 오후, 휴스는 벨파스트 중심지에서 작전을 지휘하며 75분 동안 22대의 차량 폭탄을 터뜨려 시내 전체를 공포에 몰아넣었다. '피의 금요일Bloody Friday'로 기억되는 그날, 아홉 명이 사망하고 수십 명이 부상당했다. 잉글리시는 "그 전쟁은 일단 불이 붙자 자체적으로 연료를 공급하는 갈등이 되었다. 복수와 정치가 서로 살인 동기가 되어 극단으로 치달았다"라고 당시 상황을 기록했다.[24]

3장에서 우리는 정의 실현과 복수 운운하며 행해진 이런 일련의 치명적인 사건에 대해 살펴보았다. 부당한 행위에 맞닥뜨리면 공격자를 정의의 이름으로 처단하고 싶은 강렬한 욕망이 끓어오르고, 그 욕망은 충분히 예측 가능한 것으로 지속적으로 유지된다. 정의로운 행동에서 발산되는 빛은 비용과 위험을 부분적으로 감수하게 만든다.

하지만 게임 이론가처럼 생각하기 시작하는 순간, 그렇게 복수하려면 부당한 행위를 처음 저지른 사람, 즉 원인 제공자가 있어야 한다는 걸 알게 된다. 그러나 누가 먼저 부당한 짓을 저질렀을까? 당신이 적들에게 일자리를 허용하지 않고, 투표권도 박탈했으며, 그들의 본거지를 행진한 까닭에 그들은 분노하며 복수심을 불태운 것이었을 수 있다. 또 그렇게 당신이 먼저 자극했기 때문에 그들은 동조자들을 더 쉽게 모집해 당신을 공격하는 쾌감을 제공했고, 협상 범위가 그들에게 유리한 방향으로 줄어들었을 수도 있다. 결국 부당한 행위는 전략적으로 무의미할 수 있다.

부당한 행위로 극악한 폭력의 악순환이 시작되면, 그 행위는 더욱 무의미해진다. 이른바 작용과 반작용이라는 연쇄 반응을 면밀하게 뜯어보자. 당신의 모욕에 방화범이 생겨나고, 방화가 폭동으로, 폭동이 살상으로, 살상이 무차별적 폭탄 테러로 발전해, 양쪽이 그저 상대를 응징할 목적으로 싸운다는 걸 알게 되면, 당신은 앞으로 더 조심스럽게 처신하게 될 것이다. 그렇게 할 때, 복수가 반복되는 세계에서도 경쟁자들 간의 전쟁은 줄어들고 폭력의 순환도 드물어지겠지만, 그래도 폭력 자체가 완전히 종식되지는 않을 것이다.

그 이유 중 하나가 불확실성일 수 있다. 상대가 무엇을 공정하고 정의롭다고 생각하는지 말하기는 어렵다. 또 당신의 협박에 상대가 위축될지, 오히려 분개할지도 명확히 판단하기 힘들다. 합리적이지만 정보를 제대로 얻지 못한 지도자들이 더 이상의 폭력이 일어나지 않기를 바라면서 억압에 대해 위험한 도박을 시도할 때 폭력의 악순환이 시작되는 경우도 많다. 그러나 역사가 리처드 잉글리시는 상대의 관점을 이해하지 못하고 상대가 어떻게 반응할지 예측하지 못하며 상대의 동기를 제대로 판단하지 못하는 고질적인 실패를 또 다른 원인으로 꼽았다. 소설가 표도르 도스토옙스키는 언젠가 "악행자를 비난하는 것보다 쉬운 것은 없다. 반면 악행자를 이해하는 것보다 어려운 것은 없다"라고 말했다.[25]

예컨대 벨파스트에서 양측은 모두 자신들의 행동이 공정하고 적정하게 조정된 것인 반면, 상대의 행동은 악의적이라고 확신했다. 잉글리시는 나에게 "어떤 일이 있었는지는 이야기하는 사람마다 달랐다.

예컨대 당신이 폭탄을 설치해서 시작된 것이라고 말하면, 당신은 내가 당신 나라를 침략해서 시작된 것이고, 그래서 폭탄을 설치했다고 항의한다. 각자가 생각하는 악의 출발점이 다르다. 모두가 다른 사람의 폭력 행위에 적절히 대응한 것이라고 주장한다"라고 설명했다. 결국 모두가 복수와 폭력 순환의 가능성을 잘못 이해하고 있는 셈이다.

갈등의 역사에서 반복되는 유사한 이야기가 있다. 적의 관점에서 상황을 파악하지 않는 재주, 그래서 자신의 견해를 수정하기는커녕 혐오스러운 외집단에 대한 편향성을 강화하는 방향으로 자신의 견해를 확증하는 고집스러운 성향이 우리에게 있다는 것이다. 자기중심주의, 확증 편향, 동기화된 추론 등 우리에게 내재한 편향성이 복합되면서, 신중하게 반응하며 양측 모두 만족할 만한 타협책을 찾으려는 우리의 의욕을 위축시킨다.

적과 타협책을 찾으려는 모든 시도가 그렇듯이, 전략적 선택에도 상대가 무엇을 믿고 어떻게 행동할지 예측하는 능력이 필요하다. 안타깝게도 우리 인간은 다른 사람에게는 다른 신념이 있어 똑같은 사건을 다른 식으로 인식할 수 있다는 사실을 망각하는 경향이 있다. 우리는 우리 생각을 다른 사람의 마음에 무의식적으로 투영한다. 다른 사람도 우리와 똑같은 정보를 지녔을 거라고 추정한다. 상대에게는 여전히 중요한 과거의 사건과 공격을 과소평가한다. 또 상대는 역사를 우리와 다른 식으로 해석한다는 사실을 잊어버린다. 나는 이런 현상을 뭉뚱그려 '잘못된 인식misperception'이라고 칭하려 한다.

이 문제는 곳곳에 만연되어, 심리학자들이 새로운 변종을 끊임없이 찾아내고 있다. 그 변종들에는 다른 이름이 붙여지지만 본질은 유사하다. '지식의 저주curse of knowledge(당신이 많은 것을 아는 경우 상대도 그만큼 알 것이라고 추정하는 경향)', '사후 확신 편향hindsight bias(당신은 어떤 결과를 이미 알고 있더라도 상대는 그 결과를 쉽게 예측할 수 없다는 걸 망각하는 경향)', '허위 합의false consensus(상대도 당신만큼이나 어렵게 결정을 내릴 것이라고 추정하는 경향)', '시각 문제lens problem(상대도 당신과 비슷할 것이라고 추정하는 경향)' 등이 대표적인 예다. 한편, 우리가 알고 있는 정보를 다른 사람도 알고 있을 거라고, 또 우리가 느끼는 대로 다른 사람들도 느낄 거라고 우리가 과장한다는 걸 연구한 증거도 있다. 심지어 우리는 우리가 미래에 좋아할 것까지 잘못 예측한다. 그래서 오늘 날씨에 영향을 받아 미래에 이용할 옷과 자동차와 집 등을 마련하고, 지금 먹고 싶은 것에 맞춰 식료품을 구입한다.[26]

서구의 대학생들을 대상으로 하는 대학 실험실에서도 잘못된 인식을 뒷받침하는 증거들이 발견된다. 예컨대 내가 〈생일 축하합니다〉라는 노래에 맞춰 발을 구르고 있다는 걸 누군가 알아보겠느냐고 피실험자들에게 물으면, 그는 실제로 모를 가능성이 크지만 피실험자들은 그가 알 거라고 생각한다. 또 적잖은 전문가가 강의하고 책을 쓰는 데 미숙한 이유, 즉 비전문가의 관점에서 주제에 접근하는 능력이 부족한 점을 설명하는 데도 잘못된 인식이 사용된다. 하지만 몇몇 연구는 서로 대립 관계에 있는 집단을 연구한 결과, 보수적인 사람은 다른 사람이 자신보다 더 보수적이라 생각하고, 투표자는 기권자도 자신과 같은 방향으로 투표할 가능성이 크다고 생각하는 경향이 있다는 사실을 밝혀냈다.

일상의 삶에서도 잘못된 인식의 흔적을 발견할 수 있다. 철학자인 동료 교수 애그니스 캘러드Agnes Callard가 언젠가 점심을 먹으면서, '잘못된 인식'을 머릿속으로 누군가와의 논쟁을 계획하는 과정에 비교했다. "온갖 가능성을 머릿속에 그린다. 그가 어떻게 주장하면 어떻게 대응하겠다고 시나리오를 완벽하게 짠다. 하지만 실제로 그를 만나 대화를 나누면, 그는 나에게 정말 좋은 것을 말해준다. 내가 그 사람을 철저하게 잘못 판단한 게 드러난다. 내가 정말 잘 안다고 확신하는 사람의 경우도 크게 다르지 않다."

우리는 다른 사람의 이유와 동기를 파악하는 데도 미숙하다. 이런 현상을 '오해misconstrual'라고 일컫는 학자가 있는 반면, '귀인 편향attribution bias'이라고 칭하는 학자도 있다. 누군가 나에게 불리한 행동을 할 때 나는 그 행동을 그 사람 개인의 탓으로 생각해야 할까, 아니면 상황 탓으로 돌려야 할까? 예컨대 한 영국군 병사가 공화주의자 시위자에게 총을 쏘았다고 가정해보자. 그 병사는 경험이 없었던 까닭에 대단히 난감한 상황에서 공포에 질려 자신을 방어한 것일까? 그렇다면 상황 탓이 된다. 반대로 그가 악의적이고 편견에 사로잡혀 공화주의자의 대의를 짓밟고 싶었던 것일까? 그렇다면 그 사람 탓이 된다. 사회심리학의 서글픈 교훈은, 우리가 자신이 속한 집단을 보호하려고 상황을 탓하고, 다른 집단이 잘못한 경우에는 그 당사자를 탓한다는 것이다.

더 큰 문제는 오해가 다른 편견들과 상호작용해서 더 큰 문제를 일으킬 수 있다는 것이다. 나는 세상을 객관적으로 보지만 다른 사람들은 그렇지 않다고 생각하는 경향이 우리에게 있다. 오해는 내가 상대를 분석할 때 상대가 잘못 판단하는 이유를 적대감 같은 개인적인 결함에서 찾는다는 뜻이다. 이런 오해는 상대가 처한 상황을 간과한 데서 비롯된다. 예컨대 상대가 겁먹었거나 제대로 훈련받지 못했을 가능성도 있다는 걸 망각하는 것이다.

한 연구에서 확인되었듯이, 축구팬들은 동일한 비디오를 시청하는 경우에도 상대가 중대한 잘못을 저지른 것으로 생각하는 반면, 자기편의 폭행은 충분히 이해되는 보복 행위라고 생각한다. 정당 지지자의 경우도 다르지 않은 듯하다. 일부 연구자가 이스라엘이 레바논을 침공한 때를 틈타 기독교 민병대가 팔레스타인 난민촌을 급습해 수백 명의 민간인을 죽였다는 텔레비전 보도를 사람들에게 보여주었다. 친이스라엘 시청자와 친아랍 시청자가 하나의 보도에서 서로 다른 사건을 보았다. 양측이 유일하게 동의한 부분이 있다면, 그 텔레비전 방송국이 자신들에게 좋지 않은 편견을 가지고 있어서 불공정하게 다뤘다는 것이었다.[27]

해석이 중요한 이유는, 우리가 통제 범위를 벗어난 실수와 사건, 행동에는 분노를 덜 하기 때문이다. 그런 상황은 용서되지만 사람은 같은 정도로 용서되지 않는다. 상대의 분배가 공정하지 않으면 공돈을 포기하면서까지 상대를 응징하는 '최후통첩' 게임을 기억하는가? 작은 선물이 무작위로 주어지거나 컴퓨터로 분배된다는 걸 알게 되면, 또 상황에 따라 제한된다는 걸 알고 나면 분노가 가라앉고, 다른 사람이 큰 몫을 챙기는 걸 허용한다. 그러나 선물의 분배 방법이 불확실하면, 내집단에게는 선처를 베풀지만 외집단의 부정한 행동은 잘못된 것이라고 해석하는 오해가 생겨나기 마련이다.

안타깝게도 우리의 예측과 해석이 좀처럼 나아지지 않는 이유도, 우리가 동기화된 방향에 따라 정보를 추가하기 때문이다. 우리는 개인적인 관점과 소속된 집단에 우호적인 뉴스를 믿고, 그렇지 않은 뉴스는 무시하는 경향이 있다. 또 지능검사에서 좋은 결과를 받은 사람은 그 결과를 오랫동안 기억하는 반면, 나쁜 결과를 받은 사람은 그렇지 않은 경향이 있다.[28] 그러나 적에 대해 나쁜 견해를 고수하고, 적이 화해로 전쟁을 끝내기 위해 보내는 신호를 무시하는 경향은 조금도 바람직하지 않다.

우리로 하여금 현재 견해를 고수하게 만드는 다른 요인들도 있다. 예컨대 우리는 반대되는 견해를 지나치게 불쾌하게 생각하며, 그런 의견을 귀담아듣는 것조차 꺼린다. 실례를 들어보면 심리학자들이 확인했듯이, 힐러리 클린턴 상원의원의 지지자들은 2016년 도널드 트럼프의 취임 연설을 지독히 싫어한다는 걸 과장되게 표현했다. 만약 우리가 반대 정당에 투표하는 사람을 거의 모르는 사회에서 살아간다면, 정치적으로 장막이 드리운 '고치cocoon'에 갇힌 것과 다를 바 없다. 그런 상황에서는 의견 차이가 있다는 걸 알게 되더라도 그 간극이 얼마나 크고, 그 간극을 메우기가 얼마나 힘든지 제대로 판단하지 못할 가능성이 농후하다.[29]

집단은 어떻게 우리의 편향에 영향을 미치는가?

세 가지 잘못된 인식에 대한 많은 증거를 지금까지 개인에게서 찾았다. 그러나 개인에게 집중된 독재체제를 제외할 때 전쟁을 결정하는 주역은 개인이 아니라 집단이다. 내각과 의회가 논의하고 토론할 때, 지도자가 보좌관과 관련 기관에 조언을 구할 때 어떤 일이 벌어지는가? 깊은 숙의, 전문 지식, 관료적 의사결정으로 인해 개인의 편향이 줄어들지 않을까? 짧게 대답하면 '그렇다'지만, 항상 그런 것은 아니다.

조직의 형태와 리더십 유형에 따라 오히려 '집단 오류collective error'에 빠져들 수도 있다.

소집단의 성과를 연구하는 심리학자들이 제시한 증거로 시작해보자. 그들이 찾아낸 증거에 따르면, 조직이 업무를 진행하는 절차가 훌륭할 때 많은 종류의 문제에서 개인은 더 나은 판단을 내린다. 예컨대 연구자들이 피실험자들을 실험실에 가둬두고 까다로운 문제, 확률과 관련된 문제, 복잡한 전략적 선택 등을 해결하게 하면 소집단이 개인보다 더 나은 결과를 도출하고 논리적 오류도 덜 범할 가능성이 크다. 또 집단이 시험에서 더 높은 점수를 받고, 더 정확히 예측하며, 정보도 더 포괄적으로 기억해낼 수 있다. 특히 정답과 오답이 명확히 구분되는 문제의 경우 집단의 성과가 확연히 더 높을 것이다.[30]

그러나 불확실한 환경에서 주관적인 문제에 대한 합의(예컨대 정책 결정이나 배심원의 평결)를 끌어내려고 하는 사람들에게 눈을 돌리면, 조직이 정말 더 나은 집단 결정을 내리는지는 불분명하다. 많은 부분이 사람과 과정에 달려 있다.

대부분의 독자가 '집단사고groupthink'라는 용어를 들어보았을 것이다. 피그스만 침공 실패, 쿠바 미사일 위기, 베트남 침공 등 미국의 해외 정책이 연이어 실패한 뒤, 1970년대에 심리학자들이 이 용어를 만들어냈다. 심리학자들은 순응을 높이 평가하고 심사숙고와 반론을 억누른 결과로 잘못된 것을 믿게 되는 조직문화를 비판하는 데 이 용어를 주로 사용했다. 그로부터 50년이 지난 지금까지 집단사고 이론에 따른 많은 구체적인 예측이 실현되지 않았다. 하지만 연구자들은 집단사고에는 무언가 중요한 게 있을 거라고 여전히 생각한다. 어떤 환경에서 사람들은 집단의 이익을 비판하거나 방해하는 걸 피한다. 우리는 초기에 형성된 믿음과 결정을 고수하며 충분한 의문을 제기하지 않는다. 그 결과로, 우리의 낙관주의를 비롯해 그 밖의 잘못된 인식들은 시간이 지남에 따라 극단성을 떨치기는커녕 더 극단적으로 변해간다. 이런 현상이 닥치면, 집단은 우리의 편향성을 해소해주지 못하고 오히려 증폭시킨다. (적어도 내 소셜미디어 피드가 좋은 예다.)

어떤 실험에서나 일관되게 확인되는 결과는, 집단이 각 구성원이 보유한 정보를 반드시 공유하고 수집하지는 않는다는 것이다. 일부 구성원은 자체 검열하고, 이미 제시된 정보를 존중하거나 다른 사람들의 비난을 피하기 위해 초기의 생각과 다수의 의견을 말없이 따른다. 또한 집단은 모두가 공유하는 정보에 중점을 두고 논의하며, 덜 폭넓게 공유된 정보는 무시하는 경향이 있다. 따라서 적이 강경한 의도를 지녔다고 말하는 정보를 대다수가 똑같이 듣고, 우리 중 한 사람만이 다른 의견, 예컨대 적이 온건하다는 정보를 들었다면, 그 의견을 뒷받침하는 자료를 면밀히 검토할 가치가 충분한데도 우리는 대다수가 들었다고 하는 정보를 다루는 데 더 많은 시간을 할애하는 경향성을 띤다.

또 다른 주목할 만한 결과는, 비슷한 사고방식을 지닌 구성원들은 숙의를 통해 오히려 견해가 더 극단화된다는 것이다. 예컨대 사람들이 모여 적이나 유죄 선고를 받은 범인을 처벌할 적절한 방법을 논의할 때, 관대한 처벌로 시작하는 경우 처음의 제안보다 훨씬 완화된 벌을 최종적으로 권고한다. 그러나 대부분의 구성원이 가혹한 처벌을 처음부터 주장하면, 토론을 통해 도출한 처벌은 훨씬 혹독해진다. 같은 정당에 속한 사람들이 모여 서로 의견을 나눈 뒤에 거의 언어도단에 가까운 의견을 결론으로 내놓는 것과 다를 바가 없다. 우리 자신이 공동체나 삶에서 확인할 수 있는 현상이기도 하다.

대략적으로 말하면 집단 토의가 길어질 때, 모든 정보를 공유하고 검토하는 과정이 정식으로 존재할 때, 정확성을 판단하고 문제를 해결하기 위한 규범이 있을 때, 집단이 더 많은 정보를 검색하고 수집하는 훈련을 받았을 때, 또 집단이 비판적 사고를 독려할 때 정보를 축적하고 정리하는 문제가 더 나은 방향으로 해결될 수 있다. 반대로 그런 과정이 제대로 갖춰지지 않은 경우에는 그 문제가 더 악화되는 경향이 있다.

구성원들이 하나의 사회적 정체성을 지닐 때 집단 의사결정이 더 나빠진다는 증거도 많다. 예컨대 구성원들이 다른 집단에 이용당하지 않을까 두려워하기 시작하면, 경쟁 관계에 있는 그 집단의 정체성을 수용할 가능성이 줄어든다. 이런 연구 결과는 대부분 실험실에서 대학생들을 상대로 한 실험에서 도출되지만, 상당히 직관적인 결과이기도 하다. 어떤 집단이 적에게 위협받을 때 적과 협력하려 하겠는가? 전쟁 여부를 결정지어야 하는 토론에서, 집단은 과거에 구성원들 사이에서 어떤 의견이 우세했느냐에 따라 찬반으로 갈린다.[31]

미국의 이라크 침공이 제대로 기능하지 못한 최상층의 소집단에 의해 행해졌다고 분석하는 학자도 적지 않다. 부시 행정부의 고위 관리들은 하나의 정체성과 하나의 이데올로기를 공유했고, 사담 후세인을 향한 적대감과 관련해서도 생각이 유사한 사람들이었다. 그들은 비판을 수용하는 '열린 토론' 문화를 만들어내지 못했다. 고위 분석가와 장군들이 사담의 의도나 대량살상무기 관련 정보에 대해 반론을 제기해서 얻을 수 있는 이익이 거의 없었다. 다른 군사작전과 달리, 이때에는 권위에 의문을 제기하며 비판자 노릇을 하는 '악마의 변호인devil's advocate'이 없었다. 그 결과 자신감 충만한 소수의 가설이 지속되면서, 부시 행정부가 용납할 수 있는 협상 범위가 줄어들었다.[32]

내가 앞에서 언급한 대부분의 연구는 소집단(실험실의 여섯 학생, 법원의 심의실에 갇힌 열두 배심원)을 다뤘다. 심리학자, 사회학자, 정치학자도 대규모 조직과 관료적인 의사결정을 연구한다. 국방부나 대통령실 같은 관료조직에서는 많은 경쟁적인 이해관계가 충돌하기 때문에, 중요한 정책을 결정할 때는 심사숙고하는 느린 과정을 거치기 마련이다. 대규모 조직들은 정보를 수집해서 여러 관련 부서와 관점을 고려해 결정을 내리는 시스템을 갖추고 있다. 그리고 모든 하위 부서는 다른 부서들과 경쟁한다. 그렇다면 대규모 조직의 결정이 개인이나 소규모 집단의 결정보다 더 합리적이고 덜 편향적이어야 하지 않을까?

역시 개략적으로 대답하면, 대체로 '그렇다'. 관료조직이 신중하고 느린 이유는, 관료조직 자체가 이른바 자동적인 편향성을 조금이라도 극복하기 위해 설계되었기 때문이다. 그러나 항상 그렇지는 않다. 우선 첫째로, 적지 않은 거대 관료조직에는 조직에 대한 관심이나 기억이 부족하기 때문이다. 다윗과 골리앗의 관계에 있는 조직, 예컨대 작은 종속국client state을 관리하는 초강대국, 변방의 소수민족을 다루는 중앙 국가, 식민지 주민을 다스리는 식민지 개척자를 생각해보라. 골리앗에게는 이런 다윗을 다뤄본 경험이 많지 않은 데다 해결해야 할 다른 문제도 있다. 그러나 다윗은 오로지 골리앗에게만 집중한다.

예컨대 1969년 북아일랜드 분쟁이 시작되기 전, 영국 정부는 아프리카에서 영어를 사용하는 국가보다 북아일랜드에 대해 아는 것이 적었다. 의회는 그 반항적인 지역을 논의하는 데 연간 두 시간도 할애하지 않았다. '더 트러블스'가 닥쳤다는 걸 깨달았을 때도 영국은 북아일랜드의 역사를 거의 알지 못했고, 공화주의자들의 의견과 불만에 대해서도 무지했다. 이제 엎친 데 덮친 격으로, 다윗은 항상 그대로지만 매년 새로운 사람이 골리앗 역할을 맡는다고 가정해보자. 역사가 리처드 잉글리시는 "지금도 런던의 정치인들, 즉 장관들과 고위 관리들은 북아일랜드에 대해 잘 몰라서, 그곳 문제를 분석하려면 지식의 공백을 먼저 메워야 한다. 이런 상황에서는 실수가 더 쉽게 일어날 수밖에 없다"라고 나에게 한탄했다. 영국 정부는 국민투표 결과에 따라 바뀌기 때문에 일종의 집단 기억상실증을 피할 수 없었다. 그러나 잉글리시가 지적하듯이, "북아일랜드 정치인으로 신페인Sinn Féin당 지도자 게리 애덤스Gerry Adams는 매년 자신의 역할을 해내면서 관련 지식을 꾸준히 쌓았지만, 영국 정치인들은 밀물처럼 몰려왔다가 썰물처럼 빠져나갔다". 영국 정보기관의 역사를 전공한 또 다른 역사가는 이런 제도적 기억상실증을 더 큰 문제의 한 단면이라고 설명하면서, 그런 상황을 반쯤은 농담 삼아 국가의 "역사적 주의 집중 기간의 결핍 장애historical attention span deficit disorder"라고 칭했다.[33]

하지만 관료조직은 골리앗에 비견되기 때문만이 아니라, 조직의 형태와 문화가 정보 수집과 토론과 반론을 억제하기 때문에도 실패한다. 다시 부시 행정부와 그들의 이라크 침공 결정에 대해 생각해보자. 하지만 이번에는 관료조직의 실패를 더 폭넓게 살펴보자. 정치심리학자 밥 저비스Bob Jervis는 미국 정보기관의 공식 검시보고서를 발표했다. 그의 지적에 따르면, 정치적 압력으로 "비판적 분석에 도움이 되지 않는 분위기가 형성되었고, 과도한 확신을 요구하는 목소리가 높아 미묘한 차이를 제대로 드러낼 수 없었다". 전국적인 논쟁이 지나치게 양극화돼 직원들, 심지어 독자적으로 활동하는 정보 수집가와 분석가도 반대 의견을 지휘부에 전달하는 데 어려움을 겪었다.

지도자에게 무작정 순응하고 따르는 문화는 더 나쁠 수 있다. 개인의 뜻대로 운영되는 체제는 지도자를 숭상하고 격리하기 때문에, 중앙집권적인 관료조직은 측근과 아첨꾼으로 채워지기 때문에 리더십의 편향이 심화될 수 있다.

미국과 이라크의 경쟁 관계에서 사담 후세인은 극단적인 예다. 가령 당신이 다른 의견을 제시하면, 사담이 당신을 옆방으로 데려가 당신 머리에 총구를 겨눌 수 있다는 뜻이다. 따라서 이라크 체제는 반론을 제기하기에 적합한 환경이 아니었다. 응징이 그처럼 극단적이지 않은 경우에도 결과는 똑같을 수 있다. 예컨대 법을 준수하는 민주적인 전쟁부war ministry라고 해도, 중간 실무자들이 고위직의 명령에 따르고, 고위직이 달갑게 생각하지 않을 정보는 감추고 언급하지도 않는 경우를 상상하기란 그다지 어렵지 않다.

앞에서 우리는 견제받지 않는 지도자의 문제에 대해 설명하면서, 제약이 없으면 지도자가 전쟁 비용을 무시할 수 있고, 집단의 이익보다 사적 이익을 추구할 수 있다는 점을 지적했다. 이제 우리는 좋은 리더십의 조건으로 '편견에 사로잡히지 않은 합리적인 조언자들로 팀을 꾸려, 잘못된 인식을 최소화하는 조직문화를 구축하는 능력'을 덧붙이려 한다. 견제받지 않는 체제에서, 예컨대 관료들로 구성된 부서와 심의기구가 턱없이 부족한 체제에서 그렇게 하기는 더욱더 어렵다.

하지만 제약을 받든 받지 않든 간에, 지도자가 잘못된 인식을 피하고 싶다면 개방성과 토론 및 반론을 권장하는 원칙을 지키면 된다. 적어도 핵심층 및 전쟁 관련 부서에서는 그런 문화가 장려되어야 한다.

먼저 경청하고 다른 의견을 독려하는 분위기를 조성해야 한다. 소규모 팀을 구성해, 가설에 의문을 제기하고 모순되는 증거를 수집해서 반론을 제기하는 역할을 맡겨야 한다. 규모를 떠나 효율적인 정치조직과 절차가 전쟁 비용을 무시하는 지도부의 욕심을 저지할 뿐만 아니라, 지도자의 오류와 잘못된 인식까지 견제해낼 수 있는 방법은 무수히 많다.

자동적인 편향에 대한 반감

하지만 잘못된 인식이 중요한 가장 큰 이유를 찾으려 한다면, "인간의 내면에는 증오와 파괴를 향한 욕망이 있는 게 분명한 듯합니다"라고 했던, 프로이트와 아인슈타인의 '원초적 본능'으로 되돌아갈 필요가 있다. 아인슈타인은 "평상시에 이런 욕망은 잠재된 상태로 존재하고, 특별한 상황에서만 표출된다. 그러나 그 욕망을 이용하고 집단 정신병적 상태로 끌어올리는 건 비교적 쉬운 일이다"라고 생각했다. 그러나 어떤 상황에서 그게 가능할까? 우리는 지금까지 두 상황을 자세히 다뤘다. 하나는 무책임하고 사사로운 이익에 사로잡힌 지도자가 대중을 선동하는 경우고, 다른 하나는 더 합리적인 집단 결정을 끌어내지 못하는 경우다.

이쯤에서 또 하나의 조건, 즉 잘못된 인식과 열정이 치명적으로 상호작용하는 경우를 더해보자. 우리에게 내재한 편향은 적에 대한 잘못된 믿음을 심어주는 데 그치지 않고, 분노를 비롯해 다른 부정적 감정을 부추긴다. 이렇게 부정적인 감정들로 짓눌린 상태에서 우리의 집단주의와 편향성은 더욱 악화되고, 우리는 충동적으로 반응한다. 우리의 이런 오만한 반응에, 적도 똑같이 원초적으로 대응할 가능성을 무시할 수 없다.

우리가 이에 대해 알고 있는 많은 것은 일상의 삶에서 관찰되는 개인적인 분쟁과 감정적 반응을 연구해서 얻은 것이다. 일단 여기에서 시작하고, 경쟁하는 집단까지 차근차근 넘어가보자.

1962년 에런 벡Aaron Beck(1921~2021)은 환자들에게서 관찰되는 일정한 패턴에 주목했다. 나비넥타이를 맨 호리호리한 정신과 의사 벡은 공포증과 우울증, 불안과 분노를 호소하는 평범한 환자들을 상대했다. 그들 중 다수는 감정을 극단적으로 표출하는 경우가 적지 않았다. 예컨대 "걸핏하면 화를 내는 사람은 사소한 모욕이나 불편을 지나칠 정도로 부풀려서, 가해자를 엄중하게 처벌하기를 원했다". 하지만 시간이 지나자, 환자들 사이에서 다른 패턴이 눈에 들어왔다. 벡은 환자들에게 감정의 폭발로 이어진 사건을 자세히 설명해달라고 요구했고, 그들이 감정적으로 과잉반응하기 전에 반半의식적으로 부정적인 생각이 선행한다는 걸 알게 되었다. "그 환자들은 '생각의 오류thinking error'를 규칙적으로 범했다." 예컨대 "그들은 유해한 사건의 중대성을 습관적으로 뻥튀기했고, '내 조수가 항상 일을 복잡하게 만듭니다' 혹은 '나는 일을 제대로 처리한 적이 없습니다'라면서 그런 사건의 빈도도 과장했다". 그들의 격한 감정과 통제되지 않는 반응은 이런 자동적인 생각의 후유증이었다.[34]

이렇게 과장되고 해로운 생각은 뿌리가 깊은 경우가 많다. 벡이 자주 다뤘던 결혼 문제를 예로 들어보자. 그의 환자들은 배우자에 대해 왜곡된 이미지를 가진 경우가 많았다. 습관적으로 다투는 부부는 서로 상대를 부정적인 틀에 가뒀다. "남녀를 불문하고 모두 자신을 피해자로 보았고, 상대를 악당으로 여겼다." 부인과 별거 중이던 한 남편은 자신들의 관계를 과장되게 인식하면서 오만하고 비판적인 부인이 자신을 전혀 존중하지 않는다고 생각했다. 따라서 얼굴을 마주할 때마다 부인을 향한 적대감을 떨치지 못했다. 이런 잘못된 판단이 기저에 깔린 까닭에, 부인이 무슨 말을 하더라도 그의 귀에는 빈정대고 욕하는 것으로 들렸을 테고, 그런 잘못된 인식이 그의 분노를 자극했을 것이다. 부인이 악의 없이 말한 경우에도 마찬가지였다. 벡은 "어떤 의미에서 그들은 학대당하고 있다는 느낌에, 가상의 적에게 적대적으로 행동하도록 유도하는 원초적 생각에 마음을 완전히 빼앗긴 것이었다"라고 해석했다.

이런 상태의 환자들은 상대의 의도를 극도로 잘못 해석했다. "남녀를 불문하고, 모두 자신이 부당한 대우를 받았고, 상대는 위압적이며 억압과 경멸을 일삼는다고 믿었다. 우연과 상황에서 비롯된 게 분명한 문제마저 상대의 고약한 의도나 성격 결함을 원인으로 지적하기 일쑤였다."

요컨대 부부, 형제자매, 부모, 동료 등 어떤 관계에서나 만성적인 깊은 불화에는 몇 가지 공통된 특징이 있었다. 그중 하나가, 반#의식적인 부정적인 생각이 자동으로 나쁜 행동과 감정의 폭발로 이어지고, 이런 현상이 다시 그들의 왜곡된 생각을 더 심화하는 자기 강화적 순환, 즉 악순환에 빠져든다는 것이다.

나를 포함해 우리 대부분은 특별한 관계(부모와 자식, 혹은 친구)에서 이런 현상을 어렵지 않게 관찰할 수 있다. 그 관계에서 아주 사소한 지적이나 행동에도 우리는 종종 격하게 화를 낸다. '그들은 항상 그래' 혹은 '그들은 절대 그렇게 못할 거야'라는 부정적인 생각에 사로잡히고, 말로라도 욕을 퍼붓고 싶은 충동을 이겨내지 못하며, 음울한 분노에 휩싸인 채 최악의 동기를 서둘러 그들의 탓으로 돌린다.

다른 집단을 상대할 때도 적잖은 사람이 똑같은 덫에 빠진다. 하지만 모든 외집단에 우리가 이렇게 엄격하고 융통성 없이 반응하지는 않듯이, 모든 가족 구성원이나 친구와 이렇게 독살스러운 관계를 맺지는 않는다. 무척 지엽적인 현상이고, 우리 중에는 이런 반감을 전혀 품지 않는 사람도 적지 않다. 그러나 우리가 이런 엄격한 틀에 갇히는 순간, 작은 자극도 분노와 과잉반응을 일으킬 수 있다.

이런 통찰만으로도 획기적인 성과로 평가되었다. 그러나 벡이 문제에 접근한 방법은 20세기에 이뤄낸 가장 위대한 의학적 발견 중 하나로도 손색이 없다. "치료법은 간단하게 요약될 수 있다. 치료사는 환자가 왜곡된 생각을 찾아내고, 자신의 경험을 더 사실적으로 표현하는 방법을 깨우치도록 도우면 된다." 달리 말하면, '너 자신을 먼저 알고, 통제하는 방법을 배우라'는 것이다.

훗날 '인지행동치료cognitive behavioral therapy, CBT'로 알려진 이 치료법은 '우리 자신에게 엄격한 이미지와 자동화된 생각이 있다는 걸 인정하고, 즉 반의식적인 것을 인식하며 다른 식으로 행동하도록 훈련하는 일련의 단순한 기법'이다. 벡의 표현을 빌리면, "무엇보다 환자들은 다른 사람과 그의 동기를 규정하는 데 철저히 틀릴 수 있고, 그 때문에 종종 비극적 결과가 닥친다는 걸 자각해야 한다". 달리 말하면, 우리가 잘못 인식할 수 있다는 걸 인정하고, 자동화된 반응을 억제하는 방법을 배워야 한다는 이야기다. 예컨대 분노 같은 감정이 치밀어오르면, 그런 분노를 유발하는 왜곡된 생각이 무엇인지 알아내는 방법을 배워야 한다. 또 합리적인 두뇌를 되살리는 데 도움이 되는 습관(심호흡하거나, 10까지 세고, 달리기를 하면서 정신을 잠깐 다른 곳으로 돌리기)을 들이는 것도 괜찮은 방법이다. 심리상담사의 도움을 받아, 다르게 생각하고 반응하는 방법을 훈련하는 것도 효과적일 수 있다. 우리 마음을 통제하고, 과잉반응을 유발하는 경직된 사고가 우리 안에 내재해 있다는 걸 인정하며, 우리의 해석에 근거가 없다는 걸 깨닫고, 오래전부터 품어온 경직된 견해를 천천히 버려야 한다. 벡이 말했듯이 "인간은 실용적인 과학자다". 여하튼 적절한 활용법을 알고 나면, 우리가 더 합리적으로 생각하고 행동하는 데 도움이 되는 방향으로 사용할 수 있는 기법들이 있다.

CBT는 분노와 유해한 관계를 포함해 수십 가지의 정신적 고통을 대상으로 이미 수천 번이나 실행 및 연구되었으며, 놀라울 정도로 꾸준한 효과를 보여주었다. CBT는 정신적 고통을 줄이는 데 그치지 않고, 벡의 깊은 통찰(자동화된 생각이 많은 장기 분쟁에 만연하고, 폭력적이고 감정적인 반응은 전략적이기는커녕 오히려 역효과를 낳으며, 우리는 엄격한 틀에 갇혀 자동적으로 반응하기 때문에 합리적인 협상가처럼 행동하지 못한다)을 강력히 뒷받침하는 증거를 제공한다는 점에서 주목할 만하다.

안타깝게도 상황은 더욱 악화된다. 감정이나 기분이 고조되면 빠른 사고에 따른 편향(과신, 잘못된 투영, 오해)이 더 심화된다는 게 심리학 연구에서 밝혀졌다.

감정은 우리의 선택에 예외 없이 스며든다. 신중하게 도출된 합리적인 결정도 우리 감정의 영향을 받는다. 뇌에서 감정을 관할하는 편도체amygdala에 손상을 입었지만 고도의 추론을 담당하는 전전두피질prefrontal cortex에는 아무런 손상을 입지 않은 사람들의 사례가 널리 알려졌다. 이 불쌍한 영혼들은 말이 없고 무신경하게만 느껴지는 게 아니다. 지극히 기본적인 결정마저도 내리지 못할 수 있다. 순전히 이성에 기반한 것처럼 보이는 단순한 계산과 선택에도 감정과 직관이 개입한다는 사실이 밝혀졌다. 감정과 직관이 이성적 결정을 내리도록 도와주는 것이다. 철학자 데이비드 흄David Hume(1711~1776)이 1739년에 썼듯이, 합리성은 정념의 노예다.[35]

경쟁과 갈등이 있을 때 분노와 적의가 결정에 어떻게 영향을 미칠까? 순간적으로 불끈 치미는 분노만을 뜻하는 것이 아니다. 두 오랜 경쟁자 간의 관계에서 모든 면에 스며드는 강력한 영향을 뜻한다. 이 질문에 대한 대답은 우울하다. 분개하고 적대적인 마음 상태에서는 우리가 여기에서 논의하는 모든 잘못된 인식이 더욱 나빠진다. 첫째, 분노는 대담하게 만든다. 분위기가 적대적이고 과열되면 우리는 무모해져서 자신감을 내비친다. 우리 행동이 성공할 거라고 확신하며, 기꺼이 위험을 감수하려 한다. 달리 말하면, 분노가 과대평가하고 과장하는 우리의 평소 성향을 증폭시킨다는 이야기다.

감정에 휩싸이면 우리 뇌가 뉴스를 받아들이는 방법도 달라진다. 우리는 엄격하고 부정적인 틀을 통해 상대에 대한 새로운 정보를 관찰한다. "어리석음으로도 충분히 설명되는 일을 악의 탓으로 돌리지 말라"는 옛 격언을 우리는 무시한다. 오히려 우리는 돌발적 사고를 위협으로 해석하고, 중립적인 행동을 비열한 짓이라 평가한다. 분노가 발작할 때 이런 편향은 최악으로 치닫는다. 그러나 분노를 속으로 끓이는 상태에서도 우리는 비슷한 실수를 범한다. 벡이 상담한 문제의 부부처럼, 적대감을 마음속으로 삭이는 사람들은 상대를 지나치게 일반화하며 부정적인 견해와 고정관념을 끝없이 만들어낸다. 이렇게 마음속에 쌓인 적대감도 잘못된 예측과 해석을 부추긴다.

끝으로, 감정이 격해진 상태는 우리 생각에만 영향을 미치는 게 아니라 우리로 하여금 어떤 행동을 기계적으로 하게 만들기도 한다. 하버드대학교의 심리학자 제니퍼 러너Jennifer Lerner는 이런 현상을 '감정의 행동 경향emotion's action tendency'이라고 칭한다. 적대감에 사로잡히면 우리는 격정적이고 반발적으로 상대를 공격할 가능성이 커진다.[36] 이런 충동적인 반응은 역효과를 낳을 수 있고, 경쟁 관계가 예전보다 더 가혹해진다. 벡의 관찰에서 확인되듯이, 이처럼 과장되고 무모한 반응에 갈등은 더욱 심화되고 부정적인 견해와 해석은 더욱 굳어진다.

많은 자동화된 생각이 그렇듯이, 때로는 분노가 도움이 되는 경우가 있다. 격분할 때 우리는 상황에 변화를 주며 장애물을 극복하려고 한다. 분노의 생산적인 면이라고 할 수 있다. 또한 진정한 분노는 우리가 현재 상황에 대해 불만스럽다는 신호를 상대에게 보낼 수 있다. 겉으로 표출된 분노는 양보를 끌어내고 협력적인 협상을 유도할 수 있다. 따라서 감정을 원칙적으로 잘못된 것으로 생각해서는 안 된다. 감정은 부당한 대우나 위협 같은 보편적 자극에 대응하는 유용한 본능이다. 그렇다고 감정이 항상 적절하다는 뜻은 아니다. 내가 말하려는 요점은, 우리가 자동화된 경직된 틀에 갇힐 때, 즉 갈등의 순환에서 허덕일 때 감정 상태가 고조되면 그 순환에서 빠져나오는 게 더 힘들어진다는 것이다.[37]

이 모든 것은 우리가 '집단 갈등group conflict'에 대해 알고 있는 것과 대체로 일치한다. 북아일랜드 같은 곳에서 비극적으로 일어난 사건들에 잘 들어맞는다. 예컨대 3장에서 다룬 '무형의 동기'로 시작해보자. 우리는 자기 집단 중심적인 피조물이다. 우리는 우리 집단을 중심에 두고 생각한다. 경쟁이 심해지고 극단화될수록 상대를 향한 동정심은 줄어들고, 자기 집단 중심 주의와 반감은 더 커진다. 이번에는 이 장에서 다룬 통찰들(자동화된 생각과 편향, 감정적 반응)에 대해 정리해보자. 우리가 다른 집단과 현재 경쟁하고 있거나 예전부터 갈등 관계에 있었다면, 그 집단에 대해 부정적인 고정관념, 즉 경직된 틀을 만들어가면서 잘못된 정보를 고수하기 쉽다. 게다가 그런 믿음을 수정하는 데도 느릿할 뿐이다. 더구나 우리 집단에 대해서는 좋은 정보를, 상대에 대해서는 나쁜 정보를 받아들인다. 극단적인 경우에는 적을 악마화하고 비인간화하며, 다른 종류의 경직된 부정적인 틀에 밀어넣는다. 적을 악마화하는 우리의 재주에 대해, 이 책을 쓰면서 참조한 대부분의 연구 대신 250년 전에 데이비드 흄이 쓴 글을 인용해보자.

다른 나라와 전쟁할 때 우리는 상대 국가를 잔인하고 신뢰할 수 없으며, 불의하고 폭력적이라고 혐오한다. 반면 우리 자신과 동맹들은 공정하고 온건하며 자비롭다고 생각한다. 적의 장군이 성공하면, 그의 인간적인 모습과 성품을 어떻게든 인정하지 않으려고 애쓴다. 그는 마법사고, 악마와 소통한다고… 잔혹하기 이를 데 없어 죽음과 파괴를 즐긴다고 비난한다. 그러나 우리 편이 성공하면, 우리 사령관은 모든 면에서 정반대여서 용기와 품격을 겸비했을 뿐만 아니라 미덕까지 갖춘 사람으로 묘사된다. 그의 배신마저 '정책'으로 미화되고, 그의 잔혹함은 전쟁에 따른 필요악이 된다.

이런 잘못된 인식은 정념에 의해 강화되고, 비인간화dehumanization
에 대한 요즘의 연구에서 재확인된다.[38]

집단 정체성도 사건에 대한 우리의 감정적 대응에 영향을 미친다. 우리는 소속된 집단이 좋은 성과를 내면 자부심을 느끼고, 손가락질이나 공격을 받으면 분노한다. 집단 구성원들은 감정적 반응을 공유하는 경향이 있다. 집단과 자신을 동일시하는 정도가 높을수록 승리나 자극에 대한 감정적 반응이 강렬해진다.[39] 설문조사와 실험실 연구에서 확인되듯이, 악순환의 징조가 뚜렷하다. 잘못된 인식은 분노를 낳고, 분노로 부정적인 고정관념이 굳어지며, 적에 대한 공격적이고 폭력적인 행동을 지지하게 된다. 예컨대 미국 대학생들은 2001년 9월 11일 뉴욕에 대한 테러 공격에 분개하면서, 미국의 이라크와 아프가니스탄 침공을 더 지지하게 되었다. 이런 변화는 자신의 태도를 되돌아보며 달라진 현상으로, 상관관계에 불과할 뿐 인과관계로 보지 않도록 주의해야 한다. 그러나 집단 정체성이 실제 행동과 선택에 영향을 미친다는 증거가 힌두교인-무슬림 갈등에서 발견된다. 종파 간 긴장이 고조되고 공격이 잦아지면, 사람들은 자신이 속한 집단과 일체화되는 경향이 짙어진다. 그에 따른 대가가 혹독하더라도 마찬가지다. 경제학자들은 그들이 먹는 것에 대한 자료를 수집한 결과를 근거로 그렇게 주장했다. 예컨대 전쟁이 임박하면 힌두교인들은 쇠고기를 가급적 피하고 채식주의에 더 가까워지는 반면, 무슬림은 돼지고기를 더욱더 멀리한다. 양쪽 모두 집단에서 금기시하는 음식을 더 엄격하게 피하기 시작한다. 이런 현상은 갈등이 집단 정체화를 부추긴다는 강력한 증거라고 할 수 있다.[40]

정치심리학자 밥 저비스는 관료조직의 실패를 연구하는 데 그치지 않고, 자동화된 편향성이 외교 정책에 어떤 영향을 미치는가를 오랫동안 추적했다. 우리는 동맹이라 할지라도 상대를 해석하고 예측하는 데 실수를 범한다. 문화와 정치 체제의 차이가 연루되지 않는 경우에도 마찬가지다. 집단 반감이 있을 때는 실수가 더 잦아진다. 저비스와 그 후 세대의 학자들에 따르면, 이런 현상이 제1차 세계대전의 발발 및 미국의 제2차 세계대전 개입을 앞당긴 일본의 진주만 공격을 이해하는 데 도움을 준다. 자동화된 편향은 1961년에 감행되었지만 단기간에 끝난 미국의 쿠바 침공, 안타깝게도 지루할 정도로 오랫동안 지속된 베트남 침공에도 일정한 역할을 했다. 저비스는 "많은 차원에서 적대감과 공간적 거리 때문에 정확히 파악하기가 훨씬 더 어려워진다"라고 결론지었다. 잘못된 인식만으로 이런 전쟁들이 설명되지는 않지만, 취약성을 설명하고 이행 문제 같은 다른 요인들이 어떻게 국가를 전쟁으로 몰아갈 수 있는지는 잘못된 인식으로 설명할 수 있다.[41]

이 책의 2부에서는 집단 간의 접촉 프로그램, 집단 감정 조절, 공감대를 형성하기 위한 노력이 어떻게 경직된 틀을 바꾸고, 상대가 평화를 (적어도 조금이라도) 받아들일 수 있게 만들어갈 수 있는지를 살펴보려 한다. CBT에서 확인한 증거가 그렇듯이, 이런 개입이 효과를 발휘하면 우리가 문제를 올바로 진단했다는 뜻이 된다.

나와 비슷한 사람에게는 '양극화가 잘못된 인식으로 이어지고, 잘못된 인식은 분노로 이어지며 더 큰 분노를 야기하는 행동을 하게 만들고, 그리하여 잘못된 인식과 양극화는 더 심화된다'라는 말이 안타깝게도 무척 친숙하게 들릴 것이다. 중동에서는 이스라엘과 팔레스타인, 유럽에서는 세르비아와 크로아티아, 인도에서는 힌두교인과 무슬림, 케냐에서는 키쿠유족과 루오족, 북아일랜드에서는 가톨릭교도와 프로테스탄트가 지금도 그렇게 대치하고 있다. 해묵은 반감은 항상 적대적인 방향으로 부글부글 끓어올랐고, 간혹 극단적인 폭력의 형태로 분출되었다.[42]

요약하면, 악순환은 인간 집단이 상대 집단을 부정적으로 보는 경직된 관점을 갖는 경향이 있다는 사실에서 시작되고, 우리는 이런 사실을 절반만 인식할 뿐이다. 이런 순환에 빠지면, 아주 사소한 자극에도 기계적으로 폭발하며 역효과를 낳는 쪽으로 대응한다. 이렇게 우리는 충동적으로 반응하며, 장기적으로 전략적 이익에 반하는 행동을 하게 된다. 경직된 마음의 틀이 분노에 휩싸이면 다른 모든 잘못된 인식이 더 나빠진다. 그 결과로, 적대적 집단에 대한 성공 가능성을 과장하고, 우리 자신에 대한 정보를 적대적 집단에 엉뚱하게 투영하고, 그 적에게 사악한 동기가 있다고 죄를 덮어씌울 가능성이 커진다. 그야말로 악순환이다. 폭력적인 과잉반응과 불의에 부정적인 틀이 심화되고 분노와 증오가 깊어지며, 그리하여 우리의 모든 잘못된 인식이 더 악화되기 때문이다. 이런 이유에서, 불공정과 폭력으로 점철된 오랜 역사를 지닌 경쟁자들 사이에는 필연적으로 같은 문제가 있다. 불미스러운 사건이 연속된다고 경쟁자들이 처음부터 싸우는 것은 아니다. 그러나 관계가 나빠지면 향후의 협상 범위도 점점 줄어든다.

대부분의 경우, 경쟁 집단은 적극적으로 싸우지는 않는다. 그럴 경우 상당한 비용을 치러야 하기 때문이다. 이스라엘과 팔레스타인이 서로 로켓을 주고받는 날이나, 힌두교인과 무슬림이 난동을 피우는 날은 손가락으로 꼽을 정도에 불과하다. 폭동이 일어나는 곳도 일부

도시에 그친다. 싸우더라도 대체로 단기간에 끝난다. 분쟁이 길어지면 파멸을 초래하기 때문이다. 그러나 잘못된 인식과 적대감이라는 덫에 빠진 상태에서는 아주 사소한 일에도 폭력이 분출된다. 한 번의 충격, 급작스러운 힘의 이동, 선거를 앞둔 정치인의 무자비한 행동에 악순환이 다시 시작될 수 있다. 그 결과로 로켓포를 서로 주고받고, 폭동과 보복이 반복되며, 폭탄 테러에 억압적인 과잉반응이 뒤따른다. 내 생각에는 잘못된 인식과 과열된 감정이 아니면, 이런 경쟁 관계의 취약성이 설명되지 않는다.

다섯 가지 논리를 결합하면?

지금까지 살펴본 다섯 가지 논리는 우리의 사고 과정을 단련하는 진단 도구다. 이제 누군가 우리에게 어떤 전쟁에 대해 설명하면, '그 전쟁은 어떻게 평화를 향한 염원을 이겨냈을까? 그 전쟁은 어떻게 다섯 가지 논리에 맞아떨어지나?'라고 생각해보아야 한다. 물론 다섯 가지 논리에 맞아떨어지지 않을 수도 있다. 전쟁에 대한 잘못된 생각, 즉 실패에 초점을 맞추고 갈등의 가짜 원인을 찾아 거슬러 올라가기 때문에 야기되는 잘못된 생각이 많다.

다섯 가지 논리를 적용하면, 언제 전쟁이 일어나는지 더 정확히 예측할 수 있다. 지금까지 이 책에서 말하고자 한 핵심적인 교훈이 있다면, 어느 경우든 우리가 가장 신뢰할 수 있는 예측은 평화라는 것이다. 작은 충돌과 살상이 가끔 벌어지지만 결코 전면전으로 치닫지 않는 적대적 평화가 가능할 수 있다. 또 다른 교훈은, 다섯 가지 논리가 존재하더라도 우리를 반드시 전쟁으로 내몰지는 않는다는 것이다. 정확히 말하면, 다섯 가지 논리가 존재하면 전쟁 가능성이 커질 수 있지만 확실한 것은 아니다. 달리 말하면, 우리가 확률적으로 생각해야만 한다는 뜻이다. 이런 경쟁이 그 자체로는 무척 취약해 보이지만, 상대적으로는 안정적일 수 있다. 예컨대 우리는 조종사가 언제 좁은 협곡을 비행하고, 언제 드넓은 하늘을 비행하는지 판단하고, 전방의 희미한 빛을 뚫어지게 내다보며 협곡이 넓어지는지, 기상이 악화되는지 알아내려고 애써야 한다.

그렇게 할 때 우리는 우연한 사건의 중요성을 인정할 필요가 있지만, 그런 사건에 지나치게 시선을 빼앗겨서는 안 된다. 전쟁에 대한 대부분의 설명은 인간의 임의적인 실수, 경제적 혼란, 자연재해, 행운의 쿠데타, 뜻밖의 신형 무기에 대한 이야기로 가득하다. 이 모든 것이 자기 몫을 한다. 그러나 전쟁의 원인을 특이한 사건이나 사람의 탓으로 돌리는 것은, 세계 최고령자가 어떻게 죽었는지 묻고 '독감'이라는 대답을 얻는 것과 크게 다르지 않다. 맞는 말이지만, 독감 바이러스가 실질적인 쟁점은 아니다. 우연한 사건은 기본적인 것들이 경쟁자에게 운신의 여지를 거의 남겨주지 않는 경우에만 중요하다. 달리 말하면, 대부분의 경우에 전쟁은 오차항 error term에 있는 듯하다는 뜻이다. 오차항은 우리가 중요한 설명을 빠짐없이 고려한 뒤에도 남는 것을 가리킨다. 비유해서 말하면, 조종사를 뒤흔들어놓는 작은 돌풍, 혹은 예기치 못한 엔진 고장과 같은 것이다. 그런 오차항이 없으면 매끄러운 비행이 예측되고, 대부분의 경우 예측대로 비행이 이루어진다. 그러나 커다란 돌풍이 들이닥치면 비행기가 추락할 수 있다. 싸움은 대체로 처음에 그렇게 시작된다. 그러나 다섯 가지 원인이 먼저 양쪽을 그런

취약한 상황으로 몰아갔기 때문에, 바로 그런 이유에서만 전쟁이 시작될 뿐이다.[43]

평화로 가는 길은 이런 기본적인 것들에 집중하는 것을 뜻한다. 하지만 우연한 사건에 대응할 수 있다. 돌풍이 우리 비행기를 협곡 쪽으로 밀어낼 때 우리는 방향을 틀면 된다. 그러나 더 중요한 것은 취약한 상황에서 빠져나오는 것이다. 다시 말하면, 좁은 협곡에서 벗어나는 것이다. 다시 말하면, 한 번의 실수나 한 발의 우연한 탄환, 한 번의 무시무시한 돌풍에 사회 전체가 뒤흔들리는 위험을 떨쳐내고, 지도자들에게 자유롭게 운신할 여지를 주어야 한다는 뜻이다. 다행히 우리는 지도자들에게 어느 방향을 가리켜야 하는지 알고 있다. 안정되고 성공한 사회들을 추적해보면, 몇 가지 바람직한 공통점이 발견된다.

평화로 가는 길
2

7

상호의존

'유레카'는 호박 가공 공장이 일리노이주의 반대편 구석으로 이전한 안타까운 날까지 호박의 세계 수도를 지칭하는 데 사용되었다. 그러나 지금도 그 세계 수도는 자그마한 기독교 계열 리버럴 아츠 칼리지liberal arts college(학부 중심의 대학) '유레카 칼리지'에서 학생들을 배출하고 있다. 그 대학의 가장 유명한 졸업생은 그곳에 1932년 처음 발을 들여놓았고, 50년 후 졸업생들에게 축하 연설을 하기 위해 다시 돌아왔다. 로널드 레이건Ronald Reagan(1911~2004)이 대통령직에 오른 지 1년 되는 때였다. 그의 연설을 듣기 위해 모인 군중이 그 작은 도시에 넘쳐흘렀다.

레이건은 외교 문제, 특히 소련을 어떻게 대할 것인가를 연설의 주제로 선택했다. 냉전이 어느새 네 번째 10년의 중반에 접어든 때였다. 전임자들의 정책, 즉 데탕트^{détente}라고 불리던 불안한 휴전은 빈사 상태에 빠진 실패작이나 다를 바가 없었다. 흔히 말하듯, 데탕트로 전쟁을 피할 수 있었지만, '상호 확증 파괴$^{mutually\ assured\ destruction,\ MAD}$'라는 상존하는 위험은 동결되었을 뿐 여전히 존재했다.

레이건은 지구 위를 맴도는 핵 위협을 종식시키고 싶었다. 소련이 쇠락하고 있어, 미국에 유리한 방향으로 협상을 끌어가고 싶었지만, 그때까지 그 방법을 확실히 몰랐다. 그러나 그날 청중들에게 말했듯이, "평화는 갈등이 없는 상태가 아니다. 평화는 평화로운 수단으로 갈등을 다스리는 힘이다"라는 기본적인 원칙은 있었다. 이 책에서 다루는 개념들을 지금까지 이보다 더 잘 압축해 표현한 문구는 없는 듯하다.[1]

결국 '인간 사회를 어떻게 조직할 것인가?'라는 문제를 두고 일어난 다툼이었다. 수천 년 전에는 아테네와 스파르타 사이에 국한되었던 다툼이 이제는 범세계적으로 확산되고, 화력이 파멸적인 수준으로 확대된 게 다를 뿐이었다. 1980년대쯤 양쪽에서 조립된 핵무기들이 사용되면, 지상의 모든 생명체가 완전히 멸절될 지경이었다. 전쟁 비용이 어마어마했고, 냉전의 협상 범위는 그야말로 파이 전체였다. 그런데 왜 동서는 합의점을 찾아낼 수 없었던 걸까?

그날의 연설에서 레이건은 미국인들에게 전쟁보다 협상이 언제나 더 낫다는 사실을 깨우쳐주려 애썼다. 냉전시대에 대부분의 지도자도 그렇게 느꼈다. 수십 년 동안 그들은 직접적인 충돌을 그럭저럭 넘겼다. 그러나 냉전이 열전으로 확대되지 않은 동안에도 경쟁 국가들은 몇 번이고 아마겟돈 문턱까지 치달았다.

1962년의 쿠바 미사일 위기는 널리 알려진 예지만, 거의 알려지지 않은 충격적인 위기도 있었다. 1983년 어느 이른 아침, 모스크바 외곽의 비밀 사령부에서 경보장치가 요란하게 울리기 시작했다. 다섯 발의 대륙간탄도미사일이 미국에서 발사돼 모스크바로 향하고 있다는 분석도 알려졌다. 몇 주 전, 소련이 실수로 한국 민항기를 격추해 승객 전원이 사망한 사건이 있었다. 게다가 레이건은 언젠가부터 소련을 '악의 제국'으로 칭하기 시작했다. 소련 당직 장교는 '선제 핵공격인가?'라고 생각했지만, 양측 모두에게 천만다행으로 선뜻 결정을 내리지 못했다. 오히려 기계 결함일 가능성이 크다고 추정했다. 나중에 밝혀졌듯이 그 추측이 맞았다. 그는 자신의 직감을 믿고 보복 공격을 취소했다.[2]

역사책들은 전쟁이 일어나지 않았던 이 잠잠한 시기를 가볍게 넘긴다. 하지만 냉전시대는 일반적인 생각보다 위험했고 전쟁에 가까웠다. 앞에서 언급한 사건처럼 위기 위발의 순간들은 우리에게 중대한 교훈을 준다. 깨지기 쉬운 평화를 믿고 산다는 것은 너무도 위험하고 가련한 짓이라는 사실이다. 모든 동기가 타협을 가리켰지만 미국과 소련은 협상 범위를 극도로 좁혀놓았다. 양쪽의 견제받지 않는 지배자, 이데올로기적 가치, 모호한 의도, 위험할 정도로 요동치던 권력, 극도로 잘못된 인식은 우리 세계를 위험에 빠뜨렸다.

따라서 전쟁은 결코 최선의 전략이 아니며, 큰 굴욕을 당한 갱단과 인종 집단과 국가도 대부분의 경우에는 평화를 모색한다고 말해도 완전히 잘못된 것은 아니다. 그러나 우리는 내부의 폭력을 견디며 사는 것보다 더 나은 삶을 열망한다. 그 때문에 군사력을 동원해 노골적으로 협박해서라도 더 나은 협상 결과를 얻어내려 한다. 따라서 오류의 여지가 더 허용되는 세계, 즉 우리 사회를 끌어가는 조종사들이 위험천만한 협곡 사이에서 끝없이 경쟁하는 것보다 확 트인 맑은 하늘에서 마음껏 비행하도록 허용하는 것이 바람직하다. 레이건, 더 나아가 미하일 고르바초프가 원했던 것이 바로 그것, 즉 벼랑 끝 협상 전략을 벗어나 더 큰 회복탄력성을 지닌 평화를 구축하는 것이었다.

성공한 사회들은 정확히 그렇게 해냈다. 2부에서는 안정되고 평화로운 사회가 경쟁을 어떻게 평화적으로 관리했는지 살펴보려 한다. 특히 네 가지에 초점을 맞출 것이다. 첫째는 '상호의존interdependence'이다. 지금까지 우리는 경쟁자를 독립적인 존재로 보았다. 경쟁자들은 상대방의 만족이나 고통에 전혀 관심이 없었다. 그러나 성공한 사회와 그 안의 집단들은 명쾌하게 구분되지 않는다. 경제적으로나 사회적으로, 또 문화적으로 서로 촘촘히 얽혀 있다. 나머지 세 가지는 이어지는 장에서 차례로 다룰 것이다. 제도적으로 '견제와 균형checks and balances'을 갖춘 안정된 사회는 지도자에게 소수보다 다수의 의견을 경청하도록 유도한다. 평화로운 사회는 법과 사회적 규범은 물론이고, 규칙을 집행하는 조직까지 갖춘 국가다. 끝으로, 평화로운 사회에는 폭력 사태가 벌어지더라도 폭력을 멈추는 데 도움이 되는 '개입intervention'이라는 도구상자가 있다.[3]

경쟁 관리를 위한 도구들이 인류 역사에서 지금만큼 발달한 시절은 없었다. 최근에 인지과학자 스티븐 핑커Steven Pinker는 사회학과 심리학 등 많은 사회과학에서 찾아낸 성과들을 종합해, 오늘날 대부분의 사람이 각자가 속한 사회에서 과거 어느 때보다 덜 폭력적이라고 주장했다. 어떤 면에서든 사회와 사회 간의 전쟁도 예전보다 줄었다.[4] 이런 성공의 이유는 2부에서 제시할 요인들(상호의존, 견제와 균형, 국가의 성립, 개입)을 통해 설명할 수 있을 듯하다. 그 요인들이 다섯 가지 종류의 실패를 상쇄하며 정상적인 타협을 가능하게 해준 덕분일 것이다. 첫 번째 조건, 상호의존으로 시작해보자.

얽히고설킨 이해관계

바브리 마스지드Babri Masjid, 즉 '바부르의 모스크'는 거의 500년 동안 북인도의 도시 아요디아에 서 있었다. 묵직한 돌로 지어진, 세 개의 웅장한 잿빛 둥근 지붕이 씌워진 그 신전은 끝없이 이어진 분쟁의 근원이었다. 힌두교인들이 아요디아를 성지, 즉 신성한 영웅의 탄생지로 여기며 숭상한 때문이었다. 게다가 힌두교인들 중에는 무슬림 지배자들이 수세기 전에 아요디아에 모스크를 세움으로써 그곳의 신성함을 훼손했다고 믿는 급진적인 신도가 적지 않았다. 따라서 그 모스크는 허물어져야 마땅하다고 힌두교인들은 주장했고, 당연히 무슬림들은 그 주장을 받아들이지 않았다. 교착 상태가 계속되자 정부는 어느 쪽도 그 건물을 사용하지 않는 게 가장 안전하다는 결정을 내렸고, 그에 따라 수십 년 동안 그 건물은 빈 채로 방치되었다. 1990년쯤에는 벽들이 먼지와 덤불로 뒤덮였다.

하지만 바부르의 모스크는 신생 정당인 인도인민당Bharatiya Janata Party, BJP에는 최적의 쟁점거리가 아닐 수 없었다. BJP가 표방하는 힌두교 민족주의 운동은 인도의 국법과 일상생활에 힌두교의 가치를 깊이 반영하려는 운동이었다. BJP는 폭넓은 지지를 얻기 위해 고군분투했지만 1984년 총선에서 겨우 2석을 얻었을 뿐이었다. 그 후로 BJP는 바브리 마스지드의 철거를 요구하는 캠페인을 시작했다. 그 모스크를 공격해 파괴한 전략은 폭발적인 호응을 얻었고, 힌두교 민족주의자들의 표에 반反이슬람 세력을 더할 수 있었다. 바브리 마스지드의 파괴는 BJP가 내걸어 가장 성공한 구호 중 하나였다.

1990년, BJP 당수는 인도 전역에서 대대적인 행진을 할 거라고 선포했다. 그 행진은 뉴델리에서 멀리 떨어진 서쪽 해안 도시 솜나트에서 시작해 수천 개의 마을과 도시를 지나면서 전국을 관통한 끝에, 아요디아와 그 '경멸스러운' 모스크에 도착하는 것으로 끝맺을 예정이었다. 당 간부들이 곳곳의 도시에서 행진을 함께 하며 전투적인 연설을 서슴지 않았고, 그때마다 수많은 힌두교인이 차량 행렬에 동참했다. BJP가 주도한 행렬은 곧 인도에서 최대의 정치운동이 되었고, 바부르의 모스크는 힌두교가 반대하는 모든 것을 상징하게 되었다.

그로부터 2년이 지난 1992년, 군중이 아요디아에 운집했다. 10만 명을 훌쩍 넘을 듯한 힌두교인이 그 모스크 밖에 모였다. 그들의 손에는 쇠몽둥이와 삽, 큰 망치가 쥐어져 있었다. 그 후에 일어난 사태를 BJP 지도자들이 기획했다는 것은 누구도 입증할 수 없었지만, 군중이 앞으로 돌진하면서 무력한 경찰들을 밀어내고는 모스크를 공격하기 시작했다. 거대한 잿빛 먼지구름을 피우며 군중은 바브리 마스지드를 맨손으로 무너뜨렸다.

그 후로 며칠 동안, 인도의 여러 도시에서 종교적 폭동이 일어났다. 얼마나 많은 사람이 죽임을 당했는지는 누구도 정확히 모르지만, 한 추정치에 따르면 2,000명이 목숨을 잃었고, 대부분 무슬림이었다. BJP에게 바브리 마스지드 파괴는 엄청난 수의 지지자를 끌어모으는 정치적 전환점이 되었다. 오늘날 BJP는 인도에서 가장 강력한 정치세

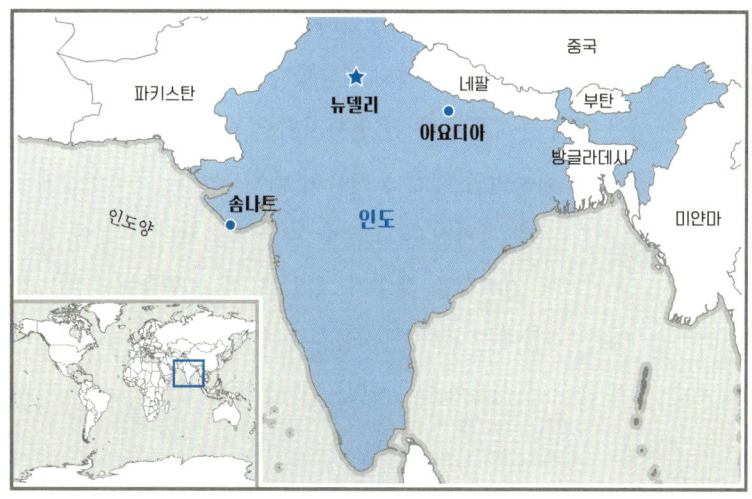

인도

력이다. 아요디아에서의 그날은 BJP가 집권 정당으로 올라서는 과정에서 가장 폭력적이었지만 가장 중요한 순간으로 기억된다.[5]

물론 이런 와중에도 인도 대부분의 도시가 그해, 더 나아가 다른 해에도 폭력에 휘말려들지 않았다는 사실은 쉽게 잊힌다. 예컨대 BJP 당수가 행진을 시작한 솜나트를 예로 들어보자. 바브리 마스지드가 파괴된 후에도 그곳에서는 종교적 폭동이 일어나지 않았다. 솜나트 같은 도시들은 어떤 점에서 달랐던 것일까?

경제학자 사우미트라 자$^{Saumitra\ Jha}$는 옛날부터 존재한 솜나트 같은 해안 도시들에서는 무슬림과 힌두교인이 사회적으로 통합되고 경제적으로 상호의존적인 것에 주목했다. 오래전부터 그들은 같은 진료소를 다녔고, 종교의 차이를 초월한 협의체를 구성했으며, 재난과 가난을 함께 이겨내기 위한 공동 조직을 운영해왔다. 또한 공동으로 투자한 사업을 시작했고, 한쪽에서 생산하면 다른 한쪽에서 외부에 판매하는 상호보완적인 경제활동에도 열중했다.

자는 이런 연계 관계를 수백 년 전까지 추적해 올라갔다. 중세시대에는 힌두교인이 전부이던 해안 도시들이 해외 무슬림 무역상들에게 정착하라고 권하는 데 그치지 않고 땅을 내주기도 했다. 덕분에 무슬림은 인도양 전역에 연결망을 갖출 수 있었고, 매년 무슬림이 메카를 순례하는 '하즈' 기간에는 거대한 직물시장이 펼쳐지기도 했다. 솜나트 같은 중세 항구 도시들에서는 이런 무역상들이 새로운 시장과 기회를 열었다.

요즘 솜나트 항만은 토사가 쌓여 수심이 얕아졌다. 오늘날 선박들은 수심이 깊고 현대적인 설비를 갖춘 부두를 원한다. 그러나 힌두교인과 무슬림 간의 오랜 교분은 사회적 연결망과 비즈니스 관계 및 다른 지역 기관을 통해 여전히 존재한다. 이런 지역사회에서는 집단 간의 신뢰 수준도 더 높아 통합이 지속된다.

그 결과로 오늘날에도 이런 중세 항구 도시들에서는 종교 간의 폭력적 분쟁이 훨씬 덜하다. 사우미트라 자의 최근 연구에 따르면, 중세부터 존재한 항구 도시들에서는 유사한 해안 도시에 비해 종교적 분쟁이 다섯 배나 적었다. 기회주의적인 지배층이 민중을 선동해 폭동을 일으키려 하더라도, 통합된 민중은 그런 선동에 관심을 기울이지 않는다. 더 정확히 말하면, 솜나트 같은 지역의 주민들은 투표를 통해 그런 호전적인 지도자를 응징한다.[6]

경제적 상호의존

경제적 상호의존이 어떻게 진행되는지 이해하기 위해 파이 분할로 돌아가보자. 가정은 여전히 똑같다. "각 집단은 자신의 비용과 편익만 따진다." 이번에는 상대 집단이 당신의 동업자거나, 당신이 상대 집단에게 적잖은 돈을 빌려준 경우에 어떻게 되는지 생각해보자. 상대는 당신의 직원이거나 고용주일 수도 있고, 당신의 상품을 주로 이용하는 주력 시장일 수도 있다. 여하튼 상대 집단에 속한 사람이 당신 기업의 행위에서 중대한 위치를 차지한다면, 상대의 죽음이나 파괴 혹은 무력화는 당신에게 물리적인 차이를 가져다줄 수밖에 없다. 당신과 그는 경제적으로 얽히고설켜 있기 때문에 그의 변화는 당신에게도 영향을 미친다.

한쪽의 중대한 변화는 우리 모형에도 직접적인 영향을 미친다. 분쟁 비용이 증가하고 협상 범위가 넓어진다. 변화가 있기 전에는 한쪽이 손상된 파이를 차지할 것으로 예상돼, 협상 범위가 20달러였다고 해보자. 어느 쪽이든 경쟁자가 모든 걸 잃더라도 신경쓰지 않았을 것이다. 그런데 양측이 협력하면 파이가 더 커지고, 그러지 않으면 파이가 더 작아진다. 가령 당신이 전쟁을 시작해서 승리하더라도 평소에 당신이 차지하던 몫이 사라진다. 그뿐만 아니라, 상대와의 상호보완성이 사라지기 때문에 당신이 파이에서 요구할 수 있는 몫도 더 작아진다. 결국 솜나트처럼 중세부터 존재한 오랜 항구 도시에서는 상호의존성으로 인해 협상 범위가 다음 페이지 그림처럼 확대되었다.

상호의존성이 전쟁의 위험 자체를 제거하지는 못한다. 여전히 이행 문제와 불확실성 및 견제받지 않는 지배자가 존재할 수 있어, 양 집

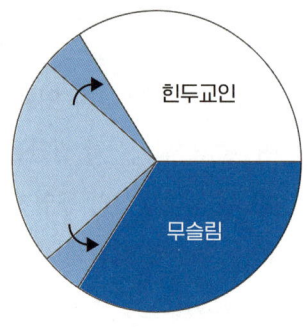

단이 전쟁으로 치달을 가능성이 배제되지는 않는다. 그러나 얽히고설킨 물질적 이해관계 때문에 이런 전쟁 조건들은 타협을 향한 평소보다 더 강력한 동기를 이겨내야 한다. 평화라는 중력이 더 강해졌기 때문이다.

이런 이론이 새삼스러운 것은 아니다. 계몽주의 시대의 위대한 정치철학자 몽테스키외Montesquieu(1689~1755)가 1748년 "상업이야말로 파괴적 편견의 치유책"이라면서 "사람들이 점잖게 행실하는 곳에는 어김없이 상업이 있고, 상업이 있는 곳에서는 사람들의 행실이 언제나 점잖다"라고 일반적인 법칙을 제시했다. 한 세대 뒤에는 정치저술가이자 혁명가였던 토머스 페인Thomas Paine(1737~1809)이 국제무역 덕분에 조직적인 전쟁이 사라질 거라고 주장했다. 다시 수십 년이 지난 1848년에는 철학자 존 스튜어트 밀John Stuart Mill(1806~1873)이 상업을 "전쟁과 대척점에 있을 수밖에 없는 개인의 이익을 강화하고 증대함으로써 전쟁을 더는 쓸모없는 것으로 신속하게 만들어버릴 것"으로 묘사했다. 이 철학자들은 산업이 평화를 가져온다고 굳게 믿었고, 그런 믿음

이 결국 자유주의 경제 질서에 대한 믿음으로 발전했다.[7]

여러 가지 이유에서 상업은 평화를 유지하는 데 중요하다. 우리 경제가 적대국의 경제와 얽혀 있지 않더라도 전쟁은 거의 언제나 기업 활동에 도움이 되지 않는다. 폭도가 당신 상점을 불태우고, 잠수함이 당신 선박을 침몰시키고, 폭격기가 당신 공장을 초토화하면 어떻게 돈을 벌 수 있겠는가? 또한 현대 세계에서 성장은 기술과 금융자본의 대대적인 투자에 크게 영향을 받는다. 따라서 우리는 투자자로부터 신뢰와 협력을 얻어야 하고, 국민이 미래의 환원을 기대하며 교육에 시간과 돈을 투자하도록 유도해야 한다. 결국 국민과 투자자 모두가 안정된 환경을 원하지, 내전의 벼랑 끝에 있는 사회를 원하지는 않는다. 일부 정치학자들은 이런 평화를 '자본주의 평화capitalist peace'라고 칭한다.[8]

경제적으로 얽힌 관계에서는 그렇잖아도 평화를 원하는 동기에 상업적인 이유로 평화를 갈구하는 동기가 더해진다. 솜나트의 힌두교인과 무슬림처럼, 경쟁 관계에 있는 두 집단이 사업적인 면에서 밀접하게 뒤얽힌 경우, 양쪽의 기업가와 금융가와 산업가는 서로 평화적인 관계를 모색하게 된다. 똑같은 논리가 국가 간의 관계에도 적용된다. 중국이 미국의 두 번째 채권국인 동시에 거대한 무역 상대국이기 때문에 양측 모두 공격적인 행동을 자제하게 된다. 게다가 다른 국가들도 두 나라의 관계로부터 영향을 받는다. 자본과 상품 시장이 통합되면 한쪽 경제에 가해지는 피해가 세계 경제로 확산되기 때문에, 모든 교역국과 투자자가 경쟁국들에게 긴장과 분쟁을 피하라고 압력을 가하게 된다. 이런 경제적 통합으로 지난 반세기 동안 미국과 중국 사이에 교역량이 증가했고, 그 결과로 전쟁 위험까지 감소한 게 아닌가 싶다.[9]

안타깝게도 국제무대에서 자본주의 평화가 자연 실험된 적절한 사례는 많지 않다. 따라서 평화가 실제로 무척 자본주의적이라고 규정하기는 어렵다. 그러나 약간의 의심을 품고 낮은 수준의 증거들을 살펴보면 더 설득력 있게 다가오는 증거들이 있다. 중세 항구가 한 예다. 사우미트라 자는 인도에서 벗어나 중동에서도 유사하지만 더 엄격하게 통제된 연구를 시행했다. 자는 이스라엘 경제학자 모세스 사요Moses Shayo와 손잡고, 이스라엘 경제가 팔레스타인과 평화에 상당히 영향을 받는다는 걸 이스라엘 사람들이 더 깊이 알게 되면 어떤 현상이 벌어질지 분석해보았다.

이스라엘에서 치열한 경쟁이 예상되는 선거를 앞두고, 자와 사요는 이스라엘 사람들에게 온라인으로 주식을 거래할 수 있는 수단을 제공했다. 더 정확히 설명하면 이렇다. 두 사람은 마케팅 회사를 통해 투자자 행동 관련 연구에 참여할 1,350명을 모집했다. 그중 절반이 실험에 참가하는 행운을 얻었고, 그들에게 투자용 애플리케이션을 통해 거래할 수 있는 주식들이 무료로 주어졌다. 처음에는 이스라엘과 팔레스타인 기업들에 적절히 분산된 주식들을 받았지만, 그 후로 몇 주 동안 원하는 대로 사고팔 수 있었다.

이 실험에 참가한 이스라엘 사람들도 평소에는 갈등의 경제적 비용을 거의 생각하지 않고 살았다. 그러나 주식시장을 눈여겨보는 과정에서 등락의 이유를 점점 의식하게 되었고, 특히 분노가 깃든 정치적 수사와 대치에 시장이 민감하게 반응한다는 걸 알게 되었다. 선거가 끝난 뒤, 마케팅 회사는 그들 모두에게 겉보기에는 아무런 관련도 없는 정치 설문조사서를 보냈다. 주식 실험에 참가한 사람들은 평화 협상을 제안하는 정당에 투표할 가능성이 5분의 1이나 높게 나타났다. 이 차이는 대부분의 선거에서 정당 간의 득표 차이보다 컸다. 만약 그 실험이 전국적으로 진행되었더라면, 힘의 균형추를 기울게 할 만큼 큰 위력을 발휘했을지도 모른다.[10]

하지만 경제적 상호의존으로 경쟁자 간의 협상 범위가 넓어진다면, 그 반대도 성립된다는 뜻이다. 다시 말하면, 사람들이 경제적으로 서로 단절된 상태에서는 전쟁이 일어날 가능성이 더 커진다는 의미다. 예컨대 나는 전쟁이 기업 활동에는 '쥐약'이라고 말했지만, 미국인들은 이 명제를 항상 사실로 받아들이지는 않는다. 내 생각에 그 이유 중 하나는, 미국의 전쟁이 대부분의 경우 외국 땅에서 벌어졌기 때문이다. 많은 생명을 잃었지만, 미국이 큰 전쟁을 벌이는 동안에도 미국 내 공장은 변함없이 돌아가, 보통 미국인들은 전쟁 비용을 완전히 체감하지 못했다. 오히려 정반대였다. 일부 학자가 주장하듯이, 국방비의 지출로 미국의 과학기술과 지배력이 크게 향상되었다.[11] 초강대국과 제국이 개인적으로나 경제적으로 전쟁의 고통을 느끼지 못할 때 해외 군사 원정을 계속할 가능성이 커진다.

또 하나의 전형적인 예는 석유 공화국들에서 발견된다. 일반적으로 말해서, 산유국의 지배자가 국민을 억압하든 이웃 나라를 침략하든 석유는 신경쓰지 않고 계속 솟구친다. 지배자는 석유를 판매하기 위해 피지배자의 동의를 얻을 필요가 없다. 오히려 정반대다. 석유가 권위주의를 부추긴다. 쉽게 통제되는 지역에 석유가 집중적으로 매장되어, 석유로부터 얻는 수익을 감시하고 장악하기가 쉽기 때문에, 독재자에게는 그야말로 완벽한 자원이다. 그 결과로, 산유국은 엘리트 계층이 주도하는 전제국가로 변해가고, 분쟁의 유혹에 취약해질 가능성이 높다. 따라서 석유와 같은 자원들은 상호의존을 추구하는 우리의 이상에 배치된다. 평화를 위해서는 다양한 형태의 경제가 서로 긴밀히 연결되고, 폭탄이 떨어지기 시작하면 소유자들이 이익은커녕 고통을 느껴야 한다.[12]

사회적 연결

지금까지는 경제적 연결에 대해 생각해보았다. 그러나 집단들은 사회적으로도 얽혀 있을 수 있고, 분열된 세계의 반대편 사람들과 관계를 맺고 그들에게 마음을 쓸 수도 있다. 일부 사회는 이런 조언을 곧이곧대로 받아들여, 자신의 딸을 적의 아들과 결혼시키기도 했다. 수백 년 동안, 유럽 군주들은 왕조 간 얽히고설킨 결혼을 통해 제국과 대륙을 하나로 짜맞추려 애썼다. 그들은 갈등을 종식하고, 희미하게 조짐을 보이는 갈등을 저지하는 게 목적이라고 명백히 밝히기도 했다. 그런 노력은 부분적으로 성공을 거뒀다. 군주들이 친인척 관계에 있는 정치적 조직체들이 서로 싸울 가능성은 약간 낮았다.[13]

다른 집단과의 결혼이 군주, 범죄 가문, 마을과 부족에는 유리하게 작용할 수 있었을지 모르지만, 21세기 세계 평화를 유지하는 데는 적합한 방법이 아닐 수 있다. 따라서 나는 훨씬 일반적이고 보편적인 종류의 사회적 관계, 즉 사회적 집단과 사회적 정체성을 뒤섞고 결합하는 데서 비롯되는 관계에 초점을 맞추려 한다. 정치학자와 사회학자의 주장이 맞다면, 이런 복합적인 관계는 안정된 다원적 사회를 구성하는 필수 요건 중 하나다.[14]

여러 요소를 서로 부드럽게 연결해주는 중요한 근원은 단순한 사회적 상호작용에 있다. 예를 들어, 각각 가톨릭교도와 프로테스탄트가 다수 주민인 두 도시가 있다고 해보자. 그래도 한 도시에서는 두 집단이 뒤섞여 함께 살고, 같은 학교에 다니고, 동호회 활동도 같이 하는 반면, 다른 도시에서는 우연한 이유로 두 집단이 따로따로 살아간다고 가정하자. 이런 상황에서 어떤 쟁점이 가톨릭교도와 프로테스탄트를 전 지역에서 갈라놓는다면, 어느 도시가 더 나은 회복탄력성을 보일까? 당연한 대답이겠지만, 사회적으로 통합된 곳이다. 우리는 상호작용을 통해 상대에 대한 애정을 키워간다(적어도 이론적으로는 그렇다). 이런 사회에서는 공격에 따른 비용이 크기 마련이고, 가톨릭교도가 프로테스탄트에게 가해지는 손해의 일부를 내면화할 것이고, 그 반대도 똑같이 성립할 것이기 때문에 협상 범위가 넓어진다. 한편, 이런 사회적 유대가 없는 곳에서는 경쟁자들이 양극화된다. 그렇다고 그들이 곧장 전쟁으로 치닫는다는 뜻은 아니다. 원래의 파이 분할 모형에서 보면, 경쟁자들은 완전히 독립되고 적대적인 관계에 있는 것처럼 보인다.

사회적 상호작용이 있을 때, 우리가 관계하며 배려해야 하는 사람의 범위가 넓어진다. 이 개념은 적어도 애덤 스미스와 그의 철학적 논문《도덕감정론》까지 거슬러 올라간다. 스미스는 우리의 동정심이 점점 확대되어 물리적 공간을 함께 공유하는 사람에게는 물론이고, 기업 활동부터 칭찬하고 꾸지람하는 일상적인 활동까지 반복적으로 상호작용하는 사람에게도 확대된다고 생각했다. 스미스는 상업이 직접적인 물질적 이해관계 때문만이 아니라 이런 사회적인 면 때문에도 평화의 밑바탕이라고 믿었다.[15]

하지만 사회적 관계에는 양면성이 있다. 누군가 사회적으로 우리에게서 멀어지면 우리의 동정심도 사그라들고 덜 이타적으로 변한다. 따라서 그들이 고통받는 걸 보더라도 우리 뇌는 예전과 똑같은 고통을 유발하지 않는다. 더구나 고통받는 쪽이 경쟁자라면, 우리의 동정심은 더욱더 줄어든다. 오히려 그들의 고통이 우리에게 즐거움을 주기도 한다. 우리는 르완다에서, 또 독일과 인도에서 지도자들이 이런 앙심과 맹목적인 증오심을 부추기려고 프로파간다를 사용하는 예를 보았다. '동정심 침식sympathy erosion'은 지도자들이 활용하는 강력한 정치적 도구다.[16]

하지만 우리가 반대편과 사회적으로 얽혀 있을 때 군중을 선동하기가 더 어려운 것은 분명하다. 다시 인도로 돌아가자. 솜나트에서만 종교적 폭동이 일어나지 않은 게 아니다. 대부분의 도시, 특히 힌두교인과 무슬림이 사회적으로 밀접하게 뒤얽힌 도시들에서는 종교적 폭동이 일어나지 않았다. 인도에는 노동조합, 전문가 협회와 스포츠 연맹, 시장 등 집단들이 연합하는 오랜 전통이 있다. 정치학자 아슈토시 바슈니Ashutosh Varshney는 이런 시민 생활을 오랫동안 연구한 끝에 "위기의 순간에 이 조직들이 동네의 치안을 유지하고 소문을 잠재우며, 지방정부에 올바른 정보를 제공하고, 긴장이 팽배한 시기에 공동체 간의 커뮤니케이션을 돕는다"는 걸 알아냈다. 일상의 접촉도 폭동을 억제하는 데 중요했다. 바슈니가 즐겨 말하듯이, "핵심은 힌두교인이 무슬림 상점 주인을 좋아하게 만드는 게 아니라, 무슬림 상점 주인도 굳이 죽이고 싶지 않을 정도로 괜찮은 사람이라는 걸 인정하게 만드는 것이다". 바슈니는 이렇게 체계화된 사회적 상호작용을 '제도화된 평화 체제institutionalized peace system'라고 칭하며, 이런 사회작용이 빈번한 곳에서는 제도화된 평화 체제가 기회주의적인 지도자들이 끊임없이 조장하고 부추기는 '제도화된 폭동 체제'를 억제한다고 주장한다.[17]

사회적 상호작용과 통합된 시민 생활이 이해의 폭을 넓혀 평화를 유지하는 데 도움이 된다는 개념을 근거로, 무수한 '사회적 접촉social contact' 프로그램이 고안되었다. 세계 전역에서 정부와 비영리조직이 적대적 관계에 있는 집단들을 스포츠 연맹, 학교, 지역 동호회의 회원으로 끌어들이기 위해 애쓰고 있다. 그들 중 일부에서 성과 관련 연구가 진행되었다. 예컨대 폭동이 잦은 나이지리아 카두나에서는 기독교인과 무슬림을 한데 모은 훈련 학교, 인도에서는 다양한 신분 계급에 속한 남자들이 참여하는 크리켓 연맹, 이라크에서는 무슬림만이 아니라 IS The Islamic State로부터 쫓겨난 기독교인까지 포함된 축구 연맹이 설립되었고, 그 성과에 대한 연구가 뒤따랐다. 이런 노력은 주로 젊은 층을 대상으로 한 단기간의 개입이어서, 여러 세대 동안 이어진 시민 생활과는 같지 않다. 하지만 짧은 접촉도 평화를 조성하는 데 도움이 되는 듯하다. 수십 건의 대조 실험에서 확인된 바에 따르면, 대부분의 경우 온건한 사회적 결속은 더 강화되고, 차별은 줄어들었다.[18]

직관적으로 생각하면, 오랜 접촉 즉 여러 세대의 상호작용이 훨씬 큰 효과가 있어야 마땅하다. 이런 직관을 뒷받침하는 증거가 많지는 않지만, 현재까지 확보된 증거에 따르면 둘의 관계가 결코 기계적이지는 않은 듯하다. 바슈니가 인도의 몇몇 도시에서 찾아낸 제도화된 평화 체제가 구축되려면 단순한 접촉 이상이 필요한 것은 분명하다.

하나의 증거는 인도네시아 정부의 야심찬 프로그램에서 발견된다. 인도네시아 정부는 독립 후 국가 정체성을 확립할 목적으로, 자바

섬과 발리섬에서 200만 명의 자원자를 모집해, 멀리 떨어진 외곽의 섬들에 새로 조성한 거의 1,000개의 마을로 이주시켰다. 그곳에서 그들은 서로, 그리고 지역 정착민들과 섞였다. 하지만 마을에 따라 사람들이 뒤섞이는 정도가 달랐다. 거의 우연히 일종의 자연 실험이 진행된 셈이다. 그렇게 새롭게 형성된 지역에 여러 종족이 공존하게 되자, 공용어 사용이 더 활성화되었고 종족 간 결혼이 더 빈번해졌으며, 집단 간 신뢰가 깊어지고 공동체 참여율도 증가했다. 반면 소수의 집단이 정착한 마을에서는 정반대 현상이 빚어졌다. 종족들이 점점 더 멀어졌고 적대적으로 변했다. 접촉이 동정심을 확대한다는 이론이 기계적으로 적용되지는 않는다는 뜻이다. 여러 집단이 공간적으로 인접한 상태에서 치열하게 경쟁하면, 평화로운 도시의 특징이라 할 수 있는 시민적 유대감, 사회적이고 경제적인 관계가 구축되기는커녕 오히려 역효과를 낳을 수 있다.[19]

사회적 연결 고리는 무작정 뒤섞이고 접촉한다고 해서 생겨나는 게 아니다. 양극화를 치유하는 해독제는 구성원들의 중첩과 충성심에 있다. 우리 모두에게는 하나 이상의 정체성이 존재하기 때문이다. 대부분의 사람은 자신을 민족과 관련짓지만 언어와 계급, 종교와 정당, 지역과 국적을 기준으로도 생각한다. 그런데 어떤 사회에서는 이런 정체성들이 복합적으로 작용하지 않고 단선적으로 서로 영향을 미친다는 게 문제다. 우간다가 대표적인 예다. 내가 이 책을 시작하면서 언급한 지역, 전쟁으로 폐허가 된 아촐리에서는 대부분의 주민이 동일한 종족으로 하나의 언어를 사용하고 하나의 종교를 믿었다. 게다가 지리적 이해관계와 (작물과 가축을 비롯한) 생계 수단 및 전쟁 같은 정치적 경험도 다르지 않았다. 우간다의 다른 지역, 예컨대 남서부의 안콜

레에 가면, 그곳 주민들은 다양한 정체성을 지니지만 그중 일부만이 아촐리 지역과 겹친다. 우간다가 양극화된 이유 중 하나가 여기에 있다. 아촐리 지역과 안콜레 지역에는 공통된 정체성을 지닌 주민이 많지 않다. 따라서 그들은 각기 다른 당에 투표하고, 자신이 속한 집단의 후보를 선호한다. 더구나 우간다는 오래전부터 종족 갈등이 있었고, 그 때문에 간혹 전쟁까지 치르기도 했다.[20]

하지만 아프리카 모든 곳에 이 원칙이 적용되는 것은 아니다. 말리를 예로 들어 설명해보자. 말리에서는 대다수 주민이 남부 지역에 모여 살기 때문인지, 주민들의 정체성이 중첩된다. 따라서 우간다에 비교하면, 정치색이 종족의 경계에 따라 분화된 정도가 심하지 않다. 그렇게 된 이유 중 하나는 800년 전의 대규모 사회 실험까지 거슬러 올라간다.

13세기에 순자타 케이타가 서아프리카 나이저강을 따라 말리 제국을 세웠다. 그 제국이 오늘날까지 존재했더라면, 경계가 서쪽에서는 세네갈부터 동쪽으로는 나이지리아까지 뻗어 있을 것이다. 하지만 그 젊은 황제는 그렇게 제국을 세운 뒤 하나의 문제에 부딪혔다. 지금도 그렇지만 당시에도 제국은 상호작용해본 적이 없는 분극화된 종족들을 하나로 묶어야 했다. 구전으로 전해지는 역사와 전통에 따르면, 케이타는 '헌장'을 도입했고, 그 '헌장'은 수세대 동안 전해졌다. 성문화되지는 않았지만 삶을 살아갈 때 지켜야 할 기본적인 규범들을 모아놓은 것으로, 세계에서 가장 오래된 헌법 중 하나였다. 일부에서는 이 규범들을 '맨든 헌장Manden Charter'이라 부르지만, 일부에서는 선포된 곳에 중점을 두어 '쿠루칸 푸가Kurukan Fuga'라고 칭한다. 이 헌장에서 신체적 위해로부터 자유로울 개인의 권리와 생명권이 보장되었고,

씨족과 연령대의 우두머리를 선출하고 승계하는 규칙들이 정해졌다. 게다가 재산권이 상당한 정도로 보호되었고, 노예 학대가 금지되었다. 맨든 헌장이 제정된 궁극적인 목적은 여러 종족이 제국 내에서 평화롭게 공존하도록 유도하고, 종족들 간의 평화를 촉진하는 데 있었다.

맨든 헌장 공포 외에도 케이타는 성姓을 이용해 제국 내의 집단들을 이리저리 결합시킴으로써 사회적 정체성이 새롭게 중첩되도록 했다. 오늘날 이런 관계는 '농담 친족 관계나 농담 사촌 관계a joking kinship or cousinage'라 불린다. 예컨대 이 규칙에 따르면, 케이타(종족적으로 말린케족의 성)라 불리는 사람과 쿨리발리(밤바라족의 성)라 불리는 사람은 '사촌' 관계다. 대체로 친족이나 사촌 관계의 성들에는 공통된 의미가 있다. 따라서 그들은 생전 처음 만나더라도 성을 통해 서로 친밀해진다. 이런 관습이 실재한다는 걸 보여주려고, 그들은 표준화된 농담으로 상대를 놀린다. 기본적으로 사촌 관계는 공간적으로 멀리 떨어진 종족과도 성을 기반으로 맺은 동맹을 뜻하며, 그 동맹은 그들에게 서로 상대를 놀릴 수 있는 권리를 부여한다. 결국 사촌 관계는 인간이 지극히 작은 것을 기반으로 집단 정체성을 만들어가는 놀라운 능력을 증명해 보인 증거라고 할 수 있다.

사촌 관계는 효과가 있어, 지금까지도 말리의 정치를 안정시키는 큰 요인이다. 정치인을 투표로 선택해야 할 때, 보통 말린케족은 말린케족 성씨의 사람을 지지하는 만큼이나, 밤바라족에서 사촌의 성을 지닌 사람에게 즐거운 마음으로 투표한다. 그렇다고 농담 친족 관계가 만병통치약은 아니다. 지금도 여전히 종족 간의 폭력 사태가 일어난다. 하지만 이런 교차 연결 관계가 그 지역의 다른 국가들에 비해 말리에서는 종족에 따른 정치의 양극화를 해소하는 데 큰 역할을 해냈다.²¹ 이것이 실제로 더 일반적으로 확인되는 현상이기도 하다. 요컨대 종족 집단들이 집중적으로 모여 사는 곳보다, 종족 집단들이 지리적으로 분산되고 뒤섞인 곳이 덜 양극화되어, 갈등에도 쉽게 휘말리지 않는 듯하다. 또 다른 정체성들이 뚜렷이 구분되는 곳과 비교할 때, 종교와 계급이 종족 집단 내에서 뒤죽박죽 뒤섞인 곳이 덜 폭력적인 것 같다.²²

또 다른 종류의 교차 정체성은 국가주의 nationalism다. 국가로서의 권위와 성장 및 그 밖의 성공은 국가라는 단위의 집단 유대감을 강화하는 반면, 국민을 갈라놓는 씨족적 유대감을 약화시킬 수 있다. 말린케족과 밤바라족은 자신들을 말리인으로 동일시함으로써 같은 집단의 구성원으로서 서로에 대한 동정심을 더 크게 가질 수 있다. 이런 현상은 일반적으로 느릿하게 진행되기 때문에 육안으로 관찰하기는 힘들다. 그러나 경제학자들이 축구에서 이런 과정의 축소판을 찾아냈다. 아프리카 25개국에서 37,000명을 대상으로 자료를 수집한 뒤, 국가대표 축구팀이 경기한 직후 조사한 경우 그들의 반응이 어떻게 달라졌는지를 분석했다. 국가대표 경기가 있은 뒤에 사람들은 종족이라는 정체성보다 국민이라는 정체성을 더 강렬하게 인식했다. 또한 다른 종족 집단의 구성원들을 더 신뢰하게 되었다고도 대답했다. 이런 변화는 모두 승리한 경우의 결과였다. 국가대표가 패한 경우에는 국가 정체성에서 아무런 변화가 없었다.

이런 변화가 하찮게 여겨질 수 있겠지만, 축구 경기 승리가 불러일으킨 국가주의는 폭력에도 실질적인 영향을 미쳤다. 그 경제학자들은 아프리카 네이션스컵 Africa Cup of Nations에 출전할 자격을 획득한 국가들을 조사했고, 아슬아슬하게 출전 자격을 놓친 국가들과 비교했다.

출전 자격을 얻은 국가들은 그 후로 거의 6개월 동안 종족 간의 폭력적 분쟁이 눈에 띄게 줄었다.[23]

물론 국가 정체성이 한 국가 내에 공존하는 하위 집단들 간의 갈등을 줄여주지만, 국가주의는 다른 국가 집단과의 경쟁에서 자기 집단 중심 주의를 부추기는 또 다른 기반이 될 뿐이다. 우리가 모두를 향한 동정심과 친밀감을 키우지 않는다면, 집단주의와 양극화로 치닫는 성향에서 결코 벗어나지 못할 것이다. 다행스럽게도 수세기 전부터 대부분의 사회가 동일시하는 대상을 꾸준히 확대해왔다.

도덕적이고 문화적인 관련성

순자타 케이타는 우리를 구분짓는 사회적 범주가 유동적으로 변하는 것이라는 근본적인 사실을 깨달았다. 사회적 범주는 시간이 지남에 따라 교역을 통해, 지속적인 상호작용이나 공공정책을 통해 생겨날 수 있다. 달리 말하면, 케이타 같은 정치인들이 좋은 의도로든 나쁜 의도로든 정체성을 결집해 굳히려고 시도할 수 있다는 뜻이다. 심지어 새로운 정체성을 조작해 만들어낼 수도 있다. 엄격히 말하면, 민족성도 시간과 더불어 구축된 것이다. 프랑스인, 아출리족, 백인, 라틴계 등의 개념은 영원무궁한 사회적 범주가 아니다. 대부분의 이런 정체성은 지난 150년 전에 나타나서 굳어진 것, 즉 조작된 것으로 지금도 계속 진화하고 있다.[24]

대체로 이런 정체성은 우리 마음에 각인된 이미지다. 정치학자 베네딕트 앤더슨 Benedict Anderson(1936~2015)의 표현을 빌리면, '상상의 공동체imagined community'다. 이런 정신적 공동체가 점점 커졌다는 게 지난 수백 년 동안 일어난 가장 심대한 변화 중 하나다. 그 시간 동안, 사람들은 씨족이라는 틀을 점차 벗어나 국가라는 차원에서, 나중에는 광범위한 문명, 궁극적으로는 인류에 대해 생각하기 시작했다. 이렇게 사람들은 경제적으로나 사회적으로 직접적인 상호작용을 하지 않고도 동정심의 한계를 더 큰 집단으로 넓혀갔다.[25]

예컨대 머나먼 과거에 일반 프랑스 시민은 자신의 제국이 멀리 떨어진 작은 국가와 전쟁을 하더라도 신경쓰지 않았다. 그 나라 사람들은 믿는 신이 다르고 풍습과 피부색도 달랐기 때문이다. 이런 '타자'는 신체만이 아니라 정신적으로도 달랐다. 문명화되지 않아, 프랑스인의 눈에는 인간 이하의 존재로 보이기도 했을 것이다. 그러나 그 후로 '모든 인간은 평등하므로 존엄성을 누리고 자결권을 가져야 마땅하다'라는 새로운 이데올로기가 등장했다. 따라서 멀리 떨어져 사는 종족에게 가해지는 고통과 굴욕을 무시하는 프랑스인은 점점 줄어들었다. 오늘날에는 많은 프랑스인이 이런 타자를 만난 적이 없더라도 자신을 그들과 똑같은 인류 공동체의 일원으로 생각한다. 이제 그들은 도덕적으로나 철학적으로 뒤얽혀 있다. 따라서 프랑스 정부가 외국을 공격하면 프랑스 시민도 적잖은 고통을 받는다. 달리 말하면, 프랑스 정부가 외국의 파이를 가로채고 전쟁을 벌이기가 더 힘들어졌다는 이야기다.

철학자 마이클 이그나티에프Michael Ignatieff는 이런 변화를 '민권 혁명Rights Revolution'이라 칭했고, 인지과학자 스티븐 핑커는 '인도주의 혁명Humanitarian Revolution'이라고 불렀다. 둘 모두 인간이 자신을 공동체 정체성으로부터 탈피한 자율적인 개인으로 생각하기 시작했음을 뜻했다. 그 외에 '모든 인간은 마땅히 평등하게 존엄성을 누려야 하고, 자연권을 갖는다'라는 믿음도 생겨났다.

린 헌트Lynn Hunt 같은 역사가와 포나 포먼 바르질라이Fonna Forman-Barzilai 같은 철학자들은 이런 개인주의와 인권이라는 개념의 기원을 추적해 고대 그리스, 초기 기독교 신앙, 로마법까지 거슬러 올라갔다. 하지만 모두가 동의하듯이, 이런 개념들은 지금 '계몽주의 시대Age of Enlightenment'라고 일컬어지는 시기에 가장 크게 번성했다. 헌트의 설명을 빌리면, "1689년과 1776년 사이의 언제쯤인가, 특정한 사람의 권리로 흔히 여겨지던 권리가 인권, 즉 보편적 자연권으로 바뀌었다". 헌트가 1689년을 선택한 이유는, 그해에 잉글랜드의 〈권리장전Bill of Rights('모든 잉글랜드 사람all Englishmen'이 공유하게 된 권리와 자유를 요약한 문서)〉이 선포되었기 때문이다. 그렇다고 동정심이 보편적으로 확대되지는 않았다. 하지만 1776년의 미국 〈독립선언〉은 크게 달라져서, '모든 사람all men'이 평등하게 창조되었고 양도할 수 없는 권리를 부여받았다고 선포했다.

물론 고결한 선언과 노예제도 사이에는 커다란 간극이 있었다. 또 두 나라가 적극적으로 참여한 식민주의나 차별과도 어울리지 않았다. 게다가 'Englishmen'과 'men'이라는 표현에는 여전히 여성이 간과되었다(엄격히 번역하면 '모든 잉글랜드 남자'와 '모든 남자'가 되지만, 일반적인 번역을 받아들여 여기에서도 '사람'이라고 옮겼다—옮긴이). 그러나 점점 확대되는 집단은 '하나의 평등한 인류'라는 개념을 믿었다. 노예제도, 고문, 식민주의, 폭력적 처벌을 반대하는 대대적인 운동이 처음 시작된 때도 그 시대였다. 그로부터 두 세기가 지나지 않아, 그 고결한 선언이 더는 위선적으로 여겨지지 않게 되었다.[26]

이 개념과 이상이 그렇게 신속하게 확산된 이유는 무엇이었을까? 헌트는 그 원인을 읽고 듣고 보는 새로운 수단에서 찾았다. 헌트의 주장에 따르면, 소설과 채색된 그림의 폭발적인 증가로 사람들은 '타자'의 마음을 들여다보는 새로운 창을 얻었다. 공간적 거리와 사회적 경계를 넘었고, 서로 공유하는 내적인 감정과 인간성이 있다는 걸 알게 되었으며, 그로 말미암아 공감대가 형성되었다. 그리하여 더 큰 상상의 공동체가 만들어졌다. 헌트의 주장이 맞다면, 오늘날에는 국가와 민족의 경계를 넘나드는 음악과 영상과 소셜미디어가 거의 똑같은 역할을 해내며 경계를 허물어뜨리고 있는 듯하다. 스티븐 핑커 같은 학자들이나 피터 싱어 Peter Singer 같은 철학자들도 인간 이성의 중요성과, 이런 새로운 개념들의 전염성을 역설한다. 계몽주의 시대에 탄생한 일관되고 설득력 있는 철학과 세계관은 과학기술과 경제 발전을 위한 토대를 놓았고, 그 이상은 성공적으로 널리 확산되었다.

그 이상의 확산을 가능하게 해준 또 하나의 통로는 상업이었다. 계몽주의 시대 사상가들, 예컨대 몽테스키외, 토머스 페인, 존 스튜어트 밀이 무역의 확산을 열정적으로 지지한 이유는, 무역을 통한 물질의 통합 때문만은 아니었다. 교환을 통해 도덕적이고 문화적인 영역이 확장될 것이라고 믿었기 때문이었다. 또한 상업에는 인류에게 내재한 최악의 열정을 진정시키는 효과, 즉 심리의 문명화 과정이 있다고도 믿었다.[27]

이런 성취, 즉 계몽과 인권은 많은 철학자와 역사가가 오랜 시간을 두고 관찰한 결과 찾아낸 일정한 양상(인류의 확장되는 동정심 범위)의 일부다. 그렇다고 동정심이 자동적으로 무작정 앞으로만 전진하는 것은 아니다. 정반대의 사례도 쉽게 발견된다. 그러나 동정심이 확장되는 현상이 추세인 것은 분명한 듯하다. 그 이유는 아직 풀리지 않은 커다란 의문이다. 소설, 전염성을 띤 이상, 상업의 발달로 인권이라는 개념이 확산되었다고 단정적으로 말하기는 힘들다. 내 생각에는 한층 값싸진 커뮤니케이션과 여행도 이 이야기에서 한 부분을 차지해야 할 것 같다. 셋 모두의 기저에 그 두 조건이 존재하기 때문이다. 하지만 이 책의 목적에는 두 조건이 크게 중요하지 않다. 결과만이 중요하다. 그래도 이런 변화로 타자의 이해관계를 고려하려는 동정심의 경계가 확장되었고, 그 결과로 싸움은 예전보다 훨씬 용인되기 어려운 것이 되었다.

8

견제와 균형

에이머스 소여Amos Sawyer(1945~2022)는 부드럽게 말하면서, 주변의 젊은이들이 대화를 주도해 끌어가도록 내버려두곤 했다. 약간 뚱뚱한 몸매에 흰 머리칼을 짧게 자르고 '염소 수염'을 기른 소여는 자상한 할아버지 같은 분위기를 풍기는 교수였다. 안타깝게도 소여는 1990년대 중반, 오래 지속되던 전쟁 중에 고국 라이베리아를 도망치듯 떠나야 했다. 그는 미국 인디애나주 블루밍턴의 인디애나대학교에 정착했다. 오랜 친구였고 훗날 노벨 평화상을 수상한 엘리너 오스트롬Elinor Ostrom(1933~2012)이 그를 그곳에서 가르치고 책을 쓰도록 초빙한 덕분이었다.

블루밍턴에서 소여는 우간다 북부에서 자행된 폭력을 연구하는 대학원생 지니 애넌을 만났다. 그녀가 박사학위 과정을 시작했을 때 소여의 고국은 폭력의 불길에 휩싸여 있었다. 그러나 지니와 내가 우간다 내전에 대한 공동 연구를 끝내갈 즈음, 라이베리아는 거의 10년 만에 처음으로 평화를 누리고 있었다. 어느 날, 소여는 조국으로 돌아가겠다고 선언했다. 신임 대통령이자 아프리카 최초의 여성 국가수반 엘런 설리프Ellen Sirleaf가 소여에게 도움을 요청했기 때문이기도 했다. 지니가 소여에게 조국에 돌아가 무엇을 할 수 있겠느냐고 묻자, 소여는 "직접 와서 보세요"라고 대답했다. 그래서 2008년 여름 우리는 몬로비아로 향했다.

14년간의 전쟁과 불안정한 시대가 막 종식된 뒤여서 라이베리아의 수도는 폐허와 다를 바가 없었다. 뜨거운 열기와 습도, 습지와 열대우림은 나에게 한여름의 플로리다를 떠올려주었지만, 비슷한 점은 그것으로 끝이었다. 몬로비아의 도로는 포장된 곳보다 움푹 팬 곳이 더 많았다. 대형 호텔과 정부 건물들은 절반쯤 불타 뼈대만 남겨진 처참한 상태였다. 유엔과 신생 정부가 몇몇 건물을 개축해 그곳에서 일하고 있었다. 나머지는 임시변통으로 마련한 난민촌으로, 형형색색의 너덜너덜한 방수포 아래에 쪼그려 앉은 난민들로 가득했다.

제대로 돌아가는 게 없었지만, 몬로비아의 분위기는 희망으로 넘쳐흘렀다. 파키스탄, 네팔, 나이지리아 같은 곳에서 파견된 15,000명의 평화유지군이 라이베리아의 치안을 맡았다. 비행기에는 사업을 시작하겠다거나 그저 조국을 돕겠다는 원대한 꿈을 품고, 마침내 고국으로 돌아오는 라이베리아 사람들로 가득했다. 비교적 정직한 정부가 능력을 발휘하면서 서서히 통제권을 되찾고 있었다. 몬로비아 주민들도 마침내 평화를 되찾았다고 믿기 시작했다.

라이베리아 장관들과 해외 기관의 수장들로 구성된 협의회는 새로운 질서를 확립하기 위해 혼신의 힘을 다했다. 그들은 갈등의 근원을 해결하기를 원했다. 당시 라이베리아에 있던 사람이면 귀에 딱지가 앉을 정도로 자주 들은 말이었다. 협의회는 매주 내무부의 냉방 시설이 잘 갖춰진 방에서 커다란 탁자를 둘러싸고 앉았다. 지니와 나도 그들 틈에 끼었다. 그들은 불만을 품은 퇴역 군인들을 위한 일자리부터 종족 갈등을 해소하기 위한 화해 프로그램까지, 수십 개의 프로젝트와 아이디어를 두고 치열한 토론을 벌였다.

하지만 내가 그 협의회를 비롯해 어디에서도 거론되는 걸 들은 적이 거의 없는 근원의 하나는, 믿기지 않을 정도로 중앙에 집중된 라이베리아의 권력이었다. 또 의사결정을 분산하고, 다른 정치조직에도 권한을 부여하자는 프로젝트가 협의회 회의장에서 제안되는 걸 본 적도 없다. 여하튼 중앙정부 장관들에게는 국가적 차원에서 권한을 유지하는 게 이익인데 굳이 권한을 양도할 이유가 있었겠는가? 해외 기관들도 중앙 주권 국가를 상대하는 임무를 맡고 있을 뿐, 지방정부와 시민사회를 상대할 권한이 없었다. 지역 실세라는 이유로 정부와 옥신각신하는 조직들을 상대하고 싶어 하지 않았다. 게다가 그들은 당시 대통령 설리프를 좋아했다. 설리프는 대통령에 당선되기까지 세계은행과 유엔에서 근무한 유능한 관리였고, 라이베리아를 올바른 방향으로 끌어가고 있는 듯했다. 라이베리아에서 권력이 조금이라도 분산되었더라면 평화가 더 빨리 찾아왔을까? 많은 사람에게, 권력 분산은 오히려 더 큰 분열을 조장하는 이야기로 들렸다.

그러나 소여의 생각은 달랐다. 그는 장관들과 해외 기관들이 실망스러울 정도로 근시안적이라고 생각했다. 공식적인 권한이 한 곳에 집중되고 시민사회가 허약한 까닭에, 라이베리아의 '민주주의'는 6년마다 독재자를 새로 선출하는 데 그칠 수밖에 없었다. 달리 말하면, 최고의 자리를 두고 경쟁을 벌이지만 권력을 견제한다고 할 만한 것이 없다는 이야기였다. 외교관들은 설리프 같은 인물이 당장은 6년 동안 구속받지 않는 최고위직에 있는 걸 보는 것으로 만족했다. 소여도 설리프를 존경했지만 "라이베리아가 다시 불운의 나락으로 떨어지면 어떻게 되겠는가?"라는 의문을 제기했다. 다음 선거에서 주사위가 잘못 던져져 국민이 냉혹한 군벌을 대통령으로 선택하면 어떻게 되겠는가? 라이베리아의 체제는 거대한 러시안룰렛 게임판과 비슷했다. 지금도 대부분의 취약한 국가들이 똑같은 위험을 떠안고 있다.

라이베리아 제헌위원회의 의장으로서 소여는 게임판의 구조를 바꾸고 싶어 했다. 많은 선진국에서 그렇듯이, 그는 지방정부에 세금을 부과하고 지출할 수 있는 권한을 부여하고자 했다. 또 시장을 대통령이 임명하지 않고 시민이 선출할 수 있기를 바랐다. 상원과 하원이 실질적인 헌법적 권한을 갖기를 원했고, 관료조직이 행정부의 변덕을 뒷바라지하는 데 급급하지 않고 통치자로부터 한층 독립된 위치에서 일할 수 있기를 바랐다. 소여는 또 서아프리카 국가 연맹 같은 초국가적 조직을 만들어, 경제 정책과 인권 감시에 대해 발언할 수 있기를 기대하기도 했다. 그는 이런 조건들이 갖춰질 때 평화와 번영으로 가는 길이 확립될 거라고 주장했다.

소여는 자신의 주장을 학문적 연구들로 뒷받침하고, 세계에서 가장 안정되고 성공한 국가들에서 수세기 동안 실험된 헌법으로부터 얻은 교훈들을 언급했다. 게다가 과거에 라이베리아의 국가수반이었다는 개인적인 정치 경험도 그의 주장에 신뢰와 권위를 더해주었다. 반군이 1989년 라이베리아를 침략하자, 엘리트들은 망명해서 서아프리카의 작은 나라 감비아에 모였다. 그들은 각자 특정한 지역이나 정당을 대표하는 인물들이었다. 반군과 정부군이 라이베리아의 통치권을 두고 치열하게 싸울 때 망명객들은 겸손하고 원칙주의자인 학자 소여를 임시 대통령으로 선출했다. 소여는 몬로비아에서 4년을 버텼지만 군벌 세력의 압력에 결국 대통령직에서 밀려나고 말았다.

그러나 정치인으로서 소여는 총을 들고 설치는 사람들과 완전히 달랐다. 무엇보다 소여는 한결같이 겸손했다. 지니는 블루밍턴에서 소여가 처음 강의했던 때를 또렷이 기억했다. 소여는 자신을 교수라고 소개하고는 곧바로 강의를 시작했다. 그래서 엘리너 오스트롬이 "그리고 라이베리아의 대통령이었습니다"라고 덧붙여야 했다. 하지만 더 중요한 것은, 행동하는 학자로 살면서 대통령직까지 경험한 덕분에 남다른 관점을 갖게 되었다는 점이었다. 소여는 자신과 설리프 같은 훌륭한 지도자들에게도 권한을 더해주기는커녕 억제하는 게 낫다고 생각했다. 그는 일련의 저서와 논문을 통해, 많은 사회가 실패한 근원을 추적했다. 그 결과로, 중앙에 지나치게 집중되고 견제받지 않는 권력이 라이베리아와 아프리카 대륙, 더 나아가 세계의 많은 지역에서 일어나는 갈등의 근본적인 원인이라고 주장했다. 결국 견제와 균형이 해결책이었다.[1]

안정된 사회에는 중심이 많은 이유

권력을 분산하고 의사결정권자에게 책임을 묻는 이유 중 하나가 지금쯤이면 명확해졌을 것이다. 그래야 지배자가 전쟁 비용을 내면화하기 때문이다. 이렇게 할 때 우리가 전쟁을 벌이는 첫 번째 이유, 즉 견제받지 않는 이해관계가 해결된다. 하지만 권력 분산이 나머지 네 가지 이유도 해결할 수 있을까?

전쟁을 벌이는 무형의 동기, 예컨대 명예욕이나 복수심을 권력 분산으로 제거할 수 있을까? 권력이 많은 사람 또는 여러 정부기관으로 나뉘면, 결정이 더는 지배자의 변덕스러운 취향의 영향을 받지 않게 된다. 선출된 총리와 대통령도 폭군만큼이나 영예를 탐할 수 있지만, 그런 개인적인 욕망을 충족시키기 위해 국가를 전쟁으로 몰아가려면 폭군보다 힘든 시간을 거쳐야 한다. 잘못된 인식의 경우도 마찬가지다. 지배자들도 어차피 인간이다. 권력이 사유화된 체제에서 국가는 지배집단의 편향(혹은 어리석은 광기)에 휘둘리기 마련이다. 하지만 권력자들이 제약을 받고, 의사결정 과정이 제도화되면, 지배자의 실수가 다른 관련자들에 의해 조정된다.

개방된 체제에서는 정보가 원활하게 전달되어 불확실성도 줄어든다. 우리는 무수히 많은 방법으로, 예컨대 투표장이나 길거리에서, 활기찬 언론을 통해, '좋아요'와 리트윗을 확보함으로써 자신의 의도와 강점을 표현할 수 있다. 견제받는 정부는 상대적으로 더 투명하다. 정치 행위를 공개하면 국가 간의 소음이 줄어들고, 그에 따라 한쪽에서 상대에게 엄포를 놓을 가능성도 줄어든다. 한 국가 내에서 집단 간의 불확실성도 당연히 감소한다. (이런 이유에서 많은 권위주의 정권에서도 방향을 수정하기 위해 선거를 실시하고, 필요할 때 검열할 수 있을 정도로 대중의 반대를 허용하는 것이다. 겉모습을 멋지게 보이려고 그렇게 하는 것이 아니다. 불확실성이 줄어들고, 독재자에게 어떤 사람 또는 어떤 사상이 대중에게 주목을 받는지 알려주기 때문이다. 이를 통해 얻는 정보를 바탕으로 통치 방법, 즉 억압하는 방법을 수정함으로써 혁명을 예방하기도 한다.) 제도화된 독재정권은 정보를 수집하는 과정에서 오류를 최소화할 수 있어, 많은 국내 갈등을 피할 수도 있다.[2]

끝으로, 견제받는 지도자는 이행 문제의 덫에 빠질 가능성도 낮다. 권력이 분산되면, 다른 기관들이 지도자에게 집단 안팎의 경쟁자들에게 믿을 만한 약속을 하도록 지원할 것이기 때문이다. 전권을 지닌 무소불위한 대통령을 예로 들어 그 이유를 설명해보자. 카리스마를 지닌 망명자가 조국을 침략하겠다고 위협하며, 파이에서 상당한 몫을 내놓으면 폭력적으로 싸우지 않겠다고 제안한다. 이렇게 한쪽이 집을 완전히 태워버리겠다는 위협을 할 때 대체로 정치적인 거래가 이루어진다. 그러나 전권을 지닌 지배자라면 이런 위협을 달래기 위해 무엇을 할 수 있을까? 입법부나 내각의 한 자리를 약속할까? 많은 보안부대 중 한 곳을 지휘할 권한을 약속할까? 대통령이 서너 달 뒤에 약속을 뒤집고 그 도전자를 감옥에 내던져버리지 못하게 하려면 어떻게 해야 할까?

하지만 인류의 역사를 돌이켜보면, 적잖은 지배 집단이 헌장과 의회 등 권력을 제약하는 형태로 약속에 신뢰성을 더하는 방법을 찾아냈고, 상당한 성공을 거뒀다. 초기 잉글랜드 통치자들은 가장 성공한 부류에 속한다. 잉글랜드에서는 11세기에 봉건체제의 등장으로 제약이 시작되었다. 뒤따라 13세기에는 〈마그나 카르타 Magna Carta〉가 선포되었고, 14세기에는 처음으로 의회가 구성되었으며, 17세기에는 명예혁명 Glorious Revolution이 일어나면서 마침내 의회가 우위로 올라섰다. 그 후에는 투표권이 연이어 확대돼, 결국 모든 성인이 권력을 공유하게 되었다. 이 모든 제도적 장치 덕분에 시간이 지남에 따라 권력을 분할하겠다는 지배자의 약속이 지켜졌고, 지배자와 민중 사이의 평화로운 협상도 가능해졌다. 어떤 경우에는 제약을 받는 군주가 다른 국가와의 협상에서 더 큰 신뢰를 줄 수 있었다. 여하튼 독재자와의 협상은 그가 지배하는 동안에만 지속될 뿐이지만, 법치국가에서 의회와의 협상은 지금의 지배자가 사라진 뒤에도 지속된다.[3]

요컨대 권력을 분산하고 의사결정권자에게 책임을 물으면 전쟁을 일으키는 다섯 가지 위험이 줄어들 수 있다. 내가 결국 '민주주의'를 말하는 거라고 생각하는 독자가 있을지 모르지만, 나는 민주주의라는 용어를 여러 이유에서 사용하기를 애써 피한다. 첫째로는 민주주의가 사람에 따라 다른 걸 뜻하기 때문이다. 대부분의 경우, 민주주의는 선거의 실시를 뜻한다. 그러나 '1인 1표'와 '다수결 원칙'은 강력하고 안정된 민주 제도에 대한 피상적인 설명에 불과하다. 선거를 통한 대통령 선출도 전쟁으로 이어질 수 있는 중앙집권화된 권력의 문제를 해결하기에는 충분하지 않다. 라이베리아의 사례가 보여주듯이, 깨끗한 선거도 국민에게 일시적인 독재자를 선택할 권한을 주는 것에 불과할 수 있다. 깨끗한 선거로도 권력자들의 연대를 통한 은밀한 거래를 막을 수는 없다. 대통령의 기호와 열정은 언제라도 외교 정책을 극단으로 몰아갈 수 있다. 권력이 집중된 체제는 이행 문제에 취약할 수밖에 없다. 전능한 대통령도 후임자를 구속할 수 없기 때문에, 또 권력이 집중된 체제에서는 국내 경쟁자와 권력을 나누기가 거의 불가능하기 때문에 이행 문제에 더더욱 취약할 수 있다. 물론 일시적인 독재자가 항구적인 독재자보다는 훨씬 낫지만, 충분히 좋은 것은 아니다.[4]

따라서 나는 '견제와 균형을 통한 권력 분산'이라는 개념을 집중적으로 살펴보려 한다. 반대편의 경쟁자에게도 목소리와 영향력을 부여하는 체제에서는 승리한 연합체가 나머지에게 자신들의 뜻을 강요하기가 어렵다. 권력이 분산된 체제는 힘이 한쪽에서 다른 쪽으로 이동한 경우에 한층 유연하게 대응할 수 있는 체제이기도 하다. 선진 민주국가는 권력자가 바뀌어도 안정적인데, 가장 큰 이유 중 하나가 권력 분산이다. 그러나 비非민주국가에서도 통치자의 예측 불허한 변덕을 견제할 수 있다. 모든 독재체제가 사유화되는 것은 아니기 때문이다. 비민주국가의 유형도 무척 다양하다. 예컨대 비민주적이지만 고도로 제도화된 국가도 적지 않다. 그런 국가에서 중앙의 통치자는 여전히 막강한 권력을 지니지만, 당 기구와 지역 정치인들, 독립된 군부, 부유한 재벌, 방대한 관료조직에도 상당한 권력이 주어진다. 물론 이런 국가들은 안타깝게도 여전히 자유롭지 못하지만, 뒤에서 보듯이 견제와 균형 덕분에 안정적이다.

'견제와 균형'에 초점을 맞추려는 내 연구 전략이 새로운 것은 아니다. 수세기 전에 형성된 정치사상의 전통을 따를 뿐이다. 중앙에 집중된 권력이 결국 라이베리아에서 호전적인 폭군을 낳을 거라는 소여의 두려움은 최초의 현대 민주주의, 즉 미국을 설계한 선각자들이 걱정했던 것과 조금도 다르지 않았다.

영국에 승리한 뒤, 미국 건국자들은 미래의 폭군으로부터 공화국을 지켜낼 방법을 고안해내야 했다. 다행스럽게도 조지 워싱턴에게는 미국의 황제가 되겠다는 욕심이 없었다. 워싱턴은 대통령을 종신직으로 하자는 요구, 대통령을 '폐하 His Majesty'로 호칭하자는 요구를 거부했다. 그러나 어떻게 해야 미국이 미래에 지도자를 선택하는 룰렛 게임에서 패하는 걸 막을 수 있을까? 어떻게 해야 야심적이지만 무원칙한 지도자가 정권을 잡는 걸 예방할 수 있을까? 갓 탄생한 미국의 건국자들은 이런 위험에 강박적으로 매달렸다. 그들은 유권자들이 항상 사려 깊고 온건한 지도자를 선택할 거라고는 믿지 않았다. 적정한 견제 장치가 없으면 권력을 탐하는 선동가가 언젠가는 대통령직을 차지하게 될 거라고 걱정했다.

워싱턴과 같은 버지니아주 출신의 정치인 제임스 매디슨James Madison(1751~1836)이 하나의 해법을 내놓았다. 매디슨은 겉모습부터 워싱턴과 확연히 달랐다. 조지 워싱턴은 훤칠한 키에 건장하고 당당한 체구였지만, 스무 살쯤 어린 매디슨은 키가 152센티미터도 되지 않는 작은 체구였고, 만성적으로 질병에 시달려 목소리에도 힘이 없었다. 그러나 매디슨만큼 미국 헌법을 위해 깊이 생각하며 많은 글을 읽고, 주변 사람들을 설득하며 글을 쓰고, 목소리를 높인 사람은 없었다.

미국의 건국자들에게 영향을 준 계몽주의 시대 사상가들처럼, 매디슨은 인간의 본성을 비판적으로 보았다. 매디슨이 삶의 귀감으로 삼은 격언 중 하나는 "권력을 가진 사람을 믿어서는 안 된다"였고, 다른 하나는 "통치자 혹은 통치 집단은 기회가 주어지면 어김없이 세력을 키운다. 선출된 지도자도 다르지 않다"였다.

이 때문에 13개 주는 처음에 진정한 국가수반을 두지 않은 채 운영됐다. 1780년대 대부분의 기간 동안 '대통령president'은 의례적인 지위에 불과했고 임기도 1년이었다. (게다가 'president'라는 직책의 명칭도 독립된 권위체가 아니라 입법부를 주재하는 사람을 지칭하려고 선택된 것이었다.) 하지만 해외 분쟁과 국내 사태를 관리하려면 공화국에 진정한 행정수반이 필요하다는 게 곧 분명해졌다. 따라서 헌법 설계자들은 두 가지 문제(실질적인 정부의 필요성과 집중된 권력에 대한 불신)를 적절히 조절하는 방향으로 국가 제도를 재설계하기 시작했다.[5]

에이머스 소여가 수세기 뒤에 그랬듯이, 조용한 매디슨은 제헌회의와 의회 및 대중 언론에서 자신이 차지하는 위치를 활용해 견제와 균형을 갖춘 시스템의 중요성을 역설했다. 물론 행정수반은 반드시 필요했다. 그러나 매디슨은 정부의 많은 부서에 권력을 분산하고, 각 부서가 다른 부서의 구성원을 임명하는 데 관여하지 못하도록 "야망에는 야망으로 대응해야 한다"라고 말했다.[6]

모든 학생이 학교에서 가장 일반적인 형태의 견제와 균형을 배운다. 정부가 행정부, 입법부, 사법부 세 곳으로 분할된다고 배운다. 그러나 권력 분할을 여기에서 중단하는 것은 실수다. 다른 층위의 정부에도 권력을 분산할 수 있다. 예컨대 기초 자치단체와 광역 자치단체에도 세금을 징수하고 지출하며 규제하는 권한을 양도할 수 있다. 절차와 규범의 전문성을 이유로, 선출된 정치인들로부터 독립된 관료 조직, 이른바 '딥 스테이트deep state'를 육성하는 것도 정당을 견제하며 국가의 연속성을 기대할 수 있다는 점에서 견제와 균형을 실현하는 또 다른 방법이다. 일부 책임을 국가보다 큰 권위체에 넘기는 것도 권력 분산의 한 방법이다. 국내 정치인들은 사회 간의 약속, 즉 조약과 국제 조직, 협정과 연합회 등의 견제하에 균형 잡힌 시각을 요구받을 수 있다. 끝으로, 정부 외곽에서 조직적으로 영향력을 행사하고 시위하는 공식·비공식 조직들도 견제와 균형에 적잖은 몫을 한다.[7]

정치학에서는 이런 현상을 '다중심 거버넌스polycentric governance(권력과 의사결정이 여러 곳의 독립적인 기관에서 이루어지는 정부)'라고 칭한다. 하지만 다중심주의는 헌법적 설계를 넘어선다. 견제와 균형은 법의 힘de jure power(공식적인 규칙과 제도적인 설계)으로부터만 오는 게 아니다. 실질적인 권력이 어떻게 분할되느냐가 견제와 균형에 큰 역할을 한다. 내가 여기에서 말하는 '실질적인 권력de facto power'은 공식적인 권한이나 법, 심지어 선거가 없이도 타자의 행동에 영향을 미칠 수 있는 힘을 뜻한다. 이 책에서 지금까지 협상에 대해 언급할 때마다 실질적인 힘을 염두에 두고 말했다. 인간 사회에는 세 가지 주된 실질적인 힘이 있는 듯하다. 나는 그 세 가지를 3M(군사력, 동원력, 물질력)이라고 일컫는다.

군사력military might에 대해서는 길게 설명할 필요가 없을 것이다. 미국을 건설한 선각자들은 군사력이 무척 중요하므로 소수의 손에 들어가지 않도록 경계해야 한다는 걸 알았다. 따라서 힘이 집중된 연방군을 견제할 목적으로, 매디슨은 각 주에 주방위군을 두고 군대를 운영할 권리를 헌법으로 보장하자고 제안했다. 다른 국가들과 마찬가지로, 미국도 전쟁을 시작하고 전쟁 예산을 수립할 때 의회의 승인을 의무화함으로써, 또 군대를 여러 군으로 분할하는 동시에 민간이 군부를 통제하는 전통을 조성함으로써 군사기구의 중심을 여러 곳에 두었다.

동원력mobilizational might은 민중 의식을 고양하고, 규범에 변화를 일으키며, 유권자들을 투표장으로 유도하고, 파업으로 공장을 멈춰세우며, 사람들을 길거리와 광장으로 불러내고, 관리들을 응징하며 곤경에 빠뜨리는 능력을 뜻한다. 동원력이 골고루 분포된 사회는 하나의 권력체가 신문과 방송을 장악할 수 없는 사회, 교육받은 시민들이 많은 시민단체를 만들어 조직적으로 행동하는 사회, 종족과 종교 집단이 추종자들을 선동할 수 있어도 한 명의 지도자가 모두의 열정을 좌지우지할 수 없는 사회다. 시민을 투표장으로 유도하는 힘은 동원력

중 하나에 불과하며, 많은 국가에서 그것은 가장 중요한 힘이 아니다.

마지막으로 물질력material might이 있다. 생산수단을 다수가 소유하는가, 아니면 소수가 소유하는가? 식민지 시대의 미국에서 북부의 주들은 소규모 자작농과 작업장이 다수를 이뤄, 부가 그런대로 적절히 분포되어 상대적으로 평등한 다중심 사회였다. 대규모 농장, 광산과 유전에 기반해 소유와 부가 집중된 경제는 상대적으로 불평등하고 독재적인 경향을 띤다. 요컨대 다중심 사회의 정반대편에 위치한다.[8]

정리하면, 견제와 균형을 갖춘 사회는 규칙이 영향력을 발휘하는 사회일 뿐만 아니라 힘의 이런 일상적인 근원들이 다수에 의해 관리되는 사회이기도 하다.

다중심적 평화

이 모든 것을 종합하면, 하나의 설득력 있는 이론(제약이 많은 사회가 더 평화롭다)으로 귀결된다. 이 이론을 검증하기는 쉽지 않다. 한 사회의 견제와 균형을 평가하기 위한 가장 단순한 첫 단계조차 까다롭다. 많은 제약이 비공식적이고 문서화되어 있지 않기 때문이다. 그럴듯한 대조 실험도 없다. 통치자가 더 많은 멍에를 메고 더 많은 책임을 지게 되면 다른 것들이 변하는 경향이 있다. 예컨대 선거가 더 잦아지고, 경제가 발전하며, 무역이 활성화된다. 하지만 몇몇 양상은 견제와 균형이 제대로 갖춰진 집단일수록 다른 집단과 전쟁을 벌이거나 반란이 일어날 가능성이 낮다는 이론에 맞아떨어진다.

적을 공격할 가능성이 가장 높은 체제는 소수에게 권력이 집중된 독재정권과 군사정권인 반면, 전쟁을 벌일 가능성이 가장 낮은 체제는 민주국가와 제도화된 전제국가다. 달리 말하면, 견제를 거의 받지 않는 독재자가 지배하는 국가가 이웃 나라와 전쟁을 벌일 가능성이 가장 높다. 이런 상관관계는 세계의 모든 국가를 둘씩 짝짓고, 그 둘이 싸웠는지 매년 조사한 방대한 자료를 근거로 발견한 것이다. 연구자들은 새로운 변수(예를 들어, 체제의 유형)를 추가하고, 그 변수가 전쟁과 관련성이 있는지 추적하는 방식으로 각자의 전쟁 이론을 검증한다. 무역이나 소득 수준 같은 다른 변수들을 통제함으로써 우리의 결론이 잘못된 게 아니라는 확신을 더해준다.

예컨대 정치학자 제시카 위크스Jessica Weeks는 다양한 독재정권을 유형별로 분류해서, 모든 권위주의 정권이 똑같지는 않다는 걸 보여주었다. 사유화된 독재정권과 군사정권이 가장 호전적인 정부 유형이었다. 또 다른 정치학자, 일리노이대학교의 최승환은 제약을 더 직접적으로 측정해보려 했다. 그가 찾아낸 결론에 따르면, 법적인 권력 분할과 갈등 감소는 상관관계가 있다. 다시 말하면, 대통령이 입법부에 의무적으로 자신의 결정에 대해 설명해야 하거나, 입법부와 더 많은 권한을 나누는 사회가 더 평화적인 경향을 띤다.[9]

이런 경향은 이른바 '민주평화론democratic peace'이라는 유명한 개념과 관계가 있다. 민주평화론은 적어도 1795년, 즉 이마누엘 칸트가 "통치자가 전쟁을 하기 위해 피지배자들의 동의를 필요로 한다면 한층 신중하게 결정을 내릴 것"이라고 말한 때까지 거슬러 올라간다. 맞는 말이다. 학자들이 통계를 분석해 밝혀낸 바에 따르면, 민주국가들이 서로 공격을 주고받는 경우는 거의 없다. 민주국가가 전쟁에 참전하는 이유는 독재국가를 응징하려는 것이며, 이때에도 먼저 싸움을 시작하는 경우는 극히 드물다. 민주국가가 다른 국가에서 일어난 전쟁을 지원하는 경우도 있다. 대리전쟁이나 게릴라 조직에 대한 자금 지원, 억압적인 동맹 정부에 대한 무기 지원이 대표적인 예다. 하지만 이 모든 경우에 갈등의 피해자는 외국에 있어, 민주국가의 지도자들에게 책임을 추궁할 방법이 없다.[10] 그러나 우리가 이런 경향을 민주평화론이라 부르더라도, 내 육감에 중요한 것은 선거만이 아니라 관련된 국가의 다중심주의다. 제도화된 독재국가는 다른 국가를 상대로 전쟁을 빈번하게 벌이지는 않는다는 사실에 근거한 육감이다. 제시카 위크스가 대표적인 예로 제시한 쿠바는 권력이 대규모 정치조직(공산당), 강력한 세력을 지닌 실력자, 영향력을 보유한 기업, 다층적 구조의 광역 및 기초 자치단체 등에 광범위하게 분포되었다. 이런 국가에서는 정부가 선출된 사람들로 구성되지 않지만, 많은 면에서 다중심적이다. 선진 민주국가와 달리, 제도화된 독재정권에서 정부는 시민에게 직접적으로 책임을 지지 않는다. 그렇지만 그곳의 민중들도 적국을 경솔히 공격하지 않고, 지도자들은 민중의 분노로 인한 결과를 두려워한다.

내란과 반란을 겪은 국가들을 분석한 결과에서도 다중심주의의 중요성이 확인된다. 거듭 말하지만, 학자들의 연구에는 현실적인 약점이 있다. 자연 실험을 마음껏 많이 할 수 없기 때문이다. 그러나 강력하게 제도화된 국가는 민주체제든 독재체제든 안정적인 반면, 사유화된 정권은 소멸될 가능성이 상대적으로 높다. 5장에서 다룬, 내전에 내재한 이행 문제를 기억해보라. 권력이 집중된 상황에서는 정부가 내부의 도전 세력에게 무기를 포기하라고 설득하는 게 무의미하다. 정부가 많은 제약을 받는 국가에서 내적인 갈등이 오랫동안 지속되거나 반복될 가능성이 낮은 이유가 여기에 있다. 또한 종족과 종교가 다양하게 분포된 국가가 다수결 원칙을 가급적 피하고, 합의에 기반한 형태의 정부를 선택하는 이유도 여기에 있다. 그런 정부에서는 권력이 분산되고 권력의 공유가 가능하기 때문이다. 종족과 지역에 기반한 권력의 공유가 안정을 보장하는 힘인 듯하다.[11]

끝으로, 몇몇 연구자는 특수한 사례를 들여다보려고 법적인 권력과 실질적인 권력의 변화에 대한 자료를 수집했다. 이 연구는 아직 초기 단계지만, 좁은 틈바구니에서도 책임의식과 견제와 평화를 개선하는 게 가능함을 우리에게 말해준다. 하지만 어떻게 해야 가능할까? 독재국가에 산다면 대통령궁 밖의 민원함에 제안서를 슬쩍 떨구는 것만으로는 충분하지 않다. 어떻게 해야 우리 사회가 강력한 지방정부, 권력분립, 협상력을 광범위하게 확보할 수 있을까?

더 견제받는 사회를 향하여

제약과 민주화를 다룬 모든 연구서에서 확인되는 공통점 하나는, 견제와 균형이 투쟁을 통해 점진적으로 성취된다는 것이다. 과학기술과 경제 발전 및 상황으로 실질적인 힘(물질력, 동원력, 군사력)이 점진적으로 대중에게 조금씩 주어지면, 대중은 그 힘을 사용해 통치자로부터 양보를 얻어냈다. 그 양보가 통치자의 손을 조금 더 강하게 묶는 제도의 수정이었고, 어떤 경우에는 소외된 사람들에게 부분적으로 투표권을 허용하는 것이었다. 하지만 이런 조치는 반란을 피하는 정도에 불과했고, 그 이상은 아니었다. 나이지리아의 정치학자 클로드 아케^{Claude Ake}(1939~1996)가 정확히 말했듯이, "민주주의는 주어지는 게 아니다. 싸워서 쟁취해야 하는 것이다".[12]

견제와 균형이 투쟁을 통해 느리게 주어진다는 주장에 실망하는 사람도 있을지 모르겠다. 하지만 다른 관점에서 보면, 힘든 상황에서도 평등과 평화를 조금씩 확보해가는 무수한 기회(사회가 조금씩 쟁취하는 법적인 제도의 작은 변화, 실질적인 권력의 작은 이동)가 있다는 증거이기도 하다. 이 정도가 활동가와 시민단체, 외국의 민주주의 운동가가 실질적으로 시도할 수 있는 규모와 야망이 아닌가 싶다. 내 생각에는 이 정도로도 용기를 북돋우기에 충분하다. 이 책도 뒷부분에서 이런 단편적인 접근을 반복해서 소개하고 다룬다.

먼저 법적인 규정을 개선해나가야 한다. 이에 대한 연구가 제시하는 결론은 명확하다. 작은 변화가 중요하다. 이를 확인하는 한 가지 방법은, 정당과 활동가가 약자에게 더 많은 목소리를 허용하는 규칙을 조정한 시기들을 분석하는 것이다. 예컨대, 브라질은 전자식 투표기를 도입함으로써 유권자가 후보자의 얼굴 사진과 정당 로고를 볼 수 있어 문맹자도 투표할 수 있도록 했다. 이 변화는 당선자 결정에 큰 영향을 미쳐, 가난한 사람을 위한 정책과 지출이 달라질 수밖에 없었다. 시에라리온과 베냉에서는 연구자들이 여러 정당을 설득해 토론회, 타운 홀 미팅, 예비선거 등을 통해서 유권자에게 더 많은 정보를 제공하고 후보자에게는 더 큰 책임의식을 갖도록 하는 실험을 실시했다. 그 결과로 유권자는 더 많은 정보를 얻었고, 더 나은 후보들이 출마했으며, 매표^{買票}가 줄어들고 공공재가 늘어났다. 중국에서도 좋은 예를 찾을 수 있다. 1980년대에 중국은 마을위원회 선거를 도입하기 시작했다. 시간을 두고 조심스럽게 개혁을 진행해, 처음에는 일부 마을에만 적용해서 그 과정을 살펴본 뒤에 점차 확대하는 전략을 사용했다. 지역 선거로 지역 지도자들이 책임의식을 갖게 되고, 해당 마을에서 실질적인 정책 변화가 일어난 게 확인되었다. 토지가 더 폭넓게 공유되었고, 부패만이 아니라 소득 격차까지 줄어들었다. 이런 성공에 고무되어, 중국 공산당은 결국 마을 선거를 전국으로 확대했다.[13]

항상 그렇듯이, 정반대의 경우도 가능하다. 규칙을 약간만 바꿔도 권리를 빼앗기는 계층이 생길 수 있다. 미국에서 확인되는 현상이다. 남북전쟁 이후, 남부 주들은 흑인의 투표권을 제한하려고 문맹 테스트와 인두세를 도입했다. 이런 법규를 도입한 카운티에서는 흑인 투표자 수가 크게 줄었고, (당시 흑인에게 반감을 드러낸) 민주당이 성장했으며, 교육 등 흑인을 위한 공공재 지출이 축소되었다. 오늘날에도 미국에서는 여러 주에서 비슷한 이유로 투표권을 제한하려는 시도가 도모되고 있다.[14]

물론 우리의 의문은 이런 작은 변화가 갈등에도 영향을 미치느냐다. 증거가 희박하지만, 나는 그렇다고 생각한다. 예컨대 아프리카계 흑인에게 투표권을 제한하는 한 세기가 지난 뒤, 민주당과 공화당은 차별적 법률 개정을 금지하는 1965년의 선거권법을 통과시켰다. 그 결과로 흑인 투표자 수가 크게 증가했다. 한 연구자는 남부의 카운티들을 비교한 결과, 일부가 그 법의 규정에 영향을 받았다는 사실을 제외하면 모든 면에서 비슷하다는 사실을 밝혀냈다. 이 법의 보호를 받은 카운티에서는 폭력적 형태를 띤 정치 불안이 절반으로 줄었다. 19세기 잉글랜드를 연구한 학자들도 비슷한 결과를 찾아냈다. 개혁으로 더 많은 사람이 혜택을 누린 지역은 더 평화로워졌다.[15]

하지만 실질적인 권력에도 개선이 필요하다. 물질적인 부와 자원이 상대적으로 공평하게 분배되고, 대중이 폭넓게 동원되며, 군사 무기가 널리 분포된 사회에서는 견제와 균형이 진화된다는 게 기본 개념이다.

안타깝게도 그 개념을 뒷받침하는 구체적 증거가 희박하지만, 내 생각에는 설득력 있게 들리는 주장이 적지 않다. 예컨대 문해율을 높이고 교육권을 확대하는 정부 프로그램은 잠재 소득과 목소리를 높임으로써 실질적인 힘을 분산하는 역할을 한다. (검열기구의 방해에도 불구하고) 소셜미디어도 목소리를 널리 확산하는 역할을 해낸다. 산업 기반을 확대하고 임금을 인상하는 경제 정책은 시간이 지남에 따라 더 개방적이고 더 견제되는 사회로 이어진다. 시민을 최악의 생활 조건으로부터 구해내고 그날 배를 채우는 것보다 더 큰 목표에 초점을 맞춘 빈곤 퇴치 정책도 마찬가지일 수 있다. 결국 파이를 더 폭넓게 분배하는 정책을 펼칠 때 사회를 지배하는 권력이 점차 균형을 이루고, 국가는 평화를 향해 조금씩 움직여 나아갈 것이다.

이때 외부인들이 중요한 역할을 할 수 있다. 해외 기관들이 막대한 자금과 무기 및 권위를 지닌 경우가 많다. 따라서 그들이 자원을 어떤 방향으로 사용하느냐가 실질적인 힘에 중대한 영향을 미친다. 학교와 도로 건설, 지역사회 보조금, 일자리 창출 프로그램 등 분산형 개발을 추진하면 실질적인 힘이 폭넓게 분산된다. 하지만 그들이 대부분의 원조금을 중앙정부를 통해 전달하고, 최고권력자만을 상대하면서 국방군의 훈련과 무장에 주력하면, 권력이 분산되기는커녕 더욱더 집중된다. 안타깝게도 국제 원조와 외교 시스템은 대체로 다중심주의가 아니라 권력의 집중화를 부추기는 경향이 있다. 그 때문에도 우리 세계가 조금씩 불안해지는 듯하다.[16]

9

규칙과 집행

메데인을 거의 초토화시킨 싸움과 벨라비스타 교도소로 다시 돌아가보자. 하지만 당구 전쟁 이야기를 완전하게 하려면 약간 더 많은 등장인물이 필요하다. 그들 대부분은 나이를 먹어 희끗한 머리칼에 배가 불룩하게 나온 마피아 리더들이다. 하지만 지금은 그들이 메데인을 평화롭게 이끌어가는 진짜 주역들이다.

내가 메데인을 방문하고 처음 몇 달 동안에는 그런 사실을 전혀 알지 못했다. 우리는 하급 조직원과 중간 계급의 콤보들을 주로 상대했다. 그러나 그마저도 쉽지 않았다. 젊은 데다 의심이 많아, 소수의 콤보만이 우리 교수단에게 자진해서 입을 열었다. 동료들과 내가 하루 종일 실망스러운 인터뷰를 끝내고 교도소를 나서던 어느 날, 교도소장이 우리를 멈춰세우더니 "떠나기 전에 두목급이 갇힌 곳을 방문해 보시겠습니까?"라고 물었다.

교도소장은 우리를 독방동으로 데려갔다. 늙수그레한 사람들이 느긋하게 휴게실에 앉아 있었다. 교도소장은 우리를 그들에게 소개하고는 떠났다. 검은 콧수염을 덥수룩하게 기르고 운동복 바지에 러닝셔츠만 입은 곱슬머리 남자가 벌떡 일어나더니 얼굴까지 붉힌 채 화난 목소리로 두서없이 뭐라고 말하고는 휴게실을 뛰쳐나갔다. 상당히 흥분한 듯했다. 다른 사람들이 차분한 목소리로 사과했는데, 친절하게 느껴졌다. 대부분이 50대나 60대로 보였다. 한 남자는 자신을 범죄조직의 변호사라고 소개했고, 다른 한 남자는 '사업가businessman'를 자처했다. 마지막 사람은 쾌활하고 수다스러운 30대로 여드름 흉터가 얼굴에 가득했다. 우리가 알기에, 메데인에서 가장 큰 빈민가를 지배하던 악명 높은 젊은 두목이었다.[1]

노인들은 여드름 자국의 젊은 두목에게 거의 모든 것을 미뤘다. 그가 우리에게 질문하기 시작했다. 우리가 누구인가? 우리가 원하는 게 무엇인가? 우리는 충실히 대답했다. 잠시 후, 그가 의자에 등을 기대고 앉았고, 전반적인 태도가 크게 달라졌다. 우리에게 활짝 웃어 보이는 등 우호적으로 대했고, 농담도 서슴없이 건네며 우리에게 편하게 질문하라고 권했다. 놀랍게도 그들은 숨김없이 대답했고, 때로는 길게 이야기하기도 했다.

하급 조직원들과 달리, 두목들은 메데인 교도소에서도 안전했고 자신감이 넘쳤으며 강력한 힘을 발휘했다. 그들의 정확한 수입 등 몇몇 주제는 언급 자체가 금지되었지만, 그들이 메데인의 갈등을 어떻게 관리하는지에 대해서는 적극적으로 설명했다. 그들로서는 따분하게 시간을 보내고 있었기 때문에 적극적으로 인터뷰에 응했겠지만, 워낙 말하는 걸 좋아하는 데다 메데인의 평화를 위해 그들이 어떤 역할을 했는지 세상에 알리고 싶은 욕심도 있었을 것이다.

몇 년의 시간을 두고 우리는 수십 명의 두목을 인터뷰했고, 처음에는 무질서한 세계로 보였던 곳에 감춰진 질서가 있다는 걸 알게 되었다. 메데인에서 암약하는 수백 명의 콤보는 정교하게 계급화된 범죄조직에서 가장 낮은 곳에 위치한다. 길거리의 갱으로 마약을 팔고, 버스와 작은 상점을 갈취해서 근근이 먹고산다. 그러나 메데인에서 진짜 큰돈은 빈민가의 가난한 사람들에게 마약을 팔아 벌어들이는 게 아니다. 범죄조직들은 점점 정교해지면서 대기업을 갈취하고 범세계적인 마약시장을 위해 돈세탁하는 방법을 터득하게 되었다. 그들은 콤보들이 소매로 판매하는 마약을 대량으로 취급하는 중개상이기도 하다. 이런 강력한 마피아 같은 조직들은 '라소네스razones(라손의 복수)'라고 자칭한다. 공교롭게도, 당구 전쟁에서 싸운 두 갱단 중 하나인 파첼리가 '라손razón'이었다. 엘메사의 강력한 동맹이자 후원 조직 로스차타스도 톰이라는 핵심 인물이 이끄는 라손이었다.

몇 년 전, 파첼리와 로스차타스를 비롯해 수십 곳의 라손이 '자신들만이 아니라 대략 400명에 이르는 콤보들도 싸우지 않도록 예방하는 방법을 찾아내야 한다'라는 절박한 합의에 이르렀다. 합의가 실패할 경우의 결과는 불을 보듯 뻔했다. 벨라비스타 교도소에서 당구 전쟁이 벌어지기 몇 년 전, 두 강력한 라손 두목들이 메데인의 지배권을 두고 싸웠다. 메데인의 다른 모든 범죄조직이 둘 중 하나를 편들었다. 그 결과, 메데인은 잠시 세계에서 폭력이 가장 치열하게 난무하는 지역이 되었다. 그 전쟁으로 라손들은 엄청난 대가를 치러야 했다. 많은 조직원이 죽은 것으로 그치지 않았다. 그때까지 두목들의 가장 큰 방패였던 '가림막'이 벗겨진 게 더 큰 손실이었다. 신문에 그들의 사진이 실렸고, 조직들의 이름이 선명하게 인쇄되었다. 게다가 정교하게 짜인 조직표까지 밝혀지면서, 경찰과 기자들이 돈을 추적하기 시작했다. 그리하여 그들 중 다수가 벨라비스타 교도소에 감금되었다.

라손들은 사태를 진정시키고 자신들을 지키기 위해 규칙 제정자, 중재자, 집행자로 서서히 변신해갔다. 그들은 협상이 결렬되는 이유를 직관적으로 파악했고, 문제를 하나씩 해결하려 애쓰면서 타협을 가능한 쪽으로 끌어갔다.

먼저, 각 라손은 자신의 영역에서 활동하는 콤보들을 조직화했다. 라손이 불법적인 물건과 용역을 대량으로 다루는 일종의 도매상이었기 때문에 콤보들, 즉 길거리 갱들은 하나의 라손과 일찍부터 관계를 맺고 있었다. 라손들은 자기 영역 내 콤보들 간의 분쟁과 경계를 관리하면서, 정치적 역할도 자임하기 시작했고, 콤보들이 결탁해 마약 가격 올리는 걸 지원했다. 한 콤보가 경쟁자들보다 낮은 가격에 마약을 판매하려 하면, 경쟁자들이 라손에게 달려가 불평하고 판결을 얻어낼 수 있었다. 따라서 폭력을 동원해 공격을 할 필요가 없었다. 게다가 콤보들은 경쟁자가 자신의 판매 구역을 침범해 강탈하지 모른다는 걱정을 할 필요도 없었다. 라손이 그런 공격을 엄중히 단속했고, 설령 싸움이 벌어지더라도 신속히 종결시켰다. 콤보들은 대부분의 경우 라손의 간섭을 받지 않고 자율적으로 움직였지만, 라손은 주변의 콤보들에 대해서도 위계를 세우며 지역 패권자가 되었다. 따라서 메데인은 400개의 지역으로 쪼개진 도시가 아니라, 15개 남짓한 범죄연합체가 모인 곳이었고, 각 연합체의 꼭대기에 라손이 있었다.

이런 범죄연합들 간의 분쟁을 해결하고 경쟁을 관리할 목적으로, 라손들은 협상 테이블을 마련하고 관리위원회를 설립했다. 그 관리위원회에는 '라오피시나La Oficina(영어로는 Office)'라는 이름이 붙여졌다. 라오피시나 덕분에 라손들이 서로 소통하고 협상하기가 한결 쉬워졌고, 협상 결과를 집행하는 방법을 조율하면서 약속에 신뢰성을 더할 수도 있었다. 라손들은 이렇게 이뤄낸 합의에 '기관총협정El Pacto del Fusil'이라는 이름을 붙였다. 평화를 지키기 위해 필요한 경우 사용할 도구를 공개적으로 언급한 명칭이었다. 결국 당구 전쟁은 저절로 종결된 게 아니었다. 라오피시나와 기관총협정에 의해 잠재워진 것이었다. 교도소에 투옥된 파첼리와 엘메사의 조직원들이 서로 공격하고 있을 때 톰을 비롯한 두목들은 마주 보고 앉아, 경쟁자들을 화해시켜 전쟁이 도시 전체로 확대되는 걸 막았다.

얄궂게도 콜롬비아 정부가 콤보와 라손의 고위급 인물들을 체포해 같은 독방동에 수감함으로써 그들이 협정을 맺고 유지하는 걸 도왔다. 다른 파벌의 두목들이 교도소에서 서로 얼굴을 맞대고 교류하며 신중한 신뢰 관계를 구축했고, 정보를 교환하며 불확실성을 축소시켰다. 그들 모두가 한곳에 감금된 까닭에 약속의 이행 가능성을 더 신뢰할 수 있었다. 메데인에서 대부분의 범죄자는 잠시나마 교도소를 거쳐가야 했기 때문에 라오피시나는 계약 집행과 평화 유지에 반드시 필요한 도구가 되었다. 라오피시나에서 결정한 명령을 어긴 사람이나 그의 감금된 친구들은 목숨을 부지하기 힘들었다. 그 때문에 라손이 더 강력해지는 불행한 결과를 낳았지만, 평화를 위해서는 그 정도의 부작용은 정부가 기꺼이 감당해야 할 대가였다.

메데인의 라손들은 각자의 영역에서 국가와 약간 비슷했다. 그들은 범죄 총독으로서 경쟁 규칙을 정했고, 폭력 사태가 발생하면 진압했다. 국가는 폭력을 통제하는 기관의 한 예에 불과하다. 모든 기관이 그렇듯이, 국가의 유효성은 규칙을 세우고 집행하는 데 있다. 국가는 행위자들을 관찰하고 감시하며, 분쟁을 심판하고, 관할권 내에서 규칙을 위반한 사람을 처벌한다. 공교롭게도 세계 최초의 국가들은 메데인의 라손들과 무척 비슷했다. 지역 군벌이 군주가 되어 안보와 정의를 제공하며 그 대가를 받았고, 무질서한 세계에서 질서를 원하는 주민들의 요구에 부응했다. 인류의 역사에서 초기 정부는 기본적으로 평화를 유지할 때 금전적인 이익을 얻는 범죄자들의 조직이었다.[2] 라손이 그랬듯이, 초기 정부도 불평등하고 억압적이었으며, 어느 정도만 효율적이었다. 유일한 미덕은 질서가 전혀 없는 상태보다는 나았다는 것이다. 다행스럽게도 오늘날에는 대부분의 국가가 라손보다는 훨씬 효과적으로 운영된다. 예컨대 요즘의 정부는 더 예측 가능하고 공정한 규칙을 제정해서 더 믿을 만하게 집행한다. 게다가 대부분의 국가가 라손보다 합법적이고 책임감 있게 운영된다. 뒤에서 보겠지만, 이런 모든 이유에서 국가가 폭력을 통제하는 데 일반적으로 훨씬 더 낫다.

    라손이 국가와 비슷하다면, 라오피시나와 기관총협정은 세계의 국제기구(국가 간의 폭력을 통제하려는 규제기관)와 비슷하다고 할 수 있다. 거듭 말하지만, 모든 제도적 기관이 그렇듯이, 국제기구도 규칙을 제정해 집행하며 국가 간의 협력을 원활하게 하려고 애쓴다. 유엔 안전보장이사회를 예로 들어보자. 라오피시나 및 기관총협정과 많은 공통점이 있다. 다루기 힘들고 불평등하며, 조직력이 약하고, 자신이 속한 집단의 이익을 추구하는 냉철한 외교관들로 가득한 기관이다. 또한 평화 유지를 위한 규정의 집행에서 일관성이 없고 편향성을 띠며, 드물게만 효율적이다. 따라서 독립된 주체가 라손이든 중국이나 러시아든, 위원회 차원에서 강력한 집단 간의 협력을 관리하기는 쉽지 않다. 하지만 라오피시나가 그랬듯이 안전보장이사회도 평화를 유지하는 데 도움이 된다. 안전보장이사회의 존재 덕분에 세계가 예전보다 더 평화로운 곳이 되었다는 건 부인할 수 없다.

마을부터 시작해 갱단과 국가, 심지어 세계까지 모든 수준에서, 성공한 사회는 이런 제도적인 기관들을 설립해 이질적인 집단들이 서로 협력하도록 지원했다. 그런 기관은 문서화된 규정부터 불문율과 크고 작은 조직까지 다양한 형태를 띠며, 규칙과 집행이 그들의 핵심 기능이다. 이 장에서는 몇몇 주요 기관이 경쟁자 간의 협상 범위를 넓히는 이유, 또 상대적으로 설립하기 어려운 기관이 존재하는 이유에 대해 살펴보려 한다.

평화의 중재자, 국가

첫 직장이 기마경찰이라는 것만큼 캐나다인을 상징하는 것은 없다. 16세에 나는 건축가가 되는 게 꿈이었다. 그래서 고등학교 제도 선생님의 도움을 받아 캐나다 왕립기마경찰Royal Canadian Mounted Police, RCMP의 건물 관리부에서 인턴으로 일할 기회를 얻었다. 일주일에 두세 번씩 나는 오후에 버스를 타고, 내가 사는 교외에서 오타와 동쪽 끝에 있는 기마경찰 본부로 갔다. 줄자와 청사진을 손에 들고 꼬불꼬불한 복도를 헤매고 돌아다녔다. 제복을 입은 남자와 여자가 내 옆을 지나가며 아무 말도 하지 않았지만, 큰 키에 맥없이 생긴 녀석이 사무실과 출입문을 측정하는 이유를 궁금해하는 듯했다. 그러나 내가 그린 도면은 수십 년이 지난 지금까지도 반영되지 않았다. 더구나 1년 동안 나는 열심히 스케치하고 다시 그렸지만, 그 거대한 건물의 극히 일부조차 조사하지 못했다.

오늘날 캐나다의 연방경찰 수는 약 3만 명에 이른다. 1874년 붉은 재킷을 입고 오타와에서부터 서쪽으로 행진하던 수백 명의 기마병에 비교하면 엄청나게 많은 수다. 당시 캐나다는 자치를 시작한 지 7년밖에 되지 않은 때였다. 새 정부는 매니토바에서부터 서쪽으로 로키산맥까지 펼쳐진 초원 지역을 순찰하고 방어할 경찰부대를 창설했다. 그 지역에는 총이나 덫을 이용하는 사냥꾼들과 토착민이 드물게 정착해 있을 뿐이었다. 하지만 미국에서 넘어온 불법적인 위스키 밀매꾼들이 문제를 일으키고 있었다. 행방불명된 말들을 두고 술에 취한 채 한바탕 분쟁을 벌인 뒤에, 밀매꾼들과 늑대사냥꾼들이 토착민 아시니보인족의 마을을 덮쳐 주민들을 학살했다. 그런 사건이 반복되자, 오타와는 경찰부대를 서둘러 창설해 서쪽으로 파견했다. 오타와 당국은 법과 질서가 식민 지역을 안정시키고, 미국의 불법적인 침략도 방지할 수 있을 거라고 생각했다.

그 후로 20년 동안, 캐나다 기마경찰은 초원지대 곳곳에 거의 열두 곳의 요새를 세웠다. 그러자 캐나다와 미국, 심지어 유럽에서도 이주민이 뒤따랐다. 수만 명의 정착민이 유입되자, RCMP의 규모도 확대돼 1890년 800명에 불과하던 경찰 병력이 1905년에는 4,000명 이상으로 증가했다. 기마경찰이 이처럼 초기에 질서를 확립한 덕분에 캐나다는 미국처럼 서쪽으로 무질서하게 확장되지 않고, 오늘날처럼 평화로운 국가로 성장할 수 있었다.

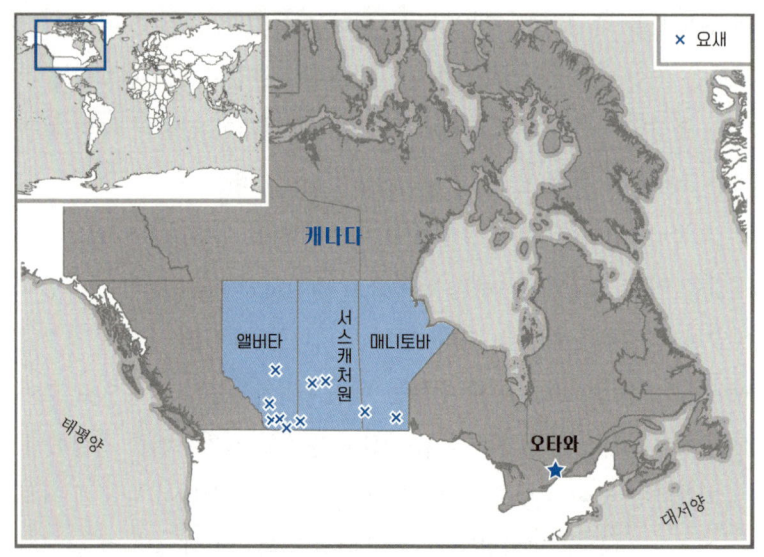

**오늘날 캐나다의 초원지대와
기마경찰이 1890년 이전에 건설한 요새들**

수년 전, 한 경제학자가 초원지대에서 RCMP 요새와 지역 공동체 간 거리가 폭력에 미친 영향을 조사하는 방식으로 이 주장을 검증해보기로 했다. 당시 남겨진 살인 기록은 없지만, 1911년의 인구조사에 따르면, RCMP 요새에서 멀어질수록 미망인의 수가 예외적으로 많았다. 그 요새들이 지금은 사라지고 없지만, 그 영향은 지금도 지속되는 듯하다. 오늘날에도 초원지대에서 그 역사적인 유물로부터 멀리 떨어진 공동체에서는 폭력 범죄와 살인이 50퍼센트가량 더 많다. 게다가 그곳에서 태어난 운동선수들의 투쟁심이 더 강했다. 그 경제학자는 북아메리카 하키리그National Hockey League, NHL에서 활약하는 초원지대 출신 선수들을 분석했고, 요새로부터 멀리 떨어진 곳에서 태어난 선수들이 가까운 곳 출신 선수보다 벌칙 시간을 40퍼센트가량 더 받는

다는 걸 밝혀냈다.[3]

평화의 중재자로서 국가는 역사학과 사회과학에서 가장 오래되고 폭넓게 인정받는 개념 중 하나다. 이 개념을 초기에 주장한 유명 학자로 영국 철학자 토머스 홉스Thomas Hobbes(1588~1679)가 있다. 폭력을 다룬 모든 책에는 홉스의 유명한 발언, 주권이 없는 삶은 "괴롭고 잔인하며 짧다"는 말을 언급하는 게 불문율이다. "모든 인간을 두렵게 하는 힘이 없을 때마다" 무질서와 폭력, 혹은 홉스가 '전쟁Warre(war의 옛 철자)'이라고 칭한 것이 발생했다. 이 불쾌한 조건을 종식시키기 위해 우리에게 필요한 것은 "거대한 리바이어던LEVIATHAN"이라며 모두 대문자로 표기했다. 다시 말하면, '국가STATE'가 필요하다는 이야기였다.[4]

홉스가 이런 결론에 도달한 것은 조금도 놀랍지 않다. 홉스는 스페인 무적함대가 잉글랜드를 공격한 해에 태어났고, 그 침략 소식에 놀란 어머니가 공포에 질려 자신을 조산했다고 입버릇처럼 말하곤 했다. 그 후로 영국에서 군주를 지지하는 왕당파와 의회 지지자들이 싸우던 1642년, 홉스는 파리로 망명했고 고향은 잉글랜드 내전에 빠져들었다. 홉스는 자신과 두려움을 '쌍둥이'라고 표현했다. 이 책에 언급된 많은 사상가가 그랬듯이, 홉스도 대혼란을 직접 경험한 탓에 '우리는 왜 싸우는가? 어떻게 하면 싸움이 다시 일어나지 않도록 예방할 수 있을까?' 하는 의문을 품게 되었다.

캐나다 기마경찰과 홉스는 법을 전문적으로 집행하는 중립적인 제3자의 중요성을 우리에게 알려준다. 이 국가기관은 현장에 많은 인력을 배치할 필요조차 없다. 폭력과 범법 행위가 일어나면 경찰관이 파견돼 반드시 처벌할 거라는 확실한 위협이 있으면 그것으로 충분하다. 규칙과 집행이라는 확실한 위협이 우두머리들의 사적 이익을 견제하고, 싸우도록 유혹하는 무형의 동기를 억제하며, 폭력이 동반된 실수를 응징한다. 국가는 경쟁자들이 정보를 공유하도록 지원함으로써 전쟁이라는 위험한 도박에 뛰어드는 걸 만류할 수 있다. 또한 어떤 동기가 당사자들에게 다른 방향을 선택하라고 유혹할 때도 정부는 그들이 협상에 열중하도록 유도할 수 있다. 국가가 관할권 내에서 일어난 모든 폭력을 막지는 못하더라도 위스키 밀매꾼, 늑대사냥꾼, 아시니보인족 같은 지역 행위자들 간의 협상 범위를 넓힐 수 있다.

지난 수백 년 동안 공공질서를 담당하는 조직들 덕분에 국가 내에서의 폭력이 크게 줄어들었다. 기마경찰 같은 공안부대만이 공공질서를 책임지는 것은 아니다. 명확한 규칙들, 예측할 수 있는 처벌, 분쟁을 심판하는 법정, 범죄와 폭력을 멀리하게 유도하는 공공서비스 등도 공공질서의 확립에 일익을 담당한다.

국가의 모든 기관이 중요하지만 치안 유지가 지금까지 가장 면밀하게 연구된 공공서비스 분야다. 연구 결과를 대략적으로 말하면, 경찰이 많은 지역과 도시에서 폭력 사건이 적다. 여러 곳의 단일 도시를 추적한 자연 실험, 수십 년 동안 수백 곳의 도시에 대한 분석, 지역 경찰 활동에 대한 무작위 실험 등 수십 건의 연구에서 실제로 확인되듯이, 경찰이 많은 지역에서는 범죄, 특히 폭력이 수반된 범죄가 감소하는 경향이 있다.[5]

많은 사람, 특히 미국인들이 경찰과 경찰의 전술에 의문을 제기하기 시작한 시점이어서, 이런 결론은 논란의 여지가 있는 것처럼 들린다. 미국에서는 법을 집행하는 경찰이 젊은 흑인을 살해하고 학대한다는 지적이 적지 않다. 게다가 미국 도시 주변을 둘러보면 학살이 눈에 띈다. 미국의 살인율은 부유하고 민주적인 국가로서는 이례적인 수준이다.

이런 의견들은 양립할 수 있는 것으로, 상충되는 게 아니다. 우리는 법 집행이 질서 유지에 도움이 된다는 증거를 부인하지 않으면서, 역효과를 낳는 치안 활동을 비판하며 대안을 제시할 수 있다. 국제정치를 연구한 사람은 누구나 알겠지만, 경찰국가와 제국은 자국의 국경 내에서 일어나는 많은 갈등을 중단시킬 수 있다. 평화로운 사회가 반드시 평등하거나 공정할 필요는 없다. 억업적인 공안부대조차 폭력을 통제하는 데는 효율적인 기관일 수 있다. 그러나 미국이 경찰에게 상대적으로 더 높은 기준을 요구하는 데는 충분한 이유가 있다. 이 장의 뒤에서 보겠지만, 제약이 많은 적법한 국가가 평화를 창출하는 데 가장 효과적일 수 있다. 달리 말하면, 미국 경찰이 가난한 사람들과 소수 계층으로부터 신뢰를 얻으면, 시카고 같은 도시에서 훨씬 효과적으로 폭력을 통제할 수 있다는 뜻이다. 하지만 미국 경찰이 그렇게 못하더라도, 대규모 경찰력이 없으면 미국 도시들이 상당히 더 폭력적인 곳으로 전락할 것이라는 증거는 곳곳에서 발견된다.

대안에 대해 말하자면, 경찰은 규칙을 정하고 집행하는 유일한 조직이 결코 아니다. 사회가 강압적인 방법을 사용하지 않으면서 폭력을 억제할 수 있는 방법은 무수히 많다. 경찰은 많은 눈과 증거를 지녔지만 여하튼 하나의 국가기구일 뿐이다. 경찰력 외에도 평화를 이뤄내는 길은 많다. 다음 장에서 자세히 밝히겠지만, 나는 그 대안을 설계하고 연구하는 데 지난 10년을 보냈다. 이 개입에 대해서는 곧 살펴보기로 하고,[6] 그 전에 규칙을 집행하는 강력한 제3자가 없는 경우 사회가 어떻게 되는지에 대해 이야기해두려고 한다. 집행기관의 부재는 곧 무질서의 조건이다. 무질서는 국가가 없는 사회의 일반적인 상황이고, 국제 체제의 특성이기도 하다. 하지만 무질서한 상황이라고 해서 제도적 기관이 없는 것은 아니다. 국가가 없어도 사회는 폭력과 전쟁을 최소화하는 규칙을 제정하고 집행하는 방법을 찾아낼 수 있다. 하지만 집행기관이 없으면 규칙은 자체적으로 강제력을 지녀야 하는데, 그런 규칙을 만들어내고 유지하기는 무척 어렵다. 그 이유를 설명해보자.

무질서와 자체적으로 강제력을 지닌 제도적 기관

유럽 역사에서 가장 폭력적이었던 시기에 살았고, 자신의 고국이 혼란에 빠지는 걸 지켜본 홉스가 무질서를 비관적으로 본 것은 당연하다. 홉스는 이런 무질서를 "만인이 만인에 대해 투쟁하는 상황"이자, "영원토록 끊임없이 권력을 탐하는 현상"이라고 칭했다.

하지만 이 말이 완전히 옳은 것은 아니다. 홉스가 인간에게 기본적으로 내재한 평화에 대한 욕구를 망각했기 때문이다. 그가 믿었듯이, 우리 인간은 부와 명예, 지휘권 등 권력을 차지하려고 경쟁하지만, 타자를 죽이고 억압하며 대체하는 걸 좋아하지 않는다. 그런 시도는 너무 위험하고 큰 대가를 각오해야 한다. 이런 이유에서 국가가 없는 사회도 규칙을 세우고, 질서를 유지하는 기관을 창설하려 한다. 국가가 없는 상태에서 아무런 근거도 없이 무언가를 생각해내기는 어렵다. 그러나 인류가 만들어낸 다른 발명들, 예컨대 존경받는 족장과 원로

위원회를 갖춘 부족이나 씨족의 구조는 국가의 다른 모습이다. 그들이 다른 씨족들과 협력해, 자신들의 영향권 내에 있는 호전적인 집단을 훈계하거나 처벌하기 때문이다.

칭찬과 수치심을 이용해 사람들을 평화의 길로 인도하는 종교적 칙령, 의례와 의식, 금기와 신념 등 규범을 이용해 행동에 영향을 미치는 기관들도 있다. 일례로 '명예문화culture of honor'가 있다. 일종의 도덕률처럼 들리지만, 그 표현에 실제로 담긴 뜻은 아니다. 정확히 말하면, 명예문화는 일정한 정도의 평화를 유지하기 위해 응징이라는 약속을 사용하는 시스템을 뜻한다. 경찰이나 사법제도가 없는 곳에서도 대부분은 피해자가 속한 집단의 보복을 두려워하며 다른 사람을 공격하거나 도둑질하지 않는다. 그런 모든 처벌이 폭력적인 것은 아니다. 피해를 입은 사람이 공격한 사람과 모든 거래를 끊거나, 그를 마을에서 쫓아내거나, 단순히 비웃거나 험담하는 것으로 끝낼 수도 있다. 국가가 없는 사회에도 이렇게 사회 질서를 유지하기 위한 강력한 도구가 있다. 하지만 응징은 눈에는 눈, 이에는 이, 생명에는 생명을 요구하며 대체로 폭력적인 형태를 띤다.

폭력적 보복이라는 관습이 발달한 이유가 무엇일까? 강력한 억지력을 지니기 때문이다. 당신이 보복할 거라는 걸 이웃 마을이 안다면 섣불리 기습하거나 공격하지 못한다. 불확실성을 다룬 4장에서 시카고 호너 홈스의 냅 독을 예로 들어 잔혹하다는 평판이 갖는 억지력의 효과를 설명했다. 당신의 진정한 힘이 아리송할 때 적이 당신을 강하고 단호하다고 판단할 가능성은 무척 낮다. 따라서 무법 사회에서는 당신이 설령 폭력을 좋아하지 않더라도 폭력적인 평판을 전략적으로 키울 필요가 있다. 이런 전략적 대응이 폭넓게 공유되는 사회일 때 명예문화는 그야말로 문화가 된다. 이 관습이 시행되는 과정에 '명예'라는 요인이 끼어든다. 그래서 피해자가 폭력적으로 대응하지 않으면 자신의 공동체에서 손가락질을 받게 된다.

국가가 없는 것은 같지만 이런 규범이 없는 사회와 비교할 때 명예문화가 있는 사회가 당연히 더 평화롭다. 제대로 기능하는 국가를 갖춘 사회만큼 평화롭지는 않더라도 제도가 전혀 없는 사회보다는 낫다. 시카고의 길거리에서 총격전이 일어나고, 라이베리아의 오지에서는 섬뜩한 보복이 벌어진다. 그런 사건을 분석해보면 관련 집단들에 라오피시나가 없다. 국가가 없는 경우에는 명예문화가 취약한 평화라도 유지하는 데 도움이 될 수 있다.[7]

강력한 국가를 갖춘 곳에도 명예문화라는 과거의 유산이 여전히 남아 있을 수 있다. 일부 사회과학자는 명예문화를 근거로, 미국과 캐나다에서 어떤 지역이 다른 지역에 비해 폭력적인 이유를 설명한다. 그 증거를 확인할 겸, 캐나다 초원지대와 기마경찰로 다시 돌아가보자. 요즘에는 초원지대의 모든 공동체에 기마경찰이 존재한다. 대부분의 지역에 경찰과 공권력이 주둔한 지가 거의 100년이 지났다. 그런데 기마경찰 요새의 영향이 지금까지 지속되는 이유가 무엇일까? 옛 주둔지로부터 100킬로미터 더 멀리 떨어진 곳에서 태어난 하키 선수가 얼음판에서 더 자주 주먹을 휘두르는 이유는 또 무엇일까? 요새는 이제 더 이상 존재조차 하지 않는데….

하나의 대답은 폭력 문화가 끈끈하다는 것이다. 그렇다, 시간이 지남에 따라 국가는 더 평화롭게 변해가지만 '완전히'는 아니다. 규범과 문화적 제도는 끈질기게 이어진다. 따라서 명예문화가 활발하던 곳에서는 지금도 명예문화가 존속한다. 물론 사회가 애초부터 보복을 제도화할 필요가 없다면 더 좋을 것이다. 스티븐 핑커(나처럼 미국에 이주해서 폭력을 연구하는 캐나다인)도 명예문화라는 개념을 사용해 미국과 캐나다에서 확인되는 폭력의 차이를 설명하면서, "미국에 비교할 때 캐나다의 살인율은 3분의 1도 안 된다. 그 부분적인 이유는 19세기에 기마경찰대가 정착자보다 먼저 서쪽 경계지에 진출해, 정착자들이 명예문화를 구축하는 걸 예방한 덕분이다"라고 주장했다. 물론 캐나다와 미국의 살인율이 다른 데는 그 밖에도 많은 다른 요인이 있다. 그러나 법을 집행하며 질서를 유지하는 기관이 일찍부터 상주한 것도 미국과 캐나다의 차이를 낳은 부분적인 이유일 수 있다.[8]

미국 남부가 북부에 비해 폭력적인 이유도 이렇게 설명된다. 초기에 남부로 이주한 다수는 스코틀랜드계 아일랜드인으로, 영국의 변방에서 목축에 종사하던 이민자였다. 스코틀랜드계 아일랜드인은 런던에서 멀리 떨어진 까닭에 평화를 유지하는 강력한 정부 없이 수세대 동안 살았다. 그들은 기마경찰 요새로부터 멀리 떨어진 초원지대에 정착한 사람들과 비슷했다. 그들의 후손이 북아메리카에 이주할 때 응징 문화도 함께 들여왔다. 한 경제학자는 그들이 정착한 지역들만 분석한 결과에서, 상대적으로 많은 스코틀랜드계 아일랜드인을 받아들인 카운티가 당시에도 그랬지만 지금도 더 폭력적이라는 사실을 발견했다.[9]

공교롭게도 스코틀랜드계 아일랜드인들은 캐나다 초원지대에도 정착했다. 그들이 어디에 정착했느냐에 따라, 후손의 폭력성 지속 여부가 달라졌다. 기마경찰 요새로부터 가까운 곳에 정착한 이민자들은 시간이 흐름에 따라 폭력성이 줄어들었다. 강력한 평화의 중재자, 국가의 통치하에서 그들의 폭력 문화가 서서히 약화된 것이다.

나는 이렇게 서서히 평화를 회복한 문화의 산물이다. 내 가족의 일부는 캐나다 수도 오타와 근처에 정착한 스코틀랜드계 아일랜드인의 후손이다. 정부의 중심지 근처에 정착한 까닭에 그들은 권위에 서서히 길들여졌고, 그들의 최근 후손은 기마경찰 대신 온순한 지도 제작자가 되었고, 마침내는 평화의 연대기 기록자가 되었다.

하지만 나폴리언 잉글리시는 운이 좋지 않았다. 시카고에서 대부분의 가난한 소수 지역이 그렇듯이, 노스론데일에서도 명예문화가 끈질기게 지속된다. 오랫동안 미국이 흑인을 억압했다는 사실도 그 이유 중 하나인 건 분명하다. 흑인에게 불리하게 적용되는 사법 시스템을 어떻게 신뢰할 수 있겠는가? 따라서 젊은이들은 보복함으로써 경쟁자들을 억제한다. 신문기자 질 레오비Jill Leovy는 경찰이 중대 범죄를 해결하는 데 힘쓰지 않고 사소한 법규 위반을 엄히 단속하는 데 열중하기 때문에 폭력적 보복이 지속되는 거라고 주장한다. 젊은이들은 경찰을 믿고 살인 사건의 해결을 맡길 수 없다는 걸 알고 있다. 반면 갱단은 어느 정도의 보호막을 제공하며 경쟁자의 약탈을 억제한다. 불완전하고 때로는 폭력이 동원되며 적법한 국가보다 더 야만적이지만, 전쟁에 빠져드는 것보다는 낫다.[10]

국제 영역에서의 무질서와 제도적 기관

현재의 국제 체제는 겉보기에 무정부적이지만 차선의 질서 체계라 할 수 있다. 앞에서 나는 라손과 국가를 비교했지만 실제로는 최적의 비교는 아니다. 메데인에서 한두 개의 라손은 콤보들을 통합하고 재정과 방위와 사회 통제라는 시스템을 형식으로나마 갖췄다는 점에서 국가와 비슷하다. 그러나 나머지는 하급 길거리 갱들과 느슨한 관계를 맺고 있을 뿐이다. 대부분의 경우, 라손은 계급화된 동맹에서 최정점에 있다. 라손은 이런 지배적인 위치에서 콤보들을 보호하고 그들의 분쟁을 해결한다. 그 대가로 콤보는 라손의 권위를 인정하고, 마약을 거래해 얻은 이익에서 라손이 상당한 몫을 차지하는 걸 용납한다. 콤보에게 가입을 강요하는 강압적인 라손도 적지 않지만, 그들의 관계는 대체로 교환 관계다.

공교롭게도 이런 현상은 국제 체제에 대한 설명과 그다지 다르지 않다. 국제 체제도 계급화된 동맹의 모임이다. 현재 세계는 거의 200개에 달하는 국가가 무질서하게 옥신각신하지 않고, 가장 강력한 국가들이 주도하는 소수의 연합체로 이루어져 있다. 연합체 내에서는 패권국이 회원국 간의 평화를 유지하고, 경제와 군사 협력을 원만하게 끌어가며, 연합체를 대신해 다른 패권국과 협상한다. 오늘날 명확한 예는 북아메리카와 중앙아메리카 및 카리브 지역을 주도적으로 끌어가는 미국을 중심으로 형성된 연합체다. 프랑스와 다른 유럽 국가들은 계층적 네트워크를 구성하고 있지만, 미국은 서구의 모든 계층적 연합을 느슨하게 포괄하는 더 큰 연합체를 끌어가고, 러시아가 주도적으로 끌어가는 연합체가 따로 존재한다. 중국도 꾸준히 세력을 확대하고 있다. 정치학자 데이비드 레이크$^{David\ Lake}$는 이런 계층적 연대가 무엇보다 연합체 내에서 평화를 유지하는 강력한 힘이라고 주장한다. 그러나 협상에 참가하는 집단의 수를 줄임으로써, 정확히 말하면 수십 개 국가가 입씨름하는 상황에서 벗어나, 소수의 연합체가 협상에 참가함으로써 합의에 이를 가능성이 더 높아진 것도 사실이다.

때때로 패권국은 위협과 무력으로 주변 국가들을 억누른다. 우리는 이런 현상을 '제국주의imperialism'라 일컫는다. 역사적으로 대제국은 실제로 그랬다. 역사가들은 팍스 로마나Pax Romana, 팍스 브리타니카Pax Britannica, 심지어 팍스 몽골리카Pax Mongolica라고도 말하지만, 그 제국들은 착취를 통해 부를 축적했고 억압적이었다. 평화롭게 통치했기 때문에 그렇게 칭하는 게 아니다. 그러나 전쟁을 불법화하는 경향도 있었다. 일단 정복된 씨족과 종족은 그 제국 내에서 싸움이 금지되었다.

오늘날에도 제국주의적인 강압이 가끔 행해진다. 미국은 필요할 때마다 공격적으로 동맹을 구축했다. 하지만 대다수의 계급 구조는 상호 교환이라는 관계로 이루어진다. 종속 국가는 어떤 정책에 대해 패권국의 뜻을 따르고, 패권국의 기업과 수출품을 받아들이며, 패권국 편에서 다른 패권국과 싸운다. 그 대가로 자체적인 국방비를 훨씬 덜 쓰면서 안전과 무역을 영위한다. 대부분의 이런 관계는 패권국에 유리한 편향성을 띠는 경우에도 폭넓은 정당성을 누리며 널리 공유된다. 우리가 제국주의를 좋은 글로벌 거버넌스global governance 체계라고 생각하든 그렇지 않든, 레이크가 지적하듯이 제국주의는 현존하는 국제 체제이기 때문에 국제무대를 무정부 상태라고 칭하는 것은 옳지 않다. 오히려 지역 평화와 협력을 위한 공동의 터전이 있다고 말하는 게 나을 수 있다.[11]

적잖은 이상주의자가 세계정부를 꿈꾼다. 아인슈타인이 프로이트에게 보낸 편지를 기억하는가? 전쟁과 관련해 아인슈타인은 "나는 그 문제를 해결하는 아주 간단한 방법을 알고 있다. 국가 간에 발생하는 모든 갈등을 다루는 입법기관과 사법기관을 국제적 합의로 설립하는 것"이라고 결론지었다. 아인슈타인은 그 가능성을 굳게 믿은 까닭에, "국제 안보를 추구하려면 모든 나라가 어느 정도는 행동의 자유(즉, 주권)를 무조건 포기할 필요가 있다. 다른 방법으로는 결코 그런 안보에 이를 수 없다는 것은 의심할 여지가 없다"라는 공리axiom(잘 정돈되어 자명한 진리로 인정된 명제를 가리키는 수학적 용어)를 제안했다.

다행스럽게도 아인슈타인의 진술은 그다지 자명하지 않다. 국가가 집단이 폭력을 피할 수 있는 유일한 도구가 아니듯이, 세계정부가 평화로 가는 유일한 길은 아니다. 그러나 규칙을 제공하고 협상을 용이하게 하며 규칙을 집행하는 국제기구가 어떤 형태로든 필요한 것은 사실이다.

이 부분에서 모든 학자의 의견이 일치하는 것은 아니다. 정치학자 존 미어샤이머John Mearsheimer는 유명한 회의론자로, 제도적 기관의 낙관주의자들에게 더 많은 증거를 보여달라고 요구하는 논문을 1990년대에 발표했다. 그는 북대서양조약기구North Atlantic Treaty Organization, NATO 같은 기구를 언급하면서, 그 기구가 냉전이 제3차 세계대전으로 확대되는 걸 억제하고, 다른 지역에서 평화를 유지하는 데도 도움을 준다는 걸 인정했다. 그러나 '국제기구에서 정말 중요한 게 무엇인가?'라는 의문을 제기했다. 조직과 규제 자체가 중요한가? 세계에 평화를 실질적으로 강요하는 것은 국가들의 연합된 힘이 아닌가? 국제기구 자체가 부분들, 즉 국가들의 합보다 더 많은 것을 해냈다고 실질적으로 말할 수 있을까?[12]

내 생각에 미어샤이머는 두 가지 점에서 옳다. 회원국의 이해관계와 행동이 상당히 중요하다는 것이다. 국제기구 자체의 기여를 평가하기는 어렵다. 국제기구의 존재는 자료와 믿음이 혼재된 채 옹호된다. 그런데 1990년대 이후로 증거가 늘어났다. 그 증거에 따르면, 국제기구는 회원국과는 별개로 중요하고, 국제기구의 영향이 미미한 경우도 있지만 때로는 상당히 크다. 국제기구 덕분에 협상과 조정의 어려움이 줄어들고, 협력 과정이 규칙화되며, 집행 가능성이 높아지고, 정보의 흐름이 원활해지며, 약속을 이행할 가능성도 향상된다.

두 가지 예를 들어 설명해보겠다. 인권 관련 법과 규범으로 시작해보자. 앞에서 복잡하게 얽힌 이해관계에 대해 이야기할 때 나는 민권혁명을 언급했다. 점점 많은 사람이 경쟁 집단과 동질감을 느끼게 되면서 협상 범위가 넓어졌다. 그러나 이것은 문화의 자연발생적인 변화가 아니었다. 신중하게 공들여 만들어온 변화였고, 그 결과가 국제법에 명시되었다. 그 과정은 결코 쉽지 않았다.

예를 들어, 1948년 유엔 총회에서 채택된 〈세계인권선언 Universal Declaration of Human Rights〉은 수많은 활동가와 외교관이 오랫동안 집요하게 추진한 끝에 얻어낸 성과였다. 이 선언은 당시에 구속력이 없었다. 서명한 국가 중 다수가 그 모든 조항이 옳다고 생각하지도 않았다. 하지만 그로부터 수십 년이 지나자, 〈세계인권선언〉과 그 밖의 노력으로 법과 변호, 감시와 집행을 위한 방대한 세계 조직이 서서히 갖춰지면서 인권을 추적하고 보호할 수 있게 되었다. 인권 관련 조항들이 국제 조약과 각국의 헌법에 명문화되었고, 세계 전역에서 규범을 바꿔놓기도 했다. 그 결과로 대중이 정부에 기대하는 행동 방향과, 범법자를 벌주기 위해 정부에 요구하는 것도 달라졌다. 또한 정부가 견제를 받아, 반대 세력을 억압하기 위해 할 수 있는 것도 제한되었다. 이런 사회에서는 약자가 힘을 얻어 더 많은 것을 요구할 수 있게 되기도

했다. 이렇게 도덕적이고 문화적인 관계가 얽히고설키며 평화 협상의 가능성이 더욱더 높아졌다.[13]

다른 예로는 국제연맹League of Nations과 국제연합United Nations, UN이 있다. 둘은 협상 범위를 넓히고 전쟁 가능성을 줄일 목적으로 명백하게 고안된 집단 안보 기구다. 라오피시나처럼, 회원국들의 공통된 관심사는 전쟁이 아니라 타협이다. 총회와 안전보장이사회 같은 조직이 그 역할을 해내며, 전쟁으로 이어지는 다섯 가지 문제를 해결한다. 회원국들이 만나서 정보를 교환하는 토론장을 제공하고, 합의와 규정을 준수하는지 감시함으로써 불확실성을 줄이는 역할을 하는 산하 기관들을 둔다. 규칙을 위반하는 국가를 처벌하기 위해 다른 국가들이 협력하는 전통을 구축하고, 위반국에 가할 처벌의 규모를 결정하며, 그 과정에서 의견을 조정하는 메커니즘을 제공하는 것도 유엔의 역할이다. 또한 제재와 중재 및 평화 유지 활동 등을 통해 협상의 체결 가능성을 높이기 위해 직접 개입하는 기관들을 지원하는 역할도 국제기구가 감당하고 있다.

제재와 중재와 평화 유지 활동 중 어느 것 하나 특별히 효과적인 것은 아니다. 이런 집행이 국가들을 완전히 제약하지도 못한다. 강대국들은 더더욱 그렇다. 그러나 나는 국제기구를 활용한 시스템이 없는 세계보다 현재의 세계가 더 일관된 규칙을 제정해서 한층 예측 가능한 결과를 빚어낼 수 있을 거라고 믿는다. 유엔 사무총장을 역임한 다그 함마르셸드Dag Hammarskjöld(1905~1961)가 즐겨 말했듯이, "유엔은 인류를 천국으로 데려가려고 창설된 게 아니라, 지옥에서 구하려고 창설된 것이다."[14]

유엔 같은 국제기구의 전반적인 효과를 입증하기는 어렵다. 그러나 다음 장에서 보듯이, 제재와 중재와 평화 유지 활동 등 특정한 목적을 띤 개입이 평화를 지키는 데 기여했다는 걸 보여주는 증거는 많다.[15]

10

개입

나는 존 프렌더개스트John Prendergast를 좋아할 이유가 없었다. 훤칠한 키에 잘생기고, 꼬불거리는 긴 머리카락에 카리스마를 갖춘 인권운동가 프렌더개스트는 조지 클루니, 돈 치들 같은 스타들과 함께 아프리카 전역을 돌아다녔다. 폭력과 폭행에 반대하는 전사 프렌더개스트는 해결책을 단순화해서 판매하는 재주가 있었다. 그런 재능을 활용해, 범세계적으로 지원을 받는 비영리조직 이너프 프로젝트Enough Project를 설립하기도 했다.

이너프 프로젝트는 유명인을 앞세운 전형적인 조직으로, 그건 학자들이 별로 좋아하지 않는 유형이었다. 내가 프렌더개스트를 처음 만난 2019년쯤, 저명한 아프리카 학자들은 그가 해결책을 지나치게 단순화한다는 이유로 블로그와 책에서 그를 맹비난하고 있었다. 따라서 내가 그때까지 만난 대부분의 외교관이나 장관보다, 그가 더 날카롭게 갈등과 견제받지 않는 지배 집단의 문제를 지적하는 걸 듣고는 깜짝 놀라지 않을 수 없었다. 그는 무엇을 해야 하는지에 대해서도 분명한 생각을 갖고 있었고, 그 생각을 구체화할 목적으로 이너프 프로젝트의 재편을 막 끝낸 상태였다.

이제 프렌더개스트는 예순 살을 눈앞에 두어, 머리칼도 잿빛으로 변했다. 수십 년 전, 젊은 나이에 그는 소말리아 난민촌에서 국제 원조를 조정하는 역할로 인권운동가로서의 경력을 시작했다. 그 후 수년 동안 인권운동에 매진했고, 마침내는 비영리기구 휴먼 라이츠 워치Human Rights Watch에서 일하게 되었다. 그때가 1996년이었고, 빌 클린턴이 미국 대통령이었다. 당시 국가안전보장회의 의장의 추천을 받아, 프렌더개스트는 아프리카사무국African affairs bureau에 들어갔다. 미국 정부에서는 누구도 아프리카에 관심을 두지 않아, 그야말로 한직이었다. 그러나 클린턴은 예외였다. 프렌더개스트는 나에게 "클린턴은 아프리카에 집착했습니다. 르완다에서 벌어진 학살을 정말 우라지게 안타깝게 생각했죠"라고 말했다.

프렌더개스트의 전형적인 말투였다. 단도직입적이고 직설적이고 철저히 불경스럽기도 했다. 그가 대통령들과 상스러운 말로 대화하는 모습은 상상하기 힘들지만, 여하튼 상스러운 말투는 그의 남들과 어울리기 좋아하는 성품과 뜨거운 열정에는 어울린다. 공정하게 말하면, 대량학살에 대한 면책 같은 주제에는 강력한 언어 사용이 필요하기는 하다.

서구의 많은 지도자와 활동가가 그랬듯이, 클린턴도 1990년대의 잔혹 행위, 무엇보다 1994년 르완다에서 벌어진 집단학살의 영향을 받아 대량살상과 갈등을 예방해야겠다는 생각을 갖게 되었다. 프렌더개스트는 클린턴 대통령을 처음 만난 회의를 회상하면서 "대통령은 그와 관련된 질문들을 던졌지만 누구도 똑부러지게 대답하지 못했다"라고 말했다. 놀라운 현상은 아니다. 당시만 해도 아프리카에서 성공적으로 경력을 쌓은 국무부 관리는 손가락으로 꼽을 정도였다. 그러나 뒷줄에 앉아 있던 프렌더개스트에게는 여러 가지 의견이 있었다. 그는 한때 아프리카에서 살았다. 그래서 대통령과 함께하는 회의의 원칙을 깨고 클린턴의 질문에 대답하기 시작했다.

거의 하룻밤 사이에 클린턴은 프렌더개스트를 미국-아프리카 외교의 최전선에 파견해 아프리카 전역에서 평화 협상과 평화 유지 활동을 수행하도록 했다. 그중 일부만 언급하면, 프렌더개스트는 에티오피아와 에리트레아, 짐바브웨와 라이베리아 등에서 활동했다. 그는 자신이 진정한 진전을 이루는 데 일조하는 듯한 자부심마저 느꼈다. 하지만 조지 W. 부시가 2000년 선거에서 당선되자, 정권이 교체될 때는 언제나 그랬듯이, 프렌더개스트처럼 정치적으로 지명된 관리들은 새로운 인물로 바뀌었다. 따라서 프렌더개스트는 다시 활동가로 돌아가기로 결심하고, 이너프 프로젝트를 창설했다.

그때가 2000년대 중반이었고, 그의 관심을 끈 살상과 갈등이 다르푸르에서 일어났다. 여기에서 그 복잡한 사건을 처음부터 끝까지 자세히 다룰 생각은 없다. 여하튼 다르푸르는 수단의 서부에 위치한 지역이고, 수단은 아프리카 동중부를 차지한 꽤나 큰 나라다. 다르푸르 사태를 간단히 정리하면 이렇다. 수도 하르툼의 아랍계 정권은 수단의 서쪽 끝에 위치한 다르푸르주의 비아랍계 주민이 저항한다는 이유

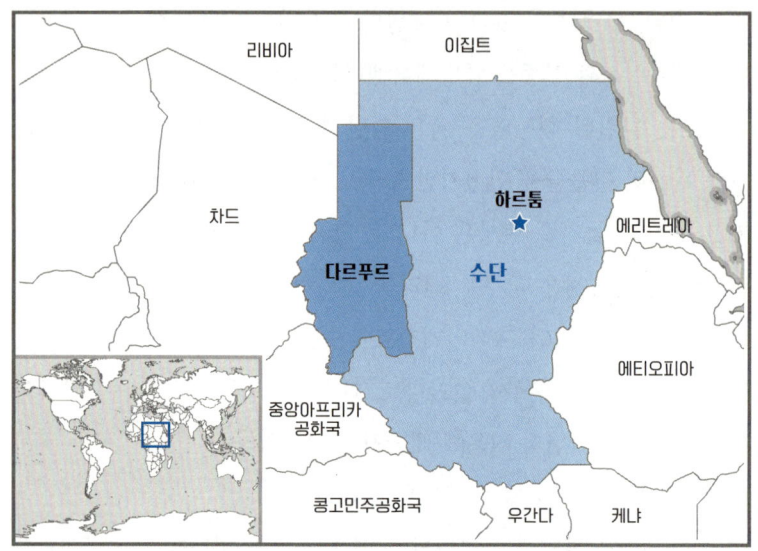

수단과 다르푸르

로 폭력적인 수단을 사용해 진압하려 했다. 이 시도가 결국에는 하르툼 정권이 주도하는 인종청소와 토지 수탈을 위한 군사작전으로 확대되었다.[1]

프렌더개스트와 클루니는 살상 현장을 고발함으로써 살상이 중단되기를 바랐다. 그들은 홍보 활동을 전개하면서 살상 현장을 추적하고, 살상이 실제로 일어나고 있다는 걸 입증함으로써 수단 독재정권의 거짓말을 백일하에 드러내려 했다. 그들을 필두로 이너프 프로젝트의 젊은 전사들은 서구 정부들에게 중재자와 평화유지군를 파견하고 진실위원회를 구성하는 등 인도주의적 지원을 아끼지 말라고 촉구했다.

이너프 프로젝트의 활동은 효과가 있었다. 그들의 호소에 응답한 수백만 명의 10대와 수십 명의 미국 정치인이 큰 차이를 만들어냈다. 마침내 살상이 중단되었다. 미래에는 더 많은 클루니 캠페인이 필요할지도 모른다! 이런 예측은 맞을 수도 있고, 그렇지 않을 수도 있다. 솔직히 말하면, 더 많은 호소가 평화를 가져올 거라고 확신하지는 못하겠다. 내가 프렌더개스트로부터 배운 교훈은 그것이 아니었으니까.

창립자 프렌더개스트가 판단하기에 이너프 프로젝트의 운동은 충분히 효과적으로 작동하지 않았다. 프렌더개스트는 폭력적인 독재자들이 자국민 살상을 멈추기를 바랐다. 그러나 그 악당들은 조금도 개의치 않는 것 같았다. 프렌더개스트는 나에게 "그들은 나를 비웃곤 했습니다"라고 말했다. 특히 수단에서 그들은 "이봐요, 존. 왜 항상 골칫거리를 만드는 겁니까? 이리 와서 앉아요. 그냥 차나 마십시다"라고 했다. 2015년쯤에야 프렌더개스트는 자신이 엉뚱한 것에 초점을 맞췄다는 걸 깨달았다.

전쟁은 풀기 어려운 성가신 문제

사회적으로 큰 문제를 다루는 사람이면 누구나 알 만한 느낌이 있다. 큰 프로젝트를 진행할 때 중간쯤, 어쩌면 일관된 경력의 중간쯤에 밀려오는 느낌, 즉 에너지를 낭비하고 있다는 느낌, 지금까지 해온 게 헛수고였다는 느낌. 바람직한 느낌일 수 있다. 간혹 우리는 엉뚱한 것에 집중해서, 전쟁의 다섯 가지 원인을 해결하지 못한다. 때로는 올바른 방향으로 접근했지만, 더 잘할 수도 있었다. 따라서 우리 진단에 의문을 품고, 진단이 틀리지 않았을까 걱정하는 건 바람직한 일이다. 프렌더개스트가 그랬다. 이런 경우 다음에 취해야 할 단계는 주어진 도구를 손질하는 것이다.

한 지역이나 도시 전체, 국가나 국제 체제든 평화로 가는 길에는 공통분모가 있다. 이 장에서 그 길을 하나씩 차근차근 걸어보려 한다.

- 처벌Punishing: 징계라는 수단을 사용해 강자의 폭력 사용을 억제한다.
- 집행Enforcing: 합의된 내용이 외부의 지원 없이 건강하게 지켜질 때까지 협상 결과가 유지되도록 한다.
- 촉진Facilitating: 정보를 공유함으로써 협상 과정이 더 신속하고 원만하게 진행되도록 한다.
- 사회화Socializing: 경직된 부정적인 틀, 잘못된 인식, 폭력적 반응을 피하는 사회를 조성한다.
- 인센티브Incentivizing: 강자가 협상 테이블에 나와 머물도록 하는 '당근'을 고안한다.

하나하나의 길에 좋은 소식들이 있다. 공동체 지도자와 자치단체장, 중앙정부, 국제적인 박애주의자가 이미 효과가 검증된 접근법을 찾아냈고, 그 방법을 사용하면 타협점을 더 쉽게 발견할 수 있다는 것이다. 그러나 나쁜 소식도 있다. 이 모든 길에서 공통적으로 보이는 부정적인 면이 있다는 것이다. 구체적으로 말하면, 하나하나가 이론적으로 훌륭하지만 증거가 불안정하고, 제대로 해내기가 힘들고, 확실한 성공 사례가 극히 드물다. 게다가 그 영향이 우리 바람보다 항상 더 작다. 따라서 비관적으로 여겨질 수 있겠지만, 그래도 용기를 갖고 시도해볼 만한 이유가 있다.

예방의학과 예방약이 만성 질환자에게는 덜 효과적이지만 그래도 소중하게 생각해야 하듯이, 평화 구축을 위한 중재에도 똑같은 이유로 희망을 품어야 한다. 예방의학은 우리 건강을 지키고, 병에서 금세 회복하도록 도와준다. 집중치료실만을 생각하면 내 말이 와닿지 않을 수 있다. 좀처럼 나아지지 않는 사람들에게 쏟아붓는 엄청난 노력에 마음이 심란해지기 십상이다. 그렇다고 현대의학을 매도하는 건 어리석은 짓이다.

비슷하게 '평화를 위한 개입peace intervention'도 효과가 미미해 보일 수 있다. 극단적인 형태의 도움이 필요한 사람과 도움을 계속 꾸준히 줘야 할 사람을 선별해야 하기 때문이다. 어떤 정책이 일종의 집중치료실(사담 후세인, 멕시코의 시날로아 카르텔, 김정은, 소말리아 군벌, 메데인의 콤보, 다르푸르에서 대학살을 자행한 장군들)에서 작동하는 방법만으로 그 정책을 판단해서는 안 된다. 예측 가능하고 적법하며 효과적으로 개입하고 동기를 부여하는 시스템을 개발하면 막후의 많은 갱단 두목과 종족 지도자들 및 정부로 하여금 폭력을 단념하게 만들 수 있다는 걸 기억할 필요가 있다. 이 방법은 지역과 국가 및 세계 등 모든 차원에서 효과가 있다.

평화 구축이 쉽다면, 우리가 왜 싸우는가를 추적하는 책을 내가 굳이 쓸 이유도 없을 것이다. 지금쯤이면 이 문제를 해결했어야 한다. 갈등처럼 많은 비용이 요구되는 사회적 쟁점이 지속되는 이유는 해결하기 힘들기 때문이다. 평화를 위한 중재는 해결책을 찾기 어려운 성가신 문제wicked problem다. 파도타기를 하는 서퍼가 중얼대는 말처럼 들리겠지만, 여기에서 '위키드wicked'는 실제로 전문 용어다. 관리 및 설계를 전공한 독일 교수가 1960년대에 사회 개발과 개선의 어려움을 표현하기 위해 만들어낸 개념어다. 상대적으로 해결하기 쉬운 문제가 있다. 그런 문제는 독립적인 경향을 띠는 데다 명백한 원인이 있다. 따라서 간단한 전문 지식이 있으면 해결할 수 있고, 변화의 정도를 측정할 수 있는 명확한 기준도 있다. 게다가 많은 사람이 함께 작업할 필요도 없다. 이런 문제는 성가시지 않다.

성가신 문제는 훨씬 복잡하다. 본보기가 없고, 가능한 원인이 무수히 많으며, 성공 여부를 측정하기도 힘들다. 게다가 많은 관련자를 조정해야 하는 데다 사례 하나하나가 독특하다.[2] 불평등, 가난, 마약 남용, 만성 질환 등 많은 사회 문제가 이처럼 성가시다.

갈등을 예방하고 해결하는 문제도 그렇다. 어떤 경우에나 성가시기 그지없는 특징들이 있다. 원인이 많을 뿐만 아니라, 다섯 가지 이유를 명확히 구분하기도 어렵다. 이 문제는 뿌리가 깊어, 해결하려면 사회의 권력 구조까지 내려가야 한다. 이 모든 것을 바꾸기는 무척 어렵다. 모든 경쟁 관계가 똑같거나 비슷하지도 않다. 안내서도 없다. 우리가 문제 해결을 위해 무언가를 하는 경우에도 그 방법이 효과를 발휘하고 있는지 판단하기도 힘들다. 따라서 불안정한 증거, 미약한 영향, 무수한 실패를 미리 각오하고 시작해야 한다.

이런 모든 이유에서, 다섯 가지 종류의 개입 중 어느 하나가 보편적인 친선과 화합을 향한 크고 대담하며 신속한 발걸음이 될 거라는 기대를 버려야 한다. 하지만 타협점을 찾기 위해 제약을 풀거나 조일 때 어떤 일이 벌어지는지 면밀히 관찰함으로써, 또 전쟁을 도발하려는 엘리트층에 제한을 가함으로써, 우리 사회는 각각의 개입을 통해서 평화를 향해 조금씩 나아갈 수 있다. 전쟁 비용을 높이고 정보를 더 많은 계층이 공유하며 인식의 편향성을 점점 줄여가고 협상이 조금이라도 원만히 진행되도록 지원하면 전쟁광인 엘리트층을 제한할 수 있다. 우리가 이 부분에 초점을 맞춘다면, 작은 성과에도 만족하며 축하할 수 있을 것이다. 이런 관점에서 존 프렌더개스트와 그의 딜레마로 다시 돌아가보자.

처벌

프렌더개스트는 대량살상자들을 고발하기 위해 오랫동안 노력했지만, "누구도 나에게 비자 발급을 거부하지 않았다"는 사실에서 자신의 노력이 아무런 효과를 거두지 못하고 있다는 걸 절실히 깨달았다. 대통령들과 장성들이 그에게 차를 대접한 이유는, 그의 노력이 그들에게 실질적인 위협이 되지 않기 때문이라고 생각했다. 이너프 프로젝트는 폭력과 고통의 핵심 원인을 건드리지 못하고 있었던 것이다. 결국 프렌더개스트는 "핵심적인 근원은 그 나라들의 중심에 있는 도둑 정치"라는 결론을 내렸다.

문제는 수단에서 권력이 분포된 방법에 있었다. 모든 권력이 자기 잇속만 챙기는 엘리트 집단에 집중되어 있었다. 프렌더개스트는 "콩고민주공화국과 수단, 남수단과 소말리아 등의 정부는 소수 집단에 장악되었다"라면서 "군 장교들과 재계 지도자들, 그들에게 부역하는 해외 협력자들, 예컨대 은행가와 법률가 및 명목상 회사를 차려놓고 돈을 빼돌리는 사람들로 구성된 패거리였다"라고 한탄했다. 그들의 바람은 평화를 되찾는 게 아니었다. 숙청, 토지 강탈, 내전, 대량학살 등 필요하면 온갖 수단을 동원해서라도 파이에서 더 많은 몫을 차

지하는 것이었다.³

프렌더개스트는 자신과 같은 외부인이 수단의 제도적 구조를 바로잡아 견제와 균형을 이뤄낼 수는 없다는 걸 알았다. 설령 가능하더라도 그곳에 폭력이 자행되는 걸 방지할 수 있을 만큼 빠른 속도로 변화를 이루기는 불가능했다. 그러나 그는 감춰진 동기를 조금이나마 바로잡을 수 있을 거라고 생각했다. 외국인들이 수단 엘리트층의 범죄에 공모해 돈을 세탁하고 무기를 팔았다. 올곧은 외국인들의 도움을 받으면 문제의 이 부분을 바로잡을 수 있을 것 같았다.

몇 년 전, 프렌더개스트는 전술을 바꾸고 조직을 개편해 '더센트리The Sentry('파수꾼'이라는 뜻)'라는 이름을 붙였다. 10대 운동가들은 배제되었다. 대신 고지식한 회계사, 꼬장꼬장한 경제학자, 진지한 태도와 보수적인 헤어스타일의 전직 반反테러 정부 조사관 등을 새로운 운동가로 모집했다. 더센트리에 새로 영입된 진지한 활동가들은 돈을 추적하기 시작했고, 수단의 금권정치인들이 돈 감추는 걸 도와준 수상한 법률가와 은행가 및 명목상 회사를 조사했다. 또한 무기와 다이아몬드를 불법으로 거래하는 조직망을 추적했고, 부패한 장군들과 정치인들이 해외로 돈을 빼돌렸다는 사실을 서류로 폭로했다.

이런 조력자들 중 일부는 중동과 케이맨제도 등 조세 피난처와 '왕따 국가pariah state'를 근거지로 활동하는 수상한 사업가들이었다. 하지만 미국과 유럽의 은행들을 거치는 돈도 많았다. 프렌더개스트와 조지 클루니는 이런 서구 기관들을 표적으로 삼았다. 프렌더개스트는 나에게 이렇게 말했다. "조지와 나는 서로 얼굴을 마주 보며 '언제부터 우리가 이런 군벌들과 결탁한 은행들에 의문을 제기하고 항의해야 할까?'라고 말했다." 그러나 은행가들의 잘못을 바로잡는 데는 굳이 항의와 시위가 필요하지 않았다. 기업가들도 흔쾌히 프렌더개스트와 클루니의 요구를 받아들였고, 미국 재무부도 마찬가지였다.

조지 클루니와 함께한 게 나쁘지는 않았다. 프렌더개스트의 회고대로, "그가 없었다면 우리는 그런 최고경영자들에게 접근조차 못했을 것이다". 유명인은 중요한 문을 여는 데 도움이 되었다. 하지만 대부분의 경우, 서구 은행들이 약탈적 정치인들과 그들의 조력자들을 폭로하는 데 적극적으로 나선 덕분에 프렌더개스트는 협조를 받을 수 있었다. 그런 강도와 도둑이 금융 시스템 전체의 신뢰를 좀먹는다는 인식이 있었다. 게다가 미국 정부가 악당들의 테러단체 지원을 차단하라고 오래전부터 대형 금융기관을 압박하고 있었다. 한 관리는 프렌더개스트에게 "그 빌어먹을 증거를 우리에게 주십시오. 우리가 전부 잡아넣겠습니다"라고 말했다.

프렌더개스트에게는 20여 명의 조사관밖에 없었지만, 은행에는 많은 준법감시관과 과학조사원이 있었다. 지역 사정을 아는 더센트리 팀이 사건 조사를 시작했고, 마무리는 은행과 미국 재무부가 맡았다. (은행에 동기를 계속 부여하기 위해 클루니의 적잖은 압력과 시위를 할 듯한 위협도 나쁘지는 않았다.)

프렌더개스트의 고발로 지금 제재를 받고 있는 고약한 사람들로는 오일머니를 차명 계좌로 빼돌린 정치인들과 부패한 다이아몬드 재벌들 및 그들의 부도덕한 법률가와 회계사가 있다. 그들의 유동자산은 동결되었고, 전 세계 금융 시스템에서도 차단되었다. 그들은 이제 약한 처지가 되었고, 화가 나서 미칠 지경일 것이다. 그 때문에 수단의 군부 지도자들은 차를 마시자고 프렌더개스트를 더는 초대하지 않는다. 그에게 비자를 발급하는 것조차 꺼린다.

물론, 부도덕하고 이기적인 행동을 이유로 권력자를 처벌하는 것은 이제 새로운 현상이 아니라 일반적인 처리 방법이다. 제도적 기관이 지도자들을 견제할 때, 그에 따른 처벌은 공적 수치심, 검열, 탄핵이라 불린다. 정부가 민간 행위자를 억제하는 경우에는 규제, 경고, 기소라 칭한다. 대부분의 사회는 예측 가능한 규칙 체계를 설정하고, 나쁜 사람이 못된 짓을 하는 걸 예방하기 위한 처벌 과정을 마련하기 위해 노력한다. 그 이유는 범법자들을 징계하는 즐거움을 누리기 위해서이기도 하지만, 그들의 동기를 애초부터 다른 방향으로 돌려 범죄를 저지르지 않도록 유도하려는 데도 있다. 국제법, 법정과 제재, 더센트리 같은 조직도 결국에는 똑같은 일을 한다. 그 역할을 대체로 외부인이 수행한다는 게 다를 뿐이다. 9장에서 우리는 법과 법정, 즉 제도 및 기관에 대해 살펴보았다. 이번에는 외부의 조사기관과 제재에 대해 살펴보자.

외부의 제재는 오래전부터 해당 국가를 옥죄는 도구로 사용되었다. 하지만 대부분의 외부 제재는 그 대상이 광범위했다. 잘못을 범한 국가와의 모든 거래가 금지되고, 통치자의 악행에 대해 사회 전체가 처벌을 받았다. 그야말로 무차별적인 제재였다. 1990년대에 이라크가 그런 제재를 받았다. 미국과 동맹들이 쿠바와 이란에 가한 제재도 오랫동안 지속되었다.

문제는 제재라는 전략이 무고한 사람들에게 큰 피해를 주고, 꼭대기의 범법자들이 제재로 인해 고통을 느끼는지 알기 힘들다는 것이다. 예컨대 1990년대 이라크에 가해진 무역 제재로 경제 규모가 절반으로 줄어들었다. 그런데 그 기간에 사담 후세인과 그의 가족은 더 부유해졌다. 그가 충성심을 기준으로 제재로 인해 부족한 식량과 보급품 및 통화를 분배하는 권한을 독점했기 때문에, 폭군의 국민 장악력은 더욱 강화되었다. 20세기가 끝나갈 즈음, 이런 실패를 교훈 삼아 외교관들과 학자들은 무차별적인 제재의 효과에 회의를 품었다. 억제 효과는 분명하지 않았지만, 제재를 받는 국가의 국민이 극심한 피해를 보는 것은 명백했다.⁴

정책 입안자들은 한층 더 차별적인 도구를 찾아나섰고, 그 목적을 '표적 제재targeted sanction'에 두었다. 표적 제재는 통치자와 그 주변의 부패한 파당을 찍어내는 것이었다. 무역 자체를 금지하는 대신, 특정한 개인을 지적해서 그의 은행 계좌를 동결하고 해외여행을 금지하며, 그가 합법적인 기업과 거래하는 것도 규제하는 정책이었다. 프렌더개스트는 제재가 이렇게 올바른 방향으로 진행되도록 노력하며 세계 전역을 돌아다니는 많은 활동가 중 한 명이었다. 표적 제재가 힘든 이유는 진짜 악당을 찾아내서 증거를 수집하고 적정한 처벌을 결정하는 데 있었다. 더센트리는 그런 일을 해내기에 안성맞춤인 조직이었다.

제재는 범죄 국가를 옥죄는 도구만이 아니다. 갱단의 폭력과 싸우는 정부들도 비슷한 조치를 취했다. 미국 도시들은 이런 식의 제재를 표적 제재보다 '집중 억제focused deterrence'라고 부른다. 강력한 갱단이 있을 때 사소한 법까지 빠짐없이 집행하려는 욕심은 터무니없는 목표고 어렵기도 하다. 더구나 집행기관의 힘이 분산되고 가장 끔찍한 범죄를 막을 수 없게 된다. 집중 억제를 하면, 경찰과 검찰은 반목과 전쟁에 집중할 수 있다. 예컨대, 붉은 선을 그어두고 갱단에게 결코 그 선은 넘지 말라고 경고하는 것이다. 일반적으로, 그 선은 사람을 향한 총격이다. 그런데도 시체가 발견되면, 집행기관은 갱단 두목들에게 의심되는 집단을 호되게 다룰 거라고 경고하면서, 그러니까 선을 넘지 않도록 조직원들에게 주의를 주라고 말한다.

콜롬비아를 비롯한 몇몇 남아메리카 정부는 마약 카르텔에 실제로 그렇게 말했다. 가장 잔혹한 짓을 중단시키는 것은 충분히 예측 가능한 분명한 목표일 수 있다. 메데인의 갱단을 연구한 내 논문의 공저자 중 한 명인 벤저민 레싱Benjamin Lessing은 이런 형태의 억제책을 '조건부 억압conditional repression'이라고 칭한다. 선을 넘으면 엄중한 조치를 취한다는 뜻이다. 정치적 목적으로 집단학살을 주도한 지배자든 범죄 집단 두목이든, 리더들이 흔히 간과하는 폭력의 비용을 리더에게 부분적으로 부과하는 것도 폭력을 근절하는 한 방법이다.[5]

조건부 억압은 합리적인 대책으로 들리지만, 실제로도 효과가 있을까? 짧게 대답하면 '가능성은 충분하다probably yes'. 이 답에 나는 '대단하지는 않겠지만modestly'라는 수식어를 붙이고 싶다. 우리가 그렇게 판단하고, 내가 꽤나 낙관적으로 생각하는 이유를 지금부터 설명해보겠다. 여기에서 얻는 교훈은 무척 폭넓게, 거의 모든 종류의 개입에 적용될 것이다.

이 장에서 언급되는 대부분의 개입이 그렇듯이, 제재 같은 정책이 제 역할을 하는지 판단하기 어려운 이유는 간단하다. 살상이 아닌 다른 이유로 사망한 사람의 시신을 계산해내기가 어렵기 때문이다. 대량학살이나 이웃 나라를 침략한 죄목으로 처벌받을 수 있다는 걸 알면, 많은 지배자가 그런 악행을 망설일 것이다. 시신이 발견되는 즉시 검찰이 반드시 개입하면, 갱단 두목은 경쟁 관계에 있는 조직과 평화를 유지하려 애쓸 것이다. 우리는 이런 조용한 성공에는 눈길을 주지 않는다. 규칙을 어기고 싶은 욕망이 너무 강해, 엄중한 처벌이 예상되는데도 자국민을 억압하고 이웃을 공격하는 소수의 도전적인 정권이나 폭도에게만 관심을 쏟는다.

우리가 쉽게 잊고 있는 게 있다. 우리는 사담 후세인 같은 독재자들에게 주목하면서 "봐라, 제재해도 효과가 없잖아!"라고 말하고 싶어 한다. 연구자들이 실제로 집행된 제재를 분석한 결과에 따르면, 표적의 행동이 달라진 경우는 소수에 불과하다. 성공을 어떻게 정의하느냐에 따라 다르겠지만, 기껏해야 3분의 1 정도만 성공한다. 그러나 이런 기록만으로 제재를 판단하는 것은 실수라는 것을, 이 책의 독자라면 이제라도 인정하기를 바란다. 그저 선택의 문제일 뿐이다. 개입이 시도된 때를 기준으로만 개입을 평가할 수 없다. 처벌이 예상되면 독재자가 정적을 제거하지 않기로 결정하고, 마약왕이 적대적인 탈취를 시도하지 않는 방향을 선택하고, 압제적 다수가 귀찮은 소수를 청소하지 않고 용납하는 쪽을 선택하게 되는 순간들도 고려해야 한다. 조건부 억압 정책의 가치는 대부분 눈에 보이지 않는 행동(억제된 폭력)에 있다.

그 가치를 계량화하기는 힘들다. 무엇이 효과가 있는지를 알기 위해서는 합리적인 대조군을 찾아, 개입이 있는 경우와 없는 경우에 표적이 어떻게 행동하는지 관찰하는 게 일반적인 방법이다. 이런 반사실적 접근법은 이 책에서 이미 여러 번 다뤘다. 캐나다의 기마경찰과 명예문화를 다시 생각해보자. 요새에서 멀리 떨어진 마을이 상대적으로 가까운 마을과 비교되었다. 완벽한 실험은 아니지만, 두 종류의 마을은 다른 면에서 유사했기 때문에 그 비교는 유용했다. 또한 격동의 시기에 추첨을 통해 주식을 배정받은 이스라엘 사람들이 분쟁의 경제적 비용을 더 의식하게 되는지 알아보기 위해 실질적인 무작위 실험이 진행되기도 했다.

제재 같은 조치의 효과를 판단하기 위해 적절한 반사실적 대조군을 찾아내기는 쉽지 않다. 무엇보다 명확한 대조군이 없기 때문이다. 가령 더센트리의 감시로 수단 정부가 덜 억압적으로 변했는지 알아보려 한다고 해보자. 폭력에 대한 유혹 면에서 수단과 유사한 국가, 그리고 프렌더개스트 같은 활동가들이 선동하지 않거나 조사하지 않는 국가를 찾아내야 한다. 그런 점에서 비슷한 국가들을 찾아내더라도 극소수일 것이고, 수단과 결코 같지 않을 것이다. 제재를 받는 대상이 다른 것도 걸림돌일 수 있다. 하지만 대부분의 경우 대조군을 찾아내더라도 그 대조군이 억제 효과(예를 들어, 에티오피아와 콩고민주공화국 등의 통치자들이 조사와 표적 제재를 두려워해서 감소한 부패의 정도)에 대해 알려주는 것은 전혀 없을 것이다. 가장 유망한 정책들도 그 효과를 평가하고 계량화하기는 거의 불가능하다.

이 때문에 세상을 바꾸려고 노력하는 활동가들이 일을 하기가 더 힘들다. 자신의 접근법이 효과가 있는지 확신할 수 없기 때문이다. 개인적인 판단이나 특이한 지표(예를 들어, 금권정치인이 자신을 초대해서 차를 대접하는가?)에 의존하는 수밖에 없다. 그러나 지저분한 상황을 진정으로 바꾸고 싶은 사람은 포기하지 않고 무언가를 시도한다. 첫째, 그들은 성공과 실패에 대한 판단을 보류하고 반사실적인 대조군에 대해 생각하기 시작한다. 둘째, 신중하고 창의적으로 행동하려 노력한다. 예컨대 상황에 따라 어떤 집단은 성공하고 어떤 집단은 그렇지 않아, 자연스럽게 실험이 진행된 사례들을 찾아보려 한다. 혹은 역사적 사례에 눈을 돌려, 개입이 있었던 경우와 그렇지 않은 경우, 또 명백하게 성공을 거둔 국가와 그렇지 못한 국가를 비교한다. 끝으로, 항상 겸손한 자세를 유지하고, 성급한 판단을 자제하며, 과도하게 주장하지 않는다.

이런 접근법이 표적 제재에 적용되었고, 그 결과에 대한 증거는 비록 미약하지만 나는 조심스레 낙관적인 입장을 취하고 싶다. 첫째, (표적 제재가 아니라) 포괄적인 제재에 대해 모든 사례를 연구한 학자들이 내린 결론에 따르면, 적어도 목표가 합리적인 경우에만 그 정책이 효과가 있었다. 정권 교체, 진행 중인 전쟁의 중단 등 지나치게 야심찬 목표가 달성된 적은 거의 없다. 그러나 해당 정권이 테러리스트에 대한 지원, 군비 증강, 위험한 무기 도입 등을 중단하도록 압박하는 등 행동의 변화를 요구하는 제재는 성공한 경우가 훨씬 많았다.[6]

둘째, 표적 제재가 금권정치인들을 힘들게 한다는 징후가 있다. 대부분의 증거가 구두로 전하는 이야기여서 입증되지 않는다. 그들의 금융자산에 대한 자료가 없기 때문이다. 하지만 간혹 이런 엘리트 계층이 주식시장에 상장된 기업을 소유한 경우가 있고, 그 기업의 주가는 그들의 힘을 반영한다. 이런 경우, 연구자들은 해당 기업의 주가를 제재 전후로 조사하고, 비슷하지만 정치적 관련성이 덜한 기업들과 비교한다. 예컨대 이란에서는 강력한 국제 제재를 끝낼 수 있는 돌파구가 협상에서 마련된 이후, 최고지도자들과 이슬람 혁명수비대의 통제하에 있는 기업들의 주가가 폭등했다. 이런 현상은 제재가 실질적인 효과를 발휘했다는 증거다.[7]

이는 제재가 정권에 적용된 경우에만 해당하는 효과다. 조건부 억압의 억제 효과에 해당하지는 않는다. 나는 지금까지 국가적 차원에서는 어떤 데이터도 본 적이 없다. 물론 많은 성공담이 있지만, 그 성공을 계량화하기는 힘들다. 그러나 다른 종류의 악당, 즉 범죄조직과 카르텔에 대한 데이터는 있다. 증거가 이제야 나타나고 있지만, 조건부 억압으로 갱단과 마피아가 덜 폭력적으로 변한 것은 사실인 듯하다. 미국의 여러 도시에서, 경찰과 검찰이 살인을 자주 저지르는 집단들에 단호한 조치를 취하는 집중 억제 프로그램에서 한 예를 찾을 수 있다. 지금까지 12건의 연구가 있었고, 그 프로그램 덕분인지 갱단의 살인이 평균적으로 줄어들었다. 물론 데이터 규모가 아직은 작고 약간은 불안정하다. 또한 대부분의 연구가 이 정책이 시행된 도시와 그렇지 않은 도시의 살인율을 비교한 것이다. 좋은 대조군이지만 무작위 실험은 아닌 셈이다. 그래도 결과에는 일관성이 있어 조짐은 좋다.[8]

또 다른 예는 각국이 국제 마약조직을 다루는 방법에서 발견된다. 벤저민 레싱은 "카르텔이 궁지에 몰리면 싸운다. 그러나 덜 폭력적인 방법으로 사업을 계속할 수 있는 매력적인 대안이 주어지면 대부분 그 길을 선택한다"라고 주장한다. 레싱의 주장에 따르면, 콜롬비아 정부가 조건부 억압이라는 적절한 조치를 취했다. 마약왕들에게 폭력을 줄이지 않으면 미국으로의 범인 인도를 포함해 단호한 조치를 취하겠다고 경고한 것이다. 레싱은 그 정책이 콜롬비아에 평화를 가져오는 데 큰 역할을 했다고 믿는다. 반면 멕시코 정부는 다른 접근법, 즉 순진하게도 무조건적으로 마약왕들을 추적하는 정책을 취했다. 그 조치는 전략적 실패로, 평화를 가져오는 데 아무런 역할도 하지 못했다는 게 레싱의 주장이다. 실제로 멕시코에서는 폭력이 장기화되고 확대되었다.

결론적으로, 붉은 선을 넘은 폭력배와 독재자에 대한 표적 제재는 입증된 전략이라기보다는 우리가 싸우는 이유에 대한 이론에 부합하는 설득력 있는 아이디어에 가깝다. 합리적이지만 아직은 불완전하다는 뜻이다. 괜찮다. 중요한 것은 조금씩 개선되는 것이다. 나는 우리가 이런 작은 개선을 사랑하는 법을 배웠으면 좋겠다.

집행

이번에는 무장한 평화유지군과 무장하지 않은 중재자, 역시 제3자적 위치에 있는 조력자와 집행기관 등이 이뤄낸 작은 성공들에 눈을 돌려보자. 프렌더개스트는 이런 행위자들에게 점점 환멸을 느꼈고, 거기에는 충분한 이유가 있었다. 유엔의 평화 유지 임무를 예로 들어보자. 옅은 청색 철모를 쓴 평화유지군을 공정한 영웅으로 이상화하는 사람들도 있겠지만, 회의론자들은 평화유지군을 모든 나라에 '실패한 국가를 위한 일괄 프로그램Failed State Package'을 똑같이 적용하는 '평화유지-인도주의 복합체'라고 부른다.[9] 상반되지만 두 평가 모두 맞다. 평화유지군은 더 효과적으로 일할 수 있지만, 그래도 협상이 결렬되는 이유들을 해결하며 평화를 향해 성큼성큼 나아가고 있다.

솔직히 말하면, 푸른 철모의 보병대대를 처음 만났을 때 나도 별다른 인상을 받지 못했다. 그들은 파키스탄에서 파병된 부대였고, 라이베리아 북부에 주둔했다. 보병들은 가난했고 교육 수준도 높지 않았다. 영어를 구사하는 병사가 거의 없다시피 해서 순찰대도 라이베리아 시민들과 단순한 대화조차 나누지 못했다. 그들은 소총으로 무장한 채 픽업트럭을 타고 주변을 돌아다녔으며, 최선을 다하는 것처럼 보였지만 절대 트럭에서 내리지 않았다. 그런 모습이 특별한 것이 아니었다. 세계 어디서든 평화유지군에 대한 이야기는 비슷하다. 물론 파키스탄 병사들도 대부분 무슬림이어서, 일부 지역민은 그들을 오래전부터 기독교인과 무슬림의 분쟁으로 알려진 국가의 한 지역에서 활동하던 게릴라로 생각하기도 했다.

나는 구내식당에서 그들과 함께 식사한 까닭에 그들을 조금씩 알아갔다. 연구를 위해 라이베리아 북부에 갈 때마다, 나와 동료들은 가끔 주도州都의 외곽까지 자동차를 타고 나가, 장교식당으로 사용되던 허름한 트레일러에서 식사했다. 국제 구호요원들은 그곳에서 음식을 살 수 있었다. 부엌이 위생적일 수 없어, 이튿날 배앓이를 할 가능성이 아주 높았다. 그러나 나는 맵고 기름진 포테이토 그린, 미스터리한 부시미트, '비터 볼'이라고 딱 맞아떨어지는 이름을 지닌 채소로 이루어진 라이베리아 식단에 신물이 날 지경이었다. 맛있는 비리야니와 달의 유혹을 견딜 수 없었다. 게다가 장교들은 대체로 영어를 구사했고, 제대로 교육을 받아 예의 바르기도 했다. 하지만 (내가 아는 한) 장교들은 지역민들을 경멸했고, 하루라도 빨리 귀국하고 싶어 했다.[10]

유엔 주재 미국 대사가 언젠가 나에게 해준 설명에 따르면, 평화유지 활동은 일종의 비즈니스다. 그녀의 역할은 평화 유지라는 임무의 역기능을 줄이는 것이었다. 저소득 국가와 중간 소득 국가는 라이베리아 같은 불안한 지역에 군대를 파견해서 부유한 국가로부터 두둑한 대가를 받는다. 물론 평화유지군을 파견한 국가는 그 대가의 극히 작은 부분만 병사들과 장교들에게 지급하고, 나머지는 착복한다. 그 돈이 본국의 군대에 엄청난 규모의 보조금이 된다는 것은 더 이상 비밀이 아니다. 이 모든 것은 부유한 국가들이 자국민을 위험에 빠뜨리려 하지 않기 때문에 가능하다. 달리 말하면, 부자 나라들이 평화를 아웃소싱하는 셈이다. 이렇게 파견된 개발도상국가 대대는 비효율적인 데다 관리 문제도 엉망진창인 것으로 악명이 자자하다. 더구나 그들에게는 큰 문제를 해결할 만한 능력은 고사하고 언어 소통도 제대로 되지 않는다.[11] 하지만 이런 결함에도 불구하고 나는 그들의 임무에 고마워해야 한다는 걸 금세 알게 되었다.

새로 지은 모스크 근처에서 한 소녀의 시체가 발견되었다. 전날 열대 녹음으로 우거진 구불구불한 언덕을 넘어 집으로 돌아가던 길에 행방불명된 14세 소녀 카마라였다. 가족 소유의 땅뙈기에서 카사바를 수확하고 귀가하던 중이었다.

카마라는 기독교와 지역 전통이 혼합된 종교를 믿는 로르마족이었다. 라이베리아 북부에 위치한 대부분의 마을이 그렇듯이, 코니아 마을도 종교적 신앙으로 쪼개졌다. 로르마족은 그들의 주된 무슬림 경쟁자들에 대해 "만딩고족은 외래인이다. 그들이 모든 장사를 장악하고 있다"라고 불만을 터뜨렸다. 반면 만딩고족은 "우리는 몇 세대 전부터 여기에서 살았다! 로르마족이 우리를 핍박한다. 악마가 밖에 나오면 우리는 집 안에서 꼼짝 않고 있어야 한다"라고 반박했다. 로르마족만 참가하는 일종의 전통 의식으로, 마을을 통과하는 가장행렬을 가리키는 것이었다. 만딩고족은 나 같은 방문객들에게 "우리가 손해를 보는 거다. 그들의 악마들이 우리를 괴롭힌다"라고 하소연했다.[12]

사소하고 미신에 사로잡힌 푸념으로 들리겠지만, 그 마을에는 더 뿌리 깊은 문제들이 있었다. 어떤 종파가 최고의 시장터를 관리할 것인가? 누가 농지와 경작권을 가질 것인가? 누가 시장이나 치안판사가 될 것인가? 어떤 법을 집행할 것인가? 라이베리아에서 이른바 종교 분쟁에는 대부분 이런 세속적인 원인이 있었다. 때때로 이런 분쟁은 폭력적으로 변했고, 종파적 폭도들은 서로 상대에게 주먹과 마체테machete('벌목도' 또는 '정글도'로 불리는 커다란 칼—옮긴이)를 휘둘렀다. 라이베리아를 괴롭힌 오랜 전쟁 기간에도 코니아 인근 지역은 분쟁이 가장 치열했던 곳 중 하나로, 종파 간에 야만적인 싸움이 벌어졌다.

카마라의 죽음으로 이런 분열이 다시 노골화되었다. 딸을 잃어 슬픔과 분노에 잠긴 부모가 모스크의 이맘에게 달려가 항의했다. 누군가 카마라의 부모에게, 무슬림은 신축한 모스크를 어린아이의 피로 축성한다고 말했기 때문이었다. 그러나 그것은 터무니없는 거짓말이었다. 이맘은 무슨 영문인지 모르겠다고 말했다. "그들이 정말 살인을 범했다면 시신을 왜 거기에 두었겠는가?"라고 반문하기도 했다. 안타깝게도 사건을 조사하고 사실 여부를 결정할 사람이 하나도 없었다. 증거를 판단하고 최종적인 결정을 내릴, 공정하고 믿을 만한 권위체도 없었다. 범법자를 찾아내 단죄하겠다는 약속도 없었다. 한마디로, 리바이어던이 없었다.

내전이 끝나고 몇 년밖에 지나지 않아, 라이베리아 경찰이 역할을 제대로 해내지 못하던 때였다. 경찰은 소수에 불과했고 훈련도 받지 않은 데다 기본적인 장비조차 갖추지 못했다. 제복도 없었다. 법정은 아득히 멀리 떨어진 곳에 있었으며, 부패하고 일 처리도 늦었다. 감옥은 거의 없다시피 했다. 목조로 지은 작은 판잣집일 뿐이었다. 체포된 친척이 굶게 하지 않으려면 먹을 것을 직접 갖다주어야 했다. 당시에는 공명정대한 경찰관이 극소수에 불과했고, 때로는 그보다 나쁜 경우도 있었다. 언젠가 나와 내 팀이 코니아로부터 멀지 않은 마을에서 살인 사건을 조사한 적이 있다. 범인이 그 지역 경찰서장이라는 걸 알아내는 데 오랜 시간이 걸리지 않았다.

물론 국가적 차원에서 카마라를 위한 정의가 실현될 가능성은 없었다. 따라서 카마라의 종족은 공식적인 사법체계가 없을 때 대부분의 사회가 취하는 방법을 선택했다. 그들은 자신들에게 호의적인 사람들을 모았고, 그렇게 대규모로 모인 로르마족은 이맘의 집을 향해 행진했다. 이맘에게 폭행을 가했고, 그의 재산에도 피해를 입혔다. 그러고는 모스크를 불태워버리겠다고 협박을 하기도 했다.

그 폭행 소식이 순식간에 퍼져나갔다. 그 지역의 모든 마을이 종교적으로 비슷하게 분열된 상황이었다. 그리하여 경쟁 관계에 있던 모든 종파가 느닷없이 경각심을 가져야 했다. 모든 마을에서 무슬림과 기독교인이 서로 상대 종파가 범한 부당한 행위에 분노했다. 누구도 역지사지하는 여유를 갖지 못했다. 우리가 앞에서 다룬 경직된 틀, 분노와 잘못된 인식, 이른바 정의로운 분노가 뒤섞인 상태였다. 어느 쪽이든 야심찬 정치인이라면 그 기회를 이용해 단기적인 이득을 얻을 수 있었다. 분열의 모든 조건이 갖춰진 상황이었다.

그날 이후 며칠 동안, 폭도들의 공격과 폭동이 폭발적으로 증가했다. 교회와 모스크가 그 지역 전역에서 불타기 시작했다. 라이베리아 부통령이 주도까지 달려와 연설하려 했지만, 폭도들이 주 청사를 에워싸고 돌을 던지며 부통령을 건물 안에 가둬버렸다는 보도가 있었다.

이런 사건은 어느 때라도 위험하겠지만, 평화 협상이 체결된 후 몇 년이 특히 위험하다. 카마라는 2010년에 살해되었다. 상상할 수 있는 최악의 폭력적 분쟁과 정치적 불안정으로 14년을 보낸 뒤, 라이베리아는 거의 8년 동안 조용했다. 내전 이후의 시기는 어떤 나라에서나

무척 취약하다. 지역적인 문제가 평화 자체를 무너뜨릴 수 있다는 두려움도 있다.[13]

갈등이 있은 뒤 10년은 법적인 권력과 실질적인 권력이 유동적인 시기이기 때문이다. 이때 당신이 적절하게 처신하고 운이 좋으면, 당신과 당신이 속한 집단은 국가라는 파이(천연자원, 원조금, 정책을 수립하는 능력, 당신이 원하는 방향으로의 국가 건설)에서 상당한 몫을 챙기는 평화 협상을 체결할 수 있다. 마을 단위에서도 마찬가지였다. 누가 시장터를 관리할 것인가? 누가 가장 좋은 땅을 갖고, 누가 더 나은 정치적 지위를 차지할 것인가? 모든 것이 불확실했고, 어느 쪽이든 차지할 수 있었다. 이보다 판돈이 더 큰 경우는 거의 없었다.

반면, 협상 범위는 줄어들었다. 자기 집단 중심 주의와 격정적 분노를 비롯해, 이행 문제와 관련된 모든 조건이 갖춰진다. 미묘하지만 중요한 단계다. 이 단계를 파이 분할 게임이라는 관점에서 생각해보자. 내전이 끝난 뒤에도 당신 집단이 계속 싸우면 승리할 확률이 있다고 가정하자. 다시 말하면, 평화 협상에서 전리품의 거의 절반을 기대할 수 있다는 뜻이다. 하지만 평화 협상이 체결되면 몇 달, 몇 년 동안 (사회의 법적 권력에 해당하는) 모든 규칙이 다시 쓰여진다. 한편, (실질적인 권력에 해당하는) 부와 무기와 민중의 지원은 여전히 유동적이다. 이때 신속하고 영리하게 행동하면, 그 실질적인 권력의 대부분을 장악하고 승리 가능성을 한층 더 높일 수 있다. 할리우드 영화의 클라이맥스에서 권총이 두 숙적 사이에 놓여 있는 상황과 비슷하다. 어느 쪽도 그 권총을 집지 않겠다고 믿음직하게 약속할 수 없다. 내전이 시작됐다가 멈추고, 다시 시작됐다가 멈추는 이유 중 하나가 여기에 있다.

이 중대한 시기에 의사소통을 위한 지역 기관과 통로가 취약하다는 게 가장 큰 문제다. 라이베리아의 경우에는 경찰력이 빈약했고 법정은 극소수인 데다 부패하기까지 했다. 정부의 관료조직은 거의 작동하지 않았다. 집단들은 양극화되고 불신으로 가득했다. 게다가 양쪽 모두 소음과 사적 정보라는 안개에 감춰진 상태여서, 어느 쪽에도 약속을 지키자고 집단을 끌어갈 사람이 없었다. 완전히 끔찍할 정도로 뒤죽박죽인 상황이었다. 협상 범위가 좁으면, 살인과 인종 폭동 같은 불안정한 사건 하나로 큰 전쟁의 불길이 댕겨질 수 있다. 이런 위험한 순간을 통제하고 국가를 안정되게 끌어가는 것이 외국에서 파견된 평화유지군의 기본 기능이다.

폭동이 일어났을 때 라이베리아 북부 지역에는 행동력을 지닌 집단이 하나 있었다. 아무런 감동도 주지 못하던 파키스탄 평화유지군이었다. 그들은 수십 개국에서 파견된, 총규모가 대략 15,000명에 달하는 유엔 평화유지군의 일원이었다.

폭도의 폭동이 확대되었지만 유엔 평화유지군은 신속히 개입하지 않았다. 처음에 나는 그런 태도를 안일하고 비겁하다고 생각했다. 나중에야 그들이 밟아야 하는 까다로운 과정을 알게 되었다. 라이베리아 경찰과 민간 당국은 궁극적으로 홀로 일어서야 했다. 내전이 끝나고 8년이 지났을 때 그들이 대응 능력을 보여줄 첫 기회가 온 것이었다. 평화유지군이 즉시 개입하면 지역 기관들이 잘못된 신호를 받아, 평화유지군이 고향에 귀환할 수 없게 될 가능성이 컸다.

푸른 철모를 쓴 평화유지군을 가득 태운 트럭들이 마침내 주도에 줄줄이 들어섰고, 그들은 큰 어려움 없이 폭도들을 주도에서 몰아낼 수 있었다. 폭도들은 무장하지 않는 데다 조직화되지도 않아, 권위와 규율을 지닌 집행기관을 보자 곧바로 물러섰다. 집행기관을 분쟁 지역에 파견한 것만으로도 전국을 불바다로 만들 수 있었던 불꽃을 꺼뜨릴 수 있었다. 하지만 모국어밖에 사용하지 못하는 파키스탄 보병들은 무슬림과 기독교인 간의 깊은 갈등은 고사하고 코니아 지역의 분쟁조차 해결하지 못했다. 다행히 라이베리아에 파견된 평화유지군 전체는 파키스탄 보병대대보다 더 규모가 컸다. 유엔이 오래전부터 그 순간을 준비해왔다는 증거였다.

평화 협상이 체결된 후, 유엔 기관들은 라디오 방송탑을 전국 곳곳에 세웠다. 대중음악을 쾅쾅 틀었고, 양질의 뉴스를 제공했으며, 오락 프로그램도 방송했다. 평화를 선전하는 어설픈 프로그램을 곁들이기도 했다. 외딴 마을에서는 라디오가 주변에서 유일한 방송인 경우가 많았다. 라디오 방송에 정성을 쏟은 진짜 목적은 코니아에 닥친 순간을 위한 것이었다. 방송을 장악하는 사람이 메시지를 장악하는 법이다. 유엔 평화유지군은 전국의 고위 이맘들 및 지역 장관들과 좋은 관계를 구축하기도 했다. 무슬림과 기독교인, 양측의 대표를 라디오에 출연시켜 두려움을 가라앉히고 소문을 불식시키려고 애썼다. 픽업트럭을 이용한 순찰이 큰 역할을 했겠지만, 이런 방송도 며칠 만에 사태를 진정시키는 데 도움이 되었다.

내가 그 짧은 기간에 목격한 것은 평화유지군이 매일 하는 임무의 축소판이었다. 평화유지군의 일상적인 역할은 협상이 성사되고 유지되도록 돕는 것이다. 그 역할은 거창하고 요란하게 수행되는 게 아니다. 시의적절한 방송이나 폭도 진압 같은 작고 평범한 행동으로 수행된다. 또한 경쟁 집단들이 권력을 공유하도록 돕고, 새로운 책임 시스템을 조성하며, 폭력을 통제하는 국가 역량을 강화하는 데 필요한 제도들을 천천히 구축하는 것도 유엔 평화유지군의 임무다.

무엇보다 평화유지군은 견제받지 않는 엘리트 계급의 동기에 영향을 미치는 데 주력한다. 잘 무장된 유엔 평화유지군이 일단 배치되면, 정치적 분파들은 서로 기습 공격을 망설인다. 군벌들은 근거지에서 밀려나고 무기까지 내려놓는다. 평화유지군은 견제받지 않는 지배자들에게 사임하고 물러나야 할 이유도 제공한다. 우리는 이와 관련된 사례(화이트 플라워와 그의 심복들이 고무농장에서 물러나도록 그들에게 단기적으로 제시한 유인책)를 이미 보았다.

유엔 평화유지군은 불확실성과 잘못된 인식도 줄여준다. 라디오 방송국을 세우는 데 그치지 않고, 양측이 협상 조건을 준수하는지 감시한다. 또 무기를 해체하고 병력을 감축하는 과정을 감독한다. 토론회를 개최해 양측이 만나 이야기를 나누며 신뢰를 구축할 기회를 제공한다. 추측을 멀리하고 두려움과 분노를 가라앉히도록 유도하며, 모두에게서 무기를 잡고 싶은 욕구를 줄여간다. 코니아에서 그랬듯이, 불의의 사고가 나면 평화유지군은 즉각 중재와 조정에 나설 수 있다. 최악의 잘못된 인식에 대응하며, 상대적으로 냉정하고 침착한 사람에게 통치권을 맡긴다.

끝으로, 지상군은 합의 사항을 집행하기도 한다. 할리우드 영화에 비유하면, 현장에 뚜벅뚜벅 걸어들어가 권총을 발로 차내는 제3자와 같다. 이제 경쟁자들은 물러서겠다고 확실히 약속할 수 있다. 평화유지군이 있는 한, 경쟁자가 일시적인 우위를 점하더라도 예방 공격이나 선제 공격을 할 거라는 걱정이 양쪽 모두에게서 줄어든다. 평화유지군이 철수할 즈음, 현지 규범과 제도가 더 큰 협상 결과를 유지할 수 있을 정도로 강해지는 경우도 적지 않다.

하지만 지금 우리가 다루려는 갈등에 대해 명확히 해둘 필요가 있겠다. 우리가 다루는 갈등은 내전, 즉 적어도 두 무장 세력(한쪽은 대체로 정부)이 무력으로 충돌하는 전통적인 방식의 내전이다. 무언가가 그 경쟁 집단들이 협상안을 찾아내는 걸 방해한다. 대량학살을 멈추고, 쿠데타를 뒤집고, 권위주의 정권을 무너뜨리려는 목적으로 실행되는 다른 형태의 무력 국제 간섭도 있다. 그러나 대부분의 이런 간섭은 전쟁이 아니라 억압을 멈추게 하려는 시도다. 폭정과 억압의 근원은 다르다. 따라서 다섯 가지 이유가 반드시 적용되지는 않는다. 진단이 다르면 해결책도 다르기 마련이다. 그런데 이런 사실을 간혹 망각하는 사람들이 있다. 그들은 평화유지군이 내전에서 거둔 효과를 보고, 그 교훈을 정권 교체에도 확대 적용한다. 그렇게 해서는 안 된다. 인도주의적 군사 개입은 다른 방식으로 풀어야 할 다른 문제다. 여기에서 세상의 모든 악을 다루려는 것은 아니다. 우리 관심사는 여러 집단 간의 오랫동안 지속되는 조직적인 싸움이다.[14]

하지만 내전을 진정시키는 방법과 관련해서, 우리는 평화유지군이 평화를 장착시키는 데 도움이 된다는 걸 알게 되었다. 항상 도움이 되고 기대만큼 잘해내는 것은 아니지만, 끔찍한 상황을 전반적으로 조금이나마 완화시키는 것은 사실이다. 소수의 열정적인 정치학자들이 평화유지군이 개입하면 어떤 일이 벌어지는지 추정해보았다. 컬럼비아대학교의 정치학자 페이지 포트나Page Fortna는 평화유지군의 활동을 증거에 입각한 사례를 근거로 가장 먼저 평가하기 시작했다. 그녀는 평화유지군을 받아들인 내전과 그렇지 않은 내전을 비교한 결과, 평화유지군이 내전을 더 지속적으로 진정시키는 역할을 해낸다는 사실을 알아냈다. 평화유지군이 쉬운 지역을 찾아가고 평화와의 상관관계를 지어낸다는 우려가 있기는 하다. 그러나 포트나를 비롯한 여러 학자가 찾아낸 결론에 따르면, 평화유지군은 평균적으로 더 까다로운 분쟁에 파견된다. 이 결론이 사실이라면, 이런 상관관계는 평화유지군이 해낼 수 있는 역할을 오히려 축소해서 말한 것이 된다. 정치학자들은 장기 주둔과 단기 주둔, 대규모와 소규모, 무력 사용 권한을 위임받은 경우와 그렇지 않은 경우도 비교했다. 대체로 규모가 크고 장기적으로 주둔하면서 더 많은 권한을 위임받은 평화유지군이 살상을 줄이고 분쟁이 이웃 지역으로 확산되는 걸 막아내는 듯하다.[15]

라이베리아가 좋은 예다. 라이베리아에서는 미국이 앞바다에 정박한 전함의 지원을 받는 200명의 해병대원을 필두로 다국적군을 파견한 2003년 지루한 내전이 끝났다. 다국적군의 파견에 이어, 국제사회의 압력과 서아프리카 국가들의 중재로 군벌 찰스 테일러Charles Taylor가 대통령직에서 물러났다. 다국적군의 존재로 인해 크고 작은 다른 군벌들이 마음을 돌렸고, 분열된 당파들 간의 휴전도 체결되었다. 다국적군은 유엔이 주도하는 더 큰 규모의 병력이 들어올 길을 이렇게 닦아놓았다.

여러 면에서, 라이베리아 내전의 경우 평화유지군이 파견되기에 이상적인 조건이었다. 첫째, 라이베리아는 면적과 인구를 기준으로 할 때 작은 나라여서 15,000명의 병력으로도 효과를 거둘 수 있었다. 대조적으로, 남수단이나 콩고민주공화국 동부처럼 갈등이 드넓은 지역까지 확산된 곳에 파견된 유엔 평화유지군은 상당한 어려움을 겪었다. 라이베리아의 또 다른 이점은 국민들이 서구의 이상에 공감했고, 한쪽 세력을 일방적으로 편드는 세계적인 강대국이 없었다는 것이다. 반란 세력이 서구나 유엔을 이념적으로 적이라고 생각한다면, 평화유지군은 더 큰 어려움을 겪을 것이다. 한쪽이 초강대국의 지원을 받는 갈등은 모든 후원국의 협력 없이는 종식될 가능성이 거의 없다. 따라서 푸른 철모가 할 수 있는 역할에는 한계가 있다.

라이베리아에서 평화유지군이 직면한 어려움 중 하나는, 내전이 계속되던 와중에 파견되었다는 것이었다. 여러 명백한 이유에서 외부자들은 이미 체결된 평화 협상을 보장하는 게 더 쉽기 때문에, 유엔 평화 유지 활동은 싸우던 경쟁자들이 휴전안을 마련한 뒤에 가장 효과적인 경향이 있다. 하지만 라이베리아의 경우 기회주의적인 군벌들이 벌인 전쟁이었고, 모든 군벌이 비교적 약했다. 논란의 여지는 있겠지만, 견제받지 않는 사령관과 이행 문제만이 협상을 방해하는 요인이었다. 따라서 평화유지군이 진행 중인 싸움판에 들어가 휴전을 강요하는 게 가능했다. 그러나 전쟁에서는 어떤 것도 확실하지 않다. 개입 자체가 위험하기 때문에 그 임무가 파국으로 끝날 수도 있었다.[16]

결론을 내려보자. 평화유지군이 마법의 해결책은 아니지만 그들이 거둔 작은 성공 기록에서 보듯이, 유엔이 평화유지군을 더 큰 규모로 더 많은 곳에 파견했다면 지난 30년 동안 전쟁으로 인한 사망자는 크게 줄었을 것이다. 평화유지군에 많은 약점이 있지만, 그렇다고 평화유지군이라는 제도를 폐지해야 한다고는 생각하지 않는다. 경찰에 고질적인 문제가 있다고 경찰을 없앨 수 없는 것과 같다. 오히려 여러 증거가 말해주듯이, 평화유지군이라는 집행기관을 바로잡는 게 합리적인 선택이다. 평화유지군에 더 큰 책임을 요구하는 대신 더 많은 대표성을 위임하는 방향이 평화로 나아가는 길이다.[17]

하지만 평화유지군이라는 집행기관을 평가할 때는 신중할 필요가 있다. 내가 평화유지군에 부여한 신뢰에는 군대의 몫만 있는 게 아니기 때문이다. 분쟁 해결과 화해, 평화를 위한 노력에는 평화유지군 옆에서 열심히 일하는 소수의 민간인이 있기 마련이다. 따라서 평화 유지 활동이 효과가 있다는 증거에는 소리 없이 일하는 사람들의 노력이 포함되어야 한다. 그들의 역할, 즉 평화 유지 활동을 효과적으로 만들어주는 것 중 상당한 부분이 '집행'에 속하지 않는다. 그들은 정보를 제공하고 절차를 관리함으로써 협상을 진척시킨다. 이 비강압적인 촉진도 중요한 개입 중 하나다.

촉진

토니 블레어Tony Blair는 1994년 영국 노동당 당수가 되었을 때 조너선 파월Jonathan Powell을 수석 참모에 임명했다. 훤칠한 키에 날씬하고 검은 곱슬머리가 관자놀이에서 잿빛으로 변하기 시작한 파월은 그때까지 16년 동안 외교무대에서 활동해온 외교관이었다. 따라서 파월은 그 직책에 적합한 인물이 아니었다. 블레어가 3년 뒤 영국 총리가 되었을 때도 파월은 IRA와 평화회담을 끌어갈 적임자는 아닌 듯했다. 파월의 설명대로였다. "나는 협상하는 방법을 훈련받은 적이 없었다." 반세기 전에 IRA가 그의 아버지에게 총을 쏘아 귀를 관통한 사건이 있어, 불길한 기운이 더해졌다. 게다가 수년 뒤에는 그의 형이 IRA의 암살 대상자 명단에 올랐다. 파월은 "나는 그들을 따뜻하고 포근하게 대해야 한다는 감정을 느끼지 못했다"라고 당시를 회고했다. 그 때문인지, IRA의 지도자 게리 애덤스와 마틴 맥기니스Martin McGuinness(1950~2017)를 처음 만났을 때 파월은 그들과의 악수조차 거부했다.

협상 과정에서 그는 마음이 바뀌었다. 그해가 저물어갈 무렵, 파월과 블레어는 런던 총리관저에서 IRA 지도자들과 첫 공개 모임을 가졌다. 그 직후, 파월의 관점이 바뀌었다.

애덤스와 맥기니스가 다우닝가에 들어왔다. 그들은 건물 끝에 위치한 내각실로 이어지는 긴 복도를 따라 걸었다. 내가 그들을 내각실로 안내해 긴 테이블의 반대편 끝으로 데려갔다. 그들의 뒤편으로 창문이 있었다. 마틴 맥기니스가 냉랭한 분위기를 깨고 싶었던지, 의자 등받이에 손을 올리고는 "그때 여기도 피해가 있었습니까?"라고 말했다. 나는 등골이 오싹해졌고, "그렇습니다. IRA가 쏜 박격포탄이 당신 뒤쪽의 정원에 떨어졌습니다. 창문들이 깨졌고, 그때 존 메이저 총리와 함께 있던 내 형이 총리를 이 테이블 밑으로 끌고 들어가, 깨진 유리 조각을 피하게 했습니다"라고 대답했다. 맥기니스가 충격을 받은 듯한 표정으로 말했다. "아닙니다, 나는 1921년 마이클 콜린스와 맺은 조약을 말한 겁니다." 역사에 대한 양측의 인식이 달라도 너무 달랐다. 진정한 합의에 도달하려면 그 차이를 먼저 깨뜨려야 했다.[18]

파월은 그날의 교훈을 결코 잊지 않았다. 경쟁 관계에 있는 집단들은 사고방식, 믿음, 기억에서 완전히 다르다. 앞에서 보았듯이, 그들은 선택적으로 기억하며 서로 오해하고 잘못 인식한다. 파월의 표현을 빌리면, "그들은 지적인 게토intellectual ghetto에서 살아가며, 자기들끼리만 이야기를 나누고, 다른 곳에서 자신들을 어떻게 보는지 이해하려고 하지 않는다".

잘못된 인식은 경쟁 관계에 있는 양쪽 모두에게 해당하지만, 한쪽이 쫓기거나 숨어야 할 경우에 더욱 심화된다. 파월은 "반란자와 테러리스트는 바깥 세계를 전혀 모른다"면서, "그들은 조국을 떠난 적이 없고, 오랫동안 시골 지역에 은둔해 숨어 지내거나 지하에서 살아간다. 게다가 주변에는 자신만큼이나 믿을 만한 사람들만 있다. 외부인과 어울리는 걸 무척 위험하다고 생각한다"라고 말했다. 한편으로는 파월과 같은 관리들도 관례와 심지어 법에 의해 반항적인 적들과 대화하는 것조차 금지된 채 스스로 채운 재갈에 구속되고 자기들만의 장벽에 갇혀 지낸다.

파월은 증오하는 사람들을 상대해야 했다. 정말, 정말 힘들었다. 하지만 '성금요일 협정'이 체결된 뒤, 파월은 자신의 통찰력과 경험을 활용해 다른 적들에게도 해결책을 찾도록 도움을 주겠다고 결심했다. 책임자로서 상대와 마주 보고 협상하는 어려움을 직접 경험했기 때문이었다. 그와 IRA의 협상에서도 외국의 중재자가 실질적인 변화를 끌어냈다. 그도 그렇게 해낼 수 있을 것 같았다. 그 후로 20년 동안, 파월은 스페인의 바스크 지역에서, 콜롬비아에서 평화의 중재를 도왔고, 때로는 리비아에서처럼 실패한 협상을 주도하기도 했다.

파월은 존중의 몸짓, 함께 보내는 시간의 총량, 비밀 회동의 가능성 등 사소한 것의 중요성도 알게 되었다. 중재자는 이 사소한 것들이 가능하도록 도울 수 있다. 하지만 파월은 무엇보다 과정의 중요성을 깨달았다. 요즘 그는 이스라엘 전 총리 시몬 페레스^{shimon Peres}(1923~2016)의 말을 즐겨 인용한다. 페레스는 이스라엘과 팔레스타인, 양쪽 모두 평화 협상의 조건이 어떤 모습이어야 하는지 알고 있었다면서, "좋은 소식은 터널 끝에 빛이 있다는 것이고, 나쁜 소식은 터널이 없다는 것이다"라고 말했다. 파월의 표현을 빌리면, 중재자의 역할은 그런 터널을 짓도록 돕고 양측을 그리로 인도하는 것이다.

하지만 중재자가 들려주는 평화 협상 관련 이야기에 문제가 있다면, 게다가 매년 새로운 외교관이 새로운 책을 쓰면서 그런 이야기를 더 많이 들려준다면, 평화 협상이 약간은 마법처럼 들리고('터널을 짓다'), 약간은 하찮은 것(존중의 몸짓, 협상 테이블의 크기와 모양에 대한 고뇌)에 신경쓰는 것처럼 들릴 수 있다는 것이다. 중재는 망상일 수 있다. 외교관은 평화가 마법처럼 구축되기를 기대하며 주문을 외우고 의식을 준비하는 것 외에 크게 하는 일이 없는 듯하다. 어쩌면 진정한 평화는 합의를 보장하는 강력한 힘에서 비롯되고, 중재자는 곁다리에 불과한 존재일지도 모른다.

다행스럽게도 그렇지 않을 가능성이 크다. 평화 협상에는 어떤 마법적인 힘도 작용하지 않는다. 정확히 말하면, 중재자는 협상이 결렬되는 이유와 씨름하기 때문에 폭력을 종식하는 데 도움이 된다. 모든 좋은 치료법이 그렇듯이, 중재자의 전술은 전쟁을 벌이는 다섯 가지 이유에 맞춰진다. 무엇보다, 중재자는 불확실성과 사적 정보를 줄이려고 애쓴다. 양측이 상대적인 힘에 대해 의견이 충돌하거나, 상대가 자신의 의도와 힘에 대해 허세를 부리는 게 아닐까 우려하는 경우, 신뢰받는 중재자가 정확한 정보를 수집해서 전달할 수 있다. 또한 중재자는 협상이 결렬되는 주된 원인으로 여겨지는 감정과 인식의 오류를 줄이기 위해서도 노력한다. 예컨대 양측이 갈등을 상대의 관점에서 보도록 지원하고, 역사에 대한 이해를 공유하며, 분노를 달래주고, 협상에 참석한 사람들이 합리적으로 행동하도록 돕는 것도 중재자의 역할이다.

중재자는 신뢰를 조성하는 역할도 해내야 한다. 여기에서 내가 말하는 '신뢰trust'는 우리가 손가락으로 짚을 수 없는 무형의 느낌이 아니다. 내 생각에 신뢰는 복잡하지 않고 구체적인 것이다. 신뢰는 상대가 감당해야 하는 제약과 비용, 또 상대가 하고 싶어 하는 것과 그렇지 않은 것을 이해하는 데서 비롯된다. 가령 내가 당신을 신뢰한다면, 그 이유는 당신이 나를 배신한다고 당신에게 이익 될 것이 없다는 걸 내가 알기 때문이지, 내가 당신의 성품을 판단해서 내린 결론 때문이 아니다. 하지만 이런 동기는 부분적으로 숨겨진다. 경쟁 관계에 있는 개인이나 집단에는 신뢰할 수 있는 신호가 필요하다. 평판이 좋은 중재자에게 인정받는 것으로도 때로는 충분하다.

예컨대 1970년대 중반, 이집트 대통령 안와르 사다트Anwar Sadat(1918~1981)는 이스라엘 총리 골다 메이어Golda Meir(1898~1978)에게 "내 말을 진지하게 받아들이셔야 합니다. 내가 1971년 결단을 내렸을 때 정말 진심이었습니다. 전쟁을 불사하겠다고 위협했을 때 진심이었습니다. 그런데 지금은 평화를 말하고 있습니다. 역시 진심입니다"라고 말했다. 메이어는 사다트의 말을 믿을 수 있었을까? 당시 미국 국무장관 헨리 키신저는 이집트 사람들과 많은 시간을 보냈고, 사다트를 보증했다. 키신저는 메이어에게 "총리님께 솔직히 말씀드리겠습니다. 내 판단에는 이집트가 이스라엘과 진정으로 화해할 의지가 있습니다"라고 말했다. 그리하여 협상은 계속되었고, 양측은 마침내 1979년 평화협정을 체결했다.[19]

지금까지 말한 내용은 이론에 불과하다. 증거는 어떤가? 중재는 평가하기 쉽지 않다. 그러나 뜻밖의 곳에서 단서가 발견된다. 바로 여름 휴가다. 모두가 알다시피, 많은 중재자가 고향에서는 입법자고 관료다. 우리가 예로 든 조녀선 파월도 마찬가지다. 또 다수의 중재자가 유럽과 북아메리카 등 북쪽 기후권 출신이다. 여기에서 공통점을 찾을 수 있다. 매년 6월이나 7월, 이 지역의 입법부가 휴회하거나 행정부가 잠시 업무를 줄이고, 입법자들과 관료들이 다른 곳으로 휴가를 떠난다.

정치학자 베른트 베버Bernd Beber는 콜롬비아대학교 대학원생일 때 이런 관례적 특성에 주목했다. 그는 휴전과 평화를 위한 회담이 1년 내내 비교적 고르게 항상 열린다는 것도 알았다. 하지만 협상이 북반구의 여름철에 시작하면 협상에 외국인 중재자를 받아들이는 경우가 많다는 사실을 발견했다.

이 관찰이 중요한 이유는, 조녀선 파월 같은 중재자가 무작위로 배정되는 게 아니기 때문이다. 중재자는 먼저 초대를 받아야 하고, 그도 그곳에 가고 싶어야 한다. 이 조건으로 인해, 비교 자체가 불가능해진다. 중재자를 받아들이는 갈등은 중재자가 없는 갈등과 근본적으로 다를 수밖에 없다. 가령 중재자가 상대적으로 해결하기 쉬운 갈등 지역이나, 강대국들이 해결을 적극적으로 강요하는 지역에 간다면, 중재와 평화회담 사이의 상관관계가 과장되게 나타날 것이다. 따라서 우리는 자연 실험이 이루어진 지역, 즉 세상의 파월들이 무작위로 파견되었지만 그 밖의 조건은 달라지지 않은 갈등 지역을 찾아야 한다. 베버가 찾아낸 결론에 따르면, 휴전회담이 여름에 시작되면 중재자를 구할 확률이 더 높아지고, 합의도 더 오랫동안 지속된다. 중재자가 까다로운 원인과 결과를 풀어내는 데 도움을 주기 때문이다.[20]

내전과 국제전만 중재자의 도움을 얻을 수 있는 것은 아니다. 다시 메데인으로 돌아가보자. 라오피시나와 기관총협정을 기억하는가? 얼마 전에 협정이 흐트러지기 시작했다. 소수의 콤보가 작은 충돌을 벌였고, 메데인의 범죄조직들이 전쟁 준비를 갖추면서 몇 주 만에 살인율이 세 배나 급증했다. 따라서 정부는 메데인에 수감된 주요 범죄 두목들을 동시에 다른 교도소로 은밀히 이감하기로 결정했다. 그 두목들은 전국 곳곳에 산재한 10여 개의 교도소로 곧장 이동하지 않고, 한 곳에서 며칠을 함께 보내며 이감을 기다렸다. 그때 '우연히' 모두에게 신뢰받는 한 범인이 사소한 범죄로 체포되어 같은 구역에 수감되었고, 자연스럽게 중재자가 되었다. 그 금속 철창 뒤에서 어떤 일이 벌어졌는지는 정확히 모르지만, 그다음 주에 살인율이 예전 수준으로 떨어졌다. 남북 아메리카 전역에서 범죄 집단들의 평화 협상이 비밀리에 촉진된 비슷한 사례가 지금도 간혹 목격된다. 그런 중재가 지상에서 가장 폭력적인 도시들의 살인율을 떨어뜨리는 데 일조한 셈이다. (유일한 비극이라면, 일부 국가에서 이런 중요한 기능을 범죄로 취급해 갱단의 협상을 지원하는 성직자와 공동체 지도자, 관료와 정치인을 기소한다는 사실이다.)[21]

중재와 협상의 기술은 큰 전쟁과 갱단의 다툼 외에 지역적인 차원, 더 나아가 대인관계에서도 평화를 유지하는 데 도움을 줄 수 있다. 내가 라이베리아 북부 코니아에 있게 된 이유도 바로 그 때문이었다. 제임스 발라James Ballah라는 한 선각자가 자신이 만든 교육 프로그램을 라이베리아에서도 특히 폭력에 물든 마을에 보급하고 싶어 했다. 나는 프렌더개스트나 파월처럼 그도 평화로 가는 더 나은 길을 찾아냈는지 알아내고 싶었다.

발라의 생각은 '지역단체장과 장관, 이맘과 관심 있는 시민에게 협상과 중재를 더 잘하는 방법을 가르치자'는 것이었다. 요컨대 각 마을에서 입김이 상당한 사람들에게 분쟁을 해결하는 대안적 기술을 집중적으로 훈련시키자는 이야기였다. 약간 엉뚱하게 들렸지만, 세상 곳곳에 존재하는 제임스 발라, 즉 뛰어난 영감을 지녔고 진의가 의심스러울 정도로 착한 사람들을 찾아내, 그들이 자신의 생각을 펼치도록 지원하면서 그 생각이 효과가 있는지 검증하는 게 내 본업이었다. 세 지역에서 지역 관리들이 250곳의 크고 작은 마을을 선정했다. 분쟁 해결 기술을 지닌 전문가들이 거의 100개 마을을 방문해 매주 한 번씩 여러 달 동안 워크숍을 진행했다.

그곳이 어떤 곳인지 알고 싶으면, 먼저 끝없이 펼쳐진 열대우림을 머릿속에 그려보라. 그다음에는 회반죽과 주름진 강판으로 지어 금방이라도 허물어질 듯한 집들이 늘어선 널찍한 빈터를 상상하라. 몇몇 마을은 고속도로 옆에 있었지만 대부분은 한적한 숲길을 따라 한참 동안 걸어야 했다. 인위적으로 건설된 도로처럼 보이는 게 있었지만, 오래전에 유실된 상태였다. 마을 사람들은 고립된 채 살았고, 찢어지게 가난했다. 개간되지 않은 땅에 건조지 벼나 채소를 재배해 근근이 먹고살았다. 황소도 트랙터도 없었다. 가축도 거의 눈에 띄지 않았다. 습한 열대우림에서 괭이로 경작할 수 있는 것만 재배할 뿐이었다.

많은 분쟁이 토지 때문에 일어났다. 그 밖에는 싸울 만한 이유가 많지 않았다. 마을 사람의 5분의 1이 우리에게 농지의 경계, 재산 상속, 시장에서 가장 좋은 자리를 두고 매년 의견 충돌이 발생한다고 말했다. 이런 다툼의 절반이 적대적이고 공격적이며, 4분의 1은 재산의 파괴나 싸움으로 발전했고, 때로는 카마라의 죽음에 군중의 분노가 폭발했듯이 마을 전체가 폭력적 소동에 휩싸이는 경우도 있었다.

발라의 프로그램을 지원한 전문가들은 적잖은 일을 해냈다. 먼저, 기본적 협상 기술을 가르쳤다. 문제를 긍정적이고 협조적인 표현으로

재구성하고, 자신의 생각을 숨김없이 말하며 분쟁을 직접적으로 다루고, 비난투의 발언을 삼가며 '적극적인 경청', 즉 상대가 우려를 표현하면 그 말을 그대로 되풀이하도록 가르쳤다. 그들은 마을 사람들에게 본능적 편향성이 있다고 솔직히 지적하고, 그런 편향이 잘못된 인식과 해석으로 이어진다면서, 그런 편향을 극복하는 기술도 가르쳤다. 분노를 조절하는 방법(10까지 세거나 현장에서 벗어나 마음을 가라앉히기)을 가르치는 것도 빠뜨리지 않았다. 그들은 마을 모임을 통해 어떤 절차에 대한 합의를 끌어내려 애썼다. 물론 폭력은 규탄되었다. 그러나 그들은 마을 사람들이 적절한 행동에 대한 몇 가지 기준(배운 것은 그대로 따라야 한다, 분노하거나 비난하는 사람은 경멸을 각오해야 한다는 집단의 기대)에 대해 합의하도록 유도했다. 또한 민족 지도자, 자치단체장, 심지어 평균적인 시민까지 다양한 집단에서 수십 명을 선발해 갈등을 중재하고 판단하는 방법을 가르쳤다. 하지만 토론장이든 비공식적인 법정이든 자신의 사건을 판단할 방법을 일단 선택하면, 진행되는 방향이 마음에 들지 않더라도 그곳을 떠날 수 없다는 데 모두가 동의했다. 교육이 시작되기 전에는 토론장 섭렵이 일종의 이행 문제였기 때문이다.

    그들의 노력은 실질적인 효과가 있었다. 발라의 프로그램이 진행되고 1년 뒤에 우리는 그 마을들을 방문했다. 그리고 다시 2년 뒤에는 프로그램을 받아들인 마을과 그렇지 않은 마을을 비교했다. 발라의 직관이 옳았다. 분쟁이 3분의 1 더 해결되었고, 폭력은 3분의 1가량 줄어들었다. 모든 싸움이 중단된 것은 아니었지만, 발라와 전문가들은 큰 차이를 만들어냈다.

    여기에는 어떤 마법도 없었다. 교육을 맡은 전문가들은 지역 지도자들과 마을 사람들에게 협상가와 중재자가 전문적으로 사용하는 기법을 그대로 가르치며 그 기법을 습득하도록 도왔고, 불확실성과 잘못된 인식을 줄이고 약속의 이행을 독려하는 프로그램을 개발했다. 성공한 사회에서 발견되는 가장 기본적인 제도의 하나인 일관된 규범(널리 공유되는 비공식적인 행동 규칙)을 만들어내는 과정에도 도움을 주었다. 그 결과는 좋은 협상과 중재가 어느 차원에서 이루어낼 수 있는 것의 축소판이었다. 시몬 페레스가 말한 '터널'을 짓는다는 게 바로 이런 뜻이었다.[22]

사회화

하지만 나는 발라의 프로그램에서 중요한 부분에 초점을 맞추고 싶다. 기법과 규범은 불확실성을 줄이고 이행 가능성을 높이기 위해 고안되었고, 그것만으로도 대단한 것이었다. 그러나 발라의 프로그램은 '촉진'만을 위한 게 아니었다. '사회화'를 위한 프로그램이기도 했다. 공동체는 서로 마주 보고 앉아 적절한 행동에 대한 결정을 내려야 했다. 그들은 교육 시간 안팎에서 새로운 관례를 배워 익히는 동안, 해묵은 토지 분쟁을 해결해야 했다. 자신에게 내재한 편향성을 인정하는 방법을 배우고, 상대의 말을 경청하는 동시에 상대의 관점을 이해하고 공감하려 노력하며, 분노와 충동을 조절하는 것은 모두 습관이었다. 따라서 배워 익힐 수 있는 것이었고, 사회 규범과 관습으로 강화되는 것이었다. 또한 사회는 그런 규범을 스스로 만들어갈 수도 있었다.

사회학자 노르베르트 엘리아스 Norbert Elias(1897~1990)는 이를 '문명화 과정'이라 칭했고, 같은 제목의 유명한 저서를 발표했다. 엘리아스는 지난 1,000년 동안의 유럽을 조사했고, 적어도 유럽에서는 칼싸움, 명예의 결투, 공공장소에서의 싸움 등 폭력이 점진적으로 줄어든 것을 확인했다. 폭력이 감소한 동시에 예법과 바른 행동, 교양의 기준이 서서히 확립되었다는 점도 알아냈다. 이 모든 현상에서 발견되는 공통점은 절제하는 습관, 타인에 대한 공감과 배려, 합리적이고 미래를 계획하는 사고방식이었다. 엘리트 계층이 자신의 행동에 변화를 주고 모범이 되게 행동함으로써 이런 규범의 변화를 주도하는 경우가 많았다. 최근에는 스티븐 핑커가 엘리아스의 논거를 확대해, 문명화 과정이 대부분의 사회에서 폭력이 감소한 이유라고 주장했다. 엘리아스와 핑커에 따르면, 폭력이 감소한 공로의 일부는 문화의 점진적인 계몽, 일부는 견제와 균형, 일부는 국가에 있다. 이 셋은 지난 세 장에서 차례로 살펴본 주제다.

하지만 발라의 실험에서 알 수 있듯이, 문명화 과정은 인위적으로도 만들 수 있다. 물론 '문명화civilizing'는 까다로운 개념이다. '사회공학social engineering'이라는 개념도 마찬가지다. 그러나 솔직히 말하면, 문명화가 바로 사회공학이다(사람들이 자신에게 사회공학적 조치를 취하는 경우도 마찬가지다). 앞에서 우리는 엘리트 계급이 이기적인 목적에서 사회공학을 어떻게 이용하는지 보았다. 예컨대 프로파간다와 잘못된 정보를 이용해 분노와 반감을 불러일으키는 것이다. 이제는 제임스 발라 같은 사람들이 사회를 좋은 방향으로 사회화하기 위해 노력한 방법에 대해 이야기해보자.

구름 한 점 없는 오후였다. 몬로비아의 레드라이트 시장에서도 뜨거운 햇살이 우리 머리를 내리쬐고 있었다. 운 좋은 상인들은 너덜너

덜한 해변 파라솔 아래에서 따가운 햇살을 피했다. 그들의 물건들은 녹슬어가는 손수레 위에 잔뜩 쌓여 있거나, 갈색 흙먼지 위에 펼쳐진 방수포 뒤에 진열되어 있었다.

나는 몬로비아의 하층민들을 만나고 싶었다. 그들은 먼지투성이 방수포 위의 중고 운동화를 팔거나 세제를 들고 이리저리 돌아다니며 행상하는 사람들이 아니라, 가난하지만 대부분의 몬로비아 사람들처럼 올곧고 평화를 사랑하는 시민들이었다. 나는 주변부 사람들, 즉 마약 소굴로 쓰인 작은 초가집에 모인 사람들, 빈 수레를 옆에 두고 운반할 물건을 하염없이 기다리지만 대부분의 돈은 소매치기와 무장 강도로 버는 사람들을 만나 그들의 이야기를 듣고 싶었다. 그들 대부분이 내전에 참전한 전사들이었다. 정부는 그들이 내일이면 폭도, 용병, 반군으로 변하지 않을까 우려했다.

나는 존슨 보어Johnson Borh와 함께 레드라이트 시장을 이리저리 돌아다니고 있었다. 보어는 큰 키에 약간 뚱뚱한 30대 중반의 남자로, 항상 웃는 얼굴이었다. 그는 옛 전사들과 길거리 청년들을 위한 공동체 조직을 운영하는 사회운동가였다. 우리는 지친 데다 셔츠까지 땀에 젖은 채 적어도 법을 준수하는 사람들을 찾고 있었다. 우리는 버려진 건물의 그늘에서, 거대한 쓰레기더미 옆에서, 작은 초가집 마약 소굴 안에서 쉬며, 젊은이들이 하루를 어떻게 분주하게 보내는지 늘어놓는 말을 귀담아들었다.

어느 날, 우리는 이런 만남 후 밝은 곳으로 나왔다. 길 건너편에서 한 젊은이가 보어를 보고는 손을 흔들었다. 남루하지만 깔끔한 옷을 입고 작은 수레에서 중고 운동화를 파는 깡마른 청년이었다. 우리는 길을 건너가 그를 만났고, 나는 그들에게 어떻게 서로 알게 되었느냐고 물었다. 청년은 우리가 조금 전에 만난 마약상들을 가리키며 대답했다. "음, 나도 전에는 저들과 같았어요. 하지만 존슨의 프로그램을 거쳤죠." 이튿날 오후에도 우리는 다른 청년의 입에서 똑같은 이야기를 들었다. 똑같은 이야기가 매일 반복되었다. 그들은 모두 보어의 조직을 거친 자랑스러운 졸업생들이었다. 나는 존슨에게 부탁했다. "대체 당신이 하는 일이 뭔지 다시 말씀해주시겠습니까?" 그의 설명은 은어와 과장으로 뒤범벅되어 처음에는 별다른 도움이 되지 않았다. 그래서 우리는 동굴 같은 술집에서 내 컴퓨터를 앞에 두고 이틀을 더 함께 보내면서, 그가 매일 어떤 일을 하는지 빠짐없이 기록했다. 그 뒤에 나는 심리학자 지니 애넌을 찾아가 물었다. "당신에게는 이게 어떻게 보입니까?" 지니는 내 기록을 살펴보고는 대답했다. "인지행동치료법처럼 보이네요. 특이하지만 효과는 있었을 거예요."

에런 벡이 인지행동치료법을 창안해낸 후 50년이 지났지만, 라이베리아에서 보어는 그 유명한 교수의 이름이나 방법론에 대해 전혀 들은 적이 없었다. 그러나 보어는 무엇이 중요한지 알았다. 15년 동안 사회복지사들로부터 교육을 받았고, 비행 청소년을 다루는 법에 대한 안내서를 다운로드받아 독학했으며, 서구의 개념과 기법을 차용한 덕분이었다. 벡이 발견한 개념들이 그 자료에 온전히 담겨 있었다. 보어에게는 하루하루가 비공식적인 실험이었다. 어떤 방법이 효과가 있으면 기록해두었고, 효과가 없는 것은 폐기했다.

나는 몇 차례 그의 강습에 참석했다. 20명이 흠집투성이 플라스틱 의자에 앉아 있었다. 강습장은 버려진 6층짜리 건물의 3층에 있었다. 보어는 단 두 달 동안만 일주일에 세 번씩 아침에 버림받은 사람들을 만났다. 그들은 많은 것을 다뤘다. 무엇보다, 분노한 감정과 적대적인 상황에 대처하는 기법을 배우고 연습했다. 또 상대의 관점에서 관찰하고 생각하는 방법도 익혔다. 이 모든 것이 문제를 일으키는 생각과 감정을 다스리기 위한 인지행동치료법의 기본적인 기법이었다. 그들은 새롭게 확립하려는 정체성이 몸에 맞는지 직접 시험해보기도 했다. 예컨대 강습을 받는 중에 정상적인 사회 구성원처럼 옷을 입고 행동하면서 은행과 슈퍼마켓에 가는 연습도 했다. 그들은 경험과 연습을 통해, 다른 사람들이 그들을 배척하지 않고 오히려 이해하고 따뜻하게 맞아줄 것임을 알게 되었다. 그렇게 보어의 도움으로 젊은이들은 다시 사회화되었다.

보어는 몇 년 동안 작은 모임 형식으로 이 프로그램을 운영했을 뿐, 대규모로 시험한 적은 없었다. 우리는 이 프로그램을 약간 수정하고, 이름도 '라이베리아 청년을 위한 지속 가능한 프로그램Sustainable Transformation of Youth in Liberia, STYL'으로 바꿨다. 보어와 나는 프로그램을 함께 진행할 동료들을 모집했고 연구비도 모금했다. 1년 후, 우리는 몬로비아에서 가장 폭력적이고 불안정한 청년 1,000명을 대상으로 무작위 대조 실험을 시작했다.

그 결과에 나는 당시에도 놀랐지만 지금 생각해도 놀랍기는 마찬가지다. 1년 뒤에 조사한 자료에 따르면, 프로그램에 참여한 청년들의 폭행과 범죄가 절반으로 줄었다. 게다가 이 프로그램을 끝낸 뒤에 구두를 닦거나 중고 운동화를 판매하는 등 부업을 할 수 있도록 자금 지원을 받은 집단의 경우, 그 변화가 더 크고 더 지속적이었다. 그들이 최선을 다한 이유는, 그들의 장사가 몇 달 뒤에 거의 실패한 것으로 미루어보아, 더 많은 수입을 원했기 때문이 아니었다. 정확히 말하면, 일시적인 사업을 통해 그들은 새로운 품행을 계속 연습하고, 새롭게 확립한 올바른 정체성을 확고히 다지며, 변하려는 노력을 더 공고히 할 수 있었다. 10년 뒤 우리는 다시 돌아갔다. 그들은 여전히 또래의 다른 집단에 비해 범죄를 저지르고 폭력을 행사하는 비율이 절반에 불과했다.[23]

보어가 STYL을 실행하고 있던 그때, 시카고에서는 토니 D라는 청년이 비슷한 소명을 받아 실천하고 있었다. 토니는 가난하게 자랐지만, 집에서 한 구역쯤 떨어진 커뮤니티 칼리지community college(2년제 3차 공립 교육기관—옮긴이)에 진학했고, 그곳에서 심리학이라는 학문을 알게 되었다. "심리학이 나를 불렀다. 감정과 행동이라는 개념에 마음이 끌렸다." 대학원에 진학한 토니는 자기만의 프로그램을 고안해서 유기적으로 짜맞추기 시작했다. "나는 모임을 결성해서 인간관계와 남자다움에 대해 임상 상담을 시작했다. 특히 남자아이들에게 남자다움에 대해 이야기하면서, 자신을 정확히 들여다보라고 독려했다." 보어가 그랬듯이, 토니도 자기 인식과 감정 조절에만 목표를 두지 않았다. 소년들이 더 원대하고 더 평화로운 정체성을 새롭게 확립해나가기를 바랐다. 토니는 자신의 프로그램을 '남자 되기Becoming A Man, BAM'라고 칭했다.

나와 동료들이 STYL의 확대와 연구를 지원하고 있을 때, 시카고 대학교 범죄연구소에서는 일단의 경제학자와 심리학자가 토니의 조직과 함께 똑같은 작업을 했다. 두 곳의 결과가 거의 동시에 발표되었다. 두 연구 집단은 서로 만나거나 중간 결과를 비교한 적이 없지만, 똑같은 결론에 도달했다. 말하자면, 보어와 토니 D는 지금까지 측정

된 가장 효과적인 폭력 억제 프로그램을 고안해낸 것이다.[24]

두 연구는 미국과 그 외의 지역에서 폭력 완화를 위한 대화를 시작하는 데 도움이 된다. 라틴아메리카에서도 여러 도시가 비슷한 프로그램을 실험하기 시작했다. 기부자들이 지역의 시도를 금전적으로 지원한다. 이제는 세계 전역에서 유사한 프로그램이 진행되고 있다. 시카고도 예외가 아니다. 총기 폭력이 급증한 2016년, 시카고시 당국은 STYL과 BAM을 표본으로 삼았다. 하지만 일단의 비영리단체는 길거리 청년들과 고등학생 대신, 시카고의 가장 유력한 총격범들을 대상으로 작업을 진행하기로 결정했다. STYL과 BAM은 살인까지는 범하지 않는 비행 청소년을 대상으로 하는 반면, 시카고가 찾아내 교화해야 할 대상은 세계에서 방아쇠를 당길 가능성이 가장 큰 인구 집단 중 하나였다. 그리하여 '신속 고용 개발 프로그램Rapid Employment and Development Initiative, READI'이 탄생했다. READI는 CBT와 일자리를 결합한 프로그램이다. 앞에서 언급한 나폴리언 잉글리시가 이 프로그램을 최일선에서 실행하는 봉사자였다. 이 책을 시작할 때 우리에게 노스론데일의 길거리에서 현관문을 두드리게 했던 프로그램이 바로 READI다. 이 프로그램의 초기 결과는 희망적이었다. 살인율 감소도 그 증거 중 하나였다.[25]

내가 보어와 토니 D의 사례를 언급한 이유는, 세계 평화를 향한 해결책이 CBT의 보편화에 있다고 생각하기 때문은 아니다. 나는 전쟁이 분노의 폭발로 촉발된다고 생각하지도 않는다(그렇다고 분노의 폭발이 전쟁 억제에 도움이 되는 것은 아니다). 오히려 이 연구들과 발라의 협상 프로그램에서 나는 노르베르트 엘리아스가 말한 문명화 과정의 축소판을 본다. 절제는 일종의 습관이다. 미래를 내다보고, 분노를 조절하며, 자신의 편향성을 인정하고, 다른 사람의 관점에서 세상을 보려는 노력도 습관이다. 우리 모두 변할 수 있다. 자아가 완성된 성인도 변할 수 있다. 지독히 편향된 사람도 변할 수 있다.

인내심과 절제력, 공감력과 배려심이 약간은 우리 유전자에 심겨 있지만, 대부분은 학습을 통해 강화된다. 성공한 사회는 개입과 제도를 통해 우리 삶에 교훈을 주고, 법을 제정하고 규범을 확립함으로써 그 교훈을 강화한다. 성공한 사회는 젊은이들을 비폭력에 길들여지도록 사회화한다. 서구 사회에서 유치원의 평균적인 커리큘럼은 사회성과 정서 함양에 초점이 맞춰지며, 발라와 보어가 전하려고 했던 기량과 규범이 적잖게 다뤄진다. 예컨대 서로의 차이에 대해 이야기를 나누고, 나직이 말하는 법을 익히며, 폭력은 용납되지 않는다는 걸 배운다. 프랑스에서 케냐와 중국까지, 작은 마을이나 할머니의 무릎 등 어디서나 가르치는 내용은 비슷하다. 타인을 존중하고, 경청하며, 분노를 통제하고, 미래에 초점을 맞추라고 가르친다. 에런 벡이 미국에서 성인 환자에게 가르쳤던 것도 바로 이것이었다.

이런 기량과 규범을 습득하기 위해 약간의 치료적 도움이 필요한 사람이나 공동체가 간혹 있기는 하다. 특히 전쟁 후에는 그렇다. 이런 사회화는 때로 외부에서 제공되지만, 대부분의 경우 정부와 공동체, 원로 및 발라와 보어와 토니 D 같은 뛰어난 사회사업가들이 자신의 사회를 다시 만들어간다. 사회화는 상의하달식보다 수평적인 관계로 이루어지는 편이 더 낫다.

기업계와 법률계에서도 이런 역량 개발이 중요하다. 법률가, 중재자, 관리자는 이런 능력을 개인적으로 연마하는 데 그치지 않고, 고객과 직원에게도 심어주려 애써야 한다. 전문적인 중재자와 협상가는 사람들에게 분노만이 아니라 극단적인 형태의 편향(악마화, 잘못된 투영, 독선)을 피하는 방법을 조언한다. 일상의 협상에서 이것들보다 해로운 것은 없다. 전문가들이 말하듯이, 이런 습관들은 항상 저절로 생기는 게 아니다. 습관을 바로잡기 위해서는 약간의 치료적 도움이 필요할 수 있다.[26]

공동체가 이런 습관과 규범을 심어주려고 비공식적으로 노력하듯이, 정부는 미디어와 프로파간다를 사용한다. 우리 방송은 미묘하게 혹은 그렇지 않게 사회적 화합을 유도하는 사회화로 가득하다. 방송은 우리에게 폭력을 멀리하라고 가르치고, 다른 사람의 관점을 존중하라고 독려한다. 미국에서는 〈로저스 아저씨네 동네〉와 〈세서미 스트리트〉 같은 텔레비전용 교육 프로그램을 통해 이른 나이부터 사회화가 시작된다. 르완다처럼 분열된 국가에서는 당국이 평화를 장려하는 가벼운 연속극이나 토크쇼를 방송한다. 이 모든 방법이 의도적이고, 인지적 행동과 관련이 있다. 이런 미디어 프로그램이나 다른 관점을 수용하는 훈련을 연구하는 학자들은 이런 방송들이 효과적이고 지속적이라는 것을 증명했다.[27]

이 책을 시작할 때 나는 이런 의문을 제기했다. 우리의 통합된 평화로운 사회적 정체성은 어디에서 오는 것일까? 왜 사람들은 점점 더 포괄적인 정체성을 갖고, 세상을 더 호의적이고 인도주의적인 관점에서 보는 것일까? 내 생각에 그 대답은, 조금씩 때로는 우연히, 그러나 대체로는 의도적으로 진행되는 사회화 덕분이다. 평화는 부분적으로 사회화의 산물이다.

인센티브

지금까지 우리는 제재와 공안부대 같은 채찍에 대해 주로 이야기했다. 또 상당히 미묘하게 진행되는 사회화에 대해서도 다뤘다. 그럼 당근으로는 무엇이 있을까? 우리 얼굴 앞에 매달린 크고 명확한 당근이 있을까? 평화를 유지하고 지키는 지배자들에게 세상이 원조와 일자리, 명성 등 다른 보상을 약속할 수는 없는 것일까? 짤막하게 대답하면, '약속할 수 있다'. 그러나 그 당근이 쓴맛이 날 수 있다는 점 또한 기억해야 한다.

갈등이 언제라도 일어날 수 있는 불평등하고 견제가 없는 사회에서, 평화는 주로 힘 있는 사람들 간의 거래 성립을 뜻한다. 엘리트 계급이 안정된 상황에서 이익을 얻을 때 질서가 가능하다. 달리 말하면, 엘리트 계급이 불평등한 권력과 전리품을 향유한다는 뜻이다. 안타깝지만, 무장봉기를 예방하는 열쇠는 실질적인 권력을 지닌 사람들을 끌어들이고, 싸우지 않는 게 그들에게 이익이 되도록 만드는 것이다. 예컨대 그들이 정당을 결성해 선거에 참가하도록 허용하거나, 그들을 매수하거나, 지배 집단과 후원자-고객의 관계를 맺도록 하는 것이다. 이런 결과는 평화의 어두운 면이다.

한 나라에 강력한 세력이 이끌고, 전쟁을 벌일 만한 사적 이익에 사로잡힌 두 개의 무장 집단이 있다고 가정해보자. 이 경우에 무언가가 그들의 전쟁 편향을 억눌러야 한다. 그 사악한 집단에 상당한 몫의 원조, 자원 임대, 의회에서의 의석을 약속하는 것도 전쟁을 막는 한 방법이다. 서구와 러시아는 1990년대에 구소련 소속 공화국들에게 이 방법을 사용했다. 이 신생 독립국가들 중에서 그 불안한 시대에 갈등으로 무너진 국가가 거의 없었던 주된 이유가 여기에 있다. 미국 또한 아프가니스탄을 침공한 후에 평화로운 지역을 최대한 확대하기 위해 똑같은 방법을 사용하면서, 군벌을 포용하고 그들의 폭력과 절도를 눈감아주었다. 부유한 국가들은 갈등에 신음하는 아프리카 국가들에 원조를 약속하지만, 그 원조가 결국 지배자들의 주머니를 채워준다는 걸 모르는 게 아니다.[28] 이런 정책은 감상적이지 않은 현실 정치에서 비롯되고, 죽음과 파괴를 멈추기 위해서는 불평등에도 나름의 가치가 있다고 합리화한다. 평화를 위한 보조금은 일종의 경쟁 관리인 셈이다.

그러나 싸우지 않는다는 이유로 도둑 정치인과 폭력단을 보상하는 정책에는 두 가지 문제가 있다. 하나는 불평등과 부패가 많은 사람의 이상과 충돌한다는 것이다. 국내의 개혁가들과 국제 활동가들은 진퇴양난에 빠진다. 엘리트 계급의 특권과 부패를 없애는 정책은 고결하고 선의에 기반한 것이지만, 단기적으로 정치적 폭력을 확대할 수 있다. 후원은 많은 취약한 사회를 지탱해주는 접착제 역할을 한다. 이런 현실을 무시하면, 즉 강력한 무장 집단의 바람을 도외시한 채 반부패나 완전한 민주화를 추구하면 전쟁으로 회귀할 가능성이 있다. 이런 현실을 망각한다면 큰 위험을 무릅써야 한다.[29]

두 번째 문제는 과두 집권층이나 군벌과의 밀월은 성공한 사회의 비밀과 완전히 상충하는 듯하다는 것이다. 견제와 균형을 통해 권력자에게 더 큰 책임을 묻고, 책임의식을 사회 전반에 확대하는 게 성공한 사회의 조건이다. 권력이 중앙에 집중되면 전쟁으로 치닫는 다섯 가지 원인 하나하나가 증폭될 뿐이다. 그렇다면 권력의 집중을 강화할 이유가 어디에 있는가?

이런 문제가 평화 구축에서 가장 힘든 거래일 수 있고, 우리 세계가 지금도 바로잡으려고 애쓰는 문제다. 초강대국이 독재자와 군벌을 매수해서라도 내전을 막아야 하는 걸까? 원칙을 중시하는 지조 있는 대통령이 강력하지만 부패한 파벌의 지도자를 정부에 영입해야만 하는 걸까? 도시가 '평화를 지키면 마약 수익을 보장받을 수 있다'고 마피아나 갱단과 암묵적으로 거래해야만 하는 걸까? 그렇게 하면 단기적으로 싸움이 중단되고, 강도들은 평화를 유지함으로써 자기 이익을 챙길 수 있다. 그러나 이는 허약한 균형이다. 폭력이 멀리 있지 않아 언제라도 폭발할 수 있다. 이런 정책이 얼마나 안정적으로 오랫동안 지속될 수 있을지는 아무도 모른다.

쉬운 해법은 없다. 이런 긴장관계를 해결하기 위해, 내가 아는 이상주의자들은 단기적으로는 현실 정치와 타협하고, 장기적으로는 실질적인 권력과 법적인 권력을 확대하는 방향으로 균형을 맞추려 한다. 내전을 종식하려는 시도에서 실례를 찾을 수 있다. 국제 비영리단체들과 유엔 기구들은 무장 조직을 매수하는 동시에 서둘러 선거를 준비한다. 내전이 멈추고 1~2년 만에 선거가 치러지는 경우가 많다. 한편, 국내 정치인들은 관료제도를 재건립하는 동시에 독립적인 전문가 집단을 창설하고, 가장 가난한 사람들에게 의료와 교육을 제공하는 걸 지원한다. 그들은 산업계에 보조금을 지급하고, 경제를 활성화하며, 대기업이 다시 들어오게 하려고 무역 협정을 맺는다. 실제로 냉전이 종식된 후 또는 갈등이 끝난 뒤의 모든 재건 노력은 민주주의로의 전환, 시민권 존중, 시장 중심적인 경제, 법치 등에 초점이 맞춰졌다. 제2차 세계대전 이후 추진된 마셜 플랜Marshall Plan의 지향점도 다

를 바 없었다.[30]

냉소적인 손가락질을 받을 만한 부정적인 면이 많다. 졸속으로 조직된 선거를 예로 들어보자. 누가 외부인으로서 다른 나라의 국민을 위해 규칙을 제정해야 하는가? 그런 선거가 민주주의의 실질적인 실천이 아니라 공허한 의식에 불과하다고 우려하는 평론가도 적지 않다. 한 회의론자의 표현에 따르면, "원조 제공자에게는 낮은 합격점을 받을 정도로만 깨끗하고, 반대편이 승리하기는 무척 힘들 정도로 더러운 선거다". 게다가 군벌들에게 관리를 맡긴 선거는 매표와 겁박, 부정선거를 허용하는 것과 다를 바가 없다.[31]

관료제도의 재건 및 의료와 교육 지원은 어떨까? 이 노력은 대단한 정책으로 들린다고 생각하는 사람도 적지 않을 것이다. 그러나 허약한 국가에게 그렇게 많은 것을 기대하는 자체가 실패의 지름길이다. 라이베리아와 아프가니스탄 같은 국가에서는 내전이 줄어들었을 때 공무원 조직이 붕괴되고 거의 존재하지 않았다. 따라서 외부 기관이나 이상주의적 정치인, 지역 유권자도 합리적으로 판단하면, 누구도 라이베리아나 아프가니스탄에서 복지 시스템을 기대할 수 없다. 자칫하면 치안기관과 사법체계의 재건 등 국가만이 해낼 수 있는 화급한 과제에 집중할 수 없게 된다. 평론가들이 지적하듯이, 이런 섣부른 정책은 재건 구조 전체를 허물어뜨릴 위험이 있다.

민주주의와 사회복지, 개방경제 등의 목표는 칭찬하면서도 순진하고 성급한 실행이라며 비판하는 평론가들도 있다. 기억해야 할 것은, 전쟁 이후는 위태위태한 시기라는 것이다. 모든 것이 불확실하다. 사회가 경쟁 등을 감당할 준비가 거의 되지 않은 엄중한 시기에 선거와 시장경제는 치열한 경쟁을 유발할 수 있다.[32]

나도 이런 점을 우려하지만 그래도 더 희망적으로 생각한다. 현실 정치와 이상주의 사이에 적절한 균형점을 찾아야 한다는 게 내 생각이다. 테러리스트와 대화하고 군벌과 협상해야 하는 현실이 평화의 어두운 면이지만, 평화를 위해서는 필요하다. 경쟁자들은 타협을 부끄러워해서는 안 된다. 협상 범위는 그저 범위일 뿐이다. 내부자든 외부자든, 관련된 당사자들은 가능한 거래 중에서 가장 공평한 거래가 가능하도록 노력해야 한다. 또 협상 범위에 영향을 미쳐서, 실질적인 권력과 법적인 권력이 정의로운 방향으로 서서히 기울도록 규칙과 정책을 수립하기 위해서도 노력할 수 있다.

관련 사회의 시민이든 외부인이든, 개입은 대중 교육과 빈곤 퇴치에 투자하고, 다음 세대를 끌어갈 엘리트를 양성하기 위해 자유민주주의를 추구하는 해외 국가로 대학생들을 보내며, 전문적인 관료 계급을 교육하고 배출하면서 권력을 점차 광범위한 집단에 분산하기 위해 노력하는 장기적인 게임을 하는 것과 같다는 게 내 개인적인 생각이다. 또한 개입은 조금이나마 더 쉽게 투표하고, 선거를 약간이라도 더 깨끗하게 치르며, 더 많은 소외 계층에 선거권을 부여하면서 선거를 조금이나마 더 보편화하고, 세금을 더 많이 지방에 내려보내는 등 규칙의 작은 변화를 뜻한다. 무작위 실험과 자연 실험 모두에서 확인되듯이, 이런 작은 변화가 있을 때 선거가 더 유의미해졌고, 정책이 대중의 행복을 향했으며, 그 지역이 약간이나마 더 평화로워졌다.[33]

11

전쟁과 평화를 향한 험난한 길

　전쟁과 관련된 많은 추론이 있다. '남자가 전쟁을 벌일 가능성이 더 높다.' '가난한 사람이 폭동을 일으킬 가능성이 더 크다.' '불안정한 상황을 해소하고 더 나은 쪽으로 나아가도록 재촉한다는 점에서 때로는 전쟁이 사회에 유익할 수 있다.' 이런 추론이 맞다면, 성공한 사회와 그 밖의 중요한 개입에 대한 비밀을 추가로 우리에게 알려주는 듯하다. 빈곤의 종식이나 여성에게 더 많은 권리를 허용하는 것처럼 이미 바람직하다고 평가된 정책을 강화하는 추론이 있는 반면, 전쟁을 허용하는 듯한 논란의 여지가 있는 추론도 있다.

　모든 주장에는 나름의 진실이 있지만, 부분적인 진실일 뿐이다. 어떤 주장이 경쟁의 전략적 특성에 대한 언급을 피하는 경우에는 우리를 잘못된 길로 인도할 수 있다. 잘못된 진단에서 잘못된 해법이 비롯되기 때문에, 이런 현상이 특히 문제다. 따라서 이 책을 마무리 짓기 전에, 우리가 이 책에서 배운 것을 활용해 이런 종류의 주장을 평가하는 방법에 대해 설명해보려 한다.

사람들은 우리가 항상 싸우는 이유에 대해 설왕설래한다. 기명 칼럼이나 역사책을 읽다 보면, 기후변화로 정치적 혼란이 야기될 테니 상대적으로 취약한 지역에서는 물전쟁이나 그 밖의 혼란을 관리하는 도움이 필요할 것이라는, 설득력 있는 주장을 만나게 된다. 혹은 청년층에 만연한 실업에서 사회 불안이 야기된다는 정치 연설을 듣다 보면, 평화로운 사회를 위해서도 일자리 프로그램이 필요하다는 생각이 든다. 하지만 지금쯤이면 실패에 초점을 맞추지 않는 방법을 터득했을 것이다. 전쟁의 다섯 가지 원인 뒤에는 공통된 논리가 있고, 모든 경우에 의문을 제기하는 데 도움이 되는 게임 이론도 알게 되었다. 싸움을 피하기 위한 거래는 있어야 하지 않는가? 그렇지 않아야 한다면 그 이유는 무엇인가? 그 설명은 다섯 가지 논리 중 어느 것에 해당하는가? 여기서 얻은 교훈을 활용하면, 우리는 평화로 가는 험난한 길을 찾아낼 수 있을 것이다. 나는 몇 가지 사례를 통해, 일자리 창출과 여성 대표성의 향상 같은 목표가 그 자체로는 중요하고 바람직하지만, 경쟁자들이 더 빨리 타협하도록 재촉하지는 못한다는 걸 보여줄 것이다. 또 세계가 물전쟁에 직면하게 될 거라는 두려움이 지나치게 부풀려진 이유도 설명할 것이다. 전쟁이 사회에 큰 이익을 안겨줄 수 있다는 등 특이한 주장들은 우리가 받아들이기보다는 경계해야 할 위험한 신화라는 것도 입증해 보이겠다.

여성을 책임자의 위치에?

펠로폰네소스 전쟁이 시작되고 20년이 지났을 때 시인이자 극작가 아리스토파네스는, 인류 역사상 가장 유명한 연극 중 하나로 오늘날에도 여전히 공연되는 〈리시스트라타Lysistrata〉를 처음으로 무대에 올렸다. 당시 아테네에서 여성은 투표할 수 없었지만, 펠로폰네소스 전쟁은 그들의 아들과 오빠, 심지어 남편까지 빼앗아가고 있었다. 따라서 그 연극의 여주인공 리시스트라타는 그리스의 동료 여성들에게, 아테네와 스파르타가 평화를 되찾을 때까지 남편과의 섹스를 거부하라고 촉구했다.

곧이어 스파르타 사절이 아테네에 들어선다. 과장된 소품으로 그의 상태가 적나라하게 표현된다. 요컨대 그는 터질 듯이 발기된 상태다. 그는 숙소의 여성들이 리시스트라타의 요구를 너무도 충실히 따른다고 투덜거린다. 그는 섹스를 하지 못한다. 그는 평화 조약을 체결하자고 간청한다. 연극이 끝날 즈음, 각 폴리스의 대표들이 화해하려고 모인다. 얼굴을 잔뜩 찌푸린 남자들은 거대한 가짜 남근을 달고 있다. 남자들은 토지권을 두고 실랑이하고, 리시스트라타는 그들에게 평화의 필요성을 역설한다. 찬사의 박수가 뒤따른다.

안타깝게도 이 연극은 펠로폰네소스 전쟁이 어떻게 끝났는지에 대한 이야기가 아니다. (연극이 초연된 후 전쟁은 수년 동안 더 계속되며 맹위를 떨쳤다.) 이 연극은 젠더gender에 대한 계몽적인 논문도 아니다. 남성이 지배하는 사회에서 남성이 쓰고 남성들이 전적으로 연기하며 고정관념을 유쾌하게 풀어낸 외설적인 코미디다. 하지만 여성이 사회의 책임자였다면 이 세상에는 애초에 그렇게 많은 전쟁이 일어나지 않았을

거라는 일반적인 생각을 풀어낸 연극이기도 하다.[1]

인류 역사에서 대부분의 전사가 남자였다는 것은 부인할 수 없는 사실이다. 전쟁을 선포한 대부분의 지도자도 남자였다. 이웃한 마을과 갱단과 부족의 습격도 남자들이 주도했다. 주먹다짐과 결투에서도 역시 압도적으로 남자가 많았다. 모든 대륙, 거의 모든 사회에서 그랬다. 관련된 생물종에서도 다를 바가 없다.[2]

설문조사를 해보면, 여성이 남성보다 평화를 약간 더 선호한다. 대부분의 자료가 소수의 선진 민주국가(주로 미국)에서 조사된 것이지만, 결과는 명확하다. 가령 당신이 두 국가 간의 분쟁을 가정해서 이야기한 뒤에 두 국가가 싸워야겠느냐 협상해야겠느냐 물으면, 남성보다 여성이 폭력을 지지하는 경우가 4분의 1가량 적다.[3]

이런 조사 결과가 더 많은 여성에게 책임을 맡기면 더 평화로운 세상이 될 것이라는 뜻일까? 대답은 반반이다. 정치에서 누군가를 배제하면 평화의 가능성이 더 낮아진다는 점에서 그렇다. 여성이 의사결정에 참여하면 사회가 더 대표성을 띠고 더 견제되며, 그 결과로 더 평화로워진다. 논리적으로 틀린 데가 없는 추론이다. 사회의 절반만이 큰 결정에서 발언권을 갖는다면, 전쟁의 첫 이유를 다룬 대목에서 언급한 대리인 문제가 야기된다. 따라서 여성이나 특정 종족, 혹은 소수 종교 집단 등 어떤 집단에게 발언권이 허용되지 않으면, 그 집단의 지도자들은 대가를 감수하고 협상 범위를 좁힐 것이다. 그럼 전쟁 위험이 고조되고, 평화 협정을 체결하기가 더 어려워진다. 이런 추론은 데이터로 검증하기 어렵지만, 여성에게 권한을 부여하면 정치적 왜곡이 줄어들기 때문에 평화의 길로 나아갈 가능성이 더 커진다.[4]

그러나 여성이 정치의 호전성을 줄이는 데 기여할 것이라고 주장할 때는 그런 뜻이 아니다. 정확히 말하면, 리시스트라타 시대부터 지금까지 여성은 대체로 평화적인 성향을 띠기 때문에 남성의 과욕을 누그러뜨릴 것이라는 이야기다. 이런 주장을 뒷받침하는 증거가 더 빈약하다.

개인 차원에서 보면 남성이 일대일 상황이나 소규모 집단에서 더 공격적인 것은 분명하다. 앞에서 언급한 미국 설문조사 자료에서 짐작되듯이, 이 결과는 무력 사용이나 강력한 사회 규범에 대한 체계적이고 전략적인 편향성과 부분적으로 관계가 있는 듯하다. 그러나 이런 공격성의 대부분은 상황에 대응하는 폭력이다. 따라서 그런 뜨거운 생각이 더 자주 전쟁으로 이어진다고 단정 지을 수는 없다. 집단은 신중하게 숙고한다. 열정과 충동은 여러 층의 의사결정 단계와 관료조직에서 걸러진다. 심리적인 충동과 가치에 대한 이야기에는 '집계문제aggregation problem'가 있다. 집단행동이 각 구성원의 감정이 단순히 합쳐진 게 아니라는 뜻이다. 남성의 공격성도 예외가 아니다.[5]

상황에 반응하는 남성의 공격성이 집단에 의해 여과되는지는 확실하지 않다. 그러나 한 가지는 분명한 듯하다. 여성 지도자보다 남성 지도자가 사회를 더 자주 전쟁으로 끌고 가지는 않는다는 것이다. 정치학자들이 세계 전역의 지도자들에 대한 120년 간의 자료를 종합해 분석한 결과에 따르면, 여성이 이끈 국가가 전쟁을 시작할 가능성이 다른 국가들과 엇비슷했다.[6] 수많은 협상 실패를 분석한 결과에서 확인되듯이, 남성의 과도한 호전성은 그다지 중요하지 않다.

하지만 이 증거에는 약간의 문제가 있다. 첫째, 많은 여성 지도자가 민주국가에서 배출된 까닭에 남성이 다수인 의회와 관료사회로부터 견제를 받아 균형점을 찾아야 했다. 여성이 방해를 받지 않고 모든 단계의 의사결정에서 더 대표성을 띤다면 정치가 더 평화로워질 가능성이 없지 않다. 따라서 남성이 주도하는 정부와 여성이 더 동등한 발언권을 지닌 정부를 비교할 필요가 있다. 안타깝게도 이와 관련된 증거는 존재하지 않는다. 남녀가 동등한 대표성을 띠는 정부가 아직도 극히 드물기 때문이다.

둘째로는 선택 문제가 있다. 공직에 출마해서 편견에 사로잡힌 유권자의 선택을 받은 여성이 남성만큼이나 남자다우면 어떻게 되겠는가? 물론 그런 여성은 남성처럼 폭력을 휘두를 가능성이 높다. 한때 '철의 여인'이라 불린 영국 총리 마거릿 대처Margaret Thatcher(1925~2013)가 흔히 그런 비난을 받는다. 인도 총리를 지낸 인디라 간디Indira Gandhi(1917~1984)에게도 똑같은 딱지를 붙이는 학자가 적지 않다. 이런 평가가 맞다면, 역사는 여성 정치인이 미래에 어떻게 행동해야 하느냐에 대해 믿을 만한 지침이 아니다. 여러 연구에서 확인되듯이, 여성이 공직을 차지하기 위해서는 더 많은 장애물을 이겨내야 하는 것은 분명하다. 그 과정에서 여성이 더 호전적으로 변한다고 말할 수는 없다. 그러나 평균적으로 여성이 남성보다 더 유능한 지도자처럼 보이는 이유는, 여성이 더 높은 장벽을 뛰어넘어야 했기 때문일 것이다. 이 차별적 선택은, 지난 100년 간의 지도자를 분석한 결과가 우리에게 반드시 알아야 할 것을 말해줄 수는 없다는 뜻이 된다.[7]

대규모 실험, 예컨대 몇몇 국가에서는 무작위로 선택한 여성에게 견제받지 않는 권력을 부여하고, 나머지 국가에서는 남성에게 견제받지 않는 권력을 부여하는 실험이 진행된다면, 이런 질문에 대답하는 데 도움이 될 것이다. 공교롭게도 제1차 세계대전이 발발하기 500년 전에 유럽에서 그런 상황이 벌어졌다. 왕위 계승의 불규칙성과 우연한 출생 순서로 인해, 몇몇 국가에서는 특이하게도 여왕이 즉위할 가능성이 높았다. 그런데 여성 군주들은 분쟁에 뛰어들 가능성이 낮기는커녕 오히려 더 높았다. 그 이유에서, 성별과 전쟁의 관계를 단순히 일반화하려는 시도가 얼마나 위험천만한지 잘 드러난다.

헨리 8세는 처음으로 생존한 자녀 메리가 딸이라는 소식을 듣고 크게 실망했다. 하지만 그 후로 20년 동안 군주 부부가 남성 후계자를 생산하지 못하자 불안감이 서서히 정신적 고통으로 변해갔다. 영리하고 카리스마 넘치는 약간 비대한 군주 헨리 8세는 통치자로서 엄청난 권력을 누렸다. 그러나 그는 튜더 가문에서 두 번째로 잉글랜드 왕이 되었을 뿐이었다. 그는 튜더 혈통이 끊어지는 걸 보고 싶지 않았다. 게다가 그 전에는 여왕이 잉글랜드를 통치한 적이 없었다. 따라서 헨리 8세는 아들을 간절히 원했다.[8]

유산과 사산이 끝없이 반복되면서 헨리 8세는 점점 절망에 빠졌다. 정부情婦가 임신하자, 헨리는 교황을 거역하고 24년 동안 함께한 왕비와의 결혼을 무효화했다. 그러고는 젊고 아름다운 정부와 서둘러 결혼했다. 하지만 실망스럽게도 그녀마저 딸을 낳았다. 그 딸이 바로 엘리자베스였다.

그 후에도 유산이 반복되었고, 남성 후계자는 태어나지 않았다. 그러나 헨리는 다시 이혼하는 걸 망설였다. 대신 두 번째 부인이 간통했다는 이유로 참수형을 내렸다. 그러고는 며칠 후 시종이었던 아름다운 여인과 결혼했다. 그녀가 마침내 헨리에게 아들을 안겨주었고, 그 아들이 에드워드 6세다.

그 후로 10년 동안에도 결혼과 이혼이 반복되었고, 왕의 불운한 연인들은 불의의 죽음을 맞았다. 그러나 더 이상의 아들은 없었다. 따라서 헨리 8세가 비만과 궤양 및 화농성 질환으로 사망했을 때 튜더 왕조의 미래는 아홉 살에 불과한 에드워드에게 달려 있는 듯했다. 하지만 에드워드는 권력을 완전히 물려받지 못한 데다 15세에 병에 걸려 시름시름 앓더니 결국 어린 나이에 세상을 떠났다. 에드워드에게는 자식이 없었고, 아버지 헨리 8세의 살아 있는 형제도 없었다. 그 결과, 그 후로 잉글랜드를 통치한 세 군주는 모두 여성이었다. 처음에는 헨리의 질녀 제인 그레이가 며칠간 통치했고, 다음에는 역사에서 '피의 메리Bloody Mary'로 기억되는 헨리의 장녀가 제인 그레이를 몰아내고 왕위를 차지했다. 메리가 죽은 뒤에는 헨리의 둘째딸 엘리자베스 1세가 왕권을 이어받아 45년 동안 통치했다.

시카고대학교의 오인드릴라 듀브Oeindrila Dube는 이런 에피소드들을 이용해서 여성 지도자가 더 호전적인지 알아내고 싶었다. 정치경제학자인 그녀는 주로 현대 세계에서 폭력을 억제하는 방법을 찾기 위해 많은 시간을 보낸다. 그러나 여성이 국가수반인 좋은 사례를 찾으려면 현대에서는 극히 드문 편이다. 시간을 거슬러 올라가야 한다. 근대 초기의 유럽에서는 군주가 여성인 경우가 예외적으로 많았다. 더구나 생물학적 우연과 승계 규칙에 따라, 무작위적으로 어떤 국가에서는 여성, 어떤 국가에서는 남성이 군주가 되었다.

많은 요인이 작용하면서 어떤 국가는 여왕의 지배를 받게 되었고, 어떤 국가는 남성 통치자가 끊이지 않았다. 하지만 이런 요인들 중에는 탄생 순서라는 우연도 있었다. 헨리 8세를 비롯해 적잖은 통치자가 딸을 먼저 얻었다. 만약 그들의 아버지도 그랬다면 왕위 계승 순서에서 군주에게 누이도 있었다는 뜻이다. 듀브는 동료 교수 S. P. 해리시와 함께, 군주에게 손위 누이가 있었다면 장녀가 왕위를 계승할 가능성이 더 높았다는 걸 알아냈다. 그런 현상은 거의 무작위적이었다. 여하튼 왕실의 모든 임신은 생물학적 동전 던지기였다. 이런 무작위적 현상은 여성이 남성보다 전쟁에 휘말릴 가능성이 더 높은지를 분석하는 데 통계적으로 도움을 주었다.[9]

분석의 결과는 놀라웠다. 남자 왕보다 여왕이 전쟁에 휘말릴 가능성이 거의 40퍼센트나 높았다. 여성 군주의 통치 시대가 전혀 더 평화롭지 않았다. 그 이유가 무엇일까?

헨리 8세의 딸들이 우리에게 약간의 실마리를 준다. 하나는 남성들이 여왕을 유약하다고 인식했다는 것이다. 한 잉글랜드 정치인은 메리 같은 여성이 왕위에 오른다는 개념 자체를 비판하면서, "자연은 여성을 유약하고 나약하며, 의지가 박약하고 안달하며 어리석은 존재로 그린다"라고 말했다. 스페인의 펠리페 2세도 이런 저급한 생각에 공감했던지, 엘리자베스가 왕위에 오르자 무적함대를 결성해 엘리자베스를 왕위에서 끌어내리려 했다.

스페인의 침략에 맞서 잉글랜드군을 결집하려고 할 때에도 젊은 여왕은 그런 편견을 해결해야 했다. 엘리자베스는 "나에게도 몸이 있지만 유약하고 미약한 여자의 몸이라는 걸 압니다. 하지만 나에게는 군주의 심장과 배짱이 있습니다"라고 소리쳤다. 또 불굴의 용기가 있다는 걸 보여주려고 "내가 직접 무기를 들겠습니다. 내가 직접 여러분의 장군이 되고 판관이 되겠습니다. 또 여러분이 전쟁터에서 보이는 공로 하나하나의 보상자가 되겠습니다"라고 약속했다. 엘리자베스는 성공했다. 펠리페를 물리친 후, 엘리자베스의 협력자들은 침몰한 스페인 전함과 "여성 통치자가 해내다!"라는 문구가 새겨진 메달을 팔았다.[10]

듀브와 해리시가 수세기에 걸친 여성 통치자들을 분석한 끝에 찾아낸 결과에 따르면, 자신감에 넘친 군주가 여왕(특히 미혼의 여왕)을 과소평가하며 공격하는 양상은 끊임없이 되풀이된 현상이었다. 그런 공격은 부분적으로 불확실성과 관계가 있다. 모두의 힘이 명확히 드러난다면 여성을 과소평가할 이유가 없을 것이다. 이런 소음이 고질적인 잘못된 인식과 뒤섞인다. 여왕이 "군주의 심장과 배짱"을 보여줘야 하는 이유 중 하나는 남성 군주들의 해묵은 편견 때문이었다.[11]

그렇다고 악랄하고 약탈적인 왕들이 없었더라면 여왕들이 평화를 지향했을 것이라는 뜻은 아니다. 듀브의 분석에 따르면, 여왕들이 결혼한 뒤에는 이웃 국가들에 대해 더욱 공격적으로 변했다. 갑작스레 힘과 전문 지식을 겸비하게 되면서, 그 왕가의 부부는 약해진 이웃 국가를 공격했다. 전쟁을 벌이지 않고 상대를 압박해 더 나은 거래를 얻어냈어야 했는데 굳이 상대를 공격한 이유가 궁금하다. 한 가지 가능성을 생각해보면, 강력해진 왕과 왕비에게 내재된 전쟁 편향이 아닐까 싶다. 두 왕실이 합쳐지면서 영광과 재물을 향한 사적 욕구를 계속 채우려 했을지도 모른다.

종합하면, 여성은 개인적인 차원에서는 타협하는 경향을 띤다는 추론이 맞을 수 있지만, 이는 부분적인 진실에 불과하다. 성별이 갈등 형성에 영향을 미치는 정도는 "여성은 평화를 선호한다"라는 주장보다 훨씬 복잡하다. 전략적인 상호작용에, 우리가 지금까지 언급한 요인들(불확실성, 대리인 문제, 이행 문제, 여성 혐오)이 더해지면, 전쟁에 대한 예측은 공격적인 충동의 합을 넘어 훨씬 난해해진다.

갈등을 피하기 위해 빈곤을 퇴치해야 한다?

케냐에서 노트북을 훔치는 사기꾼을 만나기 전에는 나는 경제사학자가 되고 싶었다. 매일 아침 일어나 처음에는 하버드대학에서, 나중에는 버클리에서 대학 도서관까지 터벅터벅 걸어가서는 엘리베이터를 타고 지하 1층에 내려가, 정부 문서로 가득한 한적한 구석으로 향했다. 먼지가 쌓이고 퀴퀴한 냄새가 풍겼지만 서고 전체가 희미하게 조명되어 을씨년스럽게 느껴졌다. 그곳에서 나는 150년 전까지 거슬러 올라가는 라틴아메리카 무역 자료의 요약판을 찾아냈고, 프랑스의 전 아프리카 식민지에서 발행한 통계연감도 구할 수 있었다. 나는 다이아몬드 가격의 변동, 야자유 생산 수준, 은銀 발굴 등 여러 분야에 대한 자료를 찾으려고 정부 문서고를 뒤지고 있었다.

내가 그 자료들을 찾으려고 한 이유는, 전쟁과 빈곤의 상관관계에 대해 생각하고 있었기 때문이다. 대부분의 국가에서 물가는 경제 변동의 주된 원인이었다. 인류 역사에서 과거에는 대부분의 지역이 한두 가지 곡물이나 자원만을 수출했기 때문이다. 따라서 국제 가격의 급락은 재앙이 될 수 있었다. 그 산업에서 일하는 사람들에게 국제 가격 급락은 소득 감소를 뜻했기 때문이다. 정부도 자원과 무역을 통해 얻는 세금의 감소에 따라 (처음에도 넉넉한 편은 아니었던) 공공재정이 위기를 맞았다. 공무원과 연금 수급자, 마지막 단계에는 군대까지 급여를 받지 못했다. 호황과 불황의 이런 순환은 장기적인 발전에 큰 피해를 주었다. 요컨대 물가 변동이 심한 국가는 시간이 지나도 번영할 가능성이 무척 낮았다.[12]

내 예감에는 이런 변동도 갈등의 원인인 듯하다. 실제로 한 역사학자는 "경제적 무정부 상태가 정치적 무정부 상태를 낳고, 정치적 무정부 상태에 경제적 혼란이 더 악화된다"라고 썼다. 어느 정도 맞는 말이다. 사람들이 가난할 때 군인이 되는 게 더 매력적으로 보인다. 따라서 임금이 감소하거나, 광산이나 농장에서 일자리가 사라지면 전사를 모집하기가 더 쉬워질 것이다.[13]

비슷한 관점에서 다른 증거들도 발견된다. 내가 버클리에서 박사 논문을 쓸 때 지도교수였던 테드 미겔Ted Miguel은 아프리카에서 가뭄이 발생하면 수년간 전쟁이 뒤따른다는 걸 알아냈다. 오인드릴라 듀브는 후안 바르가스Juan Vargas와 함께 콜롬비아를 괴롭힌 수십 년간의 게릴라 전쟁을 분석한 결과, 커피 가격이 떨어지면 커피를 생산하는 지역에서 폭력이 증가했다는 사실을 발견했다. 소득 급락이 싸움의 원인인 듯했고, 이런 추론은 합리적이었다. 여하튼 전쟁은 가난한 나라에서 더 흔하다. 내가 방금 제기한 논리, 즉 '굶주리는 사람들이 봉기한다'라는 주장은 직관적으로는 맞다.[14]

따라서 물가에 대한 연구에서 아무런 결론을 얻지 못했을 때 나는 놀라지 않을 수 없었다. 가격 하락은 전쟁의 원인이 될 수 없을 것 같았다. 엄청난 규모의 하락이나, 지극히 취약한 지역에서의 가격 하락도 마찬가지일 듯했다. 나는 속으로 생각했다. "내가 실수를 한 게 분명해." 나는 그 논문을 한쪽에 치워놓고 나중에 다시 작업할 계획이었다. 하지만 아무런 결과를 얻지 못해 보류해둔 논문들이 그렇듯이, 그 논문도 파일 서랍 속에 속절없이 묻혀 있었다. 그러다가 지니를 만나, 도서관보다는 현장에서 아프리카 내전을 연구하는 데 몰두하게 되었다. 하지만 시간이 지나면서, 빈곤과 소득 감소가 갈등의 원인이라는 믿음이 경제학계에서 확고한 이론이 되었다. 어쩌면 내 결론이 틀렸을 수 있었다.

그래서 나는 전략적으로 생각하고, 책에서 지금까지 설명한 렌즈를 통해 현상을 분석하기 시작했다. 빈곤이나 물가 하락이 중요한 이유가 무엇일까? 두 집단이 파이를 두고 싸우는 경우를 다시 생각해보자. 전쟁을 하면 파이가 절반으로 쪼그라든다고 가정하자. 그렇다면 싸울 이유가 있을까? 전쟁은 어떤 경우에나 파멸적이다. 쪼그라든 파이라도 양측이 나눠 갖는 편이 더 낫다. 전쟁 비용이 파이만큼 급속히 줄어들지 않으면, 소득이 추락한 뒤에도 양측은 싸울 가능성이 낮을 수 있다. 그렇다면 '굶주리는 사람들이 봉기한다'라는 이야기에는 잘못된 부분이 있는 게 분명하다. 누군가 우리에게 "전쟁 원인은…"이라고 말할 때마다, 우리는 직관적으로 '그 원인이 타협하려는 욕구에 어떤 영향을 미칠까?'라는 전략적 의문을 품어야 한다.

빈곤과 전쟁에 관련해서는 지금까지 혼동이 있었다. 가난한 사람들이 전쟁을 시작하지는 않는다. 하지만 전쟁이 격화되면 그때 가난한 사람들이 전쟁에 끼어든다. 따라서 '굶주리는 사람들이 봉기한다'는 이야기는 전쟁이 시작된 이유가 아니라 어떤 전쟁이 더 치열해지는 이유를 설명해준다. 물가 하락으로 사람들이 더 가난해지고 자포자기하게 되면 범죄와 반란에 빠져들기가 더 쉬워진다. 따라서 전쟁이 진행 중인 상황에서 사람들을 가난하게 만드는 것은 군대 규모를 키우고 사상자를 확대하는 요인이 된다. 그러나 평화 시에는 어느 쪽에서나 굶주리는 사람들을 기꺼이 군대에 받아들여 병력을 키우지만, 그 군인들은 전투에 투입되지 않고 훈련에 집중한다. 양측 모두에게 평화를 유지하려는 욕구가 여전히 존재한다.[15]

이런 추론은 자료로도 뒷받침된다. 예컨대 콜롬비아에서 커피 가격의 하락으로 전투가 더 빈번해진 이유는 전쟁이 이미 시작된 뒤였기 때문이다. 또한 세계적으로도 가격이 떨어지면 전쟁이 더 길고 치열해지지만, 새로운 전쟁이 발발할 가능성은 더 높아지지 않은 것을, 나는 한 동료 교수의 도움을 받아 알아냈다. 아프리카에서는 가뭄이 똑같은 양상을 보였다. 이 연구를 통해 나는 갈등을 항상 더 전략적으로 생각해야 한다는 교훈을 얻었다. 경제의 무정부 상태가 정치의 무정부 상태를 유발할 수 있지만, 전쟁의 다섯 가지 원인으로 협상 범위가 사라진 경우에만 그렇다![16]

다시 말하면, 빈곤을 퇴치하고 충격을 완화한다고 전쟁을 막을 수는 없다는 뜻이다. 국가가 무역으로 거래하는 상품을 다각화하고, 농민들이 강우에만 의존하는 정도를 낮추려는 노력을 지원하며, 불운한 사람과 기업을 위한 안전망을 구축하는 데는 많은 이유가 있다. 그러나 갈등 완화는 그 많은 이유 중 하나가 아니다. 전쟁이 진행 중인 상황에서도 우리는 이런 조치를 취해 전쟁을 종식하는 데 도움을 줄 수 있지만, 그러잖아도 부족한 평화 구축 자금과 관심을 그렇게 쓰는 것은 엄청나게 비효율적인 방법인 듯하다. 비행기의 엉뚱한 부분에 보호 장치를 설치하는 것과 다를 바 없다. 폭력을 피하는 게 목적이라면, 내 생각에는 10장에서 나열한 도구들이 더 효과적일 듯하다.

전쟁의 또 다른 원인?

'여성은 평화를 부른다'와 '굶주리는 사람들이 봉기한다'는 주장은 내가 이 책에서 지금까지 언급한 내용을 요약해 반복한 것에 지나지 않는다. 지금부터라도 누군가 이러이러한 것이 갈등을 부추긴다고 말하면, 모든 것을 멈추고 지금까지 배운 것을 기초로 삼아 그 말에 의문을 품어보기 바란다. 그 이러이러한 것은 다섯 가지 논리 중 어느 것에 속하는가? 어쩌면 어느 것에도 속하지 않을 수 있다. 어쩌면 경쟁을 부추길 뿐, 싸움을 부추기는 것은 아닐 수 있다. 어쩌면 둘 다 아닐 수도 있다. 전쟁의 원인을 판단하기란 쉽지 않다.

전쟁에서 승리하기 어렵고 갈등이 오랫동안 지속되는 데는 수많은 요인이 있다. 빈곤과 임금 하락도 그중 하나다. 다른 요인으로 험준한 지형, 반군에게 자금을 지원하는 외부 세력, 마약을 판매하고 밀거래할 기회 등도 있다. 그러나 이 요인들과 갈등의 발발 가능성을 높이는 요인들을 혼동해서는 안 된다. 전쟁의 원인이라고 생각하기 힘든 세 가지 경로를 더 살펴보자.

하나는 젊은 층의 인구 폭발이다. 인구 분포에서 무시무시한 '젊은 층의 급증youth bulge'이다. 대부분의 정치적 폭력 행위는 젊은이에 의해 수행되기 때문에 젊은 층 인구가 폭증하는 국가는 생래적으로 불안정해진다고 생각하는 노선이 있다. 그러나 깊이 생각해보면, 젊은이가 많아진다고 해당 국가 지도자들의 전쟁 편향, 불확실성, 이행 문제가 영향을 받을 이유가 분명하지 않다. 그렇지만 테스토스테론의 분비가 많아지면서 공격성이 증가하지는 않을까? 그럴 수는 있겠다. 그러나 1인당 재산이 똑같은 두 국가가 있다고 해보자. 젊은이가 더 많은 국가는 전사를 더 많이 공급할 수 있을 것이고, 이는 만약 전쟁이 일어나면 더 치열하고 파괴적으로 전쟁을 수행할 수 있다는 의미가 된다. 따라서 협상 범위가 확대되고, 경쟁 관계 파탄이 차단된다. 엄밀히 말하면, 인구 통계와 평화 추구 사이에는 별다른 관련성이 없다. 이런 이유에서 연령과 인구는 적절한 전쟁 예측 변수가 아니다. 특히 인과관계라는 까다로운 문제를 바로잡으려고 할 때는 더더욱 그렇다.[17]

둘째, 민족 정체성이 굳어짐으로써 필연적으로 갈등이 야기될 수 있다는 만연한 두려움이다. 인종과 부족의 경계를 따라 폭동과 내전이 자주 일어나면, 그러잖아도 분열된 사회가 반감과 잘못된 인식으로 인해 근본적으로 불안해질 것이라고 우려하는 사람이 적지 않다. 그러나 이런 이야기를 하면서 흔히 망각하는 것이 있다. 실질적으로 분열되지 않은 사회는 없고, 대부분의 민족 집단은 싸우지 않고 더불어 살아간다는 것이다. 어쩌면 이런 이유에서 대부분의 연구가 갈등과 민족 집단의 수 사이에서, 혹은 민족 간의 불평등과 갈등 사이에서 아무런 관련성을 찾아내지 못하는 게 아닌가 싶다. 중요한 게 있다면, 두 경쟁자가 양극화된 정도고, 잘못된 인식과 열정으로 두 경쟁자의 관계가 뒤틀리는가이지 민족성 자체는 아니다.[18]

끝으로, 기후변화를 생각해볼 수 있다. 기후위기는 무척 다양한 방법으로 우리 지구에 스트레스를 주고 우리 삶을 뒤흔든다. '더 많은 싸움'은 그중 하나일 수도 있고 그렇지 않을 수도 있다. 물전쟁을 예로 들어보자. 줄어드는 물을 두고 다투는 암울한 미래를 예측하는 뉴스는 어디서나 쉽게 읽을 수 있다. 그러나 물 부족은 흔한 현상이지만, 물을 차지하기 위한 싸움은 결코 흔하지 않다. 그 이유는 당연하다. 파이가 물 공급이라면 크든 작든 전쟁 비용은 여전히 비싸다. 그 질퍽한 파이의 크기는 협상 범위에 영향을 주지 않는다. 가뭄 연구에서도 똑같은 결론이 내려졌다. (물이 갑자기 줄어들면 기존의 갈등은 지속될 수 있지만 새로운 갈등이 시작될 가능성이 커지지는 않는다.)[19]

물론 기후변화는 물보다 더 보편적이고 증거가 약간 더 우려스럽기는 하다. 다양한 연구에서, 기온이 상승하면 개인 간의 폭력이나 집단 간 다툼이 증가하는 것으로 나타났다. 새로운 싸움이 시작되었을 뿐만 아니라, 기존의 갈등도 계속되면서 더 치열해졌다. 그 이유가 무엇일까?

살인과 소규모 집단 폭력의 경우, 찌는 듯이 더운 날이 계속되면 공격성이 더 심화될 수 있다. 그러나 기후변화가 상대적으로 큰 집단 간에 오래 지속되는 싸움을 자극할 가능성은 거의 없기 때문에 다른 설명이 필요하다. 기온 변화는 경제에 악영향을 주지만, (물가 충격이 그렇듯이) 이미 진행 중인 갈등이 없으면 굶주리는 사람이나 성격 급한 사람이 새롭게 반란을 일으킬 가능성은 낮다. 사회과학자들은 그 이유를 아직 밝혀내지 못했다. 내 생각에 가장 그럴듯한 설명은, 전쟁의 원인은 다른 곳(이 책에서 다룬 다섯 가지 이유 중 하나)에 있고, 극단적인 기후 현상은 취약한 국가를 폭력으로 치닫게 할 수 있는 충격이라는 것이다.[20]

이 설명이 맞다면, 즉 싸움을 유발한 충격이 가뭄이나 기온 상승이 아니라면 모험적인 지도자, 실패한 암살, 소녀의 살해, 종족 폭동이 그 충격일 수 있다. 기후변화는 좁은 협곡을 비행하는 걸 어렵게 만드는 수많은 특이 요인 중 하나다. 그렇다고 기후변화를 무시해도 괜찮다고 말하는 것은 아니다. 만성 질환을 앓는 환자가 독감에 걸리면, 독감이 근본적인 문제가 아니더라도 긴급하게 치료해야 한다. 마찬가지로, 취약한 곳에는 이런 충격을 완충하는 장치가 필요하다. 그러나 근본적인 것을 잊어서는 안 된다.

싸우도록 내버려두자?

끝으로, '전쟁은 죽음과 파괴를 야기하지만, 모든 것을 고려할 때 장기적으로는 사회에 좋을 수 있다'는 문제적 주장에 대해 생각해보자.

평화를 위한 개입은 불안정한 힘의 균형 상태를 그대로 동결한다는 점에서 문제라는 우려가 있다. 한쪽이 결정적으로 승리를 거두면, 미래에 갈등이 다시 발발할 가능성이 더 낮아지는 듯하다. 이 추론이 맞다면, 외부 세계는 복잡한 내전에 끼어들거나 협상 타결을 무리하게 요구하지 말아야 한다. 상상하기 힘들겠지만, 세계가 지켜보며 기다리면 그 국가가 더 안정될 거라고 주장하는 학자도 적지 않다. 이것을 '결정적 승리의 관점'이라고 칭하기로 하자.[21]

한 걸음 더 나아가, 갈등이 사회를 정화하고 새로운 활력을 불어넣는다고 주장하는 관점도 있다. 스탠퍼드대학교의 역사학자로 그리스·로마 시대를 연구한 발터 샤이델Walter Scheidel은 전쟁을 '거대한 평등화 도구Great Leveler'라고 칭한다. 그의 설명에 따르면, 인간 사회는 시간이 지남에 따라 타락하고 불평등해지는 경향이 있다. 역사적 경험에서 확인되듯이, 갈등이 사회를 더 평등하게 만든다. 모두가 비참한 지경으로 평등해지고 입에 풀칠만 하는 정도로 사회를 되돌리는 갈등이 간혹 있지만, 전쟁은 개혁을 촉발하는 긍정적인 힘일 수도 있다는 게 샤이델의 설명이다. 폭력의 위협이 없었다면, 평등을 추구한 위대한 개혁(노예 해방, 엘리트 계급으로부터 농지 없는 농민에게 분배된 토지)의 사례도 찾기 힘들 것이다.[22]

하지만 가장 영향력 있는 주장은 '전쟁이 국가를 만든다'는 사회학자 찰스 틸리Charles Tilly의 주장이 아닐까 싶다. 다시 말하면, 오랫동안 끝없이 갈등을 겪었기 때문에 현대 세계는 폭력을 통제하는 강력한 기관, 즉 국가를 갖게 되었다는 뜻이다. 전쟁에는 막대한 비용이 들기 때문이다. 그 비용을 감당하려면, 경쟁자들은 군인들에게 무기와 급여를 지급하기 위해 엄청난 액수의 돈을 모금해야 한다. 세금을 징수하고 대규모 군대를 운영하려면, 사회는 유능한 관료조직이 필요하다. '전쟁이 국가를 만든다'는 의견에 담긴 핵심적인 역학관계는 '강력한 리바이어던을 구축하지 못한 사회는 그렇게 하는 데 성공한 사회에 삼켜진다'는 것이다. 이런 야만적인 적자생존의 결과로, 시간이 지남에 따라 강력한 국가가 등장했다.[23]

이 주장들이 맞다면 전쟁이 전적으로 나쁜 것은 아닐 수 있다. 따라서 전쟁을 피하려고 힘들게 노력할 필요가 없어지고, 유엔 안전보장이사회에서 한 대표가 이렇게 주장하는 모습도 상상할 수 있다. "우리는 공격적인 평화유지군을 시리아에 파견해 싸움을 중단시킬 수 있습니다. 그러나 그렇게 하면 힘이 불안정하게 분할되고, 약한 저항 세력이 생겨나서 양측의 근본적인 갈등을 해결하지 못할 겁니다. 그런 식의 타결로는 유약하고 분열된 국가가 탄생할 겁니다. 그들이 자신들의 차이를 스스로 해결하도록 내버려두고, 누가 승리하는지 지켜본 뒤에 승리자가 강력한 국가를 건설하고 민주주의로 전환하는 과정을 지원하는 게 더 나을 겁니다. 그러면 장기적으로 더 안정된 국가가 될 겁니다. 그렇지 않을 경우, 그때 우리가 들어가 30년간 주둔하면 되지 않겠습니까?"

하지만 "싸우는 게 더 낫다"는 것은 색다른 주장이다. 따라서 색다른 증거가 필요할 듯하다. 여하튼 이 주장은 절반만 진실이고, 중요한 사항들이 고려되지 않았다.

첫째, 고통을 견디고 죽음을 맞는 사람들, 또 결정적인 승리의 열매, 즉 위대한 평등과 강력한 국가를 누리지 못하는 사람들을 무시한다. 그야말로 생존자 편향에 기운 주장이고, 미군에게 폭격기의 엉뚱한 부분에 보호 장치를 덧대게 만든 선택 문제의 함정에 빠진 주장이다. 고통과 죽음을 무시하고, 끈질기게 견뎌낸 사람들이 누린 혜택만을 계산한다면, '결정적인 승리'와 '전쟁이 국가를 만든다'는 주장은 매력적으로 보일 수 있다. 그러나 생존자의 행복만으로 평가할 수는 없다. 싸우지 않고 살아가는 사람들도 우리 표본에 포함되어야 한다. 이 때문에 결정이 더 힘들어진다. 여전히 가정에 불과하지만, 평등과 안정성과 힘이라는 면에서 전쟁이 향후의 사회에 이득이라면, 이런 견해 때문에 우리는 균형점을 찾기가 어려워진다. 한 세대 뒤의 불확실한 이익을 위해 지금 얼마나 많은 사람이 희생해야 할까? 또 희생자를 대신해 누가 그 결정을 내려야 할까? 신중히 생각한 뒤의 대답이 그래도 '싸워라!'인 상황도 얼마든지 가능하겠지만, 이 결정이 최적의 기본값이기는커녕 쉽게 내려진 것인 척은 하지 말자.[24]

둘째, 평등과 안정성, 더 강력한 국가라는 면에서 전쟁이 정말 이득이 되는지 의문이다. 성공에만 초점을 맞춘 선택 문제의 또 다른 예일 수 있다. 요컨대 전쟁으로 더 평등한 사회, 더 강력한 사회가 되고, 새로운 테크놀로지가 발전한 경우에만 초점을 맞추고, 실패한 경우(전쟁이 경제를 되살리지 못하고, 테크놀로지를 발전시키지 못했으며, 효율적인 정부를 구축하지 못한 경우)를 간과했을 수 있다. 마음에 드는 사례만을 선택적으로 골라서는 안 된다. 그러나 간혹 이런 잘못이 저질러진다.

일례로 '전쟁이 국가를 만든다'는 주장을 뒷받침하는 증거를 생각해보자. 틸리가 연구한 서유럽의 역사에서 벗어나면, 끊임없는 전쟁이 크고 정교한 국가를 탄생시킨 사례는 거의 없다. 틸리는 중세 말부터 나폴레옹 전쟁까지, 즉 1400년대 중반부터 1814년까지의 유럽에 초점을 맞췄다. 역사가들은 이 시기를 '화약 혁명Gunpowder Revolution' 시대라 칭한다. 화기의 발명으로 소총과 대포, 방어 요새, 대규모 군대 등 테크놀로지의 발전이 잇따랐기 때문이다. 과거에는 수백 명, 많아야 수천 명의 병사로 승리했던 전쟁이 그때부터는 수만 명, 때로는 수십만 명의 병력이 필요하게 되었다. 따라서 큰 국가가 작고 조직화되지 않은 국가보다 전쟁을 더 관리할 수 있었다.[25]

그러나 역사에는 훨씬 오랜 기간 싸운 전쟁들이 있었지만, 그 대부분이 국가 건설로 이어지지는 않았다. 중국은 통일되기 전에 2,000년 이상의 시간이 있었고, 유목민의 공격을 방어하며 수세기를 보냈다. 무굴제국이 쇠락하기 시작한 후의 18세기 인도, 도쿠가와 쇼군들이 장기 집권하기 전의 16세기 일본, 16~18세기의 러시아와 오스만제국, 19세기의 라틴아메리카를 생각해보라. 때때로 이런 시대가 더 건강한 정부, 더 평등한 사회를 만들어냈다. 그러나 대부분의 경우, 오랫동안 지속된 갈등의 시간은 파괴적이었고, 사회 전체가 실패와 정복에 더 취약한 상태로 전락했다. 연합체들이 분열되었고, 경제 발전은 수십 년이나 후퇴했으며, 정부의 금고를 바닥냈다. 요컨대 화약 혁명 시대는 좋게 해석해야 예외적인 시대였다.[26] 인류의 역사에서 군비 경쟁은 거의 언제나 훨씬 비생산적이었고, 대부분의 경우 엄청난 낭비였다. 보건과 교육 및 기반 시설 대신 군비 확장에 쓰인 돈은 결코 사용되지 않아야 하고 최악의 경우 해체된 장비와 병력에 공공자금을 쏟아부은 꼴이 된다.[27]

셋째, 경쟁과 전쟁을 혼동하는 것도 문제다. 경쟁은 우리에게 혁신하고 개혁하며 구축하고 확장하도록 자극한다. 여기에서 폭력적으로 대응한다고 추가로 얻는 이점이 있는지도 확실하지 않다. 우리는 전쟁이 아니라 경쟁을 통해 대부분의 이점(거대한 평등화, 테크놀로지의 발전, 더 강력한 국가)을 얻을 수 있다. 역사가들은 이 과정을 '방어적 근대화defensive modernization'라고 칭한다. 강력한 적을 마주할 때 사회는 더욱 경쟁적으로 자신을 개조한다. 예컨대 전쟁에 기여한 테크놀로지 중 다수가 평화 시에 개발되었다. 달 착륙, 초음속 항공기, 인터넷은 모두 치열하게 경쟁을 벌이던 냉전시대에 생겨났지, 실제로 싸우는 과정에서 탄생하지 않았다. 전쟁 가능성을 예상하고 이뤄낸 변화는 싸우는 와중에 시도된 변화와 다르다.

전쟁이라는 뜨거운 도가니에서만 사회는 가장 고통스러운 희생(예컨대 세제를 구축하거나 정치 구조를 평등화하는 데 필요한 변화)을 감수할 따름이라고 반박하는 학자가 적지 않다. 이것을 '긴급성urgency' 관점이라고 부르기로 하자. 하지만 내가 아는 범위 내에서, 전쟁으로부터 얻는 한계 편익이 끔찍한 비용보다 많다는 것은 고사하고, 이 관점이 보편적으로 맞다는 걸 보여준 학자는 여태껏 한 명도 없다. 몇몇 학자가 다른 국가와 더 자주 전쟁을 벌인 국가나 도시가 더 발달했다는 걸 실증적으로 찾아낸 적은 있다. 하지만 이런 상관관계의 문제는 '생략 변수 편향omitted variable bias'이라 일컬어지는 것이다. 우리에게는 '치열하지만 비폭력적인 경쟁 관계'를 평가할 만한 적절한 기준이 없다. 사람, 영토, 영향력을 두고 벌인 경쟁이 크나큰 개혁과 테크놀로지의 발전을 가져왔다. 경쟁이 폭력으로 변질되는 경우는 드물었다. 그러나 어느 정도의 평화로운 경쟁과 방어적 근대화를 고려하지 않은 채 갈등과 발전의 상관관계를 말하는 것은 싸움의 역할을 지나치게 과장하

는 것이다.[28]

마지막으로, 전쟁을 겪지 않고도 엄청난 규모로 이뤄낸 안정성과 평등 및 국가 건설이 있다는 걸 간과한 것이 마지막 실수일 수 있다. 지난 80년은 인류의 역사에서 안정성과 민주주의, 국가 발전에서 최상의 시기였고, 국제 갈등과 관련해서도 상대적으로 평화로웠다. 1945년 이후로 유엔 회원국은 51개국에서 193개국으로 늘어났다. 75년 동안 이 신생 국가들은 행정 능력이 거의 없던 과거 식민지에서, 어엿한 공공서비스 역량을 갖춘 정교한 국가로 성장했다. 민주주의는 소수의 특정 국가가 사용하던 취약한 시스템이었지만 이제는 범세계적인 규범이 되었다. 생활 수준도 급상승했다. 눈부시게 성공한 국가들 중에는 가나처럼 단 하루도 전쟁을 겪지 않은 나라가 적지 않다. 한국부터 보츠와나에 이르기까지 20세기의 성장 기적을 살펴보면, 전쟁이 그 국가들의 성공에 뚜렷한 역할을 하지는 않았다. 그렇다면, 성공으로 가는 다른 길이 있다는 게 분명하다.[29]

전쟁을 겪지 않고 발전을 이뤄낸 최고의 사례라면, 지난 300년 동안 서서히 진행된 참정권과 정치권력의 확대일 것이다. 그 시기가 시작될 즈음, 대부분의 국가는 엘리트 계급의 소유물과 다를 바가 없었다. 하지만 가끔 무언가로 인해 대중의 실질적인 권력이 크게 확대되었다. 커뮤니케이션과 집단을 조직화하는 새로운 방법(예를 들어 인쇄기와 페이스북), 번창하는 새로운 도피처(예를 들어 신세계, 즉 남북 아메리카), 대규모 군대에 필요한 최적의 무기(예를 들어 머스킷총), 개인적인 생산물과 재산을 감추는 새로운 방법(예를 들어 굶주린 세무 관리가 쉽게 헤아리지 못하는 감자) 등이 그 무엇이었다. 그로 인해 엘리트 계급에 속하지 않은 대중의 협상력이 높아졌다. 이렇게 새로이 확보한 영향력을 이용해, 대중은 사회라는 파이에서 더 큰 조각을 요구했다. 대중은 공공시설을 요구했고, 자신의 커진 힘에 비례하는 목소리를 요구했다. 요구를 들어주지 않을 경우, 대안은 무장봉기였다.

그러나 이제 우리는 전쟁을 비롯해 폭력이 동반된 반란은 비효율적인 협상 방법이라는 걸 알고 있다. 과거의 엘리트 계급도 알았다. 따라서 그들은 양보했다. 가장 강력한 외부인에게 재무부, 추밀원 등 영향력 있는 기관의 한 자리를 제공했다. (기본적으로 그들은 그때까지 권리를 누리지 못하던 계급에서 가장 강력한 집단을 매수해 엘리트 계급을 확대했다.) 엘리트 계급은 거기서 멈추지 않고 자신들의 권력을 쪼갠 뒤 의회와 지방정부, 독립된 기관과 관료제 같은 것을 고안해내서 그 도전자들에게 실질적인 권력을 할양했다. 끝으로, 엘리트 계급은 도로부터 공중보건과 사법체계 및 학교까지 공공시설의 형태로 파이의 더 많은 조각을 넘겨주었다. 그런 공공시설을 제공하기 위해서라도 엘리트 계급은 더 강한 국가를 건설해야 했다.

전체적으로 평등과 안전성과 국가는 권력의 전당을 차지하던 엘리트 계급과 그 밖에 존재하던 상인과 대중이 벌인 내적 투쟁 과정에서 생겨났다.[30] 그로 인한 변화는 지금도 인식되며, 앞에서 살펴본 성공의 비결, 즉 견제와 균형, 더 강력한 국가, 영향력 있는 인물의 영입 및 개입이 반영된 결과다. 내부 경쟁은 간혹 폭력성을 띠지만 대체로 평화롭게 진행되는 까닭에, 적잖은 사회에서 안정을 유지하며 번영하는 원동력이 되었다.

물론 취약한 사회에서 살아가는 사람들에게는 이 주장이 특별히 고무적인 정보로 받아들여지지 않을 것이다. 그들이라고 "몇 세기라도 기다리세요. 여러분의 사회가 서유럽, 중국, 일본을 모방하는 데 도움이 될 수도 있고 그렇지 않을 수도 있는 역사적 요인들이 결집되기를 바라세요"라는 말을 듣고 싶지는 않을 것이다. 그들은 평화로 가는 더 직접적인 길을 원한다. 그들을 돕고 싶어 하는 외부인도 많다. 그들 모두가 정확히 무엇을 해야 할까? 내 대답을 간단히 요약하면 "모두가 조금씩 평화를 만들어가는 엔지니어가 되는 것"이다.

결론

평화를 조금씩 만들어가는 엔지니어

전쟁 그리고 평화와 관련해서 사람들은 대체로 세 가지 유형으로 반응한다. 첫째, 지적으로는 관심을 보이지만 감정적으로 초연한 태도를 유지한다. 전쟁은 인간에게 영원한 투쟁 같은 것이다. 어떻게 관심을 보이지 않을 수 있겠는가? 고통은… 글쎄, 때로는 동떨어지고 추상적인 것으로 보인다. 둘째, 무력함이다. "그런 엄청난 문제를 누가 어떻게 해결할 수 있겠는가? 특히 나 같은 사람이…." 전쟁은 너무 어마어마하고 어려운 문제인 듯하다. 갈등 같은 엄청난 문제를 해결하는 것은 고사하고, 이해하기도 힘들다. 셋째, 마지막 반응은 당장에 무언가를 해야겠다는 열망이다. 구세주 콤플렉스가 아니라, 더 큰 무언가에 기여하고 싶은 진실한 바람이다.

많은 사람이 동시에 세 가지 유형의 반응을 보이고, 나도 그렇다. 그러나 그저 약간이라도 더 평화로운 세계가 아니라 세계 평화를 위해 노력하겠다면서 모든 문제를 한꺼번에 해결하려 한다면, 그 임무가 너무나 거대해서 인간의 능력을 벗어난 불가능한 일처럼 느껴질 뿐이라고 생각한다. 약간이라도 더 평화로운 세계를 만들어가려는 노력과 세계 평화를 위한 노력은 다르다. 올바른 반응은 거대한 도약이 아니다. 대담한 도약은 우리를 잘못된 방향으로 끌어갈 수 있다. 평화를 향한 진정한 길은 다르다. 그 길은 꾸불꾸불하고, 장애물로 가득하며, 찾기 힘든 경우도 많다. 앞만 보고 전속력으로 달려가면 엉뚱한 목적지에 도달할 뿐이다. 올바른 접근법은 "부지런히 신중히 내딛는 걸음이 우리를 올바른 방향으로 데려갈 것이다"라고 되뇌며 시작하는 것이다.

진부한 말로 들리겠지만 그렇지 않다. 과학이다. 수십 명의 경제학자와 정치학자, 인류학자와 사회학자 및 실천가가 어떤 정책은 효과가 있고 어떤 정책은 실패하는 이유를 알아내기 위해 연구한 결과로 얻어낸 교훈이다. 전쟁과 평화에 대해 연구한 학자는 소수에 불과했다. 정확히 말하면, 그들은 범죄부터 도시계획과 공중보건까지, 온갖 형태의 사회 변화를 살펴보았다. 그 모든 영역에서 똑같은 교훈이 반복해서 발견되었다.

칼 포퍼 Karl Popper(1902~1994)로 시작해보자. 이 장의 제목 '평화를 조금씩 만들어가는 엔지니어 the peacemeal engineer'는 그의 주장을 살짝 비튼 것이다.

소크라테스처럼 조금씩 무언가를 짜맞추는 엔지니어 piecemeal engineer

는 자신이 아는 게 거의 없다는 걸 안다. 그는 우리가 실수를 통해서만 배울 수 있다는 것도 안다. 따라서 그는 예측한 결과를 실제의 결과에 신중하게 비교하고, 개혁에서 비롯되는 피할 수 없지만 원하지 않는 결과를 항상 경계하며 단계적으로 나아간다. 따라서 그는 원인과 결과를 구분할 수 없고 그 자신이 실제로 무엇을 하고 있는지도 모를 정도로 복잡하고 광범위한 개혁을 시도하는 걸 피할 것이다.[1]

포퍼는 과학철학자였다. 그는 우리가 어떤 것이 진실인지 어떻게 알게 되는가에 의문을 품었다. 그 의문을 해결하는 과정에서 그는 '우리는 어떤 이론도 증명할 수 없다. 신중한 실험을 통해 그 이론이 틀렸다는 걸 입증하는 것이 우리가 할 수 있는 최선이다'라는 유명한 결론에 도달했다. 포퍼에게 과학은 조금씩 조정하고 조금씩 끊임없이 개선하면서 현실적인 문제를 해결하는 도구였다.

하지만 포퍼는 과학에만 관심을 두지 않았다. 궁극적으로는 더 나은 사회를 건설하는 데도 똑같은 원칙을 적용했다. 어떻게 그러지 않을 수 있었겠는가? 1902년 오스트리아에서 유대인 부모에게 태어난 포퍼는 제1차 세계대전의 혼란, 그 뒤에 잇따른 굶주림과 무질서, 새롭게 등장한 공산주의와 나치즘(적어도 그중 하나는 그의 민족이 멸종되는 걸 보고 싶어 했다)이라는 섬뜩한 이데올로기를 차례로 겪어야 했다. 하지만 포퍼는 두 이데올로기 자체에만 동의하지 않은 게 아니었다. 그는 그 이데올로기들의 방법론도 마뜩잖게 생각했다. 두 이데올로기는 원대한 계획이었고, 집중된 국가권력이 추구했다. 그 지도자들은 공상적 엔지니어였지, 조금씩 단계적으로 완성해가는 엔지니어가 아니었다. 사악하든 그렇지 않든 간에, 포퍼는 이렇게 공상적으로 접근하면

"인간의 고통이 용납할 수 없을 수준까지 쉽게 늘어날 것"이라고 믿었다. 인간을 실질적으로 더 나은 미래로 인도하는 길은 과학의 진보로 이어지는 길과 무척 흡사할 것이라는 게 그의 생각이었다. 우리는 완벽한 길을 찾아낼 수 없고, 이상적인 목적지에 도달할 수도 없다. 그러나 시간을 두고 서서히 신중하게 실용적으로 수정을 거듭하면서 더 나은 접근법을 만들어갈 수 있다.

하지만 평화를 위한 중재는 물론이고 더 나아가 일반적인 정책도 포퍼의 조언을 거의 무시한다. 강력한 중앙정부나 외국 기관은 문제를 지나치게 단순화하며 원대한 비전을 내세운다. 그들의 야심찬 목표와 핵심적인 계획, 전면적인 변화 시도, 모범 사례에 대한 과도한 믿음은 기껏해야 평범한 수준의 결과를 낳을 뿐이고, 최악의 경우에는 재앙으로 이어진다. 세계를 망가뜨리지 않고 바꿔가려면 다른 전략이 필요하다.

평화를 조금씩 만들어가기 위한 십계명

나는 수십 년간의 연구와 현실적인 통찰을 압축해 열 가지 일반적인 원칙, 즉 어떤 영역에나 적용할 수 있는 규칙을 만들어내고 싶다. 그렇지만 구체적인 지침일 수는 없다. 평화로 가는 길이 그처럼 간단하지는 않기 때문이다. 내가 열 가지 원칙으로 정한 이유는 내 멘토 중 한 명인 랜트 프리칫Lant Pritchett이 즐겨 하던 말, "여러분에게 십계명을 알려주려 합니다. 율법은 아니고, 탈무드는 더더욱 아닙니다. 그렇지만 여러분에게 필요한 것입니다"까지 거슬러 올라간다.

프리칫은 무엇을 말하려던 것일까? 그는 조금씩 단계적으로 완성해가는 엔지니어가 되려고 노력하고, 그와 관련된 글을 쓰고 가르치려는 희귀한 사람이다. 그는 세계은행에서 오랫동안 근무했고, 하버드 케네디스쿨에서 가르쳤다. 내 생각에 그는 서민적인 유머, 촌철살인의 재담, 깊은 의미가 담긴 단순한 이야기에 능해 국제 개발 분야의 마크 트웨인이라 할 만하다. 프리칫은 모르몬교인이고 나는 가톨릭교도로 자랐기 때문에 유대교 경전에 대한 내 비유가 설득력 있게 들릴지는 모르겠다. 그러나 세세한 부분을 무시한다면 멋진 비유가 될 거라고 확신한다.

누구나 알겠지만 진짜 십계명은 무척 단순하다. 쉽게 말하면, 건전하게 사는 방법에 대한 일련의 기본적인 규칙이다. 살인하지 말라, 부모에게 잘하라…. 합리적인 지침이 아닐 수 없다. 그러나 십계명이 우리에게 모든 것을 말해주지는 않는다. 완전히 경건한 삶을 살려면 더 세세한 부분이 필요하다. 500단어로 설명을 덧붙인다고 그다지 유용하지는 않을 것이다. 규칙과 교훈을 잔뜩 담은 두툼한 설명서가 필요할지도 모른다. '토라Torah'라 일컬어지는 모세오경 같은 것이 필요하다. 정책을 결정하는 경우에도 마찬가지다. 강력한 일반적인 원칙들이 마련돼 있더라도 그 원칙들을 특정한 분야에 적용하려면 몇 권의 책이 필요할 수 있다.

그렇지만 더 많은 의문을 품게 된다. 이 원칙이 내 상황에는 어떻게 적용될까? 이 특수한 상황과 사회에는 어떻게 적용될까? 이런 의문에 대답하려면, 탈무드(여러 세대의 사상가들이 계명과 토라를 복잡하고 변덕스러운 상황에 적용하려 애쓰며 사례와 숙고를 집대성한 책)가 필요하다. 어떤 사회에서나 고유한 탈무드를 쓸 것이므로, 나도 큰 계명을 고수하며 나만의 탈무드를 써보려 한다.

일반적인 원칙은 누구에게나 적용되어야 한다. 어쩌면 당신도 나와 비슷한 사람이어서, 공상적 박애주의자에 간섭꾼일지도 모르겠다. 어쩌면 당신의 고향을 더 안정적으로 만들어갈 방법을 고민하는 정치인이거나 공무원, 혹은 취약한 지역에서 활동하는 실천가일 수 있다. 혹은 기부할 곳을 결정하고 선거에서 누구를 지지해야 할지 고민하는 사람일지도 모르겠다. 내가 말하려는 원칙은 우리 모두를 위한 것이다. 실재하는 십계명처럼 에토스, 즉 까다로운 세계에서 책임 있게 행동하는 방법을 정리한 것이다.

그러나 조심해야 한다. 일부는 너무 기본적인 소리처럼 들릴 수 있다. 다시 말하지만, '간음하지 말라'도 마찬가지다. 그럼에도 많은 상식이 끔찍할 정도로 지켜지지 않는다. 우리가 사회 문제에 뛰어들어 일하기 시작하면 이런 실수들을 숱하게 범하기 마련이다. 여기에는 예외가 없다는 게 현실이다. 이런 현상이 우리 마음과 조직에 고스란히 심겨 있지만, 지금부터는 그 어느 것도 당연하게 여겨서는 안 된다.

I. 복잡한 문제와 단순한 문제를 혼동하지 마라

모든 문제가 해결하기 어려운 것은 아니다. 길이 곧고 명확히 보이는 때가 있다. 1947년 성금요일에 뉴욕시 보건국장에게 닥친 문제를 생각해보자. 그때 그는 세 건의 특이한 죽음에 대한 검사 결과를 받았고, 사망 원인은 천연두였다. 수만 명이 죽을 수도 있었다. 정부의 대응은 신속했고 복잡하지 않았다. 한 달 만에 뉴욕은 600만 명의 거주자에게 백신을 접종했다. 하지만 정부의 야심찬 목표는 거기에서 멈추지 않았다. 천연두 바이러스를 퇴치하기 위한 범세계적인 캠페인이

시작되었다. 그리고 1980년 천연두는 지상에서 박멸되었다.[2]

때로는 기준 지침이 원만하게 작동한다. 천연두는 과학적으로 밝혀진 명확한 원인이 있는 문제였다. 게다가 백신이라는 해결책이 수백 년 전부터 존재했다. 뉴욕시 중앙보건관리국의 전문가는 천연두 창궐을 막기 위해 무엇을 어떻게 해야 하는지 정확히 알고 있었다. 그 작업은 방대했지만 거의 기계적으로 수행되는 것이었다. 소매를 걷어 올리고 주삿바늘을 찌른 뒤에 '다음 사람!'이라고 말하면 끝나는 판에 박힌 작업이었다. 치료(예방주사)와 성공(화농성 종기로 죽지 않음)은 측정하고 추적하기 쉬웠다. 이와 같은 건강 캠페인에서도 많은 것이 잘못될 수 있지만, 사회 문제와 관련해서 대규모 백신 접종은 관리하기 쉬운 작업 중 하나인 것으로 드러났다. 약간의 조절이 있어야겠지만 동일한 도구를 선반에서 꺼내 먼 곳까지 운송하면, 그런대로 효과를 발휘하게 할 수 있다.

이런 정책 스펙트럼의 반대편 끝에는 우리가 '성가신 문제wicked problem'라고 부르는 게 있다. 성가신 문제에서 간단명료한 원인을 찾기는 힘들다. 그런 문제에는 다수의 미스터리한 원인이 있을 뿐만 아니라, 그 원인들이 서로 뒤얽혀 있다. 이런 문제에 대응하려면 소수의 관계자로는 부족하고, 다수가 조직적으로 힘을 합쳐야 한다. 명확한 지표가 없어, 성공 여부를 판단하기 힘들다. 또 기준이 되는 전문적인 해법이 없어, 사안마다 해결책이 다르다.

평화 협상보다 성가시고 까다로운 문제는 없다. 그 원인에는 전쟁을 촉발하는 다섯 가지 이유가 포함되고, 그 다섯 가지가 복잡하게 상호작용한다. '더 상호의존적인 경제망을 구축한다', '과두 집권층의 권력을 견제한다' 등의 해결책에는 다수가 관련되지만, 전문성을 갖춘 기관이 끼어들 여지가 없고 사안마다 다른 해결책을 모색해야 한다. 누군가 자신이 속한 사회에서 그런 문제를 해결할 방법을 알아내면 다른 사람들에게 영감과 아이디어를 줄 수 있겠지만, 그 방법이 청사진이 되지는 않는다. 서아프리카의 요루바족에게 이런 유형의 문제를 압축해 표현한 속담이 있다. "시장으로 가는 길은 많다." 갈등 같은 문제에서도 마찬가지로 모두가 각자에게 알맞은 길을 찾아야 한다.

사회적 딜레마가 모두 똑같지는 않다는 걸 너무도 많은 사람이 잊고 지낸다. 그래서 "나는 지금 어떤 유형의 문제를 해결하려고 하는가?"라고 자문하는 단계를 건너뛴다. 그들은 모든 쟁점을 대규모 백신 접종 캠페인처럼 접근한다. 다시 말하면, 해결책이 알려져 있어 약간의 돈과 정치적 의지만 있으면 해결되는 간단한 위기처럼 접근한다. 그러고는 "왜 실패했지?"라며 의아해한다. 따라서 우리가 지켜야 할 첫 계명은 '이런 실수를 피하고, 드물고 단순한 문제와 불명확하고 어려운 문제를 구분하는 필터를 개발하는 것'이다.

당신에게 투표권이 있다면 신속한 해법을 약속하는 정치인에게 표를 주지 말라는 뜻이다. 또 정부에게 서둘러 해결책을 내놓으라고 요구하지 말라는 이야기다. 자선단체에 기부하는 경우에는 선택이 더 어렵다. 그래서 "간단한 문제부터 해결하고, 복잡한 문제를 피하자"라고 말할 수 있다. 실제로 많은 사람이 그렇게 하고, 파급력이 가장 큰 것으로 입증된 대의에 기부해야 한다는 전반적인 움직임이 있다. 괜찮다. 나도 그들에게 기부한다. 그러나 당연한 말이겠지만, 입증된 해결책은 가장 쉬운 문제에 대한 해결책이다. 따라서 폭력처럼 까다로운 문제와 씨름하는 조직에게도 약간의 돈을 기부하기를 바란다. 인류가 직면한 가장 어렵고 가장 해로운 문제를 풀려면, 그 문제를 무작정 피하기만 해서는 안 되기 때문이다.

당신이 지금 그런 문제를 해결하려고 적극적으로 노력하고 있다면 어떻게 되겠는가? 모든 문제에 적용되는 단순한 해결책은 없다. 그렇다고 해결책을 찾아가는 지도나 안내서까지 없다는 뜻은 아니다. 정처없이 방황해서는 누구도 시장으로 가는 길을 찾아낼 수 없듯이, 평화 중재자도 백지 지도에서는 길을 찾아내지 못한다. 우리에게는 무엇보다 기본적인 틀이 있고, 이제 전략적으로 생각한다. 또 경쟁자들이 원천적으로는 평화를 간절히 바라지만, 다섯 가지 이유로 그런 바람이 약화될 수 있다는 것도 알고 있다. 우리가 우리를 평화의 길로 인도할 어떤 장치를 고안하더라도, 그것이 적들에게는 평화를 혐오하도록 만든다는 것도 우리는 알고 있다.

우리는 피해야 할 까다로운 길을 감각적으로 알아낸다. 빈곤과 불평등 등은 우리가 바로잡는 데 많은 노력을 기울여야 할 중대한 과제지만, 이 과제들을 해결한다고 우리가 평화로 곧장 향하는 지름길을 달릴 수 있는 것은 아니다. 세상에는 가난하고 분열된 사회가 무수히 많다. 그런 사회의 대부분이 폭력에 휘말리지는 않는다. 따라서 평화를 조금씩 만들어가는 엔지니어라면, 타협책을 찾는 능력이 완전히 허물어지거나 붕괴된 사회에 관심을 기울여야 할 것이다. 가장 긴급한 과제는 극단적인 고통과 재난을 종식시키는 것이기 때문이다.

끝으로, 우리에게는 배워서 교훈을 얻을 만한 사례와 경험이 많다. 본보기로 삼을 만큼 성공한 사회도 많다. 그러나 이때에도 조심해야 한다. 세상을 샅샅이 뒤져 좋은 아이디어를 찾아서 효과가 있는지 살펴보며 조정하고 다듬어가는 태도와, 맹목적으로 모방하며 대규모로 되풀이하는 태도는 확연히 다르기 때문이다. 그러나 놀라울 정도로 많은 정책 입안자들이 그렇게 하고 있다. 이런 실수를 피하자는 것이 다음 계명이다.

II. 원대한 계획안과 모범적인 사례를 숭배하지 마라

내가 우간다 북부에서 작업하던 첫해, 한 지원단체의 대표단이 현장을 방문했다. 그들은 나와 지니에게 안내를 부탁했다. 대표단 단장은 우간다 방문이 처음이었다. 이틀 동안 주변을 둘러본 뒤에 그가 나에게 좀처럼 잊히지 않을 말을 했다. 저녁식사를 하면서 그가 "이곳에 필요한 것은 TRC인 것 같습니다"라고 말했다. 나는 알겠다는 듯이 고개를 끄덕이며, 지니에게 몸을 기울여 "그런데 TRC가 뭐예요?"라고 작은 소리로 물었다. 때마침 나는 남아프리카공화국의 '진실과 화해 위원회Truth and Reconciliation Commission, TRC'(피해자가 자신에게 가해진 범죄를 고발하고, 가해자는 고백함으로써 사면을 받는 법정 같은 장치)에 대해 들은 적이 있었다. 우연히 그 약어를 몰랐을 뿐이다.

대표단 단장은 지적인 사람이었다. 그가 한 상황(억압과 아파르트헤이트, 즉 인종차별로부터 회복되어가는 산업화된 국가)에 맞춰진 장치를 오랜 내전에 시달린 가난한 국가에 맹목적으로 도입하자는 뜻으로 말한 것은 아닐 거라고 생각하지만, 그의 설명에서는 평화를 구축하는 데 일반적으로 사용되는 여러 해결책이 있다는 그의 확신(공통된 확신)이 느껴졌다.

공식화된 방법, 모범적인 사례, 확장 가능한 혁신, 이론적인 틀이 갖는 매력은 거부하기 어렵다. 이런 개념들은 기업 경영, 국제 개발, 공중보건, 치안 등 많은 분야에서 효과적으로 적용되고 있고, 대규모 백신 접종처럼 효과적인 방식도 있는 게 사실이다. 그러나 소수의 모범적인 사례가 존재한다고, 모든 것에 적용되는 청사진이 있을 거라고 착각해서는 안 된다.

우리 인간에게는 상황을 단순화하는 놀라운 능력이 있다. 특히 우리가 다른 사람들을 대신해 결정을 내려야 할 때는 그런 능력이 극대화된다. 우리 내면에 공상적인 사회공학자가 존재하고 있기 때문이다. 우리 중 누군가에게 책임을 맡기면, 대부분이 이런 식의 사고방식에 빠져 복잡한 것을 본능적으로 피하고, 지엽적인 성공에 현혹되어 다른 곳에도 쉽게 적용할 수 있는 공식을 찾아낸 것처럼 생각하는 경향이 있다.

이런 맹목적인 청사진이 '더 안정된 사회를 위한 더 나은 제도'를 구축하려는 극히 까다로운 과제에도 적용되는 사례는 어렵지 않게 찾을 수 있다. 국제기관들이 두 취약한 국가에 추천하는 '좋은 지배구조'를 위한 개혁 목록표를 비교해보면 된다. 모든 면에서 크게 다른 곳이지만, 권고 사항은 의심스러울 정도로 비슷하다.

외국인 조언자들만 이런 실수를 범하는 게 아니다. 지역 정치인들도 통합과 민주주의로 가는 길을 지나치게 단순화하며 국민 선서로 충분하다고 생각한다. 갈등을 끝내고 새로운 헌법을 제정하려는 국가들에서도 관련 사례가 발견된다. 헌법은 그 사회를 지탱하는 기본적인 규칙이고, 강력한 집단들에게는 합의의 근간이며, 역사적으로는 토론과 어려운 협상의 대상이다. 하지만 놀랍게도 대부분의 신생 국가가 국민적 토론도 없이, 일반적인 헌법 구조를 거의 그대로 베낀다. 또 오랜 갈등을 겪은 뒤에 정부를 재설계하는 경우에도 신생 국가들은 고도로 발달한 선진 사회의 구조를 모방하기에 급급하다. 허약하고 자금도 부족한 국가에 알맞은 규칙과 제도를 새롭게 구성하지 않고, 국제기관들은 자신들에게 익숙한 부서들(계획, 사법, 보건, 젠더, 스포츠, 청년 등)의 목록을 길게 나열한다. 이런 관료 구조가 잘못된 것은 아니다. 모범적 사례를 맹목적으로 따른 덕분에 취약한 국가에도 형식은 있지만, 기능은 없다.

일부에서는 이런 현상을 '동형 모방isomorphic mimicry(개구리나 나비가 더 독살스럽거나 강한 종의 양상을 모방하는 방법을 설명할 때 생물학자들이 사용하는 용어)'이라 한다. 실제로는 그렇지 않더라도 기능적인 정부처럼 보이는 게 유리하기 때문이다. 한편, 다른 학자들은 이런 현상을 '제도적 연작institutional monocropping'이라고 칭한다. 그 결과로, 취약한 국가의 정부 형태는 선진국에서 판매되는 바나나 품종만큼이나 다양하지 못하다.[3] 정상적인 사회에서 모방은 평범으로 가는 지름길일 수 있지만, 취약한 사회에서 모방 행위는 무척 위험하다. 강력한 대통령을 선출하는 선거는 민주주의라는 의식을 흉내내고 있지만, 권력을 널리 분산하지 못한다. 일반적인 수준을 답습한 헌법은 일정한 수준의 권리와 정기적인 선거를 보장하지만, 권력 공유라는 근본적인 문제를 해결하지 않는다. 내각 구성에서도 취약한 국가는 핵심적이고 고유한 기능(국방, 치안, 사법)에 집중하지 못하고, 상대적으로 안정되고 발전한 복지국가를 모방하는 데 급급하다.

많은 사상가가 평화 구축만이 아니라 정책의 어떤 분야에서 단순하고 권한이 집중되고 모든 것에 적용되는 해법의 위험성을 줄곧 지적해왔다. 초창기에 내 지적 멘토였고 행동주의자이자 작가였던 제인 제이컵스Jane Jacobs(1916~2006)는 과밀하고 생동감 넘치며 다각화된 도시를 원했다. 그녀는 시각적 질서와 구역 분할을 강력하게 목표로 하는 도시 설계자들을 혐오했다. 인간은 어떻게 살아야 한다는 획일적인 생각이 그들을 지배하는 듯하다면서 그녀는 "도시에 그대로 중첩될 수 있는 논리는 없다. 사람이 도시를 만드는 것이다. 따라서 우리는 계획을 우리 자신에게 맞춰야지 건물에 맞춰서는 안 된다"라고 주장했다. 도시 설계자들의 원대한 비전과 청사진이 미국의 대도시들을 파괴하는 데 일조했다는 게 제이콥스의 생각이었다.[4]

또 다른 비판자로는 정치학자이자 인류학자 제임스 스콧James Scott(1936~2024)이 있다. 그의 저서 《국가처럼 보기》에는 포퍼를 표방한 듯한 '어떤 계획은 왜 인간 조건을 개선하는 데 실패했는가'라는 부제가 더해졌다. 이 책에서 스콧은 "폭군은 사람이 아니라 계획이다"라고 말한다. 스콧은 이상주의자들이 더 나은 사회를 만들려던 수백 년의 노력(주택 계획부터 과학적 영농과 집산화 및 국가를 조직하려던 확신에 찬 계획까지)을 들여다본 뒤에, 동일한 징후가 반복해 나타나는 것을 확인했다. 공상적 설계자들에게는 세계를 단순화해서 더 쉽게 개선하는 방향을 선택하고, 야심차고 공상적인 계획을 시행하려는 생득적 성향이 있었다. 그러나 이 청사진을 받아든 사람들은 고통받는 경우가 많았다.[5]

III. 모든 정책 결정이 정치적이라는 걸 잊지 마라

공상적 엔지니어들이 저지르는 또 다른 실수는, 자신의 역할이 난해한 문제를 해결하는 것이고, 초당적인 입장에서 계획을 수립하고 시행하며, 최적의 해결책을 찾으려 노력하는 것이라고 생각한다는 것이다. 고결한 목표인 것은 분명하다. 관료조직이 전문 지식을 갖추고 중립성을 유지하며 개인적으로 호의를 베풀지 않고 규칙을 따른다면 정당하다는 박수를 받을 수 있다. 하지만 탈정치적인 프로그램은 하나도 없다. 새로운 규칙과 제도에 권력의 균형추가 달라진다. 어떤 정

책에나 승자가 있고 패자가 있어, 패자는 매 단계에서 변화를 약화시키려고 할 것이다.[6]

안타깝게도 많은 설계자가 이런 사실을 망각한다. 그들은 문제의 기술적인 면에 초점을 맞추고, '최적'의 해결책을 찾으려고 애쓴다. 자신들이 정치적 행위자라는 사실을 망각한 채 복잡한 사회 문제를 다룬다. 싸움에 휘말린 상황에서도 싸움판 밖에 있다고 확신한다.

사람들이 본래의 정치 영역 밖에서 일할 때 이런 경향이 더욱 짙어진다. 내가 캐나다에서 미국으로 이주한 뒤에 한 미국인 친구에게 "미국이 세계에서 가장 부자 나라인데 왜 모두가 의료보험 혜택을 받지 못하는 거지?"라고 물었던 게 지금도 기억난다. 이 질문에 뒤따른 기나긴 대답에서는 정당 정치, 미국 보험의 역사, 주州가 대통령과 연방의회를 선출하는 독특한 방식이 언급되었다. 내가 그 친구에게 그 문제를 바로잡는 방법에 대해 물었을 때 그녀는 "글쎄, 모르겠는데"라고 대답했다. 나처럼 그녀도 국제 개발을 공부하는 석사 과정 학생이었다. 그녀가 졸업한 뒤에 말라위의 보건 정책을 지원하는 한 구호기관에 취업했다고 상상해보라. 그리고 2년 뒤에 내가 그녀에게 '말라위에서 의료 시스템이 망가진 이유가 무엇일까? 바로잡으려면 어떻게 해야 하지?'라고 묻는다면 그녀는 무척 사려 깊은 대답을 나에게 내놓을 수 있을 것이다. 그러나 그녀가 했던 미국에 의료보험이 없는 이유에 대한 대답보다는 덜 복잡할 것이다. 난해한 정치와 역사에 대한 설명도 없을 것이고, 정치적 이해관계와 개성도 끼어들지 않을 것이다. 그녀가 제안하는 개혁은 간결할 것이고, 자신 있게 제시될 것이다.

누구나 자신에게 익숙한 환경에서 벗어나면 주변 세계를 단순화하는 경향이 있다. 자신이 속한 도시나 국가인 경우에도 마찬가지다. 요컨대 우리는 '반정치 기계anti-politics machine'가 된다. 내가 만든 용어가 아니다. 스탠퍼드대학교의 인류학자 제임스 퍼거슨James Ferguson이 쓴 책의 제목에서 유래한 용어다. 그 책을 쓰기 시작한 1980년대 초, 퍼거슨은 남아프리카공화국에 둘러싸인 작은 왕국 레소토에서 작업하고 있었다. 대부분의 인류학자와 달리, 그는 레소토 사람들을 연구하지 않고 주변을 맴도는 개발 조언자들에게 매료되었다. 그는 인류학이 작은 규모의 사회를 이해하기 위해 사용하는 도구와 기법을, 말쑥하게 빼입고 개발을 조언한다는 진지한 표정의 집단에 적용해보기로 했다.[7]

퍼거슨은 바소토족이라고도 불리는 레소토 사람들이 젖소를 판매하는 걸 지원하는 프로젝트를 면밀하게 관찰했다. 젖소 판매가 중요할 게 뭐냐고 생각할 사람도 있겠지만, 젖소는 바소토족의 재산에서 커다란 부분을 차지한다. 가뭄이 계속되면 젖소가 죽어 국가의 재원이 사라질 수 있다. 그런데 안타깝게도 운송 수단 및 다른 기반 시설이 없어서 모두가 동시에 젖소를 팔 수 없었고, 그 때문에 젖소가 들판에서 죽어갔다. 따라서 바소토족에게 필요한 것은 멀리 떨어진 시장에 접근하는 수단이었다. 그것이 있으면 바소토족은 젖소를 일종의 예금 계좌처럼 사용할 수 있어, 힘든 시기에 젖소를 팔아서 돈을 마련할 수 있지 않겠느냐는 발상이었다. 게다가 일종의 덤으로, 젖소 목축이 생산적인 수출 산업으로 발전할 가능성도 생각할 수 있었다.

중앙정부와 외국 기관이 혼합된 레소토의 기획자들은 몇몇 중요한 세부 사항을 간과한 것으로 드러났다. 레소토 사람들에게는 젖소를 팔 수 없다는 것이 소를 매입하는 주된 이유였다. 대부분의 바소토족 남자는 멀리 떨어진 남아프리카공화국의 광산에서 일했다. 그들은 그곳에서 번 돈을 집으로 보냈지만 아내가 그 돈 쓰는 걸 원하지 않아, 매각하기 어려운 자산을 구입하는 것이었다. 그런데 소가 매매되는 시장이 만들어지면, 사회 통제 시스템 전체가 위협받게 된다. 권력을 가진 사람들(레소토의 경우 외국에서 일하는 남자들)이 그 프로젝트에 적극적으로 반대했고, 결국 참담한 실패로 끝났다.

외국에 원조하는 산업은 공상적이고 정치적으로 맹목성을 띠는 것으로 유명하다. 해외 원조 산업을 앞장서서 비판하는 평론가 빌 이스털리Bill Easterly는 해외 원조를 담당하는 기관들이 공상적 기획자들로 가득하다고 지적하면서 "기획가들은 빈곤을 기술공학적인 문제로 생각하며, 해결할 수 있는 답을 찾으려 한다"라고 말했다. 이스털리가 제안한 대안은 조사관, 즉 "답을 모른다는 걸 미리 인정하고, 빈곤은 정치·사회·역사·제도 및 과학기술적 요인들이 복잡하게 뒤엉킨 문제라고 생각하는 사람"이 되는 것이다. 이때 조사관은 '평화를 조금씩 만들어가는 엔지니어'의 다른 표현에 불과하다. 조사관은 개발에는 파이를 키우고 분할하는 것도 포함된다는 걸 알고 있다. 개발은 사회적이고 정치적인 경쟁으로 가득한 거대하고 복잡한 싸움판이다.[8]

이런 이유에서 이스털리는 해외에서 활동하는 평화 구축자들을 경계한다. 이스털리만이 외롭게 그들을 비판하는 것은 아니다. 정치학자 세브린 오테세르Séverine Autesserre도 중앙에 권력이 집중된 상의하달식 평화 구축을 비판한다. 오테세르는 코소보에서 시작해 아프가니스탄, 동콩고, 남수단, 팔레스타인, 동티모르에서 갈등 해소를 위한 인도주의 활동가로 일하다가 위기를 연구하는 학자가 되었다. 그녀는 어디를 가거나 똑같이 섬처럼 고립된 공동체들을 만났다. 인도주의 활동가로 일하기 시작한 초기를 회상하면서 그녀는 "나는 동료들의 태도와 행동이 출신 국가와 소속 단체만큼 다양할 것이라고 순진하게 생각했다"라고 말했다. 하지만 "그들의 모든 태도와 행동에 영향을 미쳤던 관습과 습관과 말투를 공통분모로 그들이 공유하고 있다"라는 걸 깨닫는 데는 오랜 시간이 걸리지 않았다. 한 지역에서 적응하는 법을 배운 뒤로 오테세르는 동남아시아, 중앙아프리카, 중앙아시아에서 일하는 데 조금도 위화감을 느끼지 않았다. 모든 곳이 한 나라, 피스랜드Peaceland였다.

피스랜드의 특징은 부분적으로 도움이 되었다. 그곳 사람들은 자금, 다른 곳에 적용된 좋은 아이디어, 희귀한 형태의 노하우를 가져왔다. 또 앞에서 보았듯이, 그들의 존재 자체와 프로그램 덕분에 협상을 체결하고 유지하기가 더 쉬워졌다. 그러나 역기능적인 습관과 의도하지 않은 결과에 간혹 맞닥뜨리기도 했다. 그들은 자신들에게 없는 역량(지역 환경과 정치에 대한 이해)보다 자신들이 보유한 능력(전문적인 지식)을 더 높이 평가했다. 모든 기획자가 그렇듯이, 그들도 갈등에 대해 복잡한 이야기보다 단순화된 이야기를 더 좋아했다. 그들은 전형적인 '반정치 기계'였다.

오테세르는 기획자 문화가 다양한 일상의 작은 실패들로 영속화되고 강화된다는 걸 알게 되었다. 예컨대 보안 절차 때문에 기획자들은 지역민들과 어울려 살지 못하고, 함께 쇼핑하거나 걷지도 못했다. 그들의 조직은 외부인을 책임자에, 지역민을 바닥에 두어 권력 불균형을 자초했다. 현지의 특성을 제대로 반영하지 못한 채 외부 자금으로 프로젝트를 설계했다. 오테세르가 지적하듯이 "그들은 척박한 환경을 견디며 열심히 일했고 때로는 목숨마저 위태로웠지만, 오히려 상황이 악화되는 것에 놀라고 좌절했다". 그런 근시안적인 실수는 수많은 작

은 눈가림과 장애물에서 비롯된 것이었다.[9]

이 사례들은 다른 나라에 간섭하는 외국인과 관련된 것이다. 그러나 외국인만 반정치 기계가 되는 성향을 띠는 유일한 외부인은 아니다. 어떤 지역에는 외국인보다 더 본래의 정치 영역에서 벗어난 집단이 있는 듯하다. 누구일까? 그렇다, 바로 지역 엘리트들이다. 불평등한 사회에서 특히 이런 경향이 짙게 나타난다. 가령 시카고에서 시 공무원이 사우스사이드에 대한 계획을 수립할 때, 뉴델리에서 연방정부 관료가 시골 마을들의 삶을 개선할 방법을 생각할 때, 혹은 메데인의 경찰서장이 갱단을 통제할 방법을 고민할 때, 이런 기획자들은 계급과 학력에서, 어쩌면 인종과 종교에서도 수혜 대상과 다른 집단에 속해 있을 수 있다.

따라서 외부인들과 엘리트들이 전혀 간섭하지 않아야 한다고 반발하는 사람이 적지 않다. 충분히 이해가 되는 반발이다. 그러나 내 생각에는 그렇지 않다. 관료들이 반드시 피스랜드의 주민이거나 반정치 기계는 아니다. 많은 관료가 겸손하게 각 문제에 접근한다. 그들은 누구의 이익에 도움이 되어야 하는지 골똘히 생각하며, 더 적은 곳에 집중해 더 오랫동안 시간을 할애한다. 조직의 상층부에 내부자를 두려고 더 열심히 노력한다. 게다가 많은 사람이 조금씩 평화를 찾아가기 위한 계명들을 본능적으로 따른다. 그들처럼 평화를 조금씩 만들어가는 엔지니어들 덕분에, 우리가 인류 역사상 어느 때보다 평화롭고 성공한 사회에서 살아가고 있는 것이다.

IV. 주변부를 존중해라

칼 포퍼가 가장 먼저 점진적 통치 방식을 제안한 것은 아니었다.

2,000년 전 중국 철학자 노자는《도덕경》에서, 작은 물고기를 요리하듯이 사회를 통치해야 한다고 썼다. 이 이야기를 나에게 알려준 동료는 이 지혜를 이렇게 설명했다. 작은 물고기는 크기가 작아서 계속 뒤집으면 쉽게 부서진다. 또 양념을 많이 하면 맛이 너무 강해진다. 따라서 작은 물고기를 요리할 때는 조심하고, 양념을 조금만 해야 한다는 뜻이다.

하지만 노자는 우리에게 점진성만 조언한 게 아니었다. 주변을 존중하는 사람, 즉 한계주의자marginalist가 되라고 조언했다. 둘 사이에는 차이가 있다. 점진성은 천천히 움직이는 것이고, 한계주의는 결과에 초점을 맞추는 것이다. 우리는 주변에 어떤 충격도 주지 않고 점진적 변화를 이뤄낼 수 있다. 중요한 것은, 우리 행동이 원하는 결과를 얻어 냈는지, 그 과정에서 어떤 비용을 치렀는지 면밀하게 주의를 기울이는 것이다. 포퍼가 설명하듯이, 조금씩 무언가를 짜맞추는 엔지니어는 '예측한 결과를 실제의 결과에 신중하게 비교하며 단계적으로 나아가고', 원인과 결과를 구분하지 못하게 만들 정도로 복잡하고 광범위한 개혁은 완강히 피한다. 한계주의에는 이른바 땜장이tinkerer의 마음가짐이 필요하다. 다시 말하면, 열린 마음으로 많은 대안을 인정하며 최소 비용으로 최대 효과를 끌어내려 노력하고, 자기비판적이고 효과가 있는 대안을 찾아내려 애쓰며, 의도한 결과만이 아니라 의도하지 않은 결과에도 적절히 대응하는 자세를 갖춰야 한다.[10]

미국의 많은 도시가 총기 폭력을 처리하는 방법을 생각해보면, 점진적 개입이 한계적 상황에 있는 것을 항상 개선하는 것은 아니라는 걸 확인할 수 있다. 신문을 펼치거나 시장의 연설을 들어보면, 혹은 활동가에게 자문을 구하면 '학교 중퇴생을 줄여라', '실업률을 낮춰라',

'마약 중독자를 치료하라', '사회운동가를 늘려라', '길거리의 경찰력을 증원하거나 줄여라' 등 한결같이 합리적으로 들리는 해결책을 제시한다. 합리적인 정책일 수 있지만 "살인을 줄이는 비용 효과"가 높지 않은 방법인 데는 많은 이유가 있다. 이 제안들은 모두가 점진적 변화를 추구하지만, 어느 것도 한계치를 올바로 생각하지 않은 것이다. 그 이유는 그 정책 효과가 뚜렷이 나타나더라도 폭력이 크게 줄어들 거라고 생각할 근거가 거의 없기 때문이다. 중퇴자, 실업자, 마약중독자 중에서 총을 쏘는 사람은 소수에 불과하다. 교육과 직업과 마약 등을 다루는 사회 프로그램은 최고의 효율을 발휘하더라도 살인하는 소수에게는 영향을 미치지 못한다. 이런 프로그램을 진행한 지 이미 수십 년이 흘렀다. 한계치에 대해 생각한 사람이라면 막대한 노력과 비용을 쏟아부었지만 큰 효과를 끌어내지 못했다는 걸 알아차렸을 것이다.[11]

마찬가지로 모든 한계적 개입이 점진적인 것은 아니다. 평화 유지 임무를 예로 들어보자. 푸른 철모를 쓴 15,000명의 무장 병력을 어떤 나라에 파견하는 것은 단편적인 수단으로 들리지 않는다. '실패한 국가를 위한 일괄 프로그램'도 마찬가지다. 평화유지군의 파견은 어떤 면에서 문제의 규모와 성격을 반영한 것이고, 결과를 얻기 위해 필요한 조치다. 내전과 관련해서는 이행 문제가 협상 타결의 가장 큰 걸림돌인 경우가 많다는 걸 앞에서 보았다. 하기야 국가가 반군을 없애버리지 않겠다고 보증하지 않으면 어떤 반군이 무기를 포기하겠는가? 여기에 불확실성과 열정 등 협상을 방해하는 장애물들이 더해진다. 여기저기에 100명의 평화유지군을 둔다고 이행 문제를 해결하기에 충분할지는 분명하지 않다. 어떤 문제에는 더 큰 조치가 필요하거

나 아무런 조치가 필요하지 않을 수도 있다.[12]

평화 유지 임무가 점진적이지 않다는 사실은 중간 규모의 임무 기록을 설명하는 데는 도움이 될 수 있다. 포퍼가 우리에게 경고했던 것, 즉 규모와 복잡성이 너무 커서 효과가 있는지, 어떻게 개선할 수 있는지 알기 어려운 행위가 있다. 이런 이유에서, 받아들이기 어려운 진실이지만, 우리 세계가 약소국에서의 치안 활동을 줄여야 한다고 주장하는 학자가 적지 않다.

나를 포함해 우리 모두 이 문제로 고심하겠지만, 나는 평화 유지를 위한 개입을 찬성하는 편이다. 한 가지 이유를 들자면, 한계주의는 평화가 개입의 영향을 받느냐는 데 관심을 기울인다는 뜻이기 때문이다. 이행 문제가 그렇듯이 효과를 얻기 위해 더 큰 증가가 필요하다면, 한계주의자도 점진적인 작은 증가를 포기할 가능성이 크다. 또 다른 이유로는 큰 고통이 있을 때는 새로울 것이 없는 개선이라도 전혀 없는 것보다는 낫기 때문이다. 게다가 계명들을 지킬 때 개입의 효과가 더해진다고 생각한다.

지금까지 우리는 청사진을 달갑게 생각하지 않으며 정치적 상황에 맞춰 고유한 길을 찾아야 한다고 역설했다. 이제는 어떻게 해야 개입이 실험적이고 반복될 수 있으며, 인내하고 현실적이며 견제되고 책임 있게 진행될 수 있는지를 살펴보자(앞으로 소개할 여섯 가지 계명). 개입이 크고 대담할수록 평화를 점진적으로 만들어가려는 원칙에 공을 들일 필요가 커진다. 따라서 유엔의 임무와 해외 기관들의 간섭이 실패하는 이유를 내 나름대로 추측해보면, 규모가 너무 크기 때문이 아니라 지금부터 언급할 계명들을 위반했기 때문이다.

V. 많은 것을 탐색하고 분석함으로써 길을 찾아라

청사진을 따를 수 없다면 무엇을 따라야 할까? 부분적인 대답은 많은 것을 탐색하고 실험하라는 것이다. 그러나 '실험experiment'은 사람마다 다른 것을 뜻한다. 과학자에게는 통제된 조건에서 연구하는 것이고, 미국 대학생에게는 새로 복용하는 약이나 새로 사귄 애인을 뜻한다. 어떤 것이나 나무랄 데 없는 뜻이지만, 내가 말하는 실험은 구조화된 시행착오를 뜻한다. 포퍼는 "새로 상점을 개업한 식료품상은 사회적 실험을 하는 것이다. 실질적인 실험을 통해서만, 공급이 증가하면 가격이 내리고, 수요가 증가하면 가격이 오르는 교훈을 시장의 구매자와 판매자가 알게 된다는 사실을 잊어서는 안 된다"라고 썼다. 마찬가지로, 평화로 가는 길을 포함해서 올바른 정책을 찾아내는 과정은 다른 것들을 짜맞추는 과정, 즉 깨달음과 발견의 과정이다.

예를 들어 설명해보자. 가령 미주리주의 세인트루이스에서 오리건주의 포틀랜드까지 가려면 무엇이 필요한지 내가 당신에게 묻는다고 가정하자. 당신은 "운전면허증과 휴대폰, 자동차와 연료비, 교대로 운전할 사람, 약간의 음악"이라고 대답할 것이다. 지도 애플리케이션에 도착지를 입력하면, 이틀 뒤에는 도착할 수 있다. 따라서 이 문제는 불명확한 문제가 아니다. 단순한 이동의 문제로, 대규모 백신 접종보다 훨씬 쉽다. 하지만 이번에는 내가 당신에게 질문한 때가 1804년이라고 해보자. 자동차도 없고, 휴대폰은커녕 지도도 없다. 미국 대통령 토머스 제퍼슨이 두 탐험가 메리웨더 루이스Meriwether Lewis(1774~1809)와 윌리엄 클라크William Clark(1770~1838)에게 그 경로를 찾아내라고 지시했다. 그들은 2년 동안 6,400킬로미터를 걸은 뒤에야 미국 서부 해안에 도착했다. 1804년에는 무엇이 필요했을까?

이것은 랜트 프리칫이 매트 앤드루Matt Andrew와 마이클 울콕Michael Woolcock의 도움을 받아 고안해낸 또 하나의 비유다. 좋은 답을 끌어내려면 여러 종류의 장비, 다양한 능력을 지닌 팀, 장기적인 여정을 위한 계획이 필요하다. 여러 팀이 각자 다른 방식으로, 때로는 경쟁하며 그 경로를 찾아내려 시도하는 편이 최상일 수 있다. 그러나 1804년의 경우 가장 큰 차이는 당신에게 필요한 철학과 접근법이다. 잠정적으로 길을 선택하고, 자주 뒤돌아가서 새로운 길을 시도할 것이다. 대담하고 되돌릴 수 없는 모험에 당신과 당신 팀이 죽을 수도 있다. 따라서 하나씩 서서히 실험할 필요가 있다. 성가신 문제에는 그렇게 접근하는 게 현명하다. 동아시아의 폭발적인 성장과 산업화 등 지난 세기에 거둔 정책의 성공에는 체계적인 시행착오, 즉 실험을 통한 진보와 자기 발견의 과정이 있었다.[13]

이 과정이 현실 세계에서는 어떤 모습일까? 내전이 끝난 직후, 라이베리아 내각은 유엔 기관들과 주요 개발단체의 도움을 받아 위원회를 꾸렸다. 그들은 상당한 자금을 투입해서 새로운 아이디어를 모집했다. 누구나 응모할 수 있었고, 조건은 하나였다. 갈등 원인을 찾아내서 해결할 방법을 제안하는 것. 수십 개의 그럴듯한 프로그램이 제안되었고, 서로 경쟁하며 지원금을 받았다. 각 프로그램에는 진단과 처방이 있고, 어떤 한곗값을 개선할 수 있는지를 명확히 밝혀야 했다. 지원을 받은 조직은 결과를 추적해 관찰하고 실패를 바로잡는 계획도 세워야 했다. 일부 조직은 엄격하게 프로그램을 진행했고, 그 영향을 격식에 맞춰 조사한 까닭에, 이 책에서 언급한 몇몇 연구로 이어지기도 했다. 위원회의 혁신 보조금이 고갈된 후에도 라이베리아에서는 비공식적인 실험과 시행착오가 계속 이어졌다. 비영리단체들은 계속 새로운 시도를 했고, 더 많은 연구자가 갈등 완화와 회복을 연구하기 시작했다. 몇 년 전 대규모 국제 연구단이 평화 구축에 필요한 교훈을 세계 전역에서 수집했을 때 놀라울 정도로 많은 교훈이 아프리카 해안의 작은 국가 라이베리아에서 발견되었다.

도시에도 동일한 접근법이 사용될 수 있다. 10년 전 동료 경제학자 옌스 루트비히Jens Ludwig가 시카고대학교에 범죄연구소를 설립하고 시장실과 경찰청, 여러 재단 및 비영리단체와 동반자 관계를 맺었다. 그들은 자료를 공유하고, 증거를 함께 분석해 새로운 프로그램을 만들어낸 다음 현장에서 테스트하고, 그 결과를 연구했다. 이미 앞에서 언급한, 그들이 거둔 커다란 성공 중 하나인 '남자 되기' 프로그램은 범죄연구소가 시카고의 사회운동가들을 대상으로 아이디어를 공개 모집했을 때 제안된 것이었다.

이런 방식은 대부분의 도시나 평화 유지 조직에서 찾아보기 힘든 방식이다. 새로운 아이디어 공모, 부족한 자금을 활용하기 위한 투명한 경쟁, 지역 관리와 비영리단체에 대한 공정한 좌석 할당, 데이터와 측정에 대한 집중, 효과가 있는 것과 없는 것에 대한 세심한 주의는 유엔이나 대부분의 시장실에서 운영되는 방식이 아니다.

VI. 실패를 받아들여라

대부분의 공공정책은 끔찍할 지경이다. 실패한 프로젝트가 죽은 시체처럼 곳곳에 널려 있는 것을 보면 우울증에 걸릴 것만 같다. 그러나 평균 수준의 일반적인 정책은 중요하지 않다. 세계를 바꾼 아이디어, 그런 위대한 아이디어도 그 전에 끝없는 실패가 없었다면 가능하지 않았을 것이다. 칼 포퍼가 말했듯이, 조금씩 무언가를 짜맞추는 엔지니어가 되기 위해 가장 필요한 것은 "시도만이 아니라 착오도 필요하다는 깨달음"이다. 우리는 "실수를 예측하는 방법만이 아니라 의식적으로 실수를 찾아내는 법"도 배워야 한다. 다시 1804년으로 돌아가, 되돌아오고 발을 헛딛는 실수를 용납하지 않는 조건에서 세인트루이스부터 서부 해안까지 가야 한다고 생각해보자. 그다지 좋지 않은 결정을 고수하고, 길을 잘못 들었다는 걸 인정하지 않으며 무작정 앞으로 나아가야 한다고 상상해보라.[14]

상식적으로 들리겠지만 무척 드문 현상이다. 내가 분석한 거의 모든 대규모 프로젝트가 똑같은 방식으로 시작했다. 시장이나 정부 부처 혹은 원조기관이 어떤 아이디어를 제시하면, 누가 무엇을 담당할지 대략적으로 결정한 프로그램 안내서를 작성하고, 중앙정부나 외부 기증자로부터 자금을 구한다. 프로그램을 시행하는 방법은 보조금 제안서에 이미 쓰여 있어, 보조금을 받는 즉시 프로그램은 상당한 규모로, 즉 1,000명이나 1만 명을 대상으로 시행된다. 온갖 것이 계획에서 어긋난다. 그들은 주변적인 것만 만지작거려 최악의 문제를 바로잡으려 한다. 그러나 핵심 설계는 어떤 결함이 있어도 변하지 않는다. 5개년 계획에서 3년이 지나도 시행자들은 프로그램이 제대로 진행되는지 파악하지 못한다. 좋게 봐야 중간 수준이라는 끝없는 걱정에 사로잡힐 뿐이다. 관련자 모두가 그렇다는 걸 알지만, 누구도 감히 인정하지 않는다. 조직이 그들과 프로젝트를 책임의 덫으로부터 지켜준다.

이 현상이 일어나는 걸 볼 때마다 나는 똑같은 제안을 한다. "잠깐만! 우리가 달성하려는 게 무엇인지 정확히 파악하고, 그 목표를 이뤄낼 수 있는 대여섯 가지 방법을 찾아보라. 그 방법들을 대략 서너 달 정도 시험적으로 실행하면서 잘못된 부분을 고쳐가고 지켜보며 자료를 수집하라. 수혜자들을 인터뷰하고, 한두 개의 뛰어난 아이디어로 프로그램 설명서를 작성하고, 기부자와 함께 설계를 최종적으로 결정한 뒤에 집단 전체에 배포하라." 더 오랜 시간을 투자할 필요도 없다. 5년 계획에서 처음 1~2년을 보내는 더 나은 방법이 무엇이라고 생각하는가? 그렇다고 더 많은 돈을 쓰는 것도 아니다. 몇 년 동안 대단찮은 해결책에 자금을 투입하지 않으면 오히려 비용이 덜 든다. 나는 이런 주장, 즉 평화와 번영으로 가는 길은 조금씩 완성해가는 과정을 통해 발견되어야 한다는 주장을 입이 닳도록 해왔다. 콜롬비아에서 우간다와 라이베리아까지, 심지어 시카고에서도 내 주장에 동의하는 사람은 거의 없었다. 따라서 그렇게 주장할 때마다 나는 자동차 충돌 사고를 슬로 모션으로 보는 기분이었다.

조직은 이런 반복과 실패를 제도화해서 가능한 한 신속하게 실행하고, 나쁜 아이디어를 폐기해야 한다. 생물학자들은 이런 과정을 '진화'라고 부른다. 문제는, 유기체와 달리 조직은 변이를 만들어내고 패자를 가려내는 데 서툴다는 것이다. 조직은 작은 사회적 실험도 충분히 시도하지 못하는데, 잘못된 실험을 신속히 폐기하지도 못한다.

어쩌면 우리에게 필요한 것은 어떤 아이디어를 정당화해주는 유행어와 《하버드 비즈니스 리뷰》에 실린 기사일지도 모른다. 지난 몇 년 동안 우리는 '디자인적 사고Design Thinking'라는 유행어를 만들어냈지만, 이 개념은 수십 년 전부터 존재했다. 1960년대에는 조직행동론과 공학계에서 유행했고, 그 후에는 테크놀로지 산업계에서 인기를 끌었다. 지금도 널리 확산되고 있다. 디자인적 사고는 과학보다 예술에 가깝고, 그 과정에 대한 본격적인 연구는 많지 않다. 그러나 이 개념은 간결하다. '창의적인 생각을 고안해내고, 그 생각의 원형原型을 신속하

게 만들어낸 뒤 시험하고 반복하라'는 것이다.[15]

나는 디자인적 사고를 지니를 통해 알게 되었다. 지금 지니는 세계에서 가장 큰 인도주의 난민 구호기관인 국제구조위원회International Rescue Committee, IRC의 고위 간부로, 그 기관의 내부에 연구개발실 에어벨Airbel을 설립해 운영하고 있다. 인도주의 기관들이 수백만 달러의 보조금을 받아 대규모로 프로그램을 운영하지만 별다른 성과도 없이 끝나는 걸 반복해서 보는 것에 그녀도 지쳐갔다. 몇 년 전, 그녀는 평소 함께 일하던 인도주의 활동가들과 연구원들의 도움을 받아, 디자이너designer(시험하고 반복하는 과정에 특화된 전문가들)를 자칭하는 사람들을 고용했다. 그들은 폭력과 고통을 완화하는 데 디자인적 사고를 적용하기 시작했다.

그들이 초기에 착수한 분야 중 하나가 가정 내 폭력이었다. 가정폭력은 많은 곳에서 고질적인 현상이고, 많은 여성이 야만적 폭행을 말없이 견딘다. 안타깝게도 기존의 개입은 그다지 효과가 없었다. 따라서 세상에는 새로운 접근법이 필요했다. 지니의 팀은 새로운 기법들을 시험적으로 사용하기 시작했다. 예컨대 문자메시지와 왓츠앱 단체방 채팅을 이용해 남성들이 폭력에 대한 기본적인 생각을 바꾸도록 유도했고, 부부를 위한 더 나은 조언자가 되도록 신앙 지도자를 교육시켜 경전을 인용해서 억압과 싸우도록 했다. 이런 기법들은 IRC 같은 대규모 세속 비영리단체의 일반적인 지침서에는 없었다. 지니의 팀이 다른 곳에서 효과가 있었던 사례를 끌어오고, 관련자들을 인터뷰해서 원형을 만들고, 여성을 돕는 여러 방법을 시험함으로써 터득한 교훈들을 바탕으로 정리한 것이었다. 그들은 유망한 모형을 찾아냈다고 확신한 경우에도 그 모형을 점진적으로 확대하면서 정식으로 연구했다. IRC에서는 수십 명으로 구성된 팀이 많은 나라에서 매일 이런 작업을 하고 있다. 안타깝게도 이처럼 신속히 진행되는 실험은 무척 드물다.[16]

VII. 인내해라

이 과정을 끝내는 데는 얼마나 오랜 시간이 걸릴까? 어떤 영역에서는 실험이 신속하게 실시되고 반복되며 실패도 금세 드러난다. 특히 재난 구호나 선거 감독처럼 프로그램이 신속하게 진행되고 결과가 즉각적으로 주어지는 경우가 그렇다. 하지만 부패를 줄이고 민주주의를 개선하며, 새로운 사회 정체성을 조성하고 국가 역량을 구축하며, 갱단의 살인율을 줄이는 것 등은 즉각적으로 이루어질 수 없다.

그러나 안타깝게도, 야망은 '좋은 정부'와 '열린 사회'만큼이나 큰 데도 현명하다는 정책 결정자들 중에는 비현실적인 시간 틀에 갇힌 사람이 적지 않다. 공상적 엔지니어가 실패하는 또 하나의 이유가 여기에 있다. 21세기의 아프가니스탄과 이라크를 예로 들어보자. 거의 20년이 지난 현재, 가장 신중한 전문가마저 두 나라를 유능한 국가와 열린 사회로 만들려던 실험이 실패했다고 평가하는 실정이다. 라이베리아도 원대한 기대를 충족하지 못했다는 점에서 실망스럽기는 마찬가지다.[17]

어쩌면 기대치가 문제일 수 있다. 아프가니스탄과 라이베리아는 20년 내에 제대로 기능하는 국가로 발전할 가능성이 크지 않았다. 두 나라가 100년 내에 그런 수준에 도달하더라도 인류 역사에서 가장 뛰어난 성과를 거둔 사회로 평가될 것이다. 문제는 우리가 더 높은 수준을 기대해야 한다는 집단 망상이다. 우리가 앞에서 만나본 세 학자,

매트 앤드루와 랜트 프리쳇과 마이클 울콕은 간단한 사고실험thought experiment으로 우리의 집단 망상을 증명해 보였다. 그들은 한 국가의 역량과 관련해 가능한 모든 자료를 수집했다. 민주적인가 전제적인가가 아니라 효과적인 공공서비스, 법치, 유능한 관료조직, 상대적인 부패 등에 대한 자료를 역량 평가 지표로 전환했다. 상위에는 싱가포르가 위치했고, 아프가니스탄과 라이베리아는 바닥에 있었다. 중간쯤에는 튀르키예, 멕시코, 이집트가 위치했다.

과테말라 같은 국가를 생각해보자. 과테말라는 지표에서 바닥도 아니고 중간쯤도 아니고, 그 중간쯤, 즉 중하위권에 속한다. 여기에서 질문을 해보자. 최적의 경우, 과테말라가 역량을 키워 중위권을 지나 멕시코나 튀르키예 수준에 도달하려면 시간이 얼마나 필요할까? 답은, '일반적인 생각보다 더 오래 걸린다'다. 현재의 속도라면, 안타깝게도 결코 그 수준에 도달하지 못한다. 그러나 낙관적으로 생각해보자. 우리 세계는 지금까지 적잖은 교훈을 배웠고, 더 잘 통치하려는 욕구가 지금보다 높았던 때가 없었다. 과테말라가 상위권 성과를 내는 국가로 변신해서, 역사상 가장 빠른 속도로 성장을 거듭한다고 가정하자. 구체적으로 말해서, 과테말라가 상위 10퍼센트로 성과를 낸다면, 50년쯤 뒤에는 현재의 중위권에 올라설 것이다. 같은 기간 동안 아프가니스탄과 라이베리아가 같은 속도로 발전한다면, 지금의 과테말라 수준에 도달할 것이다.

기운 빠지게 하는 결과일 수 있다. 내 강의를 듣는 나이지리아 학생은 "내가 속한 사회가 내 평생에 어려움을 극복하지 못할 거라는 생각에 동의하기 힘듭니다"라고 자신의 심정을 피력했다. 그렇다고 집단 망상이 평화로 가는 길을 앞당겨주지는 않는다.

VIII. 합리적인 목표를 세워라

"재무장관을 만나보셨습니까?" 사회운동가이자 정치학자 멀리사 토머스Melissa Thomas는 누군가에게 이런 질문을 받은 적이 있다. 2008년이었고, 그녀에게 질문한 사람은 가장 최근에 세워지고 세계에서 가장 유약한 국가 중 하나였던 남수단을 지칭한 것이었다. 그는 격앙된 목소리로 "남자입니다. 트레일러에서 일하죠. 하지만 어찌 된 일인지 모든 사람이 그런 환경에서 그가 재무부가 하는 일을 모두 해내기를 바랍니다"라고 말했다.[18]

이런 현상은 어디서나 눈에 띈다. 가난하고 취약한 나라의 유권자들은 정부가 초등학교를 운영하고 모든 마을에 진료소를 세우고 도로를 놓아주기를 바란다. 지역 정치인들은 자신들이 권력기관을 운용하고 항구를 재건하며 온갖 분야를 규제해야 한다고 생각한다. 국제 원조기관들은 그 가난하고 취약한 국가에 더 많은 것, 예컨대 빈곤과 영양실조와 부패를 5년 내에 절반으로 줄이라고 요구한다.

국제기관의 요구에는 두 가지 커다란 문제가 있다. 첫째, 성공을 실패로 규정할 위험이 있다. 다시 과테말라로 돌아가보자. 부패 수준을 멕시코나 튀르키예 수준으로 줄이려면 수십 년이 걸릴 것이다. 과테말라(혹은 아프가니스탄이나 라이베리아)가 5년 동안 부패를 3퍼센트가량 줄였다면, 그 속도는 역사상 가장 성공한 사회들이 거둔 성과에 속한다. 지역 납세자들이나 외국 원조자들이 남은 97퍼센트를 두고 과테말라를 조롱한다면, 더 나아지겠다는 의욕이 생기겠는가? 빈곤과 지배구조, 기반 시설 등에서 비현실적인 목표를 세운다면, 국가에 대한 집단 신뢰도가 약화될 뿐이다.[19]

더구나 "모든 것이 우선순위라면 어떤 것도 우선순위가 아니다"라며 우리 실수를 꾸짖는 고전적인 격언도 있지 않은가. 이 경고는 취약한 사회에 특별한 의미를 갖는다. 학교와 진료소는 누구나 운영할 수 있다. 그러나 정부만이 치안을 유지하고, 사법체계를 운영하며, 재산권을 보호하고, 폭력을 통제할 수 있다. 아이들에게 교육을 제공하고 5세 너머까지 생명을 지켜주는 정책은 무엇보다 중요하다. 하지만 취약한 국가에서는 정부가 해야 하는 부문과 비영리기관에 맡기는 부문 사이에 균형을 맞추기가 무척 어렵다.

달리 말하면, 앞에서 다룬 한곗값들에 또 다른 한곗값을 더해야 한다는 뜻이다. 문제 해결을 위해 (다른 기관들에 비교할 때) 정부의 역할은 어디까지이고, 어떤 역할에 우선적으로 집중해야 할까? 이런 의문은 좀처럼 제기되지 않는다. 그러나 한계주의자가 항상 기억해야 하는 것은, 정부의 조직 역량에는 거의 제약이 가해지지 않는다는 것이다. 따라서 제약을 가할 때는 신중해야 한다.

내 생각에는 이 계명이 앞에서 언급한 '실패를 받아들여라'라는 계명을 설명하는 데도 도움이 된다. 가령 장관과 관료 및 개발과 평화 구축을 위한 공동체에서 일하는 사람들이 실패를 각오하고도 실패를 그처럼 싫어하는 이유가 무엇일까? 완전한 대답은 아니겠지만, 우리 모두가 망상에 가까운 기대치를 갖고 있기 때문이다. 납세자와 기부자 및 유권자는 정치인들이 비현실적인 목표를 오류 없이 이뤄내기를 바란다. 이런 정치문화를 바꾸는 방법을 살펴보려면 한 권의 책을 쓰는 것으로도 턱없이 부족하겠지만, 우리 각자는 개인적으로 시행착오를 용인하려고 노력하며, 증거가 바뀌면 자신의 생각을 지체 없이 조절하는 사람들을 비난하기보다 칭찬하는 것으로 시작할 수 있을 것이다.

IX. 책임지는 자세를 익혀라

하지만 관료들이 나쁜 관습에 빠져드는 이유, 실험과 반복이 거의 없는 이유, 많은 조직이 평범한 성과에 만족하는 듯한 이유를 진정으로 알고 싶은가? 내 생각에, 책임을 거의 지지 않는다는 데 그 이유가 있는 것 같다.

이렇게 생각하는 학자들과 운동가들은 성공과 실패 사례를 분석한 끝에 '무엇이 효과가 있는지에 대한 피드백이 주어지고, 더 나아지겠다는 의욕에 충만하며, 승자가 특정한 정책으로부터 이점을 독점할 수 없을 때 조직이 성공한다'라는 똑같은 결론에 도달했다. 제임스 스콧은 "폭군은 사람이 아니라 계획이다"라고 말하면서, 원대한 공상적 계획이 실패하는 원인을 이런 책임의 결여에서 찾았다. 위대한 지도자가 자신의 무책임한 비전을 사회에 어떻게 강요할 수 있었을까? 세브린 오테세르와 제임스 퍼거슨은 평화 구축과 개발에서 '반정치 기계'의 존재를 언급하면서, 그런 프로그램의 실패 원인이 힘의 불균형에 있다고 지적했다. 외국 기관이든 지역 집단이든 간에 강력하고 견제받지 않는 정치 집단만이, 자신들이 도우려고 노력한다는 사람들의 이해관계를 무시할 수 있다는 것이다.

대부분의 사람은 책임이 위나 아래에서 온다고 생각하지, '옆'에서도 올 수 있다고는 생각하지 않는다. 책임은 조금씩 무언가를 완성해가는 엔지니어들이 측면에서 일하며, 실험하고 반복하는 능력을 널리 확산하는 데서 비롯된다. 엘리너 오스트롬은 의사결정이 많은 중심에서 이루어지는 이런 시스템을 '다중심적'이라고 칭했다. 오스트롬은 드물게 여성으로서, 더 드물게는 정치학자로서 노벨 경제학상을 수상했다. 그녀는 인디애나대학교에서 남편 빈센트, 그리고 내 아내 지니를 포함한 대학원생들과 함께 다중심주의 관련 개념들을 연구했다. 에이머스 소여도 인디애나대학교에서 동료 교수로 지낼 때 그녀에게 영향을 주었고, 그도 그녀에게서 깊은 영향을 받았다. 내가 2부에서 지나친 권력 집중이 갈등을 유발하는 이유 및 성공의 비결을 추적하며 찾아낸 개념들은 이 두 사람의 견해를 결합한 결과물이다.

하지만 앞에서 내가 다중심주의를 옹호한 이유는 평화 구축과 관련된 속성 때문이었다. 소여는 중앙에 집중된 권한을 해체하고, 정부 부처 간의 경쟁을 자극함으로써 엘리트 집단이 국가를 운영할 때 수많은 다툼을 야기하는 대리인 문제와 이행 문제 및 특이한 가치와 실수를 줄이고 싶어 했다. 하지만 오스트롬이 다중심주의를 추구한 이유는 그 때문이 아니었다. 그녀는 효율적인 정부를 이유로 다중심주의를 역설했다. 견제와 균형이 평화를 촉진하는 동시에 탄력적이고 기능적인 정부를 만들 수 있다는 점에서, 소여와 오스트롬 둘 다 옳다.

오스트롬이 주장하듯이, 결정을 내리는 지배적 권위체가 하나밖에 없다면 시도해볼 수 있는 실험에 한계가 있다. 어떤 조직이라도 한 번에 해낼 수 있는 게 많지 않기 때문이다. 새로운 아이디어가 자리를 잡으면 다시 변경되기까지 대체로 상당한 시간이 걸린다. 또한 하나의 잘못된 가정이나 실수가 전체에 재앙이 될 수 있다. 디자인 과정에 많은 디자이너가 참여하면 그 과정이 더 빨라지고 더 성공적일 수밖에 없다. 그렇다고 위원회 단위로 작업을 하자는 뜻은 아니다. 조금씩 무언가를 만들어가는 다수의 엔지니어가 협력하거나 경쟁하며 작업해야 한다는 뜻이다. 적잖은 학자가 여러 주州에서 최저 임금, 세금 우대, 환경 규제 등을 실험해보는 연방주의federalism를 예로 든다. 조금씩 무언가를 만들어가는 엔지니어들은 많은 기관을 설립하거나, 다수의 재

단과 비영리단체 및 공동체 조직에 자금을 지원함으로써 지역 내에서 건전한 경쟁을 촉진할 수도 있다.[20]

하지만 평화를 구축하고 선행을 베풀려는 사람들이 권력 분산의 필요성을 본능적으로 아는 것은 아니다. 개인적으로 나는 '더 많은 조율more coordination'이라는 말을 귀에 딱지가 앉도록 듣지만 '더 많은 경쟁more competition'이라는 말은 거의 듣지 못했다. 시카고에서 우간다 북부까지, 내가 함께 일한 많은 정부와 비영리단체는 자신들의 아이디어를 다른 조직이 베꼈다든지, 자신들이 일하는 마을이나 지역에 들어와 경쟁한다고 습관적으로 투덜거렸다. 소수의 중앙정부와 원조단체만이 의도적으로 경쟁을 유도할 뿐이다.

그러나 권력 분산은 평화 같은 까다로운 문제에 가장 중요한 듯하다. 상황이 복잡하고 변덕스러울수록 문제의 현장에 가까이 있는 운영자의 판단이 중요하다. 예컨대 원조단체들에 대한 한 연구에 따르면, 성공한 기관들은 의사결정 권한을 멀리까지 내려보내는 경향이 있다. 안타깝게도 유엔과 미국의 원조기관 등 규모가 큰 조직들은 경직되고 통제적인 경향이 있어 실패의 길을 자초한다.[21]

하지만 많은 중심을 지닌 정부에서는 여러 부서가 서로 견제하며 책임을 물을 수 있어, 내가 가장 중요하게 생각하는 책임의 방향이 아래로 내려간다. 평화를 점진적으로 만들어가는 훌륭한 엔지니어는 아래에 있는 사람들에게 권한을 부여한다.

영향력은 무수히 많은 미묘하고도 간접적인 방법으로 확산될 수 있고, 어떤 방법이든 영향력을 행사하면 다수의 소득과 목소리를 높일 수 있다. 학교 교육과 문해력 향상 프로그램, 소기업 지원, 기본 소득, 지역사회 개발 보조금 등 권력을 분산하는 프로그램은 권한을 양도하는 방향으로 바늘을 움직이게 한다. 지역 학교에 공적 자금이 얼마나 지원되었고, 누가 공공분야에서 일자리를 얻어 얼마의 보수를 받았는지, 또 정치인이 자산과 범죄 기록을 알리는 등 국민에게 정보를 공개하는 투명한 시스템도 마찬가지다. 이 모든 것을 바로잡으면, 좋은 정책은 생겨나고 나쁜 정책은 사라진다는 증거가 크게 늘어날 거라고 생각한다.[22]

평화 구축을 위해 일하는 많은 활동가가 안타깝게도 정반대로 일한다. 그들은 아무런 생각도 없이 권한을 중앙에 일임하면서도 중앙의 책임을 거의 묻지 않는다. 예컨대 국제기관들은 중앙정부를 통해 엄청난 규모의 자원을 투입한다. 중앙정부에 권한을 부여하는 게 국제법적 체계에 맞기도 하다. 오랫동안 미국 국무부에서 근무한 한 관리는 세브린 오테세르에게 "하지만 우리는 국가입니다. 우리 상대도 국가입니다. 그래서 우리가 지역 차원에서 일할 수 없는 겁니다"라고 말했다.[23] 일반적으로 대사관, 유엔 사절단, 세계은행, 국제 비영리단체는 중앙정부의 동의가 없는 한 지역 정부를 상대하거나 도시를 직접 지원할 수 없고, 지역 마을에 지원금을 내려보내 도울 수도 없다.

대통령과 장관, 시장과 기관장, 심지어 깨우친 사람도 권력을 분배하지 않고 중앙을 강화하는 경향이 있다. 누구나 빠지기 쉬운 덫이다. 권한이 분산된 시스템이 장기적으로 더 좋다는 걸 마음으로는 알더라도, 권한을 양도하는 것은 적에게, 당신이 경멸하는 사람에게, 혹은 정책적으로 당신이 동의하지 않는 사람에게 권한을 주는 것을 뜻한다. 적어도 단기적으로는 그렇다. 따라서 권한을 양도할 만한 역량을 지닌 정치인은 거의 없다. 더구나 전쟁이 끝난 뒤에는 권력을 완전히 장악하겠다는 욕구가 여느 때보다 크기 마련이어서, 모두가 중앙을 재건하고 중앙을 장악하는 데 집중한다. 정부의 다른 조직이나 시민사회에 권한을 부여하면 국가가 강해지기는커녕 더 약해질 거라는 우려가 있고, 그런 우려는 합당하다. 따라서 '다중심'은 외국 정부부터 국제 조직과 유력한 지역 정치인들까지 거의 모든 영역에서 듣기 힘든 단어다.

나는 다중심을 다르게 생각한다. 사람들은 국가, 중앙정부와 지방정부, 비영리단체, 해외 기관 및 전문가 등의 권위를 신뢰할 때 그들에게 더 많은 권한을 부여한다. 신뢰는 그들이 제한되고 통제된다는 걸 아는 데서 생겨난다. 중앙을 강하게 한다는 것은 곧 중앙에 더 큰 책임감을 부여하는 것이다. 다시 말하면, 권력을 장악한 채 평화와 안정을 염원하는 주장에는 논리적 모순이 있다는 뜻이다. 영향력을 책임감 있게 행사하려면 그 영향력을 양도하려는 노력이 동반되어야 하기 때문이다.[24]

X. 당신이 기여할 수 있는 최적의 방법을 찾아라

20여 년 전, 나는 대학을 졸업한 뒤 기업계에서 일할 생각이었다. 몇 달 뒤에는 공인회계사가 될 예정이었지만, 내가 비참한 삶을 살고 있다는 생각이 들었다. 세상 문제를 해결하는 게 너무도 크게 보였기 때문은 아니었다. 당시 나는 세상 문제에 무지했고, 그다지 의식하지도 않았다. 세상에 대해 많은 글을 읽은 것도 아니었다. 그때까지 내가 캐나다 밖으로 여행한 것은 어렸을 때 디즈니월드를 방문한 게 전부였다. 게다가 내가 당시 하고 있던 일을 좋아하지 않았고, 더 재밌고 유의미한 일을 할 수 있을 거라는 막연한 느낌이 있었다. 그러나 그 이상에 대해서는 거의 알지 못했다.

변화는 책을 통해 시작되었다. 어떤 책으로 시작했는지는 기억나지 않는다. 아마도 어떤 도시는 번영하고 어떤 도시는 붕괴되는 이유를 다룬 제인 제이컵스, 혹은 작게 시작해서 공동체를 조금이나마 더 좋게 만드는 방법에 대해 이야기한 에른스트 슈마허Ernst Schumacher(1911~1977)였을 것이다. 그들은 자신들보다 더 큰 까다로운 문제들과 씨름하며, 우리의 일상적인 선택이 어떻게 큰 차이를 만들어낼 수 있는지 설명해주었다.

내가 다음으로 선택한 것은 다른 지역들을 다룬 책들이었다. 구체적으로 말하면, 데이비드 랜즈David Landes(1924~2013)나 재러드 다이아몬드Jared Diamond처럼 어떤 국가는 부유하고 어떤 국가는 가난한 이유를 다룬 책들이었다. 내 고향의 불평등과 쟁점도 현실이었지만, 이런 범세계적인 문제가 더 시급해 보였다. 당시 나는 국제 소식을 다루는 잡지들을 구독하고 있었다. 어느 날, 국제 개발 프로그램을 알리는 광고를 보았다. 몇 달 뒤, 나는 직장에 사표를 내고 회계사를 포기했다. 그리고 한 친구와 함께 이삿짐 트럭에 몸을 싣고 미국으로 이주했다.

내가 이 책을 쓴 이유 중 하나는 내 젊은 시절의 자아와 비슷한 사람들, 즉 더 많은 것을 알고 싶고 더 많은 것을 해내고 싶다는 막연한 생각을 가진 사람들에게 이런저런 아이디어와 영감을 주고 싶었기 때문이다. 미국으로 이주하고 몇 년 뒤, 나는 철학자 데이비드 흄을 인용한 글귀를 읽었다. 대략적으로 '과학을 향한 열정에 빠지더라도 인간적이고 행동 및 사회와 직접적인 관련성을 갖는 과학에서 벗어나지 않도록 하라'는 내용이었다. 달리 말하면, 무언가를 이해하려는 탐구는 행동하겠다는 욕망이 수반되어야 한다는 뜻이다.

나는 '무언가를 배우면 실천하라'는 메시지를 이 책에 남기고 싶었다. 그러나 행동하겠다는 욕망으로는 충분하지 않다. 지금 우리는 한계주의자들이다. 우리 행동이 어떤 영향을 미치는지에 대해 주의를 기울일 필요가 있다. 다시 말하면, 잘 행동해야 한다는 뜻이다. 그러나 어떻게 해야 잘 행동하는 걸까? 지금도 생생히 기억난다. 나는 석사학위를 끝냈을 때 전문가 수준의 학위를 갖겠다는 열망을 일단 충족했지만 여전히 무엇을 어떻게 해야 할지 몰랐다. 이 장을 시작할 때 제기한 문제(지적 참여와 행동으로 실천하려는 열망, 그러나 감히 도전하기에는 문제가 너무도 커 보인다는 생각)에 사로잡혀 있었던 셈이다. 그래서 내가 그랬듯이, 나이를 먹어 약간은 성숙해지고 이미 영감을 받은 사람들에게도 영리하고 책임 있게 행동하는 방법을 알려주기 위해 이 책을 썼다.

시간이 지나면서, 나는 나름대로 어떤 답을 찾은 사상가와 활동가가 있다는 걸 알게 되었다. 그들은 내가 세상을 보는 눈을 바꿔놓았다. 하지만 누구도 그들에 대해 언급하지 않는 듯했고, 누구도 그들이 제시한 견해들을 모아 정리하려고도 하지 않았다. 사람들은 전쟁에 대해 잘못 알고 있는 경우가 많았고, 정책 입안자들이 평화를 구축하려고 시도하는 방법론이 허무주의적이거나 공상적으로 보였다. 한마디로, 그들의 접근법이 잘못된 듯했다. 내가 그 부분을 개선하는 데 기여할 수 있을 것 같았다. 여하튼 세상을 바꾸는 방법 중 하나는, 설득력 있고 전염성 강한 아이디어를 다른 사람들에게 널리 전하는 것이다. 그렇게 나는 세상에 기여할 수 있는 내 몫을 찾아냈다.

나는 누구나 자신이 영향을 미칠 수 있는 영역을 찾아내 그곳에서 조금씩 실천하고 행동하는 길을 선택할 수 있다고 생각한다. 다음에 무엇을 읽고, 어떻게 투표하고 기부하며, 어디에서 자원봉사하고, (정부나 조직에서 일한다면) 십계명을 받아들여 더 낫게 일하려고 노력하는 것도 이런 실천의 일환일 수 있다.

그러나 내가 당신에게 다음에는 무엇을 하라고 말할 수는 없다. 여기에는 탈무드도 없고 토라도 없다. 1804년에 세인트루이스에서 서부 해안까지 가는 길이 없었던 것처럼, 오늘날 평화로 가는 길을 보여주는 본보기도 없다. 내가 당신에게 줄 수 있는 것은 약간의 지혜와 도구 및 열정이다. 그러나 그 여정은 시행착오로 가득한 자기 발견의 과정일 것이다. 당신이 해낼 수 있는 몫을 찾아내는 것도 중요하다. 행운이 함께하기를 빈다. 평화로 가는 길은 점진적으로 조금씩 이루어진다는 걸 잊지 마시라.

감사의 글

내가 이 책을 나이로비의 지금은 없어진 느릿한 인터넷 카페에 헌정하는 이유는, 그곳에서 내가 지니 애넌을 처음 만나 함께 작업하며 결혼했기 때문이다. 지니가 없었다면, 또 그날의 우연한 만남이 없었다면 이 책은 존재할 수 없었을 것이다. 그러나 만남만으로는 충분하지 않았다. 우리가 함께 작업하게 된 다른 많은 요인이 있었다.

내가 세계은행 관리자 비자야 라마찬드란Vijaya Ramachandran에게 난데없이 이메일을 보낸 뒤, 그녀가 여러 공장의 현황을 조사하려고 나를 고용한 덕분에 나는 나이로비에 있게 되었다. 세계은행이 직원과 자문위원에게 비즈니스석과 5성급 호텔을 제공한다는 사실에 내가 놀라자, 비자야는 나를 괜찮은 녀석이라고 생각했다. 그녀는 나에게 비행기는 어떤 좌석을 선택해도 상관없지만 호텔은 안전과 보험을 위해서라도 4성급 이상이어야 한다고 말했다. 그리하여 나는 페어뷰호텔에 머물게 되었다. 와이파이가 없는 걸 제외하고는 더할 나위 없이 쾌적한 숙소였다. 그런 이유로 나는 사이버 카페를 찾아 터덜터덜 걸어야 했고, 그 카페에서 지니를 만났다. 고맙습니다, 비자야!

하지만 우리가 처음 만나고 6개월 뒤, 지니와 나는 연락이 끊겼다. 나는 버클리로 돌아갔고, 지니는 인디애나 블루밍턴에서 지냈다. 우리가 다시 함께 작업하게 될 거라고는 둘 다 꿈에도 생각하지 않았다. 나는 경제사학자가 되려고, 불안한 물가가 어떻게 쿠데타와 갈등으로 이어지는가를 연구하고 있었다. 어느 날, 조언을 구하기 위해 나는 컬럼비아대학교에 갓 부임한 매커튼 험프리스 Macartan Humphreys를 방문했다. 험프리스는 천연자원과 전쟁의 관계를 연구하는 학자였지만 소년병과 반군 모집에도 관심이 있다는 걸 알게 되었다. 그래서 나는 그의 연구실을 나서면서 "허락하신다면 내가 만난 여자에 대해 말씀드리고 싶습니다"라고 말했다. 그러고는 지니가 우간다의 반군 징집병들을 인터뷰하던 현장에 대해 알려주었다. 그때 매커튼이 보인 반응이 지금도 생생히 기억난다. "그래요, 정말 매력적인 연구 프로젝트인데요!" 나는 연구실 건물을 빠져나오며 속으로 생각했다. "매력적인 연구 프로젝트라고?" 나는 뉴욕의 인도에 서서 지니의 전화번호를 눌렀다. "우간다 북부에 대한 이야기를 좀 더 듣고 싶습니다." 한 시간 뒤에도 나는 휴대폰을 귀에 댄 채 모닝사이드 하이츠 지역을 이리저리 거닐며, 그녀의 정성적 qualitative 연구를 대규모 설문조사로 확대할 방법을 그녀와 함께 궁리하고 있었다. 그리고 2년 뒤, 그 프로젝트는 우리가 그 쌀쌀한 오후에 구상한 대로 거의 정확히 진행되었다. 감사합니다, 매커튼!

하지만 우리는 아직 우간다 북부에 함께 있지 않았다. 내 박사 논문 제안서 심사가 6주 뒤에 예정되어 있었다. 나는 뉴욕에서 버클리로 돌아가, 심사위원들의 연구실 문틈으로 새로운 제안서를 밀어넣었다. "경제사에 대한 생각은 포기하겠습니다. 지금 전쟁이 벌어지는 현장에 가서 소년병에 대한 조사를 해보려 합니다"라는 내용이 함축된 제안서였다. 심사 날, 심사위원들은 나에게 큰 충격을 주었다. "우리가 지난주에 만났네. 소년병 프로젝트는 좋은 아이디어가 아니라는 결론을 내렸네." 교수들은 내 원래 제안서를 심사하기로 조율했는지 "대신 물가의 역사성을 연구하도록 하게"라고 조언했다. 그러나 나는 그들에게 보름 후에 우간다행 비행기를 탈 거라고 말하지 않았다.

나는 상심했다. 의기소침해서 하루종일 침대에 누워 일어나지 않았다. 우울증이 밀려드는 것 같아, 달리기를 시작하기로 마음먹고 첫 조깅에 나섰다. 도움이 되었다. 그리고 논문 지도교수 테드 미겔을 찾아갔다. 그 방문은 더 큰 도움이 되었다. 버클리의 특이한 시스템 때문에 주 지도교수는 제안서 심사에 참석하지 않는다. 다른 네 명의 교수만 심사한다. 나는 테드에게 어떻게 하면 좋겠느냐고 물었다. 다행히 테드는 그 특이한 과제에 대한 내 열정을 이해했고, 위험을 감수하는 걸 워낙에 좋아했다. "가게!" 그러나 나에게 9개월이나 머물지 말고, 3개월 후에 돌아오라고 제안했다. 물가와 갈등에 대한 연구도 게을리하지 말라는 뜻이었다. 그냥 부딪쳐보자는 것이었다. 당시로는 최고의 조언이었다. 따라서 테드에게도 감사의 말을 전하지 않을 수 없다.

물론 지니와 내가 우간다 북부에 들어섰을 때 우리는 여전히 완전한 초보자였다. 지니는 그 지역에서 지냈고, 나도 몇 달 동안 복잡한 조사를 진행했지만, 우리가 감당하기 힘든 일이 한두 가지가 아니었다. 우리는 적잖은 너그러운 사람들에게 도움을 받았다. 필리포 '피포' 치안티아가 운영하던 AVSI라는 조직은 우리에게 주택과 교통편을 제공했고 1년 동안 지원해주었다. 인권 연구자 다이안 마주라나, 인류학자 팀 앨런은 우리를 받아들여, 지원금을 구하고 책임 있게 일하는 방법을 가르쳐주었다. 고드프리 오코트와 필더 아예모는 우리가 처음으로 고용한 직원이자 안내원이었고, 그 후에도 평생의 친구와 동료가 되었다. 유니세프의 두 감독관, 코넬리우스 윌리엄스와 앤드루 모슨은 우리 작업을 믿고, 그 연구를 진행하려고 내가 학자금 대출로 무모하게 빌린 8만 달러로부터 우리를 구제해주었다. (박사학위생을 위한 조언, 절대로 이렇게 하지 마라.) 게다가 다행히도 유니세프는 궁극적으로 우리 연구비 전부를 감당했다. 피포와 AVSI 가족들, 다이안, 팀, 필더, 고드프리, 코넬리우스, 앤드루 모두에게 감사드린다.

그런데 내 박사학위 심사위원단은 많은 면에서 옳았다. 지니와 내가 감수한 재정적·직업적·개인적인 위험은 엄청났고 무모했다. 힘들고 어려운 일이었지만 운이 좋았다고 말할 수밖에 없다. 심사위원으로 나에게 우간다 북부에 가지 말라고 조언했던 제라르 롤랑은 내 졸업을 앞두고 "축하하네"라고 진심으로 축하하며 "정말 해냈군!"이라고 말했다. 그러고는 나를 어깨동무하며 "그런데 크리스, 분명히 말해두고 싶은데 그 모험에 사랑이 얽힌 걸 알았다면 나도 자네에게 가라고 말했을 거네!"라고 덧붙였다.

그 밖에도 감사해야 할 중요한 사람들이 있다. 그중에서도 내 부모, 짐과 리타에게 감사하다는 말을 전하고 싶다. 생각과 행동에서 하루하루 그 두 분을 점점 더 닮아가는 기분이고, 자랑스럽기도 하다. 작업이 끝날 때까지 내가 전쟁 지역에서 일하고 있다는 걸 말하지 않은 걸 두 분은 흔쾌히 용서해주셨다. 감사할 따름이다.

내 두 아이, 아마라와 캘럼에게도 감사한다. 내가 이 책을 마무리 짓던 팬데믹 기간에 최고의 모습을 보여주었다. (지칠 줄 모르는 베이비시터이자 친구인 로라와 다이애나의 도움을 말할 것도 없고) 두 아이의 인내가 없었다면 마감 시간을 결코 지키지 못했을 것이다.

내 저작권 대리인, 브록먼의 마고 플레밍은 나를 만나기 전부터 이 책의 가능성을 믿고, 출간을 위해 싸웠으며, 그녀가 생각하는 것 이상으로 이 책에 많은 영향을 미쳤다. "선생님, 책을 쓰세요!"라고 말하던 편집자 웬디 울프의 목소리는 아직도 내 머릿속에서 윙윙대는 듯하다. 그녀는 내가 교수가 아니라 평범한 사람처럼 글을 쓰는 걸 도와주었다. 프리랜서 편집자 앤드루 라이트는 모든 장에서 미진한 부분을 찾아냈고, 각 단락을 더 설득력 있고 재밌게 읽히도록 다듬어주었다. 앤드루 전에는 브로닌 프라이어가 나만의 목소리를 낼 수 있도록 도움을 주었고, 예일대학교 출판부의 편집자 세스 디치크는 오래전부터 나에게 책을 쓰라고 부추기면서도 내가 평범함을 뛰어넘도록 도와주었다.

이 책을 쓰기 시작한 뒤로는 친구들과 동료들, 학생들이 내 실수를 바로잡았고 흥미로운 아이디어를 제안해주었다. 토머스 앱트, 안잘리 아두키아, 매트 앤드루, 켄트 애넌과 넬슨 애넌, 스콧 애시워스, 샌디프 발리가, 마리아 안젤리카 바우티스타, 번트 베버, 크리스 베리, 엘리 버먼, 팀 베슬리, 모니카 바트, 베어 브라우멜러, 이선 부에노 드 메스키타, 레오 버스틴, 애그니스 캘러드, 애덤 칠턴, 알리 시론, 마이클 클레멘스, 폴 콜리어, 타일러 코웬, 이미니 데니즈, 시아란 도넬리, 오인드릴라 듀브, 빌 이스털리, 킴 엘리엇, 리처드 잉글리시, 닉 에플리, 짐 피어런, 브리짓 플래너리 맥코이, 안드레스 포르누나토, 소네트 프리스비, 스콧 겔바크, 돈 그린과 에릭 그린, 팀 하퍼드, 세라 헬러, 쇠렌 헨, 안케 회플러, 사라 홀레윈스키, 댄 호니그, 창 타이 시예, 신디 후앙, 치나사 이모, 매커튼 험프리스, 아데반케 일로리, 스타티스 칼리바스, 메건 강, 데이비드 라이틴, 데이비드 레이크, 벤 레싱, 베치 레비 팔루크, 아녑 말라니, 요탐 마르갈리트, 에드워드 미겔, 누고 몬테이로, 로저 마이어슨, 수레시 나이두, 모니카 날레파, 에밀리 오즈번, 제라드 파드로 이 미켈, 밥 파프, 웬디 펄먼, 폴 포스트, 로니 포라트, 밥 파월, 랜트 프리칫, 러스 로버츠, 제임스 로빈슨, 도메닉 로너, 대니 산체스, 라울 산체스 델라 시에라, 셸리 새트란, 알렉산드라 스카코, 메흐디 샤드메르, 제이크 섀피로와 제시 섀피로, 콘스탄틴 소닌, 폴 스태닐란드, 산티아고 토본, 애슈 바르슈니, 요하킴 보트, 제러미 와인스타인, 리베카 울프, 엘리자베스 우드, 유웬 시옹, 노암 유츠만에게 감사의 말을 전하고 싶다. 대니얼 래긴은 이 책에 실린 아름다운 지도를 그려주었고, 게이브리얼 바틀릿은 최종 교정을 보며 남은 오류를 찾아냈다. 끝으로, 조엘 월맨과 단 빌헬름은 조언을 해주는 데 그치지 않고 해리 프랭크 구겐하임 재단에서 북콘서트까지 주최해주었다. 나와 이 책에 커다란 선물이었다. 짐 피어런과 데이비드 레이크와 조엘 월맨은 원고를 꼼꼼히 읽고 피드백을 빠뜨리지 않았다. 그들의 이런 수고도 나에게 커다란 선물이었다.

 나와 프로젝트를 함께하며 논문도 함께 발표한 공저자들이 이 책을 완성하는 데 부분적으로 기여했다. 대규모 연구팀도 마찬가지다. 이 책의 원고를 쓰는 데 필요한 자료와 이론 모형, 참고문헌과 지도 등의 조사에 도움을 준 페테르 데페바크, 사미울 하케, 세바스티안 에르난데스, 호세 미겔 파스쿠알, 카밀라 페레스, 에스테파노 루비오에게 고맙다는 말을 전하고 싶다. 물론 데이비드 세레로, 페테르 데페바크, 소피아 하라미요, 후안 피페 마르티네스, 후안 파블로 메사 메히아, 아란트사 로드리게스 우리베, 넬슨 매타 콜로라도를 포함해 컬럼비아대학교 연구팀도 메데인 이야기를 수집하는 데 도움을 주었다. 우간다와 라이베리아와 콜롬비아에서 국제 연구 비영리단체 '빈곤 퇴치 혁신 기구Innovations for Poverty Action'의 도움을 받지 않았다면 어떤 연구팀, 어떤 프로젝트도 진행하지 못했을 것이다.

끝으로 러스 로버츠에게 감사하다는 말을 남기고 싶다. 2017년 6월의 어느 날, 그는 자신이 운영하는 팟캐스트 '이콘토크EconTalk'에서 나를 인터뷰했다. 그때 나는 그에게 책을 쓰고 싶지만 10년은 더 기다려야 할 것 같다고 말했다. 그러자 러스가 "왜 10년이나 기다리시려고 합니까? 원고를 완성할 때면 11년이 되고, 출판까지 하려면 12년 후가 될 텐데. 그럼 내 나이가 일흔넷이 됩니다!"라고 반박했다. 나는 웃으며 인터뷰를 끝맺었고, 잠시 그 자리에 서 있었다. '정말 왜 10년을 기다려야 하지?'라는 생각이 머릿속을 스쳤다. 나는 곧바로 백지를 꺼내 글을 쓰기 시작했다. 당신도 여기까지 읽었다면, 마음속에 책 한 권을 품고 있는 사람일 수 있다. 러스의 지적이 맞았다. 왜 지금 당장 시작하지 않는가?

주

서문

1   전쟁으로 경제가 어떻게 붕괴되는지를 추적한 연구는 많다. 우간다 내전을 예로 들어보자. 20세기 후반기에는 기록된 것보다 더 많은 내부 분쟁이 있었다. 분쟁은 엄청난 파괴로 이어졌고, 소득이 5분의 1까지 줄어들었다. 전쟁이 건강과 교육 및 다른 부문에 미치는 영향에 대해서는 Blattman and Miguel(2010)과 Blattman(2011)을 참조하기 바란다. 전쟁이 국민소득에 미치는 영향은 Mueller(2012)가 5년간의 내전 이후에 국민생산에 나타난 변화를 근거로 계산한 것이다. Mueller는 다른 경제학자의 도움을 받아 전체적인 국가와 전쟁을 조사했고, 전쟁으로 말미암아 국민소득이 매년 2~3퍼센트가량 낮아진다는 걸 입증해냈다(Mueller, Piemontese, and Tapsoba 2017). 하지만 이런 비교는 분쟁이 성장에 미치는 영향을 낮게 평가할 가능성이 높다(Rohner and Thoenig 2021). 총기 폭력이 미국 경제에 미치는 영향에 대한 추정치를 유사하게 계산해내기는 어렵다. 그러나 폭력을 피하기 위해 미국인들이 주택 가격에 기꺼이 지불하는 것으로 보이는 액수를 근거로 Cook and Ludwig(2000)는 그 총액이 미국에서 거의 1,000억 달러에 달한다고 계산해냈다. 자유로서의 발전에 대해서는 Sen(1999)을 참조하라.

2   이 글은 스미스가 1755년에 발표한 논문에 쓴 것으로, Dugald Stewart에 의해 1793년 인용되었다(Kennedy 2005).

3   내가 여기에서 용어를 정의하며 의도적으로 피한 두 가지도 중요하다. 첫째, 나는 '정치적political'이라는 단어를 사용하지 않는다. 전쟁이 정치조직이나 정치적 이익 간의 충돌에 불과하다고 정의하는 경우가 적지 않다. 내 정의에서는 그렇지 않다. 나는 전쟁을 정의할 때, 돈과 종교 등 다른 이해관계를 중심으로 구축

된 조직과 동기를 전쟁의 주체로 포함하는 여지를 남겨두고 싶다. 갱단과 종파가 전쟁을 벌이는 이유가 여기에 있다. 둘째, 내가 집단 간의 격렬한 싸움을 강조하는 경우에도 폭력의 수준을 염두에 둔 것은 아니다. 학자들은 전쟁의 데이터베이스를 정리할 때 전투로 인한 연간 사망자 수를 전쟁의 출발점으로 삼는다. 이런 접근법은 대규모 내전과 국제전에는 적합하지만 소규모 집단 간의 분쟁에는 자의적일 수 있다(예컨대, 갱단 전쟁은 몇 명이 출발점인가?). 게다가 이 책의 목적은 통계 자료를 정리하는 게 아니고 몇몇 개념을 전달하는 데 있으므로 굳이 출발점을 규정할 필요가 없다. 사망자를 집계하지 않으면 사망자가 없더라도 재산의 파괴만으로도 전쟁이 발발한 것으로 간주할 수 있다. 궁극적으로 내가 사용하는 정의는 Levy and Thompson(2011)과 Wolford(2019)의 정의에 가장 가깝다. 그 둘은 전쟁을 정의하기 어려운 이유를 길지만 유익하게 설명하고 있으며, 이에 대해서 Sambanis(2004)도 참조하기 바란다.

4 개인들이 서로 폭력을 행사하고 공격하는 원인을 생물학과 진화 및 문화적인 관점에서 추적한 연구로는 Berkowitz(1993), Wrangham and Peterson(1996), Collins(2008), Pinker(2011), Sapolsky(2017)가 있다. 내가 말하려는 요점은 인류학자이며 영장류학자인 Richard Wrangham(2019)에 잘 정리되어 있다. Wrangham은 소규모 집단의 행동 및 개인 간의 행동을 주로 지배하는 반응적 공격과, 전쟁에서 나타나는 계획적이고 동맹을 끌어들이는 주도적 공격을 구분한다.

5 인도의 힌두교인과 무슬림 사이의 폭력에 대해서는 Wilkinson(2004)과 Varshney(2003a)를 참조하기 바란다. 힌두교인과 무슬림은 인도 대부분의 도시에서 평화롭게 함께 살아간다. 폭동이 일어나는 곳에서도 큰 충돌은 상대적으로 드물고 특별히 치명적이지도 않다. 아프리카와 동유럽·중앙아시아에 대해서는 Fearon and Laitin(1996)을 참조하라. 두 학자는 소련 붕괴 이후의 공화국들에서, 또 20세기 후반의 아프리카에서 일어난 민족 갈등을 조사했다. Fearon과 Laitin의 연구에 따르면, 소련 이후의 세계에 45개의 비러시아계 민족 집단이 있지만 소수 집단과 다수 집단 간의 지속적인 분쟁은 두 건에 불과했다. 아프리카로 눈을 돌리면, 민족 간 폭력적 분쟁이 연간 약 한 건에 불과하다. 그러나 하나의 국가에서 정기적으로 상호작용하는 민족 집단들을 고려하면, 어느 해에나 잠재적인 민족 간 갈등은 거의 2,000건에 달한다. 끝으로 대규모 집단학살 및 종족 학살이 있다. 이런 사건들과 전쟁의 관련성은 이 책의 후반부에서 살펴보았다. 여러 연구에 따르면, 압도적 다수 집단이 소수 집단을 제거함으로써 많은 이익을 얻을 수 있지만 그 끔찍한 사건들은 그다지 흔하지 않다. 이에 대해서는 Valentino(2004)를 참조하기 바란다.

6   장기간의 국제전이 드문 이유에 대해서는 Weisiger(2013)를 참조하기 바란다. 소련과 미국이 대리전으로 나머지 세계에 고통과 폭력을 안긴 것은 사실이다. 소련과 미국이 직접 맞붙지 않고 간접적으로 싸운 이유에 대해서는 2장과 7~8장에서 살펴보았다.

7   하나의 원대하고 통일된 갈등 이론이 아니라, 통일된 유형 분류로 생각해주기를 바란다. 나의 분류가 여러 면에서 다르지만 Fearon(1995), Powell(2002), Humphreys(2003), Kalyvas(2007), Collier and Hoeffler(2007), Walter(2009a), Jackson and Morelli(2012), Levy and Thompson(2011)에서 깊은 영향을 받았다. 물론 Ted Miguel과 함께 작업한 Blattman and Miguel(2010)에서도 큰 영향을 받았다.

정치학적 관점에서 두 가지 핵심적인 '합리주의적rationalist' 설명은 비대칭적인 정보와 이행 문제다. 엄밀히 말하면, 견제되지 않은 사적인 이익이란 논리도 합리주의적이지만, 놀라울 정도로 많은 사람이 이 논리를 간과한다. 내가 '놀랍다'라는 표현을 사용한 이유는, 내 개인적인 의견으로는 이 논리가 역사적으로 가장 만연한 전쟁 원인이기 때문이다. 이 두 혹은 세 논리는 지금까지 뭉뚱그려져 '전쟁의 협상 이론bargaining theory of war'에 포함되었지만, 내 생각에는 이 용어가 도움이 되지 않기 때문에 이 용어의 사용을 피하고, 호기심 많고 세세한 것에 얽매이는 현학적인 사람을 위해 각주로 처리해두었다. 우리가 선호하는 것은 우리 기호의 문제이기 때문에 가치관에서 '비합리적'인 것은 없다. 게다가 가치관만이 아니라, 지속적인 잘못된 인식과 체계적인 실수의 형태로 나타나는 비합리성까지 포괄하는 협상 이론이 있을 수 있다. 오히려 그런 협상 이론이 없다면 우리는 실제의 협상과 타협을 제대로 이해할 수 없을 것이다.

1장 | 우리는 왜 싸우지 않는가

1   메데인의 범죄조직과 형사법에 대해서는 내가 Gustavo Duncan, Ben Lessing, Santiago Tobón 등과 함께 공동 저자로 참가한 Blattman et al. 2021a와 2021b를 참조하기 바란다.

2   어떤 행동의 기댓값은 그 행위로 예측되는 가치를 측정한 값이다. 기댓값을 계산하려면, 가능한 모든 결과의 가치를 파악하고, 각 결과의 가치와 확률을 곱해서 얻은 값을 모두 합해야 한다. 전쟁을 선택할 경우는 80달러를 얻을 승산이 50퍼센트이고 아무것도 손에 쥐지 못할 가능성이 50퍼센트이므로 전쟁의 기댓값은 40달러가 된다. 이 책에서는 앞으로도 이런 접근법을 사용할 것이다. 따라

서 80달러와 빈손, 둘 중 하나를 선택하는 동전 던지기보다 확실한 40달러를 더 선호하는 인간의 성향, '위험 회피risk aversion'라는 개념은 무시할 것이다. 위험 회피는 더 위험한 선택안을 멀리하는 성향으로, 인간에게 정말 그런 성향이 있다면 그 때문에라도 경쟁 당사자들은 평화를 선택하는 쪽으로 더욱더 기울 것이다.

3   하지만 '무기가 많을수록 평화의 가능성도 커진다more arms, more peace'라는 명제만큼 확실한 것은 없는 듯하다. 내가 여기에서 단순화해 정리한 '군비가 증강되면 협상 범위가 넓어지고 평화가 유지될 가능성도 높아진다'라는 예측은 현실 세계에도 그대로 적용된다. 그러나 현실 세계(혹은 더 복잡한 모형)에서는 또 하나의 문제를 고려해야 한다. 경쟁 관계가 오랫동안 지속되면 군비가 엄청나게 커진다는 것이다. 군대와 무기를 유지하는 데 비용이 많이 든다. 따라서 지금 전쟁을 시작하고 전쟁에 승리하는 것이 향후에 들어갈 돈을 아끼는 게 된다면, 그 비용을 지금 싸우는 데 소요될 비용과 저울질할 것이다. 그 계산에서 지금 적을 공격해 향후 군비 증강에 지출할 막대한 돈을 아끼는 게 합리적이라는 결론이 도출될 수 있다. 한편, 양측이 군비 조약을 체결해서 군대와 무기를 유지하는 데 소요되는 비용을 줄이는 쪽을 선호할 수 있다. 그러나 어느 쪽도 군비 감축을 성실히 이행하지 않으면 전쟁이 최선의 선택이 될 것이다. 이런 딜레마가 5장에서 살펴볼 이행 문제의 전형적인 예다. 1950년대에서 사례를 찾아보면, 당시 미국은 핵무기 경쟁에 따른 경제적이고 정치적인 비용을 회피하려고 소련을 공격할 가능성을 고려했다(Powell 2006). 다행히 전쟁 비용이 그런 두려움보다 더 컸기 때문에, 많은 경쟁국이 그랬듯이 미국도 평화를 선택했다.

4   양쪽이 전쟁을 벌이면, 엘메사는 손상된 파이의 80퍼센트를 차지하므로 기댓값이 64달러가 된다. 따라서 엘메사는 파첼리에게 그 잔액, 즉 36달러 이상을 할당하지 않으려 할 것이다. 한편, 파첼리는 80달러의 20퍼센트를 차지할 가능성밖에 없어 기댓값은 16달러에 불과하다. 따라서 파첼리의 입장에서 새로운 협상 범위는 16~36달러가 된다. 과거의 분할은 40~60달러였으니 새로운 협상 범위 밖이다. 평화를 유지하려면 파첼리는 엘메사에게 더 많은 것을 양보해야 하는 것이다.

5   경쟁자들이 비효율적인 결과를 피하기 위해서 협상하고 자원을 교환한다는 원칙은 Ronald Coase(1960)에서 인용한 것이고, 이 원칙은 '코스의 정리Coase theorem'라는 이름이 붙여졌을 정도로 유명하다. 파업에 대해서는 Kennan and Wilson(1993)을 참조하고, 법정 분쟁에 대해서는 Landes(1971), Posner(1973), Gould(1973) 및 Cooter and Rubinfeld(1989)의 서평을 참조하기 바란다. 합의를

방해하는 요인들을 최소화하고, 오래 지속되는 법적 다툼을 피하기 위해 예측과 계산이 가능한 법체계와 다수의 사회적 기관이 존재한다.

6 Schelling(1960)과 Fearon(1995)을 참조하기 바란다. 그 밖에 게임 이론을 전쟁에 적용한 초기 저작으로는 Wittman(1979), Brito and Intriligator(1985), Azam(1995), Walter(1997)가 있다.

7 실제로 파이 분할 모형은 갈등에 대한 '신고전주의적neoclassical' 관점과 무척 유사하다. 신고전주의적 관점에서 경쟁은 정상적인 것이다. 그러나 평화적으로 경쟁하는 게 효과적이고 싸우는 것은 효과적일 수 없다. 오래 지속되는 폭력적 갈등은 시장의 실패와 유사하므로 효율적인 세계에서는 관찰되지 않아야 한다. 그렇지만 시장이 그렇듯이 세계도 항상 원만하게 작동되는 것은 아니기 때문에 장기적인 폭력적 갈등이 눈에 띈다. 다섯 가지 이유가 효율과 평화를 추구하는 균형이 무너지는 주요한 원인이다. 이런 일치는 우연이 아니다. 때때로 신현실주의neorealism라 불리는 현대판 현실주의 이론은 신고전주의 경제학 모형에서 부분적으로 잉태되었다. 국가는 단일한 행위자처럼 행동하며 자국의 이익을 무엇보다 우선시한다(Waltz 2010).

하지만 다섯 가지 이유 중 일부는 현실주의 기본 원칙에서 벗어난다. 예컨대 집단이 이익 결사체여서 하나의 통일된 단위처럼 행동하지 않는다고 믿는다면, 집단의 내부 정치를 고려해야 한다. 전쟁을 선택하는 다섯 가지 이유 중 첫째는 지도자와 민중 사이에 존재하는 주체-대리인 문제라는 중요한 면을 고려한다. 둘째 이유로, 집단은 부와 권력의 극대화를 넘어 더 폭넓은 가치관과 이상 및 선호를 갖게 된다(현실주의보다 구성주의라 불리는 학파와 관련된 개념).

어쩌면 현실주의에서 가장 크게 벗어난 경우는 2부, 즉 인간에게 동기를 부여하고 정치적 시장 실패를 줄이며, 집단에게 평화를 선택하도록 유도하는 규범과 규칙, 문화와 조직을 구축하기 위해 인류가 노력해온 방법들을 살펴보는 과정에서 찾을 수 있다. 협력의 제도적 구축이 가능하다는 관점은 자유주의liberalism라 불리는 학파와 밀접한 관계가 있다. 물론 이런 효과적인 제도의 가능성을 믿는다고 그런 제도가 자동적으로 실현되는 것은 아니다. 집단이 효율적인 제도를 개발하려는 노력을 방해하는 많은 요인이 있고, 우리가 말하는 다섯 가지 이유도 그에 속한다(Acemoglu 2003).

개인적으로 나는 현실주의, 자유주의, 구성주의 등 학파들의 이론이 크게 도움이 된다고 생각하지 않는다. 어느 정도까지 그런 학파들의 이론은 다양한 가정들, 예컨대 집단들이 무엇을 얻으려고 애쓰고, 얼마나 결속력이 있으며, 어떤 종류의 협력이 실현 가능한지 등에 대한 추정들을 모아놓은 것에 불과하다. 오히려 학파에 구애받지 않고 그 추정들을 하나씩 따져보고, '그것이 맞는가?' 하는 의문을 제시하며, 각 추정을 경험적으로 다루는 게 더 낫다는 것이 내 생각이다. 게다가 내가 보기에 이 학파들은 집단이 실제로 어떻게 행동하는지에 대한 사람들의 견해를, 집단이 어떻게 행동해야 하는지에 대한 사람들의 생각과 혼동하고 있는 듯하다. 이 책에서는 집단이 실제로 어떻게 행동하고, 그들의 동기에 변화를 주려는 자극에 어떻게 반응하는가를 주로 다룰 뿐이다. 하지만 이 학파들에 대해 더 자세히 알고 싶으면 Doyle(1997); Frieden, Lake, and Schultz(2013); Drezner(2015)를 참조하기 바란다.

2장 | 견제되지 않은 이익

1 화이트 플라워의 흥망성쇠를 비롯해 라이베리아 플랜테이션 및 자원 침략의 역사에 대해서는 Cheng(2018)을 참조하기 바란다. 옛 전투병들을 해산함과 동시에 재통합하려는 우리 프로그램에 대한 연구 결과에 대해서는 Blattman and Annan(2016)을 참조하라. 우리 프로그램은 예측했던 효과, 즉 농장을 거점으로 활동하던 전투병이 농부가 되도록 지원함으로써 불법 채굴 같은 불법 노동을 그만두게 유도하는 효과를 거뒀고, 나중에 이웃한 코트디부아르에서 전쟁이 발발했을 때 용병으로 일하려는 의욕도 크게 보이지 않았던 것으로 보인다.

2 Sawyer(1992, 2004), Ellis(2006), Liebenow(1987)를 참조하기 바란다.

3 예컨대 Mamdani(2018), Ayittey(1998), Jackson and Rosberg(1982), Ake(2000), 혹은 Sawyer(1992)를 참조하라.

4 예컨대 Gennaioli and Voth(2015)와 Hoffman(2017)을 참조하기 바란다.

5 인용구는 Machiavelli([1532] 2006)를 참조하라. 마키아벨리는 메디치 가문의 환심을 사려 하지도 않았고 이기적인 행동을 진지하게 권고하지도 않았으며, 오히려 신랄하게 빈정댄 공화주의자였다는 논증에 대해서는 Benner(2017)를 참조하기 바란다.

6 조지 워싱턴에 대한 기술은 그의 몇몇 표준적인 전기에 근거했다(Chernow 2010, Middlekauff 2016, Taylor 2016). 워싱턴을 비롯해 미국 대통령들의 이기적인 동기에 대해서는 Bueno de Mesquita and Smith(2016)를 참조하기 바란다. 뒤에서 보겠지만 워싱턴의 재산은 Klepper and Gunther(1996), 세수 통계는 Galiani and Torrens(2016)를 참조했다. 미국 독립혁명의 이념적 기원에 대한 설명은 Bailyn(2017)을 참조하라. 이 문제들은 다음 장에서 더 자세히 살펴볼 것이다.

7 Dorothy Twohig가 Chernow(2010)에서 인용한 것이다.

8 이 부분은 Jackson and Morelli(2007)를 많이 참조했다. 특히 지난 세기에 견제되지 않은 사적 이익이라는 동기가 주요 전쟁들에 어떤 영향을 미쳤는지에 대해서, 특히 그 엘리트 집단의 동기와 이행 문제 간 상호작용에 대해서는 Weisiger(2013)를 참조하기 바란다.

9 Kleinfeld(2019)는 무책임하고 약탈적인 엘리트 계층이 전쟁 자체보다 더 큰 무질서와 폭력을 어떻게 야기할 수 있는지를 보여준다. 견제받지 않는 지배자는 많은 이유에서 문제가 있다.

10 예컨대 건국의 아버지들이 평화를 선택하면 파이의 30퍼센트를 차지한다고 가정해보자. 식민지 주민 전체가 평화 협상으로부터 얻는 몫은 60달러를 넘지 않을 것이다. 이런 낙관적인 경우에도 워싱턴을 비롯한 건국의 아버지들이 차지하는 몫은 18달러이고, 42달러는 나머지 식민지 주민들의 몫이 된다. 하지만 전쟁을 해서 승리를 거두면 건국의 아버지들이 기대할 수 있는 이익이 상당히 커진다(손상되지 않은 파이의 30퍼센트가 아니라 줄어든 파이의 50퍼센트). 식민지 집단이 갖는 전쟁의 기댓값은 여전히 40달러다. 지배 집단의 몫은 그 절반인 20달러로, 평화를 선택할 때 얻는 보상 18달러보다 크다.

11 드와이트 아이젠하워 미국 대통령은 대국민 고별 연설에서, 거대한 군사 체계를 보유하게 될 위험을 경계하면서 "정부 협의회에서는 군산복합체가 의도적이든 의도적이지 않든 간에 부당한 영향력을 갖게 되는 걸 경계해야 한다"라고 말했다. 예컨대 군 장성은 지휘하에 있는 군대가 많을수록 영향력이 커지고, 전쟁을 통해 그 능력을 입증할 기회를 얻고 싶어 한다. 이런 동기들은 한결같이 평화적인 협상의 가능성을 떨어뜨린다. 그 증거에 대해 더 깊이 알고 싶으면 Frieden, Lake, and Schultz(2013, 143-144)를 참조하기 바란다.

12 결집 효과를 다룬 문헌에 대해서는 Levy and Thompson(2011)을 참조하라. 할리우드가 1997년 제작한 〈왜그 더 도그 Wag the Dog〉는 깃발 결집 효과를 다룬 영화로, 빌 클린턴 미국 대통령이 성추문으로 곤경에 빠졌을 때 어딘가를 폭격하는 군사작전을 모색했다는 걸 거의 노골적으로 고발한다.

13 냉전 기간에 일어난 대부분의 내전은 실제로 초강대국들 간의 '대리전'이었다(Westad 2005, Kalyvas and Balcells 2010). 인류 역사에서 대리전에 대한 전반적인 고찰은 Berman and Lake(2019)를 참조하기 바란다. 라이베리아의 경우 군벌 찰스 테일러가 침략한 시기가, 미국이 라이베리아 정부에 대한 군사 원조와 해외 원조를 중단함으로써 라이베리아 정부가 테일러 같은 군벌과 야당 인물들을 매수할 능력을 상실한 때와 정확히 일치하는 것은 결코 우연이 아니었다.

14 서아프리카에 대해서는 Reno(1999)와 Keen(2005), 약탈 자원과 군벌의 동기에 대

한 일반론으로는 Snyder(2006)를 참조하기 바란다. Ross(2001)는 인도네시아의 사례를 분석했다. 약탈 자원은 분쟁 발발을 넘어, 분쟁의 기간과 강도에 깊은 영향을 미치는 경우가 많다. 이에 대해서는 11장에서 더 깊이 살펴보자.

15 평화 협상을 방해하는 훼방꾼에 대해서는 Stedman(1997), 과격파에 대해서는 Bueno de Mesquita(2008)를 참조하기 바란다. 많은 비정부 무장단체들은 서로 연대하기가 쉽지 않기 때문에 분파에 시달린다. Pearlman(2011)의 분석에 따르면, 팔레스타인에서 벌어지는 폭력 사태의 원인은 변절한 집단들을 제대로 관리하지 못한 데 있다. 한편 2장에서 다루겠지만, 분파에는 이데올로기적 동기도 있을 수 있다. 끝으로, 약한 연대는 훼방꾼으로 이어지는 대리인 문제 외에 이행 문제도 야기한다. 이에 대해서는 5장에서 다시 다루겠다.

16 인도 폭동에 대해서는 Brass(1997), Varshney(2003a), Wilkinson(2004), Mitra and Ray(2014)를 참조하기 바란다. 엘리트 계급의 역할을 비롯해 폭동의 일반론에 대해서는 Varshney(2003b), Horowitz(2000, 2001), Esteban and Ray(2008), Wilkinson(2009)을 참조하라.

17 Sadka, Seira, and Woodruff(2020)를 참조하기 바란다.

18 McGuirk, Hilger, and Miller(2021)를 참조하라.

19 Bueno de Mesquita, Smith, Morrow, and Siverson(2003)이 개발한 정치 모형에 따르면, 일련의 정치 제도에서 지도자를 지원하는 데 필요한 정치 연대의 규모에 따라 분쟁 여부가 달라진다. 그들은 이런 정치 연대를 '선출인단selectorate'이라 칭한다. 비민주적인 상황에 비교할 때 민주적 제도 아래서는 지도자를 지지하는 선출인단과 정치 연대의 규모가 더 커야 한다. 더 큰 연대를 만족스러운 수준으로 유지하려면 더 큰 비용이 들고, 그 때문에 지도자는 언제라도 축출될 가능성이 있다. 전쟁에서 패하면 비민주적인 지도자보다 민주적인 지도자가 더 큰 대가를 치르기 마련이기 때문에, 민주적인 지도자는 가능하면 전쟁을 피하려 한다. 그러나 민주 국가도 정치적 편향성을 띠면 전쟁을 선택할 수 있다.

3장 | 무형의 동기

1 모든 인용문은 Wood(2003)에서 발췌했다.
2 물론 부당한 대우가 반군 지원으로 연결되려면 반군이 주변에 있어야 한다. 반군이 존재하지 않는 지역에 사는 사람들은 과거에 섬뜩한 경험을 했더라도 반군의 일원이 되기가 거의 불가능하다.
3 기존 문헌을 기준으로 할 때, 우드는 그들이 무력 분쟁을 선택해야 했던 동기를

찾아내지 못했다. 다시 말해, 캄페시노는 싸움에서 얻을 만한 이익이 없었고, 어떤 목표를 성취하는 데 도움이 되는 것도 아니었다. 정확히 말하면, 싸움은 저항 행위였다. 우드는 그런 저항 행위를 '대리 즐거움pleasure in agency'이라 칭했다. 그 즐거움은 자유롭고 도덕적으로 행동함으로써 얻는 만족감을 뜻했다. 우드의 연구에 따르면, 대리 즐거움만이 그들을 저항에 참여하도록 유도한 유일한 요인은 아니었다. 상대적으로 단순한 요인 하나가 있었다. 그들의 저항을 지원할 만한 지역 조직이 있어야 했다. 주로 가톨릭 사제들이나 전도사들, 혹은 해방신학을 전파하는 시민운동가들이 주도한 지역 결집의 역사도 역시 중요했다. 또 근처에 게릴라 조직이 있어야 했다. 군사력은 강력할수록 좋았다. 여하튼 자살한 사람은 한 명도 없었다.

4   이 사태에 대해서는 Tarabay(2018), Pearlman(2017), Asher-Schapiro(2016)를 참조하기 바란다.
5   Pearlman(2013)을 참조하라.
6   최후통첩 게임 및 공정성과 관련된 다른 게임들에 대해서는 Fehr and Gächter (2000)를 참조하기 바란다. 이 연구에 대한 자세한 평가는 Bowles and Gintis (2013)에서 찾아볼 수 있다. 이 관찰은 실험 데이터와 잘 맞아떨어진다(Charness and Rabin 2002, Chen and Li 2009). 세계 곳곳을 힘겹게 돌아다닌 학자들에 대해서는 Henrich et al.(2004)를 참조하라. 할리우드 배우들을 무색하게 만드는 지역민들의 복수에 대한 맷 라빈의 해석은 Rabin(1993, 2002), 뇌 활동에 대해서는 Sapolsky(2017)나 Fehr and Krajbich(2014)를 참조하라. 가장 널리 알려진 실험 둘을 꼽자면 de Quervain et al.(2004)와 Sanfey et al.(2003)다. Knoch et al.(2006)에서 확인되듯이, 뇌에서 최후통첩 게임 관련 부분에 장애가 있는 세상의 대니얼들은 불공정한 제안도 받아들인다.
한 가지 흥미로운 사실은, 생각과 감정을 지닌 사람, 즉 자신의 의지대로 행동하는 마리아가 맞은편에 있다는 것이다. 게임 진행자들이 대니얼에게 기계가 마리아를 대신해 선택한다고 말하거나 무작위로 선택된다고 말하면, 대부분의 대니얼은 2~3달러 이하도 기꺼이 받아들였다. 맥락도 중요하다. 최후통첩 게임 등에 일종의 경쟁이라는 틀이 씌워지면 세상의 대니얼들은 불공평한 결과에 대한 불만이 줄어든다. 이에 대해서는 Blount(1995)와 Falk and Fischbacher(2006)를 참조하기 바란다. 끝으로, 선의의 폭력과 사회 규범의 집행에 대한 폭넓은 연구에 대해서는 Fiske and Rai(2014)를 참조하라.
7   협력의 진화론적 이점에 대해서는 Boyd et al.(2003), Bowles and Gintis(2004), Fehr and Gächter(2002)를 참조하고, 원숭이를 대상으로 한 연구에 대해서는

Brosnan and De Waal(2003)을 참조하기 바란다. 선의의 폭력과 사회 규범의 집행에 대한 폭넓은 연구에 대해서는 Fiske and Rai(2014)를 참조하라.

8 다양한 사건에 대해서는 Moore Jr.(2016), 전쟁에 대해서는 Gurr(2015); Dell and Querubin(2018); Haushofer, Biletzki, and Kanwisher(2010)를 참조하기 바란다. 상대적으로 작은 집단들은 Bastaki(2020)가 다뤘다. 직장 같은 일상적인 공간에 대한 연구도 있다. 공장 노동자들은 기대하는 계약을 얻지 못하면 느슨하게 일하거나 사보타주한다. 뉴저지 경찰들은 임금이 기대한 만큼 인상되지 않자, 자신의 목숨까지 걸고 범인을 체포하려 하지 않았다. 업무 현장과 노동시장의 공정성에 대해서는 Fehr, Goette, and Zehnder(2009); Kube, Maréchal, and Puppe(2012); Mas(2006, 2008)를 참조하기 바란다. 모든 폭력이 선의라는 주장에 대해서는 Fiske and Rai(2014)를 참조하라.

9 대부분의 경우 하나 이상의 이유로 평화가 예측된다. 억압과 공격, 잔혹 행위가 분노 및 무력 저항을 자극할 거라는 사실을 아는데 애초에 경쟁자가 부당하게 행동할 이유가 어디 있겠는가? 속임수가 분노와 응징을 야기할 수 있다는 걸 알기 때문에 마리아가 낯선 사람을 속이지 못했던 것처럼, 엘살바도르나 시리아의 엘리트 계급도 전략적으로 행동하며 최악의 자극을 피했을 게 분명하다. 엘리트 계급이 첫 공격으로 치명적인 폭력의 악순환이 시작되지만 승리를 장담할 수 없다고 생각한다면, 첫 공격은 더더욱 무의미해진다. 이 문제에 대해서는 6장에서 다시 살펴보자.

10 내 설명의 출처를 밝히자면, 일반적인 역사는 Ager et al.(2018)를 참조했고, 인용구는 조종사들의 직접 증언을 참조했다. Galland(2014), Heaton and Lewis(2011), Pierce(2014).

11 Ager et al.(2018)를 참조하기 바란다.

12 영광과 위신에 대해서는 Slomp(2000)과 MacMillan(2020), 명예와 지위에 가해진 모욕 때문에 선택된 전쟁에 대한 정치학적 견해에 대해서는 Markey(1999)와 O'Neill(2001)을 참조하기 바란다. 동등한 위치의 집단이 자기보다 높이 올라간 것에 분노하고, 그런 감정이 어떻게 분쟁을 야기하는지, 구체적으로 동유럽의 인종 갈등에 대해서는 Petersen(2001, 2002, 2011)을 참조하라. Petersen은 정의로운 분노와 복수심의 역할을 강조하기도 한다.

13 Hoffman(2017)을 참조하기 바란다. 마키아벨리의 국정 운영 지침서 《군주론》에도 '명성을 얻으려면 군주는 어떻게 처신해야 하는가'라는 제목의 장이 있다. 오늘날 대부분의 지도자는 근대 초기의 군주보다 더 큰 제약을 받는다. 하지만 영광과 지위는 오늘날에도 대통령과 총리에게 영향을 미친다. 외교 문제 전문가들

은 여전히 세계 정치와 전쟁을 지위와 명예와 개인적인 복수를 위한 싸움이라고 해석한다(Dafoe, Renshon, and Huth 2014). 영광과 지위가 정말 그럴 만한 가치가 있을까? 미국 대통령들에게서 일례를 찾을 수 있다. 오래전부터 역사학자들은 중요성과 평판을 기준으로 미국 대통령들의 순위를 매겨왔다. Bueno de Mesquita and Smith(2016)는 20개 이상의 순위를 평균해 얻은 수치를, 각 대통령의 임기 동안 1인당 전쟁 사망자 수에 비교했다. 짐작한 대로, 임기 중에 전사한 병사의 수가 많을수록 역사학자들에게는 더 높은 평가를 받았다.

14 Erasmus를 인용한 문구와 헨리 8세에 대한 설명은 Ackroyd(2013)를 참조하기 바란다.

15 인용구의 출처는 Slantchev(2012).

16 제2차 세계대전 분석과 히틀러의 이데올로기에 대해서는 Weisiger(2013)를 참조하라. Weisiger의 주장에 따르면, 히틀러는 이런 이데올로기에 사로잡혔고, 독일 문화의 소멸을 막기 위해 제2차 세계대전을 시작해야 한다고 믿었다. 뒤에서 다시 보겠지만, 이런 예방적 전쟁 논리는 이행 문제가 관련된 전형적인 예다. 그러나 그 이행 문제의 근원은 히틀러가 게르만족의 순수성이나 통합에 대해 타협하거나 더 강력한 국가에 종속되는 걸 거부한 데 있다는 점을 분명히 해두고 싶다. 제2차 세계대전을 예방 전쟁으로 보는 해석에 개인적으로 동의하지만, 이데올로기도 밀접하게 연루된 전쟁이었다. 이런 해석은 많은 이행 문제, 특히 불가분성과 관련된 이행 문제에 똑같이 적용된다. 이에 대해서는 뒤에서 다시 살펴보자.

17 이때부터 영국 의회의 토론은 지나친 자신감부터 불확실성과 사리사욕까지 협상 실패의 징후를 자주 보인다. 하지만 흥미롭게도 많은 의원이 전쟁 비용을 의식해 평화와 화해를 선택하라고 계속 요구한다. 예컨대 McCullough(2005) 1장에서 다뤄진 토론은 참조할 만하다. 간혹 어설프게 시도된 협상과 영국 측의 많은 실패에 대해서는 Wood(2002)를 참조하기 바란다. 대안적 설명으로 Galiani and Torrens(2019)는 미국에 대의권이 허용되었다면 영국 내 권력 추가 급진적 정치 개혁에 유리한 방향으로 이동했을 거라며, 당시 영국의 연립정부는 이런 변화를 두려워해 전쟁을 선택한 것이라고 주장한다.

18 Thompson(2019). 정치운동가이자 철학자였던 Thomas Paine은 1791년에 발표한 《Rights of Man》에서, 미국이 독립하며 "통치의 원칙과 관행에서 어떤 혁명적 변화가 수반되었는지" 썼다. 이 시대에 새롭게 형성된 '인권'이라는 개념과 그 확산에 대해서는 Hunt(2007)도 참조하기 바란다.

19 Bailyn(2017)과 Maier(1991)를 참조하라.

20 게임 이론가이자 정치학자 Bob Powell(2006)의 지적에 따르면, 엄밀히 말해 불가

분성은 이행 문제의 한 변형이다(5장 참조). 문제의 모형화라는 점에서는 나도 그 지적에 동의한다. 그러나 내 생각에 이런 외견상의 이행 문제는 선호성preference에서 비롯된다. 대부분의 경우 불가분성은 소중한 믿음이지 현실적으로 불가능한 게 아니다. 양측 모두를 만족시키는 양도가 없고 양측 모두가 중요하게 생각하는 쟁점을 분할할 방법이 없는 것은 가치관의 차이 때문이다. 분할하는 게 정말 불가능한 쟁점이나 영토(예컨대 고도로 전략적인 영토)가 있다면, 그 자체가 이행 문제다. 그 이상도 이하도 아니다.

21 확정된 설명이 아니라 미국 독립혁명을 위한 가설로 생각하면, 불확실성과 판단 오류가 중요한 역할을 했다고 주장할 수도 있다. 이렇게 생각하면 영국이 자만해 미국 식민지들을 과소평가하며, 자신들이 제정해 강요한 법이 불러일으킬 분노를 잘못 평가한 게 된다. 게다가 식민지 사람들의 비타협적인 태도는 이데올로기적 선택이나 불가분한 원칙이 아니라, 제국의 사악한 의도를 비이성적으로 해석한 편집증적 환상이 된다.

22 이 경우를 포함해 성지와 불가분성에 대해 더 깊이 알고 싶으면 Hassner(2003)를 참조하기 바란다.

23 첫 인용문은 Fanon([1952] 2008), 다음 인용문은 Fanon([1963] 2004)에서 발췌했다.

24 Buford(2001)를 참조하라.

25 Hedges(2003). 비교적 최근에 발표된 예로는 Ehrenreich(2011)가 있다. Ehrenreich는 전쟁과 폭력이 본래 생물학적으로나 문화적으로 신성한 황홀감을 안겨주는 의식이라고 설명한다.

26 인간은 생래적으로 선한가, 아니면 폭력적이고 악한가에 대한 사상가들의 오랜 논쟁에 대해서는 Wrangham(2019)을, 희생양에 대해서는 Girard(1977)를 참조하라. Girard는 희생양을 더 심각한 형태의 갈등을 피하기 위한 고육지책으로 해석하지만, 희생양 이론은 대량학살과 집단학살을 설명할 때 가장 흔히 거론되는 이론 중 하나이기도 했다. 1930년대의 독일과 2010년대의 미국에 흔히 적용되는 이론으로, 평소에는 선한 사람들이 경제적 현상이나 그 밖의 악재로 인한 불만으로 외집단을 찾아내 박해하게 된다는 것이다. Staub(1989)을 참조하고, 회의적인 반론에 대해서는 Valentino(2004)를 참조하기 바란다. 안전한 배설구로서의 스포츠에 대해서는 러시아의 사례를 연구한 Volkov(2016)를 참조하라.

27 이와 관련해서는 끝없는 논쟁과 의견 충돌이 있어, 관련된 문헌도 방대하다. 나는 여기서 극단적으로 단순화해 말했다. 그 이유는 내가 개인이나 소규모 집단의 공격에 대해 책을 쓰는 게 아니고, 이런 충동으로는 대부분의 전쟁을 설명할 수 없기 때문이다. 수백만 년의 진화와 문화 발전 및 문명이 개인과 소규모 집

단의 공격성에 대해 우리에게 말해줄 수 있는 것부터, 이와 관련된 문헌을 신중하고 깊이 있게 요약한 여러 저작이 있다. 인류학과 역사학, 진화학의 관점에서는 Wrangham and Peterson(1996), Beck and Deffenbacher(2000), Gat(2008), Ferguson(2011), Martin(2018), Wrangham(2019)이 있다. 뇌과학적 관점에서 공격성을 살펴본 예로는 Sapolsky(2017)를 참조하라.

28 Tajfel(2010); Akerlof and Kranton(2000); Cikara, Bruneau, and Saxe(2011); Cikara and Van Bavel(2014)을 참조하기 바란다. 폭력의 경험이 내집단의 유대를 강화한다는 점에 대해서는 Blattman(2009), Bellows and Miguel(2009), Bauer et al.(2016)를 참조하라.

29 자기 집단 중심적 이타성과 반감에 대해서는 Smith et al.(2009), Cikara et al.(2014), Chen and Li(2009)를 참조하기 바란다. 다른 집단에 대한 반감에 반론을 제기하는 증거, 특히 실험실 밖의 현상에 대해서는 Habyarimana et al.(2007)와 Berge et al.(2020)를 참조하라. 이런 자기 집단 중심적 이타성이라는 본능을 수천 년 동안의 생물학적 선택까지 거슬러 올라가 추적한 학자들도 있다. Glowacki, Wilson, and Wrangham(2020); Wrangham and Peterson(1996); Bowles and Gintis(2013); Pinker(2011)를 참조하라.

30 Adena et al.(2015)를 참조하기 바란다.

31 Yanagizawa-Drott(2014)를 참조하라.

32 하지만 미디어가 평화적인 역할도 할 수 있다는 것은 희망적이다. 1933년 전에는 친바이마르 정부적 메시지가 나치당에 대한 지지를 억눌렀듯이, 종족 학살이 자행된 뒤로 수십 년 동안, 라디오를 비롯해 여러 미디어가 종족 간의 화합과 화해를 권장함으로써 서로 신뢰하고 용서하는 분위기가 조성될 수 있었다. Blouin and Mukand(2018), Paluck(2009a), Paluck and Green(2009).

4장 | 불확실성

1 인터넷 욕설 internet gangbanging에 대해서는 Patton, Eschmann, and Butler(2013)를 참조하기 바란다.

2 비슷한 논증이 Jervis(2017a)에서 발견된다.

3 Tyler(2018)를 참조하라.

4 이와 관련된 논증의 평가에 대해서는 Kahneman et al.(2016), Gartzke(1999), Friedman(2019)을 참조하기 바란다. 미국 연방 판사들을 대상으로 한 조사에서 '합리적인 의심을 넘어'라는 표현이 무엇을 뜻하느냐는 질문에 대한 대답을 정

리하면 이렇다. "최소는 50퍼센트, 최대는 100퍼센트, 평균은 90퍼센트, 표준편차는 8퍼센트포인트"(Friedman 2019).

5 Blainey(1973).

6 형식화된 모형에 대해서는 Smith and Stam(2004)과 Powell(1996)을 참조하기 바란다. 전쟁을 예측할 때 주의해야 할 것이 있다. 상대가 다른 결론을 내렸다는 걸 알게 되면, 당신이 모르는 것을 상대가 알고 있는 것은 아닌지 살펴봐야 한다는 것이다. 적어도 당신의 믿음을 되짚어봐야 한다. '아우만의 합의 정리Aumann's agreement theorem'라고 알려진 것으로, 두 집단이 합리적으로 행동하고 상대의 믿음을 정확히 파악한다면 의견 충돌이 일어날 수 없다는 것이다(Aumann 1976). 그러나 그들이 서로 상대에 대해 알고 있다는 걸 어떻게 알 수 있을까? 어떻게 해야 그들이 각자의 믿음을 명확하고 믿을 수 있게 전달할 수 있을까? 소음이 상대를 속이려는 동기에 더해지면 불확실성이 더 깊어진다. 이 문제는 뒤에서 다시 살펴보자.

7 이런 관료조직에도 단점이 있다. 수천 명에 이르는 외교관과 스파이와 분석가가 만들어낸 방대한 양의 정보가 기나긴 명령 계통을 따라 꾸역꾸역 느릿하게 올라가는 현상은 결코 바람직하고 완전한 해결책이 아니다. 따라서 기습 공격이 있는 뒤에, 혹은 침략에 실패한 뒤에 그와 관련된 분석가나 정보기관의 메모가 당신 책상에 올라오는 경우도 적지 않다. 이런 정보를 미리 파악하는 것은 훨씬 어렵다. 정보기관과 외교기관의 현실적인 어려움에 대해서는 Jervis(2010)와 Betts(1978)를 참조하기 바란다. 외교기관과 정보기관이 틀리면 문제는 더욱 악화된다. 군 장성들은 전쟁을 통해 명예를 얻거나 승진하는 기회를 확보할 수 있다. 혹은 국방부 내에 가짜 뉴스를 퍼뜨리거나 충격적인 공격 또는 암살을 자행함으로써 평화 과정을 망가뜨리고 싶은 파벌이 있을 수 있다. 견제받지 않는 관료들과 장성들이 유무형의 전쟁 동기를 갖는 경우, 동일한 정보를 공유하며 비슷한 결론을 끌어내기가 더욱 어려워진다. 사리사욕이 견제를 받지 않아 전쟁을 확대하려는 경우에 대해서는 그런 '훼방꾼'을 중점적으로 다룬 방대한 문헌이 있는데, Stedman(1997)이 가장 대표적인 연구서다. 이 경우는 불확실성과 상호작용하는 다른 전쟁 원인들 중 하나에 불과하다. 불확실성은 인간의 비합리성과도 상호작용한다. 우리 뇌는 확률적으로 생각하는 데 서툴고, 우리는 많은 요인을 복잡하게 평가하기를 힘들어한다. 예컨대 현실이 불확실하지 않다면 승리자에 대한 예측을 확신하더라도 지나칠 게 없다. 소음으로 가득한 세계에서, 인간이 지닌 합리성에도 한계가 있을 수밖에 없어 두 경쟁자의 믿음은 더욱더 벌어질 뿐 수렴되기 어렵다. 이에 대한 유명한 예는 Jervis(2017b)에서 인용된다. 이 문

제에 대해서는 6장에서 다시 살펴보자.
8　Young(2019).
9　국가 간의 전쟁도 대체로 상대적으로 짧은 데다 접전으로 끝나는 경우가 훨씬 많아 전쟁으로 집계조차 되지 않는다(Weisiger 2013). 분쟁을 피하기 위해 평판을 만들어가는 과정에 대해서는 Thrasher and Handfield(2018), 전쟁에서 신호로 보내는 메시지에 대해서는 Fearon(1997)과 Wolton(2019)을 참조하기 바란다. 경쟁자가 많은 세계에서는 신호를 인식하기가 더 어렵다. 예컨대 누가 사이버 공격을 감행한 걸까? 악의적인 경쟁자가 많은 세계에서는 그 범인을 찾아내기가 어려울 수 있다. 이에 대해서는 Baliga, Bueno de Mesquita, and Wolitzky(2020)를 참조하라. 이처럼 복잡한 환경에서는 불확실성 외에, 당신이 공들여 만들어낸 평판만큼이나 당신이 보내는 모든 신호가 현재의 경쟁자만이 아니라 미래의 경쟁자에게도 영향을 미친다. 이 역학관계에 대해서는 뒤에서 다시 다루자. 다시 말하지만, 분쟁을 피하기 위해 만들어가는 평판에 대해서는 Thrasher and Handfield(2018)를 참조하기 바란다.
10　바이스로즈가 약한 게 거의 확실하다고 생각한다면, 스톤스에게 최적의 전략은 계속 공격하는 것이다. 하지만 바이스로즈는 이런 역학관계를 알고 있기 때문에 자신들이 상당히 약한 경우에는 허세를 부리는 위험조차 감수하지 않고, 약한 것을 인정하며 영역을 넘겨줄 것이다. '분리 균형separating equilibrium'이라고 불리는 현상이다. 한편, 스톤스가 강약을 구분할 수 없고, 바이스로즈가 무척 강할 가능성이 있어 위험을 무릅쓸 이유가 없다고 생각할 경우에는 '통합 균형pooling equilibrium'이 있게 된다. 안개로 자욱한 중간 영역은 '반분리 균형semiseparating equilibrium'이라 불리며, 스톤스가 혼합 전략을 최적으로 구사하는 경우가 된다. 스톤스는 하나의 확정적인 행위를 선택하지 않는다. 더 정확히 말하면, 확률에 따라 공격하며 위험을 감수하는 쪽을 선택한다. 다시 포커를 예로 들면, 훌륭한 포커 페이스를 유지하는 상대에게는 20퍼센트 정도로 베팅하고, 허세를 부린다고 의심할 만한 충분한 이유가 있을 때는 80퍼센트 정도로 베팅하는 것과 같다. 혼합 전략을 이해하는 데 도움이 될 만한 또 다른 비유로는, 축구에서 페널티킥을 막는 골키퍼가 있다. 페널티킥을 차는 선수는 공을 차는 방향을 기본적으로 무작위로 선택하고, 골키퍼도 막는 방향을 무작위로 선택한다. 불확실한 상황에서 그들로서는 최적의 선택인 셈이다.
　　이처럼 불완전한 정보를 바탕으로 한 시나리오는 노동과 법적 분쟁을 다룬 문헌에서 처음 등장했다. 이 방법은 Brito and Intriligator(1985)와 같은 게임 이론가들에 의해 전쟁 관련 문헌에 적용되었다. 이 논리와 초기의 게임 이론과 경제학 문헌에 대한 평가로는 Fearon(1995), Powell(2002), Ramsay(2017)를 참조하기 바란다. 형식적 모형에 대한 전문적 평가는 Baliga and Sjöström(2013)에 잘 정리되었다.

11 예컨대 Roger Myerson은 양쪽 모두가 사적 정보를 가지면 효율적인 결과(이 경우에는 '평화')에 도달하는 게 불가능한 상황에 맞닥뜨릴 수 있다는 걸 증명함으로써 노벨상을 받았다(Myerson and Satterthwaite 1983). 호너 홈스의 상황은 스톤스도 믿을 만한 정보를 제대로 전달하지 못했기 때문에 양쪽 모두 불완전한 정보 아래 있었던 좋은 예다. 스톤스가 냅을 흔들어 궁지에 몰아넣으려 했을 때 냅은 그들이 허세를 부리는 게 아닐까 생각했다.

12 가격 전쟁 및 평판을 만들어가는 대기업에 대해서는 Kreps and Wilson(1982)을 참조하기 바란다. 노동쟁의에 대해서는 Kennan and Wilson(1993), 국가 탄압에 대해서는 Walter(2009b), '피의 복수'에 대해서는 Thrasher and Handfield(2018), Gould(1999), Bastaki(2020)를 참조하라.

불화와 반목이라는 쟁점은 우리에게 명예라는 모호한 의미를 생각해보게 만든다. 앞 장에서는 지위와 존중에 대한 욕망을 살펴보았다. 지위와 존중도 인정받으려는 욕망이라는 점에서 명예의 일부라 할 수 있다. 그러나 평판을 유지하려는 의도에서 명예를 전략적으로 추구하는 행위와는 다르다. 뒤에서 다시 다루겠지만, 법과 정의를 다루는 공식적인 기관이 없는 환경에서 폭력과 응징으로 쌓은 평판은 부당한 괴롭힘과 범죄를 억제하는 강력한 수단이 된다(Nisbett and Cohen 1996). 그런 평판을 쌓는 게 합리적인 이유는, 어떤 경우 불확실성에 대응하는 최고의 전략(힘과 결의를 보여주는 방법)이기 때문이다. 따라서 내가 이 책에서 사용하는 용어를 정리하면, '영광glory'과 '명예honor'는 폭력적으로라도 쟁취하려는 지위를 뜻하고, '평판reputation'은 불확실한 상황에서 형성되는 폭력의 전략적 가치를 뜻한다.

13 새로운 모형은 한쪽이 강력한 방어막을 세우며 허세를 부리려 할 때 그 집단의 힘을 정확히 모른다는 불확실성 때문에 싸움이 길어질 수 있다는 걸 보여준다. 이에 대해서는 Baliga and Sjöström(2013)과 Fearon(2013)을 참조하기 바란다. 하지만 다수의 경쟁자가 있을 경우에는 게임 이론이 제대로 작동하지 않는다. 이런 유형의 기업 활동을 분석한 사례로는 Kreps and Wilson(1982)을 참조하라.

더불어 불확실성이 전쟁을 유발할 수 있고, 전쟁이 시작된 후에는 다른 요인으로 전쟁이 지속된다는 사실도 고려해야 한다. 전쟁이 시작되면, 전쟁을 계속 끌어가며 개인적인 이익을 추구하려는 이기적인 정치인과 군벌, 기업인과 장군이 항상 존재하기 마련이다. 또한 폭력은 분노와 복수 및 무익한 분쟁을 야기할 수 있다. 요컨대 불확실성이 우리를 부정적인 방향으로 자극할 수 있지만, 전쟁 편향과 폭력 성향이 평화회담을 방해한다.
14 협상의 이해관계에 대해서는 Lake(2010)를 참조하기 바란다. 약소국이 대량살상무기나 테러리스트 지원과 같은 비재래식 수단을 통해 강대국에 맞서는 방법과 강대국이 외교와 봉쇄, 심지어 전쟁을 이용해 약소국을 억압하는 방법을 다룬 게임 이론의 모형에 대해서는 Coe(2018)를 참조하라.
15 Anderson(2004).
16 이 논리는 Debs and Monteiro(2014)가 침략의 이유로 제시한 설명의 절반에 불과하다. 나머지 절반은 이행 문제에 속하기 때문에 다음 장에서 다시 살펴보자. 한편, 이 논리는 Baliga and Sjöström(2008)이 제시한 설명에서는 전체를 차지한다. '전쟁에서 많은 부분은'으로 시작되는 인용문은 Woods(2006)에서 발췌했다. 하지만 모호한 전략이 언제나 이런 억제력을 갖는 것은 아니다. 예컨대 Braut-Hegghammer(2020)의 주장에 따르면, 사담의 모호함은 계산된 전략적 게임이 아니었다. 오히려 관료들이 혼란 상태에 빠져 무기 프로그램에 대한 정보를 공개하라는 사담의 명령을 따르지 않았을 가능성과, 과거의 경험에 비춰 부정행위를 인정하더라도 제재가 풀리지 않을 거라는 우려가 작용했을 거라고 주장했다.
17 부시 행정부의 지나친 과신을 잘못으로 지적한 기자와 학자는 적지 않다. 대표적으로 Ricks(2006), Jervis(2010), Saunders(2017), Lake(2010), Chilcot(2016) 등이 있다. 새로운 정보를 받아들이지 않은 사담의 실수와 잘못에 대해서는 Hafner-Burton et al.(2017), 관료들의 실수에 대해서는 Braut-Hegghammer(2020)를 참조하기 바란다.
18 내가 이 책에서 제시하는 모형보다 더 정교한 모형을 비롯해 복잡하고 세밀한 논증에 대해서는 Baliga and Sjöström(2008)을 참조하라.
19 Woods(2006). 불확실성은 침략을 위한 연대의 범위 등 다른 방식으로는 설명되지 않는 것을 설명하는 데도 도움이 된다. 미국의 신보수주의자들은 물론이고, 가장 진보적이라는 인권운동가들도 적잖이 이라크 침공에 찬성했다(훗날 그들 중 일부는 오바마 정부에서 외교 정책을 담당했다). 게다가 민주당이 다수였던 상원에서 4분의 3 이상의 찬성을 얻어 전쟁결의안이 통과되었다. 전쟁에 적대적이던 유럽 외교관들이나 사담 휘하의 장성들도 그 폭군이 서방 세계에 위협이라고 보았다. 사담을 제재하고 축출하는 수단에 대해서 의견이 달랐을 뿐이다. Woods(2006)와 Gordon and Trainor(2006)를 참조하기 바란다.
20 Butt(2019). 논란의 여지는 있지만, 부시가 훗날 회고록에서 밝힌 근거이기도 했다. Bush(2010)를 참조하라.

5장 | 이행 문제

1 터크먼의 삶과 그 책의 영향에 대해서는 Tuchman(1994), Abrams(2017), Pace (1989)를 참조하기 바란다. 견제받지 않는 지배자들, 무형의 동기, 잘못된 인식을 강조하면서 제1차 세계대전을 설명한 연구서로는 MacMillan(2013)이 있다. 그녀는 유럽의 수세기를 추적한 다른 책에서도 비슷한 논조를 유지했다(MacMillan 2020).

'공격 예찬'에 대해서는 Snyder(1989)와 Van Evera(2013)를 참조하라. 두 책에서는 강대국이 공격을 최선의 방어로 잘못 생각하는 이유가 설명된다. 경계의 목소리들은 지배자에게 전쟁 무기가 달라졌다며 전쟁을 재고하라고 말했다. 공격하던 보병들이 기관총 사격에 속수무책으로 쓰러질 수 있고, 야포는 참호선에 숨은 병사를 겨냥해 때릴 수 있으며, 병사들이 사망하더라도 철도를 이용해 신병을 즉시 전선에 투입할 수 있어, 전쟁은 피로 얼룩지고 느릿하게 진행되는 소모전이 될 것이라는 경계의 목소리였다. 이 목소리가 옳았지만 무시되었다. MacMillan은 많은 결함과 실수를 지적하지만, 군부 지도자들이 공격을 중시하는 이데올로기에 사로잡혔다는 Snyder와 Van Evera의 주장도 지지한다. 1904년 러일전쟁으로부터 공격적인 전쟁의 참상을 교훈으로 얻지 못했기 때문에 "공격이 더는 효과가 없다는 걸 깨닫지 못한 채 더 많은 병력을 투입해 더 강하게 밀어붙여야 한다고 생각했다"라고 MacMillan은 설명했다.

이런 견해는 6장에서 다룰 '과신'이라는 개념과 비교될 수 있다. 하지만 양쪽, 특히 독일은 공세적 전략이 도박이라는 걸 알고 있었다는 다른 견해도 있다. 프랑스를 신속히 침공해서 제압한 뒤 러시아에 눈을 돌리는 게 독일에는 최선이라는 전략이었지만, 그 도박에서 독일은 패했다. 결국 체계적인 오류와 도박의 실패를 구분하는 건 무척 까다로운 작업이다.

2 제1차 세계대전을 유발한 사건들과 전쟁 기간의 사건들에 대해서는 앞에서 언급한 자료들(MacMillan 2013, Snyder 1989, Van Evera 2013) 외에 Clark(2013), Levy and Vasquez(2014), Wolford(2019), Levy(1990), Lebow(2014)를 참조했다.

3 '예방 전쟁'이라는 관점을 제창한 학자로는 Levy(1991), Van Evera(1999), Copeland(2001, 2014)가 있다. Wolford(2019)와 Frieden, Lake, and Schultz(2013)는 교과서적으로 접근했다. Snyder(1989), Fearon(1995), Powell(2006), Levy and Vasquez(2014)에 기고한 Levy의 논문은 예방 전쟁이라는 관점을 지지하지만, 불합리성과 불확실성도 전쟁의 원인으로 추가하며 덜 단일한 관점을 취한다.

제1차 세계대전을 설명하면서 이행 문제의 가능성을 부차적으로 지적한 연구도 적지 않다는 데 주목할 필요가 있다. '선제 전쟁preemptive war'으로 알려진 선제 공격의 이점을 지적한 것이다. 먼저 공격하면 독일이 전쟁에서 승리할 가능성이 훨씬 높아진다고 가정해보자. 그렇다면 이런 가정은 침략하고 싶은 욕망을 크게 자극할 수 있다. 프랑스나 러시아가 병력을 어떻게 이동하더라도 독일이 선제공격으로 얻는 이익을 상쇄할 수 없을 정도로 힘의 균형추가 크게 이동할 가능성이 있었다. 독일의 일부 장군들은 신속히 침략하면 몇 달 안에 전쟁을 승리로 끝낼 수 있을 거라고 믿었다. 그들의 전략은 러시아가 느릿하게 전쟁을 준비하는 동안 프랑스를 먼저 기습 공격하는 것이었다. 그래서 몇 주 만에 파리를 점령하면, 프랑스의 철도망을 이용해 병사와 군비를 동부 전선에 급파해서 러시아의 뒤늦은 침략을 차단하겠다는 것이었다. 물론 프랑스에 대한 선제공격이 계획대로 진행될 거라는 보장은 없었다. 게다가 영국이 연합국의 대의에 참여할 가능성이 있었다. 그렇지만 많은 전쟁 계획자들에게는 선제공격이 독일이 선택할 수 있는 최선의 방책이었다. 다른 방법으로는 전쟁에서 승리할 가능성이 없었다. 이행 문제가 관련된 경우가 항상 그렇듯이, 이행 문제의 근간에는 힘의 큰 이동, 힘을 사용하지 않겠다는 약속을 이행할 수 없는 상황, 선제공격을 시도한 쪽에 책임을 물을 수 있는 제3자가 부재하는 혼란이 있다. 몇몇 정치학자와 역사가는 일부 장성만이 선제공격의 이점을 고려했다고 주장하지만, 잘못된 생각이다. 공격이 유리하다는 신화가 있었다(Snyder 1989, Van Evera 2013). 그 학자들의 생각이 맞다면, 이행 문제보다 잘못된 인식에 가깝다. 선제 전쟁론은 핵 전략에서 더 큰 설득력을 가지며, 많은 국가가 2차 타격 능력을 향상시키기 위해 노력하면서 '상호 확증 파괴mutually assured destruction'라는 무시무시한 개념을 만들어내는 이유를 설명한다. 이에 대해서는 방대한 문헌이 있는데, 대표적인 것으로 Schelling(2020)과 Kaplan(2015)을 참조하기 바란다.

4 돌이켜보면 이런 지적은 충분히 타당한 듯하지만, 오랜 게임 이론과 경험적 논쟁을 통해 어렵게 얻은 교훈이다. 앞에서 언급한 힘의 이동을 다룬 논문들 외에 게임 이론을 다룬 중대한 문헌으로는 Fearon(1995)과 Powell(2006, 2004)이 있다. Baliga and Sjöström(2013)은 힘의 이동을 게임 이론에 접목한 훌륭한 저작이다.

5 Taylor(2011)와 Clark(2006)를 참조하기 바란다.

6 장기적인 전쟁의 원인이 주로 이행 문제에 있을 수 있다는 주장에 대해서는 Weisiger(2013)를 참조하라.

7 Ober(2015)가 말하듯이, 에게해 주변의 도시들에는 독립을 위해 아테네와 전쟁을 벌이는 것보다 이런 동맹 구축이 더 나았다. 델로스 동맹에 속한 국가들은 협력을 통해 이익을 누렸다. 바다는 평화로웠고 교역은 더 활발해졌다. 하지만 더

중요한 것은, 저항하면 크나큰 대가를 치러야 했다는 점이다. 가장 강력한 폴리스였던 아테네는 협상을 통해, 에게해라는 파이에서 누구보다 큰 몫을 차지했다. 대부분의 평화 협상에서 볼 수 있는 예이며, 결과적으로는 불공평하지만 덜 손해다.

8 이 일련의 작은 전쟁은 때때로 제1차 펠로폰네소스 전쟁이라 불린다. 작은 전쟁 즉 교전이 15년 동안 지속되었지만, 그 후의 큰 전쟁에 비하면 아무것도 아니었다. 그러나 두 전쟁은 유사한 이유, 즉 탈퇴의 연쇄 반응에 따른 두려움으로 시작되었다. 스파르타와 아테네가 합심해서 페르시아 군대와 싸우고 10년이 지났을 무렵, 펠로폰네소스 동맹에 불만을 품은 한 폴리스(메가라)가 델로스 동맹으로 옮겨갔다. 스파르타는 다른 폴리스들도 뒤따를까 두려웠다. 하지만 내가 아는 한, 펠로폰네소스 전쟁을 연구한 전문가들이 협상(혹은 현대심리학)이라는 렌즈를 통해 그 전쟁에 접근한 게임 이론적 분석은 여태껏 없었다. 따라서 여기에서 내 진단은 조심스럽게 받아들여져야 한다.

9 강력한 제3국이 중립을 유지하느냐 한쪽 동맹에 가입하느냐(혹은 느슨한 동맹국 하나가 떨어져나와 다른 쪽에 가입하느냐)는 불안정을 야기하는 주된 원인이며, 두 주요 경쟁국에게는 이행 문제의 주된 원인이 되기도 한다. 나는 이런 현상을 약한 연대의 문제로 생각한다. 전문서라면 집단과 동맹의 형성에 대해 깊이 파고들고, 게임에 다수의 행위자가 가담하는 경우까지 분석하겠지만, 여기서는 몇 가지 요점을 지적하는 것으로 만족하려 한다.

첫째, 파이 분할에서 제3자, 즉 상황에 따라 유리한 쪽으로 갈아타거나 다른 행위자들 간의 거래를 공격해 방해하는 행위자가 있으면 평화가 더는 유일한 균형이 아니다. 평화가 최선인 상황이 있을 것이고, 모든 행위자를 동시에 만족시킬 수 있는 일련의 이전을 구상하는 게 불가능한 상황도 있을 것이다. 전문 용어로 말하면, 게임 내에서는 평화와 전쟁을 포함해 다수의 완벽한 균형 상태가 존재한다. 다중 거래를 포괄적으로 개괄한 연구로는 Muthoo(1999), 그 연구를 갈등에 적용한 예로는 Gallop(2017)과 Ray(2009)를 참조하기 바란다. 요컨대 둘 이상의 행위자가 개입하면, 불확실성이 없고 어느 쪽이든 둘이 협상을 충실히 이행할 수 있는 경우에도 비효율적인 결과(전쟁)가 선택될 수 있다. 이 부분은 갈등을 게임 이론으로 분석하는 연구에서 아직 남아 있는 분야다.

둘째, 행위자가 많아지면 소음도 많아질 수 있다. 따라서 사적 정보를 지닌 행위자, 허세를 부리려는 행위자가 덩달아 많아질 가능성이 있다. 게다가 동맹이 결성되거나 해체될 때 정보도 바뀔 수 있다(Walter 2009a). 이런 가정에 일치하는 증거로, 관련자가 많아지면 내란이 길어지는 경향이 있다(Cunningham 2006). 내가 아는 바에 따르면, 주장 게임을 이론적으로 연구한 학자는 아직 없다.

끝으로, 약한 연대는 이기적이고 전쟁 편향적인 지도자들과 많은 점에서 유사하다. 오스트리아헝가리 황제가 자국민을 위해 전쟁의 모든 비용과 이익을 혼자 감당하기로 결정했더라도 대부분의 독일인에게 미치는 영향은 무시한 것이다. 마찬가지로, 코린토스가 스파르타에게 펠로폰네소스 동맹을 이끌고 아테네를 공격하라고 요구했을 때 다른 동맹국의 이해관계를 고려했을 거라고는 생각하기 힘들다. 한 동맹국이 동맹 전체를 전쟁으로 끌고 갈 경우, 동맹은 평판 때문에 잘못 판단한 전쟁 편향적인 동맹국을 따라 전쟁에 가담하는 경우가 적지 않다. 달리 말하면, 느슨한 동맹들로 이루어진 다극적 세계(혹은 한 국가나 느슨한 정치 연대)는 결속력이 강하고 오랫동안 지속된 파당보다 덜 안정적이라는 뜻일 수 있다. 물론 이런 해석은 아직 뒷받침할 만한 공인된 이론과 엄격한 증거가 없어 앞으로 연구가 필요한 분야이기 때문에 진실보다 하나의 가정으로 보아야 마땅하다. 현재 세계가 더 분할되는 다극적 세계로 변해가고 있다는 이유만으로도 이 분야는 정치학자와 경제학자가 앞으로 더욱 깊이 연구해야 할 중요한 주제인 듯하다.

내전에서 동맹 결성에 대한 사례 연구로는 Christia(2012), 특히 팔레스타인인들의 약한 연대에서 비롯되는 문제 및 그로 인한 폭력과의 관련성에 대해서는 Pearlman(2011)을 참조하기 바란다. 국제관계에서 동맹 결정에 대한 연구는 오랜 역사가 있고, 초기 연구로는 Walt(1985)가 있다.

10 내 설명은 코르키라 문제에 초점을 맞춘 것이다. 이 역사를 더 깊이 분석하면 전쟁의 다른 원인들이 부각될 것이다. 역사가들은 아테네와 스파르타의 지배층이 서로 상대의 도발에 대한 분노와, 아테네와 코르키라의 동맹 같은 위험한 결합을 인정하지 않으려는 근시안적이고 완고한 거부(무형의 동기와 잘못된 인식)를 전쟁의 원인이라 지적한다. 또 역사가들은 소수의 스파르타 지배층이 부담스러운 전쟁 비용을 노예들에게 떠넘길 수 있었던 것도 전쟁의 원인으로 언급한다. 아테네의 지도자 페리클레스가 전쟁을 통해 개인적인 이익과 영광을 누리려고 전쟁의 불길을 부채질했다고 비난하기도 한다(이기적이고 견제받지 않는 지배자). 끝으로, 펠로폰네소스 전쟁 즉 본격적인 전쟁이 있기 전에 무수히 많은 위기가 있었다고 역사가들은 지적한다. 아테네는 힘을 서서히 축적한 까닭에 이행 문제를 야기할 정도는 아니었다는 게 내 판단이다. 투키디데스가 옳다면, 힘의 이동이 더 급격하고 더 크게 일어났어야 했다. 코르키라 문제와 그 문제가 동맹 체제에 야기한 위험은 문헌에서 제대로 연구되지 않고 과소평가된 듯하다. 그러나 향후 전문가들이 해결해야 할 문제인 것은 분명하다.

11 투키디데스의 《펠로폰네소스 전쟁사》에 대해서 나는 Robert Strassler가 편집하고 Richard Crawley가 번역한 《the Landmark Thucydides》(1998)를 주로 참조했다. 인용된 구절들은 이 책을 참조한 것이다. 투키디데스 1.22.6의 일반적인 번역이 더 명확하게 읽힌다. "아테네의 힘이 강해지고, 그로 인해 스파르타가 두려움에 사로잡힘에 따라, 전쟁은 피할 수 없는 게 되었다." 전쟁과 그 시대의 배경에 대해서는 추가로 Kagan(1996, 2004), Doyle(1997), Hanson(1998), Plutarch(2009), Martin(2013), Ober(2015) 등을 참조했다.

12 힘의 이동은 국제관계에서 오래전부터 연구 과제였고, 때로는 '세력 전이 이론power transition theory'이라고 불리기도 한다. Organski and Kugler(1980), Gilpin(1981), Van Evera(2013) 등에 핵심적인 이론이 많이 실려 있다. 게임 이론에 바탕을 둔 Fearon(1995)과 Powell(2006)에서 이 개념이 포괄적으로 다뤄졌다. 키신저에게 질문한 기자 이야기는 Doyle(1997, 50), 시진핑의 발언은 Rosecrance and Miller(2014)에 기고한 Graham Allison의 글에서 인용했다.

13 여기서도 나는 Fearon(1995)이 국가 간의 갈등에서 이행 문제를 선구자 격으로 연구하며 제시한 단순한 형식 모형을 이용한다. 같은 시기에 게임 이론적 관점에서 내전의 이행 문제를 다룬 연구서로는 Azam(1995)이 있다. 그 전에는 갈등을 피하기 위한 이행을 연구한 Schelling(1960)만이 아니라, 제도경제학과 노동경제학 등 하위 분야에서 이행 문제를 다룬 방대한 문헌이 있었다.

14 Martin(2013)에 따르면, "결국 스파르타는 충분한 아이를 낳지 못한 까닭에, 한때 가장 강력했던 도시국가에서 기원전 4세기 후반쯤에는 국제관계에서 아무런 목소리도 낼 수 없는 인구 소국으로 쪼그라들었다. 이런 변화(고대 그리스에서 가장 강력했던 국가라는 위치에서 알렉산더 대왕 시대에는 국제관계에서 아무런 힘도 갖지 못하는 작은 조각으로 전락)는 고대에도 인구가 역사에 중요한 영향을 미쳤다는 걸 보여주는 명백한 증거다.

15 다시 말하면, 스파르타에게 전체적으로 120~160달러를 보장하는 협상이면 양측 모두 평화를 선택한다는 뜻이다. 스파르타가 전쟁에서 기대하는 가치는 0.75(80달러+80달러)=120달러이고, 아테네의 기대 가치는 0.25(80달러+80달러)=40달러다. 아테네가 미래에 승리할 확률이 50퍼센트라는 기대치는 현재의 결정에 아무런 영향을 미치지 못한다. 전쟁은 현재 벌어지고, 현재 힘의 균형은 75 대 25이기 때문이다. 계산을 단순화하려고 미래의 가치를 낮추지 않고 현재 1달러가 미래의 1달러와 동일한 것으로 보았다. 그렇다고 기본적인 결론이 달라지지는 않는다. 양측이 미래의 가치를 비슷하게 평가한다면, 미래 가치를 할인할 때 미래의 보상에 비해 현재의 비용이 더 커지기 때문에 오히려 갈등의 가능성

이 줄어들 것이다.

16 깊이 생각해보면, 스파르타에게 미래에도 40달러라는 합리적인 기대치를 허용하는 협상들이 여전히 존재하지만, 확실하게 보장되는 것은 아니다. 세 번째나 그 이상 기간을 도입하면, 스파르타를 달랠 수 있는 가능한 협상 범위들이 빠르게 사라진다.

17 인용문은 Dowden(1994)에서 발췌했다. 죽음과 이주에 대해서는 Verwimp(2003), 르완다 집단학살에 대한 자세한 설명으로는 Des Forges(1999)나 Straus(2006)를 참조하기 바란다.

18 전략적 논리를 포함해 대량학살 관련 문헌에 대해서는 Straus(2015); Esteban, Morelli, and Rohner(2015); Anderton and Brauer(근간)를 참조하기 바란다. 반군, 테러리스트, 소수 집단도 대량학살을 전략적으로 사용한다. 그러나 이 경우 대량학살이 사용되는 논리는 다른 경우가 많다. 이때 폭력은 힘을 과시하고 두려움을 조장함으로써 패권을 쥔 다수 집단이 소수 집단의 바람을 조금이나마 진지하게 고려하도록 요구하는 기능을 수행한다고 말할 수 있다. 이에 대해서는 Kalyvas(1999, 2006)를 참조하라.

19 인용문은 Schemo(1997)에서 발췌했다. '애국연맹Unión Patriótica'이라 불리던 정치 집단의 당원들은 군사 요원과 준군사조직 전투원(대다수가 정부나 지배층과 관계가 있었다) 및 콜롬비아 주요 마약조직들에게 살해되었다.

20 내전의 이행 문제와 관련해서는 Walter(1997, 2002, 2009a), Elbadawi and Sambanis(2002), Fearon(2004)을 참조하기 바란다. 무기가 전쟁이 오랫동안 지속되는 이유 중 하나라는 생각에서, 정부가 반군에게 무기를 포기하라고 요구하는 이유가 간략하게 다뤄진다. 예컨대 Powell(2013)의 설명에 따르면, 폭력의 독점에서 얻는 이익이 클 때 전투를 계속하려는 유혹을 받게 된다는 것이다. 이런 유혹은 국제사회가 단일한 군주에게 지나치게 많은 권한과 정당성을 부여하거나, 한 명의 국가수반을 대우하고 지원하는 경우에도 생겨날 수 있다.

이행 문제는 내전이 발생하는 이유를 이해하는 데도 도움이 될 수 있다. 다수 집단의 힘이 줄어드는 국가를 머릿속에 그려보라. 예컨대 대통령과 여당의 인기가 추락하는 경우, 여당은 야당이 정권을 잡으면 공권력을 사용해 과거의 지배 집단을 밀어내고 옛 관리들을 기소하며 그들의 추종자들을 박해하거나 살해하지 않을까 두려워한다. 야당은 결코 그런 끔찍한 짓을 하지 않을 거라고 약속하고 싶어 하겠지만, 야당이 정권을 잡은 뒤에 그런 억압적인 조치를 취하는 걸 제도적으로 막을 방법이 없다. 따라서 여당은 정권 교체가 어떻게 진행될 것인지 정확히 알고 있어, 야당 지도자들을 체포하고 겁박해서 출마하지 못하도록 억압하기로 결정한다. 또 군부에서 야당에 동조하는 지휘관들을 숙청해서 쿠데타 가능성을 최소화한다. 요컨대 여당은 국가를 더 독재적이고 견제받지 않는 방향으로 끌어간다. 정부를 장악하는 힘이 여느 때보다 중요해져서, 두 정당 모두 그 힘을 차지하고 싶어 한다. 평화적으로 정권을 교체할 길이 차단되면 야당은 반란을 도모한다. 학자들은 이런 논리를 사용해서, 아프리카 독재정권이 쿠데타와 분쟁에 취약한 이유, 중동과 북아프리카의 세속 정부들이 이슬람 정당들과 싸우는 쪽을 선택하는 이유, 소련이 붕괴된 후 소수민족들이 폭력적으로라도 자체의 국가를 세우려 한 이유를 설명해왔다. Roessler(2016), Fearon(1998), Kalyvas(2000)를 참조하라.

21 속담은 Coughlin(2005)에서 인용했다. 그 후의 설명은 Debs and Monteiro(2014)에 가장 가깝다. Baliga and Sjöström(2008, 2020)의 설명에서는 이라크의 경우를 사례로 들어 전략적인 움직임과 모호성에 대한 일반적인 형식 모델을 제시한다. 둘 다 이행 문제와 사적 정보를 전쟁의 주된 원인으로 파악한다. 그러나 사적 정보를 덜 중요하게 생각하며 이행 문제를 주된 요인으로 분석한 Coe(2018)와 Coe and Vaynman(2020)의 관점도 이 책에서 소개한다.

22 Dowell(1980)과 Benjamin(1980)을 참조하기 바란다.

23 또 하나의 변화는 2001년 9월 11일에 일어난 사건이었다. 9·11 테러 공격으로 조지 W. 부시 행정부는 중동에서 힘의 이동보다 더 두려워해야 할 것이 있다는 걸 깨달았다. 알카에다 같은 적들이 '더러운 폭탄dirty bomb(맨해튼이나 워싱턴DC 규모의 지역을 몇 세대 동안 사람이 살지 못하게 만들 정도의 방사능 물질이 들어 있는 재래식 폭발물)'을 만드는 데 필요한 재료를 구하고 있었다. 부시 행정부에서 몇몇 전문가가 걱정했듯이, 사담은 빈 라덴에게 그 재료를 공급할 가능성이 무척 큰 후보 중 하나였다. 이라크는 핵폭탄 개발을 굳이 직접 끝낼 필요가 없었다. 약간의 프랑스산 우라늄을 숨겨두었다가 넘겨주면 그것으로 충분했다. 실제로 1990년 사담은 "우리가 미국까지 먼 길을 갈 수는 없어도 아랍인 개개인은 얼마든지 미국에 갈 수 있지요"라면서 미국 대사를 위협한 적이 있다(Coughlin 2005). 그로부터 10년 후, 미국은 우려스러운 점을 눈여겨보았다. 9월 11일 아침, 사담은 1991년 걸프전 이후로 군대에 최고 수준의 준비 태세를 갖추도록 했다. 첫 항공기가 쌍둥이 빌딩에 충돌하기 직전이었다. 지금은 알고 있지만, 이런 조치를 빈 라덴과 연결시킨 것은 공허한 착각에 불과했다. 사담이 대량살상무기를 테러리스트들에게 넘겨줄 거라는 두려움을 과대평가하기는 쉽다. 부시 행정부가 그런 잘못을 범한 게 분명한 듯하다(어쩌면 미국 국민들에게 전쟁을 받아들이도록 납득시키려는 욕심에 진짜로 혹은 알면서도 그런 잘못을 범했을 수 있다). 어느 쪽이든 상관없다. 사담이 대량살상무

기를 보유하고 자신만을 위해 간직했더라도 힘의 이동은 일어났을 것이고, 봉쇄는 실패했을 것이다.

24 인용문은 익명의 고위 군사정보 관리를 인용했다. Ricks(2006).
25 Blix의 발언은 Gordon and Trainor(2006)에서 인용했다. 대량살상무기 사후 점검에 대해서는 "Duelfer Report", 특히 "Preserving and Restoring WMD Infrastructure and Expertise" section of the Key Findings(Duelfer 2005)를 참조하기 바란다.
26 Debs and Monteiro(2014)는 불확실성과 이행 문제가 복합된 사례를 설득력 있게 보여준다. Coe and Vaynman(2020)은 무기 개발 프로그램은 언제나 검증할 수 있었기 때문에 사적 정보가 반드시 필요하지는 않다면서, 미국이나 유엔에 충분한 사찰을 허용하면 그렇게 얻은 정보를 바탕으로 자신을 다른 식으로 전복할 거라는 우려 때문에 사담이 그런 사찰을 허락할 수 없었다는 게 문제였다고 반론을 제기했다. 이런 해석에서 보면, 이행 문제가 처음부터 끝까지 골칫거리였다고 할 수 있다. 인용문은 CNN(2003)에서 발췌했고, Debs and Monteiro(2014)에 재수록되었다.
27 이 사례의 심리적인 요소에 대해서는 Jervis(2010)와 Lake(2010)를 참조하라.
28 제1차 세계대전의 원인을 연구한 논문과 책은 무수히 많다. 제1차 세계대전은 인류 역사상 가장 폭넓게 연구되고 과도할 정도로 설명된 분쟁인 것은 분명하다. 1차 자료가 넘치도록 많고 수천 종 이상의 저서와 논문이 있어, 전쟁의 원인을 어떻게 가정하더라도 그 가정을 뒷받침할 증거를 찾아낼 수 있다고 역사가들이 말할 정도다. 비대칭적 정보의 추가적 역할에 대해서는 Fearon(1995), 공격적인 전략에 터무니없는 과신이 있었다는 주장에 대해서는 Van Evera(1999)와 Snyder(1989), 결함이 있고 견제받지 않는 지도자는 벅찬 임무를 감당하기 힘들다는 주장에 대해 더 깊이 알고 싶으면 MacMillan(2013)과 Lebow(2014)를 참조하기 바란다.

6장 | 잘못된 인식

1 편지에 대해서는 Einstein(1932)과 Freud(1932) 및 Einstein(2017, 재쇄본)을 참조하기 바란다. 달리 명기하지 않는 한, 직접적인 인용문은 이 편지에서 발췌한 것이다. 아인슈타인과 편지 전후의 상황에 대한 묘사는 주로 Isaacson(2008)의 전기와, 아인슈타인 자신의 글을 모은 수필집(Einstein[1933] 2011, 2017)을 참조했다. 프로이트의 외모 및 삶, 그의 폭넓은 사상에 대한 묘사는 Gay(1998)의 전기와, 프로이트가 남긴 저작(Freud[1930] 2021)을 참조했다.

2   '시스템1'이라고도 불리는 반(半)의식적인 빠른 사고만이 아니라, '시스템2'라고도 알려진 의식적이고 신중하며 느리게 진행되는 생각이 인간의 의사결정에 영향을 미친다는 게 기본 개념입니다. 두 시스템으로 구성된 모형은 단순화된 것이지만, 유용성과 직관성을 이유로 널리 채택되었다. Kahneman and Tversky(2013), Thaler and Sunstein(2008), Simon(1956), Epley and Gilovich(2016), Jervis(2017a, 2017b)를 참조하기 바란다.

3   3장과 6장의 구분은, 많은 행동경제학자가 심리학에 대해 알려진 것과 의사결정 모형에 대해 알려진 것을 구분하는 방법과 유사하다. 예컨대 Rabin(2004)은 우리가 아는 것을 세 종류의 가정으로 구분한다. ① 선호하는 것preference: 우리가 효용을 얻는 것이고, 내가 무형의 동기라고 칭하는 것이다. ② 잘못된 믿음erroneous belief: 우리가 세상의 상태를 평가하고, 그 상태의 확률을 계산하는 방법이다. ③ 잘못된 계산miscalculation: 기대 효용 최대화에 대한 인지적 한계 및 그 밖의 제약을 가리킨다. 이 세 가지는 기대 효용 최대화와 직접적인 관련이 있다. 우리는 무엇을 최대화하는가? 우리는 세상의 여러 상태에 확률을 어떻게 부여하는가? 어떤 경우에 우리는 기대 효용을 극대화하는 데 실패하는가? 내가 잘못된 믿음과 잘못된 계산을 하나로 뭉뚱그린 이유는, 내 눈에는 이 둘이 명확히 구분되지 않기 때문이다. 우리의 많은 믿음이 자동적이고, 단순화해서 지름길을 찾으려는 우리 뇌의 성향과 밀접한 관계가 있다.

4   이 부분에서 나는 Nick Epley, Betsy Paluck, Richard Thaler에게 많은 것을 배웠다. 그들이 잘못된 인식에 개입하는 요소들과 복합체들을 요약하려는 시도에 대한 문제점을 지적하고, 그에 대한 해결책까지 제시했기 때문이다. 내가 찾아낸 요소들은 Epley(2015), Epley and Gilovich(2016), Thaler(2016), Kahneman(2011), Tversky and Kahneman(1974)이 제시한 범주들과 대략적으로 일치한다.

5   행동경제학에 기여한 공로로 노벨상을 수상한 Richard Thaler는 수락 연설에서 심리학적 설명의 어려움을 이렇게 요약했다. "우리에게 많은 편향이 있다는 사실은 축복이자 저주입니다. 인간의 판단이 합리적 기대를 다수의 흥미로운 방향으로 벗어나고, 그 방향 하나하나가 경제적 행동을 통찰하는 데 유용한 가능성을 제공한다는 것은 축복이겠지요. 반면에 저주는 그 많은 편향이 이론가들에게 위험할 정도로 많은 자유를 준다는 것일 겁니다"(Thaler 2016).

6   과대평가와 정확성에 대해서는 Moore and Healy(2008)를 참조하기 바란다. 자신을 과대평가하면 평균값이 구해지지 않고, 자신이 정확하기 이를 데 없다고 생각하면 변수가 고려되지 않는다. 과신의 중요성에 대해서는 Bazerman and Moore(2012)를 참조하라. 전쟁과 관련해서 Kahneman and Renshon(2007)은 "과

도한 낙관은 심리학자들이 가장 중요하게 생각하는 편향 중 하나"라고 주장한다.

7 〈신혼부부 게임〉 관련 자세한 분석은 Epley(2015)와 Eyal, Steffel, and Epley(2018)를 참조하기 바란다.

8 원래의 이야기는 Kahneman(2011)을 참조하라. 관련된 연구로는 Odean(1999)과 Barberis(2018)가 있다.

9 최고경영자들의 과신을 연구한 자료와 관련해서는 Malmendier(2018); Bertrand(2009); Moore, Tenney, and Haran(2015)을, 다른 분야의 전문가에 대해서는 Hafner-Burton et al.(2013), Massey and Thaler(2013), Tetlock(2017) 등을 참조하기 바란다.

10 지나친 낙관에 대한 모형을 선택하려면 Fey and Ramsay(2007), Slantchev and Tarar(2011), Fey and Ramsay(2019)를 참조하라. Fey와 Ramsay는 과신만으로 전쟁이 발발하기에는 충분하지 않을 수 있다고 강조한다. 하지만 일반적으로 말해서, 양측이 확신하지만 낙관하지 않는 경우에 비교할 때, 양측 모두가 낙관하면 강경한 요구가 제시되고 거부될 위험성이 증가한다. 결국 양측 모두 지나치게 낙관하면 협상 범위가 최소한으로 줄어든다.

미국이 반란 진압 비용을 과소평가하는 것도 지나친 과신에서 비롯되는 것일 수 있다. 이런 경우에도 미국이 대신 전쟁을 받아들일 수 있다고 인식하는 협상 범위가 줄어들며 상황의 악화를 초래할 수 있다.

11 예컨대 Jackson and Morelli(2007)와 Smith(1998)를 참조하라.

12 Ortoleva and Snowberg(2015), Johnson et al.(2006), Hafner-Burton et al.(2013), Tetlock(2017)을 참조하기 바란다.

13 Pronin, Lin, and Ross(2002); Pronin(2007); Ross(2013)를 참조하라.

14 피그스만에 대해서는 Schub(2015)와 Jervis(1976), 미국 정보기관의 판단 실패에 대해서는 Jervis(2010)를 참조하기 바란다. 국가 안보 전문가들을 대상으로 한 실험에 대해서는 Friedman, Lerner, and Zeckhauser(2017)를 참조하라.

15 Horowitz, Stam, and Ellis(2015)를 참조하기 바란다.

16 일부 정치학자는 이런 현상을 '집계 문제 aggregation problem'(Hafner-Burton et al. 2017)라고 칭한다. 이 때문에 국제관계학자들은 전쟁의 원인을 개인부터 소규모 집단 및 국가와 국제 시스템까지 다양한 차원에서 접근한다(Levy and Thompson 2011). 초창기의 것으로 가장 영향력 있는 연구서로는 Jervis(1976)와 최근 개정 재출간된 Jervis(2017a)가 있다. 국제관계에서 정치심리학의 폭넓은 관점을 보려면 McDermott(2004)를 참조하라.

17 휴스는 Bean(2010)에서 자신의 이력을 자세히 밝혔다.
18 이렇게 말한 David Ervine은 한때 왕당파 준군사조직의 폭파범이었고, 나중에는 진보통합당을 창당했으며, 1990년대에는 휴전과 평화를 협상하는 데 일조했다. Ervine은 Bean(2010)에서 자신의 이력을 자세히 밝혔다.
19 일부 가톨릭교도는 투표권을 가졌다. 그러나 의원 선거에서 기업에 부여한 복수 선거권처럼 재산소유권 요구는 프로테스탄트 사회에도 유리했다. 이 격언은 1934년 James Craig가 의회에서 "우리는 프로테스탄트 의회이고 프로테스탄트 주다"라고 연설한 데서 비롯되었다. 아일랜드 주에서 남부가 가톨릭 주임을 선언한 것과 다르지 않았다.
20 어떤 면에서 가톨릭교도들의 저항은 진행 중인 이행 문제였다. 가톨릭교도 수는 증가하고 있고, 다수가 남부의 가톨릭 아일랜드공화국과 하나가 되기를 바랐다. 과거에도 가톨릭교도가 다수를 차지했을 때는 왕당파의 생활방식이 위협을 받았다. 어떻게 해야, 가톨릭교도가 기존 프로테스탄트보다 수적으로 우세해지더라도 그렇게 하지 않겠다고 약속하도록 만들 수 있을까? 어쩌면 인구 변화는 진짜 이행 문제가 아니었다. 인구 변화는 서서히 진행되었다. 입헌민주주의에서는 신뢰할 만한 약속을 할 수 있는 방법이 얼마든지 있었다. 따라서 폭력 사태를 설명하려면 더 많은 것이 필요하다.
21 인용문은 Tommy Gorman, in English(2008)에서 발췌했다.
22 예컨대 Davenport(2007); Chenoweth, Perkoski, and Yang(2017); Aytaç, Schiumerini, and Stokes(2018)를 참조하기 바란다.
23 Tommy Gorman, in English(2008)에서 인용했다.
24 이 사태는 IRA도 어떻게 잘못 계산했는지를 보여주는 분명한 사례다. 가장 잔혹한 잘못은 1972년 연이은 살인과 식당 폭력으로 시작되었다. 1972년은 IRA의 공작으로 사람들이 행방불명되기 시작한 해이기도 했다. IRA의 무차별적이고 잔혹한 공격에 적들은 분노했고, 가톨릭계의 지지마저 잃었다. IRA의 공격은 '피의 금요일'에 극에 달했다. 그때도 평소처럼 미리 경고를 보내지 않았느냐고 변명할 수 있겠지만, 폭탄의 수와 지역이 정부가 관리할 수 있는 범위를 벗어났다. 그 작전은 브렌던 휴스가 계획하고 지휘한 것이었다. 그중에는 단순히 잘못 계산해 실수를 범한 부분이 있었다고, IRA를 위해 다시 변명할 수 있겠지만, IRA는 그 후에도 술집들을 연이어 폭격하는 등 똑같은 실수를 계속 저질렀다. 그 때문인지 1970년대 초의 잘못된 인식과 실수를 시작으로 IRA가 쇠락의 길로 접어들었다고 주장하는 학자가 적지 않다.
25 Dostoyevsky([1873] 2013).

26 그 밖의 예로는 Pinker(2015)를 참조하기 바란다. '시각 문제'와 이를 뒷받침하는 연구에 대해서는 Epley(2015)와 Epley et al.(2004), 지식의 저주에 대해서는 Heath and Heath(2006), 우리가 아는 것을 다른 사람들도 알고 있을 확률의 과장에 대해서는 Madarász(2015); Fehrler, Renerte, and Wolff(2020); Eyster(2019), 미래의 우리에 대한 잘못된 예측에 대해서는 Loewenstein, O'Donoghue, and Rabin(2003); Conlin, O'Donoghue, and Vogelsang(2007); Acland and Levy(2015); Busse et al.(2012)를 참조하라.

27 사회심리학자 Ross and Nisbett(2011)는 이렇게 말했다. "우리는 사건을 해석할 때 내재한 가변성을 인식하지 않는다. 따라서 우리 자신의 행동을 지나칠 정도로 자신 있게 예측한다. 마찬가지로, 사건에 대한 우리 자신의 해석과 다른 사람의 해석 사이에 무작위적 차이, 즉 적어도 예측할 수 없는 차이만이 아니라 규칙적으로 반복되는 차이가 있다는 것도 인식하지 못한다. 그 결과로 우리는 다른 사람의 행동마저 지나치게 자신 있게 예측한다. 게다가 다른 사람이 뜻밖으로 행동한 경우에는 그 사람의 극단적인 성격을 탓하거나 우리와 그 사람 간의 동기 차이를 원인으로 꼽지, 그가 상황을 다른 식으로 해석했을 가능성을 인정하지 않는다." 본문에서 나열된 사례 중 일부는 Hastorf and Cantril(1954); Vallone, Ross, and Lepper(1985); Ross(1990)에서 다뤄진 것이다.

28 지능검사 사례에 대해서는 Zimmermann(2020)을 참조하기 바란다. 동기화된 추론에 대한 설명은 Kunda(1990)를 참조했다.

29 예컨대 Dorison, Minson, and Rogers(2019)를 참조하기 바란다.

30 이 증거에 대한 평가로는 McDermott(2004), Charness and Sutter(2012), Tindale and Winget(2019)이 있다.

31 집단사고의 원래 의미에 대해서는 Janis(1972), 집단사고의 형식적인 행동 모형에 대해서는 Bénabou(2013), 최근의 역사에 대해서는 Sunstein and Hastie(2015)를 참조하기 바란다. 정보를 처리해 종합하는 연구, 심의를 통해 더 극단화되는 현상에 대해서는 Kerr and Tindale(2004), Sunstein and Hastie(2008, 2015), Tindale and Winget(2019)을 참조하라.

집단 의사결정으로 지나친 자신감이 완화되느냐 오히려 증폭되느냐에 대해서는 아직 연구가 많지 않지만, 적어도 실험실에서 집단은 그런 편향성을 보였다(Cacault and Grieder 2019). 이론적인 사례에 대해서는 Backus and Little(2020)을 참조하기 바란다. Ashworth and Sasso(2019)는 정책 결정자들이 전문가의 과신을 최소화하기 위해 시행할 수 있는 방법들을 조사하고 분석했다.

32 Jervis(2010). Jervis는 "분석가들이 정책 결정자들에게 듣고 싶은 말을 해주지

는 않았지만 '한편으로는', '다른 한편으로는' 식으로 전형적인 비호감 글쓰기를 하는 대신 확고한 결론을 제시하는 방식으로 정책 결정자들을 즐겁게 해주겠다는 욕심에 영향을 받았을 수 있다"라고 덧붙였다. 관련된 견해에 대해서는 Lebow(2020), Levy and Thompson(2011), Lake(2010)를 참조하기 바란다.

33 Andrew(2004, 2009). 잉글리시는 나에게 "국가도 인간과 다를 바 없다. 남녀를 구분할 것도 없이, 불완전한 정보를 바탕으로 불완전한 판단을 내리며, 일을 하다가 걱정하고 승진하려고 애쓰는 게 정상이지 않은가"라고 말했다.

34 인용구는 분노와 폭력에 대한 Beck의 연구에서 발췌했다(Beck 2000). Beck은 인지행동치료CBT의 과정과 그에 대한 자신의 생각을 Beck(1979)에서 밝혔다.

35 뇌에 대해서는 Sapolsky(2017)와 Kaufman(2015) 및 아래의 문헌을 참조하기 바란다. 인용문은 Hume([1739] 1896)에서 발췌했다.

36 이런 계통의 감정 연구에 대해서는 Loewenstein and Lerner(2003), Lerner et al.(2015), Ferrer et al.(2017), Pearlman(2013, 2017)을 참조하기 바란다. 하지만 모든 감정이 대담하게 만들고 과장하게 만드는 것은 아니다. 두려움과 슬픔과 수치심 같은 감정은 오히려 정반대로 작용해 우리를 비관하고 위험을 회피하게 만든다. 예컨대 슬프고 두려울 때 우리의 잘못된 인식은 반대 방향으로 진행된다. 다른 사람들의 행동에서 특이한 면을 눈여겨보고, 그런 행동이 주체적인 게 아니라 상황에 내몰린 것이라고 생각하면서 우리는 더 신중해지며 안전을 모색한다. 이런 현상은 실험실에서만이 아니라 주식시장에서도 관찰된다. 월드컵 경기에서의 패배, 평소보다 나쁜 날씨, 일조 시간 감소 등 슬픔이나 실망을 안기는 사건이 있은 다음 날에는 주가가 떨어지는 경향이 있다(Edmans, García, and Norli 2007; Hirshleifer and Shumway 2003; Kamstra, Kramer, and Levi 2003).

37 예컨대 Friedman et al.(2004)와 Tagar, Federico, and Halperin(2011)을 참조하기 바란다.

38 인용문은 Hume([1739] 1896)에서 발췌했다. 집단 간의 관계에서 발견되는 고정관념에 대해서는 Fiske(1998)와 Mackie, Smith, and Ray(2008)를 참조하기 바란다. 비인간화에 대한 연구 문헌들은 대체로 현상에 대한 묘사이고 상관관계를 띠지만, 적의 악마화는 갈등의 위험과 관계가 있다(Kteily et al. 2015; Kteily, Hodson, and Bruneau 2016; Kteily and Bruneau 2017).

39 집단에 기반한 감정 및 집단 간의 관계를 검토한 연구에 대해서는 Mackie, Smith, and Ray(2008)와 Porat, Halperin, and Tamir(2016)를 참조하기 바란다.

40 침략을 지지한 미국 대학생들에 대해서는 Cheung-Blunden and Blunden(2008), 인도의 폭력적 갈등과 음식 금기에 대해서는 Atkin, Colson-Sihra, and Shayo

(2021)를 참조하라.

41 Jervis(2010), Levy and Thompson(2011)과 McDermott(2004)도 참조하기 바란다. 미국인들은 사담 후세인에게 자신들이 제1의 적이라고 확신했다. 제4의 적일 거라고는 상상조차 못했다. 사담이 진정으로 압박감을 느낀 게 무엇이고 어떤 이익을 추구했는지 다른 사람이 짐작하기는 무척 힘들었다. 심지어 중동의 다른 국가들도 사담의 의도를 잘못 판단했다. 결국 사담의 적들은 침략을 준비했고, 그 과정에서 새로운 정보가 제공돼도 필요 이상으로 무시했다. 잘못된 인식과 동기화된 추론만이 미국으로 하여금 이라크를 침공하게 만든 원인이 아닐 수 있지만, 그 요소가 불확실성 속에서도 미국이 전쟁에 도박을 걸게 만든 것은 분명하다.

42 이런 양극화에 대해서는 Ripley(2021)를 참조하라.

43 이 표현은 비슷한 점들을 지적한 Gartzke(1999)에서 빌렸다. 전쟁 가능성 여부를 예측하기란 여전히 어렵다. 오늘날 강력한 컴퓨터 역량과 인공지능 기법을 사용하더라도 올바른 정보를 얻는다는 조건이 갖춰지는 경우에만 사건을 예전보다 더 정확히 예측할 수 있을 뿐이다. 이 세계에는 두 가지 희귀한 요소(엄청난 폭력과 훌륭한 데이터)를 모두 보유한 두 국가, 콜롬비아와 인도네시아가 있다. 둘 다 경이로운 통계국을 보유한 중간 소득 국가로, 수십 년 동안 내란과 테러 공격, 폭력적 충돌 및 많은 유혈극에 시달렸다. 실제로 사망자가 매년 지방자치단체 수준까지 섬뜩할 정도로 잘 분류되고 정리된다. 몇몇 동료와 나는 경기 변동, 인구 이동, 정치적 변화 등 수백 가지 변수에 대해 가능한 모든 데이터베이스를 수집해 폭력을 예측할 수 있는 알고리즘을 만들어보려 했다. 하지만 그 결과는 우리 기대치에 미치지 못했다. 시간이 지남에 따라, 갈등 위험이 가장 높은 곳이 어디인지는 예측할 수 있었지만, 사망자가 급증할 해를 예측하기는 여전히 어려웠다. 다른 데이터가 있었다면 더 나은 결과를 얻었을지 모르지만, 내 직감에 전쟁은 오차항에 있는 경우가 많았을 것이다. Bazzi et al.(근간)를 참조하기 바란다.

7장 | 상호의존

1 Reagan(1982).
2 Hoffman(1999).
3 국제관계에서 대의민주주의, 국제법과 국제조직, 상업과 무역이 평화의 기반을 다진다고 주장하는 자유주의파와 내가 말하는 네 가지 조건 사이에는 유사점이 있다(Russett and Oneal 2001). 뒤에서 보겠지만, 나는 상업보다 통합이라는 더 포괄

적인 관점을 주장할 것이다. 또 견제받는 제도화된 권력이 민주주의보다 더 필수적인 정치적 요건이라고 생각한다. 국제관계만이 아니라, 갱단부터 국가까지 많은 차원에서 폭력을 분석할 예정이기 때문에 폭력 통제 관련 조직과 제도에 더 폭넓게 접근하려 한다.

4 Pinker(2011)와 Elias([1939] 2000)를 참조하기 바란다. 이런 변화는 사회 내의 폭력에서 특히 주목되는 듯하다. 강력한 국가와 치안 병력, 책임 있는 정부, 경쟁력 있는 정치 체제, 법치주의, 비폭력과 인권을 중시하는 문화와 규범이 확립된 덕분에, 한 국가 내에서 집단들이 오랫동안 지속되는 폭력에 호소하는 경우가 예전보다 크게 줄었다. 하지만 내전과 국제전 관련해서, 국제전의 빈도가 줄어든 것은 분명하지만 파괴력은 훨씬 커졌다고 주장하는 학자가 적지 않다(Levy and Thompson 2011). 특히 Braumoeller(2019)는 내전과 국제전을 분석한 결과에서, 1900년대 이후로 전쟁 빈도가 줄기는 했지만 지난 200년 동안 전면전에 의한 사망자 수가 줄었다는 증거는 없다고 밝혔다.

5 행진과 모스크 파괴 및 관련된 정치운동에 대해서는 Jha(2018), BBC(2017), Ellis-Petersen(2020)을 참조하라. 한 연구에 따르면, 아요디아 순례가 크게 성공한 덕분에 BJP의 득표율이 5퍼센트포인트나 상승하면서 BJP에 큰 승리를 안겨주었다(Blakeslee 2018).

6 중세에는 원활한 항해를 위해 해안에서 움푹 들어간 곳이 주로 항구가 되었다. 시간이 지나면서 이런 항구들에는 토사가 쌓였고, 더는 무역선이 접근하기 힘들게 되었다. 따라서 요즘에는 해안에서 움푹 들어간 곳이 항구로서 별다른 이점을 갖지 못한다. Jha는 이런 고대 항구와 다른 해안 도시가 무슬림이 정착하는 데 어떻게 영향을 미쳤는지에 대해 비교 연구했다(Jha 2013, 2014, 2018).

7 Montesquieu([1750] 1989), Paine(1791), Mill([1848] 1909)을 참조하라.

8 내전이 소득에 미치는 영향에 대해서는 Mueller(2012), 지적 자본과 금융자본이 강압하고 점령하고 싶은 욕망을 완화시킨다는 주장에 대해서는 Gartzke(2007)와 Rosecrance(1986)를 참조하기 바란다. '자본주의 평화'라는 개념은 20세기 초에 활약한 영국 정치인으로 노벨 평화상을 수상한 Norman Angell에서 비롯되었다고 주장하는 학자가 적지 않다.

9 그렇다고 무역과 상거래가 마법의 해결책은 아니다. 예컨대 한 국가가 수십 개의 국가와 교역한다면, 한 국가와 전쟁한다고 해서 상업적으로 별다른 부담을 느끼지 않을 수 있다. 특히 다른 모든 교역국이 어떤 이유나 동기로든 침략국을 억제할 수 없다면 더더욱 그렇다. 2장에서 보았듯이, 유명한 군산복합체를 비롯해 전쟁과 이해관계가 있는 산업가나 투자자도 적지 않다. 따라서 모든 산업이

'자본주의 평화'를 원하는 것은 아니다. 이 이론과 증거 및 다양한 관점에서 시도된 연구에 대해서는 Russett and Oneal(2001); Gartzke(2007); Martin, Mayer, and Thoenig(2008a, 2008b); Rohner, Thoenig, and Zilibotti(2013); Lee and Pyun(2016)을 참조하기 바란다.

10 Jha and Shayo(2019).
11 Moretti et al.(2019).
12 Ross(2008, 2012).
13 Benzell and Cooke(2021).
14 Dahl(1956)과 Lipset and Rokkan(1967)을 참조하기 바란다.
15 Smith(1759)와 이에 대한 Forman-Barzilai(2010)의 분석을 참조하라.
16 Smith et al.(2009); Cikara, Bruneau, and Saxe(2011); Baron-Cohen(2012); Cikara et al.(2014). 실험실 밖에서 관련된 사례를 찾기는 무척 힘들다. 샤덴프로이데가 실제로 얼마나 흔한지에 대해서는 더 많은 연구가 필요한 듯하다.
17 Varshney(2003a)와 Brass(1997)를 참조하라.
18 이 연구의 장단점에 대한 분석과 포괄적인 논의에 대해서는 Paluck, Green, and Green(2019)을 참조하기 바란다. 나이지리아, 인도, 이라크 연구에 대해서는 Scacco and Warren(2018), Lowe(2021), Mousa(2020)를 참조하라. 하지만 분리벽이 굳어진 곳에서도 이 프로그램들이 항상 효과를 발휘하는 것은 아니다.
19 Bazzi et al.(2019).
20 아프리카의 민족 정치와 교차 정체성의 유용성에 대한 설명은 Fearon and Laitin(1996); Brubaker and Laitin(1998); Posner(2004); Miguel and Gugerty(2005); Eifert, Miguel, and Posner(2010)를 근거로 했다.
21 '쿠루칸 푸가'에 대해서는 Niang(2006), 사촌 관계와 민족 정치에 대해서는 Dunning and Harrison(2010)을 참조하기 바란다.
말리에는 내가 여기서 다루지 않은 중대한 분열 현상이 있다. 주로 흑인으로 대부분의 말리인이 정착해 살아가는 남부의 사바나 지역과, 투아레그족이라 불리는 반半유목 목축민 베르베르인의 고향으로 사하라사막의 변방 지역을 넓게 차지하는 북부 지역 사이에는 상당한 긴장감이 존재한다. 단순화할 목적에서 나는 인구밀도가 상대적으로 높은 남부 지역의 정치에 초점을 맞췄고, 때로는 말리를 불안한 상태로 몰아넣는 분열에 대해서는 다루지 않았다.
22 뒤섞임은 조화로운 관계의 결과지 원인이 아닐 수 있다는 점에서 신중해야 한다. 하지만 이 이론은 직관적인 것이다. 그래도 아프리카만이 아니라 남아시아와 동남아시아 등 여러 곳에서 비슷한 양상이 확인된다(Selway 2011; Gubler and Selway

2012; Gubler, Selway, and Varshney 2016).
23 Depetris-Chauvin, Durante, and Campante(2020).
24 사회적 정체성은 만들어진 것으로 변할 수 있다는 개념은 사회과학 및 역사와 관련된 방대한 문헌에서 어렵지 않게 찾을 수 있다(Brubaker and Laitin 1998, Akerlof and Kranton 2000, Fearon and Laitin 2000, Chandra 2005, Green 2005, Tajfel 2010, Wimmer 2013).
25 상상의 공동체, 특히 국가주의에 대해서는 Anderson(2006)을 참조하고, 생물학과 문화에서 확장되는 집단의 근원에 대해서는 Singer(2011)를 참조하기 바란다.
26 Ignatieff(2008, 2011), Pinker(2011), Hunt(2007), Forman-Barzilai(2010). 좁은 집단의 생물학적 근거와, 확장된 집단의 이성적 근거에 대해서는 Singer(2011)를 참조하라.
27 Hirschman(2013).

8장 | 견제와 균형

1 Sawyer(1992, 2004, 2005). Sawyer만이 권력의 지나친 집중에 주목한 것은 아니다. 권력의 이런 불평등한 구조는 많은 이름으로 불린다. Daron Acemoglu와 James Robinson은 '추출적 체제extractive regime', Douglass North, John Wallis, Barry Weingast는 '참여 제한적 체제limited access order', Bruce Bueno de Mesquita는 '제한된 선택 체제narrow selectorate'라고 칭한다. James Scott은 전형적인 강압적 국가라 생각하고, Mancur Olson은 아예 독재정권이라고 불렀다(Bueno de Mesquita et al. 2003; Acemoglu and Robinson 2006; North, Wallis, and Weingast 2009a; Olson 1993; Scott 2010). 시카고와 메데인의 갱단, 인도 도시들의 종교 지도자들, 사하라사막 이남 지역의 종족 정치, 외국의 적들을 면밀히 관찰하는 독재자들(예를 들어 사담 후세인), 아프가니스탄부터 타지키스탄과 라이베리아 및 근대 초기의 유럽까지 약소국의 군벌 등 이 책에서 다룬 많은 사례에서 권력이 어떻게 구조화되는가가 잘 드러난다(Roessler 2016; Mukhopadhyay 2014; Driscoll 2015; North, Wallis, and Weingast 2009a; Myerson 2015; Sawyer 1992).
2 안정되고 제도화된 독재체제의 설계에 대해서는 Gandhi(2008); Gandhi and Lust-Okar(2009); Egorov, Guriev, and Sonin(2009); Svolik(2012); Gehlbach, Sonin, and Svolik(2016)을 참조하기 바란다.
3 권력의 제도화는 여러 이유에서 쉽지 않다. 첫째, 제도와 규칙은 변화에 대한 대응이 느린 데다 구축하기도 어렵다. 권력의 제도적 분할은 이론적으로 가능하지

만, 권력이 대통령의 통치하에서 오랫동안 공고해진 경우에는 민첩한 변화와 섬세한 분할이 현실적으로 힘들 수 있다. 권력은 분할되더라도 큼직한 덩어리다. 우리에게 협상의 여지를 주는 분할이 항상 가능한 것도 아니다. 둘째, 통치자는 지나치게 많은 권력을 양도하면 쿠데타의 위험이 있지 않을까 걱정하기 마련이다. 예컨대 전권을 가진 대통령이 도전자에게 약속에 대한 신뢰를 얻겠다며 군대의 일부, 혹은 통치권의 일부를 양도한다고 해보자(많은 국가가 많은 군 기관을 보유하는 이유가 여기에 있다). 도전자가 대담하게 대통령을 축출하지 않을 거라고 누가 장담할 수 있겠는가? 특히 현대 아프리카에서 빈번히 일어난 쿠데타와 내전의 딜레마에 대해 자세히 알아보려면 Roessler(2016)를 참조하기 바란다.

인류의 역사에서 강력한 통치자가 약속을 이행하면 커다란 이익을 얻을 게 분명한 경우에도 약속을 이행하지 않은 경우가 많았다. 이와 관련된 예는 평화보다 공공재정에서 흔히 발견된다. 예컨대 군주가 상인들과 하급 영주들에게 수입의 일정한 몫을 국가에 바치기를 원한다고 해보자. 그 대가로 군주는 도로를 건설하고 공정한 법정을 운영하며, 국가를 방위하고 그 밖에도 여러 공공재를 제공하겠다고 약속한다. 그러나 귀족과 사업가는 전능한 군주나 독재자가 약속을 이행할 거라고 어떻게 믿을 수 있겠는가? 군주와 황제는 돈을 빌릴 때도 같은 문제에 부딪힌다. 전주錢主는 통치자가 지나치게 강력해지면 돈을 갚지 않을 거라고 걱정할 수밖에 없기 때문이다. 세금을 인상하거나 많은 돈을 빌리는 능력은 필수적이다. 그런 능력이 있어야 군대를 양성하고 이웃 국가를 위협해 양보를 얻어낼 수 있기 때문이다. 세금과 차관은 국가의 생명줄이다. 따라서 통치자가 공공재정을 이행하는 문제를 해결할 수 있다면, 전쟁이나 협상을 통해 세계를 지배하는 방법도 찾아낼 수 있을 것이다.

이와 관련된 역사와 정치경제의 문헌은 방대하지만 단순화해보자. 노벨상을 수상한 경제사학자 Douglass North가 이런 개념을 가장 명확하게 주창한 학자 중 한 명이다(1994, 1989). 민주 제도가 이행 문제에 미치는 영향에 대해서는 Acemoglu and Robinson(2012)에서 명쾌하게 요약되었고, 이행 문제에 대한 해결책으로 제안된 독재 제도에 대해서는 Myerson(2008), Gehlbach and Keefer(2011), Boix and Svolik(2013)을 참조하기 바란다.

4 민주주의가 과거와 현재에 의미하는 것들에 대해서는 Ostrom(1997)과 Stasavage (2020)를 참조하라.
5 미국의 초기 대통령직에 대해서는 Howell(2015, 2022)에서 많은 것을 인용했다.
6 매디슨의 역할에 대한 설명은 Brookhiser(2011); Hamilton, Madison, and Jay (2008); Madison(1793)을 주로 참조했다.

7   다중심주의polycentrism에 대해서는 Ostrom(2010)을 참조하기 바란다.
8   국가가 자원을 처음에 어떻게 배분했느냐에 따라 정치적으로 다른 길을 걸었다는 걸 보여주는 많은 문헌이 있다. 소규모 자작농과 산업에 적합한 기후와 작물을 지닌 곳이, 경제적인 규모로 농경을 시작한 곳이나 귀중한 금속 등 자연자원이 집중된 곳보다 더 민주적인 길을 걷는 경향이 있었다(Mahoney 2001, Engerman and Sokoloff 2005, Nugent and Robinson 2010). 석유와 독재국가에 대해서는 Ross(2012, 2008)를 참조하기 바란다. 그러나 귀중한 자원이 발견되기 전에 민주 제도가 확립된 곳은 달랐다.
9   체제 유형과 전쟁의 관련성에 대해서는 Weeks(2012, 2014)를 참조하라. Geddes, Wright, and Frantz(2018)도 비슷한 주장을 펼쳤다. 입법부의 제약에 대해서는 Choi(2010)를 참조하기 바란다.
10   민주평화론의 초기 형태에 대해서는 Kant([1795] 2011)를 참조하라. 민주평화론은 Jean-Jacques Rousseau와 Jeremy Bentham의 철학적인 글만이 아니라, Woodrow Wilson처럼 학자에 가까운 정치인의 사상에서도 발견된다. Gartzke(2007)와 Hegre(2014)는 민주평화론 및 정치제도와 무력 분쟁 간의 관계를 폭넓게 다뤘다. 민주평화론 옹호자들이 민주주의가 폭력을 축소시킨다는 이유만으로 견제와 균형을 생각한 것은 아니었다는 점에 주목해야 한다. 무엇보다 그들은 민주주의를 통해 문화 성향이 함양되면 격정적인 감정이 진정되고 협상과 숙고가 규범이 될 거라고 믿었다. 민주평화론보다 현대적인 접근 방식, 즉 대리인 문제를 해결하는 데 중점을 둔 현대적 접근 방식에 대해서는 Jackson and Morelli(2007)를 참조하기 바란다. 민주국가 사이에서 전쟁이 회피되는 이유는, 유사한 규범과 문화적 관련성 때문이 아니라, 협상 과정에서 정치적 편향이 거의 없기 때문이라는 게 그들의 주장이다. 이 주장은 Bueno de Mesquita et al.(2003)의 논리와 무척 유사하다. 민주평화론과 제안된 메커니즘에 대한 문헌은 실로 방대하다(Maoz and Russett 1993, Russett et al. 1995, Bueno de Mesquita et al. 1999).

하지만 어떤 연구도 민주주의와 평화 사이에 단순히 직선적인 관계가 있다고 말하지 않는다. 투표권을 가진 민중이 정보를 제한적으로 제공받아 충분히 합리적으로 판단하지 못한다면, 지도자는 지나치게 많은 것을 양보하거나, 전쟁을 일으키고 나서 타협하거나, 전쟁에 패배해서 직위를 잃을 수 있다. 민주평화론이 지도자의 결정에 어떻게 영향을 미치느냐는 "더 많은 민주주의가 평화에는 좋다"라는 주장보다 더 복잡하다(Baliga, Sjöström, and Lucca 2011; Ashworth and Ramsay 2020).

11   증거의 요약에 대해서는 Hegre(2014), 반복되는 내전 및 내전의 재발을 초래하는 이행 문제에 대해서는 Walter(2015)를 참조하기 바란다. 끝으로 일부 학자가 지

적하듯이, 민주주의로 전환하는 과정에 있는 국가가 더 호전적일 수 있다. 그들의 주장에 따르면, 과도기의 국가들이 공격적인 성향을 띠는 이유는 소수 엘리트가 여전히 압도적인 영향력을 지녀 그들의 외국 침략을 지지하도록 군중을 유도할 수 있기 때문이다(Snyder 2000, Mansfield and Snyder 2002). 이런 현상에서도 엘리트 계급에 대한 견제 부족이 중요한 쟁점이라는 게 드러난다.

다양하게 계층화된 사회에서는 합의에 기반한 정부가 안정적이라는 주장에 대해서는 Lijphart(2012)의 사례 분석을 참조하라. 이 주장을 뒷받침하는 문헌은 무척 많은 편이다(Wimmer, Cederman, and Min 2009; Cederman, Wimmer, and Min 2010; Francois, Rainer, and Trebbi 2015). 북아일랜드에 대한 연구에서도 프로테스탄트와 가톨릭교가 지역 의회를 양분한 지역이 상대적으로 덜 폭력적이라는 게 확인되었다. 저자들의 주장에 따르면, 그 현상은 권력 공유가 중요하다는 걸 보여주는 증거다(Mueller and Rohner 2018).

12 민주주의의 기원에 대한 문헌은 방대하다(Stasavage 2020; Acemoglu and Robinson 2006, 2012; North, Wallis, and Weingast 2009b, 2009a). 인용구는 Ake(2000)에서 발췌했다.

13 브라질에 대해서는 Fujiwara(2015), 베냉과 시에라리온에 대해서는 Casey et al.(2018); Bidwell, Casey, and Glennerster(2020); Wantchekon(2003); Wantchekon and Vermeersch(2011), 중국에 대해서는 Martinez-Bravo et al.(2017)를 참조하기 바란다. 끝으로 우간다에서 나와 몇몇 동료는 대규모 시민단체연맹과 손잡고 수천 개의 마을에서 매표를 반대하는 캠페인을 전개했다. 주민들에게 자발적으로 모임을 열어, 정치인들로부터 돈과 선물을 받지 않겠다는 집단 결정을 내리도록 유도하는 캠페인이었다. 그러나 모임에 참석한 주민들은 돈을 받고 양심에 따라 투표하는 쪽을 원하는 듯했다. "마음껏 먹고, 현명하게 투표하자"가 그들의 모토였다. 어느 쪽이었든 간에, 결과적으로 많은 지역에서 선거판을 뒤흔들 만큼, 자금력이 풍부한 현직 의원의 표가 크게 줄었다(Blattman et al. 2018).

14 Naidu(2012).

15 미국의 선거권법에 대해서는 Lacroix(2020), 잉글랜드에 대해서는 Rohner and Saia(2020)를 참조하기 바란다. 나이지리아의 경우를 생각해보면, 지방정부가 임명되지 않고 선출되면 갑작스럽게 증가한 자원의 부가 갈등 요인으로 발전할 가능성이 줄어들 수 있다. 여러 기관과 집단이 부를 분할하려고 할 것이기 때문이다(Fetzer and Kyburz 2018).

16 해외 원조의 문제에 대해서는 Moss, Pettersson, and Van de Walle(2006)을 참조하라. 소말릴란드는 국가로 인정받지 못해 많은 해외 원조를 받지 못하는 경우다. Eubank(2012)가 보여주듯이, 소말릴란드의 지배 계급은 해외 원조를 받지 못

해 세금에 더욱더 의존할 수밖에 없었다. 피지배 계급에 과세함으로써 피지배 계급은 더 큰 목소리로 지배 계급에 영향력을 행사할 수 있었고, 그 결과로 전쟁을 피할 수도 있다.

9장 | 규칙과 집행

1 사회과학에는 연구를 위해 수감자들을 부당하게 이용한 어두운 역사가 있다. 요즘에는 재소자들을 위한 보호 장치가 있어, 그 장치 안에서 교도소 연구가 가능하다. 우리는 콜롬비아와 미국 모두에서 인간 피험자 심의위원회와 긴밀하게 협력하며 연구를 진행했다. 특히 인터뷰 대상자들로부터 사전 동의를 얻는 데 세심한 주의를 기울였고, 우리 기록에서 그들의 신원을 숨겼으며, 경찰과 법무부와 검찰청으로부터 우리 자료를 요구하지 않을 것이라는 보장까지 받았다. 우리가 인터뷰한 사람들은 한결같이 똑똑한 권력층이었고, 우리의 목적을 완전히 이해해서 우리와 인터뷰할 것인지, 인터뷰하면 무엇을 말할 것인지에 대해 직접 결정했다. 인터뷰의 어려움과 윤리, 인간 피험자 보호, 우리 인터뷰의 결과에 대해 더 깊이 알고 싶으면 Blattman, Duncan, et al.(2021a, 2021b)를 참조하기 바란다.

2 Tilly(1985), Olson(1993), Sánchez de la Sierra(2020).

3 Restrepo(2015). 한 가지 걸림돌이 있다면, 기마경찰의 요새로부터 100킬로미터 이내에 정착한 사람들은 그렇지 않은 사람들과 다른 부류였다는 것이다. 범법자들이 법망으로부터 멀리 떨어진 곳을 선택했을 가능성이 있고, 그 가능성이 중대한 변수였을 수 있다. 그러나 이 변수가 전반적인 현상에 영향을 미친 것 같지는 않다. 요즘에는 모든 지역에 경찰이 있다. 국가로부터 멀리 떨어진 곳일수록 폭력 문화가 많다는 것은 의심의 여지가 없는 듯하다.

4 Hobbes([1651] 2017). 홉스의 삶과 관점에 대해서는 이 장의 뒤에서 여러 역사학자와 정치철학자를 인용해 설명했다(Sommerville 1992, Hamilton 2009, Curran 2002).

5 국가 내의 폭력에 대한 증거 모음에 대해서는 Pinker(2011)를 참조하기 바란다. Levitt and Miles(2006)와 Chalfin and McCrary(2017)는 수십 건의 연구를 토대로 증가한 치안 활동에 대한 증거를 검토하면서, 경찰 증가가 도시 전역에서 어떻게 범죄 감소, 특히 폭력 범죄의 감소로 이어졌는가를 살펴보았다. 이런 상관관계 외에도 주로 미국과 영국에서 경찰력을 강화하는 자연 실험과 실질적인 무작위 실험이 많이 진행되었다. 대부분의 경우 범죄와 폭력이 감소하는 결과가 나타났다(Braga, Weisburd, and Turchan 2018).

콜롬비아에서 내가 직접 실시한 치안 연구에 따르면, 범죄가 경찰력이 약한 곳으로 옮겨갈 수 있다는 징후가 발견되었다(Blattman, Green, et al. 2021). 하지만 내 연구도 경찰력이 강화되면 범죄가 줄어든다는 결과와 대체로 일치했다. 이런 증거는 도시 전역에 경찰을 확대하면 범죄 총량이 줄어든다고 해석될 수 있다. 사회 무질서를 해결하기 위한 다른 지역 지방자치단체의 공공서비스에 대한 평가는 더 드문 편이다. Braga, Welsh, and Schnell(2015)은 사회적이고 물리적인 무질서를 해결할 목적에서 고안된 개입을 검토했지만, 대다수의 개입은 도시 재생 시도보다 치안 전략에 집중되는 경향이 있다. 가로등 설치로 범죄가 감소했다는 증거도 있다(Welsh and Farrington 2008). Cassidy et al.(2014)는 다섯 건의 연구를 검토한 결과, 도시 재생이 청년층의 폭력을 감소시킨다는 증거는 뚜렷하지 않다고 결론지었다.

6   기마경찰과 도시경찰처럼 보수를 받는 직업경찰은 19세기까지 대부분의 선진국에 존재하지 않았고, 세계에서 가장 크고 부유한 도시에서도 마찬가지였다(Chang 2002). 게다가 오랫동안 경찰은 무척 당파적이었고 부패했다. 1857년 뉴욕시에서 일어난 경찰 폭동만 보더라도 그 시기의 질서가 어땠는지 짐작할 수 있을 것이다. 뉴욕시 시장과 자치경찰은 편향성을 띤 데다 부패했다. 그래서 주지사는 뉴욕시 자치경찰을 해체하고, 다섯 자치구를 관할하는 광역 경찰청을 창설했다. 시장이 자치경찰의 해체를 거부하면서 자신에게 충성을 맹세하게 하자, 주지사는 시장을 체포하라는 영장을 발급했다. 광역 경찰청 소속 경찰이 시장을 체포하려고 했지만 수백 명의 뉴욕시 자치경찰이 시청에 배치되어 시장 체포 시도를 막았다. 그들은 광역 경찰을 길 밖에 내동댕이치기도 했다. 결국 광역 경찰청 파견대가 시청에 들이닥쳤고, 시청 입구 계단과 복도에서 30분 동안 몸싸움이 벌어졌다. 이 뉴욕시 경찰 폭동 이야기는 Herbert Asbury 기자의 다소 선정적인 책 《The Gangs of New York》(1928)을 기반으로 했다. Martin Scorsese 감독은 이 책에서 영감을 받아 동명의 영화를 제작했다.

7   Nisbett and Cohen(1996), Gould(1999), Thrasher and Handfield(2018), Bastaki(2020)를 참조하라.

8   Pinker(2011).

9   명예문화 가설에 대한 가장 명확한 설명과, 이 가설을 증명하려고 미국 남부에서 실시한 사회심리학적 실험에 대해서는 Nisbett and Cohen(1996)을 참조하기 바란다. 명예문화와 현재 살인율의 관련성을 뒷받침하는 계량적 증거에 대해서는 Grosjean(2014)을 참조하라.

10   Leovy(2015).

11   Lake(2007, 2011). 이런 견해를 뒷받침하는 증거가 있다. Butt(2013)는 미국이 불

황과 세계 전쟁으로 다른 곳에 신경을 쓰지 못하던 1930년대와 1940년대의 남아메리카를 연구한 결과를 근거로, 그런 무관심이 남미 대륙의 정치적 무질서로 이어졌다고 주장했다. Cunningham(2016)은 패권적 관계에서 모든 국가의 미국과의 인접성을 부호화한 결과, 인접성이 높을수록 내란이 적고 정치운동도 덜 폭력적인 사실을 밝혀냈다. 하지만 미국이 폭력적인 성향의 국가에는 패권을 행사하지 않으려 했을 수 있기 때문에 그런 상관관계를 무작정 믿어서는 안 된다.

12 Mearsheimer(1994). Mearsheimer 같은 현실주의자들과 제도적 기구의 낙관주의자들이 이 시기에 벌인 토론에 대해서는 Martin and Simmons(1998)를 참조하기 바란다.

13 특히 Ignatieff(2008, 2011); Power(2013); Frieden, Lake, and Schultz(2013)를 참조하라. 규범을 지키는 기업가와 규범의 확산에 대해서는 Finnemore and Sikkink(1998)를 참조하기 바란다.

14 국제기구들에 대한 자세한 입문서로는 Frieden, Lake, and Schultz(2013)가 있다.

15 규칙과 집행 기관에 대해 한 가지 더 지적해두고 싶은 게 있다. 견제받는 국가와 제한된 국제기구가 평화를 유지할 가능성이 가장 큰 이유를 설명하려면 앞 장의 주제와 이번 장의 주제를 결합하는 게 합리적일 듯하다. 여하튼 우리 모두 평화와 질서와 좋은 정부를 향유하는 행복하고 이상적인 캐나다인이 될 수는 없다. 19세기의 기마경찰도 항상 공평하고 전문적이고 공정하지는 않았다. 캐나다가 제국의 땅을 점차 넓혀감에 따라 3,000킬로미터나 떨어진 곳에서 원주민들을 밀어내고 식민지를 건설한 다음 세금을 부과하던 정부의 대리인이었다.

정부는 어떤 곳에서는 평화를 보장하는 힘이지만, 어떤 곳에서는 억압의 대리인이다. 폭력을 통제하는 많은 조직이 중앙에 권력이 집중되고, 책임을 지지 않으며, 억압하는 경향을 띤다. 패권국과 제국, 경찰국가는 필요한 경우에 억압이라는 수단을 동원하므로 자국 내에서 평화를 유지하는 데 극단적으로 능숙할 수 있다. 그러나 지금까지 보았듯이, 제약을 받지 않는 정부는 다른 국가를 공격할 가능성이 상대적으로 높다. 따라서 견제가 없다는 것은 자국 내에서 폭력적 혁명 위험이 상대적으로 높다는 의미일 수 있다.

홉스가 《리바이어던》에서 염려한 것은 그것이 아니었다. 그는 자신의 통치자를 견제하는 데는 관심이 없었다. 그는 충성스러운 왕정주의자였고, 왕세자의 가정교사였다. 그는 견제받지 않는 군주에게 최고의 권력을 부여하고 싶어 했다. 군주가 진정으로 백성을 대변한다고 믿었기 때문에 잉글랜드에는 의회가 필요하지 않았다. 군주는 거의 무제한적 권력을 누릴 자격이 있으며, 법이나 약속으로 제약받지 않아야 한다고 생각하기도 했다. 《리바이어던》의 한 구절에서 홉스는 의회와 함께하는 통치를, 외바퀴 손수레를 타고 테니스를 치는 것에 비유했다. 다수의 의원이 군주에게 이래라저래라 잔소리하고, 그중 일부는 군주가 패하기를 바란다. 그런 조언자는 게임에 끼어들지 말고 아예 관중석에 있는 게 더 낫다고 홉스는 생각했다.

우리가 평화에 대해 지금까지 배운 것을 바탕으로 하면, 홉스의 생각은 틀렸다. 우리가 진정으로 원하는 것은 제약받는 국가다. 두 경제학자 Daron Acemoglu와 James Robinson은 제약받는 국가를 '족쇄가 채워진 리바이어던Shackled Leviathan'이라고 칭한다. 공교롭게도 영국 철학자 John Locke가 이와 비슷한 논조로 홉스의 생각을 반박했다. 이 모든 사상가는 리바이어던이 권위를 행사하고, 규칙과 합의를 집행하며, 하위 집단이 싸우지 않도록 억제하기에 충분히 강력한 힘을 지니기를 바랐다. 그러나 국가가 다른 국가와 전쟁하는 걸 예방하려면 리바이어던을 통제하는 힘이 하위 집단들에게도 확산될 필요가 있었다. 이에 대해서는 Locke([1690] 1988), Migdal(1988, 2001), Acemoglu and Robinson(2020)을 참조하기 바란다. 국가의 힘을 견제하면 다른 이점도 있다. Locke는 개인의 자유를 소중하게 생각했기 때문에 리바이어던에게 족쇄를 채우는 게 옳다고 믿었다. Locke의 표적은 전쟁보다 더 일방적으로 폭력이 행사되는 억압이었다. 억압은 강자가 평화를 유지하는(동시에 파이에서 큰 몫을 차지하는) 방식이다. 홉스의 나라에서 농민과 이단자와 정복된 소수자에게는 서글픈 일이었을 뿐이다.

정확히 말하면, 아프리카에서 남부 아메리카까지, 또 유럽의 들판에서 남아시아와 동아시아의 들판까지, 대부분의 역사 기간 동안 대부분은 국가의 피지배자였지 시민이 아니었다. 그들은 노예 상태에서 살았다. 징집되고 약탈당했으며 강제노동에 시달렸다. 국가는 세금을 걷고 갈취하고 통제하기 위해 지도를 제작하고 인구조사를 실시했으며, 행정 구역을 나눠 관리했고, 사회 전체를 재편하기도 했다. 기회가 주어지면 대부분의 사람은 족쇄가 풀린 리바이어던에게 다가가기는커녕 달아났다. 대부분의 국가에서 영위된 삶을 가장 자세히 설득력 있게 묘사한 연구로는 Scott(2010)이 있다. 유럽의 예는 North, Wallis, and Weingast(2009a), 아프리카의 예는 Herbst(2000)에서 발견된다. 비교적 최근까지 영토가 아니라 사람을 기준으로 지배자가 칭해졌다는 사실도 가슴 저미는 예다. 예컨대 프랑스 왕이 아니라 프랑크족의 왕이었고, 잉글랜드의 왕이 아니라 잉글랜드인의 왕이었다(Spruyt 2017). 억압에 대한 문헌 연구로는 Davenport(2007)가 있다.

국가가 더 낮은 수준까지 제약을 받으면 견제와 균형의 수준은 더 높아진다. 최근 수십 년 동안, 가장 자유롭지만 가장 많은 제약을 받는 국가들이 국제기구를 가장 강력하게 추진했고, 국제기구의 확장에도 주도적인 역할을 했다. 또 이런 자유주의 국제기구들이 경제 성장 촉진에 성공했고, 평화를 더 널리 확산하는 데도 절반쯤 성공했으며, 이제 적법성을 폭넓게 인정받고 있다는 사실은 앞으로 국제기구가 계속 존속될 거라는 좋은 조짐일 수 있다. 자유주의 국제 질서에 대한 논의로는 Lake, Martin, and Risse(2021)를 참조하기 바란다.

10장 | 개입

1 미묘한 차이와 더 자세한 내용을 알고 싶으면 Flint and de Waal(2008)을 참조하라. Mamdani(2010)에서는 프렌더개스트의 활동을 비판하는 관점을 읽을 수 있다.

2 성가신 문제에 대한 요약은 Rittel and Webber(1973)를 참조하기 바란다. 사회 문제의 전반적 확산 및 해결에 대해 내가 읽은 책 중에는 Andrews, Pritchett, and Woolcock(2017)이 최고인 듯하다.

3 아프리카의 뿔, 즉 소말리아반도에서 사유화된 정치를 가장 잘 설명한 연구서는 de Waal(2015)이다.

4 제재의 강점과 약점에 대한 광범위한 논의에 대해서는 Hufbauer, Schott, and Elliott(1990); Pape(1997, 1998); Elliott and Hufbauer(1999); Hufbauer et al.(2008); Drezner(2011); Biersteker(2019)를 참조하라.

5 미국 도시의 집중 억제와 살인율에 대해서는 Kennedy(2011), 조건부 억압과 마약왕과의 평화 협상에 대해서는 Lessing(2017), 일반적으로 법을 어길 확률이 높은 범법자들에 대한 표적 억제와 그 밖의 개입 형태에 대해서는 Abt(2019)를 참조하기 바란다.

6 Elliott and Hufbauer(1999), Hufbauer et al.(2008), Biersteker(2019)를 참조하라.

7 Draca et al.(2019).

8 Braga, Wesiburd, and Turchan(2018).

9 '실패한 국가를 위한 일괄 프로그램'이라는 용어는 Ellis(2006)에서 차용했고, '평화 유지-인도주의 복합체'는 James Fearon과의 대화에서 들은 표현이다.

10 평화유지군은 시민들과 교류하며 성관계를 자주 맺은 듯하다. 내 동료들은 (파키스탄 외에 다른 국가들에서 파견된 군인들이 주둔한) 수도 몬로비아에서 18~30세의 여성을 무작위로 추출해 인터뷰했다. 놀랍게도, 4분의 3이 유엔에서 파견된 남자로부터 돈이나 선물을 받고 성관계를 가졌다고 대답했다. 4분의 3! 다른 지역의 평균보다는 크게 낮지만 우울한 수치인 것은 분명하며, 도움을 주려고 그곳에 파견된 군인들의 존재가 의도치 않게 빚어낸 많은 결과 중 하나일 뿐이다(Beber et al. 2017).

11 나는 그 대사가 허심탄회하게 말할 기회를 주려고 익명으로 처리하기로 약속했다.

12 내 연구진 Johnny Ndebe, Ayouba Karzu, Prince Williams가 현장 조사한 내용을, 내 동료 Alexandra Hartman이 정리한 것을 참조했다. 자료는 그 지역의 폭력과 분쟁 해결을 연구하던 과정에서 수집된 것이다(Blattman, Hartman, and Blair 2014; Hartman, Blair, and Blattman 2021). 뉴스 보도에 대해서는 Ackerman(2010), 이런 외견상 종교 갈등에 내재한 토지 문제에 대해서는 Hartman(2015)을 참조하기 바란다.

13 갈등이 지역 분쟁과 경쟁 관계로부터 시작해 악화되는 과정을 넓은 관점에서 보려면, 중앙아프리카의 경우 Autesserre(2010), 남유럽을 포함해 다양한 사례에 대해서는 Kalyvas(2006)를 참조하라.

14 유엔의 지원이 있든 없든, 인도주의적 군사 개입이라는 문제는 상당히 큰 주제다. 내 생각에 가장 균형적인 관점에서 접근한 최고의 논의에 대해서는 Stewart and Knaus(2011)를 참조하기 바란다. 물론 구분하는 게 항상 쉽지는 않다. 내전 중에는 대량학살과 국가 억압이라는 행위가 흔히 일어난다(예를 들어 수단, 르완다, 코소보). 이런 경우에 나는 어떤 형태를 띠든 모든 인도주의적 군사 개입을 평화 유지 활동이라는 범주로 묶었고, 이 책에도 그 원칙과 증거를 그대로 적용했다. 하지만 서구가 2001년에 단행한 아프가니스탄 개입, 2003년 이라크 개입은 분명히 이 범주에 속하지 않는다. 본질적으로 이때의 개입은 미국과 그 동맹들이 한쪽에 있었던 분쟁이었다.

15 Fortna(2008). 평화유지군의 역할에 대해서는 Howard(2008, 2019)와 Nomikos(2021)를, 평화가 지속되는 기간의 확대에 대해서는 Doyle and Sambanis(2006), Fortna(2004, 2008), Gilligan and Sergenti(2008), Stedman(1997), Goldstein(2012)을, 평화유지군이 파견되는 곳에 대해서는 이 자료들과 Gilligan and Stedman(2003), Blair(2021)를 참조하기 바란다. 사례 연구로는 Caplan and Hoeffler(2017)도 있다. 연구 결과에 따르면, 규모가 크고 필요한 경우에 무력 사용을 위임받은 강력한 평화유지군이 가장 효과적이었다. 특히 냉전이 끝난 후 10~20년 동안이 그랬다. 평화유지군이 갈등의 치명률을 낮추는 효과에 대해서는 Hultman, Kathman, and Shannon(2014, 2019)을, 갈등의 전염 및 확산에 대해서는 Beardsley(2011a)를, 평화 유지 활동과 중재의 상관관계에 대해서는 Beardsley, Cunningham, and White(2019)를 참조하라.

하지만 내가 아는 한에서 이 모든 시기와 결과에 대한 종합적인 분석은 아직 없다. 대부분의 연구가 수십 년이라는 짧은 기간(냉전, 1990년대, 2001년 이후 등)을 분석한 것이다. 가장 최근의 연구로는 세계 전역에 더 큰 규모의 평화유지군이 더 많이 파견된다면 평화가 얼마나 더 많은 곳에 정착될 수 있을까를 시뮬레이션한 Hegre, Hultman, and Nygård(2019)가 있다.

16 결정된 휴전을 보장하는 게 더 쉽다는 의견에 대해서는 Walter(1997), 21세기에 평화 유지 활동이 맞게 될 한계에 대해서는 Fearon(2020)을 참조하기 바란다.

17 지난 10년 동안의 시리아는 평화유지군이 위험한 곳에도 파견되는 걸 보여준 대표적인 예다. 예컨대 Lake(2016), Fearon(2017, 2020), Kalyvas(2020)를 참조하기 바란다. 평화유지군이 어려운 곳을 찾아간다는 의견과 배치되지만, 이런 특성을 띤 갈등(더 이념적이고, 전략적으로 중요하며, 경쟁 관계에 있는 초강대국이 관련된 갈등)에서 '실험군'과 '대조군'으로 삼을 만한 많은 사례가 있는지는 확실하지 않다. 그렇지 않다면, 과거의 평화 유지 활동에서 얻은 결론을 일반화해서 미래의 평화 유지 활동에 쉽게 적용할 수는 없다.

18 영국과 IRA의 협상에 대해서는 Powell(2008)을 참조하기 바란다. 다른 평화의 중재에서 그의 역할에 대해서는 Powell(2015)을 참조하면 된다. 인용문은 그가 2018년 시카고대학교에서 한 강연과, 그때 내가 그와 나눈 대화를 토대로 했다(Powell 2018).

19 갈등의 원인과 중재의 이론적인 관련성에 대해서는 Beber(2012), Smith and Stam(2003), Kydd(2006), Beardsley(2011b)를 참조하기 바란다. 키신저의 일화는 Beardsley(2011b)에서 발췌했다. 평화유지군과 중재자의 상호작용에 대해서는 Beardsley, Cunningham, and White(2019)를 참조하라. 대부분의 경우, 중재자는 집행을 통해 이행 문제를 해결하거나, 자기 잇속을 챙기는 지배자들에게 당근과 채찍을 구체적으로 제안하지도 않는다. 당근과 채찍은 중재를 보완하는 다른 도구다. 이 문제에 대해서는 뒤에서 다시 다루자. 다양한 형태의 개입 관련 이론과 증거에 대해서는 Rohner(2018)를 참조하기 바란다.

20 Beber(2012).

21 나는 시카고에서 서너 명의 중재자를 만났다. 대개 과거에 갱단 두목이었지만 사회복지사로 변신해, 치열하게 경쟁을 벌이는 조직들 사이에 터널을 놓으려 노력하는 사람들이다. 나는 이 용기 있는 사람들에 대한 공식적인 연구를 본 적이 없다. 문서로 잘 정리된 사례들이 엘살바도르, 온두라스, 아이티, 남아프리카공화국, 트리니다드 토바고, 일본, 자메이카에 있다(Kan 2014; Cockayne, de Boer, and Bosetti 2017; Brown et al. 2020). 엘살바도르에서 2012년 갱단의 휴전 협상을 지원한 관리들은 나중에 유죄 판결을 받았다.

22 발라는 라이베리아인으로 유엔 난민기구 UNHCR에서 일했다. 그와 '정의와 평

화 위원회Justice and Peace Commission'라는 지역 비정부기구가 그 프로그램을 운영했다. 프로그램의 기법은 전 세계, 특히 미국과 유럽에서 사용되는 일련의 훈련법, 대안적 분쟁 해결법에서 끌어온 것이었다. Robert Blair, Alexandra Hartman과 나는 무작위 대조 실험의 일환으로, 그들의 프로그램 시행을 도왔다(Blattman, Hartman, and Blair 2014; Hartman, Blair, and Blattman 2021). 유엔의 분쟁 해결 프로그램이 평화와 안보에 어떻게 영향을 미치는지 관련 증거에 대해서는 Blair(2020, 2021)를 참조하기 바란다.

23 미국 청소년 기관에서 실시한 소규모 사례에 대해 주로 비실험적 평가를 내린 연구는 무수히 많다. 비행 청소년을 대상으로 CBT는 대체로 빈틈없이 실시되었다. 그러나 CBT가 실무자들의 바람만큼 효과가 있었는지에 대한 객관적인 연구는 없고, 순전히 추측일 뿐이다. 이와 관련된 문헌 및 우리 평가에 대해 더 자세히 알고 싶으면 Blattman, Jamison, and Sheridan(2017)을 참조하라.

24 토니 D의 이름은 Anthony Ramirez-Di Vittorio다. 그에 대해서는 Waters(2016)와의 인터뷰를 참조하기 바란다. BAM 프로그램 평가에 대해서는 Heller, Shah, Guryan, Ludwig, Mullainathan, and Pollack(2017)을 참조하라. 운 좋게도 그들 중 하나가 이제 나와 공저자가 되었고, 나머지 네 사람은 친구거나 시카고대학교와 범죄연구소의 동료다.

25 Bertrand, Bhatt, Blattman, Heller, and Kapustin(2022).

26 협상 전문가에 대해서는 유명한 협상가 Mnookin(2010)을 참조하기 바란다. 그의 주장에 따르면, 왜곡에 감정이 더해질 때 우리는 싸움의 이익을 과대평가하게 된다.

27 대량학살 이후의 르완다 같은 국가에서 실시된 평화 프로파간다의 유효성에 대한 연구가 있었다(Paluck 2009a, 2009b; Blouin and Mukand 2018). 다른 관점을 수용하는 연구들은 대체로 실험실에서 실시되는 경향이 있지만, 거의 언제나 유사한 결론에 이른다(Epley et al. 2004; Eyal, Steffel, and Epley 2018).

28 구소련 이후의 공화국에 대해서는 Driscoll(2015)을, 아프가니스탄에 대해서는 Mukhopadhyay(2014)와 Cheng, Goodhand, and Meehan(2018)을, 사하라사막 이남의 아프리카에 대해서는 Roessler(2016)를 참조하기 바란다. 정치에 참여한 반군 집단이 어떻게 평화에 기여하는가에 대해서는 Matanock(2017)을 참조하라.

29 예컨대 Bates(2008); North, Wallis, and Weingast(2009a); Myerson(2015, 2020c); Lake(2016); Rohner(2018)를 참조하기 바란다.

30 DeLong and Eichengreen(1991)의 주장에 따르면, 마셜 플랜은 그다지 크지 않았다. 마셜 플랜에 따른 지원은 전쟁으로 황폐화된 유럽 경제의 작은 일부에 불

과했다. 그럼에도 마셜 플랜은 중요한 순간에 외환과 무역을 제공하며, 소련과 15년 동안 경제와 정치의 혼란을 겪은 뒤 자유민주주의와 자본주의적 질서에 환멸을 느낀 서유럽인들이 추진하던 자유롭지 못한 경제 및 정치 모형으로부터 서유럽이 벗어나는 데 도움을 주었다.

31 평화 구축과 제국주의를 비교한 연구로는 Paris(2010)와 Cunliffe(2012)가 있다. 의례적 민주주의에 대한 인용은 Schaffer(2000)에서 다시 언급되며 다뤄진 Marina Ottaway를 참조했다. 권력자의 선거 개입은 독재 선거의 전형적인 특징이다(Gandhi and Lust-Okar 2009; Gehlbach, Sonin, and Svolik 2016).

32 할 일은 많고 능력은 부족한 국가에 대해서는 Thomas(2015)를, 때 이른 복지 부담에 대해서는 Andrews, Woolcock, and Pritchett(2017)을, 지원기관의 필요성과 성급한 전환에 대해서는 Paris(2004)를 참조하기 바란다.

33 엘리트 계급과의 장기적인 경쟁(Fearon 2020), 좋은 지배구조의 양성(Grindle 2004, 2007; Börzel and Grimm 2018; Krasner 2020), 도둑 정치로부터 행정부의 탈피(Blum and Rogger 2020), 특히 지방으로의 권력 이양 등 다중심적 지배구조를 통한 견제와 균형(Myerson 2020c, Sawyer 2005)을 다룬 연구는 넘치도록 많다.

11장 | 전쟁과 평화를 향한 험난한 길

1 6장에서 언급한 편지에서, 아인슈타인은 프로이트에게 "인간에게 그렇게 야만적으로 서로 죽이고 해치도록 만드는 게 무엇일까요?"라고 물었다. 아인슈타인은 "수컷의 성적인 특징이 그런 야성적 폭발로 이어지는 게 아닐까 싶습니다"라고 결론지었다. 최근에는 심리학자 스티븐 핑커가 "인류의 오랜 역사에서 여성은 과거에도 그랬지만 앞으로도 평화를 끌어가는 힘일 것이다"라고 말했다(Pinker 2011).

2 인간과 다른 유인원에서 수컷의 공격성에 대한 진화생물학적 관점에 대해서는 Wrangham and Peterson(1996); Glowacki, Wilson, and Wrangham(2017); Van Vugt(2011)를, 전쟁에서 여성의 역할에 대해서는 Goldstein(2001)을 참조하기 바란다.

3 이 증거에 대한 평가로는 Barnhart et al.(2020)와 Eichenberg and Stoll(2017)을 참조하라.

4 이 증거에 대한 논의로는 Bigio and Vogelstein(2016)을 참조하기 바란다. 내가 보기에는 대부분의 증거가 평화의 전망을 높이는 일반 포용과 일치하지만, 한쪽 성에 국한된 것인지 명확히 말하기 힘들다. 그러나 그 이유는 의사결정 과정에

서 하나의 성만이 배제되는 경우가 많기 때문이다.

5   이와 관련해서는 Hafner-Burton et al.(2017)를 참조하기 바란다. 다른 식으로 표현하면, 개인의 병리현상이 합쳐진다고 자동적으로 집단 병리현상이 되는 것은 아니다. 한 병리학자의 표현을 빌리면, "남성성은 생물학의 한 부분, 생물학은 공격성의 한 부분, 공격성은 전투의 한 부분, 전투는 전쟁의 한 부분이다"(Ferguson 2011). 적대적인 생물학적 본능은 많은 다른 충동과 뒤섞이고, 결정 과정에서 희석돼, 그 합은 상당히 약화될 수 있다는 게 요점이다.

6   Horowitz, Stam, and Ellis(2015).

7   선택 효과와 차별로 인해, 성공한 여성 지도자가 평균적으로 더 공격적으로 변한다고 단정할 수는 없다. 그러나 성공한 여성은 남성보다 더 높은 장벽을 넘었기 때문에 더 나은 성과를 보인다는 증거가 없지는 않다. 여성의 성과에 대한 증거의 대부분은 현대 미국 정치계에서 구한 것이다. 예컨대 당선이라는 조건을 충족해야 하지만, 미국 의회에서는 여성이 남성보다 더 나은 성과를 낸다(Anzia and Berry 2011). 차별과 자기 선택에 대해서는 Anzia and Berry(2011); Fox and Lawless(2011); Ashworth, Berry, and Bueno de Mesquita(2021)를 참조하기 바란다.

8   튜더 가문에 대해서는 Ackroyd(2013)를 참조했다.

9   이 기법은 도구 변수instrumental variables, IV 추정이라 불린다. 여성 통치자와 전쟁 기간의 상관관계처럼 무엇이 무엇의 원인인지 파악하기 어려운 경우를 예로 들어보자. 장자 상속권 아래에서의 출생 순서처럼 여성 통치자의 가능성에 무작위로 영향을 주는 듯한 것을 찾아낸 뒤에, '도구 변수'라는 통계법을 사용해 특이한 변수가 전쟁 기간에 미치는 영향을 별도로 계산해낸다. 이런 무작위성을 지닌 변수(여기에서는 탄생 순서 지표)가 '도구'라 일컬어진다. 이런 탄생 순서 지표가 여왕의 통치에 큰 영향을 미친다면, 또 그 지표가 여왕 통치 가능성에 미치는 영향을 통해서만 전쟁 기간에도 영향을 미친다면, 여왕이 전쟁에 미치는 원인 효과를 연구자들이 밝혀냈다고 대체로 확신할 수 있다. 내가 여기에서 '대체로'라고 말한 이유는, 역사 연구자는 주로 적은 표본으로 작업할 수밖에 없어 자신의 가정을 확신할 수 없기 때문이다. 게다가 무작위성이 오염되지 않았는지, 또 여왕의 통치만으로 탄생 순서가 전쟁에 영향을 미쳤는지도 확신할 수 없다. 그러나 이 경우에 대부분의 확실한 우려는 역사나 자료로 증명되지 않는다. 무작위성을 지닌 변수 같은 믿을 만한 도구는 드문 만큼 무척 소중하다. 통계적으로 살펴본 혈통과 전쟁에 대해서는 Dube and Harish(2020)를 참조하기 바란다.

10 Dube and Harish(2020).

11 불확실성 때문에 여왕은 작은 충돌이나 전쟁을 도발하면서 자신의 강인함을 보여줘야 했을 수 있다. 따라서 그런 과시가 눈에 띄면, 듀브와 해리시가 가정하듯이, 여왕들이 집권 초기에 전쟁을 시도한 것이라고 생각할 수 있다. 그러나 그 가정을 뒷받침할 만한 증거가 없다. 그런 과시가 그다지 흔하지 않았을 수 있다. 하지만 표본이 적고 미혼 여왕이 극소수였다는 이유로 그런 과시를 완전히 무시할 수는 없다. 일반적으로 여왕의 수가 적기 때문에 어떤 메커니즘을 과도하게 해석하지 않도록 주의해야 한다.

12 Blattman, Hwang, and Williamson(2007). 물가의 변동은 남북 아메리카의 비교 역사학에서 주된 관찰 항목이다(Innis 1933, Diaz-Alejandro 1983).

13 인용 글은 Nieto(1942)에 처음 쓰였고, Safford and Palacios(2002)에 다시 소개되었다. 소득 급락이 갈등의 원인이 될 수 있다는 개념을, 경제학자들은 강도질과 갈등의 기회비용이라 칭한다. 이런 이론은 범죄를 경제학적으로 접근하려는 시도에 뿌리를 두고 있다(Becker 1968; Grossman 1991; Hirshleifer 1995a; Collier and Hoeffler 1998, 2004). 하지만 뒤에서 보듯이, 소득의 급락은 약탈과 강도의 모형이지, 전쟁의 필연적인 모형이 아니다. 약탈 모형에서는 전략이 필요하지 않다.

14 Miguel, Satyanath, and Sergenti(2004); Miguel and Satyanath(2011); Dube and Vargas(2013)를 참조하기 바란다. Dube와 Vargas의 분석 결과에 따르면, 원유 생산 지역에서 유가가 상승하면 갈등 수준이 높아졌다. 빈곤과는 다른 이유에서 갈등 수준이 올라간 것으로 추정된다. 원유의 가치가 상승함에 따라 지역 파이가 커져서 양측 모두 무장하고 싸워야 할 이유가 덩달아 커진 게 아닌가 싶다.

15 그렇다고 파멸적인 경제적 충격이 닥치면 평화 협상도 틀어질 수 있다고 말하는 것은 아니다. 대규모 불황이 급작스레 닥치면 불확실성과 탐욕스러운 지배자로 인한 문제 및 이행 문제가 악화될 수 있다. 좁은 협곡을 아슬아슬하게 지나가는 사회에서, 소득이나 정부 세수가 크게 감소하면 시스템 전체가 불안정해질 수 있다. 그런 경우, 이런 부정적인 충격이 전쟁에 약간의 영향은 미치지만, 전쟁 구도 전체가 뒤흔들릴 정도의 큰 영향은 없는 듯하다. 그 예에 대해서는 이행 문제가 있을 때 충격이 갈등을 어떻게 유발할 수 있는지를 설명한 Chassang and Padró-i-Miquel(2009)을 참조하기 바란다. 이 맥락에서 중요한 것은 소득 수준이 아니라 급작스러운 변화, 더 정확히 말하면 이행 문제의 거의 필수 조건인 권력 이동이라는 사실에 주목해야 한다.

이쯤에서 다소 복잡하고 전문적인 세 가지를 언급해두고 싶다. 첫째, 갈등의 시작과 갈등의 지속을 혼동하면, 무언가가 갈등의 지속에 미치는 영향을 기계적으로 추정하게 된다는 것이다. 전쟁은 길기 때문이다. 예컨대 내전은 평균적으로 약 10년 동안 지속된다. 가령 내가 전쟁이 진행되는 해를 1, 평화로운 해를 0이라 표기하고, 물가 하락이나 가뭄과의 상관관계를 조사한다고 해보자. 전쟁이 발발하면 그 후로 9년 더 지속된다. 이때 어떤 상관관계가 추정된다면, 가격 변동이 전쟁의 지속이나 격화에 어떻게 영향을 미치는지도 밝혀질 수 있다.

둘째, 전쟁이 언제 발발했는지 정확히 짚어내거나 전쟁이 시작된 시점과 전쟁의 강도를 구분하는 것도 쉽지 않다. 학자들은 전쟁이 어느 해에 시작되었는지 일치된 의견을 찾기가 의외로 어렵다고 하소연한다. 세세한 부분까지 들여다보면 그런 하소연이 이해가 된다. 한쪽이 전쟁을 선포하면, 전투는 이듬해에 시작하더라도 전쟁이 시작된 것일까? 전쟁은 공식적으로 선포된 상태지만 어떤 전투도 없는 평온한 기간은 어떻게 처리해야 할까? 그 기간을 1로 표기해야 할까, 0으로 표기해야 할까? 학자마다 의견이 다를 수 있다. 많은 학자가 전투로 인해 기록된 사망자 수를 기준으로 전쟁을 분류하며, 대체로 연간 25~1,000명을 기준으로 삼는다. 유용한 접근법이지만, 깊이 생각해보면 전쟁의 발발과 강도를 뒤섞는 분류인 듯하다. 원칙적으로 생각하면, 소득이 감소할 때 새로운 전쟁이 발발하는 이유는 소득 감소로 협상이 결렬되기 때문이 아니라, 소득 감소로 한 국가에서 전투로 인한 사망자 수가 연간 수백 명에서 수천 명으로 증가하기 때문이다. 따라서 '전쟁 시작'을 촉발하는 많은 변수는 전쟁의 강도와 지속성에 여전히 뿌리를 두고 있다.

셋째, 학자들은 50제곱킬로미터를 단위 면적으로 삼아 미시적인 수준까지 내려가 분석을 시도했고, 각 지역마다 다양한 충격이 갈등 발발과 관계가 있다는 걸 밝혀냈다. 예컨대 물가와 관련된 예에 대해서는 Berman and Couttenier(2015)를 참조하기 바란다. 그러나 이 분석은 어떤 지역에서 진행 중인 전쟁이 다른 지역까지 확대되느냐를 평가하기 때문에, 여전히 일종의 '지속성'이나 '강도'라 할 수 있다. 이 경우에도 확인되듯이, 굶주리는 사람들은 기존의 전쟁이 있을 때 저항할 가능성이 더 크다.

16 물가 분석에 대해서는 Bazzi and Blattman(2014)을 참조하라. 공정하게 말하면, 모든 증거가 내 결론과 맞아떨어지는 것은 아니다. 최근에 발표된 한 논문은 물가 충격과 갈등을 다룬 논문을 모두 분석한 끝에 약간 다른 결론을 내놓았다 (Blair, Christensen, and Rudkin 2020). 그들은 모든 논문을 똑같은 정도로 훌륭하게 대하며, 그 논문들이 평균적으로 말하는 것을 분석했다. 이른바 메타 분석을 시도했다. 그들은 농산물 가격이 하락하면 전쟁이 발발할 가능성이 더 크다는 증거를 찾아냈다. 인상적인 연구였지만, 나는 몇 가지 이유로 내 결론을 고수하려 한다. 첫째, 모든 연구자가 자신의 논문을 지나치게 중시한다. 이 점에서는 나도 다

를 바가 없다. 둘째, 메타 분석은 기저로 삼은 연구서만큼만 좋을 뿐이다. 그리고 기저로 삼은 연구서 중 잘못된 것이 없다고 확신할 수 없다. 셋째, 기초 지역이나 그 이하 지역에서 전쟁 발발을 추적하는 연구는 지금도 전쟁의 발발보다 전쟁의 강도를 평가하는 데 급급하다. 끝으로, 일부 학자가 예측된 내용이 없는 결과를 발표하지 않았다면 메타 분석의 대상이 된 연구들에 내재한 편향이 있었을 것이다. 예측된 내용이 없는 결과들을 우리가 전부 살펴볼 수는 없는 노릇이다.

하지만 내가 제시하려는 주장에 이런 문제들이 중요하다고 생각하지는 않는다. 또한 무역의 변동이 때로 한 나라를 전쟁으로 몰아가더라도 나는 놀라지 않을 것이다. 무역 변동은 거래가 합리적일 때도 조종사를 절벽 면을 향해 몰아갈 수 있는 힘이다. 내 생각에, 대부분의 국가가 엄청난 충격에도 다시 일어서는 힘을 보여주는 회복탄력성은 역사적 경험으로 배워 터득한 커다란 교훈이다. 어떤 나라가 취약할 때 충격만이 유일하게 전쟁을 설명할 수 있는 요인이라는 주장은, 강우나 가격 충격이 갈등의 아주 작은 부분만을 설명한다는 결론만큼만 맞는 말이다. 평화와 전쟁에서 변화의 99퍼센트는 다른 요인들, 어쩌면 다른 충격들에서 비롯된다. 그러나 그 충격의 대부분은 내가 이 책에서 설명한 다섯 가지 논리에 의해 설명된다. 내가 여기에서 말하는 것은, 소득 충격 등을 갈등 회귀분석에 추가할 때 설명 분산에서 일어난 아주 작은 변화다. 이 변화를 결정계수(R^2)로 측정하면 기껏해야 1~2퍼센트에 불과하다.

17 Blattman and Miguel(2010).
18 이와 관련해서는 수십 편의 논문이 있다. 내전에서 민족성의 역할에 대한 연구로는 Blattman and Miguel(2010)을 참조하기 바란다.
19 Miguel and Satyanath(2011); Harrington(2014); Burke, Hsiang, and Miguel(2015)을 참조하라.
20 기후변화 분석에 대해서는 Burke at al.(2009); Hsiang, Burke, and Miguel(2013); Burke, Hsiang, and Miguel(2015)을 참조하기 바란다. 이 논문들에서 분석 방법으로 사용한 주된 이론적 모형은 이행 문제가 기본 쟁점인 모형이다. 가격 충격은 탄력성을 가정하더라도 수용하기에 너무 큰 변동이다(Chassang and Padró-i-Miquel 2009). 하지만 기후 충격으로 이행 문제가 악화되는 이유는 불분명하다. 한편, 기후 충격으로 전쟁 강도만 높아지지만, 정치학자들이 전투로 인한 사망자를 기준으로 갈등을 규정하기 때문에, 그 현상이 새로운 갈등으로 계산될 가능성도 있다. 하지만 가격 충격과 마찬가지로, 기온 변화는 갈등의 작은 부분만을 설명할 뿐이다. 따라서 통계적으로 유의미한 원인과, 현상의 상당한 변화를 설명하는 원인을 신중하게 구분해야만 한다. 나는 기후 충격이 전자의 예에 속한다고 생

각한다.

21 평화 개입이 불안정한 균형 상태를 동결한다는 주장에 대해서는 Licklider(1995), 《포린어페어스》에 실린 유명하고 영향력 있는 기사에 대해서는 Luttwak(1999)을 참조하기 바란다. 방대한 실증적인 문헌에서 밝혀졌듯이, 전쟁이 한쪽의 결정적인 승리로 끝나는 경우보다 협상에 의한 타결로 끝날 때 갈등이 재발할 가능성이 더 크다(Quinn, Mason, and Gurses 2007; Toft 2010). 약한 국가는 지금 당장 싸우는 게 장기적으로 더 안정적일 수 있다는 주장의 사례에 대해서는 Herbst(1990)와 Weinstein(2005), 이런 관점의 강점과 한계 및 인과관계의 문제점을 신중하게 다룬 연구로는 Rohner(2018)를 참조하기 바란다. 뒤에서는 결정적인 승리가 더 지속적인 평화로 이어진다는 주장이 사실이더라도 인간의 희생을 망각해서는 안 되는 이유에 대해 중점적으로 다룰 생각이다. 그러나 결정적인 승리가 정말 더 지속적인 평화로 이어지는지도 확실하지 않다. 선택 효과를 비롯해 몇 가지 이유에서 잘못 해석된 상관관계일 수 있다. 예컨대 양측이 교착 상태에 있는 곳에서는 본질적으로 충돌이 더 잦을 수밖에 없고, 평화 정착을 더 힘들게 만드는 요인들이 누락되었을 수도 있다.

22 Scheidel(2018).

23 Tilly의 관점에 대해서는 Tilly(1985, 1992)를 참조하기 바란다. 전쟁은 국가를 만들 뿐만 아니라 민주주의도 만든다고 주장하는 학자가 적지 않다. 전쟁의 결과로 견제받는 정부와 대중 참여를 이뤄낸 사회가 많은 게 사실이다. 군인들을 모집하고 세금을 징수하며 필요한 자금을 모으는 데는 관료조직만 필요한 게 아니었기 때문이다. 전쟁에는 돈과 신병도 필요해서, 독재자도 노동력과 자본을 지닌 국민에게 이런저런 양보를 해야 했다. Tilly를 비롯해 많은 학자가 전쟁과 민주주의의 관계를 역설했다. 장기적인 관점에서 민주주의를 만들어가는 요인에 대한 폭넓은 연구로는 Stasavage(2020)가 있다. Morris(2014)는 최근에 이 관점을 대중의 눈높이로 정리했다. 전쟁이 도시의 발달에 미친 역할에 대해서는 Dincecco and Onorato(2017), 형식적인 이론과 유용한 상관관계에 대해서는 Gennaioli and Voth(2015)와 Besley and Persson(2009)을 참조하라. Weinstein(2005)은 내전을 통해서도 사회를 통치하고 형성할 수 있는 정치조직, 즉 일종의 국가 건설 역량을 구축할 가능성이 있다고 주장했다. 그의 지적에 따르면, 그런 정치조직을 지원할 만한 외부의 강력한 세력이나 자연자원이 없을 때는 내전을 이유로 내세워 세수 기반을 개발하고 시민을 통치할 가능성이 크다.

24 '누가 미래 세대를 대신해 결정하는가?'는 무척 까다로운 질문이다. 전쟁이 장기적으로 긍정적인 외부 효과를 갖는다면, 지도자들은 최적이 아닌 경우에도 전쟁

을 선택할 것이다. 그러나 우리가 지도자들에게 미래의 이익이 막연하더라도 멀리 내다보라고 요구하려면 두 가지 철학적인 질문도 제기해야 한다. 첫째, '태어나지 않은 세대의 이익을 어떻게 설명할 수 있는가?'다. 당연한 말이겠지만, 미래 세대는 대부분의 집단 결정에 관여하지 않는다. 그들에게 어느 정도의 가중치를 주어야 하는지 판단하기 힘들지만, 0은 아니어야 할 것이다. 둘째, '누가 결정하는가?'다. 현실적으로 보면, 소수의 엘리트 계급이 그들을 대신해 결정한다. 그 사회가 민주적이더라도 태어나지 않은 세대에게는 투표권이 없다. 거듭 말하지만, 그 세대의 의견을 현재의 결정에 어떻게 반영해야 하는지 분명하지 않다. 그러나 몇몇 결정은 미래에 살아갈 세대에게 상대적으로 더 큰 영향을 미친다. 이런 외부 효과 때문에도 우리는 결정을 내릴 때 더욱더 신중해야 한다.

25 예컨대 대포가 발명된 후 중세의 성벽은 무용지물이 되었다. 그때부터 도시는 대포 공격을 견디려면 벽돌로 뒤덮은 거대한 흙벽이 필요했다. 그러나 이런 방어 시설을 무너뜨리기 위해 공격 비용도 연쇄적으로 증가했다. 결국 공격자들은 오랜 포위 공격에 대비해야 했다. 따라서 공학자와 설비 및 대규모 군대가 항상 현장에 대기했다. 10년이 지나고 세기가 지나면서, 유럽의 정치조직들은 그저 견디는 데만도 더 많은 자금과 더 크고 더 효율적인 정부가 필요하게 되었다. 이 시기에 대한 연구로는 Tilly 외에 Hoffman(2017)과 Spruyt(2017)도 참조하기 바란다.

26 이 주장에 대해서는 Hoffman(2017)과 Spruyt(2017)를 참조하라. 유럽과 중국의 비교로는 Ko, Koyama, and Sng(2018)을, 라틴아메리카에 대해서는 Centeno(2003)와 Bates, Coatsworth, and Williamson(2007)을 참조하기 바란다. 특히 후자에서는 라틴아메리카에 닥친 갈등의 세기로 말미암아, 대부분의 국가가 1870년대부터 제1차 세계대전까지 지속된 첫 세계화 시대에 성장의 기회를 놓침으로써 서구 세계에 뒤처지게 되었다는 걸 보여준다. 라틴아메리카 국가들은 그 뒤로 따라잡지 못했다. 끝으로, 아프리카에서는 관료제가 발달하지 못해 전쟁이 없었던 것으로 보인다(Herbst 1990). 원칙적으로 이 현상은 부정적인 사례로 틸리의 주장을 뒷받침하는 데 사용된다. 그렇지만 아프리카에서 전쟁이 있었더라면 강대국이 탄생했을 것이라는 결론이 자동적으로 도출되는 것은 아니다. 중요한 것은 유럽에서 화약 혁명 시대를 벗어나면 이 이야기가 유효하다고 단정할 수 없다는 것이다. 싸움은 1500년 이전에도 유럽에서 이미 빈번했지만 당시에는 강대국이 나타나지 않았다. 1500~1800년 전성기라 여겨지던 시대에도 전쟁이 발전에 미친 영향은 일정하지 않았다(Gennaioli and Voth 2015). 찰스 틸리 자신도 "국가를 건설하려던 유럽의 노력은 대부분 실패했다"라고 인정했다(Spruyt

2017). 하지만 우리가 전쟁에 대한 연구에서 끌어내야 할 것은, 갈등이 발전을 촉진하기 위해서는 어떤 특별한 환경이 필요했느냐 하는 것이다. 유럽과 화약 혁명이 특별했던 이유를 설명하는 이론은 많다. 하나의 패권국이 나타난 적이 없고, 정치적으로 다수의 작은 국가들로 분열된 대륙이었으며, 통치자를 전쟁 비용으로부터 보호하는 동시에 싸움을 명망과 영예로 보상하는 정치 문화가 있었고, 쉽게 채굴할 수 있는 자연자원이 부족했으며, 군사 테크놀로지가 화약과 대규모로 전문화된 군대에 초점을 맞춰 노동력과 자본과 혁신을 대대적으로 요구하고 보상하던 시대가 있었다. 이중 어느 것도 전쟁이 유럽의 발흥에 기여한 역할을 부정하지 않는다. 그러나 중세가 끝난 때부터 산업혁명 시대까지 서구의 상황은 이상한 수준을 넘어 거의 유일무이했다.

27 국제관계에서 비효율적인 무장武裝은 이른바 '안보 딜레마security dilemma'의 한 측면이다. 무정부 상태는 집단이 안보를 강화하기 위해 취한 행동이 반대 효과를 낳는 걸 뜻한다. 군비 증강에 자극을 받은 상대편도 똑같이 군비를 증가할 것이기 때문이다. 안보 딜레마는 유명한 '죄수의 딜레마(두 죄수가 똑같이 자백을 거부하면 둘 모두에게 이익이지만, 어느 쪽도 상대가 의리를 지킬 거라고 믿지 못해 결국 상대를 고발하게 된다는 게임 이론의 간단한 모형)'를 떠올리게 한다. 이에 대해서는 Herz(1950), Jervis(1978), Glaser(1997)를 참조하기 바란다.

경제학에서 대부분의 초기 이론 모형은 무정부 상태의 비효율적인 군비 증강을 보여주는 모형과 다르지 않아, 경쟁이 어떻게 모든 집단으로 하여금 군사력의 증강에 몰두하게 만드는지를 보여주었다. 흥미롭게도, 전투적 폭력은 군비 증강의 부산물로 가정된 경우가 아니면 이 모형에서 명시적으로 나타나지 않았다. 대표적인 예로 Tullock(1974), Garfinkel(1990), Grossman(1991), Hirshleifer(1991), Skaperdas(1992), Hirshleifer(1995b), Garfinkel and Skaperdas(2007)가 있다. 군비 증가와 전쟁의 관계 및 군비 증강의 비효율성을 새로운 관점에서 폭넓게 다룬 연구로는 Skaperdas(2006), Fearon(2018), Baliga and Sjöström(2013)을 참조하기 바란다.

28 도시를 중심으로 인상적인 이론, 자료 수집, 갈등과 발전의 상관관계를 살펴본 연구로는 Dincecco and Onorato(2017), 국가 중심으로는 Besley and Persson(2009)이 있다. 생략 변수 문제 외에 역방향 인과관계reverse causality의 위험도 있다. 발전을 이끈 것이 전쟁으로 이어졌지, 그 반대가 아니라는 것이다.

29 내전이 20세기 후반에 어느 때보다 흔했지만 나는 내전을 중요하게 다루지 않는다. 많은 내전이 있었던 것은 사실이지만, 대부분의 내전이 저강도였고, 연간 사망자 수도 상대적으로 적었다. 또 우간다와 르완다 같은 반례도 있지만, 내전은

대체로 경제와 국가 발전에 큰 손해를 입혔다. 하나하나가 매력적인 이런 반례에 대해서는 Weinstein(2005)을 참조하기 바란다.

30 엘리트 계급 간의 내부 경쟁, 혹은 엘리트 계급과 대중의 경쟁을 강조한 역사서로는 Acemoglu and Robinson(2012, 2020); North, Wallis, and Weingast(2009a); Bueno de Mesquita et al.(2003); Stasavage(2020)가 있다.

결론 | 평화를 조금씩 만들어가는 엔지니어

1 Popper([1945] 2013). Popper([1957] 2013)도 참조하기 바란다. 그의 삶에 대해서는 주로 Popper(2005)를 참조했다.
2 Florio and Shapiro(2020).
3 지부티, 보츠와나, 세인트루시아 등의 헌법은 일반적인 헌법과 4분의 3 정도가 똑같다(Law and Versteeg 2012). 물론 그 이유 중 하나는 그 국가들이 공유하는 이상이 부분적으로 같기 때문일 것이다. 그러나 모범적인 사례의 유혹도 적잖은 이유인 게 분명하다. 총론적 헌법이 존재한다는 사실은, 해당 사회의 기본적인 규칙이 되어야 할 것에 국민의 의견이 반영되지 않고 철저히 배제되었다는 뜻이다.
기능보다 형식의 모방, 관료제의 폐해에 대해서는 Meyer and Rowan(1977); Weber(2014); Barnett and Finnemore(1999, 2012); Andrews, Pritchett, and Woolcock(2017)을 참조하기 바란다. 취약한 국가는 부패하고 무능해서 정부가 모든 것을 해야 한다는 안타까운 현실에 대해서는 거의 논의되지 않는다(Mkandawire 2001).
'제도적 연작'에 대해서는 Evans(2004), '동형 모방'에 대해서는 DiMaggio and Powell(1983)과 Andrews, Pritchett, and Woolcock(2017)을 참조하라. 그들의 주장에 따르면, 유질 동형은 모방하는 국가의 관료주의적 충동일 뿐만 아니라 부유한 공여국들이 기능보다 형식에 보상하며 부추기는 면도 있다. 일반적인 성장 및 개발 정책에서, 광범위하게 공유되는 경제 원칙을 기초로 제도적 기관과 경제 조직이 형성된다는 설명에 대해서는 Rodrik(2007)을 참조하라. Rodrik은 모든 것에 적용되는 일반론을 추천하는 주류의 행태에 적극적으로 반대한다.
4 Jacobs([1961] 2016). 그녀는 "설계라는 유사 과학이 거의 신경질적으로 경험적 실패를 모방하고, 경험적 성공을 무시하는 결정을 내리는 듯하다"라고도 썼다.
5 Scott(1998). 국가처럼 보기, 질서 있는 사회, 모범적인 사례들이 효과가 있는지에 대한 정책 문제들은 Seabright(1999)에서 다뤄졌다.
6 관료가 정당성을 얻는 방법 및 그들이 흔히 저지르는 실수에 대해서는 Barnett

and Finnemore(1999, 2012)를 참조하기 바란다.

7 Ferguson(1990).
8 Easterly(2006, 2014).
9 Autesserre(2014).
10 국제 개발에 있어서 원대한 해결책의 실패와 한계 개선의 중요성에 대해서는 Easterly(2001)와 Banerjee and Duflo(2011)를 참조하라.
11 다행스럽게도 미국의 여러 도시에는 '점진적으로 평화를 완성해가려는 엔지니어'처럼 생각하는 사회운동가들과 범죄학자들이 있었다. 그들은 새로운 방법들을 시도하며, 그 방법들이 폭력에 미치는 영향을 주시했다. 궁극적으로 그들은 동일한 결론, 즉 소수의 지역과 수십 개의 집단, 수천 명이 대부분의 살인에 책임이 있다는 결론에 도달했다. 이런 결론을 근거로, 그들은 그 특정한 사람들이 왜 폭력적이고, 그들을 대부분의 사람들로부터 구분 짓는 게 무엇인지에 대해 의문을 품기 시작했다. 상황에 따라, 또 장소에 따라 찾아낸 대답이 달랐다(그들이 다른 주변부를 공략했던 것이다). 조직폭력배 지원 프로그램과 인지행동치료법은 오랜 불화로 조직이 와해된 갱단에 적합했다. 한편, 상대적으로 조직화된 폭력단은 조건부 억압에 반응할 가능성이 있었다. 이렇게 답은 달랐지만, 생각하는 방식은 다르지 않았다. 폭력 중단(Slutkin, Ransford, and Decker 2015; Brantingham et al. 2018)부터 다양한 조건부 억압 등 집중 억제 전략(Kennedy 2011; Braga, Weisburd, and Turchan 2018)에 이르기까지 폭력 감소를 위한 가장 유망한 접근법 뒤에는 한계적 사고marginal thinking가 있다. 내가 아는 한, 중재mediation는 가장 덜 연구되고 자료화되어, 비밀스럽거나 무척 드물다. 한계적 사고는 장소에 기반한 범죄학적 전략 뒤에도 있다(Weisburd et al. 1993; Weisburd, Groff, and Yang 2012; Braga, Papachristos, and Hurreau 2012; Blattman, Green, et al. 2021). 이 문헌의 평가에 대해서는 Abt(2019)를 참조하기 바란다.
12 경제학자들이 '수확 체증increasing returns(추가로 투입되는 요소가 비례분 이상으로 결과에 영향을 미치는 현상)'이라고 칭하는 경우에 해당한다. 5,000명으로 구성된 평화유지군 제2진이, 같은 규모의 제1진보다 평화에 더 큰 영향을 미치는 경우가 수확 체증에 해당하는데, 이런 현상은 가능할 수 있다. 다면적인 개입이 개별 개입보다 더 효과적인 경우도 수확 체증에 해당한다. 다시 말하면, 전체가 부분의 합보다 큰 경우라고 생각하면 된다. 여기에는 조율이 필요하고, 일부 정책 입안자들이 '확산 전략big push'이라고 부르는 것이기도 하다. 하지만 대담한 주장에는 대담한 증거가 필요하다. 안타깝게도 나는 아직 수확 체증의 설득력 있는 증거를 보지 못했다. 물론 그런 상황이 적잖게 있을 거라고 확신한다. 내전에서 이행 문

제가 그런 상황 중 하나일 수 있다. 그러나 우리가 살아가는 세계는 압도적으로 수확 체감(추가로 투입되는 요소가 비례분 이하로 결과에 영향을 미치는 현상)의 세계다.

평화 유지 임무도 일반적인 생각만큼 비점진적이지 않을 수 있다. 많은 나라에서 경찰 밀도는 인구 10만 명당 경찰관 수로 계산한다(군인과 방위군 및 그 밖의 보안부대는 제외). 미국은 약 200명, 프랑스는 400명이 넘는다. 다른 국가들은 100~500명이다. 따라서 인구 2,000만 명인 국가에 1만 명의 평화유지군이 파견되면, 그 국가의 경찰 밀도는 약 50명 올라간다. 적은 수가 아니지만, 전쟁 중인 나라에서는 대단히 많은 증가도 아니다.

13 이 시행착오 뒤에는 지난 세기의 정책적 성공, 특히 평화만이 아니라 발전을 모색한 정책의 성공이 있었다(Hirschman 1970). 인류 역사상 부가 가장 폭발적으로 성장한 사례, 즉 20세기 후반 동아시아의 급속한 산업화를 예로 들어보자. 경제학자들은 청사진을 거부하고 정책에서의 시행착오를 받아들인 데 이 성공의 원인이 있다고 진단한다(Bardhan 2002; Xu 2011; Ang 2016; Bai, Hsieh, and Song 2020). 자기 발견의 수단으로서 시행착오와 산업 정책에 대한 논의는 Hausmann and Rodrik(2003)과 Rodrik(2007)을 참조하기 바란다. 공산주의 체제에서, 특히 공산주의에서 개방된 체제로의 전환 과정에서 실험의 중요성에 대해서는 Roland(2000, 2004), 성공한 정책에서 실험의 분석과 연구서의 평가에 대해서는 Majumdar and Mukand(2004)와 Mukand and Rodrik(2005)을 참조하라.

14 반복과 적응에 대한 '토라'로는 Harford(2011)를 참조하기 바란다.

15 예컨대 ideo.org;www.designkit.org/resources/1에서 디자인 키트$^{Design Kit}$를 참조하거나, 실패를 특집으로 다룬 《하버드 비즈니스 리뷰》 2011년 4월호(https://hbr.org/archive-toc/BR1104)를 참조하라.

16 아이들이 잠자리에 든 후에 갖는 저녁 반성회도 공식적인 참고문헌으로 삼아야 할까? 그렇지는 않다. 에어벨에 대해 더 깊이 알고 싶으면 https://airbel.rescue.org를 참조하기 바란다.

17 아프가니스탄은 승자가 평화를 찾기 위한 사회적 노력을 전혀 시도하지 않았던 것은 아니지만, 그런 노력보다 화해를 강요한 사례에 속하기 때문에 나는 아프가니스탄으로 시작하고 싶지 않다. 그러나 다른 사회를 만들려는 주요한 사회적 실험과 시도가 있었다는 건 분명하다. 이에 대한 설명으로는 Thomas(2015)와 Mukhopadhyay(2014)를 참조하라.

18 Thomas(2015).

19 국제 개발의 많은 영역에서 광범위하게 확인되는 문제다. 유엔 밀레니엄 개발 목표$^{United Nations Millennium Development Goals, MDGs}$를 참조하기 바란다. Clemens,

Kenny, and Moss(2007)는 유엔이 설정한 목표가 많은 국가에는 언감생심이라는 걸 입증해 보인다. 원조를 받은 많은 수혜국이 어떤 기준에서 상당히 빠른 성과를 거뒀지만, 목표에 미치지 못했고 심지어 '실패'라는 평가를 받았다.

20 이 개념에 대한 간략한 설명과, 내가 여기에서 주장하는 내용을 뒷받침하는 연구로는 Ostrom(2001, 2010)이 있다. 해외 원조에 적용된 사례 연구로는 Ostrom et al.(2002)를 참조하라.

21 취약한 국가에서 권력 분산의 중요성에 대해서는 Honig(2018, 2019), 전문가와의 문제에 대해서는 Easterly(2014)를 참조하기 바란다. 원조기관들에 대한 평가에서 미국과 유엔은 거의 언제나 하위권이다(Easterly and Pfutze 2008; Knack, Rogers, and Eubank 2011).

조금씩 무언가를 만들어가는 엔지니어는 위에서 책임지는 구조, 즉 강력한 중앙정부로부터 혜택을 누리는 경우가 많다. 작고 지역적인 것을 낭만적으로 근사하게 생각하기 쉽지만, 실제로 그런 수렁에 빠질 수 있다. 다중심주의에는 강력한 중앙만이 아니라 강력한 지방까지 존재해서, 이 둘이 서로 보완관계에 있어야 한다(Tandler 1997, Xu 2011). 중앙 당국은 적어도 두 가지 역할을 해야 한다. 하나는 전파다. 작고 지역적인 아이디어가 성공을 거두면, 그 아이디어가 지역에서 조금씩 무언가를 만들어가는 엔지니어들에게도 전해지도록 돕는 무언가가 필요하다. 다중심 시스템에서는 중앙 당국이 실험 자금을 지원하고, 여러 아이디어를 수집하고, 성공한 사례를 전달하는 역할을 해야 한다. 중앙 당국이 할 수 있는 또 하나의 역할은, 지역 엘리트들이 자신들에게 유리하도록 실험을 왜곡하려는 시도를 견제하는 것이다. 많은 개발도상국가에서 소수 집단과 가난한 사람들은 지역의 억압으로부터 보호받고 구제받기 위해 중앙의 활동가들에게 기대를 건다.

22 이와 관련한 문헌은 방대하다. 가난하고 부패하고 유약한 국가에서 시민사회를 육성하고 책임 이양을 권장하는 방법에 대한 사례로, 브라질의 한 주를 대상으로 한 Tendler(1997)의 사례 연구는 상당히 유명하다. 게임 이론에 기여한 공로로 노벨상을 수상한 Roger Myerson은 유사한 주장을 뒷받침하는 역사적 사례를 찾고, 이론을 형식화하기 위해 수십 년을 보냈다(Myerson 2015, 2020a, 2020b).

23 Autesserre(2021).

24 강한 국가와 강한 사회 간의 균형은 우리가 역사에서 얻은 가장 기본적인 교훈 중 하나다. 이에 대해서는 이미 앞에서 살펴보았고, 경제사와 정치사를 연구하는 대부분의 역사가가 주장하는 내용이기도 하다(Migdal 1988, 2001; North, Wallis, and Weingast 2009a; Fukuyama 2011; Acemoglu and Robinson 2020).

참고문헌

Abrams, Douglas E. 2017. "The Cuban Missile Crisis, Historian Barbara W. Tuchman, and the 'Art of Writing'". University of Missouri School of Law Scholarship Repository.

Abt, Thomas. 2019. *Bleeding Out: The Devastating Consequences of Urban Violence — and a Bold New Plan for Peace in the Streets.* Basic Books.

Acemoglu, Daron. 2003. "Why Not a Political Coase Theorem? Social Conflict, Commitment, and Politics". *Journal of Comparative Economics* 31 (4): 620–652.

Acemoglu, Daron, and James A. Robinson. 2006. *Economic Origins of Democracy and Dictatorship.* Cambridge University Press.

Acemoglu, Daron, and James A. Robinson. 2012. *Why Nations Fail: The Origins of Power, Prosperity, and Poverty.* Crown.

Acemoglu, Daron, and James A. Robinson. 2020. *The Narrow Corridor: States, Societies, and the Fate of Liberty.* Penguin Press.

Ackerman, Ruthie. 2010. "A Girl's Murder Sparks Riots". *Daily Beast*, March 26, 2010. www.thedailybeast.com/ a-girls-murder-sparks-riots.

Ackroyd, Peter. 2013. *Tudors: The History of England from Henry VIII to Elizabeth I.* Thomas Dunne Books.

Acland, Dan, and Matthew R. Levy. 2015. "Naiveté, Projection Bias, and Habit Formation in Gym Attendance". *Management Science* 61 (1): 146–160.

Adena, Maja, Ruben Enikolopov, Maria Petrova, Veronica Santarosa, and Ekaterina Zhuravskaya. 2015. "Radio and the Rise of the Nazis in Prewar Germany".

Quarterly Journal of Economics 130 (4): 1885-1939.

Ager, Philipp, Leonardo Bursztyn, Lukas Leucht, and Hans-Joachim Voth. 2018. "Killer Incentives: Relative Position, Performance and Risk-Taking among German Fighter Pilots, (1939-1945)". *National Bureau of Economic Research*, Working paper 22992.

Ake, Claude. 2000. *The Feasibility of Democracy in Africa*. Council for the Development of Social Science Research in Africa.

Akerlof, George A., and Rachel E. Kranton. 2000. "Economics and Identity." *Quarterly Journal of Economics* 115 (3): 715-753.

Anderson, Benedict. 2006. *Imagined Communities: Reflections on the Origin and Spread of Nationalism*. Verso Books.

Anderson, Jon Lee. 2004. *The Fall of Baghdad*. Penguin Books.

Anderton, Charles H., and Jurgen Brauer. Forthcoming. "Mass Atrocities and Their Prevention". *Journal of Economic Literature*.

Andrew, Christopher. 2004. "Intelligence Analysis Needs to Look Backwards before Looking Forward". History & Policy, policy paper, https://www.historyandpolicy.org/ policy-papers/papers/intelligence-analysis-needs-to-look-backwards-before-looking-forward.

Andrew, Christopher. 2009. *Defend the Realm: The Authorized History of MI5*. Vintage Books.

Andrews, Matt, Lant Pritchett, and Michael Woolcock. 2017. *Building State Capability: Evidence, Analysis, Action*. Oxford University Press.

Ang, Yuen Yuen. 2016. *How China Escaped the Poverty Trap*. Cornell University Press.

Anzia, Sarah F., and Christopher R. Berry. 2011. "The Jackie (and Jill) Robinson Effect: Why Do Congresswomen Outperform Congressmen?" *American Journal of Political Science* 55 (3): 478-493.

Asbury, Herbert. 1928. *The Gangs of New York: An Informal History of the Underworld*. Knopf.

Asher-Schapiro, Avi. 2016. "The Young Men Who Started Syria's Revolution Speak about Daraa, Where It All Began". Vice, March 15, 2016. www.vice.com/en/article/qv5eqb/the-men-speak-began.

Ashworth, Scott, Christopher R. Berry, and Ethan Bueno de Mesquita. 2021. *Theory and Credibility: Integrating Theoretical and Empirical Social Science*. Princeton University Press.

Ashworth, Scott, and Kristopher W. Ramsay. 2020. "Optimal Domestic Constraints in International Crises". Working paper.

Ashworth, Scott, and Greg Sasso. 2019. "Delegation to an Overconfident Expert". *Journal of Politics* 81 (2): 692–696.

Atkin, David, Eve Colson- Sihra, and Moses Shayo. 2021. "How Do We Choose Our Identity? A Revealed Preference Approach Using Food Consumption". *Journal of Political Economy* 129 (4): 1193–1251.

Aumann, Robert J. 1976. "Agreeing to Disagree". *Annals of Statistics* 4 (6): 1236–1239.

Autesserre, Séverine. 2010. *The Trouble with the Congo: Local Violence and the Failure of International Peacebuilding*. Cambridge University Press.

Autesserre, Séverine. 2014. *Peaceland: Conflict Resolution and the Everyday Politics of International Intervention*. Cambridge University Press.

Autesserre, Séverine. 2021. *The Frontlines of Peace: An Insider's Guide to Changing the World*. Oxford University Press.

Ayittey, George B. N. 1998. *Africa in Chaos*. St. Martin's Press.

Aytaç, S. Erdem, Luis Schiumerini, and Susan Stokes. 2018. "Why Do People Join Backlash Protests? Lessons from Turkey". *Journal of Conflict Resolution* 62 (6): 1205–1228.

Azam, Jean-Paul. 1995. "How to Pay for the Peace? A Theoretical Framework with References to African Countries". *Public Choice* 83 (1-2): 173–184.

Backus, Matthew, and Andrew Little. 2020. "I Don't Know". *American Political Science Review* 114 (3): 724–743.

Bai, Chong-En, Chang-Tai Hsieh, and Zheng Song. 2020. "Special Deals with Chinese Characteristics." *NBER Macroeconomics Annual* 2019 34 (1): 341–379.

Bailyn, Bernard. 2017. *The Ideological Origins of the American Revolution*. Harvard University Press.

Baliga, Sandeep, Ethan Bueno de Mesquita, and Alexander Wolitzky. 2020. "Deterrence with Imperfect Attribution". *American Political Science Review* 114 (4): 1155–1178.

Baliga, Sandeep, and Tomas Sjöström. 2008. "Strategic Ambiguity and Arms Proliferation". *Journal of Political Economy* 116 (6): 1023–1057.

Baliga, Sandeep, and Tomas Sjöström. 2013. "Bargaining and War: A Review of Some Formal Models." *Korean Economic Review* 29 (2): 235–266.

Baliga, Sandeep, and Tomas Sjöström. 2020. "The Strategy and Technology of Conflict". *Journal of Political Economy* 128 (8): 3186–3219.

Baliga, Sandeep, David O. Lucca, and Tomas Sjöström. 2011. "Domestic Political Survival and International Conflict: Is Democracy Good for Peace?" *Review of Economic Studies* 78 (2): 458–486.

Banerjee, Abhijit V., and Esther Duflo. 2011. *Poor Economics: A Radical Rethinking of the Way to Fight Global Poverty*. PublicAffairs.

Barberis, Nicholas C. 2018. "Psychology-Based Models of Asset Prices and Trading Volume". In *Handbook of Behavioral Economics: Foundations and Applications 1*, edited by B. Douglas Bernheim, Stefano DellaVigna, and David Laibson, 79–175. Elsevier.

Bardhan, Pranab. 2002. "Decentralization of Governance and Development". *Journal of Economic Perspectives* 16 (4): 185–205.

Barnett, Michael, and Martha Finnemore. 2012. *Rules for the World: International Organizations in Global Politics*. Cornell University Press.

Barnett, Michael N., and Martha Finnemore. 1999. "The Politics, Power, and Pathologies of International Organizations". *International Organization* 53 (4): 699–732.

Barnhart, Joslyn N., Allan Dafoe, Elizabeth N. Saunders, and Robert F. Trager. 2020. "The Suffragist Peace". *International Organization* 74 (4): 633–670.

Baron-Cohen, Simon. 2012. *The Science of Evil: On Empathy and the Origins of Cruelty*. Basic Books.

Bastaki, Basil. 2020. "The Retaliatory Imperative: How Blood Feuding Deters Societal Predation in Contexts of Honor". MA thesis. University of Chicago.

Bates, Robert H. 2008. *When Things Fell Apart: State Failure in Late-Century Africa*. Cambridge University Press.

Bates, Robert H., John H. Coatsworth, and Jeffrey G. Williamson. 2007. "Lost Decades: Postindependence Performance in Latin America and Africa". *Journal of Economic History* 67 (4): 917–943.

Bauer, Michal, Christopher Blattman, Julie Chytilová, Joseph Henrich, Edward Miguel, and Tamar Mitts. 2016. "Can War Foster Cooperation?" *Journal of Economic Perspectives* 30 (3): 249–274.

Bazerman, Max H., and Don A. Moore. 2012. *Judgment in Managerial Decision Making*. John Wiley & Sons.

Bazzi, Samuel, Robert A. Blair, Christopher Blattman, Oeindrila Dube, Matthew Gudgeon, and Richard M. Peck. Forthcoming. "The Promise and Pitfalls of Conflict Prediction: Evidence from Colombia and Indonesia". *Review of Economics and Statistics*.

Bazzi, Samuel, and Christopher Blattman. 2014. "Economic Shocks and Conflict: Evidence from Commodity Prices". *American Economic Journal: Macroeconomics* 6 (4): 1–38.

Bazzi, Samuel, Arya Gaduh, Alexander D. Rothenberg, and Maisy Wong. 2019. "Unity in Diversity? How Intergroup Contact Can Foster Nation Building". *American Economic Review* 109 (11): 3978–4025.

BBC. 2017. "How the Babri Mosque Destruction Shaped India". December 6, 2017. www.bbc.com/news/world-42219773.

Bean, Kevin. 2010. *Ed Moloney: Voices from the Grave: Two Men's War in Ireland*. Faber and Faber.

Beardsley, Kyle. 2011a. "Peacekeeping and the Contagion of Armed Conflict". *Journal of Politics* 73 (4): 1051–1064.

Beardsley, Kyle. 2011b. *The Mediation Dilemma*. Cornell University Press.

Beardsley, Kyle, David E. Cunningham, and Peter B. White. 2019. "Mediation, Peacekeeping, and the Severity of Civil War". *Journal of Conflict Resolution* 63 (7): 1682–1709.

Beber, Bernd. 2012. "International Mediation, Selection Effects, and the Question of Bias". *Conflict Management and Peace Science* 29 (4): 397–424.

Beber, Bernd, Michael J. Gilligan, Jenny Guardado, and Sabrina Karim. 2017. "Peacekeeping, Compliance with International Norms, and Transactional Sex in Monrovia, Liberia". *International Organization* 71 (1): 1–30.

Beck, Aaron T. 1979. *Cognitive Therapy and the Emotional Disorders*. Plume.

Beck, Aaron T., and Jerry L. Deffenbacher. 2000. *Prisoners of Hate: The Cognitive Basis of Anger, Hostility and Violence*. Springer.

Becker, Gary S. 1968. "Crime and Punishment: An Economic Approach". *Journal of Political Economy* 76 (2): 169-217.

Bellows, John, and Edward Miguel. 2009. "War and Local Collective Action in Sierra Leone". *Journal of Public Economics* 93 (11-12): 1144-1157.

Bénabou, Roland. 2013. "Groupthink: Collective Delusions in Organizations and Markets". *Review of Economic Studies* 80 (2): 429-462.

Benjamin, Milton R. 1980. "France Plans to Sell Iraq Weapons-Grade Uranium". *Washington Post*, February 28, 1980. www.washingtonpost.com/archive/politics/1980/02/28/france-plans-to-sell-uranium/f2d4f7634561/.

Benner, Erica. 2017. *Be like the Fox: Machiavelli in His World*. W. W. Norton.

Benzell, Seth G., and Kevin Cooke. 2021. "A Network of Thrones: Kinship and Conflict in Europe, 1495-1918." American Economic Journal: Applied Economics 13 (3): 102-133.

Berge, Lars Ivar Oppedal, Kjetil Bjorvatn, Simon Galle, Edward Miguel, Daniel N. Posner, Bertil Tungodden, and Kelly Zhang. 2020. "Ethnically Biased? Experimental Evidence from Kenya". *Journal of the European Economic Association* 18 (1): 134-164.

Berkowitz, Leonard. 1993. Aggression: *Its Causes, Consequences, and Control*. McGraw-Hill.

Berman, Eli, and David A. Lake, eds. 2019. *Proxy Wars: Suppressing Violence through Local Agents*. Cornell University Press.

Berman, Nicolas, and Mathieu Couttenier. 2015. "External Shocks, Internal Shots: The Geography of Civil Conflicts". *Review of Economics and Statistics* 97 (4): 758-776.

Bertrand, Marianne. 2009. "CEOs". *Annual Review of Economics* 1 (1): 121-150.

Bertrand, Marianne, Monica Bhatt, Christopher Blattman, Sara B. Heller, and Max Kapustin. 2022. "Predicting and Preventing Gun Violence: Experimental Results from READI Chicago". Working paper.

Besley, Timothy, and Torsten Persson. 2009. "The Origins of State Capacity: Property Rights, Taxation, and Politics". *American Economic Review* 99 (4): 1218-1244.

Betts, Richard K. 1978. "Analysis, War, and Decision: Why Intelligence Failures Are Inevitable". *World Politics* 31 (1): 61-89.

Bidwell, Kelly, Katherine Casey, and Rachel Glennerster. 2020. "Debates: Voting and Expenditure Responses to Political Communication". *Journal of Political Economy* 128 (8): 2880–2924.

Biersteker, Thomas. 2019. "Understanding Effectiveness of International Sanctions". *MGIMO Review of International Relations* 3 (66): 7–16.

Bigio, Jamille, and Rachel Vogelstein. 2016. *How Women's Participation in Conflict Prevention and Resolution Advances U.S. Interests*. Council on Foreign Relations.

Blainey, Geoffrey. 1973. *The Causes of War*. Macmillan.

Blair, Graeme, Darin Christensen, and Aaron Rudkin. 2020. "Do Commodity Price Shocks Cause Armed Conflict? A Meta-analysis of Natural Experiments". *American Political Science Review*, Working Papers, 115 (2): 709–716.

Blair, Robert A. 2020. *Peacekeeping, Policing, and the Rule of Law after Civil War*. Cambridge University Press.

Blair, Robert A. 2021. "UN Peacekeeping and the Rule of Law". *American Political Science Review* 115 (1): 51–68.

Blakeslee, David S. 2018. "The Rath Yatra Effect: Hindu Nationalist Propaganda and the Rise of the BJP". Working paper.

Blattman, Christopher. 2009. "From Violence to Voting: War and Political Participation in Uganda". *American Political Science Review* 103 (2): 231–247.

Blattman, Christopher. 2011. "Conflict Recovery in Africa: The Micro Level". In *The Oxford Companion to the Economics of Africa*, edited by Ernest Aryeetey, Shantayanan Devarajan, Ravi Kanbur, and Louis Kasekende, 124–130. Oxford University Press.

Blattman, Christopher, and Jeannie Annan. 2016. "Can Employment Reduce Lawlessness and Rebellion? A Field Experiment with High- Risk Men in a Fragile State". *American Political Science Review* 110 (1): 1–17.

Blattman, Christopher, Gustavo Duncan, Benjamin Lessing, and Santiago Tobón. 2021a. "Gang Rule: Understanding and Countering Criminal Governance". Working paper.

Blattman, Christopher. 2021b. "Gangs of Medellín: How Organized Crime Is Organized". Working paper.

Blattman, Christopher, Donald Green, Daniel Ortega, and Santiago Tobón. 2021. "Place-Based Interventions at Scale: The Direct and Spillover Effects of Policing and City Services on Crime". *National Bureau of Economic Research*, Working Paper 23941.

Blattman, Christopher, Alexandra C. Hartman, and Robert A. Blair. 2014. "How to Promote Order and Property Rights under Weak Rule of Law? An Experiment in Changing Dispute Resolution Behavior through Community Education". *American Political Science Review* 108 (1): 100-120.

Blattman, Christopher, Jason Hwang, and Jeffrey G. Williamson. 2007. "Winners and Losers in the Commodity Lottery: The Impact of Terms of Trade Growth and Volatility in the Periphery 1870-1939". *Journal of Development Economics* 82: 156-179.

Blattman, Christopher, Julian C. Jamison, and Margaret Sheridan. 2017. "Reducing Crime and Violence: Experimental Evidence from Cognitive Behavioral Therapy in Liberia". *American Economic Review* 107 (4): 1165-1206.

Blattman, Christopher, Horacio Larreguy, Benjamin Marx, and Otis Reid. 2018. "A Market Equilibrium Approach to Reduce the Incidence of Vote- Buying: Evidence from Uganda". Working paper.

Blattman, Christopher, and Edward Miguel. 2010. "Civil War". *Journal of Economic Literature* 48 (1): 3-57.

Blouin, Arthur, and Sharun W. Mukand. 2018. "Erasing Ethnicity? Propaganda, Nation Building and Identity in Rwanda". *Journal of Political Economy* 127 (3): 1008-1062.

Blount, Sally. 1995. "When Social Outcomes Aren't Fair: The Effect of Causal Attributions on Preferences". *Organizational Behavior and Human Decision Processes* 63 (2): 131-144.

Blum, Jurgen Rene, and Daniel Rogger. 2020. "Public Service Reform in Post-Conflict Societies". *World Bank Research Observer* 36 (2): 260-287.

Boix, Carles, and Milan W. Svolik. 2013. "The Foundations of Limited Authoritarian Government: Institutions, Commitment, and Power-Sharing in Dictatorships". *Journal of Politics* 75 (2): 300-316.

Börzel, Tanja A., and Sonja Grimm. 2018. "Building Good (Enough) Governance in Postconflict Societies & Areas of Limited Statehood: The European Union & the Western Balkans". *Daedalus* 147 (1): 116-127.

Bowles, Samuel, and Herbert Gintis. 2004. "The Evolution of Strong Reciprocity:

Cooperation in Heterogeneous Populations" *Theoretical Population Biology* 65 (1): 17–28.

Bowles, Samuel, and Herbert Gintis. 2013. *Cooperative Species: Human Reciprocity and Its Evolution* Princeton University Press.

Boyd, Robert, Herbert Gintis, Samuel Bowles, and Peter J. Richerson. 2003. "The Evolution of Altruistic Punishment". *Proceedings of the National Academy of Sciences of the United States of America* 100 (6): 3531–3535.

Braga, Anthony A., David Weisburd, and Brandon Turchan. 2018. "Focused Deterrence Strategies and Crime Control: An Updated Systematic Review and Meta-analysis of the Empirical Evidence". Criminology & Public Policy 17 (1): 205–250.

Braga, Anthony A., Brandon C. Welsh, and Cory Schnell. 2015. "Can Policing Disorder Reduce Crime? A Systematic Review and Meta-analysis". *Journal of Research in Crime and Delinquency* 52 (4): 567–588.

Braga, Anthony, Andrew V. Papachristos, and David M. Hurreau. 2012. "An Ex Post Facto Evaluation Framework for Place-Based Police Interventions". *Evaluation Review* 35 (6): 592–626.

Brantingham, P. Jeffrey, Baichuan Yuan, Nick Sundback, Frederick P. Schoenberg, Andrea L. Bertozzi, Joshua Gordon, Jorja Leap, Kristine Chan, Molly Kraus, Sean Malinowski, and Denise Herz. 2018. "Does Violence Interruption Work?" Working paper.

Brass, Paul R. 1997. *Theft of an Idol: Text and Context in the Representation of Collective Violence.* Princeton University Press.

Braumoeller, Bear F. 2019. *Only the Dead: The Persistence of War in the Modern Age.* Oxford University Press.

Braut- Hegghammer, Målfrid. 2020. "Cheater's Dilemma: Iraq, Weapons of Mass Destruction, and the Path to War". *International Security* 45 (1): 51–89.

Brito, Dagobert L., and Michael D. Intriligator. 1985. "Conflict, War, and Redistribution". *American Political Science Review* 79 (4): 943–957.

Brookhiser, Richard. 2011. *James Madison.* Basic Books.

Brosnan, Sarah F., and Frans B. M. de Waal. 2003. "Monkeys Reject Unequal Pay". *Nature* 425 (6955): 297–299.

Brown, Zach Y., Eduardo Montero, Carlos Schmidt- Padilla, and Maria Micaela

Sviatschi. 2020. "Market Structure and Extortion: Evidence from 50,000 Extortion Payments". *National Bureau of Economic Research*, Working Paper 28299.

Brubaker, Rogers, and David D. Laitin. 1998. "Ethnic and Nationalist Violence". *Annual Review of Sociology* 24 (1): 423-452.

Bueno de Mesquita, Bruce, James D. Morrow, Randolph M. Siverson, and Alastair Smith. 1999. "An Institutional Explanation of the Democratic Peace". *American Political Science Review* 93 (4): 791-807.

Bueno de Mesquita, Bruce Bueno, Alastair Smith, Randolph M. Siverson, and James D. Morrow. 2003. *The Logic of Political Survival*. MIT Press.

Bueno de Mesquita, Bruce, and Alastair Smith. 2016. *The Spoils of War: Greed, Power, and the Conflicts That Made Our Greatest Presidents*. PublicAffairs.

Buford, Bill. 2001. *Among the Thugs*. Random House.

Burke, Marshall, Solomon M. Hsiang, and Edward Miguel. 2015. "Climate and Conflict". *Annual Review of Economics* 7 (1): 577-617.

Burke, Marshall B., Edward Miguel, Shanker Satyanath, John A. Dykema, and David B. Lobell. 2009. "Warming Increases the Risk of Civil War in Africa". *Proceedings of the National Academy of Sciences* 106 (49): 20670-20674.

Bush, George W. 2010. *Decision Points*. Crown.

Busse, Meghan R., Devin G. Pope, Jaren C. Pope, and Jorge Silva- Risso. 2012. "Projection Bias in the Car and Housing Markets". *National Bureau of Economic Research*, Working Paper 18212.

Butt, Ahsan I. 2013. "Anarchy and Hierarchy in International Relations: Examining South America's War- Prone Decade, 1932-1941". *International Organization* 67 (3): 575-607.

Butt, Ahsan I. 2019. "Why Did the United States Invade Iraq in 2003?" *Security Studies* 28 (2): 250-285.

Cacault, Maria Paula, and Manuel Grieder. 2019. "How Group Identification Distorts Beliefs". *Journal of Economic Behavior & Organization* 164: 63-76.

Camerer, Colin F. 2011. *Behavioral Game Theory: Experiments in Strategic Interaction*. Princeton University Press.

Camerer, Colin, and Dan Lovallo. 1999. "Overconfidence and Excess Entry: An Experimental Approach" *American Economic Review* 89 (1): 306-318.

Caplan, Richard, and Anke Hoeffler. 2017. "Why Peace Endures: An Analysis of

Post- Conflict Stabilization". *European Journal of International Security* 2 (2): 133–152.

Casey, Katherine, Rachel Glennerster, Edward Miguel, and Maarten Voors. 2018. "Skill versus Voice in Local Development". *National Bureau of Economic Research*, Working paper 25022.

Cassidy, Tali, Gabrielle Inglis, Charles Wiysonge, and Richard Matzopoulos. 2014. "A Systematic Review of the Effects of Poverty Deconcentration and Urban Upgrading on Youth Violence". *Health & Place* 26: 78–87.

Cederman, Lars- Erik, Andreas Wimmer, and Brian Min. 2010. "Why Do Ethnic Groups Rebel? New Data and Analysis". *World Politics* 62 (1): 87–119.

Centeno, Miguel Angel. 2003. *Blood and Debt: War and the Nation-State in Latin America*. Penn State Press.

Chalfin, Aaron, and Justin McCrary. 2017. "Criminal Deterrence: A Review of the Literature". *Journal of Economic Literature* 55 (1): 5–48.

Chandra, Kanchan. 2005. "Ethnic Parties and Democratic Stability". *Perspectives on Politics* 3 (2): 235–252.

Chang, Ha-Joon. 2002. *Kicking Away the Ladder: Development Strategy in Historical Perspective*. Anthem Press.

Charness, Gary, and Matthew Rabin. 2002. "Understanding Social Preferences with Simple Tests". *Quarterly Journal of Economics* 117 (3): 817–869.

Charness, Gary, and Matthias Sutter. 2012. "Groups Make Better Self- Interested Decisions". *Journal of Economic Perspectives* 26 (3): 157–176.

Chassang, Sylvain, and Gerard Padró-i-Miquel. 2009. "Economic Shocks and Civil War". *Quarterly Journal of Political Science* 4 (3): 211–228.

Chen, Yan, and Sherry Xin Li. 2009. "Group Identity and Social Preferences". *American Economic Review* 99 (1): 431–457.

Cheng, Christine. 2018. *Extralegal Groups in Post-Conflict Liberia: How Trade Makes the State*. Oxford University Press.

Cheng, Christine, Jonathan Goodhand, and Patrick Meehan. 2018. "Synthesis Paper: Securing and Sustaining Elite Bargains That Reduce Violent Conflict". Elite Bargains and Political Deals Project, United Kingdom Stabilization Unit, https://assets.publishing.service.gov.uk/government/uploads/system/uploads/attachment_data/file/765882/Elite_Bargains_and_Political_Deals_Project_-_Synthesis_Paper.

pdf.

Chenoweth, Erica, Evan Perkoski, and Sooyeon Kang. 2017. "State Repression and Nonviolent Resistance". *Journal of Conflict Resolution* 61 (9): 1950–1969.

Chernow, Ron. 2010. *Washington: A Life*. Penguin Books.

Cheung-Blunden, Violet, and Bill Blunden. 2008. "The Emotional Construal of War: Anger, Fear, and Other Negative Emotions". *Peace and Conflict: Journal of Peace Psychology* 14 (2): 123–150.

Chilcot, Sir John. 2016. "Iraq Inquiry". http://www.iraqinquiry.org.uk/report/.

Choi, Seung-Whan. 2010. "Legislative Constraints: A Path to Peace?" *Journal of Conflict Resolution* 54 (3): 438–470.

Christia, Fotini. 2012. *Alliance Formation in Civil Wars*. Cambridge University Press.

Cikara, Mina, Emile G. Bruneau, and Rebecca R. Saxe. 2011. "Us and Them: Intergroup Failures of Empathy". *Current Directions in Psychological Science* 20 (3): 149–153.

Cikara, Mina, Emile G. Bruneau, Jay J. Van Bavel, and Rebecca R. Saxe. 2014. "Their Pain Gives Us Pleasure: How Intergroup Dynamics Shape Empathic Failures and Counter-Empathic Responses". *Journal of Experimental Social Psychology* 55: 110–125.

Cikara, Mina, and Jay J. Van Bavel. 2014. "The Neuroscience of Intergroup Relations: An Integrative Review". *Perspectives on Psychological Science* 9 (3): 245–274.

Clark, Christopher. 2013. *The Sleepwalkers: How Europe Went to War in 1914*. Harper.

Clark, Christopher M. 2006. *Iron Kingdom: The Rise and Downfall of Prussia, 1600–1947*. Harvard University Press.

Clemens, Michael A., Charles J. Kenny, and Todd J. Moss. 2007. "The Trouble with the MDGs: Confronting Expectations of Aid and Development Success". *World Development* 35 (5): 735–751.

CNN. 2003. "Bush, Blair: Time Running out for Saddam". January 31, 2003. www.cnn.com/2003/US/01/31/sprj.irq.bush.blair.topics/.

Coase, Ronald H. 1960. "The Problem of Social Cost". In *Classic Papers in Natural Resource Economics*, 87–137. Springer.

Cockayne, James, John de Boer, and Louise Bosetti. 2017. "Going Straight: Criminal

Spoilers, Gang Truces and Negotiated Transitions to Lawful Order", Crime-Conflict Nexus Series, no. 5. United Nations University Centre for Policy Research.

Coe, Andrew J. 2018. "Containing Rogues: A Theory of Asymmetric Arming". *Journal of Politics* 80 (4): 1197-1210.

Coe, Andrew J., and Jane Vaynman. 2020. "Why Arms Control Is So Rare". *American Political Science Review* 114 (2): 342-355.

Collier, Paul, and Anke Hoeffler. 1998. "On Economic Causes of Civil War". *Oxford Economic Papers* 50 (4): 563-573.

Collier, Paul, and Anke Hoeffler. 2004. "Greed and Grievance in Civil War". *Oxford Economic Papers* 56 (4): 563-595.

Collier, Paul, and Anke Hoeffler. 2007. "Civil War". In *Handbook of Defense Economics Vol 2: Defense in a Globalized World*, edited by Keith Hartley and Todd Sandler, 711-739. Holland.

Collins, Randall. 2008. *Violence: A Micro- sociological Theory*. Princeton University Press.

Conlin, Michael, Ted O'Donoghue, and Timothy J. Vogelsang. 2007. "Projection Bias in Catalog Orders". *American Economic Review* 97 (4): 1217-1249.

Cook, Philip J., and Jens Ludwig. 2000. *Gun Violence: The Real Costs*. Oxford University Press.

Cooter, Robert D., and Daniel L. Rubinfeld. 1989. "Economic Analysis of Legal Disputes and Their Resolution". *Journal of Economic Literature* 27 (3): 1067-1097.

Copeland, Dale C. 2001. *The Origins of Major War*. Cornell University Press.

Copeland, Dale C. 2014. "International Relations Theory and the Three Great Puzzles of the First World War". In *The Outbreak of the First World War: Structure, Politics and Decision-Making*, edited by Jack S. Levy and John A. Vasquez, 167-198. Cambridge University Press.

Coughlin, Con. 2005. *Saddam: His Rise & Fall*. HarperCollins.

Cunliffe, Philip. 2012. "Still the Spectre at the Feast: Comparisons between Peacekeeping and Imperialism in Peacekeeping Studies Today". *International Peacekeeping* 19 (4): 426-442.

Cunningham, David E. 2006. "Veto Players and Civil War Duration". *American*

Journal of Political Science 50 (4): 875-892.

Cunningham, David E. 2016. "Preventing Civil War How the Potential for International Intervention Can Deter Conflict Onset". *World Politics* 68 (2): 307-340.

Curran, Eleanor. 2002. "A Very Peculiar Royalist. Hobbes in the Context of His Political Contemporaries". *British Journal for the History of Philosophy* 10 (2): 167-208.

Dafoe, Allan, Jonathan Renshon, and Paul Huth. 2014. "Reputation and Status as Motives for War". *Annual Review of Political Science* 17 (1): 371-393.

Dahl, Robert A. 1956. *A Preface to Democratic Theory*. University of Chicago Press.

Davenport, Christian. 2007. "State Repression and Political Order". *Annual Review of Political Science* 10 (1): 1-23.

de Quervain, Dominique, Urs Fischbacher, Valerie Treyer, Melanie Schellhammer, Ulrich Schnyder, Alfred Buck, and Ernst Fehr. 2004. "The Neural Basis of Altruistic Punishment". *Science* 305 (5688): 1254-1258.

de Waal, Alex. 2015. *The Real Politics of the Horn of Africa: Money, War and the Business of Power*. John Wiley & Sons.

de Waal, Alex, and Julie Flint. 2008. *Darfur: A New History of a Long War*. Zed Books.

Debs, Alexandre, and Nuno P. Monteiro. 2014. "Known Unknowns: Power Shifts, Uncertainty, and War". *International Organization* 68 (1): 1-31.

Dell, Melissa, and Pablo Querubin. 2018. "Nation Building through Foreign Intervention: Evidence from Discontinuities in Military Strategies". *Quarterly Journal of Economics* 133 (2): 701-764.

DeLong, J. Bradford, and Barry Eichengreen. 1991. "The Marshall Plan: History's Most Successful Structural Adjustment Program". *National Bureau of Economic Research*, Working Paper 3899.

Depetris-Chauvin, Emilio, Ruben Durante, and Filipe Campante. 2020. "Building Nations through Shared Experiences: Evidence from African Football". *American Economic Review* 110 (5): 1572-1602.

Des Forges, Alison. 1999. *Leave None to Tell the Story: Genocide in Rwanda*. Human Rights Watch.

Diaz-Alejandro, Carlos F. 1983. "Stories of the 1930s for the 1980s". In *Financial Policies and the World Capital Market: The Problem of Latin American Countries*, 5–40. University of Chicago Press.

DiMaggio, Paul J., and Walter W. Powell. 1983. "The Iron Cage Revisited: Institutional Isomorphism and Collective Rationality in Organizational Fields". *American Sociological Review* 48 (2): 147–160.

Dincecco, Mark, and Massimiliano G. Onorato. 2017. *From Warfare to Wealth: The Military Origins of Urban Prosperity in Europe*. Cambridge University Press.

Dorison, Charles A., Julia A. Minson, and Todd Rogers. 2019. "Selective Exposure Partly Relies on Faulty Affective Forecasts". *Cognition* 188: 98–107.

Dostoyevsky, Fyodor. (1873) 2013. *The Possessed*. Translated by Constance Garnett. e-artnow.

Dowden, Richard. 1994. "'The Graves of the Tutsi Are Only Half Full-We Must Complete the Task': Richard Dowden, Africa Editor, Reports on the Rising Tide of Blood in Rwanda." *The Independent*, May 24, 1994. www.independent.co.uk/news/the-only-1438050.html.

Dowell, William. 1980. "Iraqi-French Nuclear Deal Worries Israel". *Christian Science Monitor*, July 31, 1980. www.csmonitor.com/1980/0731/073155.html.

Doyle, Michael W. 1997. *Ways of War and Peace: Realism, Liberalism, and Socialism*. W. W. Norton.

Doyle, Michael W., and Nicholas Sambanis. 2006. *Making War and Building Peace: United Nations Peace Operations*. Princeton University Press.

Draca, Mirko, Leanne Stickland, Nele Warrinnie, and Jason Garred. 2019. "On Target? The Incidence of Sanctions across Listed Firms in Iran". LICOS Discussion Paper, no. 413.

Drezner, Daniel W. 2011. "Sanctions Sometimes Smart: Targeted Sanctions in Theory and Practice". *International Studies Review* 13 (1): 96–108.

Drezner, Daniel W. 2015. *Theories of International Politics and Zombies: Revived Edition*. Princeton University Press.

Driscoll, Jesse. 2015. *Warlords and Coalition Politics in Post-Soviet States*. Cambridge University Press.

Dube, Oeindrila, and S. P. Harish. 2020. "Queens". *Journal of Political Economy*

128 (7): 2579-2652.

Dube, Oeindrila, and Juan F. Vargas. 2013. "Commodity Price Shocks and Civil Conflict: Evidence From Colombia". *Review of Economic Studies* 80 (4): 1384-1421.

Duelfer, Charles. 2005. *Comprehensive Report of the Special Advisor to the DCI on Iraq's WMD, with Addendums*. Central Intelligence Agency.

Dunning, Thad, and Lauren Harrison. 2010. "Cross-Cutting Cleavages and Ethnic Voting: An Experimental Study of Cousinage in Mali". *American Political Science Review* 104 (1): 21-39.

Easterly, William. 2001. *The Elusive Quest for Economic Growth: Economists' Adventures and Misadventures in the Tropics*. MIT Press.

Easterly, William. 2006. *The White Man's Burden: Why the West's Efforts to Aid the Rest Have Done So Much Ill and So Little Good*. Penguin Books.

Easterly, William. 2014. *The Tyranny of Experts: Economists, Dictators, and the Forgotten Rights of the Poor*. Basic Books.

Easterly, William, and Tobias Pfutze. 2008. "Where Does the Money Go? Best and Worst Practices in Foreign Aid". *Journal of Economic Perspectives* 22 (2): 29-52.

Edmans, Alex, Diego García, and Øyvind Norli. 2007. "Sports Sentiment and Stock Returns". *Journal of Finance* 62 (4): 1967-1998.

Egorov, Georgy, Sergei Guriev, and Konstantin Sonin. 2009. "Why Resource-Poor Dictators Allow Freer Media: A Theory and Evidence from Panel Data". *American Political Science Review* 103 (4): 645-668.

Ehrenreich, Barbara. 2011. *Blood Rites: Origins and History of the Passions of War*. Granta Books.

Eichenberg, Richard C., and Richard J. Stoll. 2017. "The Acceptability of War and Support for Defense Spending: Evidence from Fourteen Democracies, 2004-2013". *Journal of Conflict Resolution* 61 (4): 788-813.

Eifert, Benn, Edward Miguel, and Daniel N. Posner. 2010. "Political competition and ethnic identification in Africa". *American journal of political science* 54(2): 494-510.

Einstein, Albert. 1932. Albert Einstein to Sigmund Freud, July 30, 1932. *UNESCO Courier*, May 15, 1985, https://en.unesco.org/courier/may-1985/freud.

Einstein, Albert. (1933) 2011. *The Fight Against War*. Edited by Alfred Lief. Literary Licensing.

Einstein, Albert. 2017. *Einstein on Peace*. Edited by Otto Nathan and Heinz Nordan. Arcole Publishing.

Elbadawi, Ibrahim, and Nicholas Sambanis. 2002. "How Much War Will We See? Explaining the Prevalence of Civil War". *Journal of Conflict Resolution* 46 (3): 307–334.

Elias, Norbert. (1939) 2000. *The Civilizing Process*. Translated by Edmund Jephcott. Blackwell.

Elliott, Kimberly Ann, and Gary Clyde Hufbauer. 1999. "Same Song, Same Refrain? Economic Sanctions in the 1990's". *American Economic Review* 89 (2): 403–408.

Ellis, Stephen. 2006. *The Mask of Anarchy: The Destruction of Liberia and the Religious Dimension of an African Civil War*. Second edition. NYU Press.

Ellis-Petersen, Hannah. 2020. "India's BJP Leaders Acquitted over Babri Mosque Demolition". *The Guardian*, September 30, 2020. www.theguardian.com/world/2020/sep/30/india-leaders-mosque-demolition-case.

Engerman, Stanley L., and Kenneth L. Sokoloff. 2005. "Institutional and Non-institutional Explanations of Economic Differences". In *Handbook of New Institutional Economics*, edited by Claude Menard and Mary M. Shirley, 639–665. Springer.

English, Richard. 2008. *Armed Struggle: The History of the IRA*. Pan Macmillan.

Epley, Nicholas. 2015. *Mindwise: Why We Misunderstand What Others Think, Believe, Feel, and Want*. Vintage.

Epley, Nicholas, and Thomas Gilovich. 2016. "The Mechanics of Motivated Reasoning". *Journal of Economic Perspectives* 30 (3): 133–140.

Epley, Nicholas, Boaz Keysar, Leaf Van Boven, and Thomas Gilovich. 2004. "Perspective Taking as Egocentric Anchoring and Adjustment". *Journal of Personality and Social Psychology* 87 (5): 327–339.

Esteban, Joan, Massimo Morelli, and Dominic Rohner. 2015. "Strategic Mass Killings". *Journal of Political Economy* 123 (5): 1087–1132.

Esteban, Joan, and Debraj Ray. 2008. "On the Salience of Ethnic Conflict". *American Economic Review* 98 (5): 2185–2202.

Eubank, Nicholas. 2012. "Taxation, Political Accountability and Foreign Aid: Lessons from Somaliland". *Journal of Development Studies* 48 (4): 465–480.

Evans, Peter. 2004. "Development as Institutional Change: The Pitfalls of Monocropping and the Potentials of Deliberation". *Studies in Comparative International Development* 38 (4): 30–52.

Eyal, Tal, Mary Steffel, and Nicholas Epley. 2018. "Perspective Mistaking: Accurately Understanding the Mind of Another Requires Getting Perspective, Not Taking Perspective". *Journal of Personality and Social Psychology* 114 (4): 547–571.

Eyster, Erik. 2019. "Errors in Strategic Reasoning". In *Handbook of Behavioral Economics: Foundations and Applications* 2, edited by B. Douglas Bernheim, Stefano DellaVigna, and David Laibson, 187–259. Elsevier.

Falk, Armin, and Urs Fischbacher. 2006. "A Theory of Reciprocity". *Games and Economic Behavior* 54 (2): 293–315.

Fanon, Frantz. (1963) 2004. *The Wretched of the Earth*. Translated by Richard Philcox. Grove Press.

Fanon, Frantz. (1952) 2008. *Black Skin, White Masks*. Translated by Constance Farrington. Grove Press.

Fearon, James D. 1995. "Rationalist Explanations for War". *International Organization* 49 (3): 379–414.

Fearon, James D. 1997. "Signaling Foreign Policy Interests: Tying Hands versus Sinking Costs". *Journal of Conflict Resolution* 41 (1): 68–90.

Fearon, James D. 1998. "Commitment Problems and the Spread of Ethnic Conflict". In *The International Spread of Ethnic Conflict*, edited by David A. Lake and Donald Rothchild, 107–126. Princeton University Press.

Fearon, James D. 2004. "Why Do Some Civil Wars Last So Much Longer Than Others?" *Journal of Peace Research* 41 (3): 275–301.

Fearon, James D. 2013. "Fighting Rather Than Bargaining". Working paper.

Fearon, James D. 2017. "Civil War & the Current International System". *Daedalus* 146 (4): 18–32.

Fearon, James D. 2018. "Cooperation, Conflict, and the Costs of Anarchy". *International Organization* 72 (3): 523–559.

Fearon, James D. 2020. "State Building in the Cold War World". In *Conference on Foreign Assistance and Political Development in Fragile States*. University of Chicago.

Fearon, James D., and David D. Laitin. 1996. "Explaining Interethnic Cooperation". *American Political Science Review* 90 (4): 715-735.

Fearon, James D., and David D. Laitin. 2000. "Violence and the Social Construction of Ethnic Identity". *International Organization* 54 (4): 845-877.

Fehr, Ernst, and Simon Gächter. 2000. "Fairness and Retaliation: The Economics of Reciprocity". *Journal of Economic Perspectives* 14 (3): 159-181.

Fehr, Ernst, and Simon Gächter. 2002. "Altruistic Punishment in Humans". *Nature* 415: 137-140.

Fehr, Ernst, Lorenz Goette, and Christian Zehnder. 2009. "A Behavioral Account of the Labor Market: The Role of Fairness Concerns". *Annual Review of Economics* 1 (1): 355-384.

Fehr, Ernst, and Ian Krajbich. 2014. "Social Preferences and the Brain". In *Neuroeconomics* (2nd edition), edited by Paul W. Glimcher and Ernst Fehr, 193-218. Academic Press.

Fehrler, Sebastian, Baiba Renerte, and Irenaeus Wolff. 2020. "Beliefs about Others: A Striking Example of Information Neglect". Working paper.

Ferguson, James. 1990. The Anti-politics Machine: "Development", *Depoliticization, and Bureaucratic Power in Lesotho*. Cambridge University Press.

Ferguson, R. Brian. 2011. "Born to Live: Challenging Killer Myths". In *Origins of Altruism and Cooperation*, edited by Robert W. Sussman and C. Robert Cloninger, 249-270. Springer.

Ferrer, Rebecca A., Alexander Maclay, Paul M. Litvak, and Jennifer S. Lerner. 2017. "Revisiting the Effects of Anger on Risk-Taking: Empirical and analytic Evidence for Differences between Males and Females". *Journal of Behavioral Decision Making* 30 (2): 516-526.

Fetzer, Thiemo, and Stephan Kyburz. 2018. "Cohesive Institutions and Political Violence". Working paper.

Fey, Mark, and Kristopher W. Ramsay. 2007. "Mutual Optimism and War". *American Journal of Political Science* 51 (4): 738-754.

Fey, Mark, and Kristopher W. Ramsay. 2019. "Reasoning about War with Uncertainty about Victory". Working paper.

Finnemore, Martha, and Kathryn Sikkink. 1998. "International Norm Dynamics and

Political Change". *International Organization* 52 (4): 887–917.

Fiske, Alan Page, and Tage Shakti Rai. 2014. *Virtuous Violence: Hurting and Killing to Create, Sustain, End, and Honor Social Relationships*. Cambridge University Press.

Fiske, Susan T. 1998. "Stereotyping, Prejudice, and Discrimination". In *The Handbook of Social Psychology*, 4th edition, Vol. 2, edited by Daniel T. Gilbert, Susan T. Fiske, and Gardner Lindzey, 357–411. Oxford University Press.

Florio, John, and Ouisie Shapiro. 2020. "How New York City Vaccinated 6 Million People in Less Than a Month". *New York Times*, December 18, 2020. New York. https://wwwwww.nytimes.com/2020/12/18/nyregion/nyc-vaccine.html.

Forman-Barzilai, Fonna. 2010. *Adam Smith and the Circles of Sympathy: Cosmopolitanism and Moral Theory*. Ideas in Context 96. Cambridge University Press.

Fortna, Virginia Page. 2004. "Does Peacekeeping Keep Peace? International Intervention and the Duration of Peace after Civil War". *International Studies Quarterly* 48 (2): 269–292.

Fortna, Virginia Page. 2008. *Does Peacekeeping Work? Shaping Belligerents' Choices after Civil War*. Princeton University Press.

Fox, Richard, and Jennifer L. Lawless. 2011. "Gendered Perceptions and Political Candidacies: A Central Barrier to Women's Equality in Electoral Politics". *American Journal of Political Science* 55 (1): 59–73.

Francois, Patrick, Ilia Rainer, and Francesco Trebbi. 2015. "How Is Power Shared in Africa?" *Econometrica* 83 (2): 465–503.

Freud, Sigmund. (1930) 2021. *Civilization and Its Discontents*. Translated by James Strachey. W. W. Norton.

Freud, Sigmund. 1932. Sigmund Freud to Albert Einstein, September 1932. *UNESCO Courier*, May 15, 1985, https://en.unesco.org/courier/marzo-1993/einstein.

Frieden, Jeffry A., David A. Lake, and Kenneth A. Schultz. 2013. *World Politics: Interests, Interactions, Institutions*. W. W. Norton.

Friedman, Jeffrey A. 2019. *War and Chance: Assessing Uncertainty in International Politics*. Oxford University Press.

Friedman, Jeffrey A., Jennifer S. Lerner, and Richard Zeckhauser. 2017. "Behavioral Consequences of Probabilistic Precision: Experimental Evidence from National

Security Professionals". *International Organization* 71 (4): 803-826.

Friedman, Ray, Cameron Anderson, Jeanne Brett, Mara Olekalns, Nathan Goates, and Cara Cherry Lisco. 2004. "The Positive and Negative Effects of Anger on Dispute Resolution: Evidence from Electronically Mediated Disputes". *Journal of Applied Psychology* 89 (2): 369-376.

Fujiwara, Thomas. 2015. "Voting Technology, Political Responsiveness, and Infant Health: Evidence from Brazil". *Econometrica* 83 (2): 423-464.

Fukuyama, Francis. 2011. *The Origins of Political Order: From Prehuman Times to the French Revolution*. Farrar, Straus and Giroux.

Galiani, Sebastian, and Gustavo Torrens. 2016. "Why Not Taxation and Representation? A Note on the American Revolution". *National Bureau of Economic Research*, Working Paper 22724.

Galiani, Sebastian, and Gustavo Torrens. 2019. "Why Not Taxation and Representation? British Politics and the American Revolution". *Journal of Economic Behavior & Organization* 166: 28-52.

Galland, Adolf. 2014. *The First and the Last*. Stellar Editions.

Gallop, Max. 2017. "More Dangerous Than Dyads: How a Third Party Enables Rationalist Explanations for War". *Journal of Theoretical Politics* 29 (3): 353-381.

Gandhi, Jennifer. 2008. *Political Institutions under Dictatorship*. Cambridge University Press.

Gandhi, Jennifer, and Ellen Lust-Okar. 2009. "Elections under Authoritarianism". *Annual Review of Political Science* 12 (1): 403-422.

Garfinkel, Michelle R. 1990. "Arming as a Strategic Investment in a Cooperative Equilibrium". *American Economic Review* 80 (1): 50-68.

Garfinkel, Michelle R., and Stergios Skaperdas. 2007. "Economics of Conflict: An Overview". In *Handbook of Defense Economics Vol 2: Defense in a Globalized World*, edited by Keith Hartley and Todd Sandler, 649-709. Elsevier.

Gartzke, Erik. 1999. "War Is in the Error Term". *International Organization* 53 (3): 567-587.

Gartzke, Erik. 2007. "The Capitalist Peace". *American Journal of Political Science* 51 (1): 166-191.

Gat, Azar. 2008. *War in Human Civilization*. Oxford University Press.

Gay, Peter. 1998. *Freud: A Life for Our Time*. W. W. Norton.

Geddes, Barbara, Joseph Wright, and Erica Frantz. 2018. *How Dictatorships Work: Power, Personalization, and Collapse*. Cambridge University Press.

Gehlbach, Scott, and Philip Keefer. 2011. "Investment without Democracy: Ruling-Party Institutionalization and Credible Commitment in Autocracies". *Journal of Comparative Economics* 39 (2): 123–139.

Gehlbach, Scott, Konstantin Sonin, and Milan W. Svolik. 2016. "Formal Models of Nondemocratic Politics". *Annual Review of Political Science* 19 (1): 565–584.

Gennaioli, Nicola, and Hans-Joachim Voth. 2015. "State Capacity and Military Conflict". *Review of Economic Studies* 82 (4): 1409–1448.

Gilligan, Michael J. and Ernest J. Sergenti. 2008. "Do UN Interventions Cause Peace? Using Matching to Improve Causal Inference". *Quarterly Journal of Political Science* 3 (2): 89–122.

Gilligan, Michael, and Stephen John Stedman. 2003. "Where Do the Peacekeepers Go?" *International Studies Review* 5 (4): 37–54.

Gilpin, Robert. 1981. *War and Change in World Politics*. Cambridge University Press.

Girard, René. 1977. *Violence and the Sacred*. Translated by Patrick Gregory. Johns Hopkins University Press.

Glaser, Charles L. 1997. "The Security Dilemma Revisited". *World Politics* 50 (1): 171–201.

Glowacki, Luke, Michael L. Wilson, and Richard W. Wrangham. 2020. "The Evolutionary Anthropology of War". *Journal of Economic Behavior & Organization* 178: 963–982.

Goldstein, Joshua S. 2001. *War and Gender: How Gender Shapes the War System and Vice Versa*. Cambridge University Press.

Goldstein, Joshua S. 2012. *Winning the War on War: The Decline of Armed Conflict Worldwide*. Plume Books.

Gordon, Michael R., and Bernard E. Trainor. 2006. *Cobra II: The Inside Story of the Invasion and Occupation of Iraq*. Vintage.

Gould, John P. 1973. "The Economics of Legal Conflicts". *Journal of Legal Studies* 2 (2): 279–300.

Gould, Roger V. 1999. "Collective Violence and Group Solidarity: Evidence from a

Feuding Society". *American Sociological Review* 64 (3): 356–380.

Green, Elliott D. 2005. "What Is an Ethnic Group? Political Economy, Constructivism and the Common Language Approach to Ethnicity". Working paper.

Grindle, Merilee S. 2004. "Good Enough Governance: Poverty Reduction and Reform in Developing Countries". *Governance* 17 (4): 525–548.

Grindle, Merilee S. 2007. "Good Enough Governance Revisited". *Development Policy Review* 25 (5): 533–574.

Grosjean, Pauline. 2014. "A History of Violence: The Culture of Honor and Homicide in the US South". *Journal of the European Economic Association* 12 (5): 1285–1316.

Grossman, Herschel I. 1991. "A General Equilibrium Model of Insurrections". *American Economic Review* 81 (4): 912–121.

Gubler, Joshua R., and Joel Sawat Selway. 2012. "Horizontal Inequality, Crosscutting Cleavages, and Civil War". *Journal of Conflict Resolution* 56 (2): 206–232.

Gubler, Joshua R., Joel Sawat Selway, and Ashutosh Varshney. 2016. "Crosscutting Cleavages and Ethno-Communal Violence: Evidence from Indonesia in the Suharto Era". Working paper.

Gurr, Ted Robert. 2015. *Why Men Rebel*. Routledge.

Habyarimana, James, Macartan Humphreys, Daniel N. Posner, and Jeremy M. Weinstein. 2007. "Why Does Ethnic Diversity Undermine Public Goods Provision?" *American Political Science Review* 101 (4): 709–725.

Hafner-Burton, Emilie M., Stephan Haggard, David A. Lake, and David G. Victor. 2017. "The Behavioral Revolution and International Relations". *International Organization* 71 (S1): S1–31.

Hafner-Burton, Emilie M., D. Alex Hughes, and David G. Victor. 2013. "The Cognitive Revolution and the Political Psychology of Elite Decision Making". *Perspectives on Politics* 11 (2): 368–386.

Hamilton, Alexander, James Madison, and John Jay. 2008. *The Federalist Papers*. Oxford University Press.

Hamilton, James J. 2009. "Hobbes the Royalist, Hobbes the Republican". *History of Political Thought* 30 (3): 411–454.

Hanson, Victor D. 1998. "Introduction". In *The Landmark Thucydides: A Comprehensive Guide to the Peloponnesian War*, edited by Robert B.

Strassler, ix–xxiv. Touchstone.

Harford, Tim. 2011. *Adapt: Why Success Always Starts with Failure*. Farrar, Straus and Giroux.

Harrington, Cameron. 2014. "Water Wars? Think Again: Conflict Over Freshwater Structural Rather Than Strategic". *New Security Beat* (blog). Woodrow Wilson International Center for Scholars. April 15, 2014. www.newsecuritybeat.org/2014/04/water-wars/.

Hartman, Alexandra C. 2015. "This Land is My Land: Access to Justice and the Sacred Stakes of Land Disputes in Liberia". PhD dissertation, Yale University.

Hartman, Alexandra C., Robert A. Blair, and Christopher Blattman. 2021. "Engineering Informal Institutions: Long-Run Impacts of Alternative Dispute Resolution on Violence and Property Rights in Liberia". *Journal of Politics* 83 (1): 381–389.

Hassner, Ron E. 2003. "'To Halve and to Hold': Conflicts over Sacred Space and the Problem of Indivisibility". *Security Studies* 12 (4): 1–33.

Hastorf, Albert H., and Hadley Cantril. 1954. "They Saw a Game; a Case Study". *Journal of Abnormal and Social Psychology* 49 (1): 129–134.

Haushofer, Johannes, Anat Biletzki, and Nancy Kanwisher. 2010. "Both Sides Retaliate in the Israeli-Palestinian Conflict". *Proceedings of the National Academy of Sciences* 107 (42): 17927–17932.

Hausmann, Ricardo, and Dani Rodrik. 2003. "Economic Development as Self-Discovery". *Journal of Development Economics* 72 (2): 603–633.

Heath, Chip, and Dan Heath. 2006. "The Curse of Knowledge". *Harvard Business Review*. December 2006: 20–23.

Heaton, Colin D., Anne-Marie Lewis. 2011. *The German Aces Speak: World War II through the Eyes of Four of the Luftwaffe's Most Important Commanders*. Zenith Press.

Hedges, Chris. 2003. *War Is a Force That Gives Us Meaning*. Anchor.

Hegre, Håvard. 2014. "Democracy and Armed Conflict". *Journal of Peace Research* 51 (2): 159–172.

Hegre, Håvard, Lisa Hultman, and Håvard Mokleiv Nygård. 2019. "Evaluating the Conflict-Reducing Effect of UN Peacekeeping Operations". *Journal of Politics* 81 (1): 215–232.

Heller, Sara B., Anuj K. Shah, Jonathan Guryan, Jens Ludwig, Sendhil Mullainathan, and Harold A. Pollack. 2017. "Thinking, Fast and Slow? Some Field Experiments to Reduce Crime and Dropout in Chicago". *Quarterly Journal of Economics* 132 (1): 1-54.

Henrich, Joseph, Robert Boyd, Samuel Bowles, Colin Camerer, Ernst Fehr, and Herbert Gintis. 2004. *Foundations of Human Sociality: Economic Experiments and Ethnographic Evidence from Fifteen Small-Scale Societies*. Oxford University Press.

Herbst, Jeffrey. 1990. "War and the State in Africa". *International Security* 14 (4): 117-139.

Herbst, Jeffrey. 1996. "Responding to State Failure in Africa". *International Security* 21 (3): 120-144.

Herbst, Jeffrey. 2000. *States and Power in Africa: Comparative Lessons in Authority and Control*. Princeton University Press.

Herz, John H. 1950. "Idealist Internationalism and the Security Dilemma". *World Politics: A Quarterly Journal of International Relations* 2 (2): 157-180.

Hirschman, Albert O. 1970. "The Search for Paradigms as a Hindrance to Understanding". *World Politics* 22 (3): 329-343.

Hirschman, Albert O. 2013. *The Passions and the Interests: Political Arguments for Capitalism before Its Triumph*. Princeton University Press.

Hirshleifer, David, and Tyler Shumway. 2003. "Good Day Sunshine: Stock Returns and the Weather". *Journal of Finance* 58 (3): 1009-1032.

Hirshleifer, Jack. 1991. "The Technology of Conflict as an Economic Activity". *American Economic Review* 81 (2): 130-134.

Hirshleifer, Jack. 1995a. "Anarchy and Its Breakdown". *Journal of Political Economy* 103 (1): 26-52.

Hirshleifer, Jack. 1995b. "Theorizing about Conflict". In *Handbook of Defense Economics Vol 1*, edited by Keith Hartley and Todd Sandler, 165-189. Elsevier.

Hobbes, Thomas. (1651) 2017. *Leviathan*. Penguin Classics.

Hoffman, David. 1999. "'I Had A Funny Feeling in My Gut'". *Washington Post*, February 10, 1999, sec. A.

Hoffman, Philip T. 2017. *Why Did Europe Conquer the World? Princeton Economic History of the Western World* 54. Princeton University Press.

Honig, Dan. 2018. *Navigation by Judgment: Why and When Top-Down Management of Foreign Aid Doesn't Work*. Oxford University Press.

Honig, Dan. 2019. "The Power of Letting Go". *Stanford Social Innovation Review*, Winter 2019.

Horowitz, Donald L. 2000. *Ethnic Groups in Conflict*, 2nd edition. University of California Press.

Horowitz, Donald L. 2001. *The Deadly Ethnic Riot*. University of California Press.

Horowitz, Michael C., Allan C. Stam, and Cali M. Ellis. 2015. *Why Leaders Fight*. Cambridge University Press.

Howard, Lise Morjé. 2008. *UN Peacekeeping in Civil Wars*. Cambridge University Press.

Howard, Lise Morjé. 2019. *Power in Peacekeeping*. Cambridge University Press.

Howell, William G. 2015. *Thinking about the Presidency: The Primacy of Power*. Princeton University Press.

Howell, William G. 2022. *An American Presidency: Institutional Foundations of Executive Politics*. Princeton University Press.

Hsiang, Solomon M., Marshall Burke, and Edward Miguel. 2013. "Quantifying the Influence of Climate on Human Conflict". *Science* 341 (6151): 1212–1228.

Hufbauer, Gary C., Jeffrey J. Schott, and Kimberly A. Elliott. 1990. *Economic Sanctions Reconsidered: History and Current Policy*. Institute for International Economics.

Hufbauer, Gary Clyde, Jeffrey J. Schott, Kimberly Ann Elliott, and Barbara Oegg. 2008. "Economic Sanctions: New Directions for the 21st Century". Presentation, Peterson Institute for International Economics, https://www.piie.com/commentary/speeches-papers/sanctions-new-21st-century.

Hultman, Lisa, Jacob D. Kathman, and Megan Shannon. 2019. *Peacekeeping in the Midst of War*. Oxford University Press.

Hultman, Lisa, Jacob Kathman, and Megan Shannon. 2014. "Beyond Keeping Peace: United Nations Effectiveness in the Midst of Fighting". *American Political Science Review* 108 (4): 737–753.

Hume, David. (1739) 1896. *A Treatise of Human Nature*. Edited by Sir Lewis A. Selby-Bigge. Claredon Press. Reprinted at the Online Library of Liberty, https://oll.libertyfund.org/title/bigge-a-treatise-of-human-nature.

Humphreys, Macartan. 2003. "Economics and Violent Conflict". Working paper.

Hunt, Lynn. 2007. *Inventing Human Rights: A History*. W. W. Norton.

Ignatieff, Michael. 2008. *The Rights Revolution*. House of Anansi Press.

Ignatieff, Michael. 2011. *Human Rights as Politics and Idolatry*. Princeton University Press.

Innis, Harold A. 1933. *Problems of Staple Production in Canada*. Ryerson Press.

Isaacson, Walter. 2008. *Einstein: His Life and Universe*. Simon and Schuster.

Jackson, Matthew O., and Massimo Morelli. 2007. "Political Bias and War". *American Economic Review* 97 (4): 1353-1373.

Jackson, Matthew O., and Massimo Morelli. 2012. "The Reasons for Wars: An Updated Survey". In *The Handbook on the Political Economy of War*, edited by Christopher J. Coyne and Rachel L. Mathers, 34-53.

Jackson, Robert H., and Carl G. Rosberg. 1982. *Personal Rule in Black Africa: Prince, Autocrat, Prophet, Tyrant*. University of California Press.

Jacobs, Jane. 2016. *The Death and Life of Great American Cities*. Vintage.

Janis, Irving L. 1972. *Victims of Groupthink: A Psychological Study of Foreign-Policy Decisions and Fiascoes*. Houghton Mifflin.

Jervis, Robert. 1976. *Perception and Misperception in International Politics*. Princeton University Press.

Jervis, Robert. 1978. "Cooperation under the Security Dilemma" *World Politics: A Quarterly Journal of International Relations* 30 (2): 167-214.

Jervis, Robert. 2010. *Why Intelligence Fails: Lessons from the Iranian Revolution and the Iraq War*. Cornell University Press.

Jervis, Robert. 2017a. *How Statesmen Think: The Psychology of International Politics*. Princeton University Press.

Jervis, Robert. 2017b. *Perception and Misperception in International Politics: New Edition*. Princeton University Press.

Jha, Saumitra. 2013. "Trade, Institutions, and Ethnic Tolerance: Evidence from South Asia". *American Political Science Review* 107 (4): 806-832.

Jha, Saumitra. 2014. "'Unfinished Business': Historic Complementarities, Political Competition and Ethnic Violence in Gujarat". *Journal of Economic Behavior & Organization* 104: 18-36.

Jha, Saumitra. 2018. "Trading for Peace". *Economic Policy* 33 (95): 485-526.

Jha, Saumitra, and Moses Shayo. 2019. "Valuing Peace: The Effects of Financial Market Exposure on Votes and Political Attitudes". *Econometrica* 87 (5): 1561-1588.

Johnson, Dominic D. P., Rose McDermott, Emily S. Barrett, Jonathan Cowden, Richard Wrangham, Matthew H. McIntyre, and Stephen Peter Rosen. 2006. "Overconfidence in Wargames: Experimental Evidence on Expectations, Aggression, Gender and Testosterone". *Proceedings of the Royal Society B: Biological Sciences* 273 (1600): 2513-2520.

Kagan, Donald. 1996. *On the Origins of War and the Preservation of Peace*. Anchor Books.

Kagan, Donald. 2004. *The Peloponnesian War*. Penguin Books.

Kahneman, Daniel. 2011. *Thinking, Fast and Slow*. Farrar, Straus and Giroux.

Kahneman, Daniel, and Jonathan Renshon. 2007. "Why Hawks Win". *Foreign Policy*, January-February 2007: 34-38.

Kahneman, Daniel, Andrew M. Rosenfield, Linnea Gandhi, and Tom Blaser. 2016. "Noise: How to Overcome the High, Hidden Cost of Inconsistent Decision Making". *Harvard Business Review*, October, 36-43, https://hbr.org/2016/10/noise.

Kahneman, Daniel, and Amos Tversky. 2013. "Choices, Values, and Frames". In *Handbook of the Fundamentals of Financial Decision Making: Part I*, Edited by Leonard C MacLean and William T Ziemba, 269-278. World Scientific.

Kalyvas, Stathis N. 1999. "Wanton and Senseless? The Logic of Massacres in Algeria". *Rationality and Society* 11 (3): 243-285.

Kalyvas, Stathis N. 2000. "Commitment Problems in Emerging Democracies: The Case of Religious Parties". *Comparative Politics* 32 (4): 379-398.

Kalyvas, Stathis N. 2006. *The Logic of Violence in Civil War*. Cambridge University Press.

Kalyvas, Stathis N. 2007. "Civil Wars". In *The Oxford Handbook of Comparative Politics*, edited by Carles Boix and Susan Stokes, 416-434. Oxford University Press.

Kalyvas, Stathis N. 2020. "Armed Conflict and Building after WWII". In *Conference on Foreign Assistance and Political Development in Fragile States*. University of Chicago.

Kalyvas, Stathis N., and Laia Balcells. 2010. "International System and Technologies of Rebellion: How the End of the Cold War Shaped Internal Conflict". *American Political Science Review* 104 (3): 415–429.

Kamstra, Mark J., Lisa A. Kramer, and Maurice D. Levi. 2003. "Winter Blues: A SAD Stock Market Cycle". *American Economic Review* 93 (1): 324–343.

Kan, Paul Rexton. 2014. "Malicious Peace: Violent Criminal Organizations, National Governments and Truces". *International Journal of Criminology and Sociology* 3: 125–132.

Kant, Immanuel. (1795) 2011. *Perpetual Peace: A Philosophical Essay*. Translated by William Hastie.

Kaplan, Edward. 2015. *To Kill Nations: American Strategy in the Air-Atomic Age and the Rise of Mutually Assured Destruction*. Cornell University Press.

Kaufman, Bruce E. 2015. "Integrating Emotions into Economic Theory". In *Handbook of Contemporary Behavioral Economics: Foundations and Developments*, edited by Morris Altman, 100–120. Routledge.

Keen, David. 2005. *Conflict and Collusion in Sierra Leone*. Palgrave Macmillan.

Kennan, John, and Robert Wilson. 1993. "Bargaining with Private Information". *Journal of Economic Literature* 31 (1): 45–104.

Kennedy, David M. 2011. *Don't Shoot: One Man, a Street Fellowship, and the End of Violence in Inner-City America*. Bloomsbury.

Kennedy, Gavin. 2005. "A 'Night Watchman' State?" In *Adam Smith's Lost Legacy*. Palgrave Macmillan.

Kerr, Norbert L., and R. Scott Tindale. 2004. "Group Performance and Decision Making". *Annual Review of Psychology* 55 (1): 623–655.

Kleinfeld, Rachel. 2019. *A Savage Order: How the World's Deadliest Countries Can Forge a Path to Security*. Vintage.

Klepper, Michael, and Robert Gunther. 1996. *The Wealthy 100: From Benjamin Franklin to Bill Gates—A Ranking of the Richest Americans, Past and Present*. Citadel Press.

Knack, Stephen, F. Halsey Rogers, and Nicholas Eubank. 2011. "Aid Quality and Donor Rankings". *World Development* 39 (11): 1907–1917.

Knoch, Daria, Alvaro Pascual- Leone, Kaspar Meyer, Valerie Treyer, and Ernst Fehr. 2006. "Diminishing Reciprocal Fairness by Disrupting the Right Prefrontal

Cortex". *Science* 314 (5800): 829-832.

Ko, Chiu Yu, Mark Koyama, and Tuan-Hwee Sng. 2018. "Unified China and Divided Europe". *International Economic Review* 59 (1): 285-327.

Krasner, Stephen D. 2020. "Learning to Live with Despots: The Limits of Democracy Promotion". *Foreign Affairs* 99 (2): 49.

Krawczyk, Michał, and Maciej Wilamowski. 2017. "Are We All Overconfident in the Long Run? Evidence from One Million Marathon Participants". *Journal of Behavioral Decision Making* 30 (3): 719-730.

Kreps, David M., and Robert Wilson. 1982. "Reputation and Imperfect Information". *Journal of Economic Theory* 27 (2): 253-279.

Kteily, Nour, and Emile Bruneau. 2017. "Backlash: The Politics and Real- World Consequences of Minority Group Dehumanization". *Personality and Social Psychology Bulletin* 43 (1): 87-104.

Kteily, Nour, Emile Bruneau, Adam Waytz, and Sarah Cotterill. 2015. "The Ascent of Man: Theoretical and Empirical Evidence for Blatant Dehumanization". *Journal of Personality and Social Psychology* 109 (5): 901-931.

Kteily, Nour, Gordon Hodson, and Emile Bruneau. 2016. "They See Us as Less Than Human: Metadehumanization Predicts Intergroup Conflict via Reciprocal Dehumanization". *Journal of Personality and Social Psychology* 110 (3): 343-370.

Kube, Sebastian, Michel André Maréchal, and Clemens Puppe. 2012. "The Currency of Reciprocity: Gift Exchange in the Workplace". *American Economic Review* 102 (4): 1644-1662.

Kunda, Ziva. 1990. "The Case for Motivated Reasoning". *Psychological Bulletin* 108 (3): 480-498.

Kydd, Andrew H. 2006. "When Can Mediators Build Trust?" *American Political Science Review* 100 (3): 449-462.

Lacroix, Jean. 2020. "Ballots Instead of Bullets? The Effect of the Voting Rights Act on Political Violence" Working paper.

Lake, David A. 2007. "Escape from the State of Nature: Authority and Hierarchy in World Politics". *International Security* 32 (1): 47-79.

Lake, David A. 2010. "Two Cheers for Bargaining Theory: Assessing Rationalist Explanations of the Iraq War". *International Security* 35 (3): 7-52.

Lake, David A. 2011. *Hierarchy in International Relations*. Cornell University Press.

Lake, David A. 2016. *The Statebuilder's Dilemma: On the Limits of Foreign Intervention*. Cornell University Press.

Lake, David A., Lisa L. Martin, and Thomas Risse. 2021. "Challenges to the Liberal Order: Reflections on International Organization". Special issue, *Challenges to the Liberal International Order: International Organization at 75: International Organization* 75 (2): 225-257.

Landes, William M. 1971. "An Economic Analysis of the Courts". *Journal of Law and Economics* 14 (1): 61-107.

Larwood, Laurie, and William Whittaker. 1977. "Managerial Myopia: Self-Serving Biases in Organizational Planning". *Journal of Applied Psychology* 62 (2): 194-198.

Law, David S., and Mila Versteeg. 2012. "The Declining Influence of the United States Constitution". *New York University Law Review* 87 (3): 762-858.

Lebow, Richard Ned. 2014. "What Can International Relations Theory Learn from the Origins of World War I?" *International Relations* 28 (4): 387-410.

Lebow, Richard Ned. 2020. *Between Peace and War: 40th Anniversary Revised Edition*. Palgrave MacMillan.

Lee, Jong-Wha, and Ju Hyun Pyun. 2016. "Does Trade Integration Contribute to Peace?" *Review of Development Economics* 20 (1): 327-344.

Leovy, Jill. 2015. *Ghettoside: A True Story of Murder in America*. Spiegel & Grau.

Lerner, Jennifer S., Ye Li, Piercarlo Valdesolo, and Karim S. Kassam. 2015. "Emotion and Decision Making". *Annual Review of Psychology* 66 (1): 799-823.

Lessing, Benjamin. 2017. *Making Peace in Drug Wars: Crackdowns and Cartels in Latin America*. Cambridge University Press.

Levitt, Steven D., and Thomas J. Miles. 2006. "Economic Contributions to the Understanding of Crime". *Annual Review of Law and Social Science* 2 (1): 147-164.

Levy, Jack S. 1990. "Preferences, Constraints, and Choices in July 1914". *International Security* 15 (3): 151-186.

Levy, Jack S. 1991. "The Role of Crisis Management in the Outbreak of World War

I". In *Avoiding War: Problems of Crisis Management*, edited by Alexander L. George, 62–102. Routledge.

Levy, Jack S. 2014. "The Sources of Preventive Logic in German Making in 1914". In *The Outbreak of the First World War: Structure, Politics and Decision-Making*, 139–166. Cambridge University Press.

Levy, Jack S., and William R. Thompson. 2011. *Causes of War*. John Wiley & Sons.

Levy, Jack S., and John A. Vasquez, eds. 2014. *The Outbreak of the First World War: Structure, Politics, and Decision-Making*. Cambridge University Press.

Licklider, Roy. 1995. "The Consequences of Negotiated Settlements in Civil Wars, 1945-1993". *American Political Science Review* 89 (3): 681–690.

Liebenow, J. Gus. 1987. *Liberia: The Quest for Democracy*. Indiana University Press.

Lijphart, Arend. 2012. *Patterns of Democracy: Government Forms and Performance in Thirty-Six Countries*. Yale University Press.

Lipset, Seymour Martin, and Stein Rokkan. 1967. *Cleavage Structures, Party Systems, and Voter Alignments: An Introduction*. Free Press.

Locke, John. (1690) 1988. *Locke: Two Treatises of Government. Student edition*. Edited by Peter Laslett. Cambridge University Press.

Loewenstein, George, and Jennifer S. Lerner. 2003. "The Role of Affect in Decision Making". In *Handbook of Affective Sciences*, edited by Richard J. Davidson, Klaus S. Scherer, and H. Hill Goldsmith, 619–642. Oxford University Press.

Loewenstein, George, Ted O'Donoghue, and Matthew Rabin. 2003. "Projection Bias in Predicting Future Utility". *Quarterly Journal of Economics* 118 (4): 1209–1248.

Lowe, Matt. 2021. "Types of Contact: A Field Experiment on Collaborative and Adversarial Caste Integration" *American Economic Review* 111 (6): 1807–1844.

Luttwak, Edward N. 1999. "Give War a Chance". *Foreign Affairs* 78 (4): 36–44.

Machiavelli, Niccolò. (1532) 2006. *The Prince*. Translated by William K. Marriott. Project Gutenberg.

Mackie, Diane M., Eliot R. Smith, and Devin G. Ray. 2008. "Intergroup Emotions and Intergroup Relations". *Social and Personality Psychology Compass* 2 (5): 1866–1880.

MacMillan, Margaret. 2013. *The War That Ended Peace: The Road to 1914*.

Random House.

MacMillan, Margaret. 2020. *War: How Conflict Shaped Us*. Random House.

Madarász, Kristóf. 2015. "Projection Equilibrium: Definition and Applications to Social Investment and Persuasion". Working paper.

Madison, James. 1793. "'Helvidius' Number 4", September 14, 1793, National Archives Founders Online, https://founders.archives.gov/documents/Madison/01-15-02-0070.

Mahoney, James. 2001. "Path-Dependent Explanations of Regime Change: Central America in Comparative Perspective". *Studies in Comparative International Development* 36 (1): 111-141.

Maier, Pauline. 1991. *From Resistance to Revolution: Colonial Radicals and the Development of American Opposition to Britain, 1765-1776*. W. W. Norton.

Majumdar, Sumon, and Sharun W. Mukand. 2004. "Policy Gambles". *American Economic Review* 94 (4): 1207-1222.

Malmendier, Ulrike. 2018. "Behavioral Corporate Finance". In *Handbook of Behavioral Economics: Foundations and Applications 1*, edited by B. Douglas Bernheim, Stefano DellaVigna, and David Laibson, 277-379. Elsevier.

Mamdani, Mahmood. 2010. *Saviors and Survivors: Darfur, Politics, and the War on Terror*. Random House Digital.

Mamdani, Mahmood. 2018. *Citizen and Subject: Contemporary Africa and the Legacy of Late Colonialism*. Princeton University Press.

Mansfield, Edward D., and Jack Snyder. 2002. "Democratic Transitions, Institutional Strength, and War". *International Organization* 56 (2): 297-337.

Maoz, Zeev, and Bruce Russett. 1993. "Normative and Structural Causes of Democratic Peace, 1946-1986". *American Political Science Review* 87 (3): 624-638.

Markey, Daniel. 1999. "Prestige and the Origins of War: Returning to Realism's Roots". *Security Studies* 8 (4): 126-172.

Martin, Lisa L., and Beth A. Simmons. 1998. "Theories and Empirical Studies of International Institutions". *International Organization* 52 (4): 729-757.

Martin, Mike. 2018. *Why We Fight*. Hurst.

Martin, Philippe, Thierry Mayer, and Mathias Thoenig. 2008a. "Civil Wars and International Trade". *Journal of the European Economic Association* 6 (2-3):

541-550.

Martin, Philippe, Thierry Mayer, and Mathias Thoenig. 2008b. "Make Trade Not War?" *Review of Economic Studies* 75 (3): 865-900.

Martin, Thomas R. 2013. *Ancient Greece: From Prehistoric to Hellenistic Times*. Yale University Press.

Martinez-Bravo, Monica, Gerard Padró i Miquel, Nancy Qian, and Yang Yao. 2017. "The Rise and Fall of Local Elections in China: Theory and Empirical Evidence on the Autocrat's Trade-Off". *National Bureau of Economic Research*, Working paper 24032.

Mas, Alexandre. 2006. "Pay, Reference Points, and Police Performance". *Quarterly Journal of Economics* 121 (3): 783-821.

Mas, Alexandre. 2008. "Labour Unrest and the Quality of Production: Evidence from the Construction Equipment Resale Market". *Review of Economic Studies* 75 (1): 229-258.

Massey, Cade, and Richard H. Thaler. 2013. "The Loser's Curse: Decision Making and Market Efficiency in the National Football League Draft". *Management Science* 59 (7): 1479-1495.

Matanock, Aila M. 2017. *Electing Peace: From Civil Conflict to Political Participation*. Cambridge University Press.

McCullough, David. 2005. *1776*. Simon and Schuster.

McDermott, Rose. 2004. *Political Psychology in International Relations*. University of Michigan Press.

McGuirk, Eoin, Nathaniel Hilger, and Nicholas Miller. 2021. "No Kin in the Game: Moral Hazard and War in the U.S. Congress". Working paper.

Mearsheimer, John J. 1994. "The False Promise of International Institutions". *International Security* 19 (3): 5-49.

Meyer, John W., and Brian Rowan. 1977. "Institutionalized Organizations: Formal Structure as Myth and Ceremony". *American Journal of Sociology* 83 (2): 340-363.

Middlekauff, Robert. 2016. *Washington's Revolution: The Making of America's First Leader*. Vintage.

Migdal, Joel S. 1988. *Strong Societies and Weak States: State-Society Relations and State Capabilities in the Third World*. Princeton University Press.

Migdal, Joel S. 2001. *State in Society: Studying How States and Societies Transform and Constitute One Another*. Cambridge University Press.

Miguel, Edward, and Mary Kay Gugerty. 2005. "Ethnic diversity, social sanctions, and public goods in Kenya". *Journal of Public Economics* 89 (11-12): 2325-2368.

Miguel, Edward, and Shanker Satyanath. 2011. "Re-examining Economic Shocks and Civil Conflict". *American Economic Journal: Applied Economics* 3 (4): 228-232.

Miguel, Edward, Shanker Satyanath, and Ernest Sergenti. 2004. "Economic Shocks and Civil Conflict: An Instrumental Variables Approach". *Journal of Political Economy* 112 (4): 725-753.

Mill, John S. (1848) 1909. *Principles of Political Economy with Some of Their Applications to Social Philosophy*. Edited by W. J. Ashley, reprinted by the Library of Economics and Liberty, https://www.econlib.org/library/Mill/mlP.html.

Mitra, Anirban, and Debraj Ray. 2014. "Implications of an Economic Theory of Conflict: Hindu-Muslim Violence in India". *Journal of Political Economy* 122 (4): 719-765.

Mkandawire, Thandika. 2001. "Thinking about Developmental States in Africa". *Cambridge Journal of Economics* 25 (3): 289-314.

Mnookin, Robert. 2010. *Bargaining with the Devil: When to Negotiate, When to Fight*. Simon and Schuster.

Montesquieu, Charles de. (1750) 1989. *Montesquieu: The Spirit of the Laws*. Edited by Anne M. Cohler, Basia C. Miller, and Harold S. Stone, Cambridge University Press.

Moore, Don A., Elizabeth R. Tenney, and Uriel Haran. 2015. "Overprecision in Judgment". In *The Wiley Blackwell Handbook of Judgment and Decision Making*, edited by Gideon Keren and George Wu, 2:182-209.

Moore, Don A., and Paul J. Healy. 2008. "The Trouble with Overconfidence". *Psychological Review* 115 (2): 502-517.

Moore, Barrington, Jr. 2016. *Injustice: The Social Bases of Obedience and Revolt*. Routledge.

Moretti, Enrico, Claudia Steinwender, and John Van Reenen. 2019. "The Intellectual Spoils of War? Defense R& D, Productivity and International Spillovers". *National Bureau of Economic Research*, Working Paper 26483.

Morris, Ian. 2014. *War! What Is It Good For?: Conflict and the Progress of Civilization from Primates to Robots*. Farrar, Straus and Giroux.

Moss, Todd J., Gunilla Pettersson, and Nicolas van de Walle. 2006. "An Aid-Institutions Paradox? A Review Essay on Aid Dependency and State Building in Sub-Saharan Africa". Working paper.

Mousa, Salma. 2020. "Building Social Cohesion between Christians and Muslims through Soccer in Post-ISIS Iraq". *Science* 369 (6505): 866–870.

Mueller, Hannes. 2012. "Growth Dynamics: The Myth of Economic Recovery: Comment". *American Economic Review* 102 (7): 3774–3777.

Mueller, Hannes, Lavinia Piemontese, and Augustin Tapsoba. 2017. "Recovery from Conflict : Lessons of Success". World Bank, Policy Research Working Paper 7970. https://openknowledge.worldbank.org/handle/10986/ 26137.

Mueller, Hannes, and Dominic Rohner. 2018. "Can Power-Sharing Foster Peace? Evidence from Northern Ireland". *Economic Policy* 33 (95): 447–484.

Mukand, Sharun W., and Dani Rodrik. 2005. "In Search of the Holy Grail: Policy Convergence, Experimentation, and Economic Performance". *American Economic Review* 95 (1): 374–383.

Mukhopadhyay, Dipali. 2014. *Warlords, Strongman Governors, and the State in Afghanistan*. Cambridge University Press.

Muthoo, Abhinay. 1999. *Bargaining Theory with Applications*. Cambridge University Press.

Myerson, Roger B. 2008. "The Autocrat's Credibility Problem and Foundations of the Constitutional State". *American Political Science Review* 102 (1): 125–139.

Myerson, Roger B. 2015. "Moral Hazard in High Office and the Dynamics of Aristocracy". *Econometrica* 83 (6): 2083–2126.

Myerson, Roger B. 2020a. "Local Agency Costs of Political Centralization". Working paper.

Myerson, Roger B. 2020b. "Building Lessons from the British Empire". Working paper.

Myerson, Roger B. 2020c. "Introductory Remarks". In *Conference on Foreign Assistance and Political Development in Fragile States*. University of Chicago.

Myerson, Roger B., and Mark A. Satterthwaite. 1983. "Efficient Mechanisms for Bilateral Trading". *Journal of Economic Theory* 29 (2): 265–281.

Naidu, Suresh. 2012. "Suffrage, Schooling, and Sorting in the Post- Bellum U.S. South". *National Bureau of Economic Research*, Working paper 18129.

Niang, N. 2006. "The Kurukan Fuga Charter: An Example of an Endogenous Governance Mechanism for Conflict Prevention". In *Intergenerational Forum on Endogenous Governance in West Africa*, Volume 2. Organized by Sahel and West Africa Club & OECD, Ouagadougou (Burkina Faso), 26 to 28 June 2006, https://www.oecd.org/swac/events/38516561.pdf.

Nieto, Luis E. 1942. *Economia y Cultura en la Historia de Colombia*. Ediciones Librería Siglo XX.

Nisbett, Richard E., and Dov Cohen. 1996. *Culture of Honor: The Psychology of Violence in the South*. Westview Press.

Nomikos, William G. 2021. "Peacekeeping and the Enforcement of Intergroup Cooperation: Evidence from Mali". Working paper.

North, Douglass C. 1994. "Institutions and Credible Commitment". Working Paper in Economic History, Washington University in St. Louis 9412002.

North, Douglass C., John Joseph Wallis, and Barry R. Weingast. 2009a. *Violence and Social Orders: A Conceptual Framework for Interpreting Recorded Human History*. Cambridge University Press.

North, Douglass C., John Joseph Wallis, and Barry R. Weingast. 2009b. "Violence and the Rise of Access Orders". *Journal of Democracy* 20 (1): 55-68.

North, Douglass C., and Barry R. Weingast. 1989. "Constitutions and Commitment: The Evolution of Institutions Governing Public Choice in Seventeenth Century England". *Journal of Economic History* 49 (4): 803-832.

Nugent, Jeffrey B., and James A. Robinson. 2010. "Are Factor Endowments Fate?" *Revista de Historia Economica* 28 (1): 45-82.

Ober, Josiah. 2015. *The Rise and Fall of Classical Greece*. Princeton University Press.

Odean, Terrance. 1999. "Do Investors Trade Too Much?" *American Economic Review* 89 (5): 1279-1298.

Olson, Mancur. 1993. "Dictatorship, Democracy, and Development". *American Political Science Review* 87 (3): 567-576.

O'Neill, Barry. 2001. *Honor, Symbols, and War*. University of Michigan Press.

Organski, A. F. K., and Jacek Kugler. 1980. *The War Ledger*. University of Chicago

Press.

Ortoleva, Pietro, and Erik Snowberg. 2015. "Overconfidence in Political Behavior". *American Economic Review* 105 (2): 504–535.

Ostrom, Elinor. 2001. "Decentralization and Development: The New Panacea". In *Challenges to Democracy: Ideas, Involvement and Institutions*, edited by Keith Dowding, James Hughes, and Helen Margetts, 237–256. Springer.

Ostrom, Elinor. 2010. "Beyond Markets and States: Polycentric Governance of Complex Economic Systems". *American Economic Review* 100 (3): 641–672.

Ostrom, Elinor, Clark Gibson, Sujai Shivakumar, and Krister Andersson. 2002. *Aid, Incentives, and Sustainability: An Institutional Analysis of Development Cooperation (Main Report)*. Sida Studies in Evaluation 02/01, https://www.oecd.org/derec/sweden/37356956.pdf.

Ostrom, Vincent. 1997. *The Meaning of Democracy and the Vulnerability of Democracies: A Response to Tocqueville's Challenge*. University of Michigan Press.

Pace, Eric. 1989. "Barbara Tuchman Dead at 77; A Pulitzer-Winning Historian". *New York Times*, February 7, 1989, sec. A.

Paine, Thomas. 1791. *Rights of Man: Being an Answer to Mr. Burke's Attack on the French Revolution* (2nd edition). J. S. Jordan. Reprinted by the Online Library of Liberty, https://oll.libertyfund.org/title/paine-part-i-1791-ed.

Paluck, Elizabeth L. 2009a. "Reducing Intergroup Prejudice and Conflict Using the Media: A Field Experiment in Rwanda". *Journal of Personality and Social Psychology* 96 (3): 574–587.

Paluck, Elizabeth L. 2009b. "What's in a Norm? Sources and Processes of Norm Change". *Journal of Personality and Social Psychology* 96 (3): 594–600.

Paluck, Elizabeth Levy, and Donald P. Green. 2009. "Deference, Dissent, and Dispute Resolution: An Experimental Intervention Using Mass Media to Change Norms and Behavior in Rwanda". *American Political Science Review* 103 (4): 622–644.

Paluck, Elizabeth Levy, Seth A. Green, and Donald P. Green. 2019. "The Contact Hypothesis Re-evaluated". *Behavioural Public Policy* 3 (2): 129–158.

Pape, Robert A. 1997. "Why Economic Sanctions Do Not Work". *International Security* 22 (2): 90–136.

Pape, Robert A. 1998. "Why Economic Sanctions Still Do Not Work". *International Security* 23 (1): 66–77.

Paris, Roland. 2004. *At War's End: Building Peace after Civil Conflict*. Cambridge University Press.

Paris, Roland. 2010. "Saving Liberal Peacebuilding". *Review of International Studies* 36 (2): 337–365.

Patton, Desmond Upton, Robert D. Eschmann, and Dirk A. Butler. 2013. "Internet Banging: New Trends in Social Media, Gang Violence, Masculinity and Hip Hop". *Computers in Human Behavior* 29 (5): A54–A59.

Pearlman, Wendy. 2013. "Emotions and the Microfoundations of the Arab Uprisings". *Perspectives on Politics* 11 (2): 387–409.

Pearlman, Wendy. 2017. *We Crossed a Bridge and It Trembled: Voices from Syria*. HarperCollins.

Petersen, Roger D. 2001. *Resistance and Rebellion: Lessons from Eastern Europe*. Cambridge University Press.

Petersen, Roger D. 2002. *Understanding Ethnic Violence: Fear, Hatred, and Resentment in Twentieth-Century Eastern Europe*. Cambridge University Press.

Petersen, Roger D. 2011. *Western Intervention in the Balkans: The Strategic Use of Emotion in Conflict*. Cambridge University Press.

Pierce, Marlyn R. 2014. *Review of The German Aces Speak II: World War II through the Eyes of Four More of the Luftwaffe's Most Important Commanders*, by Colin D. Heaton and Anne-Marie Lewis. *Military Review* 94 (6): 134.

Pinker, Steven. 2011. *The Better Angels of Our Nature: Why Violence Has Declined*. Viking.

Pinker, Steven. 2015. *The Sense of Style: The Thinking Person's Guide to Writing in the 21st Century*. Penguin Books.

Plutarch. 2009. *Greek Lives*. Edited by Philip A. Stadter and translated by Robin Waterfield. Oxford University Press.

Popper, Karl. (1957) 2013. *The Open Society and Its Enemies: New One-Volume Edition*. Princeton University Press.

Popper, Karl. (1945) 2013. *The Poverty of Historicism*. 2nd edition. Routledge.

Popper, Karl. 2005. *Unended Quest*, 2nd edition. Routledge.

Porat, Roni, Eran Halperin, and Maya Tamir. 2016. "What We Want Is What We Get: Group- Based Emotional Preferences and Conflict Resolution". *Journal of Personality and Social Psychology* 110 (2): 167–190.

Posner, Daniel N. 2004. "The political salience of cultural difference: Why Chewas and Tumbukas are allies in Zambia and adversaries in Malawi". *American Political Science Review* 98(4): 529–545.

Posner, Richard A. 1973. "An Economic Approach to Legal Procedure and Judicial Administration". *Journal of Legal Studies* 2 (2): 399–458.

Powell, Jonathan. 2008. *Great Hatred, Little Room: Making Peace in Northern Ireland*. Random House.

Powell, Jonathan. 2015. *Terrorists at the Table: Why Negotiating Is the Only Way to Peace*. St. Martin's Press.

Powell, Jonathan. 2018. "The Reverend Dr. Richard L. Pearson Annual Lecture". University of Chicago, April 16, 2018.

Powell, Robert. 1996. "Uncertainty, Shifting Power, and Appeasement". *American Political Science Review* 90 (4): 749–764.

Powell, Robert. 2002. "Bargaining Theory and International Conflict". *Annual Review of Political Science* 5 (1): 1–30.

Powell, Robert. 2004. "The Inefficient Use of Power: Costly Conflict with Complete Information". *American Political Science Review* 98 (2): 231–241.

Powell, Robert. 2006. "War as a Commitment Problem". *International Organization* 60 (1): 169–203.

Powell, Robert. 2013. "Monopolizing Violence and Consolidating Power". *Quarterly Journal of Economics* 128 (2): 807–859.

Power, Samantha. 2013. "A Problem from Hell": *America and the Age of Genocide*. Basic Books.

Pronin, Emily. 2007. "Perception and Misperception of Bias in Human Judgment". *Trends in Cognitive Sciences* 11 (1): 37–43.

Pronin, Emily, Daniel Y. Lin, and Lee Ross. 2002. "The Bias Blind Spot: Perceptions of Bias in Self versus Others". *Personality and Social Psychology Bulletin* 28 (3): 369–381.

Quinn, J. Michael, T. David Mason, and Mehmet Gurses. 2007. "Sustaining the

Peace: Determinants of Civil War Recurrence". *International Interactions* 33 (2): 167–193.

Rabin, Matthew. 1993. "Incorporating Fairness into Game Theory and Economics". *American Economic Review* 83 (5): 1281–1302.

Rabin, Matthew. 2002. "A Perspective on Psychology and Economics". *European Economic Review* 46 (4- 5): 657–685.

Rabin, Matthew. 2004. "Behavioral Economics". In *New Frontiers in Economics*, edited by Michael Szenberg and Lall Ramrattan, 68–102. Cambridge University Press.

Ramsay, Kristopher W. 2017. "Information, Uncertainty, and War". *Annual Review of Political Science* 20 (1): 505–527.

Ray, Debraj. 2009. "Costly Conflict under Complete Information". Working paper.

Reagan, Ronald. 1982. "Address at Commencement Exercises at Eureka College in Illinois, May 9, 1982". Public Papers of the Presidents of the United States 1: 585.

Reno, William. 1999. *Warlord Politics and African States*. Lynne Rienner.

Restrepo, Pascual. 2015. "The Mounties and the Origins of Peace in the Canadian Prairies". Working paper.

Ricks, Thomas E. 2006. *Fiasco: The American Military Adventure in Iraq*. Penguin Books.

Ripley, Amanda. 2021. *High Conflict: Why We Get Trapped and How We Get Out*. Simon & Schuster.

Rittel, Horst W., and Melvin M. Webber. 1973. "Dilemmas in a general theory of planning". *Policy Sciences* 4 (2): 155–169.

Rodrik, Dani. 2007. *One Economics, Many Recipes: Globalization, Institutions, and Economic Growth*. Princeton University Press.

Roessler, Philip. 2016. *Ethnic Politics and State Power in Africa: The Logic of the Coup-Civil War Trap*. Cambridge University Press.

Rohner, Dominic. 2018. "Success Factors for Peace Treaties: A Review of Theory and Evidence". Working paper.

Rohner, Dominic, and Alessandro Saia. 2020. "Ballot or Bullet: The Impact of UK's Representation of the People Act on Peace and Prosperity". Working paper.

Rohner, Dominic, and Mathias Thoenig. 2021. "The Elusive Peace Dividend of Development Policy: From War Traps to Macro-Complementarities". *Annual*

Review of Economics (13)1: 111-131.

Rohner, Dominic, Mathias Thoenig, and Fabrizio Zilibotti. 2013. "War Signals: A Theory of Trade, Trust, and Conflict". *Review of Economic Studies* 80 (3): 1114-1147.

Roland, Gérard. 2000. *Transition and Economics: Politics*, Markets, and Firms. MIT Press.

Roland, Gérard. 2004. "Understanding Institutional Change: Fast-Moving and Moving Institutions". Studies in *Comparative International Development* 38 (4): 109-131.

Rosecrance, Richard N. 1986. *Rise of the Trading State: Commerce and Conquest in the Modern World*. Basic Books.

Rosecrance, Richard N., and Steven Miller, eds. 2014. *The Next Great War?: The Roots of World War I and the Risk of U.S.-China Conflict*. MIT Press.

Ross, Lee. 2013. "Perspectives on Disagreement and Dispute Resolution: Lessons from the Lab and the Real World". In *The Behavioral Foundations of Public Policy*, edited by Eldar Shafir, 108-125. Princeton University Press.

Ross, Lee. 1990. "Recognizing the Role of Construal Processes". In *The Legacy of Solomon Asch: Essays in Cognition and Social Psychology*, edited by Irvin Rock, 77-96. Lawrence Erlbaum Associates.

Ross, Lee, and Richard E. Nisbett. 2011. *The Person and the Situation: Perspectives of Social Psychology*. Pinter & Martin.

Ross, Michael L. 2001. *Timber Booms and Institutional Breakdown in Southeast Asia*. Cambridge University Press.

Ross, Michael L. 2008. "Blood Barrels: Why Oil Wealth Fuels Conflict". *Foreign Affairs* 87 (3): 2-8.

Ross, Michael L. 2012. *The Oil Curse: How Petroleum Wealth Shapes the Development of Nations*. Princeton University Press.

Russett, Bruce, Christopher Layne, David E. Spiro, and Michael W. Doyle. 1995. "The Democratic Peace". *International Security* 19 (4): 164-184.

Russett, Bruce, and John Oneal. 2001. *Triangulating Peace: Democracy, Interdependence, and International Organizations*. W. W. Norton.

Sadka, Joyce, Enrique Seira, and Christopher Woodruff. 2020. "Information and Bargaining through Agents: Experimental Evidence from Mexico's Labor Courts".

National Bureau of Economic Research, Working Paper 25137.

Safford, Frank, and Marco Palacios. 2002. *Colombia: Fragmented Land, Divided Society*. Oxford University Press.

Sambanis, Nicholas. 2004. "What Is Civil War? Conceptual and Empirical Complexities of an Operational Definition". *Journal of Conflict Resolution* 48 (6): 814–858.

Sánchez de la Sierra, Raúl. 2020. "On the Origins of the State: Stationary Bandits and Taxation in Eastern Congo". *Journal of Political Economy* 128 (1): 32–74.

Sanfey, Alan G., James K. Rilling, Jessica A. Aronson, Leigh E. Nystrom, and Jonathan D. Cohen. 2003. "The Neural Basis of Economic Decision-Making in the Ultimatum Game". *Science* 300 (5626): 1755–1758.

Sapolsky, Robert M. 2017. *Behave: The Biology of Humans at Our Best and Worst*. Penguin Press.

Saunders, Elizabeth N. 2017. "No Substitute for Experience: Presidents, Advisers, and Information in Group Decision Making". *International Organization* 71 (S1): S219– S247.

Sawyer, Amos. 1992. *The Emergence of Autocracy in Liberia: Tragedy and Challenge*. ICS Press.

Sawyer, Amos. 2004. "Violent Conflicts and Governance Challenges in West Africa: The Case of the Mano River Basin Area". *Journal of Modern African Studies* 42 (3): 437–463.

Sawyer, Amos. 2005. *Beyond Plunder: Toward Democratic Governance in Liberia*. Lynne Rienner.

Scacco, Alexandra, and Shana S. Warren. 2018. "Can Social Contact Reduce Prejudice and Discrimination? Evidence from a Field Experiment in Nigeria". *American Political Science Review* 112 (3): 654–677.

Schaffer, Frederic Charles. 2000. *Democracy in Translation: Understanding Politics in an Unfamiliar Culture*. Cornell University Press.

Scheidel, Walter. 2018. *The Great Leveler: Violence and the History of Inequality from the Stone Age to the Twenty-First Century*. Princeton University Press.

Schelling, Thomas C. 1960. *The Strategy of Conflict*. Harvard University Press.

Schelling, Thomas C. 2020. *Arms and Influence*. Yale University Press.

Schemo, Diana Jean. 1997. "Colombia's Death-Strewn Democracy". *New York

Times, July 24, 1997, sec. A.

Schub, Robert. 2015. "Are You Certain? Leaders, Overprecision, and War". Working paper.

Scott, James C. 1998. *Seeing like a State: How Certain Schemes to Improve the Human Condition Have Failed*. Yale University Press.

Scott, James C. 2010. *The Art of Not Being Governed: An Anarchist History of Upland Southeast Asia*. Yale University Press.

Seabright, Paul. 1999. "The Aestheticising Vice". *London Review of Books*, May 27, 1999.

Selway, Joel Sawat. 2011. "Cross-Cuttingness, Cleavage Structures and Civil War Onset". *British Journal of Political Science* 41 (1): 111-138.

Sen, Amartya. 1999. *Development as Freedom*. Oxford University Press.

Simon, Herbert A. 1956. "Rational Choice and the Structure of the Environment". *Psychological Review* 63 (2): 129-138.

Singer, Peter. 2011. *The Expanding Circle: Ethics, Evolution, and Moral Progress*. Princeton University Press.

Skaperdas, Stergios. 1992. "Cooperation, Conflict, and Power in the Absence of Property Rights" *American Economic Review* 82 (4): 720-739.

Skaperdas, Stergios. 2006. "Bargaining versus Fighting". *Defence and Peace Economics* 17 (6): 657-676.

Slantchev, Branislav L. 2012. "Borrowed Power: Debt Finance and the Resort to Arms". *American Political Science Review* 106 (4): 787-809.

Slantchev, Branislav L., and Ahmer Tarar. 2011. "Mutual Optimism as a Rationalist Explanation of War". *American Journal of Political Science* 55 (1): 135-148.

Slomp, Gabriella. 2000. *Thomas Hobbes and the Political Philosophy of Glory*. Palgrave Macmillan.

Slutkin, Gary, Charles Ransford, and R. Brent Decker. 2015. "Cure Violence: Treating Violence as a Contagious Disease". In *Envisioning Criminology*, edited by Michael D. Maltz and Stephen K. Rice, 43-56. Springer.

Smith, Adam. (1776) 1904. *An Inquiry into the Nature and Causes of the Wealth of Nations*. Methuen and Co. Reprinted by the Library of Economics and Liberty, https://www.econlib.org/library/Smith/smWN.html.

Smith, Adam. 1759. *The Theory of Moral Sentiments*. Reprinted by the Library of Economics and Liberty, https://www.econlib.org/library/Smith/smMS. html?chapter_num=2#book-reader.

Smith, Alastair. 1998. "Fighting Battles, Winning Wars". *Journal of Conflict Resolution* 42 (3): 301-320.

Smith, Alastair, and Allan Stam. 2003. "Mediation and Peacekeeping in a Random Walk Model of Civil and Interstate War". *International Studies Review* 5 (4): 115-135.

Smith, Alastair, and Allan Stam. 2004. "Bargaining and the Nature of War". *Journal of Conflict Resolution* 48 (6): 783-813.

Smith, Richard H., Caitlin A. J. Powell, David J. Y. Combs, and David Ryan Schurtz. 2009. "Exploring the When and Why of Schadenfreude". *Social and Personality Psychology Compass* 3 (4): 530-546.

Snyder, Jack. 1989. *The Ideology of the Offensive: Military Decision Making and the Disasters of 1914*. Cornell Studies in Security Affairs 2. Cornell University Press.

Snyder, Jack L. 2000. *From Voting to Violence: Democratization and Nationalist Conflict*. W. W. Norton.

Snyder, Richard. 2006. "Does Lootable Wealth Breed Disorder? A Political Economy of Extraction Framework". *Comparative Political Studies* 39 (8): 943-968.

Sommerville, Johann P. 1992. *Thomas Hobbes: Political Ideas in Historical Context*. Macmillan International Higher Education.

Spruyt, Hendrik. 2017. "War and State Formation: Amending the Bellicist Theory of State Making". In *Does War Make States?: Investigations of Charles Tilly's Historical Sociology*, edited by Lars Bo Kaspersen and Jeppe Strandsbjerg, 73-97. Cambridge University Press.

Stasavage, David. 2020. *The Decline and Rise of Democracy: A Global History from Antiquity to Today*. Princeton Economic History of the Western World 96. Princeton University Press.

Staub, Ervin. 1989. *The Roots of Evil: The Origins of Genocide and Other Group Violence*. Cambridge University Press.

Stedman, Stephen John. 1997. "Spoiler Problems in Peace Processes". *International Security* 22 (2): 5-53.

Stewart, Rory, and Gerald Knaus. 2011. *Can Intervention Work?*. W. W. Norton.

Straus, Scott. 2006. *The Order of Genocide: Race, Power, and War in Rwanda*. Ithaca: Cornell University Press.

Straus, Scott. 2015. *Making and Unmaking Nations: War, Leadership, and Genocide in Modern Africa*. Cornell University Press.

Sunstein, Cass R., and Reid Hastie. 2008. "Four Failures of Deliberating Groups". Working paper.

Sunstein, Cass R., and Reid Hastie. 2015. *Wiser: Getting beyond Groupthink to Make Groups Smarter*. Harvard Business Review Press.

Svenson, Ola. 1981. "Are We All Less Risky and More Skillful Than Our Fellow Drivers?" *Acta Psychologica* 47 (2): 143–148.

Svolik, Milan W. 2012. *The Politics of Authoritarian Rule*. Cambridge University Press.

Tagar, Michal Reifen, Christopher M. Federico, and Eran Halperin. 2011. "The Positive Effect of Negative Emotions in Protracted Conflict: The Case of Anger". *Journal of Experimental Social Psychology* 47 (1): 157–164.

Tajfel, Henri. 2010. *Social Identity and Intergroup Relations*. European Studies in Social Psychology 7. Cambridge University Press.

Tarabay, Jamie. 2018. "For Many Syrians, the Story of the War Began with Graffiti in Dara'a". CNN. March 15, 2018. www.cnn.com/2018/03/15/middleeast/daraa-years-on-intl/index.html.

Taylor, Alan. 2016. *American Revolutions: A Continental History, 1750–1804*. W. W. Norton.

Taylor, A. J. P. 2011. *Bismarck*. Vintage.

Tendler, Judith. 1997. *Good Government in the Tropics*. Johns Hopkins University Press.

Tetlock, Philip E. 2017. *Expert Political Judgment: How Good Is It? How Can We Know?* Princeton University Press.

Thaler, Richard H. 2016. "Behavioral Economics: Past, Present, and Future". *American Economic Review* 106 (7): 1577–1600.

Thaler, Richard H., and Cass R. Sunstein. 2008. *Nudge: Improving Decisions about Health, Wealth, and Happiness*. Yale University Press.

Thomas, M. A. 2015. *Govern like Us: U.S. Expectations of Poor Countries*. Columbia University Press.

Thompson, C. Bradley. 2019. *America's Revolutionary Mind: A Moral History of the American Revolution and the Declaration That Defined It.* Encounter Books.

Thrasher, John, and Toby Handfield. 2018. "Honor and Violence: An Account of Feuds, Duels, and Honor Killings". *Human Nature* 29 (4): 371-389.

Thucydides. 1998. *The Landmark Thucydides: A Comprehensive Guide to the Peloponnesian War.* Edited by Robert B. Strassler, and translated by Richard Crawley. Touchstone.

Tilly, Charles. 1985. "War Making and State Making as Organized Crime". In *Bringing the State Back In*, edited by Peter B. Evans, Dietrich Rueschemeyer, and Theda Skocpol, 169-191. Cambridge University Press.

Tilly, Charles. 1992. *Coercion, Capital, and European States, AD 990-1992.* Blackwell.

Tindale, R. Scott, and Jeremy R. Winget. 2019. "Group Decision- Making". In *Oxford Research Encyclopedia of Psychology*, https://doi.org/10.1093/acrefore/9780190236557.013.262.Oxford University Press.

Toft, Monica Duffy. 2010. "Ending Civil Wars: A Case for Rebel Victory?" *International Security* 34 (4): 7-36.

Tuchman, Barbara W. 1994. *The Guns of August.* Random House Trade Paperbacks.

Tullock, Gordon. 1974. *The Social Dilemma: The Economics of War and Revolution.* University Publications.

Tversky, Amos, and Daniel Kahneman. 1974. "Judgment under Uncertainty: Heuristics and Biases". *Science* 185 (4157): 1124-1131.

Tzu, Sun. 2016. *The Art of war.* Translated by Lionel Giles. Sweden: Wisehouse Classics.

Valentino, Benjamin A. 2004. *Final Solutions: Mass Killing and Genocide in the 20th Century.* Cornell Studies in Security Affairs. Cornell University Press.

Vallone, Robert P., Lee Ross, and Mark R. Lepper. 1985. "The Hostile Media Phenomenon: Biased Perception and Perceptions of Media Bias in Coverage of the Beirut Massacre". *Journal of Personality and Social Psychology* 49 (3): 577-585.

Van Evera, Stephen. 1999. *Causes of War: Power and the Roots of Conflict.* Cornell University Press.

Van Evera, Stephen. 2013. *Causes of War: Power and the Roots of Conflict*. Cornell University Press.

Van Vugt, Mark. 2011. "The Male Warrior Hypothesis". In *The Psychology of Social Conflict and Aggression*, edited by Joseph P. Forgas, Arie W. Kruglanski, and Kipling D. Williams: 233–248. Sydney Symposium of Social Psychology. Psychology Press.

Varshney, Ashutosh. 2003a. *Ethnic Conflict and Civic Life: Hindus and Muslims in India*. Yale University Press.

Varshney, Ashutosh. 2003b. "Nationalism, Ethnic Conflict, and Rationality". *Perspectives on Politics* 1 (1): 85–99.

Verwimp, Philip. 2003. "Testing the Double-Genocide Thesis for Central and Southern Rwanda". *Journal of Conflict Resolution* 47 (4): 423–442.

Volkov, Vadim. 2016. *Violent Entrepreneurs: The Use of Force in the Making of Russian Capitalism*. Cornell University Press.

Walt, Stephen M. 1985. "Alliance Formation and the Balance of World Power". *International Security* 9 (4): 3–43.

Walter, Barbara F. 1997. "The Critical Barrier to Civil War Settlement". *International Organization* 51 (3): 335–364.

Walter, Barbara F. 2002. *Committing to Peace: The Successful Settlement of Civil Wars*. Princeton University Press.

Walter, Barbara F. 2009a. "Bargaining Failures and Civil War". *Annual Review of Political Science* 12 (1): 243–261.

Walter, Barbara F. 2009b. *Reputation and Civil War: Why Separatist Conflicts Are So Violent*. Cambridge University Press.

Walter, Barbara F. 2015. "Why Bad Governance Leads to Repeat Civil War". *Journal of Conflict Resolution* 59 (7): 1242–1272.

Waltz, Kenneth N. 2010. *Theory of International Politics*. Waveland Press.

Wantchekon, Leonard. 2003. "Clientelism and Voting Behavior: Evidence from a Field Experiment in Benin". *World Politics* 55 (3): 399–422.

Wantchekon, Leonard, and Christel Vermeersch. 2011. "Information, Social Networks, and the Demand for Public Goods: Experimental Evidence from Benin". In *Accountability through Public Opinion: From Inertia to Public Action*, edited by Sina Odugbemi and Taeku Lee, 123–135. World Bank.

Waters, Rob. 2016. "A Conversation with Tony D: How 'Becoming A Man' Got to the White House". *Forbes*, March 9, 2016. www.forbes.com/sites/robwaters/2016/03/09/a-conversation-with-house/?sh=19cc0b0f666b.

Weber, Max. 2014. *From Max Weber: Essays in Sociology*. Edited by Hans H. Gerth and C. Wright Mills. Routledge.

Weeks, Jessica L. 2012. "Strongmen and Straw Men: Authoritarian Regimes and the Initiation of International Conflict". *American Political Science Review* 106 (2): 326–347.

Weeks, Jessica L. P. 2014. *Dictators at War and Peace*. Cornell University Press.

Weinstein, Jeremy M. 2005. "Autonomous Recovery and International Intervention in Comparative Perspective". Center for Global Development, Working Paper 57.

Weisburd, David, Elizabeth R. Groff, and Sue-Ming Yang. 2012. *The Criminology of Place: Street Segments and Our Understanding of the Crime Problem*. Oxford University Press.

Weisburd, David, Lisa Maher, and Lawrence Sherman. 1993. "Contrasting Crime General and Crime Specific Theory: The Case of Hot Spots of Crime". In *Advances in Criminological Theory*, Volume 4, edited by Freda Adler and William S. Laufer, 45–70. Transaction.

Weisiger, Alex. 2013. *Logics of War: Explanations for Limited and Unlimited Conflicts*. Cornell University Press.

Welsh, Brandon C. and David P. Farrington. 2008. "Effects of Improved Street Lighting on Crime: A Systematic Review". *Campbell Systematic Reviews* 4 (1): 1–51.

Westad, Odd Arne. 2005. *The Global Cold War: Third World Interventions and the Making of Our Times*. Cambridge University Press.

Wilkinson, Steven I. 2004. *Votes and Violence: Electoral Competition and Ethnic Riots in India*. Cambridge University Press.

Wilkinson, Steven I. 2009. "Riots". *Annual Review of Political Science* 12 (1): 329–343.

Wimmer, Andreas. 2013. *Ethnic Boundary Making: Institutions, Power, Networks*. Oxford University Press.

Wimmer, Andreas, Lars-Erik Cederman, and Brian Min. 2009. "Ethnic Politics and Armed Conflict: A Configurational Analysis of a New Global Dataset". *American*

Sociological Review 74 (2): 316-337.

Wittman, Donald. 1979. "How a War Ends: A Rational Model Approach". *Journal of Conflict Resolution* 23 (4): 743-763.

Wolford, Scott. 2019. *The Politics of the First World War: A Course in Game Theory and International Security*. Cambridge University Press.

Wolton, Stephane. 2019. "Signaling in the Shadow of Conflict". Working paper.

Wood, Elisabeth Jean. 2003. *Insurgent Collective Action and Civil War in El Salvador*. Cambridge University Press.

Wood, Gordon S. 2002. *The American Revolution: A History*. Modern Library.

Woods, Kevin M. with Michael R. Pease, Mark E. Stout, Williamson Murray, and James G. Lacey. 2006. *Iraqi Perspectives Project: A View of Operation Iraqi Freedom from Saddam's Senior Leadership*. United States Joint Forces Command Joint Center for Operational Analysis, https://www.hsdl.org/?view&did=461392.

Wrangham, Richard. 2019. *The Goodness Paradox: The Strange Relationship between Virtue and Violence in Human Evolution*. Vintage.

Wrangham, Richard W., and Dale Peterson. 1996. *Demonic Males: Apes and the Origins of Human Violence*. Houghton Mifflin Harcourt.

Xu, Chenggang. 2011. "The Fundamental Institutions of China's Reforms and Development". *Journal of Economic Literature* 49 (4): 1076-1151.

Yanagizawa-Drott, David. 2014. "Propaganda and Conflict: Evidence from the Rwandan Genocide". *Quarterly Journal of Economics* 129 (4): 1947-1994.

Young, Christopher. 2019. "Agonistic Behavior". In *Encyclopedia of Animal Cognition and Behavior*, Living ed., edited by Jennifer Vonk and Todd Shackelford, https://doi.org/10.1007/978-3-319-47829-6. Springer International Publishing.

Zimmermann, Florian. 2020. "The Dynamics of Motivated Beliefs". *American Economic Review* 110 (2): 337-361.

옮긴이의 말

전쟁에서 평화로

2005년에 '우리는 왜 싸우는가?'라는 동일한 제목으로 미국에서 제작된 다큐멘터리가 있다. 미국 정계는 추축국과의 전쟁을 끝내기 위한 것이라며 제2차 세계대전에 참전한 이유를 정당화하지만, 이 다큐멘터리는 군산복합체를 고발하는 데 초점을 맞춘다.

요즘 우리 정치를 보면 '싸움'이 끊이질 않는다. 왜 싸울까? 경쟁 관계에 있는 집단들, 예컨대 정당이든 갱단이든 싸우는 근원을 추적하면 똑같다는 게 저자의 결론이다. 그 결론은 국가 간의 전쟁에도 그대로 적용되고, 내전을 겪는 국가에서 정부와 반군이 싸우는 이유도 저자가 찾아낸 결론에서 벗어나지 않는다.

저자 크리스토퍼 블랫먼은 콜롬비아 메데인과 미국 시카고의 갱단부터 라이베리아와 우간다의 내전까지, 심지어 축구 훌리건까지 추적하며 싸움의 근원을 찾아냈다. 그렇게 찾아낸 다섯 가지 원인(견제되지 않은 이익, 무형의 동기, 불확실성, 이행 문제, 잘못된 인식)을 1부에서 하나씩 다뤘다. 적어도 저자가 예로 제시한 갈등과 전쟁에는 그 원인들이 완벽하게 적용된다. 모든 갈등에는 그 다섯 가지 원인이 복합적으로 작용한다는 것을 고려하면, 이 원인들을 거꾸로 적용해 현재 진행 중인 갈등이나 미래에 예측되는 전쟁을 분석하면 무척 흥미로운 결과를 얻을 수 있을 듯하다. 예컨대 왜 러시아는 우크라이나를 공격했을까? 중국은 결국 타이완을 침략하게 될까? 이런 의문들에 대한 답을 어떻게 찾아가야 하는지를 알 수 있다. 더 나아가 요즘 우리 정치 상황을 근거 없이 추측하지 말고, 블랫먼의 이론을 적용해 분석해보면 훨씬 과학적인 접근이 되지 않을까 싶다.

주변을 둘러보면 폭력이 만연한 것처럼 보인다. 그러나 대부분의 경우, 우리는 싸우지 않는다. 저자가 지적하듯이, 인간이 사는 세상에는 수많은 적대적인 경쟁 관계가 존재하지만 극히 일부만이 전쟁으로 폭발한다. 이른바 평화 시에는 적들이 서로 으르렁대며 증오하지만 전쟁의 길을 쉽게 선택하지는 못한다. 그 이유는 간단하다. 전쟁은 서로의 차이를 해결하는 최악의 방법이기 때문이다.

저자는 이렇게 분석하면서 전쟁의 근원을 찾아냈다. 근원을 해소하면 평화가 올까? 이론적으로는 그렇다. 그러나 평화로 가는 길은 결코 쉽지 않고 험난하다. 저자는 칼 포퍼를 인용해 '조금씩 무언가를 짜 맞추는 엔지니어piecemeal engineer'라는 개념을 소개한다. 저자는 낙관적이지만 무척 현실적이다. 평화가 단숨에 얻어지는 게 아니라는 걸 안다. 따라서 포퍼의 개념을 살짝 비틀어 '평화를 조금씩 만들어가는 엔지니어the peacemeal engineer'라는 개념을 도입한다. 책과 논문을 읽고 내린 결론이 아니라, 직접 현장을 누비며 갈등의 주역들과 만난 끝에 내린 결론인 까닭에 더 설득력 있게 들린다. 그렇다, 평화는 조금씩 만들어가는 것이다.

요즘 우리나라에서는 정치인들이나 언론이 종종 전쟁을 입에 올리며 국민을 겁준다. 그들이 왜 전쟁을 언급할까? 이 책의 분석에 따르면, '사적 이익'이 그 이유 중 하나다. 그럼 북한은 어떤 선택을 할까? 이 책이 맞다면, 더 큰 무형의 동기가 없으면 김정은은 결코 전쟁을 선택하지 못할 것이다. 하지만 지금보다 더 큰 무형의 동기가 김정은에게 있을 수 있을까? 내 나름의 결론이 맞다고 생각하는 까닭에 나는 항상 편안하게 밤잠을 청한다.

충주에서, 강주헌

찾아보기

ㄱ, ㄴ, ㄷ, ㄹ

가용성 편향 206

갈란트, 아돌프 97~101, 125

게임 이론 29, 88, 134, 143, 149, 227, 379, 453n6, 459n20, 463n10, 464n13, 465n14, 467n4, 468n8, 468n9, 470n12, 470n13, 501n27, 505n22

견제되지 않은 이익 31, 53, 62, 68, 451n7

견제와 균형 35, 58~59, 260, 287, 290~291, 293~295, 298~299, 301, 334, 365, 374, 401, 435, 484n10, 489n15, 494n33

결집 효과, 깃발 결집 효과 73, 455n12

계몽주의 시대 102, 266, 280~281, 292

과신 159~160, 167, 168, 199, 207, 208~209, 211, 213, 214~215, 216~218, 244, 465n17, 466n1, 473n28, 474n6, 475n9, 475n10, 477n31

군주론 61~62

규칙과 집행 35, 308, 312, 488n15

내전 170, 192~194, 267, 284, 297, 311, 333, 346, 347~349, 352~354, 360, 366, 375, 376, 389, 393, 395, 412, 422, 425, 449n1, 450n3, 455n13, 469n9, 470n13, 471n20, 480n4, 480n8, 483n3, 484n11, 491n14, 496n15, 498n18, 499n23, 501n29, 503n12

당구 전쟁 39, 44, 302, 304, 306

대량살상무기 156, 157, 158, 163, 195, 198, 218, 236

대량학살, 대학살, 집단학살 20, 124, 161, 170, 190~191, 192, 204, 326, 327, 331, 338, 352, 450n5, 460n26, 461n32, 471n17, 471n18, 491n14, 493n27

대리인 문제 74~78, 381, 387, 435, 453n7, 456n15, 484n10

대전쟁 170

동정심 침식 272

라오피시나 306~308, 316, 323, 360

라이베리아, 라이베리아 내전 55~59,
　61~62, 283~287, 290~291, 316,
　327, 343~347, 349~350, 353~354,
　361, 367, 376, 425~426, 428,
　430~432, 448, 454n1, 455n13,
　482n1, 492n22
레이건, 로널드 196, 257~260
리바이어던 311, 346, 396, 489n15

ㅁ, ㅂ

마키아벨리　61~62, 102, 454n5,
　458n13
말리, 말리 제국 275~276, 481n21
매디슨, 제임스 292~294, 483n6
명예문화 315~318, 339, 487n9
묄더스, 베르너 98~100
무형의 동기 31, 33, 53, 81, 96,
　104~105, 107, 122~123, 125,
　159, 167, 199, 205, 247, 288, 312,
　466n1, 469n10, 474n3
문명화 과정 281, 364~365, 370
미국 독립혁명 67~68, 72, 109, 454n6,
　460n21
민권 혁명 279, 322
바이스로즈 12, 129, 131, 132~133,
　135, 138~141, 143~145, 147~153,
　163~165, 463n10

반목 속의 평화 152
반정치 기계 417, 419~420, 434
방어적 근대화 399
법의 힘 293~294
베네딕트, 앤더슨 278
벡, 에런 241~246, 367, 371
부시, 조지 W. 159, 161, 162, 163, 164,
　197, 198, 199, 236, 237, 238, 327,
　465n17, 465n20, 472n23
북아일랜드 분쟁, 더 트러블스
　221~222, 226, 237~238
분리 균형 463n10
불가분성 111~112, 459n16, 460n20,
　460n22
빠른 사고, 빠른 생각 204~207, 244,
　474n2

ㅅ, ㅇ

사적 정보　144, 145, 147, 148, 149,
　150, 151, 152, 153, 160, 162, 163,
　164, 165, 195, 349, 358, 464n11,
　468n9, 472n21, 473n26
상상의 공동체 278~279
상호의존 35, 260~261, 263, 265,
　269~270, 409
생존자 편향 24, 397
샤덴프로이데 122, 481n16

선택 편향 23~24, 30, 172, 204, 218
성금요일 협정, 벨파스트 협정 221, 357, 408
세력 균형, 힘의 균형 48, 50, 176~177, 182, 185, 188~189, 395, 468n9, 470n15, 499n21, 505n24
센, 아마르티아 19
소여, 에이머스 283~287, 291, 293, 435
소음 136~137, 138, 139, 143, 148, 150, 151, 152, 153, 160, 165, 198, 215, 288, 349, 387, 462n6, 462n7, 468n9
스미스, 애덤 19, 449n2
스파르타 178~189, 258, 380, 468n8, 469n9, 469n10, 470n11, 470n14, 470n15, 471n16
시리아 85, 93, 396, 458n9, 492n17
실질적인 권력 294, 298~300, 348, 373, 375, 377, 400~401
아랍의 봄 85, 87~88
아인슈타인, 알베르트 201~203, 240, 320~321, 473n1, 494n1
아일랜드 공화국군, IRA 223~226, 355~357, 476n24, 492n18
아테네 178~189, 258, 380, 467n7, 468n7, 468n8, 469n9, 469n10, 470n11, 470n15
엘리아스, 노르베르트 364~365, 370

예방 전쟁 169, 173~176, 183, 194, 459n16, 466n3
오스트롬, 엘리너 283, 287, 434~435
왈드, 아브라함 24
우간다 15~18, 20, 22, 274~275, 283~284, 412
워싱턴, 조지 63~67, 69~70, 72, 78~79, 109, 291~292, 454n6, 455n10
이너프 프로젝트 325~329, 333
이데올로기 66, 67, 81, 107, 109, 110, 111, 112, 122, 159, 160, 168, 217, 236, 259, 279, 405, 456n15, 459n16, 466n1
이행 문제 32~33, 53, 165, 169~170, 174~177, 181, 183~184, 187, 189, 191~192, 194~195, 197, 199~200, 249, 265, 289, 290, 297, 348, 354, 363, 387, 392, 422~423, 435, 451n7, 452n3, 455n8, 456n15, 459n16
인도인민당, BJP 261~263, 480n5
인지세법(1765) 108~109
인지행동치료 243, 367~368, 503n11
1퍼센트 독트린 197

ㅈ, ㅊ

자기 집단 중심 주의, 자기 집단 중심적 이타성 121~124, 126, 205, 247, 278, 348, 461n29
자본주의 평화 267~268, 480n8, 481n9
자연 실험 101, 268, 274, 297, 312, 360, 377, 486n5
자유로서의 발전 19, 449n1
잘못된 인식 32~33, 53, 159~160, 195, 199, 204~208, 218~220, 229~231, 233, 235, 239~240, 242~243, 245, 248~251, 259, 288, 330, 347, 351, 356, 364, 387, 393, 451n7, 466n1, 467n3, 469n10, 474n4, 476n24, 478n36, 479n41
전쟁 편향 59~60, 62, 67, 72, 74~76, 79, 96, 104, 122~124, 216, 373, 387, 392, 464n13, 469n9
정의로운 분노 81, 87, 347, 458n12
제도화된 폭동 75~76, 273
제이컵스, 제인 414~415, 439
제1차 세계대전 98, 166~170, 189, 200, 203, 221, 223, 226, 249, 383, 405, 466n1, 466n2, 466n3, 473n28, 500n26
제2차 세계대전 24, 98~99, 107, 123, 201, 221, 226, 249, 375, 459n16
조건부 억압 338~339, 341~342, 490n5, 503n11
죽음의 본능 119
중재 181, 305,311, 317, 323~324, 328, 331, 343, 351, 353, 357~361, 363~364, 371~372, 406, 411, 491n15, 492n18, 492n19, 492n21, 503n11
지라르, 르네 119~120
집단사고 234, 477n31
집단행동 382
집중 억제 337, 342, 490n5, 503n11
참을 수 없는 법 110
처칠, 윈스턴 26
천연두 408~409
최후통첩 게임 실험 89, 90, 91, 232, 457n6
7년전쟁 65~66, 108

ㅋ, ㅌ, ㅍ, ㅎ

카너먼, 대니얼 136, 204, 209, 211, 212~213
칸트, 이마누엘 48
캄페시노 81~82, 83, 90, 93, 94, 457n3
캐나다 67~68, 70, 308~311, 316~318, 339, 416, 438, 488n15
케이타, 순자타 275~276, 278
쿠바 미사일 위기 166~167, 234, 259

키신저, 헨리 52, 183~184, 359, 470n12, 492n19
터크먼, 바버라 166~167, 169, 200, 466n1
통합 균형 463n10
투키디데스 102, 183~184, 188, 469n10, 470n11
틸리, 찰스 395, 397~398, 500n26
파월, 조너선 355~357, 360~361
펠로폰네소스 전쟁, 펠로폰네소스 동맹, 펠로폰네소스반도 169, 178~180, 182~184, 187, 190, 380, 468n8, 469n9, 469n10, 470n11
평화유지군 55, 57, 284, 328, 343~344, 349~355, 396, 422, 490n10, 491n15, 492n15, 492n17, 492n19, 503n12, 504n12
포퍼, 칼 404~406, 415, 420~421, 423~424, 426
폭동, 도시 폭동 22, 75, 113, 115, 123, 155, 228, 250~251, 262~264, 272~273, 347, 349, 378, 393~394, 450n5, 456n16, 487n6
표적 제재 337, 340~342
프렌더개스트, 존 325~329, 333~335, 337, 340, 343, 361, 490n1
프로이트, 지크문트 119, 202~204, 240, 320, 494n1

프로파간다 122, 123~124, 225, 272, 365, 372, 493n27
핑커, 스티븐 260, 279, 281, 317, 365, 494n1
한계주의 421, 423, 433
헨리 8세(잉글랜드) 104~107, 384~386, 459n14
협상 범위 46~50, 69~72, 76, 81, 94~96, 103, 108, 110~111, 119, 126, 139, 160, 165, 184, 187, 189, 199~200, 215~216, 227, 237, 250, 258~259, 265, 269, 271, 308, 312, 322~323, 348~349, 377, 381, 391~393, 452n3, 452n4, 471n16, 475n10
홉스, 토머스 102, 311, 314, 486n4, 488n15, 489n15
확증 편향 206~207, 209, 229
후세인, 사담 153~156, 158, 163~164, 194~197, 199, 218, 236, 239, 331, 336, 339, 479n41, 482n1
훌리거니즘, 훌리건 20, 114~115, 116~117, 118, 120, 121, 123, 204
흄, 데이비드 245, 247, 439
히틀러, 아돌프 107, 123, 124, 459n16
힘의 이동 50, 175, 176, 177, 181, 183, 184, 188, 218, 251, 467n4, 469n10, 470n12, 472~473n23

Why We Fight